국역『淸季中日韓關係史料』7

동북아역사 자료총서 41

역자 서문

이 책에서 번역한 자료는 원래『清季中日韓關係史料』라는 제목으로 편찬된 사료집의 일부다. 이 분야의 전문 연구자들에게는 잘 알려져 있듯이, 이 사료집은 타이완(臺灣)의 중앙연구원 근대사연구소(中央研究院近代史研究所) 당안관(檔案館)에서 소장하고 있는 청말(清末)의 외교 관계 문서(중국에서는 이러한 기록 문서를 보통 '檔案'이라고 부른다) 가운데 한중일 세 나라 사이의 외교 관계에 관련된 사료를 주제별로 골라 뽑아서 출판한 것이다. 좀 더 구체적으로 이야기하자면 1864~1912년까지 청말의 외교를 담당한 부서인 총리각국사무아문(總理各國事務衙門)과 외무부(外務部. 1901년 이후), 그리고 중화민국 시기의 외교부(外交部. 1912년 이후) 문서 가운데, 특히 조선·대한제국과 관련된 것을 중점적으로 선별하여 편찬한 것으로, 총 11권 7,300여 쪽(4,300건. 색인 1권 포함)의 방대한 분량이다.

따라서 청말 또는 19세기 후반 20세기 초 중국과 한국 사이에 주고받은 외교 관계 문서(이것은 따로 「조선당(朝鮮檔)」으로 분류되어 있음) 대부분이 여기에 수록되었다고 할 수 있다. 주제와 관련된 다양한 사료집 출판이 최근까지도 이어지고 있지만, 이 사료집을 대신할 정도의 비중을 갖춘 것은 아직까지 찾아볼 수 없다. 이 시기 한중 관계나 동아시아사 연구에서『清季中日韓關係史料』의 위치는 그야말로 독보적이다. 출간한 지 50년이 넘었지만, 이 사료집은 가장 중요한 기초 자료의 위치를 변함없이 지키고 있다.

이 사료집의 전체적인 내용은 주로『총리각국사무아문 당안』에 포함된 자료를 다음 여덟 가지 주제로 분류한 것이다.

(1) 조·청 통상 및 외교 교섭

(2) 조·청 국경 교섭
(3) 청일전쟁 이전 조선과 각국의 외교 교섭
(4) 임오군란과 갑신정변
(5) 청일전쟁
(6) 청·일 통상 및 외교 교섭
(7) 러일전쟁과 청의 입장
(8) 일본의 중국 동북 지역 침략

이 주제 목록에서 알 수 있듯이, 여기에는 근대 동아시아 정세 변화와 관련된 중요 사안들이 대부분 망라되어 있다. 따라서 이 사료집은 1972년 처음 출간되자마자 곧 근대 한국과 중국, 일본 등 동아시아(또는 동북아시아) 국제관계사 연구에 있어 필수적인 기초자료가 되었다. 특히 중앙연구원근대사연구소 당안관에서 소장하고 있는『총리각국사무아문 당안』가운데「조선당」부분은 거의 모두 수록되어 이 사료집의 출판은 근대 한국을 둘러싼 동아시아 국제관계 연구의 진전과 활성화에 하나의 획기적인 전환점이 되었다(현재에는 인터넷상으로도「조선당」이 모두 공개되어 있다). 이 사료집은 목차가 날짜별·주제별로 분류되어 있어, 편년체 위주의 자료집에 비하여 검색이 매우 용이해 연구자에게 유용한 기능과 장점을 갖추고 있다. 또한 근대 시기를 포괄하는 다른 외교 관련 문서집과 비교해 볼 때, 해당 사료의 약 86%(3,600건)가 새롭게 공개된 내용이라는 점도 그 중요성을 더해주고 있다. 그러므로 이러한 사료집을 더 쉽게 이용할 수 있는『국역 清季中日韓關係史料』시리즈의 출간은 특히 다음 두 분야에서 활용 가치가 클 것으로 예상한다.

첫째, 근대 (동아시아) 외교사 분야다. 조선은 1899년「한청조약(韓淸條約)」이 체결되기까지 청과 불평등한 책봉·조공 체제를 유지하고 있었다. 서구 세력의 진출과 더불어 '만국공법(萬國公法)'이 주지하는 조약 체제로 전환되기 시작하였음에도 불구하고(청 자신도 여기에 편입되었다), 청은 기존의 불간섭 원칙을 버리고 적극적인 간섭주의를 채택하면서 기존 조공 체제 내의 '속방(屬邦)'이었던 조선을 근대적 외교 관계 속의 '속국(屬國)'으로 개편하고자 하였다. 이러한 점은 특히 외교 부분에서 두드러졌다. 1876년 일본과 조약을 맺은 것을 시작으로 조선에서 체결한 구미 각국과의 조약은 대부분이 청의 종용 또는 중계를 통해 이루어졌다. 조선은 적어도 형식적으로는 청과 협의하면서 외교권을 행사하였고, 다양한 외교 활동도 대부분 청에게 보고

하는 방식을 취하였다. 따라서 조선의 외교 활동 및 이에 대한 청의 대응, 청의 요구와 조선의 대응 등에 대한 연구에서 이 사료집을 적극적으로 이용할 필요가 있다. 또한 1880년대 이후가 되면 청은 외교 분야뿐만 아니라 직접 청의 군대를 주둔시키고 내정에까지 개입하는 적극적인 간섭주의로 나섰으므로, 이 사료집의 중요성은 더욱 커진다(마찬가지로 중앙연구원 근대사연구소에서 최근 공개한 「주한사관당안(駐韓使館檔案)」도 이 사료집을 보완하는 자료로서도 가치가 높다는 점을 알려둘 필요가 있을 것이다).

둘째, 근대 조선(그리고 대한제국)과 청의 변경 및 국경 문제와 관련한 연구 분야다. 근대 시기는 주권이라는 개념과 함께 근대적 영토 관념이 형성되는 시기다. 조선의 영토는 북으로 청의 봉금(封禁) 지역과 맞닿아 있었다. 봉금 지역에 대한 청의 관리는 아편전쟁 이후 급격히 무너져 갔고, 이에 따라 중국 본토의 한족(漢族)뿐만 아니라, 조선인까지 봉금 지역으로 이주하기 시작하였다. 이러한 활발한 이주 현상으로 인해 나타난 전통적 무주공간(無住空間)의 해체 과정에 대해서는 아직 충분한 해명이 이루어지지 않았다. 이 점은 조선과 청 양국의 최초 경계 설정 과정 및 국경 관념의 형성, 그리고 양국의 분쟁이 나은 국경 조사·회담과도 밀접하게 관련되어 있다. 동북아역사재단에서도 이 분야에 관한 이미 상당한 분량의 자료집과 연구서를 출간하였지만, 이 사료집 역시 마찬가지로 이와 관련된 수많은 문서를 포함하고 있는 만큼, 이 분야 연구의 진전과 확장에 큰 도움이 될 것이다.

하지만 이 사료집이 가지고 있는 질적·양적 우수성에도 불구하고 연구자들이 이용하기에는 지금까지 몇 가지 난점들이 존재해 왔다. 우선은 방대한 분량의 한문으로 이루어져 있는데다 외교 문서가 공문 형식에 맞추어 매우 미묘한 단어들을 사용하는 경우가 많기 때문에 이것을 정확히 읽어낼 수 있는 독법이 필요하였다. 그러나 문법 체계가 명확하지 않은 한문, 그것도 조선의 한문과는 차이가 있는 19세기 청대(清代)의 한문을 미묘한 뉘앙스까지 파악하면서 분명하게 독해하는 것은 쉽지 않은 일이다. 이런 자료들을 우리말로 번역한 이 책이 그 점을 완벽하게 해결하였다고 할 수는 없지만, 적어도 관련 연구자들에게 자료의 활용도와 접근성을 높이는 계기를 제공할 것이다.

다음으로 청대 공문서와 외교 문서의 형식[程式]이라는 문제를 들 수 있다. 이 사료집에 포함된 자료 대부분은 청대 공문서와 외교 문서 양식에 따라 작성되어 주고받은 것들이다. 청대 공문서 작성의 중요한 특징은 이전에 수신한 문서를 본문에 전부 또는 일부를 인용하는 방식으로 문서를 작성한다는 것이다. 문서의 주제가 간단한 경우라도 주고받은 정부 기관이 몇 군데가 되기 때문에 이것을 파악하는 일이 쉽지 않는데, 만약 해당 문서가 여러 기관을 거치면서 오르내리거나 회람될 경우, 문서 안에서 인용하는 화자(話者)의 수가 급속도로 늘어나게 된다. 각각의 화자들은 사건의 보고 및 처리 주체를 가리키며, 사건의 처리 시점도 아울러 여기에 반영된다. 따라서 상하 관계 또는 대등한 관계를 반영하는 화자의 구분은, 공문서나 외교 문서를 정확히 이해하는 데 있어 가장 중요한 핵심이다. 오늘날 한국 독자들에게 낯선 청대 관료 체계의 다양한 직급으로 인한 화자의 위치와 상하 관계, 직무와 역할을 정확하게 파악하는 것은 결코 쉬운 일이 아니다. 청대사나 외교사를 본업으로 삼는 전문 연구자에게도 이것은 마찬가지로 어려운 일이다.

이 사료집에 수록된 대부분의 문서는 화자를 구분하지 않고 작성되어 있다. 따라서 독자의 편의를 위해 출판에 앞서 원 문서에 구두점을 찍는 작업이 이루어졌지만, 누가 화자이며, 발언이나 문서 인용이 어디에서 시작되어 어디에서 끝나는지를 가리켜주는 부호는 여전히 존재하지 않기 때문에 위에서 서술한 어려움이 모두 해소된 것은 아니다. 이러한 화자의 정확한 위상을 구분함으로써 본문 내용을 보다 정확하게 이해하기 위해서는 청대 공문서의 작성 방식과 관련 용어들에 대한 숙달이 필요하다. 따라서 이 책에서는 독해의 편의를 위해 형식이 복잡한 문건에 대해 먼저 구조 분석을 하여 화자를 쉽게 파악할 수 있도록 단락을 구분하여 보여주는 번역을 실시하였다. 이 작업을 통해 사료 본문의 내용에 대해 보다 정확하고 용이한 접근과 이해가 이루어질 것으로 기대한다. 가능한 한 독자의 이해를 돕기 위한 주석을 추가하고자 하였지만, 제한된 시간과 인력, 그리고 원고의 분량으로 인해 아쉬움이 남는다.

참고로 『清季中日韓關係史料』의 전체 및 시기별 자료 분량은 다음 표와 같다.

구분	기간	분량(쪽)	글자 수
조선(고종) 시기	1864.8~1987.8(33년)	5,042	2,541,000
대한 제국 시기	1897.8~1910.8(13년)	2,094	1,055,000
총독부 시기	1910.8~1912.3(2년)	121	60,900
합계	1864~1912(48년)	7,257	3,656,900

이것은 한 쪽에 최대로 기입한 한문 글자 수를 20자(열)×18(행)×2(면)=720자로 파악하고, 한 쪽당 평균 여백을 30%로 잡아 720자-216자(여백)=504자 정도를 한 쪽 평균 글자 수로 추정한 것이다. 한문을 한글로 번역할 경우 한자 대 한글의 글자 수 분량 비율이 대략 1:3 정도가 되므로, 번역본의 경우 원본 사료집보다 크게 분량이 늘어난다.

그리고 위의 표와 같이 『청계중일한관계사료』에서 다루는 시기는 1864년 8월부터 1912년까지로 약 48년에 이른다. 문서의 전체 분량은 7,257쪽(원 사료집)이며, 글자 수는 약 365만 자이다. 이 분량은 200자 원고지로 약 18,250매에 해당하며, 한글로 번역하였을 때 약 54,780매 정도의 분량으로 추정된다.

이러한 사료를 번역하고 연구할 수 있는 인력의 사정 등을 고려해 볼 때, 이 거대한 분량을 짧은 시간 내에 번역하는 것은 현실적으로 불가능하므로, 이 책은 단계적으로 장기간에 걸쳐 체계적으로 번역하는 것을 목표로 삼았다. 이번에 출간하는 『국역 淸季中日韓關係史料 7』은 그러한 장기 번역 8년 차 사업의 결과물이다(이 사업은 중단과 재개를 반복하였다. 제5년 차와 제6년 차 작업이 제5권으로 통합되어 출간되어 제7권은 8년 차 사업의 결과물이다). 그동안 연구진은 번역해야 할 자료의 분량과 사료로서의 중요성 등을 감안하여 전체적인 번역 계획과 일정을 조정하였다. 다음은 『국역 淸季中日韓關係史料』 1~7권의 목차이다.

2) 변경 답사(履勘邊界)

4. 조선 백성의 월경 개간(韓民越墾)

1) 조선 백성의 월경 개간과 쇄환(韓民越墾與刷還)

2) 간민 호적 편입과 개간지 측량(墾民編籍與丈量墾地)

3) 관청을 두어 다스리는 문제(設官撫治)

5. 일본인이 동북 지역을 여행하기 위한 통행증을 신청한 문제(日人請照遊歷東北)

6. 두만강 항행과 나루터 설치(圖們江航行及設渡)

[제3·4권]

II. 청일전쟁 이전 조선과 각국의 관계(甲午戰前韓與各國關係)

1. 조선과 각국 사이의 통상에 대한 중국의 지도(中國指導朝鮮與各國通商)

1) 조선과 각국 사이의 조약 체결 및 통상 권도(勸導朝鮮與各國立約通商)

[제5권]

2. 조선의 무비 강화 협조(協助朝鮮武備)

3. 조선의 사절 파견과 체제 문제(朝鮮遣使與體制問題)

4. 조선 국왕의 중국 사절에 대한 궤송 금지(禁韓王饋送華使)

5. 기타(其他)

[제6권]

III. 임오군란(壬午事變)[1]

1. 조선 난사에 대한 대책 논의(籌議朝鮮亂事)

2. 중국의 출병(中國出兵)

---

1 원 사료에서의 목차는 'IV'이지만, 앞 부분의 생략에 따른 전체 번역 계획의 변경으로 'III'이란 목차로 바뀌게 되었다.

3. 반란 수괴의 체포와 처리(捕治亂首)

4. 사후 처리(善後事宜)

5. 조선 반란 진압과 각국 조회(平定朝亂照會各國)

6. 조선과 일본의 조약 체결(韓日訂約)

7. 대원군 석방·귀국 요청(請釋回大院君)

8. 조선을 지원하는 데 힘쓴 인원의 포상(奏獎援護朝鮮出力人員)

9. 군사 원조(軍事援助)

10. 중국군의 잔류(華軍留守)

[제7권]

Ⅳ. 갑신정변

1. 조선의 변란(朝鮮變亂)

2. 오대징의 조선 파견과 조사·처리(吳大澂赴朝查辦)

3. 천진조약(天津條約)

4. 중국군과 일본군의 철병(中日撤兵)

5. 김옥균사건(金玉均案)

이번 제7권의 출간은 사실상 사료의 부족으로 연구 시야의 확장이 쉽지 않은 갑신정변을 이해하는 데 일정한 도움을 줄 것으로 기대한다.

특히 임오군란 이후 조선에 주둔하던 청병(清兵)이 갑신정변에 개입하여 일본군과 무력 충돌을 일으키고 정변을 무산시키는 과정, 사후 한청·한일·청일 관계의 전개에서 청 측의 의도와 역할이 잘 드러나 있어, 갑신정변 전후 한중 관계 및 동아시아 국제질서의 전개를 이해하는 데 많은 시사점을 줄 것이다. 따라서 이 책의 출간은 나름대로 상당한 의미를 지닌다. 이 『국역 清季中日韓關係史料』시리즈의 발간은 근대 동아시아의 국제관계 및 근대 한국의 역사에 대한 기초 자료로서 의도된 것이다. 단순한 한문 텍스트의 제공이 아닌 한글 번역 작업까지 수반된 것으로, 이 자료집의 활용이 관련 분야 연구의 활성화와 심화에 조금이라도 기여할 수 있다면 이 작업을 맡은 연구진에게는 큰 기쁨이 될 것이다. 이번 갑신정변 편은 필자와 조병식 교

수, 주형준 박사 세 사람의 공동 작업 결과이다. 짧은 시간과 힘든 원문 번역 및 해설 작업에 기꺼이 참가해 준 두 분, 그리고 이 책의 발간에 많은 도움을 주신 동북아역사재단 박지향 이사장 및 실무 작업을 담당해 준 이동욱 연구위원 그리고 출판 관계자 여러분께 깊은 감사의 뜻을 전한다.

2025년 11월

연구진을 대표하여 김형종

일러두기

1. 이 책은『中國近代史資料彙編 淸季中日韓關係史料』(中央硏究院近代史硏究所 編, 1972)의 네 번째 주제 항목인 '甲申事變'의 다섯 가지 소항목으로 분류된 문서에 대한 표점과 번역으로 구성되어 있다. 각 문건은 문서정보와 원문, 번역문의 순서에 입각하여 정리 및 번역되었다.
2. 각 문건의 문서번호는 '가-나-다-라(마, 바)'의 양식으로 정리되어 있다. '가'·'나'·'다'의 숫자는 原書의 주제 분류에 입각한 번호체계를 표현한 것이며, '라'는 각 분류체계 내에서의 문서의 수록 순서를 나타낸다. 괄호 안의 '마'는 原書에서 각 문건에 부여한 번호이며, '바'는 해당 문서가 수록된 쪽수를 가리킨다.
3. 각 문건의 문서정보에는 문서번호 다음으로 '사안'과 '첨부문서', '날짜', '발신', '수신' 등에 관한 정보가 순서대로 정리되어 있다. '사안'은 原書의 '淸季中日韓關係史料分類目錄'에서 정리한 '事項'에 해당하는 내용으로, 해당 문건의 핵심 요지를 정리하고 있다. '첨부문서'는 原書에 수록된 문건 안에 附件이 포함되어 있는 경우에 그 '事項'을 정리하였다. '날짜'는 해당 문건의 발신일/수신일(문서에 따라 다름)을 의미하며, 음력 날짜와 양력 날짜를 함께 표기하였다. '발신'과 '수신'은 각각 해당 문건의 발신자와 수신자를 의미한다.
4. 이 책의 표점과 번역은 문서 안에서 어디부터 어디까지가 누구의 진술인지 밝히는 것에 유의하였는데, 이를 위하여『국역『同文彙考』疆界 史料』(배우성·구범진 역, 동북아역사재단, 2008)의 편집 양식을 활용하였다.
5. 원문 및 번역문을 작성함에 있어서 쉼표, 마침표, 따옴표 등 기본적인 부호만을 사용하여 표점을 하였다. 원본의 분명한 오류로 보이는 글자에 대해서는, '實據(→據實)'의 경우처럼 원문의 글자는 그대로 두고, 괄호 안에 화살표와 함께 바른 글자를 밝혀 두었다.
6. 번역문에서는 문장의 의미가 원활하게 통하도록 괄호를 사용하여 접속사나 단어 등을 추가하였다. 아울러 독자들의 이해를 돕기 위하여 일부 명사들에 대해서는 괄호 안에 간단한 설명을 추가하기도 하였다. 유사한 맥락으로 독자의 이해를 돕고자 원문에서 사용한 '本部'·'本衙門' 등의 표현을 번역문에서는 경우에 따라 '禮部'·'總理衙門' 등으로 풀어서 번역하였다.

차례

5. 김옥균사건(金玉均案)

Ⅳ. 갑신정변(甲申政變)

1. 조선의 변란 (朝鮮變亂)

(1) 문서번호 : 5-1-01(893, 1491a-1492a)

사안 : 원세개(袁世凱)의 보고에 의하면, 조선 국왕은 중국과 프랑스가 충돌 중인 틈을 타서 강한 이웃 나라를 끌어들여 자기 나라를 지키면서 세력을 키워 자주(自主)하기를 바란다고 하므로, 이미 원세개 도대와 주둔 장령에게 차분하고 침착한 모습을 굳게 지키고, 아울러 수시로 정탐하여 비밀리에 보고하도록 지시하였습니다(據袁世凱稟稱, 朝鮮國王欲乘中法有事, 引强隣以自衛稱雄自主, 已令袁丞及該營將, 堅守鎭靜並隨時偵探密報).

첨부 문서 : 1. 「원세개의 보고(袁世凱稟)」: 조선 군신(君臣)은 일본인의 농간에 넘어가, 중국과 프랑스가 충돌 중인 것을 틈타 강한 이웃 나라를 끌어들이고 자기 나라를 지켜, 더 이상 중국의 통제를 받지 않기를 바랍니다(朝鮮君臣受日人播弄, 欲乘中法有事, 引强隣自衛, 不復受制於中國).

날짜 : 光緒十年九月二十六日(1884년 11월 13일)

발신 : 北洋大臣 李鴻章

수신 : 總理衙門

九月二十六日, 北洋大臣李鴻章函稱:

頃據駐防朝鮮慶軍營務處袁丞世凱,[1] 自朝鮮營次密稟稱:

朝鮮君臣執迷不悟, 欲乘中法有事, 引强隣自衛, 即可稱雄自主.

等語. 鴻章上年以朝亂甫定, 倭兵仍駐王城, 必須留營鎮撫, 以杜狡謀. 夏間海防戒嚴, 遵旨將慶軍撤半回駐金州, 僅留三營在彼, 兵力漸單. 該國王闇弱, 懽成其新·舊黨人, 趨向不定, 近見法禍方亟, 知我勢難兼顧, 難保不觀望成敗, 以為嚮背. 日人又從旁煽惑, 萬一該君臣墮其術中, 浸萌異志, 肘腋之間, 隱憂甚大. 是以月前編修朱一新條陳, 請將慶營徵回内地, 奉旨飭議, 鴻章明知軍士久戍絶域, 苦累多端, 未敢遽議調回, 究尚略有牽制. 惟朝人生心, 日人播弄, 皆由法事而起. 若法兵早解, 我軍不再挫損, 可冀潛移默化, 銷患無形, 否則事勢變遷所極, 真有不堪設想者. 環顧大局, 實增惴慮. 除飭袁丞與該營將領, 不動聲色, 堅守靜鎮, 並隨時偵探情形, 詳細密報外, 合將原稟鈔呈詧覽. 專肅密布. 敬頌鈞祺.

1.「袁丞世凱來稟」.

敬再密稟者.

朝鮮君臣為日人播弄, 執迷不晤, 每浸潤於王, 王亦深被其惑, 欲離中國, 更思他圖. 探其本源, 由法人有事, 料中國兵力難分, 不惟不能加兵朝鮮, 更不能啟衅俄人, 乘此

1 경군(慶軍)은 청말 회군(淮軍) 장령(將領) 오장경(吳長慶)이 통할하던 부대를 가리킨다. 1861년 오장경은 양강총독(兩江總督) 증국번(曾國藩)의 지시를 받아 여강(廬江)의 단련(團練)을 이끌고 태평천국과의 싸움에 투입되었는데, 그가 이끌던 5백 명의 부대를 경자영(慶字營)으로 부르게 되었고 경군(慶軍)이란 명칭도 여기에서 나왔다. 1862년부터는 그는 새로 편성된 회군(淮軍)을 이끌게 된 이홍장(李鴻章)에게 예속하게 되었고, 1880년에는 산동성의 등주(登州)에 주둔하였다. 이 경군 6개 영은 1882년 임오군란이 발생하자 이를 진압하기 위해 조선에 파견되었다. 경군은 한성에 도착하자 오장경은 광희문(光熙門) 안의 하도감(下都監) , 부장(部將) 황사림(黃仕林)은 남단(南壇), 오조유(吳兆有)는 동별궁(東別營), 장광전(張光前)은 염소청(焰硝廳), 원세개는 삼군부(三軍府)에 주둔하게 된다. 이후 청조 내부에서 여러 차례 철군 논의가 있었는데, 1884년 6월 오장경은 결국 전영(前營)·중영(中營)·정영(正營) 3개 영을 이끌고 본토로 귀환하게 되고, 나머지 부영(副營)·좌영(左營)·후영(後營) 3개 영은 기명제독(記名提督) 오조유의 통솔 아래 남게 되었다. 이리하여 오장경은 평생 일궈온 휘하 부대 절반을 잃고 돌아와 봉천(奉天)의 금주(金州)에 주둔하게 되었는데, 이후 오장경이 곧 사망하자 총병(總兵) 황사림(黃仕林)이 이를 이어받게 되었다. 조선에 남아 있던 3개 영은 제독 오조유, 총병 장광전이 통솔하다가 다음 해 귀국하게 된다.

時機, 引强鄰自衛, 即可稱雄自主, 並駕齊驅, 不受制中國, 并不俯首他人. 此等意見, 擧國之有權勢者, 半皆如是. 獨金允植、 尹泰駿、 閔泳翊意見稍歧, 大拂王意, 王浸疎遠, 似此情形, 竊慮三數載後, 形跡必彰. 朝鮮屛藩中國, 實為門户關鍵, 他族逼處, 殊堪隐憂. 該國王執拗任性, 日事嬉游, 見異思遷, 朝令夕改, 近時受人愚弄, 似已深信不移. 如不設法社其騖外之心, 異日之患, 實非淺鮮. 卑職謬膺重任, 日思維繫, 不避艱險, 竭力圖維, 初猶譬喻可悟, 自中法兵端既開, 人心漸歧, 擧止漸異, 雖百計誘導, 似格格難入, 日夕焦灼, 寢興俱廢. 大局所關, 不敢壅於憲聽. 近聞福州、 台灣同時告警, 東洋訛傳最多, 韓人不久又有新聞, 鬼蜮之謀, 益難設想, 外署雖與日人不睦, 而王之左右咸用其謀, 不知伊於胡底也. 竹添進一郎帶兵换防, 八九日内必到, 薛斐爾已在東洋,[2] 聞將偕至. 嗣有所聞, 再當密禀. 肅此. 載攷福祺.

광서 10(1884)년 9월 26일, 다음과 같은 북양대신의 서신을 받았습니다.

얼마 전 조선에 주둔하는 경군 영무처(營務處)의 원세개가 조선 부대에서 다음과 같은 비밀 보고를 해왔습니다.

> 조선의 군신은 미망에 사로잡혀 깨어나지 못하고, 중국과 프랑스가 충돌 중인 것을 빌어 강한 이웃을 끌어들여 자기 나라를 지키면 뛰어남을 자랑하며 자주(自主)할 수 있기를 바라고 있습니다.

---

2 슈펠트(Robert W. Shufeldt. 1821~1895. 薛斐爾 또는 蕭孚爾, 書斐路로도 표기된다)는 미국의 해군 제독(준장)으로 1867년 셔먼(The General Sherman) 호 사건을 조사하기 위하여 군함 워츄셋 호를 이끌고 황해도 해안에 들어왔다가 아무 성과도 거두지 못하고 돌아갔다. 1879년에는 군함 티콘데로가(Ticonderoga) 호로 세계 순항의 장도에 올라 아프리카 해안을 돌아, 1880년 부산항에 다시 들어왔다. 이때 미국 정부의 훈령에 따라 한미 수호 관계를 수립하고자 일본 측 중개를 요청하였으나 뜻을 이루지 못하고, 이후 이홍장에게 중개를 요청하여 쾌히 승낙을 얻었다. 1882년 3월에 미국 전권 대사의 자격으로 군함을 이끌고 인천항에 들어와 이홍장이 파견한 마건충(馬建忠)·정여창(丁汝昌), 조선 측 전권대신 신헌(申櫶) 및 부관 김홍집(金弘集) 등과 함께 인천에서 「조·미수호통상조약」을 체결하였다. 이 조약은 한국이 유럽 국가와 맺은 최초 조약으로 세계에 문호를 개방하는 계기가 되었다. 조약 직후 슈펠트는 본국에 돌아갔는데 장기 여행의 노고로 병을 얻어 군에서 은퇴했다.

신 이홍장은 작년 조선의 반란이 가까스로 진정되었으나 일본 부대가 여전히 한성에 주둔하고 있어 반드시 부대를 남겨 진무(鎭撫)함으로써 그 교활한 음모를 막고자 하였습니다. 여름 동안 해방(海防) 계엄(戒嚴) 사태로 황상의 유지를 따라 경군의 절반을 철수시켜 금주(金州)로 돌아와 주둔하게 하고, 겨우 3개 영(營)만을 조선에 남겨두었으므로 병력이 점차 빈약해졌습니다. 조선 국왕은 암약(闇弱)하여 신·구 당인(黨人)이 만들어지는 것을 기뻐하였지만 그 취향이 확정되지 않았고, 최근 프랑스와의 전쟁 위기가 바야흐로 정점에 달하자, 우리가 양쪽을 두루 돌보기 어려움을 알게 되어 그 승패의 추세를 관망하여 방향을 정하려고 생각하지 않는다고 보장하기 어렵습니다. 일본인이 또한 옆에서 선동하여 만약 조선의 군신이 일단 그 술수에 빠져 놀아나면서 차츰 다른 뜻을 품게 될지도 몰라, 우리의 팔꿈치와 겨드랑이 사이에 큰 우환을 잠복시킬 가능성이 몹시 큽니다. 그래서 지난달 한림원(翰林院)의 편수(編修) 주일신(朱一新)이 조진(條陳)하기를 경군을 내지(內地)로 다시 불러들이자고 하였는데, 이에 대해 의견을 제시하라는 유지를 받고, 이홍장은 군대를 오랫동안 낯선 땅에 주둔하게 되는 것은 다양한 측면에서 고통이 누적됨을 알지만 그래도 감히 그들을 불러들이자고 주장하지 못했는데, 결국은 그래도 그들이 견제하는 역할을 맡았기 때문이었습니다. 다만 조선이 다른 마음을 품고 일본인이 농간을 부리게 된 것은 모두 프랑스와의 충돌이 일어났기 때문입니다. 만약 프랑스와의 전쟁이 조속히 해소된다면 우리 군대가 더 이상 좌절과 손상을 입지 않게 되어, 점차 은연중에 영향력을 미치면서 보이지 않는 가운데 근심을 해소할 수 있을 것입니다. 그렇지 않으면 사태의 변천이 극단으로 치달아 정말로 감히 상상하기 어려운 일이 발생할 것입니다. 대국을 둘러보건대 실로 이 점은 두려움과 근심을 늘리게 되므로 원세개에게 해당 부대의 장령과 함께 겉으로 움직임을 보이지 않는 가운데 굳건하게 지키면서 조용히 통제하고, 아울러 수시로 상황을 정탐하여 상세하게 비밀리에 보고하라고 지시한 것 외에, 응당 원세개의 원래 보고를 베껴 올려 총리아문에서 살펴보도록 해야 할 것입니다. 이 때문에 비밀리에 이 서신으로 알리는 바입니다. 삼가 편안하시기를 빕니다.

1. 「원세개의 비밀 보고(袁丞世凱來稟)」.

삼가 다시 비밀리에 보고를 올립니다.

조선의 군신은 일본인에게 농락당해 미망에 사로잡혀 깨어나지 못하고, 매번 국왕을 꼬드기고 국왕 역시 거기에 깊이 현혹되어 중국을 벗어나고 나아가 다른 시도를 해보고자 생각하고 있습니다. 그 본원을 따져보면 프랑스가 중국과 충돌을 벌이자 중국의 병력을 다른 곳에 분산하기 어렵다고 예상하여, 조선에 군대를 증원하기 어려울 뿐만 아니라 나아가 러시아와도 마찰을 일으키기 어려울 것이므로, 이런 시기를 틈타 강한 이웃 나라를 끌어들여 자신을 지키면 세력을 키워 자주할 수 있을 뿐 아니라 아울러 그 기세를 나란히 하여 중국의 통제를 받지 않을 수 있고 남에게 머리를 숙이지 않아도 된다고 하는 것입니다. 이러한 의견에 대해서는 조선 전체의 권세 있는 사람 가운데 절반이 동조하고 있습니다. 오로지 김윤식(金允植), 윤태준(尹泰駿), 민영익(閔泳翊) 등만은 의견이 조금 달라 국왕의 뜻에 크게 어긋났기 때문에, 국왕은 차츰 이들을 멀리하고 있습니다. 아마 이러한 상황은 제가 염려하기에 3, 4년이 지나면 그 모습이 더욱 뚜렷해질 것입니다. 조선은 중국의 울타리로서 실로 문호(門戶)의 관건이므로, 다른 민족이 이곳에 접근하게 되면 실로 커다란 숨은 근심거리가 됩니다. 조선 국왕은 집요하고 제멋대로여서 날마다 놀고 즐기는 것을 일삼으며, 색다른 것을 보면 곧바로 생각이 바뀌고, 아침에 내린 지시를 저녁에 바꾸는 데다가, 최근에는 남에게 우롱당하면서도 아마 깊이 믿어 의심하지 않는 것처럼 보입니다. 만약 방법을 마련하여 밖으로 치닫는 그 마음을 막지 않는다면 장래의 우환은 실로 결코 작지 않은 것이 될 것입니다. 저는 능력이 부족한데도 무거운 책임을 맡고 있어, 날마다 그것을 지탱하는 것을 걱정하면서 어려움과 험난함을 피하지 않고 전력을 다해 버티고자 합니다. 처음에는 그래도 은근한 비유의 설득도 깨닫는 것처럼 보였지만, 중국과 프랑스의 전쟁이 벌어진 다음부터는 인심이 점차 갈라지고 행동거지도 점차 달라지고 있어, 비록 온갖 계책으로 그들을 유도하고자 하지만 모두 다 번번이 들어맞지 않는 것으로 보여, 밤낮으로 초조해하면서 자고 일어나는 일조차 제대로 하지 못할 정도입니다. 대국(大局)에 관련된 바라 감히 이홍장 중당께 말씀을 올리지 않을 수 없는데. 최근 듣기에 복주(福州)와 대만(台灣)에 동시에 프랑스의 침범이 있었다고 하여 일본에서는 잘못된 소문이 아주 무성한데, 조선인들이 머지않아 다시 새로운 소식을 듣게 되면 괴이한 음모는 더욱 상상하기 어려울 정도가 될 것입니다. 조선의 외서(外署)는 비록 일본인들과 화목한 상태가 아니지만, 국왕 좌우의 신하들은 모두 그들의 음모에 놀아나는 것이 도대체 어디까지 갈지 모를 지경입니다. 일본 공사 다케조에 신이치로(竹添進一郎)는 부대를 이끌고 방어 체제를 교체한다고 하는데 8, 9일 이내에 반드시 조선에 도착할 예정이며, 슈펠트는 이미 일본에 머무르고 있는데 듣기에 그들과 함께 도착할 것이라고 합니다. 이어서 들리는 소식이 있으면 당연히 다시 비밀리에 보고를 올리겠습니다. 이상입니다. 대인께서 복 많이 받으시길 빕니다.

(2) 문서번호 : 5-1-02 (900, 1502a-1508a)

사안 : 조선 변란의 실정은 군사적 상황이 순식간에 바뀌고 있어, 이미 도대(道臺) 원보령(袁保齡)에게 조선에 군함을 보내 확실한 상황을 탐지하도록 지시하였다고 대신 상주해 주시길 요청합니다(朝鮮變亂實情, 請代奏軍情瞬息百變, 已飭袁道保齡, 派船往朝鮮確探).

첨부 문서 : 1. 「여순구 영무처 도대 원보령의 보고(旅順口營務處袁道保齡來稟)」: 1. 조선 사변은 일본인에게 선동된 바이므로, 응당 신속하게 프랑스와의 전쟁을 중지하고, 군대를 조선으로 옮겨야 합니다(朝鮮事變爲日所煽惑, 宜與法趕速罷兵, 以移師朝鮮). 2. 대원군은 자못 인심을 얻고 있으니, 응당 사면하여 귀국시킨 다음, 그가 중국을 위해 힘을 다할 수 있게 해야 합니다(李昰應頗得人望, 宜赦令歸國, 使其能爲中國效力).

2. 「원세개가 원보령에게 보낸 가서(袁世凱家書)」: 조선 사변은 일본인이 개화당을 도와 친청파(親淸派)를 모두 제거하는 것이므로, 신속하게 부대를 파병하고 군함을 뽑아 조선에 보냄으로써 대국을 유지해 주시기를 간청합니다(朝鮮事變係日人助開化黨, 盡除中國黨, 乞速派兵撥船東渡, 以維大局).

3. 「이홍장이 총판조선상무(總辦朝鮮商務)를 맡고 있는 도대 진수당(陳樹棠)으로부터 보고를 받았습니다(李鴻章收總辦朝鮮商務陳道樹棠稟)」: 1. 일본 공사가 구실을 빌어 군대를 이끌고 입궁한 것은 실은 협박을 위한 기만책입니다(日使藉口帶兵入宮, 實爲挾制詭謀). 2. 조선 사변에 대해 신속하게 윤선 군함을 조선으로 파견해야, 난당이 두려운 마음을 갖게 하고, 일본인이 엿보는 것을 막을 수 있습니다(朝鮮事變速派兵輪東渡, 庶懾亂黨之心, 而杜日人窺伺).

4. 「이홍장이 조선에 주둔하고 있는 친(親)·경(慶) 각 영(營) 등을 통대(統帶)하는 오조유(吳兆有) 등의 연명 보고를 받았습니다(李鴻章收統帶駐防朝鮮親·慶各營吳兆有等總聯銜稟)」: 조선 사변의 전말을 보고하면서, 신속하게 윤선 군함을 조선으로 파견하여 일본인의 엿보는 마음을 제압할 수 있기를 요청합니다(稟陳朝鮮事變顚末, 請速派兵輪東渡, 制日人覬覦之心).

날짜 : 光緖十年十月二十六日(1884년 12월 13일)

발신 : 北洋大臣 李鴻章

수신 : 總理衙門

十月二十六日, 北洋大臣李鴻章函稱:

朝鮮事變, 已於二十三日及本日午刻三次電陳大略, 請代奏, 並奉二十四日密諭一道, 當即欽遵辦理. 朝鮮防營提督吳兆有等、通商委員陳道樹棠十八·九日來稟, 一切細情與電報略符. 又旅順營務處道員袁保齡條陳朝事並伊姪袁世凱家書, 均不為無見, 一併照鈔彙呈.[3] 軍書煩宂, 繕摺不及, 伏乞代呈御覽為幸. 至十九日, 萬延年函言:"朝兵入宮殺日兵, 我軍入衛, 日兵先放槍接仗."等情. 吳兆有是日寅時發稟時, 尚未有此事, 軍情瞬息百變, 目下不知若何, 情形殊為焦急. 已電飭袁道等趕派利運商輪, 於昨日往朝確探, 並傳諭吳兆有等堅壁勿動, 以待理處, 如無阻隔, 五七日内當有回報, 容再電聞. 專肅馳布. 敬頌鈞祺.[4]

照錄清摺

1.「旅順口營務處袁道保齡來稟」.[5]

敬稟者.

朝鮮事變雖出倉猝, 而日人煽惑已久. 日又與法暗通, 乘我兵連禍結不暇旁顧之時, 故意起釁. 李熈孱弱, 蔽於宵小, 思叛我以求庇於日, 固在意中. 此時日兵在朝, 不及五百, 聞十八日由仁川開去兵輪一隻, 其為歸渡重兵可知. 中華若無法事糾葛, 水陸

3 만연년(萬延年)의 자세한 인적 사항은 확인이 곤란하다.

4 李鴻章, 「致總署報朝鮮事變」(光緒十年十月二十五日), 國家清史編纂委員會 編, 「李鴻章全集」(安徽教育出版社, 2007) 33 信函 5, p.421에서는 이 구절이 "敬頌中堂、王爺大人鈞祺. 李鴻章謹啓. 直字四百十六號. 計抄摺二件."으로 되어 있다.

5 원보령(袁保齡. 1841~1889)은 자가 자구(子久)이고, 하남성(河南省) 항성현(項城縣) 출신이다. 함풍·동치 연간 조운총독(漕運總督)을 지낸 원갑삼(袁甲三)의 차자(次子)로 원세개의 숙부(叔父)이기도 하다. 1862年 거인(擧人) 학위를 얻고 부친을 따라 염군(捻軍) 반란의 진압에 참여하였으며, 1866년 내각중서시독(內閣中書侍讀)이 되었다. 1877년 이후 『목종의황제실록(穆宗毅皇帝實錄)』 편찬에 참여하여 사품으로 승진하였고, 1881년 이후 북양대신(北洋大臣)을 돕는 인재가 필요하다고 하여 천진에 가서 북양해방영무(北洋海防營務)를 맡아 처리하게 되었다. 1882년에는 여순항오공정총판(旅順港塢工程總辦)이 되어 여순구 해방에 크게 기여하였는데, 1889년 과로로 병사하였다.

大軍拒日救朝, 尚非全無把握. 保齡自早至今, 焦思沈慮, 與祝三禹、延香林熟商,[6] 此時止有款法剿倭之一策, 敬為中堂陳之. 自古馭四夷之法不能盡言和, 亦不能一概言戰, 但視輕重緩急以為衡. 法人攻台未得, 又牽於滇、粵之師, 亦跋前疐後, 我但略予便宜, 未始不可轉圜. 且朝·日之事為日尚近, 似宜設法趕速與法罷兵, 彼必情願. 法事一鬆, 兵力可以騰出, 急將預備援台之開濟五艘, 起揚兩艘, 連兵蚊湊十餘隻, 期十日內徑抵馬山浦, 將軍自天而下懾日, 膽鼓軍氣, 定朝人之趨向, 免海道之梗阻, 在此一舉. 然過十日, 則落後著矣. 別以商輪渡勁旅數營, 同時並發. 私見以為在吳清帥、宋祝三兩軍中,[7] 擇一皆可, 在精不在多, 金州慶軍三營, 或抽一兩營住可助勢. 黃提督與吳提督等, 頗不相能, 萬萬不宜前往, 恐轉僨事. 李昰應頗得民望, 人究竟恨日者多, 一聞渠出, 必能雲集響應. 且孱王已落倭手, 朝無主人, 我軍更成孤注. 保齡嘗謂:"朝人大半文弱, 獨李昰應則梟雄也." 此時拔之於拘囚之中, 策之以非常之賞, 必當感奮, 無論日人如何挾朝王, 迫其臣民以拒我兵, 而我挾昰應, 以行用父臨子, 義昭大順, 彼猶禮義之邦, 其黎庶必無異辭, 於理、於勢, 均極妥洽. 似宜赦令從軍前往, 以期得力計, 朝鮮及我將吏在朝者, 皆非懂交涉之人, 陳樹棠不足論, 職姪世凱平日所聯給一氣之朝臣, 乃心中國者, 或死或逃, 無從著手. 且帶隊官, 義在執戈, 未宜

---

6 축삼우(祝三禹), 연향림(延香林)의 자세한 인적 사항은 확인이 곤란하다.

7 오청수(吳清帥)는 오대징(吳大澂. 1835~1902)을 가리킨다. 그의 자(字)가 청경(清卿)인 데서 나온 별칭이다. 그의 호(號)는 항헌(恒軒), 각재(愙齋), 백운산초(白雲山樵), 이전거사(二田居士) 등인데, 강소성 오현(吳縣: 오늘날의 소주(蘇州) 출신으로 금석학자, 서화가, 고문자학자로도 유명하다. 1880년 오대징은 삼품경함(三品卿銜)을 받고 길림에 가서 길림장군(吉林將軍) 명안(銘安)을 도와 영고탑(寧古塔)·삼성(三姓)·혼춘(琿春) 등 동쪽 변경의 방어 업무를 맡게 되었으며, 길림에 가서는 원래의 팔기병 세습제를 폐기하고 모병제로 바꾸어 방군(防軍) 기마병·보병 13개 영(營) 5천 명(다음 해 9천 명으로 증가, 나중에 정변군(靖邊軍)으로 불리게 됨)을 편성하였으며, 각지의 방어 업무를 강화하였다. 길림에서는 기기제조국을 창설하여 이곳에 자강운동의 성과를 도입하기도 하였다. 1881년 태복시경(太僕寺卿)으로 승진하였고, 1883년 청불전쟁 직전에는 회판북양사의대신(會辦北洋事宜大臣)에 임명되어 영고탑독판사무(寧古塔督辦事務)를 길림장군에게 넘기고 직예의 낙정(樂亭)·창려(昌黎)에 주둔하면서 동쪽 문호의 방어를 맡아 이홍장을 돕게 되었다. 다시 도찰원좌부도어사(都察院左副都御史)로 승진한 오대징이 조선에 파견된 것도 이러한 연유에서였다. 송축삼(宋祝三)은 송경(宋慶. 1820~1902)을 가리키는데, 그의 자가 축삼(祝三)이다. 산동성 봉래(蓬萊) 출신의 청말 군인으로, 태평천국·염군 등을 진압하는 데 참여하였고, 청일전쟁, 의화단 전쟁에도 참여하여, 의용파도로(毅勇巴圖魯) 등의 칭호를 얻었다. 그가 이끌던 부대는 이 칭호의 앞 글자를 따서 의군(毅軍)으로 불렸다.

與聞槃敦,[8] 似宜遣馬道建忠、羅牧豐祿[9], 偕大軍往, 其人正直可無他慮. 以上各節, 抒臆直陳, 伏候鈞裁, 倘朝若不肯與法議約, 則水路大軍各守要隘, 從何抽調, 三營將士, 以死報國, 亦臣子分所當為, 而朝為日呑, 遼其何以自立, 大局不堪設想, 真不知所以為計, 惟有痛哭而已. 保齡非欲與法和也. 不和法, 無從騰挪兵力、餉力, 則朝不存, 而東三省危, 比台灣、越南孰重, 固不侍智者而知也. 若欲與法與倭兩路搆兵, 更恐進退失據, 所憂不僅在顓臾矣.[10] 手肅密稟, 不能莊繕. 敬叩崇祺. 職道保齡謹稟.
十月廿二日 戌刻

2. 「職姪世凱家書一件」(同知袁世凱家書).

前稟已付泰安, 乃於十七日事變突起, 俱詳中堂稟中. 乞即速打電至津, 俟回電即派兵輪來東. 此時軍情千變, 一時不同, 姪等俱不敢惜命, 惟此地為第一要緊屏藩, 設為東洋佔據, 有傷大局, 殊非淺鮮. 昨日至今, 諸將俱欲與倭人開仗, 而朝鮮練軍四將閔、韓、尹、李俱為殺, 士卒亦思亂動, 俱已撫循毋妄動. 法人事未了, 遽開釁於日本, 中國力殊為支絀. 開化黨徐光範、金玉均、洪英植、朴泳孝欲獨斷獨行, 故先除此六人, 以貪其權. 此六人俱姪熟人, 而尹泰駿交最深, 一時俱殺, 姪羽翼孤矣. 惟金允植尚留在營中, 以備有用. 日人既助開化人除中國黨, 則朝鮮即不為日人所呑, 亦叛將不久矣. 聞日人已將添兵, 其意將何在耶? 乞電至津請兵, 並乞速飭兵輪東渡, 至叩. 危地危時, 亦只盡心力所能為而已. 屢託陳茇南約各國公使, 飭日人退兵出宮, 明日仍當力言. 如日內能退兵, 至日人挾王殺大臣六人, 罪大惡極, 亦徐為設法辦理. 如日內不退兵, 小亭諸人亦决意引兵入保護, 不允即行開仗, 則啟釁殊為寒心. 然人

---

8 반돈(槃敦)은 옥돈(玉敦)과 주반(珠槃)을 말하는데, 천자나 제후가 회맹(會盟)할 때 쓰던 예기(禮器)로, 여기서 나아가 외교 행위나 교섭을 비유하고 있다.

9 나풍록(羅豐祿, 1850~1903)은 자가 직신(稷臣)으로 복건성(福建省) 민현(閩縣) 출신으로, 복주선정학당(福州船政學堂)을 졸업하고 1877년 영국 유학을 하였고 이후 유럽 주재 중국 외교관의 번역 업무를 맡다가 1880년 귀국하여 북양대신 이홍장의 막료 겸 영문비서·외교고문·번역 등을 맡았다. 1883년 4월에는 수사영무처(水師營務處) 도원(道員)으로 승진하였으며, 1896년에는 해관도(海關道)·4품경경(四品京卿)의 직위를 얻고 유럽에 공사로 파견되기도 하였다.

10 오늘날의 산동성에 존재한 전유(顓臾)는 춘추 시대 나라 이름으로 복희(伏羲) 씨의 후예라고 전해지며, 나라가 작고 세력이 약해 노(魯)의 부용국(附庸國)이 되었다가 나중에 결국 초(楚)에게 멸망당했다.

口衆而我寡, 盡力暗中斡旋, 消患為好, 不易措手. 日兵為朝鮮君臣所請, 而我軍入保護, 該君臣力阻, 殊可痛恨, 事一決裂, 不知伊於胡底. 軍事甚急, 盼兵如渴. 萬乞設法派兵撥船, 以顧大局. 此次須派大將如吳清帥者, 方能有濟. 李昰應亦可飭其同兵至, 暗置營中, 以收人心. 此時人心大亂, 如非防軍在此, 亂兵、亂民又起矣. 國中俱不為然. 國將亡, 固如是也. 自相殘殺, 互爭權勢, 亡無日矣. 今日所來各信及筆談, 均附呈清鑒. 伏乞便寄天津, 上之傅相, 或不謂姪坐失先機也. 臨書匆率, 不能盡詳.

十月十八日 五更.

3.「總辦朝鮮商務陳道樹棠來禀」.

敬密禀者.

竊十七日朝鮮總辦郵征局洪英植, 邀請英、德、美、日本公使及職道, 並幫辦商務委員譚守賡堯等, 赴該局飲酒. 該朝鮮官係韓圭稷、閔泳翊、李祖淵、金宏集、穆麟德等人. 席將散時. 忽有人報火警, 泳翊出問, 即被朝鮮亂黨湧進數十人, 持刀將泳翊斫傷. 比時座客聞亂四散, 職道與各公使即趨出, 雖在當場未曾目覩, 馳回公署, 即刻飛函通知營務處袁丞世凱, 派隊前往彈壓. 一面傳齊丁差在署梭巡, 以防意外, 當夜派丁馳赴穆麟德, 查問根由, 始知為該國開化黨作亂, 斫傷閔泳翊後, 即出局追人. 泳翊只傷左耳、左股, 尚可能言. 該黨人見其血溢倒地, 以為身死, 故又他往. 幸為穆麟德公館内德國人二名, 帶有勇丁, 携大鎗前來抬護, 至該公館醫治, 尚可保命未定. 探得防營接職道信後, 吳提督經袁至告知, 亦即函詢顛末. 又將致袁丞之照抄送閱. 是夜即經吳提督派哨官, 帶勇在宮牆一帶巡緝. 因王宫已閉, 未悉細情, 不能舉動. 張先前亦派隊出紫鐘鼓樓一帶巡緝. 十八清晨, 職道往晤穆麟德, 得知日本公使帶兵入王宫, 藉稱國王託其保護, 實為狹制詭謀, 禁該國人出入. 英、美、德三公使今日往見國王, 亦只套話敘問, 不及他事. 見有日兵百餘名, 在宫把守, 亦無攔阻. 比時職道因赴防營未克會同前去. 旋聞其大臣閔台鎬、閔泳穆、韓圭稷、趙寧夏, 參判李祖淵、尹泰駿等六人, 在宫内被害, 不知為何人所戕, 得諸傳說, 亦非確耗. 職道旋至英、德、美公使處晤談, 囑以我兵不可輕動, 俟其動靜再議, 恐兵端一啟, 猝難收拾. 職道亦以為然, 赶即馳赴防營, 會晤袁丞, 營中皆已準備鎗礮、器械, 商於職道, 預備舉兵. 吳提督亦又有信商, 以交涉事務之責, 必須籌定, 再行舉發. 職道當將各公使所議:"詣緩為發隊, 恐人心驚惶."等情, 函知吳提督, 即回告袁丞, 請其暫為按兵. 恐我兵一動, 日兵必出而阻撓, 將謂:"釁自我開." 且該國王亦未有派員出來請我營出隊, 則師出無名, 只可整頓砲火, 以壯聲威, 不能輕發為是. 吳提督、袁丞等均以為然. 想當另禀上達. 查滋事雖由黨人, 而以兵圍護王宮, 縱叛黨於不問, 則皆日人包藏禍心, 不可測度, 我軍應得鎮靜察看行止. 惟兵力太單, 聞黨人雖來者不多, 未敢明目張胆, 而潛伏翼羽甚衆. 難保不勾串日人為庇. 况日人近在肘腋, 聞有添兵之說, 應如何設法消弭, 應請憲台密授機宜於吳提督, 遴派兵輪, 抽撥兵勇, 迅速馳赴朝鮮, 庶足以寒黨人之心, 而社日人窺伺之念. 職道仍與各公使妥籌, 再行馳佈. 現在朝鮮乏輪來往, 消息難通, 應懇專派兵輪二隻, 常川來往, 以免阻擱. 專肅馳禀, 迫切待命之至.

4.「統帶駐防朝鮮親·慶各營吳提督兆有等聯銜來禀」.
敬飛祕禀者.
本月十七日, 郵政局總辦洪英植請陳道樹棠, 同各國公使及韓圭稷、閔泳翊、李祖淵、金宏集、穆麟德等, 飲酒至三更時, 忽喧傳外間火起. 泳翊出視, 即被人刀傷左耳門、左股撲地. 各官聞驚四散, 不敢捉賊. 沐恩兆有聞變,[11] 因逼近王宮, 未敢擅離. 且深夜宮門四閉, 莫知所由不敢輕動, 僅派哨官隨帶勇丁, 在官牆巡緝. 卑職、世凱親率隊二百, 至郵政局彈壓. 沐恩光前亦即帶隊四處巡緝, 不見一人, 問閔泳翊, 則已至穆麟德宅. 卑職、世凱往視, 人尚能言, 但云為開化黨所戕而已. 旋至王宮牆外一帶巡哨, 見宮門仍閉, 忙飭通事探訪, 則泳翊被賊時, 朝鮮内奸已約日本公使, 帶兵入宮, 託言保護, 逼王遷居宮西之景佑宮矣. 一時勢難輕擧, 十八日早, 旋有人來報, 日兵則又遷王於景佑宮連壁判書李載元宅, 禁人出入, 并在内殺其大臣判書閔台鎬、閔泳穆、韓圭稷、趙寧夏、參判李祖淵、尹泰駿等六人, 皆素日信服中國者, 屍身拋出門外, 為屍主收殮. 旋拜洪英植、李載元為相, 朴泳孝掌兵權, 徐光範充外署督辦, 此皆東洋黨最深最久者. 沐恩等查此情形, 雖不敢擅啟邊釁, 然不能坐視不理, 已整備率隊, 入宮保護. 詎韓廷函傳王命力阻, 日人聞信, 亦即擁王回宮, 但嚴禁内宮出

11 목은(沐恩)은 은혜를 입었다는 뜻인데, 명·청대 관장(官場)에서 군관이 상관에게 자신을 지칭할 때 쓰는 용어이기도 하다.

入, 不通聲氣. 此起事顚末之情形也. 王為金玉均、徐光範、朴泳孝等所惑, 皆久欲藉洋人, 以背中國, 今日之事, 形跡畢張. 陳道樹棠屢次來言, 各國公使力勸我軍勿動, 恐動則不易收場. 而金允植亦因國王在日人掌握, 有投鼠之忌, 亦切囑勿動. 惟查日兵仍在內宮, 挾王布政, 何所不至, 我軍欲入, 則國王不允, 不入則無以保衛. 且聞日人已有增兵之舉, 又恐坐失先機, 勢處萬難. 沐恩等一死, 原不足惜, 但恐有損中原大局, 為罪更重. 猶幸泰安解餉到防, 用敢飛稟, 仰乞中堂, 默授機宜, 速派兵輪前來, 以助聲威而通軍報. 如蒙憲恩, 迅調重兵東渡, 天威所震, 當可消日人覬覦之心, 而清開化之黨. 至目前我軍動止, 只好相機而行, 不能預定. 臨稟實不勝危迫, 懇切待命之至. 肅此. 恭叩鈞祺.

광서 10년 10월 26일, 북양대신 이홍장이 다음과 같은 서신을 보내왔습니다.

조선 사변에 대해서는 이미 23일 및 오늘 정오에 세 차례 전보로 대략 알린 바 있으니 대신 상주해 주시길 요청합니다. 아울러 24일의 비밀 유지 한 통을 받았는데, 응당 삼가 그에 따라 처리하도록 하겠습니다. 조선 주둔 부대의 제독(提督) 오조유 등과 통상위원(通商委員) 도대 진수당이 18·19일 보내온 보고에 의하면, 모든 상세한 상황이 전보 내용과 대략 일치합니다. 또한 여순(旅順) 영무처의 도대 원보령이 조선 문제에 대해 조진(條陳)한 바와 아울러 그의 조카 원세개가 그에게 보낸 가서(家書)의 내용을 보면 모두 터무니없는 의견은 아닌 것 같습니다. 아울러 모두 함께 그대로 베껴서 올립니다. 군사 정보에 대한 문서가 너무 번잡하여 주접을 꾸밀 시간이 미치지 못하므로 엎드려 간청하건대 저 대신 상주하여 황상께서 살펴보실 수 있게 해 주면 다행이겠습니다. 19일에 만연년(萬延年)이 서신을 보내 말하길, "조선 군대가 입궁하여 일본 군인을 살해하였고, 우리 부대가 들어가 호위하려 하자 일본 군대가 먼저 사격을 시작하여 접전하게 되었다"라고 합니다. 오조유가 이날 아침 인시(寅時, 오전 3~5시)에 보고서를 올릴 때 아직 이 일은 발생하지 않았는데, 군사적 상황은 순식간에 급작스레 바뀌므로 지금으로서는 어떻게 해야 할지 알 수 없으며, 상황은 특별히 다급합니다. 이미 원보령 도대에게 전보로 지시하여 신속하게 민간 윤선 이운(利運) 호를 어제 조선에 파견하여 확실한 소식을 알아내도록 하였으며, 아울러 오조유 등에게 지시를 전달하여 견고하게 지키면서 흔들리지 않고 처리를 기다리도록 하였습니다. 만약 중간에 막히는 일이 없으면 5, 7일 안에 답장 보고가 있을 터인즉, 그때를 기다려 다시 전보로 알리도록 하겠습니다. 이 소식을 전달하기 위해 신속하게 서신을 보냅니다. 삼가 편안하시기를 빕니다.

1.「여순구 영무처 도대 원보령의 보고(旅順口營務處袁道保齡來稟)」.

삼가 보고를 올립니다.

조선 사변은 비록 창졸간에 일어난 일이지만, 일본인이 선동한 지는 이미 오래되었습니다. 일본은 또한 프랑스와 몰래 내통하여 중국에 전쟁과 재난이 잇따라 옆을 돌아볼 여유가 없는 틈을 타서 일부러 도발하고 있습니다. 조선 국왕[이형(李熈)]이 잔약(孱弱)하고 또 어리석은 소인들에게 둘러싸여 우리에게 반기를 들고 일본의 비호를 바라고 있다는 점은 당연히 이미 알고 있었습니다. 지금 조선에 있는 일본 군대는 5백 명에 미치지 못하며, 듣기에 18일 인천에서 군함 한 척이 출발하였다고 하는데, 돌아가 대규모 병력을 싣고 돌아오기 위함임을 알 수 있습니다. 중국이 만약 프랑스와의 충돌이 없다면 육·해군 대규모 병력으로 일본을 막고 조선을 구원할 수 있겠지만, 그래도 전혀 방법이 없는 것은 아닙니다. 원보령은 일찍부터 지금까지 깊이 생각하고 생각한 끝에 축삼우(祝三禹), 연향림(延香林)과 상세하게 논의하였는데, 그 결과 지금은 단지 프랑스와 화해하고 일본을 토벌하는 방책만이 있을 뿐이라는 생각이 들어, 삼가 이중당 대인께 이 점을 아뢰고자 합니다. 자고로 사방의 오랑캐를 제어하는 방법에서 오로지 화의(和議)만을 이야기할 수는 없으며, 그렇다고 일괄적으로 전쟁만을 이야기할 수도 없으니, 다만 가볍고 무거움과 느리고 급한 것을 보아 기준으로 삼아야 합니다. 프랑스가 대만을 공격하였지만 성공하지 못하고 또한 운남(雲南)·광동(廣東)의 아군에게 견제받아 진퇴양난에 빠진 다음이라, 우리가 약간의 편의를 제공해 주면 원만한 태도 변화도 불가능하지 않을 것입니다. 또한 조선과 일본의 문제는 비교적 최근의 일이니, 방법을 마련하여 신속하게 프랑스와 전쟁을 중지하자고 하면, 프랑스도 아마 그것을 바랄 것입니다. 프랑스와의 문제가 일단 느슨해지면 병력을 추가로 뽑아낼 수 있어 신속하게 대만 원조용으로 예비하고 있던 개제(開濟) 등 5척, 기양(起揚) 2척과 군용 문선(蚊船) 10여 척을 동원하여 10일 이내에 조선 마산포(馬山浦)로 직행하게 할 수 있습니다. 우리 부대가 마치 하늘에서 내려오듯 증원이 이루어지면 일본을 두려워하게 만들고, 우리 군대의 사기를 고무하고, 조선 사람들의 지향을 안정시키고, 해로가 막히는 것을 피하는 것이 모두 바로 이러한 움직임에 달려 있습니다. 그렇지만 10일이 지나면 분명하게 그들에게 뒤처져서 기선을 제압당할 것입니다. 따로 민간 윤선으로 강력한 부대 몇 개 영을 조선에 건너가게 하는 조치를 동시에 취해야 합니다. 제가 보기에는 오대징(吳大澂)이나 송경(宋慶)이 이끄는 부대 가운데 하나를 선택하면 될 것이고, 수가 많은 것이 중요한 것이 아니라 정예 부대인가 아닌가가 중요합니다. 금주(金州)에 주둔하는 [과거에 오장경이 통솔하였던] 경군 3개 영 가운데 혹은 1개 영을 뽑아 보조하게 해도 될 듯합니다. 다만 황사림(黃仕林) 제독과 오조유 제독은 자못 서로 사이가 좋지 않아 결코 같이 가게 해서는 안 되는데, 도리어 일을 망칠 우려가 있기 때문입니다. 이하응(李昰應)은 자못 민심을 얻고 있고, 결국 일본을 한스럽게 여기는 사람들도 많아 일단 그가 다시 복귀한다는 소식을 들으면 반드시 구름처럼 모여 들여 호응할 것입니다. 또한 잔약한 국왕이 이미 일본의 손에 떨어져 조선에 주인(主人)이 없으니, 우리 부대는 더욱 고립될 것입니다. 저는 일찍이 "조선인은 태반이 문약한데, 오로지 이하응만은 효웅이다"라고 말한 적이 있습니다. 지금 연금 상태에서 벗어나게 해주고 아주 특별한 상으로 권장한다면 그는 반드시 크게 감명받아 분발할 것입니다. 일본이 어떻게 조선 국왕을 협박하여 그 신하와 백성에게 우리 군대에 저항하도록 하든, 우리가 일단 이하응을 끼고 아버지로서 아들을 마주하게 한다면 명백한 대의(大義)에 크게 순종할 것이며, 조선은 원래 예의지방(禮義之邦)이라 그 백성도 반드시 다른 말을 하지 않을 것이니, 이치나 대세 면에서 모두 아주 합당한 방안이 될 듯합니다. 따라서 응당 그를 사면하여 중국 군대를 따라 조선에 돌려보내는 것이 유리한 방책으로 보입니다. 조선이나 조선에 있는 우리 문·무 관원은 모두 외교적 교섭을 제대로 알지 못하며, 진수당 역시 그 역량을 따질 정도가 되지 못합니다만, 제 조카 원세개가 평소에 깊이 소식을 주고받았던 조선 신하 가운데 중국에 마음을 둔 사람들은 이번 사변으로 죽거나 도망쳐 도무지 손을 쓸 수 없습니다. 또 경군을 통솔하는 고위 장교는 전투 준비에는 전문성이 있지만 외교 교섭에 참여하기는 적절하지 않으니, 응당 도대 마건충(馬建忠)이나 나풍록(羅豐祿)을 대군과 함께 보내면, 그 사람됨이 정직하여 달리 염려할 필요가 없을 듯합니다. 이상 각 조항은 제 소견을 직접 아뢴 것으로 대인의 결재를 엎드려 기다리는 바입니다. 만약 조정에서 프랑스와의 화의에 나서려 하지 않으면 수로(水路) 대군(大軍)이 각기 요충지를 지켜야 하므로, 어디에서 군사를 뽑아올 수 있겠습니까? 그렇게 되면 조선에 있는 3개 영의 장사(將士)는 죽음으로 나라에 보답해야 하며, 이것은 신하로서 응당 감당해야 할 바입니다만, 조선이 일본에 병탄이라도 된다면 [조선과 인접한] 요녕(遼寧) 지방은 어떻게 자립할 수 있겠습니까? 그러한 국면은 감히 상상하기도 어려우니, 정말 어떤 계책을 세워야 할 줄 모르고 다만 통곡하게 될 뿐입니다. 저는 프랑스와의 강화만을 바라는 것은 아닙니다. 하지만 프랑스와 화해하지 않으면 병력이나 군비를 [조선으로] 옮겨쓸 방법이 없고, 그래서 조선을 보존하지 못하게 되면 동삼성(東三省)이 위태로워지는데, 동삼성을 대만이나 월남과 비교하면 어느 쪽이 더 중요합니까? 이 점은 분명 지혜로운 사람을 기다리지 않더라도 쉽게 알 수 있습니다. 만약 프랑스 및 일본과 양쪽에서 동시에 전쟁을 벌이고자 한다면 아마 더욱 진퇴양난이 될까 두려우니, 근심되는 바는 춘추시대의 약소국 전유(顓臾)처럼 되는 데 그치지 않을 것입니다. 직접 손으로 써서 비밀리에 보고하다 보니 제대로 된 모양을 갖추지 못하였습니다. 삼가 대인의 건강을 빕니다. 도대 원보령이 삼가 보고를 올립니다.

10월 22일 술각(戌刻, 오후 7~9시)

2.「조카 원세개가 보내 온 가서 1통(職姪世凱家書一件)」[同知袁世凱家書]

이전의 보고는 이미 태안(泰安) 호를 통해 부쳤는데, 17일에 갑작스레 사변이 발생하여 그 상세한 내용은 이홍장 중당에게 올린 보고에서 다루었으니, 신속하게 천진(天津)으로 전보를 보내고, 답장 전보가 오기를 기다려 즉시 윤선 군함을 조선으로 보내주시길 간청합니다. 지금 군사적 상황은 변화가 아주 많아 시간마다 달라지는데, 저 원세개 등은 모두 감히 목숨을 아낄 생각을 하지 않습니다만, 지금 이곳은 제일가는 긴요한 울타리라서 만약 일본이 점거한다면 대국에 손해를 끼치는 것이 특히 얕은 바가 아닐 것입니다. 어제부터 오늘까지 여러 장령은 모두 일본과 전투를 벌일 작정을 하고 있는데, 조선 연군(練軍)의 네 장수 민태호(閔台鎬), 한규직(韓圭稷), 윤태준(尹泰駿), 이조연(李祖淵)이 모두 살해되고, 병사들까지도 역시 어지러운 움직임을 보였지만 모두 이미 무마하여 망동하지 않도록 하였습니다. 프랑스와의 충돌이 마무리되지 않았는데 갑작스레 일본과 마찰을 벌인다면 중국은 특별히 힘에 부칠 것입니다. 개화당 서광범(徐光範), 김옥균(金玉均), 홍영식(洪英植), 박영효(朴泳孝) 등은 독단적인 판단과 행동을 일삼고 있고, 따라서 먼저 이들 6명을 먼저 제거하여 그 권력을 빼앗고자 하였는데, 이들 6명은 모두 제가 잘 아는 사람들입니다. 윤태준과는 교제가 가장 깊었는데 일시에 모두 살해당하였으니, 제 편을 들어줄 사람들이 훨씬 줄었습니다. 다만 김윤식은 여전히 우리 부대 안에 머물고 있어, 쓰임새가 있을 듯합니다. 일본인은 이미 개화당을 도와 친청파[中國黨]를 제거하였으니, 조선이 즉각 일본에 병탄(倂呑)되지는 않더라도 또한 중국을 배반할 날이 멀지는 않을 것입니다. 듣기에 일본은 이미 병력을 추가로 증원한다고 하는데, 그 의도가 어디에 있겠습니까? 천진에 전보를 보내 군사 파견을 요청해 주시고, 아울러 신속하게 윤선 군함을 조선에 보내주시기를 지극히 간청하는 바입니다. 위태로운 땅에서 위태로운 시기에는 역시 전심전력으로 할 수 있는 일을 할 뿐입니다. 누차 진수당 도대에게 각국 공사와 약속하여 일본인이 군대를 물려 궁전을 나오도록 지시하게 해달라고 부탁하였는데, 내일 또한 응당 힘써 이야기할 것입니다. 만약 일본이 하루 안에 군대를 물릴 수 있다면 비록 국왕을 끼고 협박하고 대신 6명을 살해하여 극악무도한 범죄를 저질렀지만, 그래도 서서히 방법을 마련하여 처리할 수 있을 것입니다. 만약 일본이 군대를 물리지 않는다면 저희 또한 군대를 이끌고 궁전에 들어가 국왕을 보호할 결의를 다지고 있습니다. 만약 일본이 허락하지 않는다면 즉시 전투가 개시되어 충돌하는 점이 몹시 두렵기는 합니다. 그런데 적은 숫자가 많고 우리는 숫자가 적으니, 최선을 다해 암중에 환난을 해소하는 것이 좋기는 하지만, 그런 조치가 결코 쉬운 일은 아닙니다. 일본 군대는 조선의 군신이 요청한 바이고, 우리가 입궁하여 보호하려 해도 조선 군신이 힘써 저지한다면 정말로 통탄스러운 일이 될 것이고, 일단 결렬 상태로 가면 그 끝이 어떻게 될지는 아무도 알 수 없습니다. 군사적인 긴장 상태가 몹시 다급하니, 정말 목마르게 군대의 증원을 요청합니다. 방법을 마련해서 병력을 파견하고 군함을 동원해 주시길 간절하게 부탁드리는 바입니다. 이번에는 이를테면 오대징 대신과 같은 대장(大將)을 파견해야만 비로소 제대로 된 역할을 할 수 있을 것입니다. 이하응 역시 증원부대와 같이 오도록 지시하여, 암중에 중국 부대 내에 안치하고 인심을 수습하게 할 수 있을 터입니다. 지금 조선 인심은 크게 어지러워져 중국 주둔 부대가 여기에 있지 않으면 난민(亂民)이나 난병(亂兵)이 다시 출현할 것입니다. 조선 국내에서는 모두 그렇지 않다고 하지만, 나라가 망하려면 원래 이렇게 되는 법입니다. 자기들끼리 서로 상잔하고 권세를 다투니 망할 날이 머지않은 것입니다. 오늘 받은 각 서신 및 필담을 함께 올려 살펴보시도록 하겠습니다. 엎드려 간청하건대, 바로 천진에 부쳐서 이홍장 대인께 전달될 수 있도록 해주신다면 혹은 조카가 앉아서 선기(先機)를 놓쳤다고는 하시지 않을 것입니다. 급하게 쓰다 보니 아주 상세한 내용은 담지 못하였습니다.

10월 18일 오경(五更, 오전 3~5시).

3. 「총판조선상무를 맡고 있는 도대 진수당의 보고(總辦朝鮮商務陳道樹棠來禀)」.

삼가 비밀리에 보고합니다.

지난 17일 조선의 우정국 총판을 맡고 있는 홍영식이 영국·독일·미국·일본 공사 및 본 도대와 방판상무위원(幫辦商務委員) 담갱요(譚賡堯) 등을 초대하였기에, 그곳에 가서 음주 연회에 참가하게 되었습니다. 조선 관리는 한규직, 민영익, 이조연, 김홍집, 묄렌도르프 등이었고, 연회가 끝날 무렵 갑작스레 불이 났다고 알리는 사람이 있어 민영익이 나가 물어보고자 하였는데, 즉각 조선 난당 수십 명이 몰려들어 와서 칼로 민영익을 베어 상처를 입혔습니다. 그 무렵 빈객들은 난리 소식을 듣고 사방으로 흩어졌는데, 저는 각국 공사들과 함께 곧장 뛰쳐나왔기 때문에, 비록 이런 상황을 현장에서 제 눈으로 목격하지는 못하였으나, 공서(公署)로 신속하게 돌아왔습니다. 그리고 즉각 영무처 원세개에게 신속하게 서신을 보내 알리고, 군대를 파견해 통제하도록 하였습니다. 또 다른 한편으로는 직원들을 불러 모아 공서에서 순찰하면서 의외의 사태에 대비하도록 하였습니다. 그날 밤 직원을 보내 묄렌도르프에게 가서 사태의 원인을 물어보도록 한 다음에야 비로소 조선 개화당이 반란을 일으켜 민영익을 베어 쓰러뜨린 다음 우정국을 나서서 다른 사람들을 추적하였다는 것을 알게 되었습니다. 민영익은 단지 왼쪽 귀와 팔을 다쳤을 뿐 그래도 말을 할 수 있었습니다. 개화당은 민영익이 피를 흘리면서 땅에 쓰러지자, 그가 죽은 것으로 생각했기 때문에 놔두고 다른 곳으로 옮겨간 것입니다. 다행스럽게도 묄렌도르프의 공관 내에 독일인 2명이 있어, 병사들을 데리고 큰 창을 휴대하고 와서 민영익을 싣고 보호하면서 공관에 이르러 치료하였으나, 그 생명을 보전할 수 있을지는 아직 모릅니다. 탐문하여 보니 방영(防營)에서는 제게 소식을 들은 다음 오조유 제독이 원세개를 거쳐 통보를 받고 다시 서신을 보내 사건의 전말을 물어 왔습니다. 또한 원세개에게 보내는 서신도 베껴 보내 읽을 수 있도록 하였습니다. 오조유 제독은 초관(哨官)을 파견하여 병사를 이끌고 궁전 담장 일대를 순찰하게 하였습니다. 왕궁문이 이미 닫혀 있기에 상세한 사정을 알 수 없어 어떤 거동도 할 수 없었습니다. 총병(總兵) 장광전(張光前) 역시 앞서 부대를 보내 종고루(鐘鼓樓) 일대를 순찰하게 하였습니다. 18일 새벽에 저는 가서 묄렌도르프를 만나, 일본 공사가 부대를 이끌고 왕궁에 들어갔고, 국왕이 보호를 부탁했다는 것을 구실로 삼았지만 실은 협박하기 위한 음모로 조선인의 왕궁 출입을 금지하였음을 알게 되었습니다. 영국·미국·독일 세 공사가 오늘 국왕을 알현하러 갔는데, 역시 상투적인 인

사말만 나누었을 뿐 다른 이야기는 언급하지 않았습니다. 현재 일본 부대는 백여 명 정도로 궁정을 파수하고 있으며, 또한 이들을 가로막지도 않았습니다. 그 무렵 저는 방영에 가느라 미처 그들과 함께 갈 수 없었습니다. 이윽고 조선 대신 민태호·민영직·한규직·조영하와 참판(參判) 이조연(李祖淵)·윤태준(尹泰駿) 등 6명이 왕궁 내부에서 피살되었지만, 누구에게 살해되었는지는 알 수 없다고 듣게 되었는데, 이것은 소문에 의한 것이라 또한 확실한 소식은 아닙니다. 저는 곧바로 영국·독일·미국 공사를 방문하여 이야기를 나누었는데, 중국군은 쉽사리 움직여서는 안 되며, 그 동정을 살핀 다음 다시 논의하자고 그들은 부탁하였습니다. 일단 군사적 충돌이 시작되면 졸지에 수습하기 어려워질 것을 염려한다는 것이었습니다. 저 또한 그렇다고 생각하여 신속하게 방영으로 달려가 원세개를 만났는데, 부대에서는 이미 총포와 기계를 준비하고 있었으며, 저와 상의한 다음 출동에 대비한다는 것이었습니다. 오조유 제독 역시 제게 서신을 보내 상의하였는데, 제가 교섭사무의 책임을 지고 있으니 반드시 대책을 마련한 이후에 움직이자는 것이었습니다. 저는 바로 각국 공사들과 논의한 대로 “민심이 놀라 당황할 염려가 있으니 부대 출동을 늦추자”라는 뜻을 오조유 제독에게 서신으로 알리고, 즉각 원세개에게 돌아가 잠시 부대를 멈추라고 요청하였습니다. 우리 부대가 일단 움직이기 시작하면 일본군이 반드시 나서서 저지할 것이고, “우리가 먼저 싸움을 걸었다”라고 주장할 우려가 있었기 때문입니다. 또한 조선 국왕 역시 관원을 보내 우리 방영에 부대 출동을 요청하지도 않았으므로 출동 명분이 없어서, 단지 잠시 포화(砲火)를 정돈하며 우리 위세를 과시할 뿐 가볍게 움직이지 않은 것이 옳다고 여겼습니다. 오조유 제독이나 원세개도 모두 그렇게 생각하였고, 그래서 이 점에 대해 따로 다른 보고를 통해 알리고자 합니다. 살펴보건대 반란이 비록 개화당에게서 비롯되었지만, 우리가 부대를 움직여 왕궁을 둘러싸고 보호한다면, 설사 이 반란의 무리들이 이를 불문에 부치더라도, 일본인이 못된 마음을 품고 있어 어떤 행동으로 나설지 예측할 수 없습니다. 따라서 우리 부대는 응당 차분하게 기다리면서 행동하거나 멈추는 것을 지켜보아야 할 것입니다. 다만 우리 병력이 지나치게 빈약하고, 듣기에 개화당은 비록 참여한 사람이 많지 않아 감히 대담하게 행동에 나서지는 않을지라도 그에 동조하는 일당이 아주 많고, 일본인과 결탁하여 그 비호를 받지 않는다고 보장하기 어렵습니다. 하물며 일본인은 겨드랑이처럼 가까운 데 있는 데다가, 듣기에는 병력을 추가로 증원한다는 소문도 있으니, 응당 어떤 방법을 마련하여 우환을 해소해야 할지 이중당 대인께서 오조유 제독에게 비밀리에 지침을 내려주시고 윤선 군함을 골라 파견하고 병사를 동원하여 신속하게 조선에 보내주셔야만, 개화당이 두려운 마음을 품게 만들고 일본인이 엿보는 마음을 막을 수 있을 것이라 요청하는 바입니다. 저는 계속 각국 공사들과 적절한 방안을 마련한 다음 다시 신속하게 알려드리고자 합니다. 현재 조선에는 윤선의 왕래가 없어 소식을 주고받기 어려우니, 응당 윤선 군함 두 척을 파견하여 항상 왕래하여 소식이 막히는 것을 피할 수 있도록 해주시길 간청해야 할 것 같습니다. 삼가 신속하게 보고를 올리면서 지시를 내려주시기를 절박하게 기다리고 있습니다.

4.「조선에 주둔하는 친·경 각 영을 통괄하는 제독 오조유 등이 연명으로 올린 보고(統帶駐防朝鮮親·慶各營吳提督兆有等聯銜來禀)」

삼가 비밀리에 신속하게 보고합니다.

이달 17일, 우정국 총판 홍영식이 진수당 도대를 초대하여, 각국 공사와 한규직·민영익·이조연·김홍집·묄렌도르프 등이 3경(오후 11시~오전 1시) 무렵까지 연회를 가졌는데, 갑작스레 시끄럽게 밖에 불이 났다는 소식이 전해졌습니다. 민영익이 나가서 살펴보다가 즉각 칼부림을 당하는 습격을 받아 왼쪽 귀와 팔에 상처를 입고 땅에 쓰러졌습니다. 각 관원은 소식을 듣고 놀라 사방으로 흩어졌고, 감히 가해자를 잡을 생각은 하지 못하였습니다. 저 오조유는 사변 소식을 들었지만, 왕궁에 근접한 곳이라 감히 자리를 벗어날 수는 없었습니다. 또한 깊은 밤중에 궁문은 사방이 모두 닫혀 있어 어찌할지를 몰라 감히 경거망동할 수 없었습니다. 다만 초관을 파견하여 병사를 이끌고 왕궁 담장을 순찰하게 하였습니다. 저와 원세개는 직접 2백 명의 병력을 이끌고 우정국에 가서 통제하였습니다. 저와 장광전은 또한 즉시 병력을 이끌고 사방으로 순찰하였지만, 한 사람도 볼 수 없었고, 민영익에 대해 물어보니 이미 묄렌도르프의 집에 이르렀다고 하였습니다. 저와 원세개가 가서 살펴보니, 그는 그래도 말은 할 수 있었는데, 단지 개화당에게 습격당했다고 할 뿐이었습니다. 곧바로 왕궁의 담장 일대에 이르러 순찰하였는데 궁문이 여전히 닫혀 있는 것을 보고 바쁘게 통역에게 탐문하여 보도록 지시하였더니, 민영익이 피해를 당할 때 조선의 내간(內奸)이 이미 일본 공사와 약속하여 부대를 이끌고 입궁하여 보호한다는 명분으로 국왕을 왕궁 서쪽의 경우궁으로 옮겨 가게 했다고 합니다. 당시로서는 쉽게 움직이기 어려운 상황이었는데, 18일 아침에 곧바로 누군가 알려오길, 일본군이 다시 국왕을 경우궁 담장에 인접한 판서 이재원의 집으로 옮기고, 출입을 금지하는 동시에 그 안에서 조선의 대신 판서 민태호·민영목·한규직·

조영하, 참판 이조연·윤태준 등 6명을 살해하였으며, 이들 모두 평소 중국을 믿고 따르는 사람들이었고, 시신은 문밖으로 던져져 가족들이 거두어 가게 하였다고 합니다. 또한 홍영식, 이재원을 재상으로 임명하고, 박영효가 병권을 장악하고, 서광범이 외서독판(外署督辦)에 취임하였는데, 이들은 모두 일본의 영향을 가장 깊게 받은 사람이었습니다. 저는 이런 상황을 살펴보고 비록 감히 멋대로 일본과의 마찰을 일으킬 수는 없었지만, 그렇다고 앉아서 방관할 수도 없기에 부대를 정비하고 이끌어 왕궁에 들어가 보호하고자 하였습니다. 그런데 조선 정부에서 서신으로 왕명을 전하면서 힘써 거절하였고, 일본인은 이 소식을 듣고 또한 즉각 국왕을 모시고 왕궁으로 돌아갔지만, 내궁(內宮) 출입을 엄금하여 외부와의 소식 전달을 막았습니다. 이것이 반란 발생과 이후의 상황입니다. 국왕은 김옥균·서광범·박영효 등에게 현혹되었고, 이들 모두는 오랫동안 서양인의 힘을 빌려 중국을 배신하려는 생각을 품고 있었는데, 오늘의 일로 그 행적이 아주 뚜렷하게 드러났습니다. 진수당 도대는 누차 서신을 보내 각국 공사가 힘써 우리 부대가 움직이지 못하도록 권하였다고 전해 왔는데, 우리가 움직이면 수습하기 쉽지 않다는 염려 때문이었습니다. 그리고 김윤식 또한 국왕은 일본인에게 장악되어 있어 뜻하지 않은 결과가 생길 수 있다면서 절대로 움직이지 말라고 요청하였습니다. 다만 일본 부대가 여전히 내궁에 있으면서 국왕을 끼고 정사를 행하여 모든 상황을 장악하고 있으니, 우리 부대가 들어가고자 하면 국왕이 허락하지 않고, 들어가지 않으면 국왕을 보위할 방법이 없습니다. 또한 듣기에 일본은 또한 이미 추가 병력을 파견하였다고 하니, 또한 앉아서 기선을 제압당할까 염려되어 어찌 움직여야 할지 정말 판단하기 곤란합니다. 저희가 싸우다 한 번 죽는 것은 원래 아까울 것이 없습니다만, 다만 중원(中原)의 대국(大局)에 손상을 끼치면 그 죄가 더욱 무거울 것입니다. 다행스럽게도 태안(泰安) 호가 도착하여 저희 방영에 군향(軍餉)을 전달해 왔기에, 이를 이용해 감히 신속하게 보고를 올려, 이중당 대인께서 비밀리에 지침을 내려주시고 신속하게 윤선 군함을 보내주시어 우리의 위세를 늘리고 군사 정보를 소통할 수 있게 해주시길 간청합니다. 만약 이중당 대인께서 은혜를 베풀어 신속하게 대규모 부대를 조선에 파견해 주신다면 그 위세가 진동하여 당연히 일본인들이 엿보는 마음을 품지 못하고, 개화당이 숙청될 수 있을 것입니다. 현재 우리 부대가 움직이는가 멈추는가에 대해서는 다만 기회를 살펴서 실행해야지, 미리 정해놓고 할 수는 없습니다. 보고를 올리면서 실로 급박함을 감당할 수 없으니, 간절하게 명령을 내려주시길 기다리고 있습니다. 이상입니다. 삼가 대인의 편안함을 빕니다.

(3) 문서번호 : 5-1-03(901, 1508b)

사안 : 제물포에서 보낸 전보에 따르면 한성에서 중국군과 일본군이 교전하였다고 합니다 (濟物浦電, 華兵與日兵在漢城交鋒).

날짜 : 光緒十年十月二十七日(1884년 12월 14일)

발신 : 독일 공사 브란트(巴蘭德)

수신 : 總理衙門

十月二十七日, 德國公使巴蘭德函稱:

頃接朝鮮仁川濟物鋪地方中國十月二十一日發來電信內稱:

在朝鮮都城, 華兵與東洋兵交鋒, 倭兵現退守濟物鋪矣. 洋人皆未遇害.

並稱:

現有英國兵艘一隻在於該口.

云.

광서 10년 10월 27일, 독일 공사 브란트가 다음과 같은 서신을 보내왔습니다.

최근 조선 인천 제물포 지방에서 음력 10월 21일 보낸 다음과 같은 전보를 받았습니다.

조선의 수도에서 중국군과 일본군이 교전하였으며, 일본군은 현재 제물포로 물러나 지키고 있습니다. 서양인들은 피해를 당한 사람이 없습니다.

아울러 전하기를,

현재 영국 군함 1척이 그곳에 머물고 있습니다.

라고 하였습니다.

(4) 문서번호 : 5-1-04(902, 1509a-1513b)[12]

사안 : 조선 사변은 조선 신하 가운데 일본과 무리를 지은 자들이 반란을 일으킨 것이므로, 이하응을 석방하고 돌려보내 인심을 수습하라는 상유를 청하고자 합니다(朝鮮事變由朝臣黨倭者構亂, 擬請旨釋回李昰應以繫人心).

첨부 문서 : 1.「이홍장이 받은 후보도 심능호(沈能虎)의 보고(李鴻章收候補道沈能虎稟)」: 이하응은 시무(時務)를 알고 시국에 밝으며, 이홍장 중당의 뜻에 따라 조선을 보호하겠다고 스스로 맹세하였습니다(李昰應頗識時務, 明時局, 自誓悉遵中堂旨意, 以保護朝鮮).

2.「후보도 심능호와 조선 대원군의 필담(候補道沈能虎與朝鮮大院君筆談)」: 이하응이 나라를 다스리는 길에 대해 서술하였습니다(李昰應筆陳治國之道).

날짜 : 光緒十年十月二十八日(1884년 12월 15일)

발신 : 北洋大臣 李鴻章

수신 : 總理衙門

[이하 생략]

12 이 문서는『국역 청계중일한관계사료 6』임오군란 편의 4. 사후처리 (16)「4-7-16(902, 1509a-1513b)」에 이미 실려 있어 중복을 피해 생략한다.

(5) 문서번호 : 5-1-05(903, 1514a)

사안 : 조선 사변에 관한 전보를 보내주신 데 대해 감사 편지를 드립니다(函謝送閱朝鮮電紙).

날짜 : 光緖十年十月二十九日(1884년 12월 16일)

발신 : 總理衙門

수신 : 독일 공사 브란트

十月二十九日, 致德國公使巴蘭德函稱:

昨由貴大臣送到朝鮮來電一紙, 本爵大臣等均已閱悉. 諸多費心, 特此函謝. 順頌日祉.

광서 10년 10월 29일, 독일 공사 브란트에게 다음과 같은 서신을 보냈습니다.

어제 귀 대신께서 조선으로부터 받은 전보 1통을 보내주셨습니다. 본 작대신(爵大臣) 등은 모두 이미 모두 읽어보았습니다. 여러모로 신경을 써주신 것에 대해 특별히 이 서신을 보내 감사드립니다. 매일 편안하시기를 빕니다.

(6) 문서번호 : 5-1-06(904, 1514b)

사안 : 조선 사건을 함께 논의할 시간을 약속하여 정하고자 합니다(約定會商朝鮮事件時間).

날짜 : 光緒十年十一月初一日(1884년 12월 17일)

발신 : 영국 공사 파크스

수신 : 總理衙門

十一月初一日, 英國公使巴夏禮函稱:

本大臣現因有朝鮮國事件, 擬於明日前赴貴署, 與貴王大臣會商. 何時獲暇, 即祈酌示, 以便屆
時趨晤也. 此布. 即頌鈞祺.

광서 10년 11월 1일, 영국 공사 파크스가 다음과 같은 서신을 보내왔습니다.

본 대신은 현재 조선국에서 사건이 발생하였으므로, 내일 귀 총리아문을 방문하여 귀 왕대신 등과 협의하고자 합니다. 어느 때에 빈 시간이 있는지 알려 주셔서 시간에 맞추어 달려가 뵐 수 있으면 합니다. 이상입니다. 편안하시기를 빕니다.

(7) 문서번호 : 5-1-07(915, 1522b-1523b)

사안 : 황상의 유지에 따라 조선과의 교계 지방 방어를 준비하고, 아울러 조선 변란 상황을 비밀리에 염탐하고자 합니다(遵旨籌備朝鮮交界地方防務暨密探朝鮮變亂情形).

날짜 : 光緒十年十一月初九日(1884년 12월 25일)

발신 : 軍機處

수신 : 總理衙門

十一月初九日, 軍機處交出慶裕抄摺稱:[13]

為遵旨籌備朝鮮交界地方[防務]暨嚴密偵探各情形, 先行恭摺密陳, 仰祈聖鑒事. 竊奴才於光緒十年十月二十七日, 承准軍機大臣密寄, 光緒十年十月二十四日奉上諭:

據李鴻章電稱:

朝鮮又有內亂, 似由日人播弄主持, 擬請派員查辦. 等語. 等因.

欽此. 遵旨寄信前來. 奴才接奉之下, 仰見皇太后皇上愼固邊圉、綏靖藩封之至意, 曷勝欽佩? 查前於本年十月二十六日, 據統領奉軍記名提督左寶貴密禀:

據營口電報局委員密稱:

由旅順電稟北洋大臣李鴻章, 據稱朝鮮現有事變.

等語. 奴才當因朝鮮係奉省藩籬, 最關緊要, 即劄飭護理東邊道徐本衡, 派員嚴密偵探在案. 玆奉諭旨妥籌備禦. 伏查東邊地方, 與朝鮮僅止一江之隔, 勢甚切近. 九連城與鳳凰邊門, 尤為緊要處所. 現經奴才劄飭左寶貴, 將前次調赴營口之靖邊前營步隊五百名, 調回東邊, 仍歸該道節制, 以敷分布, 並因營口現已封凍, 防務稍鬆, 抽調現駐遼陽之奉軍左營馬隊一營, 飭赴鳳凰邊門, 扼要駐紮, 聽候調遣. 如果兵力不敷,

---

13 경유(喜塔臘 慶裕, ?~1894)는 만주정백기(滿洲正白旗) 출신의 청대 장령(將領)으로, 1875년 이후 봉천부부윤(奉天府府尹), 조운총독(漕運總督), 하동하도(河東河道), 성경장군(盛京將軍) 등을 맡았다.

俟雷正綰出關後,[14] 即行遵旨會商辦理, 一切咨會北洋大臣李鴻章、左副都御史吳大澂、兩淮鹽運使續昌,[15] 妥商辦法, 並密飭護理東邊道徐本衡, 整軍設防, 添派妥弁前往密探, 備禦不虞, 以期仰慰宸虛. 除俟探有朝鮮變亂確信, 再將應行布置情形, 另行密陳外, 所有遵旨籌備邊防事宜各緣由, 合先恭摺馳陳, 伏乞皇太后、皇上聖鑒. 謹奏.

光緒十年十一月初八日, 軍機大臣奉旨:

覽奏已悉. 奉天邊防事宜, 著該將軍隨時相機布置,[16] 妥籌備禦, 並確探朝鮮近日情形, 即行奏聞.

欽此.

광서 10년 11월 9일, 군기처에서는 다음과 같은 성경장군(盛京將軍) 경유의 주접을 베껴 보내왔습니다.

상유에 따라 조선과의 교계 지방 방어를 준비하고 아울러 엄밀하게 각 상황을 정탐한 일에 대하여 먼저 삼가 주접을 갖추어 비밀리에 아뢰면서 황상께서 살펴주시기를 엎드려 빕니다.

저는 광서 10년 10월 27일 군기대신이 보낸 비밀 기신상유(寄信上諭[密寄])를 받았는데, 광서 10년 10월 24일 다음과 같은 상유를 받았다는 내용이었습니다.

---

14 뇌정관(雷正綰, 1829~1897)은 자가 위당(偉堂)으로 사천성(四川省) 중강(中江) 출신의 청대 장령이다. 태평천국, 염군 등과의 싸움에 오랫동안 종사하였으며, 1884년에는 청불전쟁이 일어나자 봉황성(鳳凰城)에 주둔하면서 변경 방어를 맡았다.

15 속창(續昌)은 몽고정백기(蒙古正白旗) 출신으로 자가 연포(燕甫)인 만족(滿族)이다. 1879년 봉금산해관도(奉錦山海關道)의 도대로 임용되어 군대 정돈 등의 사무를 맡았고, 이후 내각학사(內閣學士), 이번원 원외랑(理藩院 員外郎), 양회염운사(兩淮鹽運使) 등의 직위를 맡았다.

16 봉천장군(奉天將軍)은 성경장군(盛京將軍)이라고도 하는데 그 직함은 "盛京 等處를 鎭守하는 將軍(鎭守盛京等處將軍)"으로 원래 정일품의 무직(武職)이었다가 이후 종일품의 무직으로 바뀌었으며, 1907년 폐지되었다. 청조의 발원지역(龍興之地)이나 마찬가지인 성경[盛京. 오늘날의 심양(瀋陽)]은 청대에 특별히 중시를 받았는데, 그 관할 구역은 원래 봉천부(奉天府)에서 점차 범위가 확대되어 오늘날의 요녕성을 포괄하게 되었고, 1747년 이후 성경장군으로 불리게 되었다. 성경장군은 봉천의 군정 사무 및 기인(旗人)를 관할하는 것이 주된 임무였지만, 실질적으로는 특별행정구역인 봉천을 관할하는 최고 지방장관이었다.

이홍장의 다음과 같은 전보를 받았다.

> 조선에 다시 내란이 발생하였는데, 아마도 일본인이 농간을 부려 주지하는 것 같으니, 관원을 파견하여 조사·처리하고자 합니다.

이러한 기신상유가 전달되어 읽어보니, 황태후·황상(皇太后·皇上)께서 변경을 신중하게 굳히고 번봉(藩封)을 적절하게 안정시키고자 하는 지극한 뜻에 대해 어찌 찬탄하지 않을 수 있겠습니까? 올해 10월 26일 이미 통령봉군기명제독 좌보귀(統領奉軍記名提督 左寶貴)의 다음과 같은 비밀 보고를 받은 적이 있습니다.

영구전보국(營口電報局) 위원의 다음과 같은 비밀 보고를 받았습니다.

> 여순에서 전보로 북양대신 이홍장에게 보고하였는데, 이에 따르면 조선에 지금 사변이 발생했다고 합니다.

조선은 봉천의 울타리로서 가장 중요한 위치에 있으므로, 저는 즉각 호리동변도(護理東邊道) 서본형(徐本衡)에게 인원을 파견하여 엄밀하게 정탐하도록 지시한 바 있습니다. 그런데 지금 다시 적절하게 변경 방어를 준비하라는 상유를 받았습니다. 엎드려 생각건대, 봉천 동변(東邊) 지방은 조선과 단지 강 하나를 사이에 둘 정도로 매우 가까이 붙어 있고, 구련성(九連城)과 봉황 변문(鳳凰邊門)은 특히 중요한 장소입니다. 현재는 제가 좌보귀에게 지시하여, 이전에 영구로 이동시킨 정변전영(靖邊前營) 보병부대 5백 명을 동변으로 되돌아오게 하고, 여전히 동변도의 지휘를 받도록 나누어 배치하고, 아울러 영구는 이미 항구가 동결되어 방어 업무가 조금 느슨해졌으므로 지금 심양(遼陽)에 주둔하는 봉군좌영(奉軍左營) 기마부대 1개 영을 뽑아 봉황변문에 가서 요충지에 주둔하면서 이동 명령을 기다리게 하였습니다. 만약 병력이 부족하다면 뇌정관(雷正綰)이 산해관(山海關)을 나선 다음 즉시 상유에 따라 함께 논의하여 처리하고, 모든 내용을 북양대신 이홍장과 좌부도어사(左副都御史) 오대징, 양회염운사(兩淮鹽運使) 속창(續昌)에게 자문으로 알려 방법을 적절하게 논의하는 것 외에, 아울러 호리동변도 서본형에게 지시하여, 군대를 정비하고 방어 설비를 정리하고 적절한 무관을 추가로 파견하여 비밀리에 탐문하면서 불의의 사태에 대비함으로써 황상의 근심을 우러러 위로해 드리고자 합니다. 조선 변란에 관한 확실한 정보를 확보하기를 기다려 다시 응당 배치해야 할 상황에 대해 따로 비밀리에 아뢰는 것 외에, 지금까지 상유에 따라 변방 문제를 준비한 각 사항에 대해 먼저 주접을 갖추어 신속하게 알리면서, 엎드려 황태후·황상께서 살펴보시길 간청합니다. 삼가 주를 올립니다.

광서 10년 11월 8일, 군기대신은 다음과 같은 상유를 받았습니다.

> 상주는 이미 읽어보았다. 봉천 변방 사무는 봉천장군(奉天將軍)이 수시로 상황을 살피면서 배치하여 적절하게 방어할 수 있도록 하고, 아울러 조선의 최근 상황에 대한 확실한 정보를 탐문하여 즉시 상주하도록 하라.

이상.

(8) 문서번호 : 5-1-08(917, 1524b-1525a)

사안 : 천진에 도착하여, 이홍장 중당 및 속창 칙사와의 대담, 그리고 조선의 변란 상황에 대해 들은 바를 보고합니다(報告到津與李傅相、續星使晤談及所聞韓亂情形).

날짜 : 光緒十年十一月初十日(1884년 12월 26일)

발신 : 總理衙門章京 方恭釗[17]

수신 : 總理衙門

> 十一月初十日, 本衙門章京方恭釗, 由津寄來致總辦函稱:
>
> 別後初四日未刻抵津, 即詣北洋節轅謁見. 將瀕行, 堂憲面諭諸語, 逐一陳達傅相. 是晚讌續燕甫星使,[18] 留弟作陪, 席間燕甫亦以諭令了事勿生事之言申述. 次日初五, 往送燕甫啟行, 得觀旅順續到電報, 有倭人自焚使館, 朝王仍請華兵調護等語. 如所報皆真, 實似尚易於措手. 旋詣傅相以盛、馬二道在轅候見,[19] 辭弟先歸. 初六又往得見傅相, 告弟以昨倭領事原敬進見, 業將問答大略, 並電音轉達總署. 弟以所聞華營在朝鮮國中時有滋擾, 朝人頗不免怨言, 從容陳及. 傅相答以當是謠傳, 並先稱袁丞世凱為能. 此到津三日情形. 乞先代回堂憲. 弟借江蘇海運局暫居, 地頗靜僻, 可以

---

17 방공조(方恭釗)는 자가 면포(勉浦)로 절강성(浙江省) 인화(仁和) 출신이다. 1862년 거인(擧人)이 되었고, 1872년 내각후보중서(內閣候補中書)로 총리아문 장경에 선발되었으며, 이후 호북성(湖北省) 형의시도(荊宜施道), 직예천진도(直隸天津道)를 지냈다.

18 성사(星使)는 원래 제왕의 사자(使者)라는 뜻으로, 청대 후반에는 주외 사절이나 칙사를 가리키는 말로 사용되었다.

19 당시 서리 천진해관도를 맡아 이홍장을 보좌하던 성선회(盛宣懷, 1844~1916)는 자가 행손(杏蓀)이고 별호가 우재(愚齋) 또는 지수(止叟)이다. 강소성 상주부(常州府) 무진(武進) 출신인데, 생원(生員) 출신으로 관판상인(官辦商人), 매판(買辦)을 거친 양무파(洋務派)의 대표 인물로, 저명한 관료·실업가·자선사업가이기도 하다. 성선회는 중국 최초로 11개의 기업·기구를 창설하였는데, 윤선초상국(輪船招商局), 중국전보총국(中國電報總局), 중국통상은행(中國通商银行), 경한철로(京漢鐵路), 한야평공사(漢冶萍公司), 남양공학(南洋公學) 등은 그가 모두 창설한 것이다. 1870년에 이홍장의 막료가 되어 그의 양무 사업 추진을 도왔으며, 1879년 이후에는 서리 천진하간병비도(署天津河間兵備道), 서리 천진해관도(署天津海關道), 초상국독판(招商局督辦), 동해관감독(東海關監督), 직예해관도 겸 직예해관감독(直隸津海關道兼直隸津海關監督) 등의 자리를 역임하였다.

避喧. 惟屋空人少, 且須自起火食, 甚為不便. 因盛觀察囑往紫竹林商局, 看補訂密約本. 又須談電綫之事, 並託覓購朝鮮地圖, 擬再留此三五日, 即行返轡銷差. 專此布達. 敬請值安.

광서 10년 11월 10일, 본 아문의 장경(章京) 방공조(方恭釗)가 천진에서 총판에게 다음과 같은 서신을 부쳐왔습니다.

작별한 다음 초4일 미각(未刻, 오후 1~3시) 천진에 도착하자, 곧장 북양대신 아문을 찾아가 이홍장 중당을 알현하였습니다. 자리를 떠날 무렵 상사께서 직접 지시하신 이야기를 하나하나 이홍장 중당에게 아뢰어 전달하였습니다. 이날 저녁 속창 칙사와의 주연이 있었는데, 제가 남아 배석하도록 하고, 이 자리에서 속창 칙사 역시 일을 마무리해야지 새로 문제를 만들어서는 안 된다고 말씀하셨습니다. 다음날인 5일, 속창 칙사가 떠나는 것을 마중하러 갔다가, 여순에서 계속 도착하는 전보를 볼 수 있었는데, 일본인이 스스로 공사관을 불태웠다거나, 조선 국왕이 또한 호위를 위해 중국 부대의 이동을 요청했다는 등의 내용이었습니다. 만약 이런 보고가 사실이라면 실로 쉽사리 손쓰기 쉽지 않을 것 같습니다. 곧장 이홍장 중당을 찾아갔는데, 성선회(盛宣懷)·마건충(馬建忠) 두 도대가 아문에서 알현을 기다렸다가, 만나지 못하고 저보다 앞서 돌아갔습니다. 6일에 다시 가서 이홍장 중당을 만날 수 있었는데, 어제 일본 영사 하라 다카시(原敬)[20]를 만나 주고받은 문답 대략 및 전보 내용을 제게 총리아문에 대신 전달해달라고 하셨습니다. 저는 중국 부대가 조선에서 때로 소동을 일으켰으므로 조선인들이 자못 원성을 지르지 않을 수 없다고 제가 들은 바를 차분히 아뢰었습니다. 이홍장 중당은 당연히 소문이 잘못 전해진 것이라고 하시면서, 아울러 먼저 원세개가 유능하다고 칭찬하셨습니다. 이상이 천진에 도착한 다음 사흘 동안의 상황입니다. 먼저 저를 대신하여 총리아문에 알려 주시길 요청합니다. 저는 강소해운국(江蘇海運局)을 빌려 잠시 머물고 있는데 장소가 자못 정벽(靜僻)하여 시끄러움을 피할 수 있습니다. 다만 건물이 비어 있고 사람이 없으며, 또한 반드시 스스로 식사를 챙겨야 하니 몹시 불편합니다. 성선

20 하라 다카시(原敬, 1856~1821)은 일본의 외교관, 정치가로 나중에 내각 총리대신까지 지냈지만, 이 무렵은 신문기자를 거쳐 1882년 말 외무성에 들어간 지 얼마 되지 않은 상태였다. 1883년 말 영사로 천진에 파견되었다. 1885년에는 갑신정변 이후 이홍장과 이토 히로부미가 맺는 천진조약이 체결 사무에도 참여하였다.

회 도대가 자죽림상국(紫竹林商局)에 가서 밀약본(密約本)을 보고 보완해달라고 달라고 부탁하였습니다. 또한 반드시 전선(電綫) 문제를 [총리아문에] 이야기해야 하며, 아울러 조선의 지도를 찾아 사달라고 부탁하였습니다. 여기에 다시 사나흘 머물렀다가 즉시 북경으로 돌아가 임무를 마무리하고자 합니다. 이 때문에 서신으로 알립니다. 삼가 편안하시기를 빕니다.

(9) 문서번호 : 5-1-09(918, 1525b-1530a)

사안 : 오조유 등의 보고에 따르면 조선의 변란에서 일본군은 중국군을 향해 먼저 사격하였으며, 스스로 공사관을 불태웠다고 합니다(據吳兆有等稟, 朝鮮亂事係日兵先對我放槍, 自焚使館).

첨부 문서 : 1.「조선 주재 친·경 각 영을 통솔하는 제독 오조유 등의 연명 보고(統帶駐防朝鮮親·慶各營吳提督兆有等聯銜來稟)」: (1) 일본인들이 음모를 꾸민 지 이미 오래되었고, 듣기에 병력을 추가로 조달해 온다고 하므로, 신속하게 구원 병력을 파견해 주시길 요청합니다(日人蓄謀已久, 聞日內有軍兵調來, 請速派援兵). (2) 일본인들은 스스로 공사관을 불태웠고, 다케조에 신이치로 공사는 지금 여전히 인천에 주재하고 있습니다(日人係自焚使館, 竹添現仍駐仁川).

2.「오조유가 진수당 도대에게 각국 공사들에게 알려달라고 부탁한 서신(吳兆有函託陳道樹棠, 布告各國公使信)」: 중국군이 조선 왕궁에 진입한 것은 국왕을 보위하고 일본군을 원호하려는 것이지 다른 뜻은 없다고 각국 공사에게 대신 알려 주시길 요청합니다(請代告各使, 中國軍隊進入韓宮, 旨在保衛國王, 援護日兵, 別無他意).

3.「오조유가 일본 공사 다케조에 신이치로에게 보낸 서신(吳兆有發日本公使竹添信)」: 중국군이 왕궁에 진입한 것은 국왕을 보위하고 아울러 일본군을 원호하려는 것이니 안심하시길 바랍니다(中國軍隊進入韓宮, 保衛國王, 並援日兵, 務請放心).

4.「일본 공사 다케조에 신이치로가 오조유에게 보낸 답장 서신(日使竹添復吳兆有信)」: 일본군은 국왕의 요청으로 왕궁에 들어가 보호하였으므로, 중국군이 함부로 궁문에 뛰어들어 총을 난발해서는 안되었습니다(日兵係因韓王之請, 入護王闕, 華軍不應闖入宮門, 亂發銃槍).

5.「원세개 등이 일본 공사 다케조에 신이치로에게 보낸 서신(袁世凱等復日本公使竹添信)」: 조선 내란으로 중국이 부대를 조선 왕궁으로 옮겨 국왕을 보호하려 하였으나, 뜻하지 않게 궁문에 들어서자마자 곧장 일본군의 공격을 받았으므로 부득이하게 자위를 위한 방어를 시작하였을 뿐이지, 일본과 마찰을 일으키려는 뜻은 아니었습니다(朝鮮內亂, 中國移隊韓宮, 保護國王, 不圖甫入宮門, 卽遭日兵攻擊, 不

得已始自衛悍御, 非欲與日本尋隙).

6. 「조선 병조참판(户曹叅判) 동지부사(冬至副使) 남정철(南廷哲)이 원세개 등에게 보낸 서신(朝鮮户曹叅判冬至副使南廷哲發袁世凱等函)」: 조선의 반역 무리가 변란을 일으켰는데, 오로지 중국이 구원해 주길 바랄 뿐입니다(朝鮮逆黨滋事, 惟望中國拯救).

7. 「조선 우영(右營) 중군(中軍) 신석희(申奭熙)가 보낸 비밀 서신(朝鮮右營中軍申奭熙密函)」: 조선은 다급한 위기 속에 있는데, 이를 구할 방책은 오로지 중국의 도움에 있을 뿐입니다(朝鮮危在朝夕, 救亡之策, 惟在中國之助).

8. 「조선 승지 이봉구와의 필담(朝鮮承旨李鳳九筆談)」: 일본은 새로운 국왕을 옹립하고자 하며, 입궁한 조정의 신하는 모두 권력을 잡은 무리에게 살해당하였습니다(倭人意欲立新王, 朝臣入宮者, 皆爲廷黨殺害).

날짜 : 光緒十年十一月初十日(1884년 12월 26일)

발신 : 北洋大臣 李鴻章

수신 : 總理衙門

十一月初十日, 北洋大臣李鴻章函稱:

連奉十一月初一·初五日公函鈔件, 並續運司、方章京來津面談各節, 謹已聆悉. 朝鮮慶營十九以後稟牘及該國王來書, 尚未遞到, 僅據旅順營務處袁道保齡撮要電陳, 已轉電鈞署代奏在案. 頃接吳兆有等十月二十五日由驛發遞一稟, 所言係二十一以後之事, 而前後情形可參觀大略, 似日本一面回護之詞, 不足憑信. 據稱, 日兵先放槍, 我軍死傷四十餘人, 在我數足相抵, 理非不直. 至云:"日人自焚使館," 雖未必確料, 因朝民不服鬨鬧, 日人危懼逃出, 即竹添電信亦有匪徒來襲使館之說, 是必與華軍無干矣. 除將吳兆有等稟件鈔致吳、續二使外, 謹照錄原稟及各函件馳呈電察, 應否代奏恭呈御覽, 伏候卓裁.

再, 前訛傳王妃、世子已死, 玆據稟, 二十四日由東門城外回宮, 與八年情事略同. 專肅密布. 敬頌鈞祺.

1.「統帶駐防朝鮮親·慶各營吳提督兆有等聯銜來禀」.

敬飛禀者.

竊沐恩等於二十一日寅刻具禀, 由旱道馳遞至旅順電呈, 屈計至速必須十日乃可邀憲鑒. 日人於二十日午後, 自焚使館, 奔赴仁川, 沿途百姓, 莫不握石持刀, 爭相追擊, 頗多受傷, 而百姓為日人槍斃者亦復不少. 其所棄子女, 碍難完全. 二十一日商請陳道樹棠, 照會各國公使, 由防軍派哨長尹千總本貴, 率勇二十名, 護送到仁川, 以示中國寬大之意. 現聞竹添進一郎仍駐仁川, 往復各函, 另抄呈上, 伏乞憲裁. 國王於二十日移居副營, 至二十三日午刻回宮. 王妃、世子於二十四日未刻, 由東門城外回宮. 目前人心, 似覺稍定. 第亂黨四散, 罪魁僅得洪英植、朴泳教二人, 餘皆在逃, 國王正在緝捕. 我軍亦懸賞購線, 尚未全獲. 且日人狡焉思啟, 蓄謀已久, 聞日內有重兵調來. 內患外侮, 仍須急切籌防. 沐恩等公商, 卑職、世凱率副營移駐宮內, 專衛國王, 謹加防備, 以定人心. 左後營則專任巡防、戰守之責. 惟沐恩等僅有三營, 已患力單. 又撥一營, 隨護國王, 則兵力倍單矣. 朝鮮新練前·後·左·右暨江華一營, 共五營內, 惟江華及左·右營是我軍訓練, 僅可借力助守, 此輩無膽, 遇敵仍不可恃. 至前·後營, 則日人所訓練, 亂黨所指揮, 轉助為虐. 本國皆呼為倭奴, 人人憤擊, 業皆星散逃避. 設使我軍當喫緊之時, 乘間竊發, 尤為可虞. 現日夜分派先鋒官哨弁等, 隨帶勇丁, 四處放哨, 加意備防, 仰候援兵, 實不啻倒懸之急. 此二十四日酉刻以前之情形也. 敢以錄報, 仰呈憲鑒, 務乞鴻恩, 迅賜應援. 實以朝鮮現在形勢, 大兵早到一日, 則早受一日之賜, 多來一營, 則多受一營之賜. 沐恩等實不勝迫切待命之至. 肅此. 敬請鈞祺. 謹禀.

附呈 抄單九紙. 十月二十五日發, 十一月初八日到.

2.「卑軍函託陳道樹棠布告各國公使信」.

芨南仁兄大人閣下.

敝軍與日兵駐此, 同係保護國王. 日昨朝鮮內亂, 殺害大臣八九人, 現王城內外, 軍民不服, 舉有入宮環攻日兵之說. 弟等既恐國王復驚, 又恐日兵受困, 用敢率隊進宮, 一以保衛國王, 一以援護日兵, 別無他意. 除函告日公使竹添外, 務請代為布告各國公使為荷.

十月十九日 午刻發.

3.「卑軍致日本公使竹添信」.

竹添大人閣下.

敝軍與貴部駐此, 同係保護國王. 日昨朝鮮内亂, 殺害大臣八九人, 現王城内外, 軍民不服, 舉有入宮環攻貴部之説. 弟等既恐國王復驚, 又恐貴部受困, 用敢率隊進宮, 一以保衛國王, 一以援護貴部, 別無他意. 務請放心. 專此奉布.

十月十九日 辰刻發.

4.「竹添復卑軍信」.

啟復者.

弟奉朝鮮國大君主之諭, 率護衛兵入護王闕. 會接手翰, 未及拆封, 貴國兵隊闖入宮門, 亂發小槍. 弟恐禍及大君主, 不得已亦應發小槍, 以盡保衛之誼. 來文云:"兩國駐兵, 同係保護國王." 抑敝國之駐兵於此者, 據日韓條約為護衛公使館也, 非保衛大君主也. 其率之而入守闕者, 因大君主之請也, 非自求為之也. 又云:"恐國王復驚, 派隊進宮." 果恐大君主復驚, 何故不意闖入宮門, 亂發銃鎗, 此無乃尤驚大君主乎? 又云:"恐敝部受困, 以援護敝部." 貴軍果有此好意, 何故贈書未及拆封, 以攻擊乎? 來文所云, 弟都不解, 但弟膺使臣之職, 至攻戰之事, 則非其任, 因稟諸我政府, 以有待命而已. 專泐復. 併頌日祉.

弟 竹添進一郎 頓首.

明治十七年十二月七日.

5.「復日本公使竹添信」.

逕復者.

二十二日接奉來函, 知所言同為保護一書, 早達台覽. 弟等先於十八日, 據朝鮮内外署來文聲言:

> 亂臣内訌, 刼制君主, 誅戮大臣, 居民紛紛, 將尋仇怨, 恐闌入闕庭, 震恐君上, 請敝軍移軍入衛.

云云. 弟等公同商議, 以為敝軍之駐防於此, 保護朝鮮, 乃國王之所請也. 若坐視不理, 咎將誰執? 且居民結聚, 數萬有餘, 搬石持刀, 共援國難, 萬一突入王宮, 驚恐國主, 不特敝軍失保衛之誼, 兼恐波及貴部, 有損邦交. 故於十九日辰刻, 投函貴公使, 同為保護, 待至日夕, 未奉回書, 而居民環繞王宮, 其汹汹不能解散. 弟等見事勢已急, 結隊前行, 以候來命. 不圖甫入宮門, 槍下如雨, 地雷、火砲一時併發, 我軍死傷四十餘人. 弟等以為邪臣作亂, 敢拒天兵, 故亦施放小槍, 自為捍禦, 初不知先發槍炮者, 即貴公使為之也. 而且云:"贈書未及拆封, 我兵闖入." 夫兵家之情, 瞬息萬變, 貴公使朝奉我書, 日夕不覽, 以此為詞, 弟所不解. 伏念我國家與貴邦相好二百餘年, 弟等奉命駐軍, 務全大體. 故貴公使率衆出城, 居民追躡, 力為禁止. 貴國子女、商民在王京者, 不敢東歸, 多遣勇丁, 送至仁川, 睦鄰之道, 終始無虧. 至於十九日之事, 實為保護起見, 應上達我北洋大臣, 以俟來命. 專泐布復. 併頌使祺.

弟[袁世凱, 吳兆有, 張光前]仝頓首.

6.「十月十九日辰刻, 户曹叅判冬至副使南廷哲函」.

致大人閣下.

敝邦邦運不幸, 禍變疊興, 毋后驚逝, 國良盡殲, 宗社存亡未可知. 寡君全否未可知. 人情汹汹, 不自聊生. 國脉之不絶者, 僅一線耳. 小大上下無不攢手祝天. 唯大邦拯救之恩是望而已. 欲匍匐轅門, 控告哀衷, 而畏約不敢晝見, 言之痛哭而已. 此頌勛安.

7.「十月十九日寅刻, 右營中軍申奭熙密函」.

社稷宗廟危在朝夕, 無一人救之者, 實以我邦孤弱所恥, 當此時救我邦永亨之策, 在於上國諸大人寬諒也. 且日本漸入深環衛, 我本不敢窺近, 不知事狀之若何, 不為寒痛器落淚處耶. 今聞則右營使、左營使徐光範為之云. 如干不實之弱兵, 勢奪於彼便, 則此將奈何奈何? 營使歸於某處, 則其下偏將亦不信, 而似有更革之說云云耳. 日兵追復又來云, 勢若之何? 伏乞諸大人深察, 俾此邦有永保. 千萬千萬.

8.「十月十九日辰刻, 承旨李鳳九筆談」.

闕内環衛倭人, 意欲立新王, 王之庶子張氏所生子, 其母子本在於闕外矣. 日前其母子俱入來, 朝臣中用事者, 洪英植也, 金玉均也, 朴泳孝也. 入於關內之朝臣, 殺盡無餘.

광서 10년 11월 10일, 북양대신 이홍장이 다음과 같은 서신을 보내왔습니다.

연이어 11월 1·5일의 공식 서신 복사본 외에, 염운사 속창, 총리아문 장경 방공조가 천진에 와서 나눈 면담 절략을 받아서, 삼가 모두 읽어보았습니다. 조선 경군의 19일 이후 보고 및 조선 국왕이 보낸 서신은 아직 도착하지 않았습니다. 다만 여순영무처 도대 원보령이 요점만을 간추린 전보 보고는 이미 전보를 통해 전달해 총리아문에 대신 상주한 바 있습니다. 얼마 전 오조유 등이 10월 25일 역참을 통해 보낸 보고를 받았는데, 그 내용은 21일 이후의 사정으로, 전후의 상황에 대해 그 대강을 살펴볼 수 있으니, 아마도 일본의 일방적인 책임 회피 발언은 믿을 만한 것이 못될 것입니다. 그에 따르면 일본군이 먼저 총격을 가하였고, 우리 군인은 40여 명이 사상을 당하였는데, 우리 쪽의 숫자가 대략 저쪽과 맞먹을 수 있으니, 이치상 틀린 것은 아닐 것입니다. "일본인이 스스로 공사관을 불태웠다"라고 한 것은 비록 반드시 확실한 정보는 아니지만, 조선 백성이 불복하여 소동을 벌였고, 일본인은 놀라고 당황하여 도피하였으며, 다케조에의 전보에서도 또한 비도(匪徒)가 공사관을 습격하였다는 이야기가 있으니 필시 중국 부대와는 관련이 없을 것입니다. 오조유 등의 보고를 오대징·속창 두 칙사에게 베껴 보내는 것 외에, 삼가 원래의 보고 및 각 서신을 신속하게 살펴보시도록 올리니, 대신 상주하여 황상께서 살펴보시게 할지는 엎드려 총리아문에서 결정해 주시길 바랍니다.

첨부합니다. 이전에 왕비와 세자가 이미 사망하였다고 와전되었는데, 지금 보고에 의하면 24일 동문을 통해 성외에서 환궁하였으니, 1882년의 사정과 대략 비슷합니다. 이에 삼가 비밀리에 서신을 보내 알립니다. 편안하시기를 빕니다.

1.「조선 주재 친·경 각 영을 통솔하는 제독 오조유 등의 연명 보고(統帶駐防朝鮮親·慶各營吳提督兆有等聯銜來稟)」.

삼가 신속하게 보고합니다.

저희가 21일 인각(寅刻, 오전 3~5시)에 보고서를 갖추어 육로의 역참을 통해 여순에 보내 거기서 전보로 올리게 하였는데, 손꼽아 보면 아무리 빨라도 반드시 열흘은 지나야 대인께서 받아 보실 수 있을 것입니다. 일본인은 20일 오후 스스로 공사관을 불태우고 인천으로 도피하였으며, 연도의 백성이 돌과 칼을 들고 다투어 추격하지 않음이 없었으므로, 부상당한 사람이 상당수 있었으나, 일본군에게 총살된 백성들의 수 역시 적지 않습니다. 그들이 포기한 자녀들은 안전을 보장하기 어렵습니다. 21일에 진수당 도대와 상의하여 각국 공사에게 조회를 보내 방군의 초장(哨長) 천총(千總) 윤본귀(尹本貴)가 20명의 병력으로 그들을 호송하여 인천에 보냈다고 알려 중국의 관대한 뜻을 보여주었습니다. 지금 듣기에 다케조에 신이치로는 여전히 인천에 머무르고 있으며, 주고받은 각 서신은 따로 베껴 올리니 대인께서 살펴보시길 간청합니다. 국왕은 20일에 부영(副營)으로 옮겼다가 23일 정오 무렵에 왕궁으로 돌아갔습니다. 왕비와 왕세자는 24일 미각(未刻, 오후 3~5시) 동문을 통해 성외에서 왕궁으로 돌아왔습니다. 현재의 인심은 대략 조금 안정된 것처럼 보입니다. 다만 난당(亂黨)이 사방으로 흩어지고, 반란의 수괴는 겨우 홍영식과 박영교(朴泳教) 두 사람만 확보하였고, 나머지는 모두 도망 중이라 국왕은 그들에 대한 체포령을 내렸습니다. 우리 부대 또한 현상금을 걸고 찾고 있지만 아직 모두 체포하지 못했습니다. 또한 일본인은 교활한 생각을 품고 음모를 꾸며온 지 오래였는데, 듣기에 조만간 대규모의 부대를 보내온다고 합니다. 이러한 내우외환으로 반드시 급하게 방비를 갖추어야 하므로, 저희는 함께 상의하여 저와 원세개가 부영을 이끌고 궁내(宮內)로 이주하여 전적으로 국왕을 보호하고 신중하게 방비하여 인심을 안정시키고자 합니다. 좌·우영(左·右營)은 전적으로 순방(巡防)과 전수(戰守)의 책임을 맡게 되었습니다. 다만 저희는 겨우 3개 영만 있어 이미 병력의 부족을 염려하고 있습니다. 다시 1개 영을 뽑아 국왕을 수호하게 되면 병력은 더욱 빈약해질 것입니다. 조선이 새로 편성한 전·후·좌·우영과 강화 1영 모두 5개 영 가운데, 오로지 강화 및 좌·우영만 중국이 훈련한 것이라 겨우 힘을 빌려 수비를 도울 수 있을 뿐이지만, 이 무리는 정신력이 약해 적을 만나면 곧 믿을 수 없게 됩니다. 전·후영은 일본인이 훈련한 것으로 난당이 지휘하여 그 못된 행동을 도왔습니다. 조선에서는 이들을 모두 왜노(倭奴)라고 부르며 모든 사람이 화내며 공격하는 통에 이미 거의 흩어지고 도피해 버렸습니다. 그렇지만 만약 우리 부대가 긴박한 일이 있을 때 틈을 타서 몰래 움직임을 보인다면 더욱 우려스러운 일입니다. 현재 밤낮으로 선봉관(先鋒官)·초변(哨弁) 등을 파견하여 병력을 이끌고 사방에서 망을 보면서 힘써 방비하고 있으니, 원병을 기다리는 일이 실로 거꾸로 매달려 있는 것처럼 절박합니다. 이것이 24일 유각(酉刻, 오후 5~7시) 이전의 상황입니다. 감히 기록하여 대인께서 살펴보시도록 올리니, 깊은 은혜를 베풀어 주셔서 신속하여 응원 부대를 보내주시길 간청합니다. 실제 조선의 현 정세는 대규모 부대가 하루라도 일찍 도착하면 하루라도 빨리 그 혜택을 입고, 1개 영이라도 더 온다면 그만큼 더 혜택을 입을 수 있을 것입니다. 저희는 그야말로 절박하게 명령을 내려주시길 기대하고 있습니다. 이상입니다. 공경하게 편안하시기를 청합니다. 삼가 보고를 올립니다.

부록으로 9장의 첨부 문서를 올립니다. 10월 25일 발송, 11월 8일 수령.

2.「방군(防軍)이 진수당 도대에게 요청하여 각국 공사에게 알려달라고 요청한 서신(卑軍函託陳道樹棠布告各國公使信)」.

진수당 대인 각하.

우리 중국군과 일본군이 여기 주둔하는 것은 똑같이 조선 국왕을 보호하기 위해서입니다. 어제 조선에 내란이 일어나 대신 8·9명을 살해하였는데, 현재 왕성(王城) 내외에서는 군인이나 백성 이에 불복하고 있으며, 왕궁에 들어가 일본군을 포위하여 공격하자는 소리까지 나오고 있습니다. 저희는 이미 국왕이 다시 놀랄 수도 있고 일본군이 곤경에 처할 수도 있음을 염려하여, 감히 부대를 이끌고 왕궁에 진입하게 되었는데, 한편으로는 국왕을 보위하고 다른 한편으로는 일본군을 원호(援護)하려는 것이지 그밖에 다른 뜻은 없습니다. 일본 공사 다케조에에게 서신으로 알리는 것 외에, 힘써 요청하오니 각국 공사에게 대신 알려 주시면 감사하겠습니다.

10월 19일 오각(午刻, 오전 11시~오후 1시) 발송.

3.「방군이 일본 공사 다케조에 신이치로에게 보낸 서신(卑軍致日本公使竹添信)」.

다케조에 대인께.

우리 중국군과 일본군이 여기 주둔하고 있는 것은 똑같이 조선 국왕을 보호하기 위해서입니다. 어제 조선에 내란이 일어나 대신 8·9명을 살해하였는데, 현재 왕성 내외에서는 군인이나 백성 이에 불복하고 있으며, 왕궁에 들어가 귀 일본군을 포위하여 공격하자는 소리까지 나오고 있습니다. 저희는 이미 국왕이 다시 놀랄 수도 있고 귀 부대가 곤경에 처할 수도 있음을 염려하여, 감히 부대를 이끌고 왕궁에 진입하게 되었는데, 한편으로는 국왕을 보위하고 다른 한편으로는 귀 부대를 원호하려는 것이지 그밖에 다른 뜻은 없습니다. 힘써 요청하오니 안심하시길 바랍니다. 이 때문에 서신을 보내 알립니다.

10월 19일 진각(辰刻, 오전 7~9시) 발송.

4. 「다케조에 공사가 방군에게 보낸 답신(竹添復卑軍信)」.

삼가 답장합니다.

저는 조선 국왕의 교지를 받아 호위병을 이끌고 왕궁에 들어가 보호를 맡았습니다. 마침 보내 주신 서신을 받았는데, 뜯어보기도 전에 귀국의 부대가 왕궁 대문에 침입하여 소총을 난발하였습니다. 저는 조선 국왕에게 화가 미칠 것을 두려워하여 부득이하게 소총으로 대응하여 보위 책임을 다할 수밖에 없었습니다. 보내주신 서신에서 양국의 주둔 부대가 똑같이 조선 국왕을 보호하기 위해서라고 말씀하셨는데, 그렇지만 일본이 조선에 부대를 주둔시키고 있는 것은 『일한조약(日韓條約)』에 따라 공사관을 호위하기 위해서이지, 국왕을 보위하기 위해서가 아닙니다. 일본군을 이끌고 왕궁에 들어가 지킨 것은 국왕의 요청이 있었기 때문이지 자구(自救)를 위해 한 일은 아닙니다. 또한 국왕이 다시 놀랄까 두려워 부대를 파견하여 왕궁에 진입하였다고 하시는데, 과연 국왕께서 다시 놀랄까 두려워했다면 무슨 이유로 불시에 궁문에 침입하여 소총을 난발한다는 말입니까? 이것은 다름이 아니라 국왕을 더욱 놀라게 하는 일이 아닙니까? 또한 우리 부대가 곤경에 처할까 염려하여 우리 부대를 원호하려 했다고 하시는데, 귀 부대에 과연 이런 호의가 있었다면 어찌 서신을 보내놓고 그것을 열어 보기도 전에 공격을 시작한다는 말입니까? 보내주신 서신에서 말하는 바를 저는 모두 이해할 수 없습니다만, 저는 응당 사신(使臣)으로서의 직무를 다하고자 하며, 공격하여 싸우는 일은 제 임무가 아니기 때문에 우리 정부에 보고를 올려 그 지시를 기다리고 있을 뿐입니다. 이를 위해 서신을 보내 답장합니다. 편안하시기를 빕니다.

다케조에 신이치로가 인사드립니다.

메이지 17년 12월 7일

5.「일본 공사 다케조에에게 보내는 답장 서신(復日本公使竹添信)」.

신속하게 답장합니다.

22일 보내주신 서신을 받고 똑같이 조선 국왕을 보호하기 위함이라 알린 서신이 일찍 전달되어 귀하께서 읽어보신 것을 알게 되었습니다. 저희는 앞서 18일에 조선 내·외서(內·外署)에서 보낸 다음과 같은 문서를 받았습니다.

> 난신이 내란을 일으켜 군주를 겁제(刼制)하고 대신을 주륙(誅戮)하여, 백성들이 분분히 원수를 찾아 복수를 하고자 하는데 궁정에 난입하여 군주를 흔들고 놀라게 할 염려가 있으니, 중국 부대를 옮겨 왕궁 안으로 들어가 호위해 주시기를 요청합니다.

저희는 공동으로 상의하여, 우리 부대가 여기 주둔하고 있는 것은 조선을 보호하기 위함인데, 또 국왕께서 요청하시니 만약 앉아서 못 본 체한다면 장차 누구의 허물이 되겠는가 생각하게 되었습니다. 또한 주민들이 모여들어 1만여 명을 넘어섰고 돌을 옮기고 칼을 들어 모두가 국난을 이겨내고자 하였는데, 만약 왕궁에 돌입하면 국왕을 놀라고 두렵게 할 우려가 있었으니, 우리 부대가 보위의 책임을 잃게 될 뿐 아니라, 아울러 귀 부대에 파급되어 양국 간의 우의를 손상할까 염려하였습니다. 따라서 19일 진각(辰刻, 오전 7~9시)에 귀 공사에게 서신을 보내서 함께 보호하자고 요청하고 저녁까지 기다렸으나 답장을 받지 못하였습니다. 주민들은 왕궁을 빙 둘러싸고 있었는데 흉흉한 기세를 보여 해산할 수 없었습니다. 저희는 사태가 이미 긴박한 것을 보고 부대를 결집하고 전진하면서 지시가 내려오기를 기다렸습니다. 그런데 뜻하지 않게 궁문에 들어가자마자 총탄이 비처럼 쏟아졌고, 지뢰와 화포가 동시에 쏟아져, 우리 부대원 40여 명이 죽거나 다쳤습니다. 저희는 사악한 신하들이 반란을 일으켜 감히 중국군에 저항한다고 생각했으므로 또한 소총 사격을 개시하여 스스로 방어하고자 하였습니다. 처음에는 누가 먼저 사격을 하였는지 몰랐는데, 바로 귀 공사께서 하신 것이었습니다. 또한 저희가 보낸 편지를 뜯어보기도 전에 우리 병사가 침입하였다고 하였는데, 무릇 군사적 사정은 순식간에 많은 변화가 나타나므로, 귀 공사께서 아침에 우리 서신을 받아놓고 저녁때까지 열어 보지 않았다고 구실을 삼는 것을 도무지 납득할 수 없습니다. 엎드려 생각건대 중국과 일본은 서로 2백여 년 동안 사이좋게 지내왔고, 우리는 명령에 따라 여기에 주둔하면서 힘써 대국을 온전히 유지하고자 하였습니다. 따라서 귀 공사께서 무리를 이끌고 한성을 떠날 때 주민들이 추적해서 공격하려는 것을 힘써 금지하였습니다. 한성에 있는 일본인의 자녀, 상민(商民)은 감히 일본으로 돌아갈 생각을 하지 못했는데, [중국군이] 병력을 다수 파견해서 인천으로 호송하였으니, 이웃과 화목을 유지하려는 의도는 시종일관 훼손된 적이 없습니다. 19일의 사태 같은 경우는 실로 보호하기 위한 것에서 비롯되었으니, 응당 우리 북양대신께 보고하여 지시를 기다리고 있습니다. 이 때문에 서신을 보내 답장하면서, 아울러 공사께서 편안하시기를 빕니다.

원세개, 오조유, 장광전이 함께 인사드립니다.

6. 「10월 19일 진각(辰刻, 오전 7~9시) 병조참판 동지부사 남정철의 서신(十月十九日辰刻, 户曹叅判冬至副使南廷哲函)」.

대인께.

조선의 운세가 불행하여 누차 변고가 발생하였고 모후(母后)께서 놀라서 돌아가시고 나라의 훌륭한 관리들이 모두 피살되어 종사의 존망을 알기 어렵고, 저희 국왕께서도 안전하신지도 알 수 없습니다. 인정이 흉흉하여 백성의 삶이 몹시 암담합니다. 조선의 국맥(國脈)이 끊이지 않는 것은 오로지 한 줄기 실마리뿐입니다. 남녀노소를 막론하고 두 팔을 모아 하늘에 기도하지 않음이 없으니, 오로지 대국(大國)에서 구원하는 은혜를 베풀어 주시길 바랄 뿐입니다. 부대의 문 앞에 달려가 슬픈 고충을 호소하고 싶지만, 감히 허락해 주시지 않을까 두려워 말하면서 통곡할 뿐입니다. 편안하시기를 빕니다.

7. 「10월 19일 인각(寅刻, 오전 3~5시) 우영 중군 신석희의 비밀 서신(十月十九日寅刻, 右營中軍申奭熙密函)」.

사직과 종묘의 위태로움이 눈앞에 있는데 누구 하나 이를 구하지 못하는 것은 실로 조선의 고립과 쇠약함이 가져온 부끄러운 일이지만, 이때를 맞아 조선을 구하여 영원히 안정시킬 방책은 상국(上國) 여러 대인의 관대한 이해에 달려 있을 뿐입니다. 또한 일본이 은근히 왕궁에 깊숙이 진입하여 우리로서는 감히 엿보고 접근할 수 없고, 사태가 어떻게 전개되고 있는지도 알 수 없으니 어찌 통곡하며 눈물을 흘리지 않을 수 있겠습니까? 지금 듣기에 우영사(右營使)·좌영사(左營使) 서광범의 소행이라고 합니다. 제대로 임무를 맡지 못하는 허약한 우리 군대가 저쪽에 기세까지 박탈당하였으니, 이를 장차 어찌한다는 말입니까? 영사(營使)가 저쪽 편으로 돌아섰으므로 그 아래의 편장(偏將) 역시 믿을 수 없다고 하여 모두 갈아치운다는 이야기도 있다고 합니다. 일본 부대가 다시 증원된다고도 하니, 상황이 어찌 되겠습니까? 엎드려 여러 대인께서 깊이 살펴보셔서 조선이 영원히 유지될 수 있게 해주시길 간청합니다. 정말로 간절하게 부탁드립니다.

8. 「10월 19일 진각 승지 이봉구와의 필담(十月十九日辰刻, 承旨李鳳九筆談)」.

왕궁을 점거한 일본인들이 새로운 국왕으로 국왕의 서자인 장씨(張氏) 소생의 아들을 옹립하고자 한다는데, 그 모자는 본래 왕궁 밖에 있었습니다. 얼마 전에 그 모자를 모두 불러들였다고 하는데, 조정의 신하로 이번 일을 벌인 사람은 홍영식, 김옥균, 박영효입니다. 왕궁 내에 들어간 조정의 신하는 모두 남김없이 피살되었습니다.

(10) 문서번호 : 5-1-10(919, 1530b-1556a)

사안 : 오조유, 조선 국왕과 조선 외서가 일본 공사와 주고받은 조회 등 각종 문건을 자문으로 보냅니다(咨送吳兆有、朝鮮國王、朝鮮外署與日使往來照會等各種文稿).

첨부 문서 : 1. 「조선 주재 친·경 각 영을 통솔하는 제독 오조유 등의 연명 보고(統帶駐防朝鮮親·慶各營吳提督兆有等聯銜來稟)」: (1) 일본인이 먼저 싸움을 걸어와 우리와 교전하고, 조선 국왕을 맞아들여 호위하면서 잠시 우리 군영에 머물게 한 상황 등(日人先開兵端, 與我軍接仗, 及迎護朝鮮國王, 暫駐我營各情形). (2) 일본 공사는 스스로 공사관을 불태우고 인천으로 도피하였으며, 듣기에 병력을 증원한다고 하므로 신속하게 대규모 부대를 조선으로 파견해 주시기 바랍니다(日使自焚使館, 逃往仁川, 聞將增兵, 速派重兵東渡).

2. 「조선 주재 친·경 각 영을 통솔하는 제독 오조유 등의 연명 보고(統帶駐防朝鮮親·慶各營吳提督兆有等聯銜來稟)」: 일본인이 조선 개화당과 결탁하여 반란을 일으킨 상황이므로, 신속하게 대규모 부대를 모아 조선에 파견해서 반란을 일찌감치 진압하고 외부의 위협을 막아야 합니다(日人勾結朝鮮開化黨爲亂情形, 仍速調重兵東渡, 早靖內亂, 而絶外虞).

3. 「친(親)·경(慶) 등 영(營)을 맡아 관리하는 회판조선방무(會辦朝鮮防務) 원세개의 보고(委辦親·慶等營會辦朝鮮防務袁丞世凱來稟)」: 조선 개화당은 프랑스가 중국에 도발한 이후부터 매번 러시아와 일본의 힘을 빌려, 먼저 중국 주방 부대를 공격한 다음 각 지방에 호소하여 중국을 배신하고 서양에 투항하는 것을 조선을 위한 계책으로 삼았으므로, 응당 기회를 틈타 고위 관원을 파견하여 감국(監國)으로서 조선의 내정과 외교를 대리하게 해야 합니다(韓開化黨自法人構衅, 每欲藉俄·倭之力, 先襲防營, 然後號召諸道, 背中國、投順泰西爲朝鮮計, 應趁機派大員, 監其國, 代理其內政·外交).

4. 「총판조선상무위원(總辦朝鮮商務委員) 도대 진수당이 이홍장에게 보낸 보고(總辦朝鮮商務陳道樹棠發李鴻章稟)」: (1) 조선 난사의 원인과 실제 사정을 조사·확인하였습니다(查明朝鮮亂事原委實情). (2) 일본에 대해 화의로 중단을 조정하는 방

안은 기댈 수 없으므로, 반드시 대규모 병력을 준비하여 일본의 협박 음모를 막아야 합니다(對日本和議調停不可恃, 必以重兵籌備, 杜要挾之謀).

5.「조선 국왕이 보내온 서신(朝鮮國王來函)」: 조선의 반역 무리가 일본인과 결탁하여 반란을 일으켰으므로, 신속하게 대규모 병력을 파견하여 조선의 사직을 구해주시길 요청합니다(朝鮮逆黨勾結倭人作亂, 請速派重兵, 以拯救朝鮮社稷).

6.「조선 국왕이 보내온 서신(朝鮮國王來函)」: (1) 일본이 장차 부대를 증원하여 파견한다고 하니, 신속하게 부대를 조선에 파견해 주시길 요청합니다(日本將添兵來闖, 請火速派兵東渡). (2) 조선은 일본에 사신을 파견하여 사리를 따질 예정입니다(朝鮮派使至日本, 講論事理).

7.「조선 국왕이 고시한 반신의 죄상(朝鮮王告示叛臣罪狀)」: 반역을 한 신하는 다른 나라의 군사력을 빌어 군주를 핍박하였으니 그 죄는 죽는 것만으로도 용서받을 수 없으며, 일본 공사가 그들을 도왔으니 그 마음속을 파악하기 어렵습니다(叛臣藉他國之兵威, 逼君上, 罪不容誅, 日使黨助叛臣, 居心亦不可測).

8.「조선 외서의 교섭통상사무(交涉通商事務) 김홍집이 일본 공사 다케조에 신이치로에게 보낸 조회(朝鮮外署交涉通商事務金弘集發日使竹添照會)」: 귀 공사가 구실을 빌어 군대를 이끌고 입궁하여 출입을 금지하고, 국왕을 협박하여 다른 궁전을 옮기고, 연이어 여섯 명의 대신을 살해하였으므로, 이에 조선 백성이 분격하여 무리를 모아 공격하고자 하였고, 그때 가서야 비로소 중국군에 입궁하여 보호해달라고 요청하였습니다(貴使藉端率兵入宮, 禁斷出入, 挾王移宮, 連戮六大臣, 韓民憤激, 將聚衆攻戰, 始請中國軍隊, 入宮護持).

9.「조선 외서의 교섭통상사무 김홍집이 일본 공사 다케조에 신이치로에게 보낸 서신(朝鮮外署交涉通商事務金弘集發日使竹添函)」: 한성으로 돌아와 공정하게 이번 반란의 사후 처리 문제를 논의하기를 요청합니다(請回王京, 從公妥商此次肇亂善後事宜).

10.「일본 공사 다케조에 신이치로가 김홍집에게 보낸 서신(日使竹添致金弘集函)」: 조회 2건을 보내면서 아울러 오조유, 원세개에게 보내는 서신을 대신 전달해 줄 것을 요청합니다(鈔送照會二件, 並請轉送致吳兆有、袁世凱信函).

11.「일본 공사 다케조에 신이치로가 김홍집에게 보낸 조회(日使竹添發朝鮮督辦金

弘集照會)」: 공사관이 난민의 공격과 방화를 만났으므로, 잠시 인천으로 이동하여 본국 정부에 보고·상의하여 진퇴를 결정하고자 합니다(使館受亂民攻焚, 故暫移仁川, 稟商本政府, 以取進止).

12.「일본 공사 다케조에 신이치로가 김홍집에게 보낸 조회(日使竹添發朝鮮督辦金弘集照會)」: 부대를 이끌고 입궁한 것은 조선 국왕의 교지를 받았기 때문이며, 조회에서 궁전을 옮기고 대신을 살해했다고 한 일은 당시 상황을 상세하게 조사하여 시비곡직을 거꾸로 하지 않도록 해주시길 바랍니다(率兵入衛, 係奉韓王之諭, 照會所云移宮殺大臣事, 請詳查當時情有, 勿顚倒曲直).

13.「일본 공사 다케조에 신이치로가 김홍집에게 보낸 답장 서신(日使竹添覆朝鮮督辦金弘集函)」: 인천에 임시 공사서를 설치하였고, 장차 본국 정부에 쉽사리 움직여서는 안 된다고 제안과 보고를 올릴 예정입니다(設署仁川, 將有所申稟於政府, 未可輕擧).

14.「조선 독판 조병호가 일본 공사 다케조에 신이치로에게 보낸 조회(朝鮮督辦趙秉鎬發日使竹添照會)[21]」.: (1) 입궁 호위 문제는 외서에서 요청하였다는 증거가 없고, 또한 국왕의 어보(御寶)도 찍히지 않았으므로, 분명하게 반역의 무리가 국왕의 교지를 위조한 것이며, 일본 공사관은 일본인 스스로 불태웠는데, 조선이 어떻게 보호한다는 말입니까?(入衛之事, 無外署憑信, 又未鈐寶, 顯係逆黨矯旨, 而使館爲日人所自焚, 朝鮮何從保護?) (2) 김옥균 등 4명의 흉범을 잡아 지방관에게 넘겨 법에 따라 처벌할 수 있게 함으로써 양국 간의 우의를 밝혀주시길 요청합니다(請將金玉均等四凶, 拿交地方官, 按法懲治, 以昭睦誼).

15.「조선 독판 김홍집이 일본 공사 다케조에 신이치로에게 보낸 서신(朝鮮督辦金弘集發日使竹添函)」: 앞의 조회에서 6명의 대신을 살해한 것이 일본 군대의 소행이라고 한 것은 사실과 다르므로, 조회를 돌려주셔서 고쳐서 다시 보낼 수 있게 해주시길 요청합니다(前照所云, 殺害六大臣, 爲日兵所爲, 未免失實, 請繳還, 以便改送).

---

21 제목에는 '金弘集'이라고 나오나 실제로는 '趙秉鎬'의 誤記이며, 본문 첫 줄에서도 보낸 사람이 '趙(秉鎬)'로 되어 있어, 바로잡았다.

16.「일본 공사 다케조에 신이치로가 조선 외서 독판 김홍집에게 보낸 조회(日使竹添發朝鮮督辦金弘集照會)」: 보내온 조회에서 언급한 국왕의 교지를 위조하여 입궁·호위한 일, 궁전을 옮기고 대신을 살해한 일, 공사관이 불탄 일, 그리고 흉당을 잡아 보내는 일 등에 대해 반박합니다(辯駁來照所云, 矯旨入衛、移宮殺大臣、焚使館及拿繳凶黨各事).

날짜 : 光緒十年十一月十一日(1884년 12월 27일)

발신 : 北洋大臣 李鴻章

수신 : 總理衙門

十一月十一日, 北洋大臣李鴻章函稱:

昨鈔提督吳兆有等十月二十五日來稟, 計達鑒覽. 初九夜接到旅順轉遞吳兆有等十月二十一·二十八日兩稟, 同知袁世凱及通商道員陳樹棠二十八日來稟, 又朝鮮國王二十一·二十七日兩函, 及告示叛臣罪狀稿, 朝鮮外署與日使往來照會, 各稿內多關係緊要情節, 連夜照錄, 分訂兩本, 馳呈臚察. 因篇幅太長, 繕摺不及, 可否代奏恭呈御覽, 伏候卓裁. 除鈔寄吳、續兩星使外, 專肅密布. 祇頌鈞祺.

1.「統帶駐防朝鮮親·慶各營吳提督兆有等聯銜來稟」.

敬飛稟者.

日人入宮情形, 昨已飛稟, 想邀憲鑒. 十九日卯刻至未刻, 人心益震, 警報頻傳. 韓臣中如南廷哲、金允植, 皆痛哭乞師, 並聞日兵同亂臣踞宮幽王, 殺害大臣六七人. 又聞王妃遇害, 國王及世子存亡未卜. 亂臣勾結日人, 有廢王立王庶子之意. 人心鼎沸, 全城軍民, 將入宮殺日人以護王. 沐恩等見此情形, 不能坐視, 當即照會各國公使及日使竹添進一郎, 告以入宮衛王, 兼恐軍民殺害日人, 遽失邦好, 我軍當一同保護. 此信發後, 沐恩兆有旋即商同卑職世凱、沐恩光前, 各親自率隊入宮. 卑職世凱代練朝鮮左右兩營, 見我軍入宮, 亦即隨入. 不意日人遽發鎗礮, 駢集如雨, 而亂臣朴泳孝、洪英植等又親率日人代練朝鮮前·後兩營, 助日人接戰. 火礮、地雷一時並發. 沐恩兆有營趾逼近王宮, 日人盤踞宮內山上, 向營已施放鎗礮. 當此之時, 各軍義無反顧, 交戰數時許. 天已昏黑, 各收隊止戰. 沐恩兆有歸營查點勇丁, 陣亡者三人, 受傷者十餘人, 卑職世凱營中陣亡勇丁六人, 受傷弁勇二十餘人. 沐恩光前營中受傷三名, 而日人亦陣亡數十人. 此十九日日人先開兵端, 接仗之情形也. 惟國王之生死未卜, 見拘何處, 亦無從探訪. 倘被亂臣逼迫, 日人幽禁, 或挾刼他往, 則逞慾要盟, 何所不至? 此又大局之憂, 沐恩等焦愁萬狀, 無計可施, 即暗出賞格, 有人告國王下落者, 賞銀二千兩, 送至營者賞銀二萬兩. 夜間旋有人報國王被亂首逼迫, 出宮幽拘於北門內關帝廟. 將刼而出城. 沐恩兆有聞信, 當即知會卑職世凱、沐恩光前, 出隊往迓. 沐恩兆有先前同防務提調茅倅延年, 親至王所, 見王請其至營中暫息. 卑職世凱親率隊伍, 自左營至北門內一帶, 往返巡哨, 以備不虞. 而洪英植侍立王右, 不令王行, 沐恩兆有、光前舌敝唇焦, 王不能主. 沐恩兆有到時, 朝鮮兵已在廟中, 及沿途溝內, 搜獲東洋奸細八人, 立即殺斃. 沐恩等所帶隊伍, 皆在外不能入. 英植形色頗異, 事遲必有他變, 沐恩兆有、光前親舁肩輿, 茅倅拉王入轎,[22] 擁護而出. 英植無計, 携茅倅同行, 甫出門, 英植即被朝鮮兵所殺, 並殺朴泳孝之兄都丞旨朴泳教, 及東洋生徒九人, 生拘三人, 亦同侍王側者也. 各軍衛王, 至沐恩兆有營暫息, 集大臣議事. 次日移居卑職世凱營中. 軍民歡悅, 見我軍經過, 皆頂禮道旁, 簞食壺漿, 相祝不絶. 遇日兵, 皆棒石交下, 擊殺無算. 此亦見民心之一端也. 竊念兵端已開, 勢成騎虎, 竹添等已先自燒館, 逃往仁川. 聞增兵不日將至, 若不速派重兵, 東渡提護, 設卑職等三營不能久持, 則東北藩蔽, 又將蹈琉球故轍. 所關大局, 殊非淺鮮, 且國王現住副營, 聞日本徵兵, 頗形惶懼, 囑預備轎馬, 臨時出奔, 深慮漢城周圍數十里, 依山傍嶺, 敵可俯擊, 萬難守禦. 惟國君播遷, 根本摇動, 存亡勝負, 尤難預知. 惟望中堂俯鑒急迫下悃, 藩屬安危所繫, 速撥兵輪, 遣派重兵, 即日東渡, 以壯聲威, 或可先聲奪人, 言歸於好, 否則兵力既厚, 亦足以奠人心而鼓士氣. 再, 王妃、世子先在東門外潛匿, 已有朝鮮兵護衛. 理合附稟. 肅此. 恭敂鈞祺. 不勝急切, 惶悚待命之至. 卑職沐恩謹稟.

十一月二十一發初, 九日到.

22 모졸(茅倅)은 아마 바로 앞에 나온 방무제조(防務提調) 모연년(茅延年)을 가리키는 것으로 보인다. 졸(倅)은 보통 주(州) 행정장관의 부직(副職)이나 보좌를 뜻한다.

2.「統帶駐防朝鮮親·慶各營吳提督兆有等聯銜來稟」

敬稟者.

竊沐恩等於十九日具稟, 交泰安飛呈後, 二十一·二十五日又連發兩稟, 由驛送交旅順電報. 二十五日所稟, 曾多備一封, 逕由驛呈, 計皆尚未上達. 玆由袁道傳奉憲諭, 自當遵照, 敢將前兩稟另錄復呈憲鑒, 並將起事顛末詳陳. 朝鮮開化黨构引日人, 蓄謀已久, 其遲遲未發者, 特以中國駐防之兵耳. 上月竹添到朝鮮, 所帶之兵, 已非復向時之守分, 且日夜宴會外署諸臣, 許免四十萬元, 其親密之狀, 沐恩等即知不懷好意, 然無由探問. 惟閔泳翊、金允植、尹泰駿等密露微意, 知有欲侵中國之心, 所以稟請撤防者, 實以内海當多事之秋, 未敢又以邊防上煩憲慮. 初不料其舉發如此之速, 而又如此之酷烈也. 十月十七夜, 亂首洪英植邀請各國公使, 酒後刺傷閔泳翊, 即乘勢約同日使竹添, 帶兵入宮, 恐嚇國王, 逼遷宮外之景佑宮, 禁閉出入. 我軍無能為力, 僅派勇繞宮巡緝而已. 十八日早, 勤派通事探聽消息, 一面致書國王請示, 各營皆整隊以待. 午後探知亂黨藉日兵勢, 矯王命, 橫戮大臣趙甯夏、閔台鎬、閔泳穆及掌兵之韓圭稷、李祖淵、尹泰駿六人. 軍民騷動, 人心皇皇, 而亂黨復矯王命, 回我軍書, 但云殺近臣數人, 別無他事. 堅囑勿動. 沐恩等心急如焚, 共相計議, 終覺一啟兵端, 有碍和約, 故仍未出隊, 而亂黨與日兵復擁逼王回内宮, 仍禁閉不通聲氣. 朝鮮城内除羽林禁兵外,[23] 共有前·後·左·右四營, 前·後營係日人教練, 聽其指揮, 左·右營向係中國教練, 因密招至其官弁, 陳説大義, 詳示利害, 彼兩營曾受武壯公厚恩, 本無從賊之意. 一經開導, 即直陳底裏, 始知掌兵官韓·李輩, 皆與日人亂黨同謀. 十七夜竹添帶隊入宮, 本約定各率所部, 朝鮮兵分攻我軍, 因左·右營衆心不服, 前·後營畏我軍壁壘堅固、隊伍嚴整, 未敢遽發. 日人特疑其異心而殺之耳. 當晚沐恩等即發賞六百金, 與左·右營官金鐘呂、申泰熙, 密訂次日帶隊入宮, 同護國王. 十九日清晨, 人心愈覺鼎沸, 無不憤怨日人. 韓臣如金允植、南廷哲、李鳳九等皆痛哭求援, 政府信服中國者亦有告急之文, 求入宮衛王. 沐恩等仍以王在日人、亂黨掌握, 有投鼠之忌, 復遣差弁周得武一人, 入宮求見國王, 乃又為其所阻. 旋聞日人、亂黨有將送王於東洋,

23 우림군(羽林軍) 또는 우림금군(羽林禁軍)은 전한 무제 때 창설된 궁정의 금군을 가리키는 것으로 바로 군주를 직접 호위하는 부대를 가리킨다.

更立新君之說. 沐恩等心皆倍慌, 不得已仍於辰刻函致日使竹添, 並託陳道布告各國公使, 聲明我軍有保護之責, 義應統隊入宮, 以冀日人悔禍, 或可仍歸和好. 詎待至未刻, 杳無回音, 乃萬不得已, 約會朝鮮左·右營, 整隊分三路入宮. 甫及門, 日人與亂黨, 即首先開槍堅拒, 槍子如雨. 當告知左·右營, 作速衛王. 我軍禦敵, 亦即還槍交戰約一時許, 日人與亂黨乃紛紛逃竄, 我軍仍未得見國王. 時天已昏黑, 回營點查, 傷斃四十餘人, 不得已急懸暗賞, 報知國王所在者賞二千金. 二更時即有羽林軍來報, 王被亂臣等脅避北門關帝廟. 沐恩兆有得信, 一面函告卑職世凱並張總兵, 一面率隊往迎, 而廟門堅閉不得入. 遂派隊圍廟, 飭先鋒官差弁, 越牆進內啟門. 沐恩兆有親自見王, 力請進營, 而王又為亂臣洪英植、朴泳教牽制, 不能動身. 卑職世凱率勇在外巡防, 張總兵茅倅旋亦到廟, 共請國王升轎出廟門. 亂臣洪英植、朴泳教卽為朝鮮兵所殺, 並殺監王之日本生徒八名. 是晚王既至營, 傳集文武, 始知遷逼、殺害, 皆亂黨與日兵所為. 王因為之淚下. 二十日通國皆知王在營, 歡呼慶幸, 爭獻雞、猪、牛、米, 絡繹不絕. 各營回賞, 皆多至百餘金. 夜則家家燃燈, 照我軍行路, 是亦可見民心之所向也. 亂黨四散逃避, 日兵自知勢孤, 乃自焚使館, 結隊街出, 越城而奔赴仁川. 城内及沿途百姓, 爭相石擊, 日兵多傷, 而百姓為所斃者, 亦復不少. 現國王業已由營回宮, 太妃、王妃、世子亦由東門城外迎護回宮. 兩次賞給三營兵勇一千二百金. 惟目前亂黨未清, 而傳説日兵大來者, 日有數驚. 人心惶恐, 仍有朝不謀夕之憂. 沐恩等僅有三營, 又撥一營駐宮衛王, 兵力更單, 殊不足以鎮定民心, 彈壓亂黨. 且恐日人有大隊來韓, 而亂兵復乘間竊發, 則為禍較烈. 務乞憲恩, 迅調聲望素著統兵大員, 多帶重兵東渡, 俾中外共仗天威, 早靖内亂, 而絶外虞. 不獨三營之幸, 抑亦朝鮮一國之幸也. 臨稟不勝感切禱切之至. 肅此. 恭叩鈞祺. 伏維慈鑒.
沐恩 兆有、卑職 世凱謹稟.
十月二十八日發 十一月初九日到

3. 「委辦親·慶等營會辦朝鮮防務袁丞世凱來稟」.[24]

24 李鴻章, 「議分慶軍駐朝片」(光緒十年四月初四日), 『李鴻章全集』 10 奏議10, pp.421-422에 의하면 이홍장은 오장경의 경군 6개 영 가운데 3개 영을 중국의 금주(金州)로 복귀시키고 나머지 3개 영을 그대로 조선에 주둔시키게 하면서, 원세개가 조선의 연군(練軍)에 공을 세우고 국왕이 탄복하였다고 하여 '총리영무처 회판조선방무(總理營務處 會辦

敬稟者.

日昨與日人接仗, 及迎護國王回宮情形, 俱已歷稟在案. 韓廷開化諸人, 自今秋法人構衅猖獗日甚, 每欲藉俄倭之力, 先襲防營, 然後號召諸道, 背中國而投順奉西. 卑職時為勸導, 均不能入, 前已隨時縷稟. 此次事變, 非常仰承恩芘, 尚幸國本未致動搖, 至於起事本木及節節險難, 連日訪詢朝鮮近臣並所獲士官生徒徐載昌等, 訊問口供, 始得詳悉. 並前稟匆促所未盡者, 謹條列覼縷上陳, 伏乞憲鑒. 洪英植、金玉均、朴泳孝、朴泳教、徐光範、徐載弼等, 皆開化黨也, 素主東洋, 前年卑職仰奉憲諭, 為朝鮮教練三營, 駐江華者一營, 號鎮撫營, 駐王京者兩營, 號親軍左·右營. 朴泳孝、韓圭稷、閔應植亦請東洋人教練千人, 為前後二營, 與卑職所練之軍相角. 復選精壯十二人, 赴東洋專學技勇, 名曰士官生徒, 英植以為衛士. 前日所執徐載昌, 即其一也. 竹添至王京, 英植等謀請吳統帶、張總兵與卑職夜飲. 伏士官生徒於庭中, 二鼓開筵, 四鼓起事. 先別遣將官, 部勒前·左兩軍, 分攻張總兵營壘, 而以日兵攻吳統帶營, 以後·右兩軍攻卑職營. 參贊島村久謂:"卑職等所統三營, 皆久經戰場, 赴宴時侍從必多, 若事起座中, 萬一不敵, 反受其害", 此議遂寢. 越日又謀於夜半襲取三營, 遣人視三營壘, 見防守森嚴, 亦不果. 蓋醸禍已久, 國王未能決計, 而諸臣與卑職往來者亦多不附, 乃有十七日之事. 十月十七日夜, 洪英植設宴郵政局, 約韓臣閔泳翊、金玉均、朴泳孝、徐光範, 德人穆麟德與道員陳樹棠, 英使、德使、美使共飲, 日使竹添託疾不至. 既開宴, 金玉均等時起耳語, 至三鼓喧言火起. 閔泳翊出視, 及門載昌等五人前, 斫之仆地. 泳翊衛士力捍亦被殺. 諸國使奔避, 陳道樹棠以難來告, 卑職即帶隊彈壓. 至郵政局寂無一人, 詢知閔泳翊被殺未殊, 舁在穆麟德宅, 遂往視之. 泳翊昏迷, 不知入事, 但言為開化黨所賊而已. 卑職復至宮門巡視, 緘閉如常, 宮中亦無動靜. 會吳統帶、張總兵, 皆出隊彈壓, 在各街及宮墙四圍巡緝, 亦無一人. 至天將曉, 乃各收隊回營. 泳翊被賊後, 洪英植等疾走王宮, 以外間清兵大變, 逼王移宮. 且召日兵保護. 王未決, 泳孝執王手勒書"日使入衛"四字, 遂遣人往日使館, 而日使先已整隊, 至景祐宮. 王至景祐, 竹添與英植等拘王與王太妃、王妃、世子、世子嬪五人於一室, 鐍其外户, 士官生徒繞王坐, 内視皆不能近身, 杜絕飲食. 日兵守宮門, 禁人

朝鮮防務)'에 임명하자고 상주하였다.

出入, 矯詔閔台鎬、趙甯夏、閔泳穆、尹泰駿入侍, 此皆與卑職往來而心服中國者. 盡殺之. 前營將韓圭禝亦其黨, 而不肯害卑職., 左營將李祖淵從其謀, 而部下不附, 故亦見殺. 中官柳在賢父子, 袒護卑職, 亦被殺. 人心大震. 十八日逼王遷李載元宅, 乃相與拜官, 洪英植、朴泳孝掌兵, 徐光範督辦外署. 卑職約吳統帶, 上書國王, 乞帶兵護衛. 泳孝假王意, 告以不許. 未刻奉王回宮, 韓臣金允植、南廷哲皆痛哭乞師, 政府復來文乞救. 卑職等以日人在内, 懼生邊衅, 遲疑未發. 十九日, 人心益汹汹, 軍民結聚數十萬, 將入宮盡殺倭奴, 而韓廷中來言, 妃已死, 王存亡未卜. 又聞英植等徵國王庶子入内, 年九歲, 將謀廢立, 冀主幼, 英植等專持國政, 背中國而附東洋. 卑職等見事已危急, 若日兵刼王東去, 别立新主, 則在此保護彈壓, 既失一國, 又失一君, 咎孰大焉. 乃於巳刻致書日使竹添, 告以外間情形, 將率兵入衛, 兼護日兵. 待至申刻不報, 乃帶兵闖入. 并約代練之左·右兩營, 激以忠義, 屬其隨同入宮, 乘勢由後牆翻入, 保護國王, 無為亂臣所害. 吳統帶入宮左門, 卑職入宮前門, 張總兵斷後策應, 宮中層樓叠室, 永巷曲狹, 極難入. 防禦日人見我軍已入, 據高樓槍彈如雨, 卑處隨員訓導陳長慶者, 常以公事與日使交接, 卑職令其率兩哨, 先入見日使, 告以入兵原委. 日使不納, 槍發不絕. 該訓導屹立不移, 而朴泳孝等督率朝鮮前·後兩營, 助日人來拒. 卑營向有一哨在馬山轉運, 僅止四哨, 只得奮力向前, 開槍交戰. 卑職所練左·右兩營亦助我聲勢, 日兵擁入泳孝軍合戰. 我軍士卒, 皆奮勇酣戰, 泳孝前營死逃, 僅餘五十餘人, 後營餘百十人, 皆附我軍. 泳孝遁去, 日兵見歲已孤, 亦棄戈而奔. 我軍追躡, 至後苑, 日兵復回戰. 吳、張兩軍衛其左右, 卑職自率親兵, 柜其前, 正在交戰, 不期日兵預設地雷、格林炮, 一時俱發, 卑營相離最近, 故戰歿六人, 傷十四人, 而親兵差弁為尤甚. 日兵見我軍不退, 四面圍繞, 乃盤踞一山, 我軍仍圍繞山下, 時至天黑. 恐國王在山上, 不便多施槍砲, 乃收隊回營, 日兵亦於是日夜, 潛回使館. 我軍收隊後, 仍不得國王消息, 焦愁萬狀, 乃暗懸賞格, 有人知王所在, 赴告來營者, 賞銀二千兩, 送王至營者, 賞銀二萬兩. 三鼓有人密送消息, 告在北門内關帝廟, 為英植所拘. 卑職委茅倅與吳統帶、張總兵, 率隊相繼前往. 卑職以山嶺重叠, 石磴崎嶇, 慮有伏兵, 節節巡哨. 吳統帶等入見王, 請王至左營暫息. 洪英植侍側謂, 袁某不來不可往, 王乃言待袁而行, 吳統帶等勸説良久, 王起欲行, 英植目王, 王復坐. 英植復言袁某既不來, 且遣人視宮中安否, 其實召日兵也. 先時吳統帶等未至關帝廟, 時朝鮮兵已在廟内, 及沿途山溝中, 搜護東洋奸細八人, 而日人又扮土人服, 入侍王前, 少頃又一人入, 形色甚異, 王之御林軍兵捉之出, 帽落露短髮, 則日兵也, 立斃階下. 英植顔色頓改, 張總兵於燭光下見王座, 側櫃中匿二人, 恐有變, 遂與吳統帶親舁肩輿, 至階前. 茅倅引王出户, 英植力阻, 茅倅不顧, 王起牽茅倅衣裾, 趁歲步出, 遂就輿. 英植見王已去, 欲與稠衆中潛逃, 茅倅僞與周旋, 携之同行, 而英植恐我軍爲難, 亦握茅倅手同出. 前至門, 朝鮮兵亂刀齊下, 英植朴地, 猶握茅倅髮辮未放也. 朴永教及士官生徒九人,[25] 皆爲兵殺於院中. 各軍衛王, 至吳統帶營, 召大臣集議, 翻然改政. 卑職復慮王志不堅, 或爲開化黨所蠱惑, 次日請移至卑營, 細加省查. 既足以維繫人心, 又足以杜防外邪. 住至四日, 見人心稍定, 王意無他, 又慮久留, 必招物議. 於二十三日. 請王回宮. 卑職親帶副營, 住居宮内, 周圍布置, 以防他變. 縱使開化有搖惑王心者, 我軍環居宮禁, 近在肘腋, 或不敢妄啟異謀, 王至吳營後, 卑職入見王, 王執手泣曰:"吾不意今復見君, 雖然君亦危矣." 因述英植將於是日逼之更衣, 赴仁川乘日本兵輪至東洋, 王難焉. 英植與泳孝脅迫備至, 王與妃五人, 皆泣求, 英植不可, 乃使人覓土人服, 英植等親與更換衣甫著身, 外間槍聲突發. 英植知我軍已入, 逼王出宮, 居關帝廟. 欲於是晚, 設伏廟中, 待卑職與吳統帶、張總兵至, 屏我從人, 一并謀害. 適我軍先覺, 計不得行, 王爲英植刼赴關廟, 王妃、世子等乘間逃出朝. 左營哨長柳東根, 備肩輿帶兵護衛, 送至東門外十五里村落, 僞言係其眷屬. 迨國王入我軍, 始來相告. 二十三日, 國王回宮, 卑職一營, 隨護而入. 次日派劉總兵朝貴, 率隊與柳東根迎王妃、世子等於東鄉, 則下王居偏宮. 卑職四面環營, 撤夜巡警, 不敢或懈. 二十日, 竹添自燒使館, 率衆出城, 奔赴仁川, 沿路居民, 多持械扼要, 不許前行, 往往爲日兵所傷, 而日兵亦多被創. 城中拋棄子女, 其多由防兵派兵護送, 至仁川交竹添驗收, 以示寬大之意. 二十一日, 國王在卑職營引見各國公使, 告以賊臣憑藉日兵作亂, 而日兵助我亂黨, 誅我大臣, 脅制逼迫, 又攜朴泳孝、金玉均、徐光範、徐載弼等, 隱匿伊處, 殊爲無理. 如肯將亂臣交出, 仍可言歸於好. 各公使許可調處, 始而各公使猶袒庇日人, 乃英領事阿蘇敦, 從中播弄也. 既而卑職商同陳道、穆麟德再三辯論, 美國公使俱有改說. 惟英領事心有稍偏, 商請各國公使, 赴仁川留竹添調處, 而竹添情辭, 頗不中理. 美·德公使

25 원문에는 박영효(朴永孝)라 되어 있지만, 잘못이라 바로잡았다.

先回, 阿蘇敦尚未回城, 似有意偏袒日人. 但曲直判然, 亦未能遏露形跡. 今日又請各國公使會議, 卑職商同陳道, 稟請國王, 派徐相雨、穆麟德赴東洋, 向其政府説理. 美公使亦自請同往. 惟無船便, 尚不知何日可行. 此次之變, 金玉均、洪英植等以背中國, 附强國自尊為帝以餌國王, 至素無主意, 亦漸聽信, 故引為信臣, 置其黨羽. 至十七日變前各事, 王亦稍有與聞, 而不能速決. 故玉均等藉日兵欺其愚忘, 即欲以逞其狡啟之謀. 至連誅大臣, 將立新君王, 亦深悔, 而已為亂臣所賣矣. 玉均等料中國兵有所節制, 必不敢動, 日兵亦每有所却, 而玉均極言, 必不敢動. 及十九日一舉, 則出於日兵之意外. 是日兵又為玉均等所賣矣. 玉均等恃王, 信其謀, 遂致生變. 及十九日後, 王為卑營所護, 金允值、金宏集分掌朝政, 民心不附, 不得不仍親中國而罪亂臣. 是玉均等人為王所賣矣. 此時為朝鮮計, 或戰或和在中國, 不難即了, 然泰西方盛, 不數年必又有異謀, 則中國尤難防禦, 莫如趁此民心尚知感服, 中朝即特派大員, 設立監國, 統率重兵, 内治外交均代為理, 則此機不可失也. 至日本繕卒治兵, 欲趁法人多事, 覓釁中國, 前已稟明在案. 此時日人必不甘心, 且金玉均、朴泳孝、徐光範、徐載弼等及生徒二人, 俱由日人以木箱載至東洋, 日人必即發重兵, 以六亂臣為前導, 乘機狡啟, 彰在耳目, 人所共知. 卑職等受恩深重, 持戈之義, 原無可辭. 惟朝鮮非琉球、安南可比, 如資他人, 中原焉能安枕? 伏乞先派兵輪十數隻, 陸軍數千, 先入屯紮, 日人見人心不附, 又有我兵先入重戍, 必可翻然乞和, 否則日兵先至, 中國落後, 尤難措手. 聞竹添氣焰甚大, 並乞倭語交涉, 如馬道建忠、羅牧豐禄等, 速來調護, 先入重兵, 繼使排解, 庶可無事. 總之示以必戰, 則和局可成, 示以必和, 則戰事必開. 日人狡猾, 想在洞鑒. 肅此. 恭敏鈞祺. 卑職世凱謹稟.

十月二十八日發 十一月初九日到

4.「總辦朝鮮商務陳道樹棠來稟」.

敬稟者.

竊職道於十八日夜間, 馳報朝鮮十七·八兩日滋亂情由, 肅具稟陳, 送由防營袁丞附泰安兵輪寄呈, 諒邀鈞鑒. 比時倉猝變生, 傳聞不一, 即閔台稿等六員被戕, 而是日各公使進宮謁王, 並未言及別情, 尚謂當無其事. 是以職道前稟不敢指定. 及各使會議請我軍緩三日進兵, 當即照議函商防軍按甲, 又據外部金允值, 因日兵挾王, 信致營中, 亦請暫緩, 皆為投鼠忌器之憂. 迨十九日探知六員受害属寔, 有内監赴營, 告以宮中事更危急. 兼有南廷哲等赴營乞師, 泣請救援密書二紙, 情詞迫切, 不能坐視. 當由營徑為函告竹添進一内云:"中國有保護之責, 現在朝鮮民衆聞變, 欲環攻王宮, 分應入衛, 貴國兵亦即一體防護."等因. 竹添置之不答. 吳提督等一面錄函知會職道, 抄函照會各國公使, 一面帶隊入宮, 乃日兵開鎗抗拒. 我軍只得開鎗應之. 兵勇互有傷損, 未見王, 遂收隊回營. 是晚職道派通事, 探訪偵知國王所在, 赶即密函致吳提督, 是夜五鼓, 迎王到營. 此不得不舉兵之大畧情形也. 逐日細情, 已逐細函致津海關周道, 託其轉陳, 不再凟禀. 二十二日, 職道晤各公使, 以通商之國, 各與國均有保護之約, 請其秉公會議. 是以二十三日, 各公使均赴仁川, 晤竹添面詢. 竹添以外部照會聲明:"擅入宮闈、擅殺大臣兩款, 利害太重, 不能躭當. 如換照會, 尚可議商, 業已日使報知政府, 聽候核辦."等語. 二十五日, 美·德兩使皆回城. 二十六日, 議以查明寔在各情, 再為調處. 欲將竹添開脱減輕, 作為誤聽亂党之意, 並云日·朝兩國縱欲以兵相會, 須候會議消息. 如議不及, 應俟各出使去, 再行見仗. 先由美國使逐條簽出, 會商外部如何辦理, 但竹添負氣不下, 朝鮮若改初詞, 恐反為所狹, 似此轉圜不易. 叛臣金玉均、朴泳孝等數人, 皆由日本帶去, 國中虛實皆知, 必然調兵前來, 不得不慮此目前情形也. 至於起亂之大端, 查寔係新任右相洪英植久蓄異志, 與前後日使勾通, 又有在日本學軍法、機器各學生, 收為已用, 結金玉均、駙馬朴泳孝等為死党, 意圖纂殺, 所帶入宮, 監王左右者, 皆日本兵, 改朝鮮裝冒充. 十七日, 郵征局之宴, 亦是設陷. 其言六大員, 因有名望, 並帶兵之責, 特翦羽翼, 敗後方知該奸悪深忌我軍, 仍欲矯命, 續請防營吳提督等入宮殺害, 苟遂其計, 即弑王自立, 布告各國, 均推為亂黨所戕. 不料天不佑奸, 遽形敗露, 黨首洪英植為朝鮮義憤之人斫殺, 實則城中别無黨人形迹, 此英植等藉日本為奥援, 刻由國王提訊各黨家属, 得其實情. 竹添猶悍然强辯, 恐和議未易成, 兵端未易弭. 此亂後查明原委之實在情形也.

惟朝鮮上兵雖有, 奈火器不多, 且帶兵大員, 駢首連戮. 現由國王改派兵曹判書金允植統帶, 日本兵來, 我軍不得不助, 而海口尚乏兵輪, 未添隊伍, 戰和未定, 機不可遲. 應請多派兵勇, 餽運軍火、糧餉, 赴為接濟, 庶壯我先聲, 消其驚氣, 此迫不可待, 萬難刻遅之急務也. 職道專辦交涉, 防營專主治軍, 雖各有責成, 然刻下無不悉心會議, 以顧大局. 謹將和議調諍恐未可恃, 必應重兵籌備, 以杜要狭之謀. 不勝迫切待命之至.

專肅. 恭叩勛. 職道樹棠謹稟.

十月二十七日亥刻 呈.

敬再稟者.

正在具稟間, 適奉到憲台傳電. 謹惟議和一節, 恐未可恃, 日本必有兵來, 惟有一面議和, 一面應請調兵, 以備不虞, 請兵迫切情形, 已於正稟内詳細陳明. 現在朝鮮議派使臣兩員, 前赴日廷, 歷述情節, 以憑辯論. 倘南·北洋兵輪七隻, 得能早日東渡, 俾壯聲域, 洵為至要. 陸軍亦須添調, 庶能防護稍周. 職道今日在營, 與吳提督袁丞等會商, 意見相同, 合將奉電稟辦情形馳稟. 再叩勛綏. 樹棠謹又稟.

5.「朝鮮國王來函」.

李中堂閣下.

敝邦不幸, 亂臣突發, 社稷存危, 僅在一線. 特飛布達, 本月十七日盜殺近臣未死, 而日本公使竹添進一郎突率兵入衛, 數日脅制, 禁絶往來, 亡存死生, 均未可卜. 連殺大臣六人, 國中騷動, 防營袁丞、吳軍門、張總兵恐百姓作亂, 傷及不佞, 乃於十九日率兵入内保護, 不期日兵先發槍礮, 彼此接仗, 巷戰數時, 互有殺傷. 不佞又被亂首金玉均、洪英植、徐光範等逼迫出宮, 幽於北門内, 將不知將有何為. 當即暗中送信吳營, 承袁、吳、張帶兵來迓, 人心稍定. 惟聞日人不久將至, 恐兵力太單, 未可持久, 即乞中堂速派重兵, 拯敝邑社稷於將墜. 車輔唇齒之勢, 想在洞鑒, 幸以數百年臣服為念, 不遺在遠, 幸甚, 幸甚. 肅此布懇. 敬請勛安. 不宣.

朝鮮國王 名另具.

甲申十月二十日發. 十一月初九日到.

6.「朝鮮國王來函」.

李中堂大人閣下.

前奉一函, 由義州飛遞, 想未及達. 頃聞兵輪已到馬山, 赴急如響, 一國動色, 曷任感謝之至. 比維起居多福, 勛猷茂著, 至以為頌. 此間情形, 賴駐防三營合力維持, 社稷不墜, 再請各國公使, 公論妥商. 但日人欺淩太甚, 藏納奸黨, 全不講理. 現兵少不能有為, 姑駐仁川, 不日必有添兵來関, 不可無備. 乞大速濟師, 以震皇靈. 緣不佞德薄, 屢致事變, 重貽皇上東顧之憂. 中堂經畫之勞, 反躬自悼, 無地可容. 日間欲派使前往日本, 講論事理, 俟其回國, 更當函明一切. 肅泐奉佈, 籍請勛安. 諸維崇照. 不宣.

朝鮮國王 名另具

甲申十月二十七日發, 十一月初九日到.

7.「朝鮮王告示叛臣罪狀」.

[朝鮮國王, 爲咨會事. 照得小邦自與日本修好以來 未嘗有失 不幸有賊臣]金玉均、洪英植、朴泳孝、徐光範、徐載弼等陰懷賣國之計, 醞釀禍心, 不止一日. 本月十七日夜, 洪英植設宴郵政局, 伏士官生徒, 徐載昌等於門外, 伺閔泳翊出門刺之. 衡火人家, 宣言有變, 金玉均、洪英植、朴泳孝、徐光範等徑走日本公使館, 轉入大内, 以大變方起, 恐動上心, 苦請移避宮外, 迫脅備至. 即夜倉皇移御於景佑宮. 竹添即帶兵赴宮, 圍繞御座, 派士官生徒十餘人 把門, 禁止我國人出入, 呼吸不通. 玉均等藉日本兵勢, 恣行威福, 殺戮大臣閔台鎬、趙甯夏、閔泳穆、尹泰駿、李祖淵、韓圭稷, 中官劉在賢等, 慘不忍見. 因相與拜官陞爵, 兜攬財兵之柄, 威逼君上, 至於進御飲食, 亦不得自由. 猖獗之勢, 將無所不至. 中國三營, 乘民心之憤, 率兵入宮, 欲為保護. 不圖日兵先行開砲, 仍與接仗, 互有殺傷. 大君主乘時逃身, 避御於北門之内. 中國三營及我親軍, 具儀迎還. 市街相慶, 至於泣下者. 洪英植為百姓所誅, 其餘均行閃避, 未免拏獲, 而徐載昌被拏訊究. 十七夜行刺情, 已經明白輸款. 此五賊臣, 藉他國之兵, 挾制君父, 罪不容誅. 日公使之信聽其言, 黨助叛臣, 亦非常情不可測也. 雖然我朝廷尚以交誼為重, 不許使人詆斥, 平心相恕. 至於無知小民, 奮拳泄憤, 不能一一禁止. 不圖竹添公使, 燒館出走, 此係公法所不容, 則各國公使必當有公論調處也.

朝鮮外署鈔呈與日使來往照會.

8.「朝鮮督辦交涉通商事務金弘集發日使竹添照會」.[26]

26 이하의 조회나 서신은 본문에 원래 제목이 없으나, 『清季中日韓關係史料』 제1권에 정리된 목차에서 편성된 제목이

大朝鮮督辦交涉通商事務金, 為照會事.

照得本月十七日戌刻, 内協辦閔泳翊, 偶為盜傷, 並未至死. 亦尋常事也. 而不料貴大臣率兵深入宮禁, 斷止出入, 信息阻隔. 先移大君主于景佑宮, 繼又移于李判書載元宅, 連戮大臣六人, 均不解其故. 無知小民, 未能無憾于貴大臣, 將聚衆攻戰, 本國轉托中國駐防之保護兵, 入内保護, 深恐居民加害于貴兵, 而相見之時, 貴兵阻攔, 先發槍礮, 竟至互有所傷. 宮闈之内, 作為戰場, 雖貴大臣亦一時錯謬, 意在保護, 必無他意, 而各國均有保護之約, 已經照會各國公使, 會商酌理, 亦希貴大臣酌核見覆. 須至照會者.

右　照　會

大日本欽差大臣 竹添

甲申十月十九日

9.「朝鮮外署交涉通商事務金弘集發日使竹添函」.

逕啟者.

今朝由本署送有照會一道, 尚未見覆. 未知浮沈於何處, 殊為紆鬱·前所奉公文, 謹述事起源委, 并要會商各國公使, 務欲言歸于好, 邀福兩國. 今聞貴大臣徑出城外, 將向仁川, 愕然失圖, 誠未曉旨意之所在也. 應請貴大臣暫回高軒, 從公妥商, 實所區區企望者也. 前送公文, 更抄錄一紙, 附呈庶鑒. 此衷. 諸惟台安.

甲申十月二十日

督辦交涉通商事務 金宏集

大日本欽差大臣 竹添進一郎閣下

10.「日使竹添致金弘集函」.

敬啟者.

日昨午前十一時, 雇典洞住金成一者, 將照會二件, 送致貴衙門. 刻俟照覆, 而一去無消息. 為此將前送照會抄錄各一分, 更送貴衙門查照. 耑此. 順頌日祉.

있어 그것을 따랐다.

明治十七年十二月八日 竹添進一郎
金督辦閣下

再, 本大臣回覆清國吳軍門、袁營務處之信函, 亦作經封入照會内, 請貴衙門轉送, 而雖本照會無從知達否, 故玆更將抄錄原文送請, 轉送為祈.

11.「日使竹添發朝鮮督辦金弘集照會」.
大日本欽差大臣竹添, 為照會事.
日來貴國亂民, 漸迫我公使館, 放槍放火, 投擊石塊, 岌岌乎危殆, 而貴政府坐視不制. 故本大臣暫移仁川, 欲稟商於本國政府, 以取進止. 為此照會貴政府. 應請本大臣暫移之間. 保護我公館可也. 須至照會者.
右　照
大朝鮮督辦交涉通商事務 金
明治十七年十二月七日

12.「日使竹添發朝鮮督辦金弘集照會」.
大日本欽差大臣竹添, 為照覆事.
本大臣率我護衛隊, 入貴國王闕者, 係奉貴國大君主派使, 諭以"日使來衛"等因. 謹遵上諭, 即時馳赴王闕, 詎意昨日清國兵不意闖入闕門, 與貴國兵相合, 先行發槍, 遂至四面攻擊. 本大臣因奉有來衛之諭, 故不得已而應發小槍, 始終陪隨大君主, 以竭護衛之誼. 其後大君主切慕大君毋, 至有雖死必往侍之諭, 竟由後門幸於貴國兵陣之中, 本大臣帥兵欲陪従, 即為貴國兵被槍擊. 因恐萬一誤有震驚大君主之事, 則却失護衛之誼, 在後門拜别遂, 率我護衛隊歸館. 玆接貴督辦照會, 載有先移大君主於景祐宮云云之語, 特所不解. 本大臣於移幸之事, 一無所關, 奉諭入宮, 鑾駕所幸, 追陪護衛而已. 至於連戮大臣六人之語, 尤不勝驚駭. 本大臣在宮未甞須臾離大君主之傍, 亦未見有戮大臣之事, 而我兵則專守衛大君主所在之四面. 其他諸門, 則僅置守衛, 有出入者, 則一一問其姓名而傳奏之, 經許可而始使通行. 其他則非所與知也. 而貴督辦有云云語, 不知何有據而然乎? 此事所關極大, 請舉其證, 以示本使. 至如貴國人民, 聚衆攻擊, 不知其何故. 來文又云:"我兵阻攔, 先發槍礮." 試思王宮諸門誰守之, 即非貴國兵乎? 我兵守衛大君主所在之處, 槍聲之遽發也, 大君主驚極, 有此何事之諭, 諭未畢而槍丸至于王所, 故我亦不得已而應之耳. 此衆所共見, 更望貴督辦詳查當時情由, 無錯誤事實, 顚倒曲直可也. 為此, 備文照覆. 須至照覆者.

右　照　覆

大朝鮮督辦交涉通商事務 金

甲申十月二十一日 照會

13.「日使竹添發朝鮮督辦金弘集函」.

逕覆者.

玆接來文, 藉悉由貴衙門送來照會, 未知浮沉於何處. 其公文述事起源委, "務欲言歸于好, 應本大臣暫回."等因. 查欲言歸于好, 素本大臣之所願也. 第貴國亂民, 日來迫我公使館, 放槍投石, 以逞其毒, 而貴政府坐視不制, 至有亂民殺我國人民三十餘名之多, 而亦不制之, 不拿之, 抑何故耶. 且值本大臣出館避難之際, 堅閉城門, 發礮發槍, 亂投瓦石, 必欲致本大臣于死, 而今勸本大臣暫回妥商, 此本大臣之所未能解也. 本大臣假設使署于此, 有所申禀我國政府, 未可輕舉動也.

明治十七年十二月七日 竹添進一郎

金督辦 閣下

14.「朝鮮督辦趙秉鎬發日使竹添照會」.

大朝鮮督辦交涉通商事務趙, 為照覆事.

頃接貴曆十二月七日出抄錄照會一件、信函一件, 八日出信函二件, 均已閱悉. 向因敬署所送文件, 久未見覆, 遂致兩情相阻, 深以為悵. 今承來示, 始覺豁然, 而尚有未盡事理者, 請冒煩白之. 本國設有交涉衙門, 所以辦理各國之事也. 雖細故, 應無外署不知之理, 況動兵入宮, 是何等事, 而無外署隻字之據, 半夜興戎, 直入寢殿, 雖心急保護, 不察奸人之情, 稽諸公法, 恐無是例. 本月十七夜, 郵局之宴, 即奸人謀變之會也. 既行刺, 以除其所忌, 復藉此以恐動上心. 至有請召外兵, 逼迫移宮之舉, 奸人之許多詭計, 貴大臣無由盡知. 何不一書探問於外署, 明白見覆, 知其有何處亂起, 義當赴援, 然後動兵, 則豈不光明正大? 雖我民之愚蠢者, 亦豈不稽首感頌乎?[27] 今乃信奸人矯旨, 以為確憑, 遽興師徒, 驚動宮禁, 無乃不思之甚乎! 所云"日使來衛."四字, 即其矯旨之文, 只言日使, 未有帶兵字樣, 並無鈐寶之憑信, 貴大臣亦何據而興兵耶? 至於脅制王上, 戕殺大臣, 斷非剖判以來為人臣子之所可為. 貴大臣乃自處局外, 不欲干預, 若處局外, 則不應保護, 既任保護, 則其內衷情形, 不能不塗諸耳目. 門外數萬紳民, 號泣祝天, 貴兵揮劍攔止, 門內十數奸徒, 恣行毒虐, 任其所為. 至我王上, 身在垓圍, 衣染稽血, 忍憤含辱, 不得自由, 貴大臣未嘗須臾離傍, 則其冤號慘毒之狀, 詎有不一二經眼者耶? 古有以兵為諫, 未聞幽囚其君, 屠殺其臣而為忠者也. 貴大臣過聽凶黨之言, 濟其惡逆之謀, 乃曰:"非所與知." 保護之義, 果何在耶? 主辱臣死, 義所當然. 我民之聚衆攻擊, 我兵之開礮逐寇, 乃出於秉彝之性. 至云不知何故, 請易地而思之, 貴國有如此變擧, 兵民袖手而觀, 不亦乖於親上死長之義乎? 奉還王上之後, 敝署尚以交誼為重, 禁止兵端, 至於無知小民, 蓄憤而不得泄, 往往奮拳互有死傷, 以此歸罪, 不近於緦功之察乎? 貴大臣出城之時, 敝署未知, 但見火起公館, 失驚走探, 據云貴館人自燒, 實非土民所為. 既自燒, 而又請保護, 不亦難乎? 城門之閉, 實防凶黨之逸走, 豈有為難於貴大臣之意哉? 僅一閉門, 並無派兵防守, 其意之無他, 曉然可知. 況貴兵之全隊以去, 未始非我政府飭諭軍民, 無得妄動之厚意也. 不然則豈無一矢之相加乎? 惟此凶黨, 鼓其簧舌. 熒惑尊聽, 貴大臣似未察悟. 故敷陳心腹, 用佈左右, 貴大臣若審其情形, 必渙然冰釋, 惕然追悔, 知小人之可惡矣. 凶黨洪英植, 已經兵民等齊憤誅殺, 尚有金玉均、朴泳孝、徐光範、徐載弼等, 逃脫法網, 未得拿獲. 比聞該犯等, 剃髮改裝, 走向仁川, 貴國人或憐其窮鳥之投, 收留寄息, 王章無可施之日, 天下之惡一也. 應請貴大臣, 將此四凶拿交地方官, 庶見友誼之愈篤, 而將有辭於四海萬國. 諒貴大臣犂然有契, 迅行拏交, 以泄神人之憤, 以孚條約之意也.

---

27 『맹자(孟子)』「진심(盡心) 상(上)」에 나오는 구절("知者無不知也, 當務之为爲急; 仁者無不愛也, 急親賢之爲務. 堯、舜之知而不遍物, 急先務也; 堯、舜之仁不遍愛人, 急親賢. 不能三年之喪, 而緦、小功之察; 放飯流歠, 而問無齒決之謂不知務.")로 부모의 삼년상이라는 대효(大孝)를 치를 수 없어 시마(緦麻)와 소공(小功)의 상복을 입고 가장 짧은 상례를 치르려 한다는 것이다. 시마(緦麻)와 소공(小功)은 다섯 가지 상복 가운데 가장 가벼운 두 가지로 친연(親緣)이 비교적 먼 사람이 입는다(각기 3개월, 5개월 입는다). 이 구절의 대의는 보다 큰일을 제쳐두고 우선 작은 일에만 몰두하여 경중을 뒤바꾸는 것을 경계한다는 것이다.

為此, 備文照復, 請煩貴大臣查照迅辦. 須至照會者.

右 照 復

大日本欽差辦理大臣 竹添

甲申十月二十三日 照會

15.「朝鮮督辦金弘集發日使竹添函」.

逕啟者.

本署十九日照會, 緣彼時貴兵入宮衛守, 內外隔絶, 殺害大臣, 皆云出於貴兵之守, 不得不信而書之. 追聞事機乃奸黨之從中挾勢, 除去異己之計, 非貴兵手刃云. 則前次照會句語, 未免失實, 應請繳還原照會, 以便改送, 實為公允. 此請軺安. 不宣.

甲申十月二十六日 金宏集

竹添公使 閣下

16.「日使竹添發朝鮮督辦金弘集照會」.

大日本欽差大臣竹添, 為照復事.

接准貴曆甲申十月二十四日照會, 閱悉一切. 來文曰:"設有交涉衙門, 所以辦理各國之事也. 雖細故, 應無外署不知之理."云云. 查本大臣駐劄以來, 若覲謁, 若慶賀, 若賚賜, 或由軍國事務衙門傳之, 或由內官口宣, 或由內使口宣, 乃今秋召我護衛兵, 以演武於禁內, 亦初由軍國事務衙門傳之, 以雨不果而止. 其後, 再有演武之命, 即由內使口宣. 凡如此類, 不論事體大小, 皆無貴署隻字之據, 貴大臣顧未之思耳.

來文又曰:"本月十七夜, 郵局之宴, 即奸人謀變之會也. 既行刺, 一又藉之以恐動上心. 至有請召外兵, 逼迫移宮之舉, [……], 十數奸徒, 恣行毒虐. [……] 貴大臣過聽凶黨之言, 任他惡虐之謀, 乃曰:'非所與知.' 保護之誼果何在耶?"云云. 查十月十九夜照會, 曰:"貴公使先移大君主於景祐宮, 繼又移李判書載元宅, 連戮大臣六人."云云. 今乃以移宮連戮為出奸徒之舉, 是前照會誣本大臣, 被以大罪也. 吁亦甚矣.

且來文內屢曰動兵、興戎、興師、起兵, 夫我兵之駐在貴國, 據兩國所訂條約, 以護衛本大臣也. 故每本大臣出入, 必隨衛焉, 入闕詣貴署, 均無不從行, 則奉日使來衛之諭, 入闕之時, 我兵護衛, 固其常也. 名之為動兵、興戎、興師、起兵, 無乃失當乎? 來文又曰:"何不一書探問於外署?"云云. 夫變起倉卒, 內官踵至, 來衛之命, 急於星火, 何暇探問於外署? 況內官之傳諭, 先是未嘗有探問於外署之例也. 抑貴大臣等果知赴君難之為義, 何不即夜馳赴宮闕, 保護大君主, 乃至明日, 又過至明日, 未見入侍君側, 而反責本大臣之奉論入闕耶? 本大臣所謂:'保護者', 保護大君主也. 本大臣之始至景祐宮也, 值鑾輿已臨幸, 而大君毋之駕方至. 貴國營使兵弁, 及內宦、雜役等, 紛集雜沓, 尤難於譏察, 而宮內地廣, 諸門阻隔, 非僅僅我兵耳目所能及也. 故我兵奉命護衛寢殿, 而出雜役等於寢殿之門外, 而貴兵弁護衛寢殿後. 又貴兵弁與我兵分守諸門, 當此時, 本大臣止知保護大君主, 何暇顧其他? 故曰其他非所與知也.

來文又曰:"奉還大君主之後, 敝署尚以交誼為重, 禁止兵端."云云. 夫果禁止兵端, 何為貴兵弁屢來槍擊我公館耶? 貴政府既悉知貴國人民欲聚衆攻戰, 而不鎮壓之? 又不通知於本大臣, 見貴民之攻擊, 貴兵之開砲, 以為義所當然? 貴政府待外國使臣之道, 果如此耶? 況當避難而退, 貴兵民要本大臣於路發槍放, 失投瓦名, 不知其幾處, 過左營之傍, 則連發大砲、小槍, 攻擊尤烈, 及斬門而出, 貴兵弁追擊不絶, 渡漢江時, 貴兵弁由舟中用槍, 頻為狙擊. 夫如此而尚謂:"貴政府飭諭軍民無得妄動"耶? 又尚謂:"無一矢之相加"耶? 又尚謂:"豈有為難於本大臣之意"哉?

耶來文又云:"火起公館, 失驚, 走探據云, 貴館人自燒."云云. 試思自燒公館, 有何所利乎? 既無所利, 何為自燒? 本大臣午後二點半鐘時出館, 五點鐘時渡漢江, 顧見黑烟衝天而上, 按其方位, 疑為我公館. 其間既經二點半鐘時之久, 又據我國人自漢城逃歸者所說, 貴國人與清國人, 爭入我公館, 搬出貨物, 然後放火, 是皆足證其非自燒也. 至凶黨拏獲一項, 早經我領事小林出示,[28] 諭飭我人民遵照在案. 故無收留寄息之虞, 昨又經再行申飭, 斷無剃髮、改裝, 及可怪疑之人也. 相應照覆貴大臣查照可也. 須至照復者.

右 照 覆

大朝鮮督辦交涉通商事務 趙

明治十七年十二月十二日

---

28 小林端一(고바야시 다니치)은 1883년 4월 10일부터 1885년 6월까지 인천영사(仁川領事)를 지냈다.

광서 10년 11월 11일, 북양대신 이홍장이 다음과 같은 서신을 보내왔습니다.

앞서 오조유 제독 등이 보낸 10월 25일의 보고를 베껴 보냈는데, 이미 살펴보셨을 것으로 압니다. 11월 9일 밤에는 오조유 등의 10월 21·28일 자 두 건의 보고, 동지(同知) 원세개 및 통상위원인 도대 진수당이 28일 보낸 보고, 그리고 또한 조선 국왕의 21·28일 자 두 통의 서신 및 반신(叛臣)의 죄상을 고시하는 문고(文稿), 조선 외서와 일본 공사가 주고받은 조회 등 여순에서 받아 제게 전달한 각종 문서는 그 안에 긴요한 사정에 관련된 내용이 많아, 밤을 새워 베껴서 두 권으로 만든 다음 신속하게 올려보내 살펴보실 수 있도록 하였습니다. 문서 분량이 상당히 많아 미처 주접을 갖출 시간이 없었기 때문에, 총리아문에서 대신 상주하여 황상께서 살펴보실 수 있도록 결정해 주실 수 없는지 엎드려 기다립니다. 오대징, 속창 두 칙사에게도 베껴 보내는 것 외에, 이렇게 비밀 서신으로 알립니다. 편안하시기를 빕니다.

1.「조선 주재 친·경 각 영을 통솔하는 제독 오조유 등의 연명 보고(統帶駐防朝鮮親·慶各營吳提督兆有等聯銜來稟)」.

삼가 신속하게 보고합니다.

일본 군대의 입궁 상황은 어제 이미 신속하게 보고를 올린 바 있으니, 이미 대인께서 살펴보셨을 것으로 압니다. 19일 묘각(卯刻, 오전 5~7시)에서 미각(未刻, 오후 1~3시) 사이 인심이 더욱 동요되고, 빈번하게 경보(警報)가 전달되었는데, 조선 관료 가운데 남정철, 김윤식 등은 모두 통곡하면서 부대 파견을 요청하였습니다. 아울러 듣기에 일본 부대가 반란을 일으킨 신하들과 함께 왕궁을 점거하고 국왕을 유폐하여 대신 6~7명을 살해하였으며, 또한 왕비가 이미 해를 입었고 국왕 및 세자의 존망도 앞날을 점칠 수 없으며, 반란을 일으킨 신하들이 일본인과 결탁하여 국왕을 폐위하고 왕의 서자(庶子)를 대신 국왕으로 세우려는 뜻을 품었다는 이야기도 들었습니다. 인심이 끓어올라 성내의 병사·백성들이 장차 왕궁에 들어가 일본인들을 격살함으로써 국왕을 보호할 태세입니다. 저희는 이런 상황을 보고 그냥 앉아서 보고만 있을 수는 없기에 즉각 각국 공사 및 일본 공사 다케조에 신이치로에게 조회를 보내 왕궁에 들어가 국왕을 호위하겠다고 알리면서, 아울러 군민(軍民)이 일본인을 살해하여 갑작스럽게 우방과의 우호 관계를 잃게 될까 염려하여 우리 부대가 일본인을 함께 보호하겠다고 알렸습니다. 이 조회 서신을 보낸 다음 저는 곧바로 원세개·장광전 등과 함께 상의하여, 각기 자기 부대를 이끌고 입궁하기로 하였습니다. 원세개는 조선의 좌·우 두 영을 대신 훈련한 바 있어, 우리 부대가 입궁하는 것을 보자 즉시 뒤따라 들어왔습니다. 그런데 뜻밖에 일본인이 갑작스레 총포를 발사하여 빗발처럼 탄환이 쏟아졌고, 또한 난신(亂臣) 박영효·홍영식 등이 다시 직접 일본인이 대신 훈련한 전·후 두 영을 이끌고 일본인을 도와 참전하였으며, 화포·지뢰 등이 동시에 사용되었습니다. 오조유의 주둔지는 왕궁과 가까운 곳에 자리하고 있었는데, 일본인은 왕궁 내의 산에 자리 잡고 오조유의 부대를 향해 총포를 쏘아댔습니다. 이러한 때를 맞이하여 각 부대는 대의를 위해 뒤를 돌아봄이 없이 용감하여 맞서 수 시간을 동안 교전하였으며, 하늘이 어두워지자 각기 부대를 모으고 전투를 중지하였습니다. 오조유가 부대를 이끌고 귀환하여 용정(勇丁) 인원을 점검해 보니 전투 중 사망자가 3명, 부상자가 10여 명이었고, 원세개 부대는 전투 중 사망자 6명, 부상 장병 20여 명, 장광전 부대는 부상 3명이었는데, 일본인 역시 사망자가 수십 명이었습니다. 이것이 19일 일본인이 먼저 싸움을 걸어와 접전을 벌이게 된 상황입니다. 다만 조선 국왕의 생사 여부는 점칠 수 없으며, 어디에 구금되어 있는지 역시 탐방해 볼 방법이 없습니다. 만약 난신의 핍박을 받아 일본인에게 연금되어 있거나 다른 곳으로 끌려갔다면, 멋대로 욕심으로 드러내어 무리한 요구를 하지 않는다고 어찌 보장할 수 있겠습니까? 이 또한 대국적으로 큰 근심이니, 저희는 대단히 초조하고 염려스럽지만 또한 시행할 수 있는 계책이 없어, 다시 몰래 국왕께서 계신 곳을 알려 주는 사람에게는 은 2천 량, 국왕을 부대로 모셔 오는 사람에게는 은 2만 량을 상금으로 주겠다고 현상금을 내걸었습니다. 밤중에 결국 어떤 사람이 알리기를, 국왕은 반란 수괴의 핍박으로 궁정을 나서 북문(北門) 내 관제묘(關帝廟)에 유폐되어 있는데 장차 협박을 받고 한성 밖으로 나갈 것이라고 하였습니다. 오조유는 이 소식을 듣고 곧장 원세개·장광전 등에게 연락하여 부대를 보내 가서 맞이하도록 하였습니다. 오조유는 먼저 방무제조(防務提調) 모연년(茅延年)과 함께 직접 왕의 처소로 가서 국왕을 알현하고, 우리 부대 안으로 옮겨 잠시 휴식하도록 요청하였습니다. 원세개는 직접 대오를 이끌고 좌영에서 북문 내 일대를 왕복하며 순찰하여 불의의 사태에 대비하였습니다. 그런데 홍영식이 국왕의 오른편에 시립하고 있으면서 국왕이 이동하는 것을 막았고, 오조유와 장광전이 입이 닳도록 설득하였으나 국왕이 결단을 내리지 못하였습니다. 오조유 등이 그곳에 도착하였을 때 조선 병사들이 이미 묘 안에 있었고, 연도의 물도랑 안에서 일본 간세(奸細)로 보이는 8명을 사로잡아 즉각 총살하였습니다. 저희가 이끈 대오는 모두 밖에 있어 안으로 들어올 수 없었습니다. 홍영식의 표정이 아주 이상하여 일이 늦어지면 반드시 다른 변고가 생길 것같아, 오조유와 장광전이 친히 가마를 어깨에 들어 매고 모연년이 국왕을 이끌어 가마에 오르게 한 다음 둘러싸 지키면서 밖으로 나왔습니다. 홍영식은 방법이 없자 모연년을 붙잡고 동행하였습니다. 문을 나서자마자 홍영식은 즉시 조선 병사에게 피살당하였고, 아울러 그들은 박영효의 형인 도승지 박영교와 사관생도[東洋生徒] 9명을 살해하고 3명을 사로잡았는데 이들 또한 모두 국왕 옆에서 시중들던 사람이었습니다. 각 군은 조선 국왕을 호위하면서 오조유의 부대에 이르러 잠시 휴식을 취하고, 조선의 대신들을 모아 논의하게 하였습니다. 다음날에는 원세개의 부대로 옮겼는데, 군민(軍民)이 몹시 기뻐하면서 우리 부대가 지나갈 때마다 모두 다 길가에서 큰절을 하면서 물과 음식으로 영접하였고, 서로 축하하는 일이 끊이지 않았습니다. 일본 병사를 만나면 모두 몽둥이와 돌로 내려쳐 남김없이 격살하였습니다. 이것으로 또한 민심의 일단을 엿볼 수 있습니다. 제가 생각건대 이미 전투가 벌어진 다음이라 이미 호랑이 등에 올라탄 기세가 되었고, 다케조에 등은 이미 먼저 스스로 공사관을 불태우고 인천으로 도주한 것 같습니다. 듣기에 증원 부대가 머지않아 도착할 것이라고 하므로, 만약 중국에서 신속하게 대규모 부대를 파견하여 조선에 와서 보호하지 않으면 저희 3개 영만으로는 오래 버티기 힘들 터이므로, 동북의 번폐(藩蔽)인 조선이 다시 류큐(琉球)의 전철을 밟게 되면 대국에 관계되는 바가 결코 약소한 것이 아닐 터입니다. 또한 조선 국왕이 현재 부영에 머무르고 있는데, 일본이 병사들을 증원한다는 소식을 듣고 크게 놀라서 당황하는 모습을 보이면서, 가마와 말을 미리 준비해달라고 부탁하여 때가 되면 즉시 이동하고자 할 태세인데, 한성 주변 수십 리 지역은 산과 고개가 많은 만큼 적이 올라 보며 추적할 수 있고, 이를 막기는 아주 곤란하다는 점이 몹시 우려됩니다. 그런데 만약 조선 국왕이 파천(播遷)한다면, 근본이 뒤흔들리는 셈이니 존망과 승부를 더욱 예측하기 어려워집니다. 오로지 이홍장 중당 대인께서 이리도 급박한 저희 사정이 번속(藩屬)의 안위와 바로 직결된 바임을 굽어 살펴 주셔서 신속하게 윤선 군함을 선정하고 대규모 부대를 즉각 조선에 파견해 보내 저희 위세를 부풀릴 수 있게 해주신다면, 저들의 기선을 제압하여 평화로운 좋은 결과를 끌어낼 수 있고, 그렇지 않더라도 병력이 이미 훨씬 강력해진 만큼 인심을 안정시키고 사기를 고무하기에 또한 충분할 것입니다. 첨부합니다. 왕비와 세자가 먼저 동문 밖으로 잠닉하였는데, 이미 조선 병사의 호위를 받고 있다고 합니다. 이 점은 마땅히 보고에 첨부해야 할 것입니다. 이상입니다. 삼가 대인의 편안하심을 빕니다. 급박함을 이기지 못하고 정말로 두려워하면서 지시를 내려주시길 기다리고 있습니다. 오조유 등이 삼가 보고를 올립니다.

갑신 11월 21일 발송, 12월 9일 도착.

2.「조선 주재 친·경 각 영을 통솔하는 제독 오조유 등의 연명 보고(統帶駐防朝鮮親·慶各營吳提督兆有等聯銜來稟)」

삼가 보고합니다.

저희는 19일에 보고서를 갖추어 태안 호에 넘겨 신속하게 올리게 하였으며, 21일·25일에도 다시 뒤이어 연속으로 두 차례 보고서를 갖추어 역참을 통해 여순의 전보국에 넘기게 하였습니다. 25일의 보고는 한 통을 더 갖추어 직접 역참을 통해 올리게 하였으나, 아직 대인께 전달되지는 않았으리라고 생각합니다. 지금 원보령 도대가 전달한 대인의 지시를 받았으니 응당 이에 따라야 할 것이며, 감히 앞서의 두 차례 보고서를 베껴 대인께서 살펴보시도록 다시 올리면서, 아울러 사건 전말을 상세하게 아뢰고자 합니다. 조선 개화당은 일본인과 결탁하여 음모를 꾸며온 지 오래인데, 지지부진하여 그것을 실행하지 못한 것은 특별히 중국의 주방 부대 때문입니다. 지난달 다케조에가 조선에 부임하면서 이끌고 온 부대는 이미 분수를 지키던 과거의 그런 수준이 아니었고, 또한 밤낮으로 외서의 여러 관료들과 연회를 가지면서 [배상액] 40만 원의 면제를 허락하는 등 그 친밀한 모습은 저희가 좋지 않은 의도를 품은 것임을 알면서도 그 내막을 탐문할 수는 없었습니다. 다만 민영익, 김윤식, 윤태준 등이 은밀하게 은근한 뜻을 드러내어 그들이 중국을 침범할 마음이 있음을 알게 되었고, 그래서 중국 주방 부대의 철수를 요청한 원인은 실로 중국의 내해(內海)에 많은 긴장이 발생하고 있는 시절에 감히 변방(邊防) 문제로 대인께 염려의 번거로움을 끼칠 것을 우려하였기 때문입니다. 처음에는 그들이 이렇게 신속하게, 또 이렇게 가혹하게 그 뜻을 드러낼 줄은 예상하지 못하였습니다. 10월 17일 밤 반란 수괴 홍영식이 각국 공사를 초대하여 연회를 가진 다음 민영익을 칼로 상해하고 즉각 기세를 틈타 일본 공사 다케조에와 약속하여, 군대를 이끌고 왕궁에 들어가 국왕을 위협하여 궁외의 경우궁으로 옮기도록 강요하고, 출입을 금지하였습니다. 저희 부대는 어찌할 수 없어 단지 병용을 파견하여 궁정을 돌면서 순찰할 뿐이었습니다. 18일 아침 통역을 파견하여 소식을 들어보게 하는 한편, 국왕에게 서신을 보내 지시를 요청하고 각 부대가 모두 대오를 정리하면서 대기하였습니다. 오후에 난당(亂黨)이 일본군의 위세를 빌어 국왕의 지시를 왜곡하고 대신 조영하, 민태호, 민영목 및 군대를 장악하고 있는 한규직, 이조연, 윤태준 등 모두 6명을 참살하였습니다. 군민이 소동을 일으키면서 인심이 크게 동요하고 있는데, 난당은 다시 국왕의 지시를 왜곡하여 우리에게 보내는 군서(軍書)에서 단지 근신 몇 명을 죽였다고 할 뿐 다른 일은 없으니 절대로 움직이지 말라고 요청하였습니다. 저희는 마치 불타는 것처럼 마음이 조급하여 공동으로 논의하여, 마침내 일단 군사적 충돌이 시작되면 화약(和約)에 장애가 된다고 결론을 내려서 여전히 부대를 움직이지 않았습니다. 그런데 난당은 일본 부대와 함께 다시 국왕을 옹립하여 내궁(內宮)으로 돌아온 다음 여전히 출입을 통제하여 외부와의 소식 연락을 완전히 차단하였습니다. 한성 성내는 국왕 호위 부대 이외에 모두 합해 전·후·좌·우 4개 영이 있는데, 전·후영은 일본인이 교련하여 그 지휘에 따랐고, 좌·우영은 종래 중국이 교련하였으므로, 비밀리에 그 지휘관들을 불러들여 대의를 가지고 설득하고 이해관계를 상세하게 밝혔습니다. 이 2개 영은 원래 일찍이 오장경 제독의 깊은 은혜를 입은 바 있고 원래 반란의 무리를 따를 의사는 전혀 없었습니다. 일단 저희가 알리고 권고하자 곧바로 그 진심을 털어놓아, 비로소 군부를 장악한 한규직·이조연 등의 무리가 모두 일본인 및 개화당과 같이 음모를 꾸몄음을 알게 되었습니다. [29]17일 밤 다케조에가 부대를 이끌고 왕궁에 진입하였을 때는 본래 각기 통솔하는 부대를 이끌어 조선 병사는 우리 일본군을 나누어 공격하고자 약정하였는데, 좌·우영의 뭇 병사들이 이에 불복하자 전·후영은 우리 부대 수비 태세가 견고하고 대오가 엄정한 것을 두려워하여 감히 먼저 도발하지 못하였고, 일본인은 특별히 그들이 딴마음을 품고 있다고 의심하여 살해하였습니다. 그날 저녁 저희는 즉각 육백금(六百金)을 현상금으로 내걸고, 좌·우영의 무관 김종려·신태희와 함께 다음날 부대를 이끌고 왕궁에 들어가 함께 국왕을 보호하기로 비밀리에 결정하였습니다. 19일 새벽, 인심이 더욱 비등하는 것처럼 느껴졌으며, 일본인에게 분노와 원한을 품지 않는 사람이 없었습니다. 조선 관료 김윤식, 남정철, 이봉구 등은 모두 통곡하면서 도움을 요청하였고, 중국을 믿고 따르는 정부 관료 역시 시급한 사정을 알리는 문서를 보내와 왕궁에 들어가 국왕을 보호해달라고 간청하였습니다. 국왕이 여전히 일본인과 난당의 장악 아래 있어 뜻하지 않은 결과가 생길 수 있으므로 다시 임무를 받은 무관 주득무(周得武) 1명을 보내 왕궁에 들어가 국왕을 알현할 수 있기를 요청하였으나 다시 가로막혔습니다. 곧바로 일본인과 난당이 장차 국왕을 일본으로 보내고, 다시 새로운 국왕을 옹립하려 한다는 소문을 들었습니다. 저희는 마음이 배로 다급해져서 부득이하게 다시 진각(辰刻, 오전 7~9시)에 일본 공사 다케조에에게 서신을 보내고, 아울러 진수당 도대에게 부탁하여 각국 공사에게도 우리 부대가 보호의

---

29 아마도 이 부분의 서술은 사실 확인이나 서술에 착오가 있었던 것으로 보인다.

책임이 있으므로 대의상 응당 부대를 이끌고 왕궁에 들어감으로써 일본인이 그 행동을 후회하거나 아니면 그대로 평화적으로 마무리할 것을 기대한다고 알리게 하였습니다. 그런데 미각(未刻, 오후 1~3시)에 이르기까지 기다렸는데도, 아득히 답신은 오지 않았습니다. 이에 만부득이하게 조선 좌·우영과 약속하여 만나 전체 부대를 세 길로 나누어 왕궁에 들어가고자 하였습니다. 왕궁의 대문에 이르자 일본인과 난당은 즉각 먼저 사격하면서 마치 비처럼 총탄을 쏟아내며 완강하게 저항하였습니다. 당장 좌·우영에 신속하게 국왕을 보호하도록 알리고 우리 부대가 적에 대항하였는데, 또한 총격전을 주고받는 교전이 약 한 시간 정도 지속되었습니다. 일본인과 난당은 이후 분분히 도주하였는데, 저희는 여전히 국왕을 만날 수 없었습니다. 마침 해가 져서 하늘이 어두워지자 부대로 돌아와 인원을 점검하였더니, 사상자가 40여 명이 나왔으므로, 부득이하게 국왕이 계신 곳을 알려 주는 사람에게는 이천금(二千金)을 주겠다고 현상금을 내걸었습니다. 2경(오후 9~11시) 무렵 국왕의 호위 부대로부터 알려 온 바가 있었는데, 국왕은 난신 등의 협박을 받아 북문의 관제묘로 옮겨갔다는 것이었습니다. 저는 이 소식을 듣자 원세개와 장광전에게 서신으로 알리는 한편, 부대를 이끌고 국왕을 영접하러 갔는데, 묘문(廟門)이 굳게 닫혀 들어갈 수 없었으므로 마침내 인원을 파견하여 관제묘를 포위하고 선봉관 무관에게 담을 넘어 들어가 문을 열게 하였습니다. 저는 직접 들어가 국왕을 만난 다음 부대로 옮길 것을 힘써 간청하였지만, 국왕은 다시 난신 홍영식과 박영교의 견제를 받아 몸을 움직일 수 없었습니다. 이후 원세개가 병용을 이끌고 밖에서 순찰하고, 장광전과 모연년 역시 묘에 도착하여, 함께 국왕을 가마에 오르게 하여 문을 나섰습니다. 직후 난신 홍영식과 박영교는 즉시 조선 병사에게 피살되었으며, 아울러 국왕을 감시하던 사관생도 8명도 살해당했습니다. 이날 늦게 국왕이 부대에 도착하고 문·무 대신들을 불러 모은 다음에야 비로소 국왕의 강제 피신과 대신 살해는 모두 난당과 일본 병사의 소행임을 알게 되었습니다. 국왕은 이 때문에 눈물을 흘렸습니다. 20일에는 조선 사람 모두 국왕이 저희 부대에 있음을 알게 되자 환호하면서 경축하고, 다투어 닭과 돼지, 소와 쌀을 바치는 일이 끊이지 않았습니다. 각 부대에 대한 포상금 모두 많게는 1백여 금(金)에 이르렀습니다. 밤에는 집집마다 등불을 달아 우리 부대가 이동하는 길을 비추었으니, 이것으로 또한 민심이 향하는 바를 알 수 있었습니다. 난당은 사방으로 흩어져 도주하였고, 일본군은 세력이 고립되어 있음을 알고 스스로 공사관에 불을 지르고 부대를 모아 거리로 나선 다음 성 밖으로 나서 인천으로 도주하였습니다. 성내 및 연도의 백성들은 다투어 이들을 돌로 공격하여 일본 병사들은 부상당한 경우가 많았지만, 이들에게 피살당한 백성 역시 또한 그 수가 적지 않았습니다. 현재 국왕은 이미 부대에서 왕궁으로 돌아갔고, 태비·왕비·세자 역시 동문 성 밖에서 영접하여 왕궁으로 돌아갔습니다. 두 차례 3개 영의 병용에게 1,200금의 상금이 내려졌습니다. 다만 지금은 난당이 완전히 숙청되지 않았고, 소문에 따르면 일본의 대규모 부대가 온다고 날마다 몇 차례 경보가 있어 사람들이 무섭고 두려워하는 바람에 여전히 아침이면 저녁을 보장하지 못하다는 우려가 있습니다. 저희는 겨우 3개 영만 있고, 또 1개 영은 뽑아서 왕궁에 주둔하면서 국왕을 호위하느라 병력이 단출하므로 특히 민심을 가라앉히고 난당을 진압하기에 부족합니다. 또한 일본의 대규모 부대가 조선에 파견되면 난당의 군대가 다시 틈을 타서 몰래 행동할 수도 있는데, 이렇게 되면 훨씬 더 큰 재앙이 될 것입니다. 힘써 대인의 은혜를 간청하건대, 신속하게 평소 위망이 뛰어난 고위 군사 지휘관이 대규모 부대를 이끌고 조선에 건너오게 해주셔서, 중외가 모두 그 위세에 의지하여 일찌감치 내란을 진압하고 외부적 위협을 없앨 수 있도록 해주십시오. 이렇게 되면 저희 3개 영의 행운일 뿐만 아니라 또한 조선 한 나라의 행운이 될 것입니다. 보고를 올리면서 지극히 간절하게 기도하여 마지않습니다. 이상입니다. 삼가 대인의 평안하심을 빕니다. 삼가 엎드려 살펴보실 것을 기다립니다. 오조유, 원세개가 삼가 보고를 올립니다.

갑신 10월 28일 발송, 11월 9일 도착.

3. 「친·경 등 영을 맡아 관리하는 회판조선방무 원세개의 보고(委辦親·慶等營會辦朝鮮防務袁丞世凱來稟)」.

삼가 보고합니다.

어제 일본인과 교전하고, 국왕을 영접하여 왕궁에 복귀한 사정은 모두 이미 여러 차례 보고하였습니다. 조선의 개화당 무리는 올해 가을 프랑스가 도발하여 창궐하는 것이 날로 심해지면서부터 매번 러시아나 일본의 힘을 빌려 먼저 중국 주방 부대를 공격한 다음 각 지방에 호소하여 중국을 배신하고 서양에 투순(投順)하고자 하였습니다. 제가 수시로 권고하였지만 모두 이를 받아들이지 않았다는 점은 이전에 누차 보고드린 바 있습니다. 이번 사변에서는 대인의 은혜와 보호를 크게 받아 그래도 다행스럽게 이 나라의 근본이 흔들리는 데까지는 가지 않았습니다만, 내란의 경과 및 갖가지 험난한 곡절은 날마다 조선 국왕의 근신(近臣)에게 물어보고 또한 포획한 사관생도 서재창(徐載昌) 등을 심문하여 구두 자백을 받아냄으로써 비로소 상세한 내용을 알게 되었습니다. 아울러 창졸간이라 앞의 보고에서 제대로 서술하지 못한 내용을 자세하게 나열하여 보고를 올리면서 대인께서 살펴보시기를 간청합니다. 홍영식, 김옥균, 박영효, 박영교, 서광범, 서재필 등은 모두 개화당이고, 평소 일본을 흠모하였습니다. 전년에 제가 대인의 지시를 받들어서 조선을 위해 3개 영을 교련(教練)하였는데, 강화도에 주둔하는 1개 영을 진무영(鎭撫營)이라 하고, 한성에 주둔하는 2개 영을 친군(親軍) 좌·우영이라 불렀습니다. 박영효, 한규직, 민응식 또한 일본인을 초빙하여 1천 명을 교련하고 전·후 2영으로 삼아, 제가 교련한 부대와 서로 각축하게 하였습니다. 또한 다시 건장한 청년 12명을 선발하여 일본에 보내 기예를 전문적으로 연마하게 하였는데, 이름하여 사관생도라 하였고, 홍영식은 이들을 위사(衛士)로 삼았는데, 앞서 포획한 서재창이 그 가운데 하나입니다. 다케조에가 한성에 도착하자 홍영식 등은 오조유 통대, 장광전 총병과 저를 초대하여 밤에 주연을 갖자는 계모를 꾸몄습니다. 사관생도를 정원에 잠복하게 해놓고 이고(二鼓, 오후 9~11시)에 연회를 시작하고 사고(四鼓, 오전 1~3시)에 일을 벌인다는 것인데, 먼저 장관(將官)을 보낸 다음 전·좌 양 군을 배치하여 장광전 총병의 부대를 공격하고, 일본 병사는 오조유 통대의 부대를 공격하고, 후·우 두 군은 제 부대를 공격한다는 것이었습니다. 참찬(參贊) 시마무라 히사시(島村久)가 말하기를, 제가 통솔하는 3개 영은 모두 오랜 전투 경험을 지니고 있고, 연회에 참가할 때도 시종하는 사람이 반드시 많아 만약 자리에 앉아 있다고 혹시라도 대적하지 못하면 도리어 피해를 보게 될 것이라고 하여 마침내 이런 논의를 중단했다고 합니다. 다음 날에도 다시 밤에 3영을 습격해서 탈취하는 계획을 세우고, 사람을 보내 3영의 부대 상황을 염탐하게 하였는데, 방어 태세가 삼엄한 것을 보고 또한 포기하였다고 합니다. 생각건대 이 반란을 꾸민 지 이미 시간이 오래되었는데, 국왕은 확실하게 결단을 내리지 못하였고 여러 신하들은 저와 왕래하면서 또한 의존하는 사람이 적지 않아, 17일의 사태가 벌어졌습니다. 10월 17일 밤 홍영식이 우정국의 연회를 준비하고, 조선 관리 민영익, 김옥균, 박영효, 서광범, 묄렌도르프와 [중국의 통상위원] 도대 진수당, 영국·독일·미국 공사와 함께 음주를 하였습니다. 일본 공사 다케조에는 병을 핑계 대고 참석하지 않았습니다. 연회가 열린 다음 김옥균 등은 때때로 일어나 귓속말을 나누었습니다. 삼고(三鼓, 오후 11시~오전 1시) 무렵에 이르러 불이 났다는 시끄러운 소리가 들렸습니다. 민영익이 나가서 보려고 서재창 등 5명이 있던 문에 이르렀는데, 이들이 그를 칼로 베어 땅에 쓰러뜨렸습니다. 민영익의 위사가 힘써 막아보려 하였지만, 역시 피살당했습니다. 각국 공사들은 다급하게 피신하였고, 도대 진수당이 난리가 났다고 와서 알렸으므로 제가 즉시 부대를 이끌고 가서 통제하였습니다. 우정국에 이르자 조용한 밤에 한 사람도 남아 있지 않았고, 물어보니 민영익은 목숨이 붙어 있어 묄렌도르프의 집으로 실려 갔다고 하여 마침내 가서 살펴보았습니다. 민영익은 혼미 상태였고 사람을 알아보지 못하였지만, 개화당에게 습격당했다고 할 뿐이었습니다. 저는 다시 궁문에 이르러 순시하였는데, 평소처럼 굳게 닫혀 있었고, 궁중에서도 아무런 움직임이 느껴지지 않았습니다. 오조유 통대와 장광전 총병을 만나러 갔는데 모두 부대를 이끌고 시가지와 궁전 담벽 사방을 순시하면서 통제하러 나가 있어, 또한 아무도 없었습니다. 마침 동이 틀 무렵이 되자 각기 부대를 거두어 복귀하였습니다. 민영익이 습격을 당한 다음 홍영식 등은 왕궁으로 달려가 외부의 중국 부대가 큰 변란을 일으켰다고 하면서 다른 궁전을 옮기도록 왕을 강박하였습니다. 또한 일본 부대의 보호를 요청하려고 하였지만 국왕이 결정을 내리지 못하자, 박영효는 왕의 손을 잡고 "일본 공사가 들어와서 호위하라(日使入衛)"라는 네 글자를 억지로 쓰게 한 다음 마침내 사람을 일본 공사관에 보냈는데, 일본 공사는 이미 준비를 갖추고 있어 곧장 경우궁으로 출동하였습니다. 경우궁에 이르자 다케조에 공사와 홍영식 등은 국왕과 왕태비, 왕비, 세자, 세자빈 다섯 사람을 한 방안에 가두고, 그 바깥문을 잠갔습니다. 사관생도가 국왕을 둘러싸고 앉아 내시(內寺)도 모두 접근할 수 없었으며, 먹고 마시는 것을 막고 끊었습니다. 일본 병사가 궁문을 지키면서 출입을 막았으며, 국왕의 교지를 위조하여 민태호, 조영하, 민영목, 윤태준이 입시(入侍)하도록 하였는데, 이들은 저와 왕래하면서 중국을 믿고 따르는 사람들로서, 모두 피살당하였습니다. 전영(前營)의 한규직 역시 그 무리에 속하였는데, 저를 해치려 하지 않았고, 좌영(左營)은 이조연이 그 음모를 따르고자 하였으나 부하들이 따라붙지 않아 역시 피살당하였습니다. 중관(中官)인 유재현(柳在賢) 부자는 저를 비호하다가 역시 피살당했습니다. 이런 조치로 인심이 크게 흔들렸습니다. 18일에는 국왕을 핍박하여 이재원의 저택으로 옮기게 하였고, 서로 관직을 주고받아 홍영식, 박영효가 군대를 장악하고, 서광범은 외서독판을 맡았습니다. 저는 오조유 통대와 약속하여 국왕에게 상서를 올려 병사를 이끌고 호위하겠다고 간청하였지만, 박영효가 국왕의 뜻을 가장하여 허락하지 않는다고 알려왔고, 미각(未刻, 오후 1~3시)에 국왕을 모시고 왕궁으로 돌아갔습니다. 조선 관료 김윤식과 남정철은 모두 통곡하면서 군대의 출동을 요청하였고, 정부에서도 다시 공문을 보내와 구원을 요청하였습니다. 저희는 일본인이 안에 있어 외교 분쟁을 일으킬까 두려워 주저하면서 출동할 수 없었습니다. 19일 인심이 더욱 흉흉해져서 병사나 백성들은 몇십만 명이 무리를 지어 왕궁에 들어가 왜놈들을 모두 다 죽여 버리자는 상황이었는데, 조선 조정에서 보내온 서신에 의하면 왕비가 이미 세상을 떠났고 국왕의 생존 여부도 점칠 수 없다는 것이었습니다. 또 듣기에 홍영식 등은 9세인 국왕의 서자를 왕궁으로 불러들여 현 국왕을 폐립하고 유주(幼主)를 세워 자신들이 국정을 전적으로 담당하여 중국을 배신하고 일본에 붙으려 하였다고 합니다. 저희는 이미 사태가 위급함을 보았으니, 만약 일본군이 국왕을 납치하여 일본으로 보내고 따로 새로 국왕을 옹립한다면, 조선에서 보호하고 통제하는 책임을 맡았다가 조선을 잃고 국왕을 잃게 되니, 이보다 더 큰 잘못이 어디 있겠습니까? 그래서 사각(巳刻, 오전 9~11시)에 일본 공사 다케조에에게 서신을 보내 외부 사정을 알리면서 부대를 이끌고 들어가 국왕을 지키고 아울러 일본군을 보호하겠다고 전하였습니다. 신각(申刻, 오후 3~5시)까지 기다렸지만 답장이 오지 않아, 이에 부대를 이끌고 진입하였는데, 아울러 대신 훈련한 좌·우 2영에게 충의(忠義)로 자극을 주어 함께 왕궁에 들어가되 기세를 틈타 뒷담을 넘어 들어가 국왕을 보호하여 난신에게 피살되는 일이 없도록 해달라고 부탁하였습니다. 오조유 통대는 왕궁의 좌문으로 들어갔고, 저는 왕궁의 전문으로 들어가고, 장광전 총병은 후원을 막아 호응하기로 하였는데 궁중에는 건물이 아주 많고 골목길은 굽고 좁아서 진입이 쉽지 않았습니다. 방어하던 일본 부대가 우리가 이미 들어선 것을 알고 고루(高樓)에 의거하여 총탄을 빗발처럼 쏘아댔습니다. 제 부대에 수행원 훈도(訓導) 진장경(陳長慶)이란 사람이 있었는데, 항상 공무로 일본 공사와 접촉하였으므로, 그에게 2개 초(哨)를 거느리고 먼저 들어가 일본 공사를 만나 왕궁에 들어간 경위를 설명하도록 하였습니다. 그러나 일본 공사는 이를 받아들이지 않았고, 사격을 멈추지 않았으므로 진장경 훈도는 혼자 우두커니 서서 꼼짝도 하지 못하였습니다. 그리고 박영효 등은 조선의 전·후 2개 영을 이끌고 일본인을 도와 우리에게 항거하였습니다. 저희 부대는 종래 1개 초가 마산에서 전운(轉運)을 담당하고 있어 겨우 4개 초에 지나지 않았으므로 단지 힘을 다해 전진하면서 사격하여 교전할 수 있을 뿐이었습니다. 제가 훈련한 좌·우 2영 역시 우리의 기세를 도왔는데, 일본군은 박영효의 부대와 함께 뭉쳐 교전하였습니다. 우리 부대의 사졸은 모두 용감하고 과감하게 싸움에 임해 박영효의 전영은 죽거나 도망쳐서 겨우 50명만 남았고, 후영은 100여 명이 남았는데, 모두 우리 진영으로 붙었습니다. 박영효가 숨어서 도망치자, 일본군은 이미 세력이 고립되어 있음을 알고 역시 무기를 버리고 도주하였습니다. 우리 부대가 추격하여 후원(後苑)에 이르렀을 때, 일본군이 다시 반격하였습니다. 오조유 통대와 장광전 총병의 부대가 그 좌우로 돌격하고 저는 직접 친병을 이끌고 그 앞을 가로막았는데, 한참 교전하다가 예기치 않게 일본군이 미리 설치해 놓은 지뢰가 터지고 개틀링(Gatling) 기관총이 난사되는 통에 가장 거리가 가까웠던 제 부대에서 전사자가 6명, 부상자가 14명이 나왔는데, 제가 이끌던 친병 무관들이 특히 심했습니다. 일본군은 우리 병사들이 물러서지 않고 사면이 포위되자 언덕 한 군데에서 버텼습니다. 우리 부대가 마침내 언덕 아래를 둘러쌌는데 마침 해가 지고 캄캄해졌습니다. 국왕이 언덕 위에 있을까 두려워 총포를 여럿 배치하기에 불편하였으므로, 마침내 병사들을 모아 부대로 복귀하였습니다. 일본군 역시 이제 이날 해가 지자 몰래 공사관으로 돌아갔습니다. 우리 부대가 복귀한 다음에도 여전히 국왕에 관한 소식을 얻을 수 없어 정말로 초조해하다가, 몰래 현상금을 걸어 국왕의 소재지를 알고 부대로 와서 알려 주는 사람에게는 은 2천 량을, 부대로 국왕을 보내주는 사람에게는 2만 량을 주기로 하였습니다. 삼고(三鼓, 오후 11시~오전 1시)가 칠 무렵 어떤 사람이 몰래 소식을 보내오기를 북문 내 관제묘에서 국왕이 홍영식에게 구금되어 있다고 알려 왔습니다. 저는 모연년에게 위임하여 오조유 통대와 장광전 총병에게 알리도록 하여, 서로 부대를 이끌고 잇따라 가보기로 하였습니다. 저는 산과 언덕이 거듭되는 데다가 기암괴석도 많아 복병이 있을까 염려되어 곳곳마다 순찰하게 하였습니다. 오조유 통대가 들어가 국왕을 알현하고, 좌영에 와서 잠시 쉬시도록 요청하였습니다. 홍영식 등 시측하던 사람이 말하길, 원세개가 오지 않으면 갈 수 없다고 하여, 국왕은 이에 원세개를 기다려 가겠다고 답변하였습니다. 오조유 통대가 오랫동안 권고하자 국왕은 일어나서 움직이고자 하였으나, 홍영식이 쳐다보자, 국왕은 다시 앉았습니다. 홍영식은 다시 말하기를 원세개가 이미 오지 않았고, 또한 사람을 보내 궁중의 안녕 여부를 탐색하는 것은 기실 일본군을 부르는 것이라고 하였습니다. 이에 앞서 오조유 통대 등이 관제묘에 이르기 전에, 마침 조선 병사가 묘 내 및 연도의 산도랑 속에서 일본 간첩으로 보이는 8명을 수색해서 체포하였습니다. 그리고 일본인은 또 조선인 복장으로 분장하고 국왕 앞에 입시하고 있었으며, 조금 있다가 한 사람이 더 들어갔는데 그 형색이 몹시 특이하여 국왕의 어림군이 잡아보니 모자가 떨어지고 짧은 머리가 드러났는데, 바로 일본 병사였습니다. 즉각 계단 아래서 처형하였습니다. 홍영식의 얼굴 표정이 갑자기 바뀌었고, 장광전 총병이 촛불 아래서 왕의 의자를 보니 옆에 있는 나무상자 속에 두 사람이 숨어 있었습니다. 변고가 있을까 염려하여 마침내 오조유 통대가 직접 가마를 메고 건물의 계단 앞에 이르렀습니다. 모연년이 국왕을 모셔 나와 문을 나서고자 하는데 홍영식이 힘써 저지하였으나 모연년은 돌아보지 않았고, 국왕이 의자에서 일어나 모연년의 옷자락을 붙잡고 한 걸음 한 걸음 걸어 나와 마침내 가마에 올랐습니다. 홍영식은 국왕이 떠나는 것을 보고 거기 몰린 사람들 무리에 섞여 몰래 도망치려 하였지만 모연년이 거짓으로 그를 설득하여 데리고 동행하려 하였습니다. 그리고 홍영식 또한 우리 부대에게 피해를 당하는 것이 두려워 또한 모연년의 손을 잡고 함께 나섰지만, 전지문(前至門)에 이르자 조선 병사들이 마구 칼을 휘둘러 그를 땅에 쓰러뜨렸는데, 그때도 여전히 모연년의 변발을 잡고 놓아주지 않았습니다. 박영교 및 사관생도 9명도 모두 병사들도 모두 그곳에서 피살되었습니다. 각 부대는 국왕을 호위하면서 오조유 통대의 군영에 이르렀고 대신들을 불러 모아 논의하게 함으로써 확실하게 모든 일을 정상으로 되돌려놓았습니다. 저는 다시 국왕의 의지가 굳지 않아 혹시라도 개화당에게 속아 넘어갈 것을 염려하여 다음 날 제 군영으로 옮기고 세밀하게 성찰하고 조사한다면 인심을 유지하기 충분할 뿐 아니라 또한 충분히 외부의 나쁜 영향을 막을 수 있을 것으로 생각하였습니다. 나흘째 머무르는 동안 인심이 얼마간 안정되었고 국왕에게도 다른 뜻이 없음을 확인하였는데, 더욱 오래 머무르게 되면 반드시 물의를 빚을까 걱정되었습니다. 그래서 23일 국왕에게 회궁할 것을 요청하였습니다. 저는 직접 통솔하는 부영을 이끌고 궁내에 거주하면서 주위에 병력을 배치하여 다른 변고를 방비하였습니다. 설사 개화당 가운데 국왕의 마음을 현혹할 사람이 있더라도 우리 부대가 왕궁 안에 빙 둘러싸고 주둔하면서 아주 가까운 곳에 있으니 혹시라도 감히 다른 음모를 시행할 수는 없을 것입니다. 국왕이 오조유 통대의 군영에 이른 다음 제가 들어가서 알현하였는데, 국왕은 제 손을 잡고 눈물을 흘리면서, "내가 뜻밖에 다시 그대를 보게 되었는데, 그렇지만 그대 역시 위태로웠을 것이오"라고 말씀하셨습니다. 이어서 홍영식이 이날 옷을 갈아입고 인천으로 가서 일본 군함을 타고 일본으로 가야 한다고 핍박하였는데, 국왕께서는 이를 받아들이지 않았다고 말씀하셨습니다. 홍영식은 박영효와 함께 온갖 협박을 하였고, 국왕과 왕비 등 다섯 사람이 모두 눈물을 흘리며 간청하였으나 홍영식은 안 된다고 거절하고, 여전히 사람을 시켜 조선 민간 복장을 찾아오게 하여, 홍영식 등도 직접 함께 옷을 갈아입고 있었는데, 바깥에서 갑자기 총소리가 들렸으며, 홍영식은 중국 부대가 이미 진입한 것을 알고 국왕의 왕궁을 나서도록 독촉하여 관제묘에 머물렀다는 것입니다. 그리고 이날 밤 관제묘에 매복을 설치하여 저와 오조유 통대, 장광전 총병이 오기를 기다렸다가 저희가 사람을 따라 들어오면 일제히 모해하려고 계획하였다고 합니다. 마침 우리 부대가 먼저 눈치채서 그 계획은 시행되지 못하였고, 국왕은 홍영식의 강박으로 관제묘로 향하였고, 왕비와 세자 등은 빈틈을 타서 궁전을 벗어났다고 합니다. 좌영의 초장(哨長) 유동근(柳東根)이 가마와 병사를 준비하여 호위하고 동대문 밖 15리쯤 있는 촌락으로 호송하면서, 자기 권속이라고 거짓말을 하였던 것입니다. 국왕이 우리 부대에 들어오게 되자, 비로소 와서 이를 알렸습니다. 23일 국왕이 왕궁으로 돌아가자, 제 부대 1개 영은 뒤따라 호위하면서 들어갔습니다. 다음날에는 총병 유조귀(劉朝貴)를 파견하여, 병사를 이끌고 유동근과 함께 왕비와 세자 등을 동쪽 마을에서 영접하고, 곧바로 국왕이 머무는 건물 옆의 편궁(便宮)으로 모셨습니다. 저는 사방에 부대를 배치하고 철야로 순찰하게 하면서 조금이라도 감히 소홀히 하지 않았습니다. 20일, 다케조에 일본 공사는 스스로 공사관에 불을 지르고 무리를 이끌고 한성을 나서 인천으로 도피하였습니다. 연도 주민은 대부분 무기를 지니고 요지를 장악하여 앞으로 가는 것을 허용하지 않았는데, 일본 병사에게 부상당하는 경우도 자주 있었지만 일본 병사들 역시 대부분 피해를 입었습니다. 그들이 한성에 내버린 자녀들은 대부분 병사를 보내 호송하여 인천에 이르러 다케조에 공사가 점검·수용하도록 함으로써 관대한 뜻을 보여주었습니다. 21일, 국왕은 제 부대에서 각국 공사를 불러들여 만나고, 난신들이 일본 군대의 힘을 빌려 반란을 일으켰으며, 일본 부대는 조선 난당을 도와 조선의 대신을 주살하고, 협박과 강요를 일삼았으며, 또한 박영효, 김옥균, 서광범, 서재필 등을 데리고 은닉하였으니 특히 무리한 일이라고 알리면서, 만약 그들이 난신을 내놓으려 해야만 화의가 가능하다고 이야기하였습니다. 각국 공사는 이에 대한 조치를 승인하였습니다. 처음에는 각국 공사들이 여전히 일본인을 비호하였는데, 이것은 영국 영사 애스턴(Aston)[30]이 중간에서 농간을 부렸기 때문으로, 저는 진수당 도대 및 묄렌도르프와 더불어 재삼 이에 대해 변론하였고, 미국 공사도 주장을 바꾸게 되었습니다. 다만 영국 영사는 마음속에 여전히 조금 편파적인 것이 있어, 각국 공사들에게 요청하여 인천에 가서 다케조에 공사와 논의하게 되었는데, 다케조에의 주장은 자못 이치에 들어맞지 않았습니다. 미국과 독일 공사는 먼저 돌아오고, 애스턴은 아직 한성에 돌아오지 않았는데, 아마도 여전히 일본인 편을 들 생각으로 보입니다. 하지만 시비곡직이 너무 분명하므로 그런 모습을 밖으로 드러낼 수는 없을 것입니다. 오늘 다시 각국 공사를 청하여 회의하였는데, 저는 진수당 도대와 상의하고 국왕에게 보고하여 요청하기를 서상우(徐相雨)와 묄렌도르프를 일본에 보내 일본 정부에 따지자고 하였고, 미국 공사 역시 자청해서 같이 가기로 하였습니다. 하지만 배편이 마련되지 않아 아직 언제 출발할지는 알 수 없습니다.

이번 변란에서 김옥균, 홍영식 등은 중국을 배반하고 강국에 붙어 스스로 황제로 자칭하는 것으로 국왕을 유혹하였습니다. 국왕은 평소 의지가 뚜렷하지 않아 또한 점차 이들의 말을 듣고 믿게 되어, 이들을 의지할 수 있는 신하로 보고 그 무리를 받아들였던 것입니다. 17일의 변

30 애스턴(Wiliam George Aston. 1841~1911. 阿蘇敦 또는 阿須頓으로도 표기된다)은 아일랜드에서 태어난 영국 외교관으로 1864년에서 1884년까지 일본 통역으로부터 시작하여 각지 영사관에 근무하였으며, 1884년부터 1885년 사이 총영사로서 한성에 주재하였다.

란 이전 갖가지 일도 국왕이 역시 조금씩은 들은 바 있었지만, 신속한 결단을 하지 못하였습니다. 그래서 김옥균 등은 일본 군대의 힘을 빌리고 그 어리석음을 이용하여 교활한 음모를 실행하려 하였던 것입니다. 연이어 대신을 살해하고 새로운 군주를 옹립하려 하자 또한 깊이 후회하게 되었지만, 이미 난신에게 배신당한 뒤였습니다. 김옥균 등은 중국 부대가 견제되는 바가 있어 반드시 감히 움직이지 못할 것이고, 일본 부대 역시 매번 후퇴한 바가 있으므로 감히 움직이지 못할 것이라고 굳게 믿었던 것 같습니다. 19일의 행동 같은 경우는 일본군으로서도 의외였던 것으로 보입니다. 이날 일본군 역시 또한 김옥균 등에게 배신당한 것입니다. 김옥균 등은 국왕을 자신들의 계책을 믿는다는 것에 기대어 마침내 변란을 일으켰는데, 19일 이후 국왕은 제 부대에 넘어오고 김윤식, 김홍집 등이 국정을 나누어 맡게 되어 민심이 (개화당에) 붙지 않게 되자, 부득불 다시 중국과 친한 모습을 보이며 난신을 탓하게 되었습니다. 이래서 김옥균 등은 국왕에게 배반당한 것입니다. 지금 조선을 위해 계획한다면, 혹은 싸우는가 아니면 혹은 화의를 맺는가는 우리 중국에 달려 있어, 즉각 마무리하기는 어렵지 않습니다. 하지만 서양은 바야흐로 강성한 모습이라 몇 년이 지나지 않아 또다시 따른 음모가 있게 되면 중국은 더욱 방어하기 어려울 터이니, 차라리 지금처럼 민심이 아직 중국에 감복함을 알고 있는 틈을 타서 중국에서 고위급 관원을 특별히 파견하여 감국(監國)을 설립하고 대규모 군대를 통솔하며, 내치와 외교도 모두 대신 처리해야 할 것이며, 이 기회는 놓쳐서는 안 됩니다. 일본의 경우 군대를 정비하여 프랑스가 중국과 마찰을 일으키는 틈을 타서 중국을 도발하려 한다는 점은 전에 이미 보고를 올린 바 있습니다. 지금 이때 일본인은 현 상황을 달갑게 여기지 않고 있으며, 또한 김옥균, 박영효, 서광범, 서재필 등과 생도 2명은 모두 일본인이 나무 상자에 실어 일본으로 데려갔으니, 일본인이 반드시 즉시 대규모 군대를 파견하고 여섯 명의 난신을 앞잡이로 삼아 기회를 틈타 교활한 음모를 꾸밀 것이라는 점은 눈과 귀로 뚜렷하게 파악할 수 있고 누구나 다 알 수 있습니다. 저는 깊고 두터운 은혜를 받았으니 군인으로서의 의무는 원래 말할 필요도 없을 것입니다만, 조선은 류큐나 안남(安南)과 비교할 수 없으니, 만약 다른 사람에게 넘어간다면 중원이 어찌 편안하게 잠들 수 있겠습니까? 엎드려 간청하건대, 우선 윤선 군함 십수 척과 육군 수천 명을 파견하여 먼저 들어와 주둔하게 하면, 일본인은 인심이 자기들에게 향하지 않음을 보았고, 또한 우리 부대가 먼저 들어가 튼튼하게 지키고 있으니, 반드시 태도를 곧바로 바꾸어 화의를 요청할 것입니다. 그렇지 않고 일본 부대가 먼저 증원되어 중국이 기선을 제압당한다면 더욱 손을 쓰기 어려워질 것입니다. 듣기에 다케조에 공사는 크게 기염(氣焰)을 올리면서도 아울러 일본 정부에 암중의 교섭을 간청하고 있으니, 이를테면 마건충 도대나 나풍록 등을 신속하게 보내 조정하게 하고, 먼저 대규모 부대를 들여보내고 뒤이어 중간에서 중재하는 식으로 나가면 아마 무사하게 마무리되는 것을 기대할 수 있을 것입니다. 요컨대, 반드시 싸우겠다는 자세를 보여주면 화의가 이루어질 수 있지만, 반드시 화의를 이루겠다는 자세를 보이면 기필코 전쟁이 시작될 것입니다. 일본인의 교활함은 아마도 통찰하고 계실 줄 압니다. 이상입니다. 삼가 편안하시기를 빕니다. 원세개가 삼가 보고를 올립니다.

갑신 10월 28일 발송, 11월 9일 도착.

4.「총판조선상무위원 도대 진수당이 이홍장에게 보낸 보고(總辦朝鮮商務陳道樹棠來稟)」.

삼가 보고합니다.

저는 18일 밤에 조선의 17·18일 이틀간의 반란 상황을 신속하게 알리기 위해 삼가 보고서를 갖추어 방영의 원세개를 통해 태안 호 군함으로 부쳤는데, 아마 이미 받아보셨을 것으로 생각합니다. 그 무렵 창졸간에 변고가 발생하고 들려오는 소식이 일정하지 않았으니, 민태호 등 6명의 피살과 같은 사정은 이날 각국 공사가 왕궁에 들어가 국왕을 만났을 때도 결코 다른 사정을 언급하지 않기 때문에 당연히 그런 일은 없었다고 이야기하였습니다. 그래서 저는 이전 보고에서 감히 그 사실을 확정하여 보고할 수 없었습니다. 각국 공사가 회의를 하면서 우리 군대에게 사흘 동안 출동을 미뤄달라고 요청한 것에 대해서는 곧바로 이에 따라 중국 방영의 배치를 서신으로 논의하였고, 또한 조선 외부독판 김윤식이 요청하기를 일본군이 국왕을 붙잡고 있다면서 방영에 편지를 보내 역시 잠시 출동을 늦추어달라고 하였는데, 모두가 쥐를 잡으려다 옆에 있는 그릇을 깨는 불상사가 발생할 우려가 있다는 뜻이었습니다. 19일에 이르러 6명의 대신이 피살된 것이 사실임을 탐지하게 되었고, 내감(內監)이 중국 군영에 와서 궁중의 일이 아주 위급하다고 알려왔습니다. 또한 남정철 등이 군영에 와서 군대의 출동을 눈물을 흘리고 요청하면서 밀서 두 장을 제출하였는데, 그 내용이 아주 절박하여 좌시할 수 없을 정도였습니다. 그래서 즉시 군영에서 직접 다케조에 신이치로에게 서신을 보내, “중국은 보호의 책임이 있는데, 현재 조선 민중이 변란의 소식을 듣고 왕궁을 둘러싸 공격하려 하고 있으니, 응당 우리의 직분상 들어가 국왕을 호위하고 귀국 병사들 또한 함께 보호하고자 합니다”라고 알렸습니다. 다케조에는 이에 대해 답장하지 않았습니다. 오조유 제독 등은 한편으로는 이 서신을 베껴 제게 알리면서 각국 공사에게 그 내용을 조회하라고 하면서, 다른 한편으로는 부대를 이끌고 왕궁에 들어갔는데, 일본군은 사격하면서 항거하였으므로, 중국군도 사격하여 대응할 수밖에 없었습니다. 병용(兵勇)이 서로 손상을 입었지만, 국왕을 발견하지 못하고 결국은 부대를 거두어 복귀하였습니다. 이날 저녁 저는 통역을 파견하여 국왕이 머무는 곳을 탐방하여 즉각 비밀 서신으로 오조유 제독에게 알렸고, 이날 밤 오고(五鼓, 오전 3~5시) 무렵 국왕을 모시고 복귀할 수 있었습니다. 이것이 부득불 부대를 출동시키게 된 대략적인 사정입니다. 매일의 상세한 상황은 이미 자세한 서신을 천진해관도 주복에게 보내, 대신 올려 보고하도록 요청하였으므로, 다시 되풀이하여 보고하지는 않겠습니다. 22일 저는 각국 공사와 만나 조선과 통상하는 국가로서 각국은 모두 보호의 약속을 하였으므로 공정하게 협의하자고 요청하였습니다. 그래서 23일 각국 공사가 모두 인천에 가서 다케조에를 만나 직접 물어보았습니다. 다케조에는 외부(外部)에 보낸 조회에서, "궁궐을 침입하거나 멋대로 대신을 살해하였다는 두 문제는 이해관계가 아주 무거운 것으로 내가 받아들일 수 없습니다. 만약 조회를 바꿔 보낸다면 그래도 협상의 여지가 있으며, 이미 일본 정부에 알려 처분을 기다리고 있습니다"라고 밝혔습니다. 25일에는 미국·독일 공사가 모두 한성에 돌아왔습니다. 26일에는 실제 각 상황을 조사한 다음 다시 조치하기로 논의하였는데, 다케조에를 협의에서 벗어나게 하고 그 죄를 경감해 줄 생각으로 난당의 뜻을 잘못 들어서 그렇게 된 것이라고 할 의도였으며, 아울러 말하길 조선·일본 두 나라가 전쟁을 벌이고자 한다면 반드시 회의 소식을 기다려야 하며, 만약 협의가 이루어지지 않으면 응당 각 공사가 한성을 떠난 다음 그때 가서 다시 싸워야 한다고 하였습니다. 먼저 미국 공사가 한 조항 한 조항씩 뽑아 어떻게 처리할지 외부와 협상하자고 하였는데, 다케조에는 여전히 기세등등하였습니다. 조선이 만약 말을 바꾸면 아마도 도리어 협박을 당할까 염려되니, 지금은 태도를 바꾸기 쉽지 않을 듯합니다. 반신 김옥균, 박영효 등 수 명을 모두 일본이 데리고 가버리면, 국중의 허실을 모두 알고 있어 반드시 군대를 동원하여 돌아올 것이니 부득불 지금의 상황을 염려하지 않을 수 없습니다. 반란을 일으킨 큰 실마리는 조사해 보건대 신임 우상(右相) 홍영식이 오랫동안 다른 뜻을 품고 있다가 전후로 일본 공사와 결탁하였고, 또한 일본에서 군법(軍法)과 기구(機器) 등을 배운 학생들을 자기편으로 끌어들이고, 김옥균, 부마 박영효 등을 사당(私黨)으로 삼아 찬살(簒殺)을 의도하였으니, 그가 데리고 입궁하고 국왕을 좌우에서 감시하게 한 사람은 모두 일본 병사로 조선 복장을 갈아입고 끼어들었다고 합니다. 17일 우정국의 연회 역시 함정을 판 것이었습니다. 피살된 6명의 고위 관리는 명망이 있고 또한 모두 군부를 장악하는 책임이 있었으므로 특별하게 그들을 제거한 것이고, 거사가 실패한 다음에 가서야 비로소 이 간악한 무리는 우리 중국군을 몹시 기피하여 국왕의 명령을 위조하여 방영의 오조유 제독 등을 왕궁에 불러들인 다음 살해하고, 만약 그 계책이 성공한다면 즉각 국왕을 시해하고 스스로가 권력을 잡아 각국에 포고하기를 모두 다 난당에게 피살되었다고 책임을 미루려 하였다는 것입니다. 하지만 뜻하지 않게 하늘이 이 간악한 무리를 돕지 않아 갑작스레 실패하게 되었고, 당수 홍영식은 분노한 조선인에게 칼을 맞아 죽었으며, 실제로 성내에는 별다른 당인의 형적이 없습니다. 이번에 홍영식 등이 일본의 힘을 빌리려 하였던 일은 즉각 국왕이 각 개화당인의 가속들을 잡아다 심문하여 그 실정을 알아낸 것입니다. 다케조에는 여전히 사납게 강변하고 있으니, 화의가 이루어지기 쉽지 않고 전쟁의 실마리가 사라지기 쉽지 않을까 염려됩니다. 이것이 반란 이후 그 경과를 조사한 실재 상황입니다.

다만 조선은 비록 군대가 있기는 하지만 화기가 부족하고 또한 군대를 이끌던 고위 관료들이 잇따라 모두 피살되었습니다. 현재는 국왕이 병조판서 김윤식으로 바꾸어 군대를 통솔하게 하고 있지만, 일본 부대가 돌아온다면 중국군이 부득불 돕지 않을 수 없는데, 해구(海口)에 아직 윤선 군함이 부족하여 증원 부대가 오지 않은 데다가 전쟁과 화의 여부가 미정인데 이 기회를 잃어서는 안 되니, 응당 대규모로 군대를 파견하고 무기와 군량 등을 운반하여 보급함으로써 우리 부대의 기세를 올리고 그 동요된 기운을 가라앉혀야 합니다. 이 일은 더 이상 기다릴 수 없을 정도로 시급하며, 결코 한 시라도 늦추어 대처해서는 곤란한 급무입니다. 저는 교섭사무만 전담하고, 방영에서는 전적으로 군사 업무를 담당하고 있어 비록 각기 맡은 바 책임이 있으니, 지금으로서는 전력을 다하여 함께 논의함으로써 대국을 유지하기 위해 노력하지 않을 수 없습니다. 삼가 화의의 조정은 아마도 기대하기 힘들 것이므로 반드시 대규모 부대로 이에 대비하여 협박의 음모를 막아야 할 것입니다. 절박하게 명령을 내려 주시기를 기다리고 있습니다. 이상입니다. 삼가 편안하시기를 빕니다. 직도(職道) 진수당이 삼가 보고합니다.

갑신 10월 27일 해각(亥刻, 오후 9~11시)에 올림

삼가 다시 추가로 보고합니다.

마침 보고서를 갖추는 동안 대인께서 보내신 전보를 전달받았습니다. 다만 생각건대, 화의 문제는 아마도 기대할 만한 것이 못되고, 일본은 반드시 군대를 파견하여 보낼 것이기 때문에 오로

지 화의를 추진하는 한편 부대의 증원을 요청함으로써 불우의 사태에 대비해야 할 것 같습니다. 부대를 요청하는 급박한 상황은 이미 앞의 보고서에서 상세하게 아뢴 바 있습니다. 지금 조선에서는 두 명의 사신 파견을 논의하면서 일본 정부에 보내 사정을 자세히 설명함으로써 변론하려고 합니다. 남·북양의 윤선 군함 7척이 빠른 시일 안에 조선에 건너옴으로써 우리 위세를 과시할 수 있게 하는 일은 정말로 지극히 중요하며, 육군 역시 반드시 추가로 파견되어야만 비로소 제대로 된 방어 태세를 갖출 수 있을 것입니다. 저는 지금 부대 안에 있으면서 오조유 제독 및 원세개 동지와 상의하고 있는데, 의견이 모두 같으니, 응당 전보를 받고 처리한 상황을 신속하게 보고하고자 합니다. 재차 편안하시기를 빕니다. 진수당이 삼가 다시 보고합니다.

5. 「조선 국왕이 보내온 서신(朝鮮國王來函)」.

이중당 각하께.

조선은 불행하게도 난신들이 갑자기 반란을 일으켜 사직의 존망은 겨우 한 가닥 실에 달려 있게 되었습니다. 특별히 신속하게 알리니, 이달 17일 근신 (민영익을) 몰래 살해하려 했지만 죽이지 못하였고, 일본 공사 다케조에 신이치로가 갑자기 병사를 이끌고 들어와 호위한다면서 며칠간 협박을 하고 오가는 인원을 모두 금지하여 생사존망을 모두 점칠 수 없는 상황이었습니다. 여섯 명의 대신을 잇달아 살해하여 온 나라가 시끄러워졌는데, 중국 주둔 부대의 원세개 동지, 오조유 제독, 장광전 총병은 백성의 난동으로 제게 피해를 미칠까 염려하여 19일에 병사를 이끌고 왕궁에 들어와 보호하고자 하였으나, 예상치 못하게 일본군이 먼저 총포로 사격하여 피차 접전을 벌이면서 몇 시간 동안 시가 전투로 서로를 살상하였습니다. 저는 또한 반란 수괴 김옥균, 홍영식, 서광범 등에 강요당해 왕궁을 나서 북문 내에 유폐되어 있으면서 장차 어떻게 해야 할지 알 수 없었습니다. 그래서 암중에 오조유 통대의 부대에 소식을 보냈더니, 원세개·오조유·장광전이 부대를 이끌고 와서 영접하면서 인심이 조금 가라앉았습니다. 다만 듣기에 일본이 머지않아 장차 군대를 보낼 것이라고 하므로 병력이 지나치게 부족하여 오래 버티기 힘들까 염려되므로, 이홍장 중당에게 신속하게 대규모 부대를 파견하여 조선의 사직을 위기에서 구해주시길 간청합니다. 조선과 중국이 수레바퀴와 덧방나무, 입술과 이와 같은 대세 속에 있다는 것은 잘 알고 계실 터입니다. 다행히 수백 년 신복(臣服)하여 온 조선을 염두에 두고 멀리 있다고 잊

지 않는다면 정말 다행이겠습니다. 이에 소식을 전합니다. 편안하시기를 바랍니다. 이만 줄입니다. 조선 국왕

갑신 10월 20일 발송, 11월 9일 도착.

6. 「조선 국왕이 보내온 서신(朝鮮國王來函)」.

이중당 대인 각하.

전에 서신 한 통을 보내 의주(義州)에서 신속하게 전달하도록 하였는데, 아직 도착하지 않았을 것으로 생각합니다. 최근 듣기에 중국의 윤선 군함이 이미 마산에 도착하였다고 하니, 마치 메아리처럼 신속한 구원 부대 파병에 온 나라가 떠들썩하여, 어찌 감사해야 할지 모르겠습니다. 모쪼록 편안하게 지내시고 큰 공을 거두시기를 지극히 칭송하는 바입니다. 이곳의 상황은 3개 방영이 협력하여 유지해 준 덕택에 사직이 안정되었고, 다시 각국 공사에게 적절하게 공론을 협의하도록 요청하였습니다. 다만 일본인의 횡포가 너무 심해 간당을 받아들여 품고 있으며, 전혀 도리를 따지지 않습니다. 현재 병력이 적어 할 수 있는 일이 없으므로 잠시 인천에 머무르고 있으나, 조만간에 반드시 부대를 증원하여 보내올 것이니 이에 대비하지 않을 수 없습니다. 간청하건대 신속하게 대규모 부대를 파견하여 황상의 위엄을 떨쳐 주시길 바랍니다. 제가 부덕한 것 때문에 누차 사변이 발생하여 거듭 황상께서 동쪽 나라를 염려하게 하는 폐를 끼쳤습니다. 또 이중당 대인에게 이에 대처하는 수고를 끼쳤으니 스스로 돌아보면서 몸 둘 바를 모를 정도로 부끄러워하고 있습니다. 조만간 사신을 일본에 파견해서 이치로 따지고자 하며, 그들이 귀국하기를 기다려 다시 모든 일을 서신으로 알리겠습니다. 이에 소식을 전하면서, 아울러 편안하시기를 빕니다. 잘 살펴봐 주시길 바랍니다. 이만 줄입니다. 조선 국왕

갑신 10월 27일 발송, 11월 9일 도착.

7. 「조선 국왕의 고시한 반신(叛臣)의 죄상(朝鮮王告示叛臣罪狀)」.[31]

31 조선 국왕이 보낸 자문의 원문에는 앞부분에 "朝鮮國王, 爲咨會事. 照得小邦自與日本修好以來 未嘗有失 不幸有賊臣" 이란 구절이 들어 있으나, 여기서는 생략되어 있다. 『근대한국외교문서』 제8권 갑신정변 01, p.112를 참조

조선 국왕이 자문으로 알립니다.

조선은 일본과 수호 조약을 맺은 이래 실수한 바가 없는데, 불행하게도 적신(賊臣) 김옥균, 홍영식, 박영효, 서광범, 서재필 등은 은밀하게 나라를 팔아먹을 계획을 세우면서 화심(禍心)을 키운 것이 하루 이틀에 그치지 않았습니다, 이달 17일 밤 홍영식은 우정국 연회를 열고 사관생도 서재창 등을 문밖에 매복시켜, 민영익이 문을 나서는 틈을 타서 칼로 베었습니다. 옆의 인가에 불을 지르게 하고 변고가 생겼다고 떠들면서 김옥균, 홍영식, 박영효, 서광범 등은 곧바로 일본 공사관으로 달려갔다가 왕궁으로 옮겨가서 큰 변란이 일어날 것이라고 국왕의 마음을 뒤흔든 다음, 궁외로 피신하자고 악착같이 요청하면서 온갖 협박을 마다하지 않았으므로, 이날 밤 다급한 가운데 경우궁으로 옮겼습니다. 다케조에는 즉시 병사를 이끌고 왕궁으로 와서 어좌를 둘러싸고 사관생도 10여 인을 보내 궁문을 장악하여 조선 사람의 출입을 금지하여 내외의 소식이 통하지 못하게 막았습니다. 김옥균 등은 일본군의 위세를 빌어 전권을 마음껏 휘두르면서 대신 민태호, 조영하, 민영목, 윤태준, 이조연, 한규직과 중관 유재현 등을 살해하였는데, 차마 볼 수 없는 참혹한 상황이었습니다. 뒤이어 서로 관작을 주고받으면서 재정과 군사권을 장악한 다음 국왕을 핍박하여, 심지어는 음식을 진어(進御)하는 일조차 자유롭게 하지 못하게 하였습니다. 이들이 창궐하는 모습은 그야말로 끝이 없을 정도였습니다. 중국의 방영 3개 영이 격분한 민심을 틈타 부대를 이끌고 입궁하여 국왕을 보호하고자 하였습니다. 예기치 않게 일본군이 먼저 사격을 개시하여 이에 서로 접전을 벌이게 되면서 살상하였습니다. 국왕은 틈을 타서 피신하여 북문 내로 옮겼습니다. 이어 중국의 3개 영과 조선의 친군이 의장을 갖추고 영접하여 환궁할 수 있었습니다. 시가에서는 백성들이 서로 경축하였고, 울음을 터트리는 사람도 있었습니다. 홍영식은 백성들에게 주살되었고, 그 나머지는 모두 도주하여 나획되지 않았지만, 서재창만 사로잡혀 심문을 받고 17일 밤에 민영익을 칼로 벤 사정을 이미 명백하게 자백하였습니다. 이 다섯 명의 적신은 다른 나라 군대의 힘을 빌려 군주를 협제(挾制)하였으니, 그 죄는 주살을 피할 수 없습니다. 일본 공사는 그들의 말을 믿고 따라 반신을 도왔으니, 또한 일반 상식으로는 도저히 이해할 수 없는 바입니다. 비록 우리 조정은 교의(交誼)를 중하게 여기지만, 그렇다고 남이 배척하는 것을 평정하게 용서해 줄 수는 없습니다. 무지한 백성들의 경우 분노한 주먹으로 울분을 풀고자 한 것을 하나하나 금지할 수는 없었습니다. 뜻하지 않게 다케조에 공사는 공사관을 불태우고 도피하였는데, 이것은 만국공법에서도 용인하지 않는 바이니, 각국 공사가 반드시 적절하게 공론으로 처리할 것입니다.

조선 외서가 일본 공사와 주고받은 조회를 베껴 올립니다(朝鮮外署鈔呈與日使來往照會).

8. 「조선 외서의 독판교섭통상사무 김홍집이 일본 공사 다케조에 신이치로에게 보낸 조회(朝鮮督辦交涉通商事務金弘集發日使竹添照會)」.[32]

조선 독판교섭통상사무 김홍집이 조회합니다.

이달 17일 술각(戌刻, 오후 7~9시) 내협판(內協辦) 민영익이 뜻하지 아니하게 피습되어 상처를 입었으나 결코 죽음에 이르지는 않았으니, 역시 보통 있을 수 있는 일입니다. 그런데 뜻밖에 귀 대신이 병사를 이끌고 왕궁이 깊이 들어와 사람들의 출입을 금지하여 소식의 내왕을 가로막았습니다. 우선 국왕을 경우궁으로 옮겼다가, 뒤이어 이재원 판서의 집으로 옮기고, 연이어 6명의 대신을 살해한 것은 모두 그 이유를 알 수 없습니다. 무지한 백성들은 귀 대신에게 불쾌한 감정을 품지 않을 수 없어 장차 무리를 모아 공격하려 하였으나, 본국에서는 중국 주방군에게 병력을 요청하여 그들이 왕궁에 들어와 보호하게 하였습니다. 백성들이 일본 병사들에게 가해할까 몹시 염려하였기 때문입니다. 그런데 서로 마주쳤을 때 귀국의 병사가 이를 가로막고 먼저 총포 사격을 시작하여 마침내 서로 사상자가 나오기에 이르렀습니다. 왕궁 담장 안쪽을 전쟁터로 만들었지만, 비록 귀 대신 역시 일시적인 착오가 있었다고 하더라도 그 뜻은 보호에 있지, 반드시 다른 의도는 없었을 것으로 봅니다. 그렇지만 각국은 모두 보호조약을 체결하였으므로, 이미 각국 공사에게 조회하여 함께 논의하여 처리하기로 하였으니, 또한 귀 대신께서도 검토하고 답장을 주시길 바랍니다. 이상입니다.

이상의 내용을 대일본(大日本) 흠차대신(欽差大臣) 다케조에 신이치로에게 조회합니다.

갑신 10월 19일.

---

32 『근대한국외교문서』 제8권 갑신정변 01, p.152에 따르면 김홍집이 아닌 조병호가 보낸 것으로 되어 있다.(『구한국외교문서』 1 『日案』 1, pp.165-166) 독판교섭통상사무로 김홍집이 아니라 조병호가 발탁되었으므로 이것은 조병호로 바뀌어야 할 것으로 보인다. 다만 같은 날 각국 공사에 보낸 조회는 김홍집이 보낸 것으로 되어 있다.(『구한국 외교문서』 10 『美案』 1, pp.84-85) 이 시기 조선 정부와 각국 공사가 주고받은 조회는 김홍집과 조병호가 발·수신자로 혼용되고 있다. 갑신정변 진압 이후 김홍집은 우의정, 좌의정으로 조병호는 독판교섭통상사무로 발탁되면서 사후 교섭 처리를 맡아 이런 상황이 발생한 것으로 보인다.

9. 「조선 외서의 교섭통상사무 김홍집이 일본 공사 다케조에 신이치로에게 보낸 조회(朝鮮外署交涉通商事務金弘集發日使竹添函)」.

곧장 알립니다.

오늘 아침 본서(本署)에서 조회 한 통을 보냈는데, 아직 답장을 받지 못하였습니다. 어디에서 떠돌고 있는지 알지 못하니 특히 염려됩니다. 전에 보낸 공문에서는 단지 사건 발생의 경우만 서술하고, 아울러 각국 공사와 함께 협의하여 힘써 좋은 방향으로 타결하고 두 나라가 복을 받을 수 있게 되기를 희망하였습니다. 지금 듣기에 귀 대신 한성 밖으로 나서 인천으로 향하고 있다고 하니 정말 놀랍고 당황스러우며, 진실로 어떤 뜻을 가지고 계시는지 알 수 없습니다. 응당 귀 대신께 잠시 돌아오시길 요청하여 공정하게 협상할 수 있기를 실로 간절하게 기대하고 있습니다. 앞에 보낸 공문은 다시 한 통을 베껴, 살펴보시도록 첨부하여 보냅니다. 이상입니다. 편안하시기를 빕니다.

갑신 10월 20일

독판교섭통상사무 김홍집

대일본 흠차대신 다케조에 신이치로 각하

10. 「일본 공사 다케조에 신이치로가 김홍집에게 보낸 서신(日使竹添致金弘集函)」.

삼가 알립니다.

어제 오전 11시에 전동(典洞)에 사는 김성일(金成一)이라는 사람을 고용해서 조회 2건을 귀 아문에 보냈고, 답장 조회를 한참을 기다렸으나 한 번 간 다음 아무런 소식도 없었습니다. 이 때문에 앞서 보낸 조회를 다시 한 통 베껴서 다시 귀 아문에서 살펴보시도록 보내는 바입니다. 이상입니다. 편안하시기를 빕니다.

메이지 17년 12월 8일 다케조에 신이치로

김 독판 각하

첨부합니다. 본 대신은 청국(淸國) 오조유 제독, 원세개 영무처의 서신에 대해 보내는 답장 역시 아울러 조회 봉투 내에 넣어 보내니, 귀 아문에서 대신 전달해 주시길 바랍니다. 그리고 본 조회가 전달되는지를 알 수 없으므로 지금 따로 초록을 한 통 보내니 대신 전달해 주셨으면 합니다.

11. 「일본 공사 다케조에 신이치로가 조선 독판 김홍집에게 보낸 조회(日使竹添發朝鮮督辦金弘集照會)」.

대일본 흠차대신 다케조에 신이치로가 조회합니다.

최근 귀국의 난민이 점차 우리 공사관을 압박해 와서 총을 쏘고 불을 지르고 돌을 던져 아주 위태로운 상황에 빠졌는데, 귀국 정부는 이를 방관하며 저지하지 않았습니다. 따라서 본 대신은 잠시 인천으로 이동하고 본국 정부에 보고를 올려 상의하여 앞으로의 방향을 정하고자 합니다. 이 때문에 귀 정부에 조회를 보내니, 응당 본 대신이 잠시 이동해 있는 동안 우리 공관을 보호해달라고 요청해야 할 것입니다. 이상입니다.

이상의 내용을 대조선 독판교섭통상사무 김홍집에게 조회합니다.

메이지 17년 12월 7일

12. 「일본 공사 다케조에 신이치로가 조선 독판 김홍집에게 보낸 조회(日使竹添發朝鮮督辦金弘集照會)」.

대일본 흠차대신 다케조에가 답장 조회를 보냅니다.

본 대신이 우리 호위대를 이끌고 귀국의 왕궁에 들어간 것은 귀국 국왕이 사신을 파견하여 "일본 공사가 와서 보호해달라(日使來衛)"라고 요청하였기 때문입니다. 삼가 이 상유를 따라 즉시 왕궁으로 달려갔는데, 뜻하지 않게 어제 청국 부대가 불시에 궁문으로 쳐들어와 귀 조선국의 병사와 힘을 합쳐 먼저 사격을 개시하였고, 뒤이어 사방으로 공격하였습니다. 본 대신은 와서 보호해달라는 상유를 받은 바 있고, 따라서 부득이하게 이에 대응하여 소총 사격을 하게 하였는데, 시종일관 국왕을 수반하면서 호위의 우의를 다하고자 하였습니다. 그 후 국왕께서 대왕비를 절실히 그리워하면서 비록 죽더라도 반드시 가서 모시겠다는 뜻을 보여 마침내 후문의 조선 군사들이 배치된 곳으로 옮겼고, 본 대신의 병사들도 함께 따르고자 하였는데 조선 군사들에 의해 총격을 받았습니다. 이 때문에 만일 혹시라도 국왕을 크게 놀라게 할 일이 생길까 염려하여 마침내 호위를 포기하기에 이르렀습니다. 후문에서 인사를 하고 헤어진 다음 우리 호위대를 이끌고 공사관으로 귀환하였습니다. 지금 귀 독판의 조회를 받아보니, 먼저 국왕을 경우궁으로 옮겼다고 운운하는 이야기가 실려 있는데, 특히 이해되지 않는 바입니다. 본 대신은 국왕의 이동에 대해서 조금도 간여한 바가 없으며, 상유를 받고 입궁하여 국왕이 탄 가마가 가는 곳마다 수행하며 호위하였을 뿐입니다. 6명의 대신을 연이어 살해하였다는 이야기의 경우 특히 더욱 놀람을 금할 수 없습니다. 본 대신은 왕궁에서 잠시도 국왕의 옆에서 떠난 적이 없으며, 대신을 살육하는 일도 본 적이 없습니다. 그런데 우리 병사들은 오로지 국왕이 소재하는 곳의 사방을 지켰고, 그 밖의 다른 문은 단지 수위를 두어 출입하는 사람이 있으면 일일이 그 성명을 물어 보고하였을 뿐이고, 허가를 거친 다음에야 비로소 통행할 수 있게 하였습니다. 그 밖의 문제는 간여하거나 아는 바가 아닙니다. 그런데 귀 독판의 하신 말씀은 어떤 근거가 있어서 그런 것인지 알 수 없습니다. 이 일은 관련된 바가 아주 크기 때문에, 그 증거를 들어서 본 공사에게 보여주시길 바랍니다. 조선 인민이 무리를 모아 공격한 사안은 그 이유를 알 수 없습니다. 보내오신 공문에서, "귀국의 병사를 이를 가로막고 먼저 총포 사격을 시작"하였다고 하였는데, 시험 삼아 생각건대 왕궁의 각 문은 누가 지키고 있었습니까? 조선의 군대가 아니었습니까? 우리 병사는 국왕의 소재한 곳만 지켰을 뿐이고, 총성이 갑작스레 들려오자, 국왕께서 크게 놀라 무슨 일이냐고 물어오셨는데, 이 말이 끝나기도 전에 총알이 국왕의 처소에 이르렀으므로 이에 따라 우리도 부득불 대응하였을 뿐입니다. 이것은 뭇사람이 모두 목격한 일이니, 귀 독판께서 당시의 상황을 상세하게 조사해 보셔서 사실을 잘못 파악하거나 시비곡직을 뒤엎는 일이 없기를 다시 요청하고자 합니다. 이 때문에 공문을 갖추어 답장합니다. 이상입니다.

이상의 내용을 대조선 독판교섭통상사무 김홍집에게 답장 조회로 보냅니다.

갑신 10월 21일 조회

13.「일본 공사 다케조에 신이치로가 조선 독판 김홍집에게 보낸 서신(日使竹添發朝鮮督辦金弘集函)」.

곧장 답장을 보냅니다.

지금 보내주신 공문을 받았는데, 이를 통해 귀 아문이 보내온 조회가 어디에 떠돌고 있는지 알지 못한다는 점을 파악하게 되었습니다. 그 공문에서는 이번 사건의 경과를 서술하면서 "각국 공사와 함께 협의하여 힘써 좋은 방향으로 타결하고" "응당 귀 대신께 잠시 돌아오시길 요청"한다고 하였습니다. 생각건대, 힘써 좋은 방향으로 타결하고자 하는 것은 본래 본 대신이 희망하던 바입니다. 다만 귀국의 난민이 최근 우리 공사관을 핍박하여 총을 쏘고 돌을 던지면서 그 악의를 드러냈는데도, 귀 정부는 방치하고 저지하지 않았습니다. 난민이 30여 명이나 되는 많은 수의 일본 인민을 살해한 일 역시 저지하지 않았고, 나포하지도 않았는데, 이것은 무슨 까닭입니까? 또한 본 대신이 공사관을 나서 피난할 때 성문을 굳게 닫고 대포와 총을 쏘고 기와와 돌을 던지면서 반드시 본 대신을 죽이고자 하는 모습을 보였습니다. 그런데 지금 본 대신에게 잠시 돌아와 협상하자고 권고하니, 이 점을 이해할 수 없습니다. 본 대신이 이곳에 잠시 임시로 공사관을 설치하고, 우리 일본 정부에 보고를 올린 바 있어 경거망동할 수 없습니다.

메이지 17년 12월 7일 다케조에 신이치로

김홍집 독판 각하

14.「조선 독판 조병호가 일본 공사 다케조에 신이치로에게 보낸 조회(朝鮮督辦趙秉鎬發日使竹添照會)」.[33]

대조선 독판교섭통상사무 조병호가 답장 조회를 보냅니다.

얼마 전 양력 12월 7일에 보낸 조회 한 통과 서신 한 통, 8일에 보낸 서신 2건을 받았는데, 이미 모두 읽어보았습니다. 종래 본 아문에서 보낸 문건에 대해 오랫동안 답장을 받지 못해 마침내 서로 의사소통이 막힌 것을 깊이 유감스럽게 생각합니다. 지금 보내주신 공문을 보고 비로소 분명하게 깨달았지만, 여전히 사리에 제대로 맞지 않는 부분이 있어 번거로움을 무릅쓰고 알리고자 합니다. 조선에는 교섭아문[外署]을 설치하여 각국과의 사무를 처리합니다. 비록 자그마한 일이라도 응당 외서에서 알지 못할 이치가 없으며, 하물며 군대를 움직여 왕궁에 들어가는 일이 얼마나 큰일입니까? 그런데도 외서에 한 글자의 증빙 문서도 보내지 않고 야밤에 군대를 동원하여 직접 국왕의 침전(寢殿)에 들어간 것은 비록 다급하게 보호할 마음이라 간사한 무리에게 속아 넘어갔다고 하더라도 만국공법에 비추어 보면 아마 이런 사례는 있을 수 없습니다. 이달 17일 밤 우정국의 연회는 간사한 무리가 모반을 꾀한 모임으로, 참가자를 칼로 습격하여 자신들이 꺼리는 사람을 제거하고 또한 이를 빌어 국왕의 마음을 놀라 움직이게 하였습니다. 외국 군대를 요청하여 불러들이고 국왕을 핍박하여 다른 궁전으로 옮기게 한 일 등 간사한 무리의 수많은 궤계(詭

---

33 제목에는 '金弘集'이라고 나오나 실제로는 '趙秉鎬'의 誤記이며, 본문 첫 줄에서도 보낸 사람이 '趙(秉鎬)'로 되어 있어, 바로잡았다.

計)를 귀 대신이 모두 알았을 리는 없습니다. 하지만 외서에 공문 한 통을 보내 탐문하여 분명한 답변을 받고 어디에서 변란이 일어났는지를 알고 응당 구원해야 할 터라 부대를 동원하였다면 어찌 광명정대한 일이 아니었겠습니까? 비록 우리 백성이 어리석다고 할지라도 또한 어찌 머리를 조아리며 감격하여 칭송하지 않겠습니까? 그런데 지금 간사한 무리의 왜곡된 상유를 믿고 확실한 증거라고 생각하여 갑작스레 부대를 동원하여 금지인 왕궁을 경동시킨 일은 생각이 없다는 것이 얼마나 심합니까! 이른바 "일본 공사가 와서 호위하라"라는 네 글자는 바로 왜곡된 교지인데, 단지 일본 공사만을 이야기하였을 뿐 군대를 데리고 오라는 내용은 없었으며, 결코 국왕의 옥새라는 증빙이 찍힌 것도 아닌데, 귀 대신은 또한 무슨 근거로 군대를 동원하였습니까? 국왕을 협박하고 대신을 살해한 일은 단연코 천지개벽 이래 남의 신하가 된 사람이 할 수 있는 일이 아닙니다. 귀 대신은 스스로 국외에 머무르고 있다고 자처하면서 간여하지 않았다고 하는데, 만약 국외자라면 응당 보호에 나서지 않았어야 하며, 이미 보호하러 나섰다면 부득불 그 내부 상황에 대해 모든 사람의 눈과 귀를 막지 않을 수 없었을 것입니다. 문밖에서 수만 신민(紳民)이 눈물을 흘리면서 하늘에 호소하는데, 귀국 병사들은 칼을 휘둘러 출입을 저지하고 문안에서 십여 명의 간사한 무리가 악독한 행위를 자행하는데도 이를 방치하였습니다. 우리 국왕의 경우 남들에게 둘러싸이고 의복은 피로 물들었는데 분노와 모욕을 감수하면서도 자유롭게 행동할 수 없었는데, 귀 대신은 잠시라도 옆을 떠나지 않았으니 그 원통하고 참혹한 모습을 어찌 한두 번이라도 목격하지 않을 수 있었겠습니까? 옛적에도 군사를 동원하여 간언하는 경우는 있었지만, 그 군주를 유폐하고 그 신하를 도살하면서 충성한다는 말은 들어본 적이 없습니다. 귀 대신은 흉당의 말을 과신하여 그 패역의 음모를 실행하도록 도왔으면서도, 여전히 "간여하거나 아는 바가 아닙니다"라고 이야기합니다. 보호라는 말의 뜻이 과연 어디에 있습니까? 군주가 욕을 당하고 신하가 죽임을 당했으니 의리상 당연히 우리 백성이 무리를 지어 공격하였던 것이고, 우리 병사가 사격을 개시하여 도적의 무리를 쫓으려 한 일도 인지상정을 지키는 데서 나왔습니다. 무슨 이유인지 모르겠다고 말씀하시는데, 청컨대 처지를 바꾸어 생각해 보십시오. 귀국에 이러한 변고가 있는데 병사나 백성이 수수방관한다면 이 또한 역시 존장(尊長)을 친애하고 그것을 위해 죽음을 무릅쓴다는 의리에 어긋나는 것이 아니겠습니까? 국왕께서 복귀하신 다음 본 외서에서는 그래도 국가 간의 교의를 중요하다고 생각하여 군사적 충돌을 금지하였으며, 무지한 백성의 경우 감정이 누적되어 배설되지 못하면 주먹을 날려 서로 죽고 다치는 일이 왕왕 있으니, 이것을 가지고 죄준다면 큰일을 제쳐두고 자그마한 일만 따져 일의 경중을 뒤바꾸는 것에 가깝지 않겠습니까?

귀 대신이 한성을 나섰을 때 본 아문에서는 이를 알지 못하였고, 다만 공사관에서 불이 나는 것을 보고 놀라서 달려가 탐문하였는데, 사람들의 이야기는 귀 공사관 사람들이 스스로 불을 지른 것으로 실로 백성들이 저지른 바가 아니라고 들었습니다. 이미 스스로 불을 질렀는데 다시 보호를 요청하는 것은 또한 어려운 일이 아니겠습니까? 성문을 폐쇄한 것은 실로 흉당의 도주를 막기 위한 것이지, 어찌 일부러 귀 대신을 괴롭힐 뜻이 있다고 하겠습니까? 단지 하나의 성문을 폐쇄하였을 뿐 결코 부대를 파견하여 지킨 일이 없으니, 그 뜻이 다른 데 있지 않다는 것은 쉽사리 알아볼 수 있습니다. 하물며 일본의 전체 부대가 움직였으니, 우리 정부가 병사와 백성들에게 지시하여 망동하지 못하도록 하는 후의(厚意)를 보여준 것이 아님이 없습니다. 그렇지 않다면 어찌 화살 하나 날리지 않았겠습니까? 다만 이 흉당은 온갖 궤변을 늘어놓아 국왕을 현혹하였는데, 귀 대신께서는 이를 알아채지 못하신 것 같습니다. 그래서 국왕께서는 그들을 심복으로 여기고 좌우에 배치하였습니다. 귀 대신께서 만약 이런 상황을 파악하신다면 반드시 마치 얼음이 녹듯이 모든 의혹이 풀리고 순식간에 후회하면서 저 소인들의 가증스러움을 알게 되실 것입니다. 흉당 홍영식은 이미 병사와 백성들이 분노를 풀기 위해 주살하였지만, 아직 김옥균, 박영효, 서광범, 서재필 등은 법망을 벗어나 도주하여 아직 나포되지 않았습니다. 최근 듣기에 해당 범인들은 머리를 깎고 복식을 바꾸어 인천으로 도주하였다고 하는데, 귀국 사람들이 혹시 갈 데 없는 새가 날아드는 것처럼 불쌍하게 여겨 그들을 거두어 머물게 한다면, 국왕의 법령을 베풀 수 있는 날이 없으니 천하의 으뜸가는 패악이 될 것입니다. 응당 귀 대신에게 요청하건대, 이 네 흉적을 잡아 지방관에 넘긴다면, 양국의 우의가 더욱 돈독해지는 것을 볼 수 있을 것이고, 사해 만국에 대해서도 할 말이 있게 될 것입니다. 진실로 귀 대신께서 깔끔하게 깨닫고 신속하게 붙잡아 넘김으로써 신인(神人)의 분노를 풀어주고, 조약의 취지에 부응할 수 있기를 기대합니다. 이에 공문을 갖추어 답장을 드리니, 귀 대신께서 살펴보시고 신속하게 처리해 주시길 요청합니다. 이상입니다.

이상의 내용을 대일본 흠차판리대신 다케조에 신이치로에게 답장 조회로 보냅니다.

갑신 10월 23일 조회

15. 「조선 독판 김홍집이 일본 공사 다케조에 신이치로에게 보낸 서신(朝鮮督辦金弘集發日使竹添函)」.

곧장 알립니다.

본 외서의 19일 조회는 당시 귀 병사들이 왕궁에 들어와 지키고 있어 내외의 소식이 차단되어 있었던 까닭에 대신을 살해한 것은 모두 귀국 병사의 손으로 이루어졌다고 말하였으므로 부득불 이를 믿고 썼던 것입니다. 나중에 내부 사정을 들으니, 이것은 간당의 무리가 가운데서 세력을 끼고 자기들과 뜻이 다른 사람들을 제거하려는 계획이었고, 일본 병사가 칼을 쓴 것이 아니라고 합니다. 따라서 지난 조회에서 말한 구절은 사실에서 벗어남을 피할 수 없습니다. 응당 원래의 조회를 돌려주셔서 바꾸어 다시 보내도록 요청하는 것이 실로 공정할 것입니다. 이에 편안하심을 빕니다. 이만 줄입니다.

갑신 10월 26일 김홍집

다케조에 신이치로 공사 각하

16.「일본 공사 다케조에 신이치로가 조선 독판 김홍집에게 보낸 조회(日使竹添發朝鮮督辦金弘集照會)」.

대일본 흠차대신 다케조에 신이치로가 답장 조회를 합니다.

갑신 11월 24일의 조회를 받아 모두 읽어보았습니다. 보내온 조회에서는 "교섭아문을 설치하여 각국과의 사무를 처리합니다. 비록 자그마한 일이라도 응당 외서에서 알지 못할 이치가 없습니다"라고 하였습니다. 조사해 보건대 본 대신은 조선에 주재하게 된 이래 국왕의 알현이나 경하(慶賀), 선물 하사가 있으면 혹은 군국사무아문에서 전하든지, 아니면 내환(內宦)이 구두로 알리든지, 혹은 내사(內使)가 구두로 알리든지 하였습니다. 그리고 이번 가을에는 제 호위부대를 초대하여 왕궁에서 군사 훈련 시범을 하게 하였는데, 역시 이때에도 군국사무아문에서 전달하였습니다만, 비 때문에 이 일은 이루어지지 못하고 중단되었습니다. 그 후 다시 군사 훈련 시범의 지시가 있었는데, 내사가 구두로 전달하였습니다. 무릇 이런 사례는 일의 크고 작음에 상관이 없이 모두 귀 아문의 증빙 문서 같은 것은 아예 없었으니, 귀 대신께서는 이 점을 생각해 보지 못한 것 같습니다.

조회에서는 또한 "이달 17일 밤 우정국의 연회는 간사한 무리가 모반을 꾀한 모임으로, 참가자를 칼로 습격하여 자신들이 꺼리는 사람을 제거하고 또한 이를 빌어 국왕의 마음을 놀라 움직이게 하였습니다. 외국 군대를 요청하여 불러들이고 국왕을 핍박하여 다른 궁전으로 옮기게 한 일 등 […] 십여 명의 간사한 무리가 악독한 행위를 자행하는데도 이를 방치하였습니다. […]

귀 대신은 흥당의 말을 과신하여 그 패역의 음모를 실행하도록 도왔으면서도, 여전히 '간여하거나 아는 바가 아닙니다.'라고 이야기합니다. 보호라는 말의 뜻이 과연 어디에 있습니까?"라고 하였습니다. 조사해 보건대 10월 19일 밤 조회에서 귀 공사는 "우선 국왕을 경우궁으로 옮겼다가, 뒤이어 이재원 판서의 집으로 옮기고, 연이어 6명의 대신을 살해하였습니다"라고 하였습니다. 지금은 다시 궁전을 옮긴 일이나 대신을 잇따라 살해한 일은 모두 간사한 무리가 저지른 것이라고 하니, 앞의 조회에서 본 대신을 무고하여 큰 죄를 뒤집어씌웠던 것입니다. 아주 크게 탄식할 수밖에 없습니다.

또한 보내온 조회에서 누차 군대를 동원하였다[動兵, 興戎, 興師, 起兵]고 지칭하였는데, 무릇 일본 병사가 조선에 주재하는 것은 양국이 체결한 조약에 따라 본 대신을 지키기 위함입니다. 따라서 매번 본 대신이 드나들 때 반드시 수행하며, 왕궁에 들어갈 때나 귀 아문에 이를 때에도 모두 따라가지 않음이 없습니다. 그러므로 "일본 공사가 와서 호위하라"라는 교지를 받아 입궐할 때도 일본 병사가 호위하였으니, 원래 항상 있던 일입니다. 이를 가리켜 군대를 동원하였다고 갖가지 표현을 쓴 것은 바로 잘못이 아닙니까? 보내온 조회에서는 또한, "왜 외서에 공문 한 통을 보내 탐문하지 않았습니까?"라고 하였습니다. 무릇 변란이란 창졸간에 일어나기 때문에, 내환이 빠른 걸음으로 달려와서 보호해달라는 지시를 전달하였는데, 이런 급한 순간에 어찌 외서에 탐문할 여유가 있겠습니까? 하물며 내환이 전하는 교지에 대해서는 우선 외서에 탐문하여 보지 않는 것이 선례입니다. 아니면 귀 대신 등이 과연 군주의 위급을 구하러 가는 대의를 알고 있다면, 어찌 즉각 밤중에 궁궐에 달려가서 국왕을 보호하지 않고, 그다음 날에도, 그다음 다음날이 지나서도 들어가 국왕의 옆에 입시하는 모습을 보여주지 않았습니까? 그래 놓고 도리어 본 대신이 교지를 받고 입궐한 것을 책망합니까? 본 대신이 말하는 이른바 '보호'라는 것은 국왕을 보호하는 것입니다. 본 대신이 처음 경우궁에 이르렀을 때, 마침 국왕의 가마가 이미 출발 준비를 하고 있었고 대왕대비의 가마가 바야흐로 도착하였습니다. 귀국 영사(營使)의 부대 및 내환, 잡역 등이 마구 몰려와 번잡한 가운데 더욱 사정을 살펴보기 어려웠고, 궁내 땅이 넓고 각 문이 모두 닫혀 있어, 우리 병사들의 눈과 귀가 모두 미칠 수 있는 바가 아니었습니다. 따라서 우리 병사가 명령을 받아 침전을 호위하고, 잡역 등을 침전 문밖으로 나가게 하였으며, 귀국 부대가 침전 뒤쪽을 호위하였고, 아울러 우리 병사와 각 문을 나누어 지켰습니다. 이런 때에 임하여 본 대신은 단지 국왕을 보호해야 한다는 것만을 알았으니, 어찌 다른 일을 돌볼 겨를이 있었겠습니까? 그래서 "간여하거나 아는 바가 아닙니다"라고 하였던 것입니다.

보내온 조회에서는 또한 "국왕께서 복귀하신 다음 본 외서에서는 그래도 국가 간의 교의를 중요하다고 생각하여 군사적 충돌을 금지하였다"라고 하였습니다. 무릇 과연 군사적 충돌을 금지하였다면 어찌 귀국 부대가 누차 우리 공사관에 총격을 가했습니까? 귀 정부에서는 이미 귀국 인민이 무리를 지어 공격하려는 것을 모두 알고 있으면서도 왜 진압하지 않았고, 또 본 대신에게 통지하지도 않았습니까? 귀국 백성이 공격하고, 귀국 부대가 총격하는 것을 대의로 보아 당연한 것으로 생각하였습니까? 귀 정부에서 외국 사신을 대우하는 방법이 과연 이런 것입니까? 하물며 피난하면서 물러나는데 귀국 병사와 백성은 본 대신 일행에게 길에서 총을 발사하고 기와와 돌을 던진 곳이 몇 군데나 되는지 모를 정도였고, 좌영의 옆을 지날 때는 대포와 소총을 연발하면서 아주 매섭게 공격하였습니다. 성문을 부수고 나선 이후에도 귀국 부대의 추격이 끊이지 않아 한강을 건널 때 귀국 부대에서는 배 안에서 총을 쏘면서 빈번하게 저격하였습니다. 이런 상황이었는데도 여전히 "조선 정부에서 병사와 백성들에게 지시하여 망동하지 못하도록 하였다"라고 하면서, 또한 여전히 "화살 하나 날리지 않았다"라고 하십니까? 또 "어찌 일부러 귀 대신을 괴롭힐 뜻이 있다고 하겠습니까?"라고 할 수 있습니까?

보내온 조회에서는 또한 "공사관에서 불이 나는 것을 보고 놀라서 달려가 탐문하였는데, 사람들의 이야기는 귀 공사관 사람들이 스스로 불을 지른 것으로 들었습니다"라고 하였는데, 시험 삼아 생각해 보십시오. 스스로 공사관에 불을 질러 무슨 이익이 있겠습니까? 아무런 이익이 없다면 어찌 스스로 불을 지르겠습니까? 본 대신은 오후 2시 반에 공사관을 나서, 5시 무렵에 한강을 건넜는데, 돌아보니 검은 연기가 하늘에 치솟아 올라 그 방위를 살펴보니 우리 공사관이 아닌가 의심하였습니다. 그 사이 이미 두 시간 반이나 지났고, 또한 한성에서 도피해 온 우리 일본인의 이야기를 들으니, 조선인과 청국인이 다투어 우리 공사관에 들어가 물건을 반출한 다음에 불을 놓았다고 하니, 이것이 바로 스스로 불을 지른 것이 아님을 충분히 입증하는 것입니다. 흉당 나포의 문제는 일찌감치 우리 영사 고바야시 다니치(小林端一)가 고시를 내어 우리 백성에게 따르도록 지시한 바 있습니다. 따라서 그들을 거두어들여 머물게 할 우려는 없으며, 또한 또한 다시 지시를 내린 바 있으므로, 단연코 머리를 깎고 복장을 바꾸어 의심스러운 사람이 없을 것입니다. 이에 응당 답장 조회를 보내 귀 대신이 검토하도록 해야 할 것입니다. 이상입니다.

이상의 내용을 대조선 독판교섭통상사무 조병호에게 답장 조회로 보냅니다.

메이지 17년 12월 12일.

(11) 문서번호 : 5-1-11(923, 1558b-1579b)

사안 : 1. 여서창의 전보에 의하면, 이노우에 가오루(井上馨)가 대동하는 호위 병력은 1천 명으로 중국이 병력을 추가하지 않으면 일본 역시 병력을 추가하지 않겠다고 일본 외무대신이 말했다고 하므로, 당연히 현재로서는 갑작스럽게 병력을 동원하지 않는 게 타당할 것입니다(黎庶昌電, 日外務云, 井上帶兵千人護衛, 中國如不添兵, 日本亦不添兵, 目前自以不遽添調爲妥).

2. 프랑스 군함이 인천으로 출동한다는 이야기는 아직 확실한 소식이 없습니다(法艦赴仁川之說, 尙無確信).

첨부 문서 : 1. 「조선 외부에서 베껴 보내온 사략책(朝鮮外部鈔送事略冊)」: 김옥균 등이 일본인과 결탁하여 반란을 일으킨 경위 및 사망인 명단(金玉均等勾結日人作亂經緯及亂事死亡人數名單).

2. 「오조유 등이 이홍장에게 올린 보고(吳兆有等發李鴻章稟)」: 1) 조선의 위아래 사람 모두 중국 군함이 곧 도달할 것이라는 소식을 듣고 감격하지 않음이 없어, 한순간에 인심이 진정되었고. 난당 역시 다시 자취를 감추었습니다(朝鮮上下聞中國兵艦到達, 無不感激, 一時人心稍定, 亂黨亦復暫匿). 2) 일본 외무 관원이 조선 관원과 조선 문제에 대해 변론하였지만, 아직 정해진 의론은 없습니다(日外務官與朝鮮官員辯論韓事, 尙無定議).

3. 「진수당이 이홍장에게 올린 보고(陳樹棠發李鴻章稟)」: 1) 미국·영국 등의 공사는 모두 다케조에 신이치로의 음모를 알고 있습니다(美·英使領均悉竹添陰謀). 2) 조선 정부는 서상우 등을 일본 정부에 보내 반란의 경과를 설명하고 아울러 화의를 체결하고자 합니다(韓廷擬派徐相雨等赴日廷, 申說亂事之由, 兼訂和義).

4. 「원세개가 올린 보고(袁世凱來稟)」 : (1) 조선과 일본은 날마다 회의를 열고 있으나 각기 자기주장만을 고집하여 화의를 맺느냐 싸우느냐가 아직 결정되지 않았습니다. 조병호는 이미 일본 공사에게 난당을 내놓으라고 요구하였습니다(日韓連日會議, 各執一辭, 和戰尙不能定, 趙秉鎬已向日使索交亂黨). (2) 일본은 의관(議官) 이노우에 고와시(井上毅)등 7인을 파견하여 조선의 한성에 들여보내려고 하

는데, 이미 조선 외서에 이를 저지하도록 부탁하였습니다(日本派議官井上毅等七人, 欲入漢京, 已囑韓外署阻止之).

5.「조선 독판교섭통상사무 조병호가 일본 공사 다케조에 신이치로에게 보낸 조회(朝鮮督辦通商交涉事務趙秉鎬發日使竹添進一郎照會)」: 일본 공사관 수행원 이소바야시 신조가 이미 서울에서의 반란 소동 중에 사망하였습니다(日本使館隨員磯牀眞三, 已在韓京之變中遇害).

6.「조선 독판교섭통상사무 조병호가 일본 공사 다케조에 신이치로에게 보낸 조회(朝鮮督辦通商交涉事務趙秉鎬發日使竹添進一郎照會)」: 조선의 대신을 살해하고 궁전을 옮긴 일은 흉당이 일본 병력을 끼고 휘둘러 저지른 일로, 나아가 일본 병사가 시가지에서 조선 백성을 살해한 일에 대해 공평하게 처리하기를 요청합니다(殺害朝鮮大臣及移宮係凶黨挾藉日兵所爲, 仍請公平辦理日兵在市中傷害朝鮮民人事).

7.「일본 공사 다케조에 신이치로가 조선 독판교섭통상사무 조병호에게 보낸 조회(日使竹添進一郎發朝鮮督辦通商交涉事務趙秉鎬照會)」: 1) 대신을 살해하고 궁전을 옮긴 일을 만약 난당이 일본 병력의 위세를 빌려서 한 것이라고 말한다면, 분명한 증거를 제시해 주십시오(殺大臣及移宮事, 如謂亂黨挾日兵之勢而爲, 請擧明證). 2) 조선 백성을 살해한 일은 부득이한 일로 적절한 방어 행위였습니다(殺害韓民爲不得已之適當防禦行爲).

8.「일본 공사 다케조에 신이치로가 조선 독판교섭통상사무 조병호에게 보낸 조회(日使竹添進一郎發朝鮮督辦通商交涉事務趙秉鎬照會)」: 서상우 등을 일본에 파견하여, 일본 정부와 변란 문제를 협상·처리한다는 것은 누차 보낸 조회를 제쳐 놓고 읽어보지도 않은 것이 아닙니까?(派徐相雨等赴日本, 與政府商辦經變事宜, 是否卽係擱置層次照會而不顧?).

9.「일본 공사 다케조에 신이치로가 조선 독판교섭통상사무 조병호에게 보낸 조회(日使竹添進一郎發朝鮮督辦通商交涉事務趙秉鎬照會)」: 조선이 각국과 체결한 보호조약의 본문을 베껴 보내주시기를 요청합니다(請鈔送朝鮮與各國所訂保護之約明文).

10.「조선 독판교섭통상사무 조병호가 일본 공사 다케조에 신이치로에게 보낸 조회(朝鮮督辦通商交涉事務趙秉鎬發日使竹添進一郎照會)」: 10월 19일 조회는 일

찍이 반환해 주면 내용을 고쳐서 다시 보내겠다고 요청한 바 있는데, 귀 공사는 이 요청을 따르지 않고, 단지 자구에서 가혹한 질문을 끄집어내 던지니, 그 뜻을 이해하기 어렵습니다(十月十九日照會早請繳還改送, 貴使不從, 只從字句抉摘苛問, 實難解尊意).

11.「조선 독판교섭통상사무 조병호가 일본 흠차대신 다케조에 신이치로에게 보낸 조회(朝鮮督辦通商交涉事務趙秉鎬發日本欽使差大臣竹添照會)」: 조선이 전권대신을 일본에 파견하는 것은 그 뜻이 거짓말과 간사한 변명을 막고 변별하여 상호 우호를 보전하자는 데 있지, 따로 다른 뜻이 있는 것이 아닙니다(朝鮮派全權大臣使日, 意在杜讒辯奸, 保全交好, 別無他意).

12.「조선 독판교섭통상사무 조병호가 일본 공사 다케조에 신이치로에게 보낸 조회(朝鮮督辦通商交涉事務趙秉鎬發日使竹添進一郎照會)」: 일본의 군함·상선은 잠시 내하(內河)나 통상이 허용되지 않는 항구에 진입하는 것을 허용하지 않으며, 일본 군대 역시 내지에 멋대로 진입하는 것을 허용하지 않습니다(日本兵·商船暫不准駛入內河及不通商口岸, 日本兵隊亦不准闌入內地).

13.「일본 공사 다케조에 신이치로가 조선 독판교섭통상사무 조병호에게 보낸 조회(日使竹添進一郎發朝鮮督辦通商交涉事務趙秉鎬照會)」: 조회에서 말한 바 혹은 잘못이 있을지도 모른다거나 자구에서 끄집어내어 가혹한 질문을 던진다는 구절에 대해 반박합니다(駁斥照會所云, 或恐失當及從字句決擇苛問).

14.「일본 공사 다케조에 신이치로가 조선 독판교섭통상사무 조병호에게 보낸 조회(日使竹添進一郎發朝鮮督辦通商交涉事務趙秉鎬照會)」: (1) 전권대신을 일본에 파견하는 것은 그 뜻이 거짓을 막고 간사한 변명을 구별하고 상호 우의를 보전하자는 데 있다는 조회의 내용을 반박합니다(駁辯照會所謂派使赴日 旨在杜讒辯奸, 保全交好). (2) 조선 사신과 함께 양국의 사후 처리 문제를 논의할 수 있기를 바랍니다(願與朝鮮使臣商論兩國善後事宜).

15.「조선 독판교섭통상사무 조병호가 일본 공사 다케조에 신이치로에게 보낸 조회(朝鮮督辦通商交涉事務趙秉鎬發日使竹添進一郎照會)」: 조선이 미국·영국·독일 각국과 맺은 조약에서 거중조정에 관한 각 조항 내용을 답장 조회로 알립니다(照覆朝鮮與美·英·德各國所訂條約中從中善爲調處各款內容).

16.「조선 독판교섭통상사무 조병호가 일본 공사 다케조에 신이치로에게 보낸 조회(朝鮮督辦通商交涉事務趙秉鎬發日使竹添進一郎照會)」: 사변 당일 밤 일본 병사가 경우궁에 배치되어 있었던 것은 난당이 교지를 조작하여 궁전을 옮기기 이전의 일로 증거가 확실하며, 또한 당일 하오 일본 병사가 이동하면서 집중적으로 탄약과 무기를 옮겼던 것은 길 위에 있던 뭇사람이 보지 않은 경우가 없을 정도인데, 무슨 증거 제시가 필요합니까?(事變之夜, 日兵布列景祐宮, 係在亂黨矯旨移宮之前, 證據確鑿. 又當日下午日兵移調, 集中運送彈械, 道途衆人無不見之, 何待擧證).

17.「조선 독판통상교섭사무 조병호가 일본 외무경 이노우에 가오루에게 보낸 조회(朝鮮督辦通商交涉事務趙秉鎬發日外務卿井上照會)」[34]: 조선에서 특별히 전권대신을 일본에 파견하여 국서를 제출하고 아울러 모든 문제를 교섭하고자 하니, 진심으로 성의와 믿음으로 서로 논의하여 우의를 돈독하게 할 수 있도록 해주시길 바랍니다(朝鮮特派全權赴日, 進呈國書, 並交涉一切, 望推心誠信相商, 以敦友睦).

18.「조선 국왕이 일본 황제에게 보낸 국서(朝鮮國王發日本皇帝國書)」: 특별히 전권대신 서상우 등을 일본으로 보내니, 성실하게 서로 믿고 서로의 우의를 더욱 돈독하게 할 수 있도록 해주시길 요청합니다(特派全權大臣徐相雨等前往日本, 請推誠相信, 益敦友誼).

19.「일본 공사 다케조에 신이치로가 조선 독판교섭통상사무 조병호에게 보낸 조회(日使竹添進一郎發朝鮮督辦通商交涉事務趙秉鎬照會)」: 귀 대신과 함께 양국의 문제를 논의할 수 있기를 바랍니다(願與貴大臣商論兩國事宜).

날짜 : 光緒十年十一月二十一日(1885년 1월 6일)

발신 : 北洋大臣 李鴻章

수신 : 總理衙門

十一月二十一日, 北洋大臣李鴻章函稱:

34 원 제목에는「조선 독판교섭통상사무 조병호가 일본 공사 다케조에 신이치로에게 보낸 조회(朝鮮督辦通商交涉事務趙秉鎬發日使竹添進一郎照會)」로 되어 있으나 실제 내용은 달라, 이렇게 수정하였다.

前奉十一月十二日公函鈔件謹聆, 一一節錄, 是日諭旨一道, 已照錄由驛飛咨清卿遵照. 惟由奉遞朝, 道路迂遠, 不知何日可達, 頃派海鏡船, 由旅順赴朝, 又摘錄大意電寄清卿矣. 黎蒓齋電稱:

"日外部云, 井上帶兵千人, 係為護衛. 中國如不添兵, 日亦不添. 與領事原敬面約相同 目前自以不遽添調為妥."

俟清卿到朝, 察辦情形, 若果有事, 再圖接應, 擬仍在金州慶營、吕黎吳部内酌量抽調, 呼應較靈, 但能備而不用, 可免另啓兵端. 法艦赴仁川之說, 尚無確信, 海鏡十五日寄來吳兆有、陳樹棠各禀, 當已電陳大略. 玆由陸寄到, 謹照錄原禀及鈔件, 合釘成本, 奉呈詧核. 專肅馳布. 敬頌鈞祺.

照錄鈔單

1.「朝鮮外部鈔送事略冊」.[35]

謹將朝鮮亂後查明, 由外部鈔送事略冊, 繕具清摺, 恭呈鈞鑒.

計　開:

逆黨金玉均、朴泳孝、洪英植、徐光範、徐載弼等, 曾經游歷日本, 藐視本國, 輕慢人倫, 輕財喜事, 侈濫踰分. 我王上以其薄有才辯、略通外國之情, 寵之以顯官待之, 以親信閔參判泳翊, 嘗面斥其短, 深為逆黨所忌. 本月十七日午後, 泥峴所在日本兵隊全數,[36] 來會于校洞公館, 搬取大砲、彈箱, 陸續于路, 街上之人無不見, 而疑之. 本日戌時, 郵政局總辦洪英植, 設宴并請各國使臣. 惟日本公使竹添進一郎稱病不來. 玉均等往往出外指揮, 形跡詭祕. 至八點鐘, 見牆外火起, 閔泳翊為救火先起, 纔出門外有盜五人, 揮劍迎擊, 泳翊被刺, 還入仆於堂上. 座中皆驚散相失. 金玉均、朴泳孝、徐光範徑走闕中, 直入寢殿, 喘急奏曰:"清兵作亂, 火光滿城, 屠戮城中, 槍劍森列, 請急移御避之." 并請召日使入衛, 我王上不允. 玉均等或哭或啼, 恐動上心,

35 원문에는 이런 제목이 없지만, 편의상 목차에 있는 제목(「朝鮮外部鈔送事略冊」)을 따왔다. 이하 첨부 문서 모두 마찬가지다.

36 이현(泥峴)은 서울 진고개의 한자식 표현으로, 흙이 몹시 질어 비만 오면 길바닥이 진흙(泥)이 되었다고 하여 붙여진 이름이다.

逼迫移宮, 各殿宮亦皆步從, 蒼黃失儀至永肅門, 忽有砲聲起於局出身廳,[37] 逆黨急呼曰:"外兵大至, 不可緩也." 蓋逆黨預伏士官生徒於局出身廳, 伺上至鳴砲, 其暗號也. 逆黨復請召日本公使, 王上不許, 玉均、(泳孝)、光範(範)等探出懷中洋紙, 及鉛筆書;"日使來衛"四字, 并無印信為據, 即稱上命, 飛送於日本公館. 未至景祐宮. 連遣人催促日使. 王上實不知也. 四更到景祐宮, 見日兵布滿門廊, 問諸守宮人, 已於二更日兵排門突入, 把守各門云. 大駕至正堂階前, 日本傳語官淺山顯藏, 迎謁呼號數聲, 公使竹添進一郎來見奉慰. 王上及各殿宮御東偏房子, 日本公使與逆黨等處廳事, 曾往日本學習之士官生徒十三人, 忽作一夥, 入宮環擁. 少頃洪英植與金玉均等相持, 假作悲泣之狀. 自是派日兵圍繞宮門四面, 凶黨及生徒居中制命, 禁止出入, 水泄不通. 十八日曉, 左營使李祖淵, 後營使尹泰駿, 前營使韓圭稷, 見風色不佳, 密謀通知於駐防營, 凶黨疑之, 嗾生徒引去後堂, 次第遇害. 海防總管閔泳穆, 輔國閔台鎬, 趙寧夏以上命召之, 并被屠殺. 内侍柳在賢見害於前堂. 我王上屢呼勿殺勿殺, 而竟不從命. 血濺壁上, 聲聞御座. 此六臣皆我王上所嘗貴寵而親信者也. 慘遭橫禍, 積屍於門邊小房, 于是王上左右惟卤黨十數人而已. 威福下移, 挾制惟意, 至我王上, 起居不得自由, 御供多致失時. 十八日巳刻, 移御于李輔國載元宅, 把門更嚴, 不容一人入侍. 凡出入宮門者, 皆凶黨之徒隸, 須帶日本將官標紙, 然後方無阻礙. 百官軍民羅列門外, 望之而不得入. 有近門者, 輒被日兵揮劍驅逐, 涕泣而退. 當日午刻, 凶黨自相除官洪英植為右議政, 金玉均為户曹參判, 朴泳孝兼帶前後營使, 徐光範兼帶左右營使, 協辦交涉通商, 仍行署理督辦, 徐戴弼為前營正領官, 兵柄、財權並歸凶黨, 攘臂搖頭, 言無忌憚, 至有廢立之意. 酉刻復擁還舊宮, 御觀物軒, 日人與凶黨依舊居内, 派兵圍守, 益加嚴密, 使我君臣隔絶不通信息者數日矣. 訛言日起, 滿城洶洶, 不知王上安危何如, 百寮、庶民皆謂:"今日之事, 救君為急." 遂請保護于中國駐防營吳統領、袁司馬、張總兵, 十九日巳刻, 吳統領、袁司馬各送部下, 使之入闕面君, 致書日使, 問其不撤衛兵之故. 候至三時, 并無回音, 當日申刻, 中國兵分入宮門, 朝鮮左·右營兵亦從焉. 日本兵在普通門樓上, 自門隙先放槍砲, 中國兵死者為九人, 朝鮮

---

37 국출신(局出身)은 조선 후기 훈련도감 소속의 군인. 정원은 1백 50인이었으며, 50인씩 3개국으로 편성되어 국별장(局別將)의 지휘를 받아 궁궐 숙위(宿衛)를 담당하였다.

兵死者為五人. 中國·朝鮮兵, 以王上在内, 不敢確鬪, 日兵在樓上門隙儘力俯攻, 以是中國·朝鮮兵多死. 酉刻日兵及諸凶黨, 擁王上避兵于後苑演慶堂, 與各殿宮相失. 入夜天黑, 日人各抱後苑松樹, 隐身放槍, 我兵不能近. 王上轉避至玉流泉後北牆門, 武藝衛士及別鈔軍始得入衛, 開門扈出, 凶黨阻擋不得, 皆隨日兵而去. 惟洪英植、朴泳教(泳孝之兄), 時以都承旨從, 及生徒七人, 促駕至北關廟. 亥刻吳統領兆有聞上在北廟, 領隊往迎. 洪英植等挽御衣諫阻勿往, 衆情如焚, 力争奉上御四人轎, 英植等猶盛氣叱之. 我國兵丁牽出英植、泳教, 斫為肉泥. 又殺生徒七人, 無不稱快. 袁司馬亦遣兵迎駕, 子刻到宣仁門外駐吳統領營房. 沿路百姓蹈舞, 歡聲如雷, 至有折已屋燎火, 以明道路者. 二十日午刻, 移御下都監袁司馬營房. 時城中軍民, 仇視日人, 不欲俱生, 我王上亟下令禁止滋事, 從前御外游歷而未還者, 飭地方官保護. 又添兵各國公館, 盡心保護. 閭巷小民, 畜憤已久, 遇日輒相鬪毆, 互有殺傷, 我王上嚴飭禁斷, 日本兵商二十餘人, 匿於各公館, 即命派兵保護, 送至仁川. 當日未刻, 竹添公使率兵出城, 沿途放槍, 人民死者男婦甚多. 際此而火起公館, 百姓皆云, 日本人自燒. 壬干之變, 日人亦嘗自燒天然亭. 我民則知公館多藏火藥, 故不敢向邇. 况大膽放火乎? 凶黨金玉均、朴泳孝、徐光範、生徒十餘人, 皆已斷髮洋服, 由領事館藏身木櫃中, 登日本商船千歲丸, 港口之人膾炙相傳. 由交涉通商衙門照會日使, 使之拿交, 而日使答以不知, 竟送致其國.

附錄死亡人數.

朝鮮人

輔國 閔台鎬　趙寧夏 總管 閔泳穆　左營使 李祖淵 前營使 韓圭稷　後營使 尹泰駿

以上 被害宰輔六人

中官 柳在賢

　被害中官一人

洪英植[逆黨] 朴泳教[逆黨] 生徒 七人[逆黨]

以上 逆黨 誅死九人

李福成　奉俊榮　朴應煥 金周元　孫光祖　安聖福　李用甲　崔永宗　石宗根 金

遠衡 金日龍 金大赫 金興用 韓仁壽 洪永煥 洪益鉉 張東學 李基馨 呂學用 吳平根 金景俊 安昌植 嚴俊明 朴昌根 金大有 吳鎭福 金用根 朴善良 葛昌連 金石俊 千太伯 權守奉 吳根守 張順興 張春明 金富連 李善文 文鎭汝

以上 三十八人 戰亡陣傷

劉有甫 李武釗 金聖淵 李得釗 盧致範 許明鎰 元梅植 韓範伊 李奉和 劉聖烈 尹致凡 李墳培 趙致悅 金致甫 安成基 朴鎭煥 李喜乭 張召史 李召史 高基尚 朱命學 白聖鎭 李泰石 李喜明 鄭景順 金長星 金周鎬 千召史 吳壽永 安大浩 韓致甫 李學九 金俊明 姜召史 朴金童 趙喜祿 申福吉 安慶大 朴琦鎭 金釗漢 金石甫 金長釗 吳聖運 高壽福 呂黃龍 陰益璇 金永守 孟學基 趙寬鎰 金致雲 金萬奉 鄭奎鴻 李喆成 崔壽乭 金鎭化 李完甫 金召史 李榮和 鄭光信 韓壽完 千鎭成 趙今孫 李千乭 姜和之 金聖實 林召史 河明順 李基俊 金順哲 金光星 姜基浩 成奉辰 崔俊卜 金達云 高周殷 馬永守 黃在石 文玉伊 元汝長 金洛永 金聖謹 姜元基 李小童 墨壽鎭 李銀伊 金平甫 李金甫 金在億 李用甲 金明基 金聖運 金鐵童 鄭學殷 金吉伊

以上 合九十五人 朝鮮被死民人

中國戰亡兵丁

副營中哨 什長二名 張占元 李連和 親兵三名 邵從義 李開平 李先甲 後哨傷亡什長 一名 薛臣貴 左哨 兵丁一名 王那彥 左營後哨 陣亡兵丁二名 周正海 詹光華

以上 合九人

日本人

三十五人屍身現在

三人屍身不在 死生未詳

2. 「吳提督等來稟」(「吳兆有等發李鴻章稟」).

敬稟者.

竊沐恩等於本月初六日未刻, 候船未到, 曾其寸稟由驛遞至旅順電呈. 初七日早得信, 知蒙憲台奏調丁提督汝昌, 統率兵船四艘, 又方副將正祥一營到馬山. 朝鮮上自國王, 下至民庶, 莫不感激翕服. 歡聲如雷, 一時人心稍定, 而亂黨亦復暫匿. 旋由袁道函傳鈞諭, 及丁提督到營, 面敍一切, 自當欽遵辦理. 馬山津為我軍出入門户, 最為緊要. 現有四船, 又有一營駐紮, 似覺可恃. 仁川口各國船, 來去不定, 現探得美兵船二, 英兵船一, 德兵船一, 日兵船二. 又商船二, 專往返解運軍大等件甚多, 情形詭祕, 不可測度. 各國公使與竹添, 均仍在仁川. 聞日本前後到外務官十員, 與朝鮮辯論尚無定議. 穆麟德副同朝鮮全權大臣徐相雨, 本擬由仁川搭船前往日本政府理論. 聞其中多有未便, 乃改欲搭海鏡到旅順. 詎朝鮮政府接竹添來文, 有日内親同外務官數員隨帶兵丁, 進王城之說. 朝王與政府計議, 商於丁提督, 斟酌回文, 以代備公館為辭, 請緩數日, 尚未知竹添能允與否, 而穆麟德之行, 亦即以是從緩矣. 沐恩等與丁提督相商, 縱使竹添進城, 我軍照舊按兵嚴備, 必不輕動. 至朝鮮内亂未清, 當如何布置, 及與日本交涉各事, 亦應静候吴清帥到, 就近稟承遵辦, 斷不敢稍有造次疎虞, 上煩憲虞. 餘待續報. 肅此. 恭叩崇祺.

敬再稟者.

本月初三, 有日本武員名吉松者, 單身乘朝鮮民船到馬山, 查看形勢, 為土民所見, 將欲圖害, 經炮船顧哨官輝文查知, 親帶至馬山營, 即派水勇押送王城. 沐恩等略問, 則詭言為商赴馬山買柴, 僅帶護身短刀一把, 遺在馬山云云. 乃一面派人撫慰在營, 一面派人赴馬山向土民取刀交還後, 於初八日早, 商請陳道樹棠, 照會竹添派勇護送赴仁川. 去後, 旋接竹添函問, 當即照復. 原稿錄呈憲鑒.

十一月初十日發 十一月二十日到.

3. 「陳樹棠發李鴻章稟」(「陳道樹棠來稟」)

十一月初九發 十二日到

敬稟者.

二十七日夜間, 第二次稟報朝鮮情形, 度已上邀鈞鑒. 初五日又特會議事, 由函致津海關周道轉陳. 惟商輪南陞停走諸多未便, 適英國兵輪赴滬, 附遞文報委員王丞松森, 轉遞津門, 不無躭擱. 伏以日前與各國公使、領事等籌議之時, 皆未深信, 尚不以竹添為非. 由於內奸勾通外侮祕密陰謀, 西人未能洞察. 且美使等初赴仁川, 正會議間, 見外部趙督辦公文, 指明竹添各款詰問, 頗有怪意, 以為既請調處, 何以不將情由先行知照中間人. 此係外部不明交涉之道, 亦欠斟酌. 後美使來城, 其眷入宮, 王妃哭訴母家叔兄等被害, 並作亂細情. 美眷亦為垂淚歸告, 美使始悉竹添之過. 英總領事前亦多袒護之辭, 近則恍然大悟. 且有竹添欺彼之語, 日久事彰, 自明曲直, 又叛臣家眷訊明, 知罪難逭, 洪、金、朴、徐各逆之父, 皆自戕. 此近來旬內情節, 韓廷已派參判徐相雨為正使, 穆麟德為副使, 赴日廷, 投國書, 伸說緣由, 兼訂和議. 職道並將亂起始末緣由, 稟知駐日黎昌使酌辦, 已交穆麟德自行面呈, 當無失誤. 迺竹添聞知派使赴日, 函致外部, 謂置伊不顧, 其氣似餒, 是以初一日徐·穆二員隨美使到仁川就商. 無如見面惟追究燒其公館及傷人等事, 餘皆諉為不知. 徐使與辯, 謂理明各節, 仍歸和好. 竹添竟付不答, 乃推已報政府, 不能作主. 旋日國派員來仁川查訪, 亦不預議, 又到兵輪一隻, 有兵二三百名, 仍係防護之意, 尚非啟釁之未. 但日昨送還在城商民子女三十餘人. 今又有日商吉松一名赴鄉探訪海口, 有無兵到, 為土人盤獲, 防營勇丁見之護解回營, 經吳提督函告, 交由職道即於昨晨備照會, 派差勇護送仁川, 交竹添查收, 以盡睦鄰交涉之道. 昨午後穆麟德因竹添不能作主, 事無可議, 業回王城. 其日廷來員, 現已回國, 昨續有兵輪並運軍火前來, 若何舉動, 未可預測, 尤不得不未雨綢繆. 所幸憲台廑念藩邦, 兵輪東渡, 初七日已到四隻, 又添陸營. 職道已與丁提督會晤, 早經防營及朝鮮各營分投出紮要隘, 布置在先, 形勢已占. 而各國從中排解, 辦其是非, 庶杜要挾之求, 或冀轉圜之速. 惟聞美使因待來人接替, 然後起行. 德公使因病赴滬, 或恐多費唇舌, 意國離開未定, 英總領事及德副領事在此, 其德副領事尚能任事, 亦肯出頭說話. 此其大畧, 統俟清帥按臨, 稟承有自, 除逐日瑣屑細情另詳周道函中外, 謹將外部與竹添往來照會、函文等件彙行, 照抄清摺, 附呈慈覽, 恭叩勛祺.
職道 樹棠 謹稟

4.「袁丞世凱來稟」
敬稟者.
日本派記室三人, 至仁川查看情形, 先後來商船三隻, 旋回一隻, 又至兵船二隻, 半載軍裝、食物. 所來兵丁尚不知其多少, 上岸者僅百六十名. 卑職已先期屬外署, 派外督辦趙秉鎬至仁川, 與竹添議事, 免其遽爾率兵入城, 至有牽礙, 並照會其不準兵·商大小各船, 駛入內河及未通商口岸, 而兵隊亦不准闖入內地. 連日會議, 各執一辭, 和戰尚不能定. 往來照會前於利運船便已屬外署抄呈, 二十八日以後照會, 玆再抄呈憲鑒. 前聞日記室將來漢城見美使福特,[38] 旋由外署函止, 并請福特往就之, 而記室粟野愼一郎見英·德公使, 探知大槪, 即乘商船先回. 初七日日人又派議官井上毅等七人, 乘商船東來, 登陸後即告趙秉鎬, 將於初十日同竹添率兵三十名入漢京, 向政府商辦一切. 卑職即囑外署, 飛函止之, 言使館已燬, 將代覓公館, 約十三·四日方能派兵往迎, 欲俟吳副憲不日至漢京, 即可相機商辦也. 尚未接竹添復音, 未知果能止之否也. 此番福特頗關照, 力任與竹添排解, 倘竹添固執, 即至其國說項, 刻已至仁川會議, 昨其代理公使來云:"福特在仁川極力調處, 總期不至失和, 有好消息, 再隨時布告."等語. 又聞日本陸軍大尉十九日在王京登南山眺望, 被土民擊殺. 耳目五臟俱行挖去, 尸身送至仁川, 日人見者咸不悅, 旋藏(殲?)其兵頭, 不知作何了結. 至漢江刻已冰合, 往來皆踏兵而渡, 防守尤宜嚴愼, 各要害已派朝鮮各練軍, 扼要駐紮. 江華練兵亦調三百名助防, 並多派練兵, 捧作居民, 往來仁川, 夜行晝伏, 探其動靜. 縱日人詭計多端, 或不敢潛挾亂臣, 長驅直入. 昨趙秉鎬向竹添索取亂臣, 辯論紛紛, 竹添屢為所屈, 或可設法追回朴泳孝等懲辦. 此數人如不盡除, 將來恐又搆釀釁端, 其患將更甚矣.

十一月初十日撥, 二十日發到.

「朝鮮外署與日本往來照會」

5.「朝鮮督辦通商交涉事務趙秉鎬發日使竹添進一郎照會」.

敬覆者.

即接本月二十七日來函內開:

---

38 푸트(Lucius Harwood Foote, 1826~1913, 福德 또는 福特)는 1883년 2월 초대 미국 공사(특명전권공사)로 임명되어, 5월 한성에 부임하였다. 「조·미수호통상조약」을 비준·교환하였으며, 갑신정변 때에는 변란의 조정에 힘썼고, 1885년까지 재임하였다.

本館隨員磯林(牀)真三, 前携貴衙門護照游歷内地, 至今尚未歸來, 請速行查明該員生死踪跡.

等因. 查貴館隨員磯林真三, 已經帶有本衙門護照游歷關東地方, 當變亂之際, 我大君主深慮游歷人在外被害, 派人東路所在保護. 詎謂磯牀之行捨東而南, 不知京中之變, 孤行遇害, 極為驚慘. 據京畿觀察使報稱:

派送營校查驗日本人死處, 一人死在果川縣蚕室里前坪, 二人死在南門外青坡前路. 并已具棺埋瘗於大巖.

等語. 據此. 磯牀之屍想在此三人之内, 當經飭知畿營, 運送仁川地. 肅泐奉復. 藉頌台祺. 不宣.

甲申十月二十九日　趙秉鎬

竹添公使 閣下

6.「朝鮮督辦通商交涉事務趙秉鎬發日使竹添進一郎照會」

逕啟者.

頃接本月二十七日抵前督辦金還章内:

乃知殺戮大臣之事, 業經貴政府查明, 實係亂黨之計, 非本大臣之所知, 移宫之事, 未知果出於誰耶? 請查明見復.

等因. 查殺戮我大臣一節, 操刃者凶黨, 而不幸而凶黨之所藉挾者, 貴國兵也. 敝邦物論用是滋惑, 至移宫一案, 本非兩樣之事, 想貴大臣早已默會也. 本月二十日, 貴公使離館之時, 貴國兵丁在市中傷害本國之人四十三名, 皆係民人, 并無防身之器具, 内有婦女、幼稚. 仰貴公使幸即秉公查明通知, 務協公平, 用為辦理為希. 耑此奉佈. 順請勛安.

甲申十月二十九日　趙秉鎬

竹添公使 閣下

7.「日使竹添進一郎發朝鮮督辦通商交涉事務趙秉鎬照會」.

逕復者.

接甲申十月二十九日來文内開:

查殺戮大臣一節, 操刀者凶黨, 而不幸而凶黨之所籍挾者, 貴國兵也. 敝邦物論用是滋惑, 至移宮一案, 本非兩樣之事, 想貴大臣早已默會也. 本月二十日, 貴公使離館之時, 貴國兵丁在市中傷言本國之人四十三名, 皆係民人, 并無防身之器具, 内有婦女、幼稚. 仰貴公使即秉公查明通知, 務協公平, 用為辦理為希.

等因. 准此. 查貴署二十六日來文内有"從中挾勢"等語, 本大臣以中字作旨, 由中出之中, 解以為是即貴署二十四日照會内所載, 脅制王上之意也. 今據來文云:"凶黨之所藉挾者, 貴國兵也". 乃知"從中挾勢"云者, 仍指我而言也. 本大臣深信貴署無以凶黨心事移加於本大臣之理, 因想必有其所藉挾事實, 切望明舉具證, 迅速見示. 移宮與殺戮, 自是兩事, 而貴照會初以大臣為我兵所手刃, 次則為凶黨所戕殺, 其後二十六日來文辨, 非我兵手刃而云. 前次照會句語未免失實, 而移宮一節, 則不言及之. 本大臣何由得默會乎? 又來文云:"貴國兵丁在市中傷害本國人四十三名. 貴國公使即秉公查明."云云. 當本大臣出館, 由大道向西門去之時, 貴國兵民放砲放槍, 射失或亂投瓦石, 我不得已而為適當之防禦, 在此丸矢瓦石亂投之間, 豈知貴國婦女、幼稚逍遥於市乎? 貴政府乃不責貴兵民之為此暴行, 貽此禍害, 而反望本大臣秉公查明, 本大臣所未解也. 渡漢江之後, 無復貴兵民之為此暴行者, 故我亦解嚴矣. 貴兵民暴行, 既已如此, 仰貴政府秉公查明, 務協公平, 用為辦理為希. 復此. 順頌日祉.

明治十七年十二月初八日

竹添進一郎

我甲申十一月初一日

趙督辦閣下

8.「日使竹添進一郎發朝鮮督辦通商交涉事務趙秉鎬照會」.

大日本欽差大臣竹添, 為照復事.

准貴曆甲申十月二十八日照會内開:

照得本月二十七日, 敬奉我大君主之命:

特派禮曹參判徐相雨, 作為全權大臣, 兵曹參判穆麟德, 作為副大臣, 前往貴國, 謁見大皇帝, 仍與貴政府商辦本月十七日至二十日在京城經變事宜.

欽此. 相應備文照會, 請煩查照可也.

等因前來. 准此. 查經變事宜業經本大臣日來屢次照會在案. 今貴大臣奉大君主之命, 內有"商辦經變事宜."等語, 未審貴大臣備文照會之意, 在擱置本大臣屢次照會而不顧, 乃示絶於本大臣, 忽派全權大臣於我國, 俾其直與我政府商辦經變事宜乎? 望請明白見復可也. 為此照復. 須至照復者.

右 照 復

大朝鮮督辦交涉通商事務 趙

明治十七年十二月十七日

我甲申十一月初四日

9.「日使竹添進一郎發朝鮮督辦通商交涉事務趙秉鎬照會」

大日本欽差大臣竹添, 為照會事.

前督辦金十月十九日照會內載, 有"各國均有保護之約."等語, 本大臣未知貴國與各國有保護之約, 請貴督辦即將該約明文抄送本大臣, 以便用備查閱可也. 須至照會者.

右 照 會

大朝鮮督辦交涉通商事務 趙

明治十七年十二月十八日

我甲申十一月初二日

10.「朝鮮督辦通商交涉事務趙秉鎬發日使竹添進一郎照會」.

大朝鮮督辦交涉通商事務趙, 為照復事.

接准本月初二日來文內開:

前督辦金十月十九日照會內載, 有"各國均有保護之約."等語. 本大臣未知貴國與各國有保護之約, 請貴督辦即將該約明文抄送本大臣, 以便用備查閱.

等因前來. 准此. 查本年十月十九日照會句語, 蒼黄之際, 或恐失當, 前督辦金業於十月二十六日送函至貴公使, 請將原照會繳還, 以便改送在案. 而貴公使不惟不見聽施, 乃從字句抉摘苛問, 此本大臣之所未能解也. 相應照復, 請煩貴公使查照可也. 須至照復者.

右　照　復

大日本欽差大臣 竹添

甲申十一月初四日

11.「朝鮮督辦通商交涉事務趙秉鎬發日使竹添進一郎照會」.

大朝鮮督辦交涉通商事務趙, 為照復事.

接准來文內開:

> 經變事宜, 本大臣日來屢次照會在案. 今貴大臣奉大君主之命, 內有"經變事宜." 等語, 未審貴大臣備文照會之意, 在擱置本大臣屢次照會而不顧, 乃示絶於本大臣, 忽派全權大臣於我國, 俾其直與我政府商辦經變事宜乎? 望請明白見復.

等因. 自貴大臣去館就外以後, 本大臣耿耿在心, 以書以面, 冀暴區區之忱, 而未見採察. 比聞逆臣金玉均等, 已搭往回船, 此輩必譸張為幻, 搆我兩國之間. 本國上下竊有未安, 另派全權大臣前往辦理, 意在杜讒辯奸、保全交好而已. 貴大臣頓釋前憾, 俯就所商, 則亦本大臣之所願也. 相應照復. 須至照復者.

右　照　復

大日本欽差大臣 竹添

甲申十一月初四日照會

12.「朝鮮督辦通商交涉事務趙秉鎬發日使竹添進一郎照會」.

大朝鮮督辦交涉通商事務趙, 為照會事.

照得約條第八款, 兩國師船, 無論是否通商口岸, 彼此均許駛往. 現本國經變之餘, 人心危疑, 不能備禦之道, 應請貴大臣, 飭知貴國兵·商船, 無論大小, 暫不准駛入內河及不通商口岸. 貴國兵隊, 亦不准闌入內地. 如有駛入、闌入驚動民人, 我兵民應得開礮阻擋, 不得以違約論也. 為此照會. 須至照會者.

右　照　會

大日本欽差大臣 竹添

甲申十一月初四日照會

13.「日使竹添進一郎發朝鮮督辦通商交涉事務趙秉鎬照會」.

大日本欽差大臣竹添, 為照復事.

准貴麻甲申十一月初四日照復内開:

查本年十月十九日照會句語, 蒼黄之際, 或恐失當, 前督辦金, 業於十月二十六日送函, 至貴公使, 請將原照會繳還, 以便改送在案. 而貴公使不惟不見聽施, 乃從字句抉摘苛問. 此本大臣之未能解也.

等因. 准此. 查二十六日來函内, 獨言:"殺戮大臣, 非貴兵手刃, 則前次照會句語, 未免失實, 應請繳還原照會." 故本大臣業經將十二月十四日復函, 更問以移宮之事, 果出於誰, 而繳還十九日照會一節, 則未復以允肯也. 且前督辦金, 送函曰:"未免失實", 而貴大臣今次照會, 則曰"或恐失當," 既失實則不可謂:"或恐失當"也. 或恐失當, 則"未為失實"也. 本大臣深惑焉. 至各國條約, 則所係最大, 請鈔送其明文, 以備查閲, 固為使臣不可少之事, 貴大臣乃云:"從字句抉摘苛問," 是本大臣之最所不解. 請一一見復以解本大臣之惑也. 相應照復. 須至照復者.

右 照 復

大朝鮮督辦交涉通商事務 趙

明治十七年十二月二十一日

我甲申十一月初四日

14.「日使竹添進一郎發朝鮮督辦通商交涉事務趙秉鎬照會」.

大日本欽差大臣竹添, 為照復事.

准貴曆甲申十一月初四日照後内開:

比聞逆臣金玉均等, 已搭往回船, 此輩必譸張為幻, 搆我兩國之間, 本國上下, 竊有未安. 另派全權使臣前往辦理, 意在杜讒辯奸、保全交好而已. 如貴大臣頓釋前憾, 俯就所商, 則亦本大臣之所願也.

等因前來. 准此. 查貴大臣十月二十八日照會内閣:"商辦本月十七日至二十日在京城經變事宜." 今次照會則曰:"意在社讒辯、奸保全交好而已." 夫商辦事宜者, 乃兩國間交涉事件有所轇轕, 而公商妥辦之謂也. 社讒辯奸者, 將自國視為讒為奸者, 向他國辦其為讒奸, 請勿聽其言之謂, 而不可謂之商辦也. 且社讒辯奸與經變事宜自別, 即以社讒辨奸為保全交好, 本大臣未審其意之所在也. 來文又云:"俯就所商," 貴大臣如有所商, 則本大臣固不辭迎見也. 須至照復者.

右　照　復

大朝鮮督辦交涉通商事務 趙

明治十七年十二月二十一日

我甲申十一月初四日

15.「朝鮮督辦通商交涉事務趙秉鎬發日使竹添進一郎照會」.

大朝鮮督辦交涉通商事務趙, 為照復事.

照得本月初二日接准貴大臣照會內開:

前督辦金, 十月十九日照會內載:"有各國均有保護之約."等語, 本大臣未知貴國與各國有保護之約, 請貴督辦, 即將該約明文抄送本大臣, 以便用備查閱可也.

等因. 准此. 查本國與美國定條第一款為:"他國有何不公輕藐之事, 一經照知, 必須相助, 從中善為調處, 以示友誼關切." 又與英德兩國定條第一款:"倘有與別國相歧之處, 善為調處." 本大臣細繹此意也, 且我大君主嘗引見各國公使面諭, 以曲直所在, 理應保護, 各公使亦無異辭. 此非保護之約乎? 但所謂保護者, 非如貴大臣之過聽亂臣矯召, 遽率兵入宮禁也. 為此照復, 請煩貴大臣查照施行. 須至照復者.

右　照　復

大日本欽差辨理公使 竹添

甲申十一月初五日照復

16.「朝鮮督辦通商交涉事務趙秉鎬發日使竹添進一郎照會」.

逕啟者.

頃接本月初二日來函, 均已閱悉. 查此次經變事由, 已悉於本署二十三日照會, 旋奉貴大臣照復. 其大處未見明白, 而抉摘繳還, 殊不恊望. 再於二十六日, 由本署送函請繳還前次照會, 欲改失實句語, 而尚未見還, 本大臣實所未曉. 至"從中挾勢."等語, 本無深義, 從中挾者凶黨也, 勢者即貴國兵勢也. 有何難解之意乎? 來文又云:"必有其所藉挾事實, 切望明擧其證." 此豈秘密暗昧之事, 而必待明證而可知者乎? 十七日夜入衛之擧, 本大臣尚未知, 何所憑據? 所憑據者, 不過凶黨一片矯旨而已. 伊時貴大臣率兵前來, 爾時光景, 果見何處為亂, 何人滋事否? 且其矯旨在當夜四更移宮之時, 比與到景祐宮, 已見貴國兵布列宮中, 聞諸守宮人, 則已於二更貴兵排門突入, 守者莫知其故云. 據此則知貴兵之入, 先於矯旨也. 何以豫知移御于景祐宮, 而先朝來侍乎? 又於當日午後, 泥峴所在貴國兵隊, 全數來會于校洞公館, 大砲及彈箱車載絡繹, 擧動異常, 街上及館中之人, 無不見之, 未知此時有何事變而戒嚴乎? 凡保護之法, 灼見亂形, 在內則防內, 在外則防外. 試問此次亂形, 在內乎, 則在外乎? 宮門之內殺戮狼藉, 宮門之外, 朝儀蹡蹌, 今不防內而反防其外, 使凶黨恣意行凶無所禁, 孰知貴大臣之心, 果保護我大君主乎, 抑保護凶黨乎? 遶宮門而立者, 貴兵也. 揮劒阻門者, 貴兵也. 殺聲起於內, 訛言流於外, 自外見之者, 何以辨其非貴兵所手刃乎? 及還御觀物之後, 尚不撤兵, 嚴守各門, 不容我國一人入覲, 是惟貴大臣獨任保護之責, 而我國臣民無復面君之望, 是豈理也哉? 二十六日, 貴署來函云:"貴大臣果知赴君難之為義, 何不即夜馳赴宮闕乎?" 又云:"開砲攻擊, 待外國使臣之道, 果如是乎?" 觀此兩段辭意, 是欲使我國臣民不得措其手足也. 欲赴闕, 則為貴兵所阻, 而兩日之間, 一國軍民不知君主所在, 又不知變亂所由, 驚遑憤迫, 只有無生之心, 奚暇念及於他, 而不識外國使臣待本國之道, 果如是乎? 此次變擧, 自有明證, 蒼天在上, 鬼神在旁, 萬民在下, 何有輕重於言語文字之末也. 至於人民互傷, 在所當查, 而情有輕重, 事有先後, 凶逆尚未拿交, 義理鬱而不伸, 須先拿交凶逆, 快正典刑, 而後議此, 亦未晚也. 耑此奉佈. 順請勛安. 不宣.

甲申十一月初五日

趙秉鎬

竹添公使 閣下

17.「朝鮮督辦通商交涉事務趙秉鎬發日本外務卿井上照會」.

大朝鮮督辦交涉通商事務趙, 為照會事.

照得本年十月十七日夜, 本國有逆党之亂, 貴國公使過聽其言, 帶兵入衛, 遂使逆党藉以遂奸, 驚動乘輿, 戕害宰輔, 以致本國軍民驚遑憤迫, 失其常守, 與貴國人等互有殺傷. 貴國公使不安於京城, 退駐仁川. 查此次入衛之擧, 寔出亂臣矯旨, 並非大君主之本意, 而逆臣金玉均、徐光範、朴泳孝、徐載弼等, 尚未伏辜, 羣情未釋, 兩國交好之地有此意外之事, 諒亦貴國之所同憂也. 玆奉我大君主命, 特派全權大臣徐相雨、副大臣穆麟[德], 前往貴國, 進呈國書, 并行辦一切, 望貴大臣推心誠信, 酌核公允, 俾兩國交際益加敦睦. 為此備文照會, 請煩貴大臣查照施行. 須至照會者.

右 照 會

大日本外務卿 井上

甲申十一月初七日照會

18.「朝鮮國王發日本皇帝國書」.

大朝鮮國大君主敬白大日本國大皇帝. 玆為兩國交際事宜, 欽差全權大臣徐相雨、副大臣穆麟德, 前往貴國, 修聘問之禮. 該大臣等公忠周詳, 必能代達衷曲, 辦理妥協, 幸望推誠相信, 益敦友誼, 共享昇平, 諒亦貴大皇帝之所允准也.

開國四百九十三年十一月七日

大朝鮮國 大君主 李 [御押]安寶

奉勅督辦交涉通商事務臣 趙秉鎬 [蓋印]

19.「日使竹添進一郎發朝鮮督辦通商交涉事務趙秉鎬照會」.

逕復者.

前接尊刺, 藉知貴大臣駐駕此港, 即經回呈賤刺矣. 至貴大臣十一月初四日照復內, "俯就所商"一節, 昨經照復, 想早已達覽. 貴大臣如有所商, 則本大臣固所願聞也. 耑復. 順頌勛祉.

明治十七年十二月二十二日 竹添進一郎

我甲申初八日來署趙督辦 閣下

광서 10년 11월 21일 북양대신 이홍장이 다음과 같은 서신을 보내왔습니다.

전에 11월 12일의 공식 서신 초본을 받아 삼가 읽어보고, 하나하나 요약하였고, 이날 내려진 교지 한 통은 이미 베껴서 역참을 통해 신속하게 자문으로 오대징에게 보내 그에 따르도록 하였습니다. 다만 봉천에서 조선까지는 길이 아주 멀어 언제 도달할지는 알 수 없으므로, 얼마 전 해경(海鏡) 호를 파견하여 여순에서 조선으로 가게 하면서, 다시 대강의 뜻을 뽑아 기록하고 오대징에게 전보로 부치도록 하였습니다. 여서창 주일본 공사는 다음과 같은 전보를 보내왔습니다.

> 일본 외무성에서 말하길, 이노우에 가오루[39]가 대동하는 병력은 1천 명으로, 호위를 위한 것이며, 중국이 병력을 추가하지 않으면 일본 역시 병력을 추가하지 않겠다고 하였습니다. 영사 하라 다카시가 직접 대면하여 약속한 것과 같으므로, 지금으로선 갑작스럽게 병력을 동원하지 않는 것이 적절할 것으로 보입니다.

[따라서] 오대징이 조선에 도착하여 상황을 조사·처리하는 것을 기다려야 할 것입니다. 만약 일이 있다면 다시 접응(接應)을 시도할 것이며, 그대로 금주(金州)에 있는 경영(慶營)이나 창려(昌黎)에 있는 오대징의 부대에서 적절하게 뽑아 동원하면 비교적 민첩하게 대처할 수 있을 것입니다. 그러나 능히 대비할 수 있지만 실제 쓰이는 일이 없어진다면 새로운 군사적 충돌의 단서를 여는 것을 피할 수 있습니다. 프랑스 군함이 인천으로 향한다는 소문은 아직 확실한 소식이 없습니다. 해경 호가 15일 부쳐온 오조유, 진수당의 보고는 당연히 이미 전보로 그 대략을 알렸습니다만, 지금 여기서 육로로 다시 부칩니다. 삼가 원래의 보고와 초본을 그대로 베끼고 모아서 장정(裝訂)하여 책으로 만들어 살펴보실 수 있도록 올리는 바입니다. 이상입니다. 편안하시기를 빕니다.

---

39 이노우에 가오루(井上馨, 1836~1915)는 야마구치(山口) 출신의 조슈(長州) 번사(藩士)로 일본의 정치가이다. 메이지 정부의 관료로 활약하다가 1876년의 「조·일수호조규」 체결에 부사(副使)로 참여하였고, 이후 조슈번의 대표자로 활약하게 된다. 1879년 외무경(外務卿)이 되었고, 임오군란 후에는 「제물포조약」 체결을 주도하였고, 갑신정변 때에도 조선에 와서 「한성조약」을 체결하였다. 1885년 이후에는 외무대신으로 조약 개정 등에서 활약하기도 하였다.

1.「조선 외부에서 베껴 보내온 사략책(朝鮮外部鈔送事略冊)」[40]: 반란 이후 조사한 내용에 대해 조선 외부에서 베껴 보내온 사략책을 목록을 갖추어 살펴보시도록 삼가 올리는 바입니다(謹將朝鮮亂後查明, 由外部鈔送事略册, 繕具淸摺, 恭呈鈞鑒).

역당(逆黨) 김옥균, 박영효, 홍영식, 서광범, 서재필 등은 일찍이 일본에 여행한 적이 있는데 중국을 멸시하고 인륜을 경시하며, 재물을 가볍게 여기고 일 벌이는 것을 좋아하는 데다가, 분수를 넘는 행동을 일삼았습니다. 우리 국왕은 엷게나마 재주와 말솜씨가 있고 대강이나마 외국 사정에 통한다고 해서 이들을 총애하여 높은 벼슬로 대우해 주셨습니다. 국왕의 친척으로 믿음직한 신하인 참판 민영익은 항상 그들의 문제점을 눈앞에서 대놓고 배척하였으므로 역당이 몹시 꺼리는 바가 되었습니다. 이달 17일 오후 진고개(泥峴) 소재 일본 부대 전부가 교동(校洞) 공관으로 옮겨오고, 대포와 탄약상자를 운반하는 것이 도로에서 끊이지 않아 거리의 백성들이 보지 못한 사람이 없을 정도이고, 그 의도를 의심하였습니다. 이날 술시(戌時, 오후 7~9시)에 우정국 총판 홍영식이 연회를 베풀면서 아울러 각국 사신을 초빙하였습니다. 오로지 일본 공사 다케조에 신이치로만 병이 있다면서 참가하지 않았습니다. 김옥균 등은 자주 밖에 나가 지휘하는 등 행적이 몹시 수상하였습니다. 8시에 이르러 담장 밖에 불이 나자, 민영익이 불을 끄기 위해 먼저 나서 마침 문을 나서자마자 흉적 5명이 칼을 휘두르며 습격하여, 민영익은 칼을 맞고 돌아 들어와 당상(堂上)에 쓰러졌습니다. 좌중의 사람들이 모두 놀라 서로 흩어졌습니다. 김옥균, 박영효, 서광범 등은 바로 궁중으로 달려가 곧장 침전에 들어가서는 다급한 목소리로 "청군 병사가 변란을 일으켜 한성에 불빛이 가득 찼고, 성내 사람들을 도살하고 있어 총검이 난무하고 있습니다. 신속하게 옮겨서 피해야 합니다"라고 아뢰었습니다. 아울러 일본 공사를 불러들여 호위하자고 요청하였으나, 국왕은 허락하지 않았습니다. 김옥균 등은 혹은 울거나 눈물을 흘리면서 국왕의 마음을 놀라게 하여 움직임으로써 다른 궁전으로 옮기도록 핍박하였습니다. 각 전궁(殿宮) 역시 모두 걸어서 뒤따랐는데, 다급한 가운데 제대로 된 의례도 갖추지 못한 채 영숙문(永肅門)에 이르렀는데, 갑자기 국출신청(局出身廳)에서 총성이 울리자, 역당은 급히 "외국군이 크게 몰려오니 늦추어서는 안 됩니다"라고 소리쳤습니다. 생각건대 역당은

40 원문에는 이런 제목이 없지만, 편의상 목차에 있는 제목(「朝鮮外部鈔送事略冊」)을 따왔다. 이하 첨부 문서 모두 마찬가지다.

미리 사관생도를 국출신청에 매복시켜 두었다가, 국왕께서 이르는 것을 보고 대포 소리를 낸 것인데, 그것은 또한 암호이기도 하였습니다. 역당은 다시 일본 공사의 소환을 요청하였는데, 국왕께서 허락하지 않자, 김옥균, 박영효, 서광범 등은 품속에서 양지(洋紙)를 꺼내 연필로 "일본 공사는 와서 호위하라"라는 네 글자를 쓴 다음, 결코 아무런 직인도 찍지 않은 상태에서 곧장 국왕의 명령(上命)이라 칭하면서 신속하게 일본 공사관에 보냈습니다. 경우궁에 이르기 전에 연이어 사람을 보내 일본 공사를 재촉하였습니다. 국왕은 실제로는 이를 알지 못하였습니다. 4경(오전 1~3시) 무렵 경우궁에 도착하였는데, 일본 병사가 문과 복도를 가득 채우고 있는 것을 보았고, 여러 궁인(宮人)에게 물어보니 이미 2경(오후 9~11시) 무렵에 일본 병사가 문을 제치고 돌입하여 각 궁문을 지키고 있다고 하였습니다. 국왕의 가마가 정당(正堂)의 계단 앞에 이르자, 일본의 전어관(傳語官) 아사야마 겐조(淺山顯藏)가 환영한다는 소리를 여러 차례 하고 공사 다케조에 신이치로가 와서 위로하였습니다. 국왕 및 각 전궁은 동편(東偏)의 건물로 이동하고, 일본 공사는 역당 등과 함께 청사(廳事)에 머물렀는데, 일본에 가서 학습한 사관생도 13명이 홀연히 한 무리를 이루어 입궁하여 빙 둘러섰습니다. 조금 있다가 홍영식과 김옥균 등이 서로 붙잡고 슬퍼하며 통곡하는 모습을 가장하였습니다. 이후 일본 병사를 보내 궁문의 사방을 빙 둘러싸고, 흉당과 생도가 가운데에서 통제하면서 출입을 금지하여 어떤 소식도 밖에 나가지 못해 막았습니다. 18일 새벽, 좌영사(左營使) 이조연, 후영사(後營使) 윤태준, 전영사(前營使) 한규직은 사태가 이상한 것을 보고 몰래 중국 주방 부대에 통지하자고 모의하였는데, 흉당은 이를 의심하여 사관생도들에게 사주하여 건물로 끌고 간 다음 차례로 살해하였습니다. 해방총관(海防總管) 민영목, 보국(輔國) 민태호, 조영하는 국왕의 명령으로 불려 왔다가 아울러 모두 피살당했습니다. 내시 유재현은 전당(前堂)에서 피살당했습니다. 우리 국왕께서 누차 죽이지 말라, 죽이지 말라고 부르짖었지만, 결국 이 지시를 따르지 않았습니다. 피가 벽 위에 튀고, 그 소리가 어좌에서 들렸습니다. 이 여섯 신하는 모두 국왕께서 평소 총애하며 가까이하고 믿던 사람들이었습니다. 그런데 갑작스러운 참담한 재앙을 만나 그 시신은 문가의 작은 방에 쌓이게 되었습니다. 이에 국왕의 좌우에는 오로지 흉당 십수 명만 남게 되었습니다. 위복(威福)의 전권이 아래로 넘어가고 그들이 오로지 협박만을 일삼자, 우리 국왕께서는 기거조차 자유롭게 할 수 없었고, 식사조차 대부분 제때를 맞추지 못하였습니다. 18일 사각(巳刻, 오전 9~11시) 보국 이재원의 집으로 옮겼는데, 문단속이 더욱 엄해져 한 사람도 입시하는 것을 허용하지 않았습니다. 무릇 궁문을 출입하는 사람은 모두가 흉도의 도예(徒隸)로 반드시 일본 지휘관의 표지(標紙)를 휴대해야만 비로소 출입이 가로막히지 않았습니다. 수많은 관료나 병사, 백성은 문 밖에 늘어서 있지만, 바라볼 뿐 들어갈 수 없었습니다. 문 가까이 있는 사람은 일본 병사가 칼을 휘두르며 쫓아내 눈물을 흘리면 물러날 뿐이었습니다. 흉당은 자기들끼리 서로 관직을 제수하여 홍영식이 우의정, 김옥균이 호조참판, 박영효가 전·후영사를 겸직하고, 서광범이 좌·우영사를 겸직하면서 교섭통상의 협판(協辦)으로 서리독판(署理督辦)을 임시로 맡았고, 서재필이 전영 정령관(正領官)을 맡아, 군사권과 재정권이 모두 흉당에게 귀속되었으며, 그들은 격앙된 모습으로 기탄없는 언사를 내뱉어 국왕을 폐립하겠다는 뜻까지 비추었습니다. 유각(酉刻, 오후 5~7시)에는 다시 국왕을 모시고 구궁(舊宮)의 관물헌(觀物軒)으로 옮겼습니다. 일본인과 흉당은 여전히 안에 머무르면서, 병사들을 파견하여 더욱 주위를 엄밀하게 지켜 우리 국왕과 신하가 서로 격리되어 소식이 차단된 것이 며칠이나 되었습니다. 날마다 뜬 소문이 번지고, 성내의 민심이 흉흉한데 국왕의 안위 여부를 알지 못하자, 모든 관리와 백성들이 "지금으로서는 국왕을 구조하는 일이 급하다"라고 입을 모아 말하였고, 결국 중국 주방영의 오조유 통령, 원세개 사마(司馬), 장광전 총병에게 보호를 요청하게 되었습니다. 19일 사각(巳刻), 오조유 통령과 원세개 사마가 각기 부하를 입궐시켜 국왕을 알현하고, 또 일본 공사에게 서신을 보내 위병을 철수하지 않는 이유를 물었습니다. 3시까지 기다렸으나 아무런 답장도 없었으므로 그날 신각(申刻, 오후 3~5시) 중국 부대가 나누어 궁문으로 들어가고, 조선의 좌·우영 병사들도 역시 이를 따랐습니다. 일본군은 보통문(普通門)의 누상(樓上)에서 문틈 사이로 먼저 총포 사격을 시작하여 중국 병사 9명이 죽고, 조선 병사 5명이 피살되었습니다. 중국·조선 병사들은 국왕이 안에 계시기 때문에 감히 확실하게 대응사격을 할 수 없었는데, 일본군은 누상의 문틈으로 전력으로 내려다보며 공격하였으므로 중국과 조선 병사의 사망이 많았습니다. 유각(酉刻), 일본군 및 여러 흉당이 국왕을 끼고 후원(後苑) 연경당(演慶堂)으로 피신하면서, 각 전궁은 서로 흩어졌고, 밤이 되어 캄캄해지자 일본군은 각기 후원의 소나무를 끼고 은신하면서 사격하여 우리 병사들이 접근할 수 없었습니다. 국왕은 다시 옥류천(玉流泉)의 북장문(北牆門)으로 피신하였는데, 무예위사(武藝衛士) 및 별초군(別鈔軍)이 비로소 들어가 호위할 수 있게 되면서 문을 열고 가마로 빠져나왔고, 흉당은 이를 저지하지 못하자 모두 일본군을 따라 떠나 버렸습니다. 다만 홍영식과 박영교(朴泳敎, 박영효의 형)는 당시 도승지로서 국왕을 따랐고, 사관생도 7명과 함께 가마를 재촉하여 북관묘에 이르렀습니다. 해각(亥刻, 오후 9~11시)에 오조유 통령이 국왕께서 북묘에 있다는 것을 전해 듣고 부대를 이끌고 영접하러 갔습니다. 홍영식 등은 국왕의 옷을 잡아끌면서 가지 말라고 저지하였으나 뭇사람들이 불처럼 화를 내면서 다투어 국왕을 사인교(四人轎)로 모셨고, 홍영식 등은 그래도 화를 내면서 질타하였습니다. 조선 병사들이 홍영식과 박영교를 끌어내어 칼로 저며 버렸습니다. 또한 사관생도 7명도 함께 살해하자 모두가 통쾌하게 여기지 않음이 없었습니다. 원세개 사마 역시 병사를 보내 국왕을 영접하여, 자각(子刻, 오후 11시~오전 1시)에 선인문(宣仁門) 밖에 주둔하던 오조유 통령의 군영에 도착하였습니다. 연도의 백성들은 춤을 추고 우레와 같이 환호성을 질렀으며, 자기 집을 불태워 도로를 밝혀주는 사람까지 있었습니다. 20일 오각(午刻, 오전 11시~오후 1시) 하도감(下都監)의 원세개 사마의 군영으로 옮겼습니다. 당시 성내 병사와 백성들은 일본인을 적시하여 같이 살고자 하지 않았으므로, 우리 국왕께서는 신속하게 명령을 내려 말썽을 일으키는 것을 금지하였으며, 종전에 지방에 여행하러 갔다가 아직 돌아오지 않은 사람은 지방관에게 보호하도록 지시하였습니다. 또한 각국 공사관에 부대를 증원하여 전력을 다해 보호하도록 하였습니다. 민간 백성은 분노를 쌓아온 지 오래라 일본인을 만나면 서로 싸움을 벌여 죽거나 다치는 일이 있었는데, 우리 국왕께서는 엄격하게 이를 금지하는 명령을 내렸습니다. 일본 병사나 상인 20여 명이 각국 공사관에 숨어 있었으므로, 즉시 군대를 파견하여 보호하면서 인천으로 호송하도록 하였습니다. 그날 미각(未刻, 오후 1시~3시) 다케조에 공사가 부대를 이끌고 한성을 나섰는데, 연도에서 총을 쏘아 민간 백성과 부녀자 가운데 사망자가 상당히 많았습니다. 이 무렵 일본 공사관에서 불이 났는데, 백성들이 모두 말하길 일본인 스스로 불을 지른 것이라고 하였습니다. 임오년의 변란 때에도 일본인은 역시 스스로 [공사관이 있던] 천연정(天然亭)에 불을 지른 바 있습니다. 우리 백성은 공사관에 화약이 많이 보관되어 있는 것을 알고 있었기 때문에 감히 가까이 접근하지 않았으니, 하물며 대담하게 불을 지르는 일이 있었겠습니까? 흉당 김옥균, 박영효, 서광범, 사관생도 10여 명은 모두 머리를 자르고 양복으로 갈아입은 다음 영사관에서 목궤(木櫃) 속에 몸을 감추고 일본 상선 치토세마루(千歲丸)에 승선하였는데, 이를 항구 사람들이 입에 올려 소식이 전해지게 되었습니다. 교섭통상국 아문에서 일본 공사에게 조회하여 붙잡아 넘기라고 요청하였지만, 일본 공사는 모른다고 답장하고 결국은 그들을 일본으로 보내 버렸습니다.

부록: 사망인 명단과 숫자.

조선인

보국 민태호 조영하 총관 민영목 좌영사 이조연 전영사 한규직 후영사 윤태준
이상 피해 재보(宰輔) 6명.

중관 유재현.
피해 중관 1명.

홍영식[역당] 박영교[역당] 생도 7명[역당].
이상 역당 주사(誅死) 9명.

이복성 봉준영 박응환 김주원 손광조 안성복 이용갑 최영종 석종근 김원형
김일용 김대혁 김흥용 한인수 홍영환 홍익현 장동학 이기형 여학용 오평근
김경준 안창식 엄준명 박창근 김대유 오진복 김용근 박선량 갈창련 김석준
천태백 권수봉 오근수 장순홍 장춘명 김부련 이선문 문진여
이상 38명 전투 중 사상(死傷).

유유보 이무조 김성연 이득조 노치범 허명일 원매식 한범이 이봉화 유성렬
윤치범 이황배 조치열 김치보 안성기 박진환 이희돌 장소사 이소사 고기상
주명학 백성진 이태석 이희명 정경순 김장성 김주호 천소사 오수영 안대호
한치보 이학구 김준명 강소사 박김동 조희록 신복길 안경대 박기진 김조한
김석보 김장조 오성운 고수복 여황룡 음익선 김영수 맹학기 조관일 김치운
김만봉 정규홍 이철성 최수돌 김진화 이완보 김소사 이영화 정광신 한수완
천진성 조금손 이천돌 강화지 김성실 임소사 하명순 이기준 김순철 김광성
강기호 성봉진 최준복 김달운 고주은 마영수 황재석 문옥이 원여장 김락영
김성화 강원기 이소동 묵수진 이은이 김평보 이김보 김재억 이용갑 김명기
김성운 김철동 정학은 김길이
이상 합 95명 피살 조선 백성.

전투 중 사망한 중국 병정

부영중초(副營中哨) 십장(什長) 2명　장점원(張占元)　이연화(李連和)

친병(親兵) 3명　소종의(邵從義)　이개평(李開平)　이선갑(李先甲)

후초(後哨) 상망(傷亡) 십장 1명　설신귀(薛臣貴)

좌초(左哨) 병정 1명　왕나언(王那彦)

좌영후초(左營後哨) 전투 중 사망 병정 2명　주정해(周正海)　첨광화(詹光華)

이상 합 9명.

일본인

현재 35명의 시신.

3명 시신 부재, 생사 미상.

2. 「오조유 제독 등이 이홍장에게 올린 보고(吳提督等來禀)」(「吳兆有等發李鴻章禀」).

삼가 보고합니다.

저희는 이달 6일 미각(未刻, 오후 1~3시)에 배를 기다렸으나 도착하지 않아, 짧은 보고서를 역참을 통해 여순에 보내 전보로 올리도록 하였습니다. 7일 아침에 이홍장 중당께서 상주하여 정여창 제독으로 하여금 군함 4척을 통솔하고 또한 부장(副將) 방정상(方正祥)이 1개 영을 이끌게 하여, 그들이 마산에 도착하였음을 알게 되었습니다. 조선은 위로는 국왕으로부터 아래로는 서민에 이르기까지 감격하여 탄복하지 않음이 없었습니다. 환성이 우뢰처럼 울리고 한순간에 인심이 조금 가라앉았으며 난당 역시 다시 자취를 감추게 되었습니다. 곧이어 원세개 도대가 서신으로 대인의 지시를 전달하였고, 정여창 제독이 부대에 도착하자 직접 그 앞에서 모든 일을 아뢰었으니 당연히 대인의 지시에 따라 처리할 것입니다. 마산진은 중국군이 조선을 출입하는 문호로 가장 긴요한 곳입니다. 현재는 4척의 배가 머무르고 있고, 또 1개 영의 부대가 주둔하고 있어 그럭저럭 믿을 만합니다. 인천 항구의 각국 군함은 오가는 것이 일정하지 않은데, 현재 알아보기로는 미국 군함 2척, 영국 군함 1척, 독일 군함 1척, 일본 군함 2척이 있습니다. 또한 일본 상선 2척이 있어 전문적으로 일본을 오가면서 물자나 군사 물품 등을 운반하는 일이 아주 많은데 그 상황이 비밀스럽고 수상하여 예측하기 힘듭니다. 각국 공사와 다케조에는 모두 여전히 인천에 있습니다. 듣기에 일본에서는 앞뒤로 외무관 10명을 보냈는데 조선과의 변론은 아직 정해진 결론이 없다고 합니다. 묄렌도르프는 조선 전권대신 서상우와 함께 본래 인천에서 배를 타고 가서 일본 정부와 논변할 예정이었습니다. 듣기에 그 가운데 불편한 점이 여러 가지가 있어 해경 호를 타고 여순으로 가는 것으로 바꾸었다고 합니다. 그런데 조선 정부에서 다케조에가 보낸 공문을 받았는데, 며칠 안에 직접 외무 관원 몇 명과 수행하는 병사들과 함께 한성에 들어오겠다는 내용이었습니다. 조선 국왕과 정부는 대책을 마련하다가 정여창 제독에게 상의하여 답장 공문을 준비하였는데, 공사관을 대신 마련한다는 구실로 며칠 늦추어달라고 요청하는 내용으로, 다케조에가 받아들였는지는 아직 알지 못합니다. 그리고 묄렌도르프의 이동도 역시 이 때문에 늦추어질 것 같습니다. 저희는 정여창 제독 등과 함께 상의하여 설사 다케조에가 한성에 들어오더라도 우리 부대는 종전처럼 병사를 점검하며 엄격하게 대비하되, 반드시 쉽사리 움직이지 않고자 합니다. 조선의 내란이 아직 정리되지 않아 응당 어떻게 대처해야 할지, 그리고 일본과의 교섭 문제 등 역시 응당 오대징 대신의 도착을 기다려서 그 지시를 직접 받아 따르고자 하며, 단연코 조금이라도 경솔하거나 소홀히 함으로써 위로 이중당 대인께 염려를 끼치지 않겠습니다. 나머지는 계속 소식을 기다려야 합니다. 이상입니다. 삼가 편안하시기를 빕니다.

첨부하여 다시 보고합니다.

이달 3일 일본 무원(武員)으로 요시마쓰(吉松)라는 사람이 단신으로 조선 민선을 타고 마산에 도착하여 형세를 살펴보다가 토착민이 이를 발견하고 해치고자 하였는데 포선(炮船)의 고초관(顧哨官) 휘문(輝文)이 조사하여 알아낸 다음 직접 마산영으로 끌어왔고, 즉시 수용(水勇)을 파견하여 한성으로 압송하였습니다. 저희가 대략 심문해 보자 장사를 위해 마산에 가서 장작을 사려했다고 하면서, 단지 단도(短刀) 한 자루만을 휴대하였고, 마산에서 잃어버렸다고 궤변을 늘어놓았습니다. 그래서 한편으로는 사람을 파견하여 부대 내에 안치하고, 다른 한편으로는 사람을 마산에 파견하여 토착민에게 단도를 넘겨받은 다음, 8일 아침 진수당 도대에게 상의하여, 다케조에 공사에게 병사를 보내 인천으로 호송하겠다고 조회를 보냈습니다. 그 후 곧장 다케조에의 서신을 통한 질문을 받고 바로 답장을 보냈습니다. 원고를 베껴 살펴보시도록 함께 올립니다.

갑신 11월 10일 발송, 11월 20일 도착.

3. 「진수당이 이홍장에게 올린 보고(陳樹棠發李鴻章稟)」(「陳道樹棠來稟」) : 11월 9일 발송, 12일 도착.

삼가 보고합니다.

27일 밤에 두 번째로 조선 상황에 대한 보고를 올렸는데, 이미 살펴보셨을 것으로 헤아립니다. 5일에 다시 특별 회의에 대해서도 천진해관도 주복(周馥) 도대에게 서신으로 전달하여 대신 아뢰도록 하였습니다. 다만 윤선 상선 남승(南陞) 호의 운항에 불편한 점이 많았는데, 마침 영국 윤선 군함이 상해로 가는 참이라 문보위원(文報委員) 왕송삼(王松森)에게 넘겨주어 천진으로 대신 전달하도록 하였지만, 약간 늦어지지 않을 수 없을 것입니다. 얼마 전 각국 공사 및 영사 등과 대책을 논의할 때 모두 다 깊게 믿지는 않아 여전히 다케조에가 잘못을 저질렀다고는 생각하지 않았습니다. 내부의 간당이 외국과 결탁하여 비밀리에 음모를 꾸몄기 때문에 서양인들은 이를 통찰할 수 없는 것입니다. 또한 미국 공사 등은 처음 인천에 가서 마침 회의를 하는 가운데 조선 외부의 조동호 독판이 보낸 공문이 다케조에의 각종 행동을 지적하여 힐문하는 것을 보고 몹시 의아하게 여겼습니다. 이미 중간 조정을 요청해 놓고 왜 이러한 사정을 미리 중재인에게 알리지 않았느냐 하는 것이었습니다. 이것은 조선 외부가 외교적 교섭 방법에 밝지 않고 역시 상세한 고려가 부족하였기 때문이었습니다. 나중에 미국 공사가 한성에 돌아왔을 때 그 아내가 입궁하자 왕비가 가문의 숙형(叔兄)이 피해당한 사실과 반란 상황을 눈물을 흘리며 호소하였습니다. 미국 공사의 아내 역시 울면서 돌아가 알리자, 미국 공사도 비로소 다케조에의 잘못을 알게 되었습니다. 영국 총영사는 전에는 그를 비호하는 말이 많았는데 지금에 와서야 갑자기 크게 깨달은 것 같습니다. 또한 다케조에가 그를 속인 말은 시간이 지나자 점차 사실이 뚜렷해지면서 시비곡직이 저절로 밝혀졌으며, 나아가 반신의 가족들을 심문하자 죄를 피할 수 없음을 알고 홍영식, 김옥균, 박영효, 서광범 등 역적의 부친들은 모두 자결하였습니다. 이러한 최근의 내부 사정에 대해서 조선 정부는 이미 참판 서상우를 정사(正使)로, 묄렌도르프를 부사(副使)로 임명하고 일본에 파견하여, 국서(國書)를 제출하고 그 경위를 설명하면서 아울러 화의를 맺고자 하고 있습니다. 저는 반란의 경위와 원인에 대해 주일 공사 여서창에게 보고하여 처리할 것을 의뢰하였는데, 이미 묄렌도르프에게 넘겨 직접 전달하라고 하였으니 당연히 그르칠 일은 없을 것입니다. 그러자 다케조에가 사신을 일본에 파견하여 보낸다는 소식을 듣고 조선 외부에 서신을 보내 자신을 제쳐놓았다고 이야기하였는데, 그 기세가 조금 수 그러진 것 같았으므로, 이에 1일 서상목·묄렌도르프 두 사람이 미국 공사를 따라 인천에 가서 협상하게 되었습니다. 그런데 만나자마자 오로지 그 공사관이 불탄 일과 사람이 다친 일만을 따지며 나머지는 모두 모르는 일이라고 잡아떼는 것이었습니다. 사신 서상목이 이와 변론하며 각 문제에 대해 제대로 규명되어야 화호(和好)의 상태로 복귀할 수 있다고 반박하였지만, 다케조에는 아무런 답변도 하지 않고 여전히 이미 정부에 알렸으니 자기가 주관할 수 없다고 미룰 뿐이었습니다. 곧이어 일본에서 관원을 인천에 보내 조사·방문하게 하였지만, 역시 논의에는 참여하지 않았고 또한 윤선 군함 한 척이 도착하여 200~300명의 병사가 왔는데, 여전히 방호를 위한 뜻이며, 아직은 충돌을 일으킬 작정은 아닌 것 같습니다. 그러나 얼마 전 한성에 있던 상민 자녀 30여 명을 송환하였는데, 지금 다시 일본 상인 요시마쓰가 시골에 가서 중국군이 도착하였는지 항구를 탐방하다가 토착민에게 나포되었습니다. 항구 주방영의 병사가 이를 보고 한성의 중국 부대로 압송하였는데, 오조유 제독이 서신으로 알리고 제게 넘겨, 어제 아침 조회를 갖추어 병사를 파견하여 인천으로 호송하고 다케조에가 보고 거두게 함으로써, 이웃 나라의 외교적 친선을 다하였습니다. 어제 오후 묄렌도르프는 다케조에가 주관할 수 없어 논의할 수 있는 일이 없다고 하여 이미 한성으로 돌아갔습니다. 일본에서 온 관원은 현재 이미 귀국하였고, 어제 다시 뒤이어 윤선 군함과 군수품이 도착하였는데, 어떠한 거동을 할지는 예측할 수 없으므로 부득불 미리 사전에 방비하지 않을 수 없습니다. 다행히 이중당 대인께서 번방(藩邦)을 염려하시어 윤선 군함을 조선에 파견해서, 7일에 이미 4척이 도착하였고, 또 육군 부대가 증원되었습니다. 저는 정여창 제독과 만나 일찌감치 방영과 조선 부대를 나누어 요충지에 나가 주둔하게 하여 미리 배치함으로써 유리한 형세를 장악하게 하였습니다. 그리고 각국이 중간에서 중재하면서 그 시비를 가리고 있어 일본의 협박 요구를 막거나 아니면 신속한 사태 전환을 기대할 수 있을 것입니다. 다만 듣기에 미국 공사는 후임이 와서 인수하기를 기다려 출발한다고 합니다. 독일 공사는 병 때문에 상해로 갔기 때문에 혹은 설득에 많은 노력이 필요할 수도 있으며, 이탈리아는 언제 떠나는지 정해지지 않았고, 영국 총영사 및 독일 부영사는 여기 머무르고 있습니다. 독일 부영사는 그래도 일 처리에 능숙하니 역시 나서서 이야기하고자 할 수도 있습니다. 이것이 지금까지의 대략이며, 오대징 대신이 도착하기를 기다려 보고를 올리고 그 지시를 받고자 합니다. 매일매일의 자세한 사정은 따로 주복 도대에게 서신으로 알리는 것 외에, 조선 외부와 다케조에가 주고받은 조회와 서신 등을 모아 베낀 다음 목록을 갖추어 살펴 보시도록 올리는 바입니다. 삼가 편안하시기를 빕니다. 진수당이 삼가 보고합니다.

4.「원세개가 올린 보고(袁丞世凱來稟)」

삼가 보고합니다.

일본에서는 기록관 3명을 인천에 파견하여 사정을 살펴보았는데, 선후하여 상선 3척이 왔고, 한 척은 곧 돌아갔는데 다시 군함 2척이 도착하였으며, 군장(軍裝)이나 식물(食物) 등을 절반쯤 싣고 있었습니다. 함께 온 병사는 그 수가 얼마인지 아직 알 수 없으나, 상륙한 인원은 겨우 160명입니다. 저는 이미 미리 외서에 부탁해서 독판 조병호가 인천에 가서 다케조에와 일을 논의함으로써, 그가 갑작스레 군대를 이끌고 한성에 들어오는 것을 피하거나 막고, 아울러 군함이나 상선 등이 내하(內河)나 통상이 허용되지 않는 항구에 들어오는 것을 막고 군대 역시 내지로 진출하는 것을 허용하지 않는다고 조회하게 하였습니다. 조선과 일본은 연일 회의를 열었지만 각기 다른 의견을 고집하는 바람에 화의와 전쟁의 여부는 아직 정해지지 않았습니다. 서로 주고받은 조회는 전에 이운 호 선편으로 베껴 보내도록 조선 외서에 부탁하였으며, 28일 이후의 조회는 지금 다시 베껴 살펴보시도록 올립니다. 전에 듣기에 일본 기록관이 장차 한성에 와서 미국 공사 푸트와 만나려 한다는 소식을 들었는데, 바로 외서에서 서신으로 저지하고 아울러 푸트에게 인천으로 가도록 요청하였으며, 기록관 구리노 신이치로(粟野慎一郎)는 영국·독일 공사를 만나 대강의 내용을 탐지한 다음 바로 배를 타고 돌아갔다고 합니다. 7일에는 다시 의관 이노우에 고와시 등 7명을 파견하여 상선을 타고 조선에 왔는데, 상륙 후에 즉시 조병호에게 알리길 10일에 다케조에와 함께 30명이 병사를 이끌고 한성에 들어가 조선 정부와 모든 문제를 상의하겠다고 하였습니다. 저는 즉시 외서에 부탁하여 신속하게 서신을 보내 이를 저지하였는데, 공사관이 이미 불타 새로운 공사관을 찾아야 하므로 약 13·14일 정도에야 비로소 부대를 보내 가서 맞이할 수 있을 것이며, 오대징 회판대신이 한성에 도착하기를 기다리면 곧바로 상황을 보아 협상하여 처리하기를 바란다고 하였습니다. 아직 다케조에의 답장을 받지 못해 과연 저지할 수 있는지는 알 수 없습니다. 이번에 미국 공사 푸트는 특히 관심을 보여 힘써 다케조에와의 중재에 나섰는데, 만약 다케조에가 계속 고집한다면 즉시 일본 정부에 가서 이야기할 것이라면서, 이미 인천에 가서 회의하고 있습니다. 어제 그 대리공사가 와서 말하길, "푸트가 인천에서 힘써 조정에 나서 결국 실화(失和)에 이르지 않도록 꾀하고 있으며, 좋은 소식이 있으면 다시 수시로 알리겠다"라고 이야기하였습니다. 또한 듣기에 일본 육군 대위가 19일 한성의 남산에 올라 사방을 둘러보다가 토착민에 의해 격살당했다고 합니다. 눈과 귀,

오장이 모두 꺼내졌고 시신은 인천으로 보내졌는데, 이를 본 일본인들이 모두 불쾌하게 여겼으며 곧바로 그 병사의 머리를 묻었다고 하는데, 어떻게 마무리되었는지는 알 수 없습니다. 한강의 경우 이미 얼음이 얼어 왕래할 때 모두 얼음을 밟고 건널 수 있으니, 방수(防守)를 특히 엄격하고 신중하게 해야 할 것입니다. 각 요해에는 이미 조선의 각 연군(練軍)을 파견하여 요충지에 주둔하게 하였으며, 강화의 연병(練兵) 역시 3백 명을 이동시켜 방어를 돕게 하였습니다. 아울러 다수의 연병을 파견하여 거민처럼 위장하여 인천을 왕래하면서 밤낮으로 그 동정을 파악하게 하였습니다. 설사 일본인이 갖가지 궤계를 쓰더라도 혹은 감히 몰래 난신을 도와 한성에 침입할 수는 없을 것입니다. 어제 조병호가 다케조에에게 난신을 내놓으라고 요구하면서 분분히 논변하였는데, 다케조에는 누차 논리에 밀린 터라 혹은 방법을 강구하여 박영효 등을 쫓아 잡아들여 처벌할 수 있을지도 모르겠습니다. 이 여러 난신을 만약 철저하게 제거하지 않는다면 장래 아마 다시 분란을 일으킬 것이고, 그 우환은 더욱 커질 것입니다.

갑신 11월 10일 발송, 20일 도착.

「朝鮮外署與日本往來照會」

5. 「조선 독판통상교섭사무 조병호가 일본 공사 다케조에 신이치로에게 보낸 조회(朝鮮督辦通商交涉事務趙秉鎬發日使竹添進一郎照會)」.

삼가 답장 조회를 합니다.

이달 27일 보낸 다음과 같은 서신을 받았습니다.

> 본 공사관 수행원 이소바야시 신조(磯牀眞三)가 전에 귀 아문의 증빙서를 휴대하고 내지 여행을 떠났으나 지금까지 아직 돌아오지 않았으니, 신속하게 해당 수행원의 생사 종적을 조사해 주시길 바랍니다.

조사해 보건대, 귀 공사관 수행원 이소바야시는 이미 본 아문에서 발급한 증빙서를 휴대하고 관동(關東) 지방으로 여행을 떠났으나, 변란이 발생하였을 때 우리 국왕께서 외국 여행객이 내지에서 피해를 당하는 것을 우려하여 사람을 파견하여 동로(東路) 각지에서 보호하도록 지시하였습니다. 그런데 이소바야시가 여행 방향으로 동쪽으로 버리고 남쪽으로 선택하여, 한성에서의 변란을 알지 못한 상태에서 홀로 나니다 피해를 당해 몹시 놀랍고 참담합니다. 경기관찰사(京畿觀察使)가 다음과 같이 보고하였습니다.

> 부대 장교를 파견하여 일본인 사망지를 조사해 보니, 한 사람은 과천현(果川縣) 잠실리(蠶室里) 전평(前坪)에서, 두 사람은 남문외(南門外) 청파전로(靑坡前路)였습니다. 모두 이미 입관하여 대암(大巖)에 매장하였습니다.

이상과 같은 보고를 받았으니, 이소바야시의 시신은 아마 이 세 사람 가운데 하나일 것입니다. 즉시 경기영에 지시하여 인천으로 운송하도록 하겠습니다. 이상입니다. 편안하시기를 빕니다. 이만 줄입니다.

갑신 10월 29일　조병호

다케조에 신이치로 공사 각하

6.「조선 독판통상교섭사무 조병호가 일본 공사 다케조에 신이치로에게 보낸 조회(朝鮮督辦通商交涉事務趙秉鎬發日使竹添進一郎照會)」

곧장 알립니다.

방금 이달 27일 전(前) 독판 김홍집에게 보낸 다음과 같은 답장 조회를 받았습니다.

> 대신을 살해한 일은 이미 귀 정부의 조사로 실제 난당의 계획에 의한 것임이 밝혀졌으며, 본 대신이 아는 바가 아닙니다. 궁전을 옮긴 일도 과연 누구에게서 나온 일인지 알지 못합니다. 조사해서 답장해 주시길 바랍니다.

조사해 보건대, 우리 대신을 살육한 문제에서 칼을 잡은 사람은 흉당이었고, 불행하게도 흉당이 그 위세를 빌린 것은 귀국 군대였습니다. 조선은 물론 이것을 가지고 문제를 확대할 생각은 없으며, 궁전을 옮긴 일도 본래 서로 관계가 없는 일이 아니라는 점은 아마 귀 대신께서도 일찍이 묵인하였을 것으로 생각합니다. 이달 20일 귀 공사관에서 떠날 때 귀국 병사들이 시중에서 본국인 43명을 살해하였는데, 모두 민간인이고 자신을 보호할 아무런 기구도 없는 상태였으며, 그 가운데에는 부녀자와 어린이도 있습니다. 귀 공사께서 공정하게 조사해서 통지해 줌으로써, 힘써 공평하게 처리하여 이치를 따질 수 있기를 바랍니다. 이에 조회를 보내는 바입니다. 편안하시기를 빕니다.

갑신 10월 29일 조병호

다케조에 신이치로 공사 각하

7.「일본 공사 다케조에 신이치로가 조선 독판통상교섭사무 조병호에게 보낸 조회(日使竹添進一郎發朝鮮督辦通商交涉事務趙秉鎬照會)」.

곧장 답장합니다.

갑신 10월 29일 다음과 같은 조회를 받았습니다.

> 우리 대신을 살육한 문제에서 칼을 잡은 사람은 흉당이었고, 불행하게도 흉당이 그 위세를 빌린 것은 귀국 군대였습니다. 조선은 물론 이것을 가지고 문제를 확대할 생각은 없으며, 궁전을 옮긴 일도 본래 서로 관계가 없는 일이 아니라는 점은 아마 귀 대신께서도 일찍이 묵인하였을 것으로 생각합니다. 이달 20일 귀 공사관에서 떠날 때 귀국 병사들이 시중에서 본국인 43명을 살해하였는데, 모두 민간인이고 자신을 보호할 아무런 기구도 없는 상태였으며, 그 가운데에는 부녀자와 어린이도 있습니다. 귀 공사께서 공정하게 조사해서 통지해 줌으로써, 힘써 공평하게 처리하여 이치를 따질 수 있기를 바랍니다.

조사해 보건대, 귀 외서에서 26일 보낸 공문에는 "가운데서 세력을 끼고(從中挾勢)"라는 구절이 있습니다. 본 대신이 '중(中)'이란 글자의 뜻풀이를 하자면, '중출(中出)'의 '중'이라고 보아, 이것은 귀 외서에서 보낸 24일 조회에 실린 내용은 국왕을 협박하였다는 뜻이라고 해석하였었습니다. 그런데 지금 보낸 공문에서 "흉당이 그 위세를 빌린 것은 귀국 군대였습니다"라고 하니, "가운데서 세력을 끼고"라고 한 것은 바로 저를 가리키는 것임을 알게 되었습니다. 본 대신은 귀 외서에서 흉당의 심사(心事)를 본 대신에게 옮겨붙일 이유는 절대로 없다고 깊이 믿습니다. 따라서 반드시 그 위세를 빌어 협박한 사실에 대해 구체적인 증거를 분명하게 제시하여 신속하게 답장해 주시길 간절하게 바랍니다. 궁전을 옮긴 일과 대신의 살육은 당연히 서로 다른 사안입니다. 그런데 귀 조회에서는 처음에는 대신들이 우리 병사의 칼에 맞았다고 하더니, 다음에는 흉당에게 피살당했다고 하였고, 그 후 26일의 조회에서는 우리 병사의 칼에 맞지 않았다고 하였습니다. 앞의 조회 어구는 사실을 놓쳤다는 지적을 피하기 어려우며, 궁전을 옮긴 문제는 언급하지 않았는데, 본 대신이 어찌 묵인한다는 말입니까? 또 조회에서 말하길, "귀국 병사들이 시중에서 본국인 43명을 살해하였는데 […] 귀 공사께서 공정하게 조사"해달라고 하였습니다. 본 대신이 공사관을 나서 큰길을 따라 서문으로 갈 때, 귀국 병사와 백성이 대포와 총을 쏘고, 화살을 쏘거나 기와와 돌을 던졌으므로, 우리는 부득이하게 적당한 방어 조치를 하였으며, 이렇게 탄환과 화살, 기와와 돌이 마구잡이로 쏟아지는 가운데 어찌 귀국 부녀나 어린이가 길에서 노닐고 있음을 알 수 있겠습니까? 귀 정부는 그런데도 귀국 병사와 백성이 이러한 폭행을 통해 큰 재앙을 불러들인 것을 질책하지 않고 도리어 본 대신에게 공정하게 조사하고 하니, 본 대신은 이 점을 이해할 수 없습니다. 한강을 건넌 다음 더 이상 귀국 병사와 백성이 이런 폭행을 하는 경우가 없어, 우리도 경계를 늦추었습니다. 귀국 병사와 백성의 폭행이 이와 같으니, 귀국 정부에서 공정하게 조사하여 힘써 공평하게 처리하여 이치를 따질 수 있기를 바랍니다. 이에 답장 조회를 하는 바입니다. 편안하시기를 빕니다.

메이지 17년 12월 8일
다케조에 신이치로
갑신 11월 1일
조병호 독판 각하

8. 「일본 공사 다케조에 신이치로가 조선 독판통상교섭사무 조병호에게 보낸 조회 (日使竹添進一郎發朝鮮督辦通商交涉事務趙秉鎬照會)」.

대일본 흠차대신 다케조에 신이치로가 답장 조회를 보냅니다.
조선력 갑신 10월 28일의 다음과 같은 조회를 받았습니다.

이달 27일, 삼가 우리 국왕의 다음과 같은 명령을 받았습니다.

특별히 예조참판 서상우를 전권대신으로 삼고, 병조참판 묄렌도르프를 부대신으로 삼아 귀국에 보내 대황제를 알현한 다음, 귀국 정부와 이달 17일에서 20일 사이 한성에의 변란 문제를 상의하여 처리하고자 한다.

이상과 같은 명령을 받았으므로 응당 공문을 갖추어 조회해야 하니, 번거롭더라도 살펴보시길 바랍니다.

조사해 보건대 변란 문제는 이미 본 대신이 최근 누차 조회한 바 있습니다. 지금 귀 대신이 국왕의 명령을 받들었는데, 그 안에 "변란 문제를 상의하여 처리한다"라는 구절이 있습니다만, 귀 대신의 공문을 갖추어 조회한 뜻을 파악할 수 없습니다. 본 대신이 누차 조회한 것을 아예 제쳐두어 본 대신과 연락하지 않겠다는 뜻을 보여주더니, 갑작스레 전권대신을 일본에 파견하여 직접 일본 정부와 변란 문제를 상의하여 처리한다는 말입니까? 분명하게 답장해 주시길 바랍니다. 이에 답장 조회를 보냅니다. 이상입니다.

이상의 내용을 대조선 독판교섭통상사무 조병호에게 답장 조회로 보냅니다.
메이지 17년 12월 17일
갑신 11월 4일

9.「일본 공사 다케조에 신이치로가 조선 독판통상교섭사무 조병호에게 보낸 조회(日使竹添進一郎發朝鮮督辦通商交涉事務趙秉鎬照會)」

대일본 흠차대신 다케조에 신이치로가 조회합니다.
전 독판 김홍집의 10월 19일 조회에 "각국과 모두 보호조약을 체결하였다"라는 구절이 있는데, 본 대신은 귀국이 각국과 보호조약을 체결하였다는 것을 알지 못하니, 귀 독판께서 그 조약의 본문을 베껴서 본 대신에게 보내 참고할 수 있게 해주십시오. 이상입니다.

이상의 내용을 대조선 독판교섭통상사무 조병호에게 조회합니다.

메이지 17년 12월 19일
조선 갑신 11월 2일

10. 「조선 독판통상교섭사무 조병호가 일본 공사 다케조에 신이치로에게 보낸 조회(朝鮮督辦通商交涉事務趙秉鎬發日使竹添進一郎照會)」.

대조선 독판교섭통상사무 조동호가 답장 조회를 보냅니다.
이달 2일 다음과 같은 조회를 받았습니다.

> 전 독판 김홍집의 10월 19일 조회에 "각국과 모두 보호조약을 체결하였다"라는 구절이 있는데, 본 대신은 귀국이 각국과 보호조약을 체결하였다는 것을 알지 못하니, 귀 독판께서 그 조약 본문을 베껴서 본 대신에게 보내 참고할 수 있게 해주십시오.

조사해 보건대, 올해 10월 19일 조회의 구절은 창졸지간의 일이라 혹시 부적절한 점이 있을 수 있는데, 전 독판 김홍집이 이미 10월 26일 귀 공사에게 보낸 서신에서 원래의 조회를 반환하면 내용을 고쳐서 보내겠다고 요청한 바 있습니다. 그런데 귀 공사는 아예 보지도 듣지도 못한 척하며, 자구에서 가혹한 질문을 끄집어내, 본 대신은 그 뜻을 이해할 수 없습니다. 응당 조회로 답장해야 하니, 귀 공사께서 번거롭더라도 살펴보시길 바랍니다. 이상입니다.

이상의 내용을 대일본 흠차대신 다케조에 신이치로에게 답장 조회로 보냅니다.
갑신 11월 4일

11. 「조선 독판통상교섭사무 조병호가 일본 공사 다케조에 신이치로에게 보낸 조회(朝鮮督辦通商交涉事務趙秉鎬發日使竹添進一郎照會)」.

대조선 독판교섭통상사무 조동호가 답장 조회를 보냅니다.
보내온 다음과 같은 조회를 받았습니다.

> 변란 문제는 이미 본 대신이 최근 누차 조회한 바 있습니다. 지금 귀 대신이 국왕의 명령을 받들었는데, 그 안에 "변란 문제를 상의하여 처리한다"라는 구절이 있습니다만, 귀 대신의 공문을 갖추어 조회한 뜻을 파악할 수 없습니다. 본 대신이 누차 조회한 것을 아예 제쳐두어 본 대신과 연락하지 않겠다는 뜻을 보여주더니, 갑작스레 전권대신을 일본에 파

견하여 직접 일본 정부와 변란 문제를 상의하여 처리한다는 말입니까? 분명하게 답장해 주시길 바랍니다.

귀 대신이 공사관을 떠나 밖으로 나간 이후 본 대신은 마음이 몹시 불안하여, 서면으로, 그리고 대면하여 간절한 정성을 드러내고자 하였으나, 받아들여지지 않았습니다. 최근 듣기에 역신 김옥균 등은 이미 일본으로 돌아가는 배에 올라탔다고 하는데, 이 무리들은 반드시 거짓말을 꾸며내어 우리 양국 사이를 이간질할 것입니다. 본국의 상하 모두 불안함을 느끼고 있어 따로 전권대신을 파견해 보내 처리하고자 하는데, 그 뜻은 거짓말과 간사한 변명을 막고 변별하여 상호 우호를 보전하자는 데 있지, 따로 다른 뜻은 없습니다. 귀 대신이 이전의 서운함을 풀어버리고 자세를 굽혀 협상에 나서주는 일 역시 본 대신이 바라는 바입니다. 이에 응당 답장 조회를 보내야 할 것입니다. 이상입니다.

이상의 내용을 대일본 흠차대신 다케조에 신이치로에게 답장 조회로 보냅니다.
갑신 11월 4일 조회

12.「조선 독판통상교섭사무 조병호가 일본 공사 다케조에 신이치로에게 보낸 조회 (朝鮮督辦通商交涉事務趙秉鎬發日使竹添進一郎照會)」.

대조선 독판교섭통상사무 조병호가 조회합니다.
약조(約條) 제8항에 의하면 양국의 군함은 통상 항구이건 아니건 피차 모두 진입을 허용합니다. 다만 현재 본국은 변란을 거친 후라 인심이 위태롭고 의심스러워 제대로 방어할 방법을 갖출 수 없습니다. 따라서 응당 귀 대신께 귀국 군함과 상선은 크기를 막론하고 잠시 내하 및 통상이 허용되지 않는 항구에 진입하는 것이 허용되지 않는다고 통보해 주시길 요청합니다. 귀국의 군대 역시 내지에 진입하는 것이 허용되지 않습니다. 만약 진입하거나 침범하여 백성을 놀라 움직이게 한다면 우리 병사와 백성이 응당 사격하여 이를 막을 것이며, 조약 위반으로 따질 수 없습니다. 이 때문에 조회합니다. 이상입니다.

이상의 내용을 대일본 흠차대신 다케조에 신이치로에게 조회합니다.

갑신 11월 4일 조회

13. 「일본 공사 다케조에 신이치로가 조선 독판통상교섭사무 조병호에게 보낸 조회(日使竹添進一郎發朝鮮督辦通商交涉事務趙秉鎬照會)」.

대일본 흠차대신 다케조에 신이치로가 답장 조회를 보냅니다.
광서 10년 11월 4일 다음과 같은 답장 조회를 받았습니다.

> 조사해 보건대, 올해 10월 19일 조회의 구절은 창졸지간의 일이라 혹시 부적절한 점이 있을 수 있는데, 전 독판 김홍집이 이미 10월 26일 귀 공사에게 보낸 서신에서 원래의 조회를 반환하면 내용을 고쳐서 보내겠다고 요청한 바 있습니다. 그런데 귀 공사는 아예 보지도 듣지도 못한 척하며, 자구에서 끄집어내어 가혹한 질문을 하니, 본 대신은 그 뜻을 이해할 수 없습니다.

조사해 보건대 26일 보내온 서신에서는 "대신을 살육한 것은 귀국 병사에 의한 것이 아니므로, 앞서 조회의 구절은 부적절한 점이 있을 수 있습니다. 응당 원래의 조회를 반환해 주시길 요청합니다"라고 하였습니다. 따라서 본 대신은 이미 12월 14일에 답장 서신을 보내면서, 나아가 궁전을 옮긴 일은 과연 누구의 손에서 나온 것이냐고 물었지만 19일의 조회를 돌려보내는 문제에 대해서는 그렇게 하겠다고 답장하지 않았습니다. 또한 전 독판 김홍집이 보낸 서신에서 "사실에서 벗어남을 피할 수 없다"라고 하였는데, 귀 대신의 이번 조회에는 "혹시 부적절한 점이 있을 수 있다"라고 하였습니다. 사실에서 벗어났다면, "혹시 부적절한 점이 있을 수 있다"라고 말할 수 없으며, 혹시 부적절한 점이 있을 수 있다면 "사실에서 벗어난 것이 될 수 없습니다." 본 대신은 몹시 당혹스럽습니다. 각국과의 조약은 관계된 바가 크기 때문에 그 본문을 베껴 보내달라고 요청하여 참고할 작정으로, 본래 사신으로서는 빼놓을 수 없는 일입니다. 그런데 귀 대신은 "자구에서 가혹한 질문을 끄집어낸다"라고 하시니, 본 대신이 가장 이해할 수 없는 바입니다. 하나하나 답장을 주시어 본 대신의 의혹을 풀어주시길 바랍니다. 이에 응당 답장 조회를 보냅니다. 이상입니다.

이상의 내용을 대조선 독판교섭통상사무 조병호에게 조회합니다.
메이지 17년 12월 21일
갑신 11월 4일

14.「일본 공사 다케조에 신이치로가 조선 독판통상교섭사무 조병호에게 보내는 조회(日使竹添進一郎發朝鮮督辦通商交涉事務趙秉鎬照會)」.

대일본 흠차대신 다케조에 신이치로가 답장 조회를 합니다.
광서 10년 11월 4일 다음과 같은 답장 조회를 받았습니다.

> 최근 듣기에 역신 김옥균 등은 이미 일본으로 돌아가는 배에 올라탔다고 하는데, 이 무리들은 반드시 거짓말을 꾸며내어 우리 양국 사이를 이간질할 것입니다. 본국의 상하 모두 불안함을 느끼고 있어 따로 전권대신을 파견하여 처리하고자 하는데, 그 뜻은 거짓말과 간사한 변명을 막고 변별하여 상호 우호를 보전하자는 데 있지, 따로 다른 뜻은 없습니다. 귀 대신이 이전의 서운함을 풀어버리고 자세를 굽혀 협상에 나서주는 일 역시 본 대신이 바라는 바입니다.

조사해 보건대, 귀 대신은 10월 28일의 조회에서 "이달 17일에서 20일 사이 한성에의 변란 문제를 상의하여 처리하고자 한다"라고 하였는데 이번 조회에서는 "그 뜻은 거짓말과 간사한 변명을 막고 변별하여 상호 우호를 보전하자는 데 있을 뿐입니다"라고 말합니다. 무릇 문제를 상의하여 처리한다는 것은 양국 사이 교섭 사건의 마찰이 있다면 공정하게 상의하여 처리한다는 것을 뜻합니다. 거짓말과 간사한 변명을 막는 것은 자국에서 거짓말과 간사한 변명을 하는 사람이 다른 나라에 그런 거짓말과 간사한 변명을 하면 그 말을 듣지 말라는 것이지, 상의하여 처리하자는 것이라 할 수 없습니다. 또한 거짓말과 간사한 변명을 막고 변별하는 일은 변란 문제와 서로 구별되는 것이므로, 거짓말과 간사한 변명을 막고 변별하는 것이 상호 우호를 보전한다고 하는 뜻이 어디에 있는지 본 대신은 이해할 수 없습니다. 보내온 조회에서는 또한 "자세를 굽혀 협상에 나서자"라고 하는데, 본 대신이 만약 협상할 일이 있다면 본 대신은 분명 사양하지 않고 환영할 것입니다. 이상입니다.

이상의 내용을 대조선 독판교섭통상사무 조병호에게 조회합니다.
메이지 17년 12월 21일
갑신 11월 4일

15.「조선 독판통상교섭사무 조병호가 일본 공사 다케조에 신이치로에게 보낸 조회(朝鮮督辦通商交涉事務趙秉鎬發日使竹添進一郎照會)」.

대조선 독판교섭통상사무 조병호가 답장 조회를 합니다.
이달 2일 귀 대신이 보낸 다음과 같은 조회를 받았습니다.

> 전 독판 김홍집의 10월 19일 조회에 "각국과 모두 보호조약을 체결하였다"라는 구절이 있는데, 본 대신은 귀국이 각국과 보호조약을 체결하였다는 것을 알지 못하니, 귀 독판께서 그 조약의 본문을 베껴서 본 대신에게 보내 참고할 수 있게 해주십시오.

조사해 보건대, 본국이 미국과 맺은 조약 제1조는 "만약 다른 나라가 불공정하거나 모욕하는 일이 있어 이를 일단 알리면, 반드시 서로 돕고 중간에서 잘 조정하여 우의가 두터움을 보여야 한다"라고 되어 있습니다. 또한 영국·독일과 맺은 조약의 제1조도 "만약 다른 나라가 불공정하거나 모욕하는 일이 있으면, 잘 조정해 준다"라고 되어 있습니다. 본 대신이 이 조항의 뜻을 자세하게 살펴보았고, 또한 우리 국왕께서도 일찍이 각국 공사를 인견(引見)하였을 때도 직접 시비곡직의 소재를 가지고 도리상 응당 보호해야 한다고 말씀하셨으며, 각국 공사 역시 이에 대한 이의가 없었습니다. 이것이 어찌 보호조약이 아닙니까? 단 이른바 보호라는 것은 귀 대신처럼 난신이 위조한 교지를 지나치게 믿고, 갑작스레 군대를 이끌고 왕궁에 진입하는 일이 아닙니다. 이 때문에 답장 조회를 하니, 번거롭더라도 귀 대신께서 살펴보시고 처리하시길 바랍니다. 이상입니다.

이상의 내용을 대일본 흠차변리공사 다케조에 신이치로에게 답장 조회로 보냅니다.
갑신 11월 5일 답장 조회

16. 「조선 독판통상교섭사무 조병호가 일본 공사 다케조에 신이치로에게 보낸 조회(朝鮮督辦通商交涉事務趙秉鎬發日使竹添進一郎照會)」.

곧장 알립니다.

방금 이달 2일 보내온 서신을 받아, 모두 읽어보았습니다. 조사해 보건대 이번 변란 사유는 이미 본 외서의 23일 조회에서 서술하였는데, 곧이어 귀 대신의 답장 조회를 받았습니다. 그런데 그 대의를 제대로 파악하지 않고 그대로 반환한 것은 특히 바람직하지 않은 일입니다. 다시 26일 본 외서에서 앞서의 조회를 돌려달라고 서신으로 요청하여 사실에서 벗어난 어구를 바꾸고자 하였지만 아직 답장을 받지 못하였으니, 본 대신은 이 점을 잘 납득할 수 없습니다. "가운데서 세력을 끼고"라는 구절은 본래 깊은 뜻이 없고, 가운데서 세력을 낀 것은 흉당이고, 세력이란 귀국의 병세(兵勢)를 말합니다. 어디에 이해하기 어려운 뜻이 있습니까? 보내온 공문에서는 또 말합니다. "반드시 그 위세를 빌어 협박한 사실에 대해 구체적인 증거를 분명하게 제시하여 주십시오." 이것이 어찌 어둡고 비밀스러운 일이라서 반드시 구체적인 증거를 기다려야 알 수 있는 일입니까? 17일 밤에 들어가 호위한 행동에 대해서 본 대신은 아직 무슨 증빙이 있는지 모릅니다. 증빙이라는 것은 단지 흉당이 위조한 한 통의 교지뿐입니다. 귀 대신이 군대를 이끌고 왔을 때 과연 그 당시의 광경에서 어디에 변란이 있고 누가 일을 일으켰는가를 보지 않았습니까? 또한 그 위조된 교지는 그날 밤 4경에 궁전을 옮겼을 때인데, 경우궁에 이르렀을 무렵 이미 귀국 병사가 궁중에 배치되어 있었고, 궁전을 지키던 사람들에 의하면 이미 2경 무렵 귀국 병사들이 문을 제치고 돌입하였으며, 지키던 사람들은 그 이유를 몰랐다고 합니다. 이에 따르면 귀국 병사의 진입은 위조된 교지 이전의 일임을 알 수 있습니다. 어떻게 경우궁으로 옮길 것을 미리 알고 와서 먼저 와서 기다릴 수 있다는 말입니까? 또한 당일 오후 진고개에 있던 귀국 부대는 전체가 교동 공사관으로 와서 모였습니다. 대포와 탄약 상사를 나르는 수레가 끊이지 않았고 거동이 평상시와 달랐습니다. 거리에 있던 사람이나 공사관 안에 있던 사람 가운데 이를 보지 못한 사람이 없는데, 이때 무슨 사변이 있어서 경계했는지 알지 못하겠습니다. 무릇 보호의 방법이란 변란의 상황이 분명하게 나타났을 때 안에 있으면 안을 막고 밖에 있으면 밖에서 막는 것입니다. 시험 삼아 묻건대, 이번 변란의 상황은 안에서 나타났습니까, 아니면 밖에서 나타났습니까? 궁문 안에서는 피가 낭자한 살육이 이루어지고 궁문 밖에서는 절도 있는 의례 행렬이 진행되고 있는데, 지금 안을 막지 않고, 도리어 그 밖을 지켜 흉당이 제멋대로 흉행을 저지르는 것을 금지하지 않았으니 귀 대신의 마음이 과연 우리 국왕을 보호하려는 것인지 아니면 흉당을 보호하려던 것인지 누가 알 수 있겠습니까? 궁문을 골라 둘러싼 것은 귀국 병사입니다. 칼을 휘둘러 궁문을 막은 것도 귀국 병사입니다. 안에서 사람을 죽이는 소리가 일어나고, 밖에서는 유언비어가 나도니, 외부에서 본다면 어떻게 그것이 귀국 병사의 칼질에 의한 것이 아님을 가릴 수 있겠습니까? 관물헌으로 돌아간 다음에도 여전히 철병하지 않고 궁문을 엄격히 막아 조선 사람은 누구도 국왕을 만나 뵐 수 없었습니다. 귀 대신만이 유일하게 홀로 보호의 책임을 지면서 조선의 신하나 백성은 다시는 국왕의 얼굴을 볼 희망이 없었으니, 이게 도대체 어떤 이치입니까? 26일 귀 공사가 보낸 서신에서 말하길 "귀 대신 등이 과연 군주의 위급을 구하러 가는 대의를 알고 있다면, 어찌 즉각 밤중에 궁궐에 달려가서 국왕을 보호하지 않았습니까?"라고 하면서 또한 "총격을 가하다니, 외국 사신을 대우하는 방법이 과연 이런 것입니까?"라고 하였습니다. 이 두 구절의 말뜻을 보니 조선과 백성이 부끄러워 손발을 어디 두어야 할지 모르기를 바라는 모양입니다. 그렇지만 궁궐에 달려가고자 하였으나 귀국 병사들에게 저지당하였고, 또한 이틀 사이 한 나라의 병사와 백성이 국왕이 어딘 계신지를 모르고, 또한 변란의 이유도 몰랐으므로, 놀랍고 당황하고 분노하여 오로지 살고 싶지 않은 마음만 있을 뿐 어찌 다른 일을 돌아볼 겨를이 있었겠습니까? 하지만 외국 사신이 본국을 대우하는 방법이 과연 이래도 되는지 모르겠습니다. 이번의 변란은 당연히 명백한 증거가 존재하고, 위에는 푸른 하늘이 있고, 옆에는 귀신(鬼神)이 있고, 아래에는 만백성이 있으니, 어디에서 언어·문자의 끝마디를 가지고 경중을 따질 수 있겠습니까? 양국 백성이 서로 피해를 입은 점은 당연히 조사해야 하지만, 사정에는 가볍고 무거움이 있고 일에는 앞뒤가 있습니다. 흉역(凶逆)이 아직 붙잡혀 넘겨지고 있지 않아 의리가 억눌려 펴지지 못하고 있으니, 반드시 먼저 흉역을 붙잡아 넘기고 신속하게 제대로 된 형벌을 가한 다음에야 이런 문제를 논의할 수 있으며, 그때 가도 역시 늦지 않습니다. 이상입니다. 편안하시기를 빕니다. 이만 줄입니다.

갑신 11월 5일

조병호

다케조에 신이치로 공사 각하

17. 「조선 독판통상교섭사무 조병호가 일본 외무경 이노우에 가오루에게 보낸 조회(朝鮮督辦通商交涉事務趙秉鎬發日外務卿井上照會)」.

대조선 독판교섭통상사무 조병호가 조회합니다.

올해 10월 17일 밤 본국에 역당의 반란이 있었는데, 귀국 공사가 그 말을 지나치게 믿고 군대를 이끌고 왕궁에 들어가 호위하였습니다. 마침내 역당이 그 세력을 빌어 반란을 일으켜, 국왕을 놀라 움직이게 하고 재보를 살해하여 본국의 병사와 백성들이 놀랍고 당황하고 분개한 나머지 그 평소의 몸가짐을 잃고 귀국 사람들과 서로 살상하기에 이르렀습니다. 귀국 공사는 한성에 있기 불안하여 인천으로 물러나 주재하게 되었습니다. 조사해 보건대 이번 입궁 호위의 거동은 실로 난신들이 국왕의 교지를 위조한 데서 비롯되었고, 결코 국왕의 본의가 아니었습니다. 하지만 역신 김옥균. 서광범, 박영효, 서재필 등은 아직 처벌을 받지 않아 모든 사람의 분노가 풀리지 않고 있으며, 양국의 우호적인 교류에 이런 의외의 사건이 발생한 것은 진실로 귀국도 마찬가지로 함께 우려하는 바일 것입니다. 지금 우리 국왕의 명령을 받으러 특별히 전권대신 서상우, 부대신 묄렌도르프를 임명하여 귀국에 보내 국서를 올리고 아울러 모든 문제를 처리하고자 합니다. 귀 대신께서 신의와 믿음으로 공정하게 검토하여 양국의 교제가 더욱 돈독해질 수 있기를 희망합니다. 이에 공문을 갖추어 조회하니, 번거롭더라도 귀 대신께서 살펴보시길 바랍니다. 이상입니다. 이상의 내용을 대일본 외무경 이노우에 가오루에게 조회합니다.

갑신 11월 7일 조회

18. 「조선 국왕이 일본 황제에게 보낸 국서(朝鮮國王發日本皇帝國書)」.

대조선국 대군주가 삼가 대일본국 대황제에게 알립니다. 지금 양국의 교제(交際) 문제를 위해 흠차전권대신 서상우, 부대신 묄렌도르프를 귀국에 보내 빙문(聘問)의 예절을 치르고자 합니다. 해당 대신 등은 충성스럽고 치밀하여 반드시 대신 본 대군주의 마음을 전달하여, 적절하게 일을 처리할 수 있을 것입니다. 성실하게 서로 믿고 서로의 우의를 더욱 돈독하게 하여 함께 승평(昇平)을 누릴 수 있게 하길 바라며, 진실로 이 또한 귀 대황제께서도 허락하실 것입니다.

개국 493년 11월 7일

대조선국 대군주 李 [御押] 어보(安寶)

봉칙독판교섭통상사무 臣 조병호 [직인(蓋印)]

19. 「일본 공사 다케조에 신이치로가 조선 독판통상교섭사무 조병호에게 보낸 조회(日使竹添進一郎發朝鮮督辦通商交涉事務趙秉鎬照會)」.

곧장 답장합니다.

앞서 보내주신 서찰을 받아보니, 귀 대신께서 이곳 항구로 와 계신 것을 알게 되어, 곧장 답장 서찰을 보냅니다. 귀 대신이 11월 4일 답장 조회에서 "자세를 굽혀 협상에 나서자"라고 하신 부분에 대해 어제 이미 답장 조회를 보냈는데, 이미 받아보셨을 것으로 생각합니다. 귀 대신이 만약 협상할 일이 있다면, 본 대신이 원래 듣기를 바라던 바입니다. 이상입니다. 편안하시기를 빕니다.

메이지 17년 12월 22일 다케조에 신이치로

갑신 (11월) 8일 내서(來署) 조병호 독판 각하

(12) 문서번호 : 5-1-12(926, 1581a)

사안 : 조선 국왕 고시 초본을 서신으로 보냅니다(函送朝鮮國王告示鈔本).

날짜 : 光緒十年十一月初二十二日(1885년 1월 7일)

발신 : 總理衙門

수신 : 俄國繙譯 栢百福

> 十一月二十二日, 致俄國繙譯栢百福函稱:
>
> 頃貴繙譯在署談及朝鮮國王告示, 茲特照錄一分, 函送查收可也. 此布, 順頌刻佳.

광서 10년 11월 22일, 러시아 번역관 포포프(栢百福)[41]에게 다음과 같은 서신을 보냈습니다.:

얼마 전 귀 번역이 총리아문에서 조선 국왕의 고시를 언급하였기에, 여기 특별하게 한 부를 베껴 보내니 받아보시길 바랍니다. 이상입니다. 편안하시기를 빕니다.

---

41 포포프(Popoff[Popov], Pavel Stepanovich, 1842~1913)는 러시아의 외교관이자 한학자(漢學者)로 중국에 와서 러시아 공사관의 번역, 주북경 총영사 등을 지내다 1902년 귀국하였다.

(13) 문서번호 : 5-1-13(929, 1584a-1592a)

사안 : 조선 국왕이 알리길 난사(亂事)는 김옥균 등이 불궤(不軌)의 행동을 꾀한 것으로, 국왕의 교지를 왜곡하여 전달하고 일본군의 힘을 빌려 다른 궁전으로 옮기도록 강요하고 대신들을 살해하였는데, 일본 공사는 실제로는 이들 난당에게 우롱당한 것이라고 합니다(朝鮮國王告知, 亂事係金玉均等謀爲不軌, 矯傳王諭, 假日兵脅制移宮, 戕害大臣, 日使實爲亂黨所愚弄).

첨부 문서 : 1. 「절략(節略)」: 조선 난당 반란 연유에 대한 방문 조사(訪查朝鮮亂黨滋事緣由).

2. 「조선 국왕의 자문(朝鮮國王咨文)」 : 1) 일본군을 불러 입궁시킨 것은 난당 김옥균이 국왕의 교지를 왜곡하여 전달한 것이며, 또한 일본 공사에게 철병을 요청하였을 때도 그와 난당의 국왕 파지(把持)는 더욱 확고하였습니다(召日兵入宮, 係亂黨金玉均矯旨, 且屬諭日使撤兵, 彼與亂黨把持愈密). 2) 중국군은 입궁하여 국왕을 보호하면서 결코 아무런 소동도 부리지 않았으며, 총을 쏘며 맞받아친 것은 저들 일본군이 강박한 것입니다(中國軍隊入衛, 並無滋鬧情事, 其放槍回擊, 係彼日兵所迫).

3. 「오대징과 조선 국왕의 필담(吳大澂與朝鮮國王筆談)」: 1) 이노우에 가오루가 조선에 와서 사건을 조사·처리한다면 반드시 일본인 30명이 사망한 일과 일본 공사관이 불탄 일을 가지고 힐책할 것인데, 조선은 일본에 맞서 저항할 수 없으니, 뜻을 굽히고 저들의 뜻에 따라 일이 마무리되도록 모색하고, 소동을 가라앉혀서 사람들이 서로 편하게 대할 수 있게 만드는 것이 마땅할 듯합니다(井上馨來韓查辦事件, 必以日人死三十餘人 、使館被焚詰責, 朝鮮既不能與日本相抗, 以委曲求全、息事寧人爲宜). 2) 조선 정부는 응당 이노우에 가오루에게 김옥균 등을 체포하는 데 협조하도록 요청하여 뭇사람의 마음을 설복시켜야 합니다(朝鮮政府應託井上, 協助查拿金玉均等, 以服衆心).

4. 「오대징과 일본 사신 이노우에 가오루의 필담(吳大澂與日使井上馨筆談)」 : (1) 중국 대신이 조선에 와서 난사를 조사·처리하는 일은 일본과 관계가 없으며, 또한 중국과 일본이 논의할 수 있는 일도 아닙니다(中國大臣至朝鮮, 查辦亂事, 與日

本無涉, 且中日不可議之事). (2) 일본과 조선이 응당 처리할 일에 대해 협상·처리가 끝나면, 중국과 뒤이어 군대 주둔 문제를 협상하면 됩니다(日本與朝鮮, 於應議之事, 商辦完結, 與中國續商駐兵之事).

5.「오대징이 조선 전권대신 김홍집에게 보여준 글(吳大澂示朝鮮全權大臣金弘集書)」: 난당을 불문에 부쳐서는 안 됩니다(不可置亂黨於不問).

날짜 : 光緒十年十二月初三日(1885년 1월 18일)

발신 : 會辦大臣 吳大澂

수신 : 總理衙門

十二月初三日, 會辦大臣吳大澂等函稱:

十一月十二日, 在山海關途次, 接奉初五日鈞函, 並示英國巴公使、日本榎本公使問答節略, 敬聆壹是. 大澂等於十一日乘坐小划, 於流冰零落之中, 趕上輪船, 各隊至二鼓後始行渡畢, 夜半開輪, 至十三日行抵馬山浦, 次日候潮登陸. 十六日至朝鮮國都, 翌晨與國王相見, 細詢始末. 實係亂臣金玉均等謀為不軌, 矯傳王諭, 假借日兵, 脅制移宮, 戕害大臣, 日本公使竹添進一實為亂黨所愚弄. 衆怨所歸, 幾遭不測. 揆厥情由, 即非同謀, 辱由自取. 日本使臣井上馨, 似亦深知竹添之咎戾, 是以與國王覲見之時, 不欲朝臣詳述原委, 亦不與之辨論, 但以增約修好為亟. 大澂等亦勸國王, 委曲周旋, 力顧大局, 不宜過於詰責. 朝鮮左相金宏集, 現充全權大臣, 人尚明白, 畧少權變, 連日與之筆談, 已屬知無不言, 言無不盡. 大約勸其平情商議, 勿為憤激之談, 實有為難, 必為從中排解. 昨聞井上與金宏集會議一日, 彼此駁詰, 迄無成說. 若大澂等默不一言, 恐其要挾多端, 益無忌憚. 因於二十三日辰刻, 函約金宏集, 同至議政府, 辦論數語, 明知井上不欲中國使臣與聞其事. 但於不干預之中, 畧示以干預之意, 此事或易轉圜. 至其問答語內, 有中國兵營之事, 尚有葛藤一節, 彼亦並未明言其故. 揣度情形, 或欲中國將駐防各營盡數撤回, 如果井上以此相詰, 當告以華兵有保護之責, 駐此三年並無滋事情弊, 礙難遽撤. 想井上急於回國, 無暇理論, 大澂等亦可置之不問也. 朝日立約之事, 一兩日內必可定妥, 至我兵入宮, 並未先行放槍, 事前亦無滋擾情形, 有朝鮮國王咨文為據, 日使亦無從責備. 除將查明朝鮮亂黨滋事緣由, 具摺奏明外, 玆將朝鮮國王覆咨, 及筆談、各節畧, 抄摺附呈台覽, 伏乞垂鑒. 敬請鈞安.

照錄清摺: 謹將訪查朝鮮亂黨滋事緣由, 開具節畧, 錄呈電鑒.

1.「節略」.

查朝鮮亂黨金玉均、朴泳孝、洪英植、朴泳教、徐光範、徐載弼等, 曾經游歷日本, 該國王以其通曉外國情形, 委令辦理郵政局等事. 參判閔泳翊, 嘗與金玉均等辨論, 面斥其非, 深為所忌. 十月十七日午後, 先有路人見日兵聚於日本使館, 搬運砲彈箱, 絡繹於道, 甚覺可疑. 是日戌刻, 郵政局總辦洪英植在局宴客, 惟日本公使竹添進一托病未到. 維時見金玉均等不時外出, 得踪詭祕, 迨至八點鐘時, 聞墻外起火, 閔泳翊出外看視, 甫出門即被羣盜砍倒, 座客遂皆驚散. 金玉均、朴泳孝、徐光範等, 即入王宮, 聲言中國兵變, 請即移宮避之. 并請召日使入衛, 該國王不允, 金玉均等啼哭逼迫, 該國王遂率宮眷從行, 甫至宮門, 即聞砲聲, 亂黨喧傳外兵大至, 其實砲聲乃亂黨預伏之暗號也. 金玉均等復請召日使入衛, 該國王仍不允, 金玉均等遂探懷出紙, 用鉛筆書:"日使來衛."四字, 矯傳王諭, 飛送日本使館. 復屢差人催促. 四更時, 該國王至景祐宮, 見日兵布滿, 問諸守宮人, 日兵已於二更時先到矣. 遂將該國王等置於旁屋, 有曾往日本學習之官員、生徒等十三人, 環擁左右, 并派日兵圍繞宮門, 禁止出入. 十八日早, 左營使李祖淵, 前營使韓圭稷, 右營使尹泰駿等, 密謀通知中國駐防營救機, 事洩被害. 金玉均等又矯該國王之命, 出召海防總管閔泳穆, 輔國閔台鎬、趙甯夏等入宮, 一併殺害. 內使柳在賢, 即在該國王面前被害. 是日巳刻, 亂黨將該國王擁出宮外, 遷於輔國李載元家, 不容一人隨入, 百官、軍民, 羅立門外, 有近門者, 日兵即揮刀驅逐. 是日午刻, 亂黨自相除官, 洪英植為右議政, 金玉均為户曹參判, 朴泳孝兼帶前·後營使, 徐光範兼帶左·右營使, 協辦交涉通商事務, 仍署督辦, 徐載弼為前營正領官, 兵柄、財權悉歸亂黨, 致有廢立之議. 是日酉刻, 復將該國王擁還宮內, 日人與亂黨人等, 仍在宮內把守, 益加嚴密, 以致闔城人情洶洶, 不知該國王存亡. 該國官民商議求救於中國駐防營. 該政府沈舜澤等, 遂行文請我兵入宮保護. 十九日巳刻, 統帶親·慶等營提督吳兆有、同知袁世凱、總兵張光前等, 各帶兵前往, 門閉不得入, 遂致書於日使 竹添進一, 問其不撤兵之故. 候至三時之久, 並無回音.

是日申刻袁世凱等分三路排門而入，朝鮮練軍亦隨之. 將近普通門，朝鮮亂兵在前放槍，日兵亦在門楼上由門隙放槍，子如雨下，擊斃我兵五人，受傷九人，朝鮮兵死八人. 我兵不得已放槍應之. 是日酉刻，日兵同亂黨將該國王擁入後苑，日兵隐身樹後放槍，我兵不能近. 後又將該國王遷至北墻門，遂有衛士開門保護出宮，亂黨不能阻攔，皆隨日兵而去. 惟洪英植、朴泳教及生徒七人，隨至北關，亥刻統領吳兆有等訪得該國王在北關廟内，隨帶隊往迎. 洪英植、朴泳教猶復叱阻，令(令)該國王旋回，該統領等即將該國王挾入轎内，護往營中. 百姓知國王到營，歡聲雷動. 國王因宮中尚有亂黨埋伏，不敢回宮，暫住該營三日. 維時朝鮮兵民，憤恨已極，當將洪英植、朴泳教並生徒七人在廟内登時所斃，二十日申刻，日人收集文簿，灌以石油，頃刻火起，使館被焚，日本公使竹添進一，率兵出城，逃赴仁川. 沿途百姓，羣相毆擊，日兵放槍迎敵，人民、婦孺，死者甚多. 國王派員彈壓禁止，該統領等知日人遺棄子女，派弁護送至仁川交竹添進一驗收. 二十三日，人心稍定，該統領等始將該國王送還王宮. 該國王仍屬袁世凱帶隊駐紮宮内，暫行保護，現與該國王商酌，已令袁世凱等率隊回營矣.

2.「朝鮮國王咨文」

照得本月二十日，准貴大臣咨，請為查明一切事件. 查十七日之變，亂黨金玉均、朴泳孝等請召日兵，恐動備至，本國王堅執不許，玉均等竟乃自書四字，非本國王之所知也. 又聞有署名鈐寶之本，此尤不近理，豈有一事而兩據，乃出於數十日之後乎? 十八日還住舊宮，本國王傳諭日公使，即令撤兵而退宮中，上下無不願撤，該公使托言保護，終不退兵. 十九日朝，又申前諭，亂黨力言不可，把持愈密. 至清兵變亂之說，尤係理外. 查十月十七·十八兩日之間，日兵全數在內，無數出門，中國兵守營觀變，未嘗擅動，彼此無緣相遇. 至十九日以後，閭巷小民，張拳泄憤，所在滋鬧，中國兵早已斂隊而退，不離營外，何亂之有乎? 至十九日，吳提督等率兵入衛，此時本國王不知外間動靜，惟見日兵紛紛自内放槍. 追據所聞，中國兵至待賢門中，槍而踣者數人，然後始乃放槍回擊，盖由心存保護，不便力攻故也. 為此備文咨覆，請煩貴大臣查照酌核. 須至咨者.

3.「十一月十七日, 與朝鮮國王筆談」(甲申十一月十七日談草)

吳[大澂]云: 日本現派外務卿井上馨前來, 查辦事件, 想一二日內必來謁見. 其如何用意, 誠不可測. 大約為日人死三十餘人、使館焚燬, 必有詰責貴國之語, 應先商一妥當辦法. 未知令其先見政府, 抑或准其與貴國王面議一切,

國王云: 井上馨前來查辦, 姑未知如何, 而日人死者為三十餘人, 敝邦民死者亦過當. 至焚燬使館, 實無我民作為之明證. 近日奪得一個日館雇人口供, 日館被燒, 伊所目見, 竹添出去時, 日館人積其文簿、雜紙, 灌以石油, 以燒之據. 此所言日人之自燒無疑. 至井上到京, 自應與外署及政府談辦, 一切未宜遽准面商.

吳[大澂]云: 第一條, 彼必為竹使既奉入衛之諭, 並非擅自率兵進宮, 所有十八日變亂事宜, 竹使必不任咎. 在貴國自當告以本國亂臣之罪, 斷不歸過於日使. 惟日使入衛四字, 既非貴國王親筆, 即係亂臣矯旨, 此一節須與井上明辦之

國王云: 竹添之有無罪過, 無煩說明, 而彼既據四字矯旨, 不任其咎, 敝邦亦從以認其無過, 歸罪亂臣, 則庶幾目下姑緩打仗, 然彼既處於無過之地, 則非徒國恥未雪, 人心愈鬱. 嗣後懲辦, 責賠種種不堪, 竹添不遞公使, 依舊辦事, 大非所宜. 不審卓見以為何如, 願聞良教.

吳[大澂]曰: 竹使之不能久處於貴國, 亦意中之事. 然井上必有袒護之見, 未必肯遽撤其所任, 似可由大澂等從旁婉勸, 總以易使為宜. 若貴國政府以此啟齒, 恐彼剛復自用, 適以觸其怒也. 目前辨論時, 似不必與之提及. 井上此次來朝, 用意甚深, 必有多方要挾之圖, 其所執以為口舌者, 惟此死者三十餘人, 及焚燬使館二事. 日館雇人所供一節, 彼必不認. 大澂愚見, 此事不必與之力爭, 將來結束, 彼必稍占便宜, 賠償、使館一事, 此時暫不允許, 留作將來議結張本. 至日人被害, 彼意必欲查拿人犯, 只可告以衆怒難犯, 事起倉猝, 實難追究也.

國王云: 此時暫不允許, 在理固然, 未知將來應作如何議結. 至查拿犯民, 果難追究, 彼以日人被害一事, 又將索賠索恤, 我民之無辜死者, 獨無賠恤之可議乎?

吳[大澂]云: 貴國無辜被害之大員、百姓, 極為可慘. 惟啟衅之由, 總在金玉均、洪英植諸臣謀為不軌, 釀此大變, 洪既被戮, 金尚稽誅, 應由政府詰問井上, 託其協力查拿, 亂黨不誅, 不足及以服衆心也.

國王云: 妥成和局, 豈不是兩國之幸? 但亂黨漏網, 必交構兩間. 倘未拿交此賊, 雖和

非和未知, 作何辦法, 可以歸結?

吳[大澂]云: 中朝不願與隣邦失好, 貴國又不能與日本相抗. 其歲不能不委曲求全, 以息事甯人為歸結. 貴國人心普天同憤, 亦事理之當然. 然在貴國王及政府諸君, 只可設法開導曉諭國人, 不必與日人為仇. 本大臣此次奉命東來, 亦以排難解紛為已責. 以後如何結束, 尚無把握也.

國王云: 高論甚妥, 當諭外署知悉此意也.

吳[大澂]云: 竹添不認與金、洪同謀, 我亦未便深究其罪. 但可告知井上, 協同拿獲金玉均、徐光範等, 方可為竹添剖白此心, 若逃至日本, 而日本納之, 不但竹添永洗不清, 即萬國公法公論, 皆不以為然也.

又云: 日人用心叵測, 不知有何要挾之謀, 將來議結時, 若僅索賠索恤, 不再橫生枝節, 已屬萬幸矣.

4.「光緒十年十一月二十三日, 在朝鮮議政府, 與日本大使井上馨筆談」.

井上云: 今日本大使與朝鮮政府議事, 貴大臣忽來此地有何干涉?

吳答云: 使者奉命來朝查辦事件, 本與政府有應議之事, 貴大使來朝數日, 渴欲一見, 以遂仰慕之懷. 即貴大使與朝鮮政府商議之事, 使者亦可聞其大畧, 所言公, 公言之, 此非貴大使與　金相國兩人之事也.

井上云: 本大使係全權大臣, 應與朝鮮全權大臣商辦一切, 此我兩國之事, 貴大臣如無全權字據, 不可互相干涉.

吳答云: 貴大使向有公正之名, 此次與朝鮮議辦要案, 諒必秉公談議. 本大臣極所忻幸. 至本大臣所查各條, 係朝鮮亂黨起事之由, 本與貴國無干涉之事. 凡兩國交涉議約, 各派全權大臣畫押盖印, 中國與貴國和好已久, 現無可議, 故無全權字樣.

井上云: 本大使與朝鮮應議之事商辦完結, 再問貴國兵營之事. 尚有葛藤. 惟貴大臣無全權字據, 不便在此相議.

吳答云: 如果貴大使別有與中國商辦之事, 即請畧示端倪. 本大臣自當早日入奏請旨, 另加全權字樣, 以便商辦一切. 惟在此候旨, 非十日八日之事, 所以本大臣不能不與貴大使一見也.

井上云: 本大使係外務卿, 國内尚有應辦事件, 甚屬忙迫, 不能在此守候日久. 應與貴國議辦之事, 貴大臣既無全權字據, 只可俟本大使回國後, 再行妥商. 今日兩國議辦之事, 貴大臣即可不問.

吳答云: 本大臣查辦之案, 與貴大使商議之條, 本屬一事. 如貴大使有所諮問, 本大臣自應推誠相與, 從容叅酌, 且各國公使尚有從旁講解之理. 况本大臣之來此, 不得謂之局外旁觀也. 貴大使既不願共議, 亦不相强. 惟此次辦法, 如何公平之處, 本大臣拭目俟之.

井上云: 本大使喜與貴大臣相晤, 須俟朝鮮事辦完後, 再行約日面談, 作為私交. 彼此往來非談公事也.

5.「吳大澂示朝鮮全權大臣金弘集書」.

吳云: 本大臣此次來朝, 查辦亂黨數日之間, 尚無頭緒. 此案中最關緊要之事, 閣下身居政府, 豈可置之不理? 若避重就輕, 即與井上大使草草立約, 而置亂黨於不問. 不但大澂有詰責閣下之權, 恐擧國人心亦皆憤懣不平. 此非了事也. 是了事而適以生事也, 惟執事實圖之.

金曰: 謹奉教.

광서 10년 12월 3일 [북양(北洋)] 회판대신 오대징이 다음과 같은 서신을 보내왔습니다.

11월 12일, 산해관(山海關)에 가는 길 위에서 11월 5일 자 이중당 대인의 서신을 받았고, 아울러 영국 파크스 공사 및 일본 에노모토 다케아키(榎本武揚) 공사와의 문답절략(問答節略)도 보여주셔서, 삼가 모두 읽어보았습니다. 저는 11일에 작은 배를 타고 유빙(流冰)이 떠도는 가운데 윤선을 따라잡아 승선하였습니다, 각 부대는 이고(二鼓, 오후 9~11시) 이후가 되어서야 비로소 승선을 완료하여, 야밤이 되어서야 윤선이 출발하였습니다. 13일에 이르러 마산포에 도착하였고, 다음날 조수를 기다려 상륙하였습니다. 16일에는 조선의 수도에 도착하였고, 다음날 새벽 국왕과 만나 반란의 시말을 자세하게 물었습니다. 실은 난신 김옥균 등이 반역 행위를 꾀하여 국왕의 교지를 위조하고 일본 군대의 힘을 빌려 다른 궁전으로 옮기도록 협박하고 대신을 살해하였으며, 일본 공사 다케조에 신이치로도 실제로는 난당에게 우롱당한 것으로 모든 원망이 쏠리는 바가 되어 하마터면 큰일을 당할 뻔하기도 하였다고 합니다. 그 상황을 따져보니 같이 모의한 것은 아니니, 스스로 모욕을 자초한 셈입니다. 일본 사신 이노우에 가오루 역시 다케조에의 허물을 깊이 알고 있는 것처럼 보입니다. 이 때문에 국왕을 알현하였을 때 조선 신하들에게 자세한 경과를 설명하려 하지 않고 또 이들과 변론하지도 않았으며, 단지 조약을 개정하여 우호 관계를 다지는 일만을 서둘렀습니다. 오대징 역시 국왕에게 권하기를 자세를 낮추고 원만한 해결을 도모하여 힘써 대국(大局)을 돌보아야지 지나치게 힐책해서는 안 된다고 권하였습니다. 조선 좌의정 김홍집이 현재 전권대신으로 임명되었는데, 그래도 사람됨이 분명하나 임기응변은 약간 부족한 듯한데 매일 함께 필담을 나누다 보니 아는 것을 말하지 않음이 없고 말을 끝까지 다하지 않는 사이가 되었습니다, 저는 대략 차분하게 협상해야지 분노를 보여주는 언사를 써서 안 된다고 권하기는 하였지만, 실제로는 쉽지 않을 일이라서 반드시 중간에서 중재할 필요가 있었습니다. 어제가 이노우에와 김홍집이 첫 회의를 한 날인데, 피차 논박을 하느라 지금까지 아무런 합의도 없었습니다. 만약 오대징이 입을 닫고 한마디도 하지 않는다면, 더욱 거리낌 없는 갖가지 협박이 있을 것으로 염려되었습니다. 그래서 23일 진각(辰刻, 오전 7~9시) 김홍집과 서신으로 약속하여 함께 의정부(議政府)에 이르렀고, [오대징이] 몇 마디 변론하였는데, 이노우에가 중국 사신이 그 일에 끼어들기를 바라지 않음을 분명히 알게 되었습니다. 하지만 간여하지 않는 가운데 대략이나마 간여한다는 뜻을 보여준다면, 이 일은 혹시 쉽사리 방향전환이 이루어질 수도 있습니다. 문답하던 내용에 중국 병영의 문제가 여전히 갈등을 일으킨다는 구절이 있었는데, 그 역시 그 이유를 분명하게 밝히지는 않았습니다. 상황을 헤아려 보건대, 혹은 중국의 모든 주방(駐防) 부대를 철회하기를 바라는 것 같은데, 만약 이노우에가 이 문제로 따진다면 응당 중국 부대는 조선 보호의 책임을 지니고 있으며, 이곳에 주둔한 지 3년이지만 아무런 소란 등의 병폐도 없었기에 갑작스러운 철수는 곤란하다고 대응할 것입니다. 생각건대 이노우에는 귀국하기에 급해 이치를 따질 겨를은 없는 것 같고, 오대징 등도 역시 이를 따지지 않고 놔두었습니다. 조선과 일본의 조약 체결 문제는 하루 이틀 안에 반드시 적절하게 이루어질 것이며, 중국 군대가 입궁하고 결코 먼저 사격하지 않았으며, 사전에 어떤 소란도 벌인 적이 없다는 상황은 조선 국왕의 자문이 증거가 될 수 있으니, 일본 공사 역시 이를 질책할 수 없습니다. 조선 난당의 반란 사유를 방문·조사한 내용을 주접을 갖추어 상주하는 것 외에,

조선 국왕의 답장 자문과 필담 및 여러 절략을 주접을 베낀 것과 함께 살펴보시도록 올리니 검토해 주시길 바랍니다. 삼가 평안하시길 빕니다.

조선 난당의 반란 사유를 방문·조사한 내용을 절략을 갖추어 올리니 살펴보시기 바랍니다(謹將訪查朝鮮亂黨滋事緣由, 開具節畧, 錄呈電鑒).

1.「절략(節略)」.

조사해 보건대 조선 난낭 김옥균, 박영효, 홍영식, 박영교, 서광범, 서재필 등은 일찌감치 일본을 유력한 적이 있고 조선 국왕은 이들이 외국 사정에 밝다는 이유로 우정국 등의 사안을 맡겨 처리하게 하였습니다. 참판 민영익은 일찍이 김옥균 등과 변론하면서 눈앞에서 그 잘못을 지적하여 그들이 몹시 꺼리게 되었습니다. 10월 17일 오후 먼저 거리의 사람들이 일본 병사들이 일본 공사관 주변에 모여 탄약상자 등을 운반하는 행렬이 끊이지 않아 몹시 의아하게 여겼습니다. 이날 술각(戌刻, 오후 7~9시) 우정국 총판 홍영식이 우정국에서 연회를 열었는데, 오로지 일본 공사 다케조에 신이치로만 병을 핑계로 대고 참석하지 않았습니다. 그 무렵 김옥균 등이 수시로 밖에 나가는 등 행적이 몹시 괴이하였는데, 8시 무렵이 되었을 때 담장 밖에서 불이 일어나자, 민영익이 나가 보려고 일어서서 문을 나서자마자 여러 강도에게 칼을 맞아 쓰러졌고, 손님들은 모두 크게 놀라 흩어졌습니다. 김옥균, 박영효, 서광범 등은 즉시 왕궁으로 들어가 중국 군사가 변란을 일으켰다고 소리치면서 궁전을 옮겨 피신하자고 요청하였습니다. 아울러 일본 공사를 불러 호위하게 하자고 요청하였으나 국왕이 허락하지 않자 김옥균 등은 눈물을 흘리고 통곡하면서 핍박하였고, 마침내 조선 국왕은 궁중의 권속을 이끌고 따를 수밖에 없었습니다. 가까스로 궁문에 이르렀을 때 바로 총성이 들렸고, 난당은 외국 군대가 크게 쳐들어온다고 외쳤는데, 기실 그 총성은 난당이 미리 준비해 놓은 암호였습니다. 김옥균 등은 다시 일본 공사를 불러 호위해 달라고 요청했는데 조선 국왕이 여전히 허락하지 않자, 김옥균 등은 마침내 품에서 종이를 꺼내 연필로 “일본 공사가 와서 호위하라”라는 네 글자를 써서 왕의 교지를 위조한 다음에 일본 공사관에 신속하게 보내게 하였고, 다시 누차 사람을 보내 입궁을 재촉하였습니다. 4경 무렵 조선 국왕이 경우궁에 도착하였는데 이미 일본 병사가 가득 찬 것을 보고 궁전을 지키던 사람들에게 물어보니, 일본 병사는 이미 2경 무렵이 이미 도착하였다는 것이었습니다. 김옥균 등은 마침내 국왕을 옆 건물 안으로 옮기고 일찍이 일본에 유학하여 학습한 적이 있는 관원·생도 등 13명으로 하여금 좌우를 빙 둘러싸게 하였으며, 아울러 일본 병사를 보내 궁문을 두루 지키면서 출입을 금지하였습니다. 18일 아침, 좌영사 이조연, 전영사 한규직, 우영사 윤태준 등이 중국 방영에 통지하여 구원을 요청하자고 몰래 계획을 꾸몄으나, 이 일이 누설되어 그들은 모두 피살당했습니다. 김옥균 등은 다시 국왕의 명령을 위조하여 해방총관 민영목, 보국 민영목, 조영하 등을 입궁시켜 함께 살해하였습니다. 내시 유재현은 바로 국왕의 눈앞에서 피살당했습니다. 이날 사각(巳刻, 오전 9~11시) 난당은 국왕을 모시고 궁전 밖으로 나가 보국 이재원의 저택으로 옮겼는데, 한 사람도 따라 들어가는 것을 허용하지 않았습니다. 모든 관리와 병사, 백성은 문밖에 늘어설 수밖에 없었으며, 문에 접근하는 사람은 일본 병사가 칼을 휘둘러 쫓아냈습니다. 이날 오각(午刻, 오전 11시~오후 1시) 난당은 서로 관직을 제수하여 홍영식은 우의정, 김옥균은 호조참판, 박영효는 전·후영사를 겸직하고, 서광범은 좌·우영사를 겸직하면서 교섭통상사무아문 협판을 맡되 서리 독판의 직위를 차지하였고, 서재필은 전영 정령관(前營正領官)이 되었습니다. 군사권과 재정권은 모두 난당에게 귀속되고 국왕을 폐립한다는 논의에까지 이르렀습니다. 이날 유각(酉刻, 오후 5~7시) 다시 국왕을 모시고 궁내로 돌아왔는데, 일본인과 난당 등은 여전히 궁내를 장악하여 더욱 엄밀히 통제함으로써 한성 내 민심이 흉흉하고 국왕의 존망 여부를 알지 못했습니다. 조선의 관료나 백성은 중국 주방영에 구원을 요청하자고 상의하였고, 조선 정부의 심순택(沈舜澤) 등은 마침내 공문을 보내 중국 부대가 입궁하여 보호할 것을 요청하였습니다. 19일 사각(巳刻) 친·경 등 영(營)을 통솔하는 제독 오조유, 동지 원세개, 총병 장광전 등은 각기 부대를 이끌고 이동하였으나 궁문이 닫혀 있어 진입할 수 없었으므로 마침내 일본 공사 다케조에 신이치로에게 서신을 보내, 철병하지 않는 이유를 물었습니다. 세 시간이나 기다렸는데 아무런 답장도 없었습니다. 이날 신각(申刻, 오후 3~5시) 원세개 등은 세 갈래로 나누어 문을 제치고 왕궁에 진입하였고, 조선 연군도 뒤를 따랐습니다. 보통문(普通門)에 가까워질 무렵 조선 난병이 앞에서 사격을 시작하였고, 일본군 역시 문루(門樓) 위에서 문틈으로 총탄을 빗발처럼 쏟아내서 중국 병사 5명을 사살하고 9명에게 상처를 입혔으며, 조선 병사도 8명 사망했습니다. 중국군은 부득이하게 사격을 개시하여 이에 대응했습니다. 이날 유각(酉刻, 오후 5~7시) 일본군은 난당과 함께 조선 국왕을 다시 후원으로 모시고 갔는데, 일본군이 나무 뒤에 숨어 사격했기 때문에 중국군은 접근할 수 없었습니다. 나중엔 다시 조선 국왕을 북장문으로 옮겼는데 거기서 마침내 위사들이 문을 열어 국왕을 보호하면서 출궁하였고, 난당은 이를 막지 못하자 모두 일본군을 따라 도주하였습니다. 오로지 홍영식, 박영교와 사관생도 7명이 북관에까지 수행했는데, 해각(亥刻, 오후 9~11시)에 오조유 통령 등이 북관묘 안에 국왕이 있다는 것을 알아내어 부대와 함께 맞이하러 갔습니다. 홍영식, 박영교는 그래도 여전히 이를 막고 저지하면서 국왕을 돌아가게 하려 했으나, 오조유 통령 등은 조선 국왕을 가마 안으로 모시고 부대로 호송하여 복귀하였습니다. 백성들은 국왕이 부대에 도착했다는 것을 알자 우뢰와 같은 기쁨의 소리를 질렀습니다. 국왕은 왕궁에 여전히 난당이 매복하고 있어서 감히 회궁할 수 없었고, 잠시 부대 안에 사흘 동안 머물렀습니다. 그때 조선의 병사와 백성들은 분노와 증오가 극에 달해 홍영식과 박영교 및 사관생도 7명을 묘내에서 즉각 살해하였습니다. 20일 신각(申刻, 오후 3~5시) 일본인이 장부를 모아 석유를 끼얹자 곧바로 불이 일어나 공사관이 불탔습니다. 일본 공사 다케조에는 부대를 이끌고 한성을 나서 인천으로 도피하였습니다. 연도의 백성이 무리를 지어 공격하자 일본군이 사격을 하며 대항하였으므로. 백성이나 부녀자, 어린아이까지 사망자가 아주 많았습니다. 국왕은 관원을 파견하여 이를 통제하고 금지하였습니다. 오조유 통령 등은 일본인이 자녀를 버리고 도망갔음을 알고 병력을 파견하여 아이들을 인천으로 호송하고 다케조에에 넘겨 거두도록 하였습니다. 23일 인심이 조금 가라앉자 오조유 통령 등은 비로소 국왕을 왕궁으로 송환하였습니다. 조선 국왕은 여전히 원세개가 부대를 이끌고 궁내에 주둔하면서 잠시 보호해 달라고 요청했습니다. 지금은 이미 조선 국왕과 상의하여 원세개 등이 부대를 이끌고 복귀하였습니다.

2.「조선 국왕의 자문(朝鮮國王咨文)」

이달 20일 이번 사건의 전체를 조사해달라는 귀 대신의 자문을 받았습니다. 17일의 변란은 난당 김옥균, 박영효 등이 일본군을 불러들여 온갖 협박과 요구를 하였고, 본 국왕이 완강하게 허락하지 않았지만, 김옥균 등은 마침내 [일본 공사가 와서 호위하라는] 네 글자를 스스로 써서 [교지를 위조하였는데] 이는 본 국왕이 알지 못하는 바입니다. 또한 듣기에, 서명을 하고 옥새를 찍은 문서만이 효력을 가진다고 하므로 이런 일은 더욱 이치에 맞지 않으니, 어찌 하나의 일에 대해 두 가지 증거가 있고, 그것도 수십 일 이후에 나온다는 말입니까? 18일 옛 왕궁에 돌아왔을 때 본 국왕은 일본 공사를 불러 즉각 철병하고 궁중에서 물러나라는 지시를 하라고 전하였고, 상하 모두 철수를 원하였는데도 일본 공사는 보호라는 구실로 끝내 철병하지 않았습니다.

19일 아침에 다시 앞의 명령을 되풀이했는데 난당은 절대 안 된다고 하면서 더욱 통제를 강화했습니다. 중국군이 변란을 일으켰다는 이야기는 특히 정말 이치에 어긋납니다. 10월 17·18일 이틀 사이에 일본군은 전체가 안에 있어 밖으로 나간 적이 없었고, 중국군은 부대를 지키고 관망하면서 조금도 멋대로 움직인 적이 없었으므로 서로 만날 수 없었습니다. 19일 이후 거리의 백성들이 주먹을 휘두르며 분을 풀어 곳곳에서 소동이 났지만, 중국군은 일찌감치 부대를 거두고 물러나서 군영 밖으로 나선 적이 없는데 무슨 변란이 있었다는 말입니까? 19일에 이르러 오조유 제독 등이 부대를 이끌고 들어와 호위하려 하였는데, 이때 본 국왕은 외간의 동정을 전혀 알지 못하였고, 오로지 일본군이 분분히 안에서 사격을 개시하는 것만 보았을 뿐입니다. 나중에 들은 바에 의하면 중국군이 대현문(待賢門)에 이르렀을 때, 총을 맞고 쓰러진 사람이 여럿 있었고, 그런 다음에야 비로소 사격을 개시하여 반격했다고 하는데, 생각건대 보호라는 점을 염두에 두고 힘써 공세를 펼치지 않았기 때문이었습니다. 이 때문에 공문을 갖추어 답장 자문을 보내니, 귀 대신께서 번거롭더라도 살펴보시길 바랍니다. 이상입니다.

3.「11월 17일, 조선 국왕과의 필담」(甲申十一月十七日談草)

오대징: 일본이 현재 외무경 이노우에 가오루를 보내 사건을 조사·처리한다고 하니, 생각건대 2~3일 내 반드시 와서 알현할 것입니다. 그가 어떤 마음가짐인지는 실로 예측할 수 없습니다. 대략 일본인이 30여 명 사망했고 공사관이 불탔으니, 반드시 귀국을 힐책하는 말이 있을 것이므로, 응당 미리 타당한 방법을 협의해야 합니다. 먼저 정부 관원을 만나게 할지, 아니면 귀 국왕께서 직접 모든 일을 논의할지 알지 못합니다.

국왕: 이노우에가 와서 조사·처리한다는데 어떻게 나올지는 일단 모르지만, 일본인이 30여 명 죽었으나 조선 백성도 죽은 사람이 이보다는 많습니다. 공사관이 불탄 것은 실로 우리 백성이 그렇게 했다는 분명한 증거가 없습니다. 최근 일본 공사관에 고용되었던 한 사람의 구두 진술을 얻었는데, 일본 공사관이 불탄 것을 그가 눈으로 직접 보았으며, 다케조에가 떠날 때 일본 공사관이 그 장부나 잡지를 모두 쌓고 석유를 끼얹어 불을 질렀다는 증언이 있습니다. 이것이 뜻하는 바는 일본인이 스스로 불태웠음은 의심할 나위가 없다는 것입니다. 이노우에가 한성에 오면 응당 먼저 외서 및 정부와 담판할 것이며, 모든 문제를 갑자기 직접 [국왕과] 논의하도록 허락하는 것은 부적절합니다.

오대징: 첫째로, 그는 반드시 다케조에 공사가 들어와서 호위하라는 교지를 받았지 결코 멋대로 부대를 이끌고 왕궁에 들어온 것이 아니므로 18일의 변란 문제는 다케조에 공사가 책임질 바가 아니라고 할 것입니다. 귀국은 당연히 본국 난신의 죄상을 알리되, 단연코 일본 공사에 허물을 돌려서는 안 됩니다. 다만 "일본 공사가 와서 호위하라"라는 네 글자는 귀 국왕의 친필이 아니므로, 난신이 교지를 위조한 것이라는 이 점만은 반드시 이노우에에게 분명하게 밝혀야 합니다.

국왕: 다케조에가 죄과가 있느냐의 여부는 번거롭게 설명할 필요가 없고, 그는 이미 네 글자의 위조된 상유를 가지고 있으니 그 허물을 책임지려 하지 않을 것이며, 조선 역시 잠시 그가 죄가 없다고 인정하고 난신에게 죄를 돌린다면 잠시 전쟁을 늦출 수 있을 것으로 기대합니다. 그렇지만 이미 죄가 없다고 방치해 버린다면 국가의 치욕을 씻을 수 없을 뿐만 아니라 인심이 더욱 불만에 찰 것입니다. 이후의 처벌이나 책임 배상 등 갖가지 하지 못할 일이 벌어지니, 다케조에 공사가 교체되지 않고 계속 일을 하는 것은 결코 적절하지 않습니다. 귀 대신의 의견은 어떤지 가르침을 바랍니다.

오대징: 다케조에가 귀국에 오래 머물 수 없다는 것은 역시 예상할 수 있는 일입니다. 그렇지만 이노우에는 반드시 그를 비호할 터이니 갑작스레 그의 직임을 철폐하지 않을 것이며, 아마도 제가 옆에서 은근히 결국은 공사를 바꾸는 것이 적절하다고 권해야 할 것입니다. 만약 귀국 정부에서 먼저 이 문제를 꺼낸다면 아마 그가 더욱 버티면서 도리어 분노를 폭발시킬 것입니다. 당장 그와 변론할 때 이 일을 언급할 필요는 없을 것 같습니다. 이노우에가 이번 조선에 오면서 아마 아주 깊게 준비한 바가 있어 반드시 다방면으로 협박을 시도할 터인데, 그가 구실로 삼을 수 있는 것은 오로지 이번에 죽은 사람이 30여 명이라는 것과 공사관이 불탔다는 두 가지 문제뿐입니다. 일본 공사관 고용인의 구두 진술을 그는 반드시 부인할 것입니다. 제 생각으로 이 일은 반드시 힘써 다툴 필요가 없고 나중에 마무리하는 게 좋을 것 같은데, 그도 반드시 그게 유리하다고 볼 것입니다. 배상과 공사관 문제는 지금 당장 허락할 필요 없고 나중에 마무리할 바탕으로 삼는 게 좋을 것 같습니다. 일본인의 피해 같은 경우에 그는 반드시 범인을 체포·처벌하라고 요구할 텐데, 단지 뭇사람의 분노를 막기 어려웠고, 창졸지간 일이 벌어져서 실제로 추적해서 처벌하기 어렵다고 알려 주면 될 것입니다.

국왕: 지금 당장 허용하지 않는다는 것은 당연한 이치입니다만, 장차 어떻게 논의해서 마무리

할지 모르겠습니다. 범인을 체포하는 일은 확실히 추적해서 처벌하기 어렵지만, 그는 일본인 피해 문제를 가지고 또한 장차 배상과 위로금을 요구할 터인데, 무고하게 피해당한 우리 백성의 경우에 대해서는 전혀 그런 점을 논의할 수 없다는 말입니까?

오대징: 무고하게 피해를 당한 귀국의 고위 관원과 백성에 대해서는 정말 안타깝게 생각합니다. 그렇지만 변란을 일으킨 것은 결국 김옥균, 홍영식 등 여러 신하가 불궤를 도모하여 이렇게 큰 변란을 양성하였고, 홍영식은 이미 피살되었지만 김옥균은 아직 그렇지 않으므로, 응당 귀 정부에서 이노우에를 힐문하여 힘을 합쳐 체포하자고 요구해야 합니다. 난당이 처리되지 않으면 뭇사람의 마음을 승복시키기 어렵기 때문입니다.

국왕: 적절하게 화의 국면이 이루어진다면 어찌 두 나라의 행운이 아니겠습니까? 하지만 난당이 법망을 빠져나갔으니 반드시 두 나라 사이의 틈을 벌리고자 할 것입니다. 만약 이 역적들을 잡아 넘기지 않는다면, 비록 화의가 이루어질지는 알 수 없지만, 무슨 방법으로 마무리할 수 있겠습니까?

오대징: 중국은 이웃 나라와 우호 관계를 깨기를 원치 않으며, 귀국 역시 일본과 서로 싸울 수는 없습니다. 대세로 보아 자세를 굽혀 온전함을 도모하고, 말썽을 가라앉혀 사람들을 편안하게 만드는 것이 귀결점입니다. 귀국의 인심이 모두가 공분하고 있다는 점은 역시 사리로 보아 당연한 일입니다. 그렇지만 귀 국왕과 정부 관원은 단지 방법을 마련하여 백성을 권고하고 깨우치는 일을 해야 할 뿐, 반드시 일본을 원수로 삼을 필요는 없습니다. 본 대신이 이번에 명령을 받아 조선에 온 것 역시 중재하여 분쟁을 푸는 것을 책임으로 하고 있습니다. 이후에 어떻게 마무리할지는 아직 예정하고 있지 못합니다.

국왕: 귀하의 견해는 아주 타당하니, 응당 외서에 이런 뜻을 알려야 할 것입니다.

오대징: 다케조에는 김옥균, 홍영식과 공모하였다는 것을 부인하므로, 우리 역시 그 죄를 깊이 추궁하기는 불편합니다. 그렇지만 이노우에에게는 협동하여 김옥균, 서광범 등을 체포해야만 비로소 다케조에는 자기 결백을 입증할 수 있고, 만약 그들이 일본으로 도망가고 일본이 그들을 거두어들인다면, 다케조에는 영원히 죄를 씻을 수 없고, 또한 만국공법으로 따지더라도 모두 잘못이라고 생각할 것이라는 점을 알려 주어야 합니다. 일본인의 마음씀씀이는 예측하기 어려워 무슨 협박 음모를 꾸미는지 알 수 없지만, 장차 화의가 마무리될 때 단지 배상과 위로금만을 요구할 뿐 더 이상 문제를 확대하지 않는다면 크게 다행스러운 일이라 하겠습니다.

4. 「광서 10년 11월 23일, 조선 의정부에서 오대징과 일본 대사 이노우에 가오루가 나눈 필담(光緖十年十一月二十三日, 在朝鮮議政府, 與日本大使井上馨筆談)」.

이노우에 가오루: 오늘 본 대사와 조선 정부가 회담하는데 귀 대신께서는 어찌 갑자기 여기 와서 간섭하려 하십니까?

오대징: 사신으로 명령을 받아 조선에 와서 사건을 조사·처리하는데, 원래 조선 정부와 응당 논의해야 할 일이 있습니다. 귀 대사께서 조선에 온 지 며칠이 되었으니, 꼭 한 번 만나서 앙모(仰慕)의 회포를 풀 수 있기를 갈망하였습니다. 즉 귀 대사와 조선 정부가 상의하는 일은 본 사신도 역시 그 대략을 들을 수 있으며, 말씀하는 바가 공적인 문제라면 공적으로 이야기할 수 있습니다. 이것은 귀 대사와 김홍집 상국(相國) 두 사람만의 일은 아닙니다.

이노우에: 본 대사는 전권대신으로 응당 조선 전권대사와 모든 문제를 상의하여 처리할 수 있습니다. 이것은 우리 두 나라 사이의 일로 귀 대신이 전권이라는 증빙이 없으면 서로 간섭할 수 없습니다.

오대징: 귀 대사께서 종래 공정하다는 명성을 지니고 계시니, 이번 조선 정부와 중요 사건을 상의하여 처리하는 일도 진실로 반드시 공정하게 논의하신다면 본 대신은 몹시 기쁘고 다행으로 생각할 것입니다. 본 대신이 조사한 여러 문제는 조선 난당의 반란 원인으로, 본래 귀국과 관련된 일이 아닙니다. 무릇 두 나라가 조약 문제를 교섭하면 각기 전권대신을 파견하여 서명하고 날인하는데, 중국은 귀국과 화호(和好)를 이룬 지 오래되었고, 현재로서는 특별히 논의할 사안이 없기 때문에 전권대신의 증빙은 없습니다.

이노우에: 본 대사는 조선과 응당 논의해야 할 일의 협의를 먼저 완결한 다음에 귀국 병영의 문제가 여전히 갈등의 소재라는 점을 묻고자 합니다. 다만 귀 대신은 전권대신의 증빙이 없으며, 여기에서 서로 논의하기 불편합니다.

오대징: 만약 귀 대신이 따로 중국과 상의할 일이 있다면, 그 실마리를 대략이나마 보여주시길 바랍니다. 본 대신은 당연히 빠른 시간 안에 상주를 올려 황상의 유지를 청하고 다시 전권대신의 증빙을 받아 모든 문제를 협의할 수 있기를 바랍니다. 다만 여기서 유지를 기다린다면 열흘 안으로 끝날 일이 아닙니다. 그래서 본 대신은 부득불 귀 대신과 한번 만나고자 하였던 것입니다.

이노우에: 본 대사는 외무경으로 국내에도 또한 응당 처리해야 할 일이 있어 몹시 바쁘고 시

간이 촉박하므로, 여기서 오랫동안 기다릴 수 없습니다, 응당 귀국과 논의해야 할 일이 있지만, 귀 대신은 전권대신 증빙이 없으니, 단지 본 대사가 귀국한 다음 다시 적절하게 논의할 수 있을 것입니다. 오늘 두 나라를 논의해서 처리하는 일은 귀 대신께서 참견할 일이 아닙니다.

오대징: 본 대신이 조사·처리하는 사안은 귀 대사께서 상의하는 사안과 본래 같은 일에 속합니다. 만약 귀 대신께서 자문하는 문제가 있다면 본 대신은 당연히 성심껏 상대해 드릴 것이고, 차분하게 참작할 수 있습니다. 또한 각국 공사 역시 여전히 옆에서 풀이하고 중재할 권리가 있습니다. 하물며 본 대신이 여기에 온 것은 국외방관(局外旁觀)이라고 할 수 없습니다. 귀 대신이 함께 논의하기를 원하지 않으시니 또한 억지로 강제할 수는 없습니다. 다만 이번의 일 처리가 어떻게 공평하게 이루어지는지 본 대신은 눈을 씻고 지켜볼 것입니다.

이노우에: 본 대사가 기꺼이 귀 대신과 만나는 것은 반드시 조선 문제가 완전히 처리된 다음에야 가능하며, 그때 다시 날짜를 정하여 면담하면서 사적인 교제를 할 수 있습니다. 피차의 왕래는 공무를 이야기하기 위한 것이 아닙니다.

5.「오대징이 조선 전권대신 김홍집에게 보여준 메모(吳大澂示朝鮮全權大臣金弘集書)」.

오대징: 본 대신 이번 조선에 와서 난당을 조사·처리하는 며칠 동안 여전히 아직 두서를 찾지 못하고 있습니다. 이 사안 가운데 가장 긴요한 일은 각하께서 정부에 몸을 담고 있으니, 어찌 불문에 부칠 수 있겠습니까? 만약 무거운 것을 피하고 가벼운 것을 골라 즉각 이노우에 대사와 대충 조약을 체결하면서 난당 문제를 불문에 부친다면, 비단 오대징이 귀 각하를 힐문할 권한이 있을 뿐만 아니라, 온 나라의 인심 역시 분노하면서 불평을 터트릴 것입니다. 이것은 일을 마무리하는 것이 아니라, 마무리한다면서 도리어 일을 만드는 꼴이 됩니다. 이 문제를 귀하는 제대로 처리해야 할 것입니다.

김홍집: 삼가 가르침을 받들겠습니다.

(14) 문서번호 : 5-1-14(936, 1603a-1604b)

사안 : 1) 조선의 변란은 실로 김옥균 등이 음모를 양성하여 이루어진 것으로, 일본인은 일찌감치 그 음모를 미리 알고 있었습니다(朝鮮之亂, 實爲金玉均釀結而成, 日人早預知其謀).
2) 중국은 일본과 이웃하고 있어, 만약 적절하고 마땅한 마무리 방안이 없다면, 동쪽 변경에 대해서는 끝내 안심할 수 없게 됩니다(中朝與日本爲隣, 若無妥善結納之方, 東陲終不能高枕).
3) 중국은 응당 고위 관원을 조선에 주재하게 해야 충분한 위압과 통제를 기대할 수 있습니다. 일본 원정의 논의는 쉽사리 시도해서는 안 됩니다(中國膺有大員駐朝, 庶足鎭攝. 東伐之議, 不可輕於嘗試).

날짜 : 光緒十年十二月初六日(1885년 1월 21일)

발신 : 出使大臣黎庶昌

수신 : 總理衙門

十二月初六日, 出使大臣黎庶昌函稱:

九月二十二日, 肅上昌字第五十三號函, 已邀均察. 嗣以無甚關要之件, 十月內未續具函. 法事正棘, 不意朝鮮人起波瀾. 庶昌初接第一電時, 東京實無信息. 至二十五日, 大輔吉田來署,[42] 據言兩禮拜前接到一信, 即知漢城情形不穩. 又向繙譯言, 金玉均其人頗不佳, 雖號為改進黨, 而無甚可取. 然則此次之亂, 實金玉均等釀結而成, 而日人預知其謀者也. 二十九日, 井上馨回京. 初一日庶昌往晤, 有鄭永甯在坐. 庶昌切謂:"此事實出我政府意料之外, 屬其早派大員前往查辦." 彼云:"已派書記官赴朝,

42 요시다 기요나리(吉田清成, 1845~1891)는 사쓰마번 출신으로 메이지 전기의 외교·재무 관료이다. 메이지 유신 전, 번의 유학생으로 영국·미국으로 파견되어 은행과 보험 제도 등을 수학하였다. 1870년 귀국한 이래 메이지 정부에서 대장성(大藏省), 외무성(外務省) 등의 여러 관직을 거쳤다. 갑신정변 당시 초기 대응을 주도하였으며, 1884년 12월 외무경 이노우에 가오루가 전권대신으로 조선에 파견되었을 때 외무대보(外務大輔)로서 외무경대리(外務卿代理)를 맡았다.

必須將底細詳為查明而後, 始有辦法. 將來或有話, 應向中國政府說亦難定.” 彼又言:“此次之事, 即使了結, 而後一年半載, 又出難端. 將如之何, 必得有一妥善辦法, 方能相安.” 庶昌謂:“且俟此事辦結, 再行商辦, 未為不可. 以我意揣之, 亦未嘗無妥善之法.” 該論頗久, 彼總不落邊際, 觀其所注意者, 尤在日後一層. 頃接衙門來電, 知已欽派吳清卿總憲前往查辦. 但必須候彼派有員, 而後始可商結. 該國現準備, 然兵隊去者不多, 尚未聞大舉. 曾雇三菱公司船一隻, 運送衣糧、軍器至仁川接濟在彼兵士是實. 其命意如何則難知也. 朝鮮事諱莫如深. 凡新聞皆先送稿, 外務閱過始准付印. 又懲庶昌前年發電請兵之事, 凡有電至天津及衙門, 無不動疑. 余理事二十七至下關[一名去問關. 一名馬關],[43] 適與自朝歸來之日官同船, 一為使館書記官, 一為陸軍尉. 此二人即回國報變者, 一為元山領事. 彼等私談皆謂:“華人慫動朝鮮, 與日人為難.” 見余理事, 將在下關上岸, 即有疑議, 該理事微聞之, 即改由原船至神戶. 然下關實無動靜. 此次之事, 彼未嘗不知非中國意指, 若能持平辦理, 當可化大為小, 化有為無. 所慮者, 彼欲要求以後之方, 認朝鮮以獨立耳. 庶昌在東三年, 觀日人辦事狡猾精能, 實在意大里、日斯巴尼亞等國之上, 蜂蠆有毒,[44] 未可以其小而忽之. 據我今日與法人構難情形, 諒彼族亦未敢輕言開釁. 然肘腋之下, 盈盈帶下與國為隣, 彼間暇而我多事, 若無妥善結納之方, 東陲終不能高枕. 此諸葛孔明所以不得已而和吳也. 中日兩國積疑已久, 恐其決裂不在琉球, 而將在高麗. 與其含糊而釀禍, 不如明辨以息紛. 此案辦結之後, 彼無他求固善. 若求他求, 庶昌有愚計二, 姑妄陳之, 以備採擇. 一則莫如委以琉球, 與之訂明以後不得干與朝事, 不必駐兵, 截然分而為二, 各不相侵犯. 一則責以歸還琉球, 兩國立約保護, 明許以共保高麗, 嚴立規條, 亦屬弭釁之策. 斯二者于古具有明徵. 以漢武帝之强, 雖收匈奴河南地建朔方郡, 亦棄造陽以北九百餘里, 此前之說也. 匈奴遣騎, 因樓蘭候漢使後過者, 欲絶勿通, 漢簿責, 王對曰:“小國在大國間, 不兩屬無以自安.” 上直其言, 遣歸國, 亦因使候司匈奴. 匈奴自是不甚親信樓

43 나가사키 이사(長崎理事) 여휴(余瓗, 1834~1914)는 자는 화개(和介), 호가 원미(元眉) 또는 건요(乾耀)로 광동성 대산(台山) 출신이다. 청조가 파견한 초대 주일본 나가사키 영사[당시에는 이사(理事)로 칭하였다]로 이곳에서 6년 동안 근무하였다.

44 봉채유독(蜂蠆有毒)은 독이 있으니 작다고 소홀히 여겨서는 안 된다는 뜻의 고사성어이다.

蘭, 此後之説也.[45] 方今大勢似亦不得不出於此, 而其要則尤應有大員嘗駐朝都, 庶足以資鎮壓. 至東伐之議, 寔未敢輕於嘗試. 元世祖之喪師, 平秀吉之為患, 可為殷鑒. 雖在我今昔情事不同, 而彼之國勢亦大異前古也. 琉球現動工添談海底電線, 水師分東西二部, 東部衙門已移至横須賀, 并以奉聞. 徐星使初二日已自上海東渡,[46] 計初十日可到東京. 庶昌即可交替矣. 隨員羅星垣於十月底因母病請假銷差, 已繕給咨文, 交該員自投衙門, 伏乞代回堂憲為禱. 耑肅. 祇請勛安.

광서 10년 12월 6일, 일본출사대신 여서창이 다음과 같은 서신을 보내왔습니다.

9월 22일, 창자(昌字) 제53호 서신을 삼가 올린 바 있는데, 이미 살펴보셨을 줄 압니다. 그 이후는 긴요한 안건이 없어 10월 중에는 계속 서신을 올린 바 없습니다. 프랑스와의 전쟁이 바야흐로 한참이었는데, 뜻하지 않게 조선인이 파란을 일으켰습니다. 여서창이 첫 번째 전보를 받았을 때 실제 도쿄에서는 아무런 정보가 없었습니다. 25일에 이르러 대보(大輔) 요시다(吉田)가 공사관에 왔는데, 그에 의하면 2주일 전 서신 한 통을 받고 한성의 상황이 평온하지 않다는 것을 알게 되었다고 합니다. 또한 번역(繙譯)을 향해 말하길, 김옥균은 그 사람됨이 상당히 좋지 않아 비록 개화당이 되었다고 하지만, 그다지 취할 게 없는 사람이라고 하였습니다. 그러니 이번의 변란은 실은 김옥균 등이 꾸며서 이루어진 것이며, 일본인은 미리 그 음모를 알았던 것입니다. 29일 이노우에 가오루가 도쿄에 돌아왔습니다. 10월 1일 제가 그를 방문하였는데, 통역 정영녕(鄭永甯)이 자리에 있었습니다. 저는 "이 일은 실로 우리 정부의 예상 밖에 벌어진 일로 신속하게 고위 관원을 파견하여 조사·처리해야 할 것입니다"라고 잘라 말했습니다. 그는 말하길, "이미 서기관을 조선에 파견했는데 반드시 자세한 내막을 확인한 다음에야 비로소 대책을

45 『한서(漢書)』 권96 「서역전(西域傳) 선선국(鄯善國)」에 나오는 고사이다. 한에 복속한 누란(樓蘭)이 흉노의 공격에 직면하여 양쪽에 인질을 보내는 등 모두에게 호감을 얻으려 노력한다는 것을 알고, 누란 왕을 붙잡아와 물었더니, 누란 왕이 대국 사이에 낀 소국은 양쪽 모두에게 호감을 보여 자기 안전을 도모할 수밖에 없었다고 하면서 한의 영역 안으로 옮기고 싶다고 호소하자, 한문제(漢武帝)가 그 말이 옳다고 하여 귀국을 허용하였고, 흉노도 이후 감히 누란을 가까이 하지 않았다는 것이다.

46 서성사(徐星使)는 일본 공사 서승조(徐承祖)를 가리키는데, 자가 손기(孫麒)로, 1884년 12월부터 1888년 1월까지 주일본 공사로 재직하였다.

세울 수 있을 것입니다. 장래 혹은 어떤 이야기가 있어 응당 중국 정부와 이야기해야 할지 역시 정하기 어렵습니다"라고 하였습니다. 그는 또한, "이번 일은 설사 마무리되더라도 이후 1년 반쯤 지나면 또다시 어려운 문제가 생길 것입니다. 장차 어떻게 할지는 반드시 적절하고 좋은 방안을 찾아야만 비로소 서로 안심할 수 있습니다"라고 하였습니다. 저는 "또한 이 일이 처리되기를 기다려 다시 논의하여 처리해도 안 될 것 없습니다. 제가 추측건대 타당한 방법 역시 없지는 않을 것입니다"라고 답하였습니다. 이야기를 나눈 지 상당한 시간이 지났지만, 그는 시종 쓸데없는 이야기만 할 뿐이었고, 그가 주의를 기울이는 것을 보니 특히 (타결) 이후의 문제였습니다. 방금 총리아문의 전보를 받아보고 이미 흠차대신 오대징이 가서 조사·처리하게 되었음을 알게 되었습니다. 오대징 대신이 가서 조사하더라도 반드시 일본에서 관원을 파견하기를 기다려야만 비로소 협상해서 타결할 수 있을 것입니다. 일본은 현재 준비하고 있지만, 파견된 병력은 그다지 많지 않고, 아직 대규모 움직임은 듣지 못하였습니다. 일찍이 미쓰비시 공사(公司)의 선박 1척을 고용하여 의복과 식량, 군수품을 인천에 운송하여 그곳 부대에 지원하였다는 것은 사실이지만, 그 의도가 무엇인지는 알기 어렵습니다. 조선 문제에 대해서는 아주 꺼리고 이야기하지 않습니다. 무릇 신문사에서 먼저 원고를 보내면 외무성에서 검사한 다음에야 비로소 인쇄로 넘길 수 있게 합니다. 또한 제가 작년에 전보를 보내 군사를 요청한 것을 경계하여, 천진(의 이홍장)이나 총리아문에 전보를 보내면 의심하지 않는 경우가 없습니다. 나가사키 이사(理事) 여휴(余雟)가 27일 시모노세키(下關[一名去問關. 一名馬關])에서 마침 조선에서 돌아온 일본 관원과 같은 배를 탔는데, 한 사람은 공사관 서기관(書記官)이고 한 사람은 육군 장교였습니다. 이 두 사람은 즉시 귀국하여 반란을 알린 사람이고, 또 한 사람은 원산(元山) 영사였습니다. 그들이 사담을 나누면서 말하길, "중국인이 조선을 선동하여 일본인과 싸움을 벌였다"라고 하였는데, 여휴 이사가 시모노세키에서 상륙하는 것을 보더니 즉시 의심하는 눈치였고, 여 이사는 소식을 듣고 즉시 바꾸어 원래의 배를 타고 고베(神戶)로 향했다고 합니다. 하지만 시모노세키에서는 실로 아무런 움직임도 없었습니다. 이번 일에 대해 이노우에가 중국의 의도가 아님을 알지 못하는 것이 아니니, 만약 공평하게 이치로 따진다면 응당 큰일을 작은 일로 만들고 결국 없던 일로 만들 수 있을 것입니다. 염려되는 것은 그가 그 이후의 문제에 대해 요구하면서 조선의 독립을 인정하라고 요구하는 일입니다. 제가 일본에 온 지 3년이 되었는데, 일본인의 일 처리가 교활하고 정밀한 것을 보니 실로 이탈리아나 스페인 등의 나라보다 위에 있고, 벌이나 전갈처럼 독이 있어 작다고 소홀히 여겨서는 안 됩니다. 지금 우리와 프랑스가 싸우는 상황에 의거하면 그들 역시 정말로 감히 쉽사리 전쟁하자고 이야기할 수는 없을 것입니다. 하지만 겨드랑이 아래 바로 일본과 이웃하고 있는데 일본은 한가하고 우리는 일이 많으니, 만약 적절하게 마무리할 방도가 없다면 중국 동쪽의 영역은 끝내 안심할 수 없게 될 것입니다. 이것은 제갈공명이 부득이하게 오(吳)나라와 화해한 것과 같습니다. 중국와 일본 두 나라는 서로 의심을 품어온 지 오래되었고, 양국 관계가 파열하는 것은 아마 류큐가 아니라 조선에 있지 않을까 염려됩니다. 모호하게 대처하다가 재앙을 키우기보다는 차라리 명백하게 처리하여 분쟁을 가라앉히는 것이 낫습니다. 이 사안이 완결 처리된 다음 일본이 그 밖의 다른 요구를 하지 않으면 정말 최선입니다. 만약 다른 것을 요구하면 제가 보기에는 두 가지 계책이 있으나, 잠시 외람이 이를 서술하여 채택될 수 있기를 기대합니다. 하나는 류큐를 떠넘겨 일본과 분명하게 이를 확정한 다음 조선 문제에 개입하지 못하게 하고, 군대를 주둔시킬 필요도 없이 확실하게 둘로 나누어 서로 침범하지 못하는 것이 최선입니다. 다른 하나는 류큐를 돌려달라고 책망하면서 두 나라가 서로 조약을 체결하여 보호하면서, 엄격하게 규정을 세워 공개적으로 함께 조선을 보호하는 것 역시 갈등을 봉합하는 대책이 될 수 있습니다. 이 두 가지는 옛적에 분명한 선례가 증명해 줍니다. 한무제(漢武帝)의 강대한 시절에도 비록 흉노의 하남지(河南地)를 거두어들여 삭방군(朔方郡)을 세웠지만, 동시에 조양(造陽) 이북 9백여 리의 땅을 버렸으니, 이것은 앞의 계책에 해당하는 것입니다. 흉노가 기마 부대를 보내 누란(樓蘭)의 도움을 받아 뒤에 지나가는 한나라의 사절을 막아 서로 소식이 통하지 못하게 끊어버렸는데, 한나라가 이를 질책하자 누란왕은 "대국 사이에 낀 소국은 양쪽 모두에 호감을 보여 자기 안전을 도모할 수밖에 없다"라고 답변하였습니다. 한무제는 그 말이 옳다고 여겨 그를 귀국시켰고, 또한 누란을 시켜 흉노를 염탐하게 하였습니다. 흉노는 이후로 누란을 깊이 믿을 수 없게 되었습니다. 이것은 뒤의 계책입니다. 바야흐로 오늘날의 대세 역시 부득불 이렇게 나갈 수밖에 없는 것으로 보입니다만, 그 요점은 응당 특별히 고위 관원을 조선의 수도에 주재하게 하면 충분히 통제에 도움이 될 수 있다는 것입니다. 일본 정벌을 하자는 논의는 실로 경솔하게 시험해 볼 수 없는 문제입니다. 원 세조(世祖) 쿠빌라이의 정벌이 실패하고 도요토미 히데요시(平秀吉)가 우환이 되었던 것은 충분히 경계의 선례가 될 수 있습니다. 비록 중국은 지금과 과거의 사정이 다르지만, 일본의 국세 역시 과거와 크게 다릅니다. 류큐에서는 현재 해저전선(海底電線)의 추가개설 공사를 시작하였고, 해군도 동·서 2부로 나누어 동부 아문은 이미 요코스카(橫須賀)로 옮겼다는 것을 아울러 알려드립니다. 서승조(徐承祖) 후임 공사는 2일 상해에서 일본으로 출발하였으니 아마 10일쯤에는 도쿄에 도착할 것입니다. 저는 즉각 임무교대를 할 것입니다. 수행원 나성원(羅星垣)은 10월 말 모친의 병환으로 휴가를 내었는데, 이미 자문을 갖추어 본인이 직접 아문에 제출하도록 하였으니, 총리아문의 대신께 대신 처리해 주시길 바랍니다. 이상입니다. 편안하시기를 빕니다.

(15) 문서번호 : 5-1-15(941, 1625a)

사안 : 조선 국왕이 보내온 문책(文冊)을 편문으로 보내면서, 아울러 북양대신에게 따로 자문으로 보낼 문책을 대신 받아서 전달합니다(片送貢使賫到朝鮮國王文冊, 並請將分咨北洋大臣文冊轉遞).

날짜 : 光緒十年十二月二十九日(1885년 2월 13일)

발신 : 禮部

수신 : 總理衙門

十二月二十九日, 禮部文稱:

本月二十七日, 朝鮮國進年貢使臣到京, 賫到咨文三件、冊三本, 係因本年十月內該國變亂詳錄緣由, 咨請轉奏等情. 除將知照本部文冊, 由本部據咨辦理外, 應將該國王分咨貴衙門公文一件、冊一本片送貴衙門查照. 其另咨北洋大臣公文一件、冊一本, 如照例, 由兵部遞送, 恐有遲延, 應一併將原咨一件、冊一本, 片送總理各國事務衙門, 希即迅速馳遞北洋大臣查照, 俾免遲悞可也.

광서 10년 12월 29일 예부에서 다음과 같은 자문을 보내왔습니다.

이달, 27일 조선국의 연공(年貢) 사신이 북경에 도착하였습니다. 자문(咨文) 3건, 책(冊) 3본을 가지고 왔는데, 올해 10월 중 조선 변란의 상세한 연유를 기록한 것으로 자문으로 대신 상주해 달라고 요청하였습니다. 본 예부에 알리는 문책은 예부에서 자문에 따라 처리한 것 외에, 조선 국왕이 귀 아문에 보내는 자문 1건, 책 1본을 편문으로 귀 아문에 보내니 살펴보시길 바랍니다. 북양대신에게 따로 보내는 자문 1건, 책 1본도 전례에 따라 병부(兵部)에 넘겨 전달해야 하는데, 지연이 있을까 염려하여 원 자문 1건, 책 1본과 편문으로 함께 총리아문에 보내는 바이니, 신속하게 북양대신에게 전달하여 살펴보게 함으로써 지연되거나 그르치는 일을 피할 수 있기를 바랍니다.

(16) 문서번호 : 5-1-16(942, 1625b-1626b)

사안 : 조선 난사의 실제 경과를 자문으로 알립니다(咨報朝鮮亂事原委).

날짜 : 光緒十年十二月二十九日(1885년 2월 13일)

발신 : 朝鮮 國王

수신 : 總理衙門

十二月二十九日, 朝鮮國王文稱:

照得小邦自與日本修好以來, 未嘗有失. 不幸有賊臣金玉均、朴泳孝、洪英植、徐光範、徐載弼等遊歷日本, 心甚傾慕, 久懷賣國之計. 本年十月十七日夜, 英植設宴郵征局, 使人刺閔泳翊於門外, 玉均等赴宮稱有亂, 脅迫移避, 預約日本公使竹添進一郎矯召帶兵入宮, 嚴守各門, 斷止出入, 屠殺大臣閔台鎬、趙甯夏、閔泳穆、韓圭稷、尹泰駿、李祖淵等六人. 玉均等居中用事, 政由已出. 十八日還往舊宮. 兇黨藉日兵之勢, 脅制日甚, 內外隔絶, 將有不測之禍. 翌日賴駐防吳統領、袁司馬、張總兵率兵入宮保護, 日人據樓上門隙, 先放槍炮, 中國兵多死. 吳總統、袁司馬、張總兵等冒死仰攻, 日兵潰散. 當職暫避北城之內, 即夜就宿吳統領營房, 轉至袁司馬營房. 二十日, 竹添進一郎自燒其館, 率兵出走仁川口, 沿路殺百姓男婦甚多. 我國民人莫知事端, 驚惶忿迫, 自前夜人人思奮, 將城內所有日人, 不分兵、商, 逢輒毆殺, 為三十餘人. 政府屢飭乃止. 賊黨知事不濟, 潛逃仁川, 登日人之船. 惟英植為本國兵所殺, 漏網甚多, 餘患更大. 二十三日還宮, 袁司馬一營入宮守護. 各國公使及穆麟德, 前往仁川, 詰問帶兵入宮之故. 竹添進一郎全不講理, 聞已函報其國, 意必尋衅. 廿六日旅順兵船來探而去. 知中國援兵將到, 人心大定, 日人此次舉動, 公理所不容, 舉國人民莫不憤惋. 北望攢手, 以待王師. 經變之餘, 衆心尚固. 此莫非貴王公大臣暨北洋大臣, 仰體皇上字小之恩, 深軫小邦受侮之情, 扶顛底安, 赴急如響. 當職與一國臣庶, 不勝感激, 鐫結衷曲. 更念當職不德, 屢致事變, 貽憂中朝, 流毒生靈, 俯仰慚恧, 靡所措躬. 玆將亂起原委, 詳錄一通, 庸備鑒核. 嗣後情形, 謹當随時咨報. 為此先行移咨, 請照驗轉奏施行.

광서 10년 12월 29일 조선 국왕이 다음과 같은 자문을 보내왔습니다.

조선은 일본과 수호 조약을 맺은 이래 실수한 바가 없는데, 불행하게도 적신 김옥균, 박영효, 홍영식, 서광범, 서재필 등은 일본을 여행하고 마음속 깊이 경모(傾慕)하게 되어, 은밀하게 나라를 팔아먹을 계획을 품게 되었습니다, 이달 17일 밤 홍영식은 우정국 연회를 열어 사람을 시켜 민영익이 문밖에 나서는 틈을 타서 칼로 베게 하였고, 그다음 김옥균 등은 왕궁으로 가서 변란이 있다고 칭하면서 국왕이 밖으로 옮겨 피하자고 협박하고, 미리 일본 공사 다케조에 신이치로와 약속하여 상유를 위조하여 군대를 이끌고 입궁하게 한 다음, 각 궁문을 엄격히 지켜 출입을 차단하고, 대신 민태호, 조영하, 민영목, 한규직, 윤태준, 이조연 등 6명을 살해하였습니다. 김옥균 등은 안에서 일 처리를 맡고 권력을 장악하였습니다. 18일에는 옛 궁전(경우궁)으로 돌아갔습니다. 흉당은 일본군의 위세를 믿고 협박하는 것이 날로 심해졌으며, 내외가 차단되어 어떤 재앙이 닥칠지 예측할 수 없었습니다. 다음 날 중국 주방영의 오조유 제독, 원세개 사마, 장광전 총병이 병력을 이끌고 왕궁에 들어와 보호하려 하였으나, 일본은 문루의 틈 사이로 먼저 사격을 개시하여 중국 병사 여러 명이 사망하였습니다. 오조유 제독, 원세개 사마, 장광전 총병이 죽음을 무릅쓰고 맞받아 공격하자 일본군은 궤멸하여 흩어졌습니다. 국왕은 잠시 북성(北城) 안에 피신하였다가, 이날 밤에는 오조유 제독의 부대로 옮겨 숙박하였고, 다음에는 원세개 사마의 부대로 옮겼습니다. 20일 다케조에 신이치로는 스스로 그 공사관을 불태우고 부대를 이끌고 인천 항구로 도피하였는데, 연도에서 피살된 남녀 백성이 상당히 많았습니다. 우리 백성은 무슨 영문인지 모른 채 경황 중에 분노하면서 전날 밤부터 사람들 모두 싸울 생각이어서, 한성 내 모든 일본인은 병사든 상인이든 가리지 않고 만나기만 하면 때려죽여 그 수가 30여 명이 되었습니다. 정부에서는 누차 지시를 내려 이를 금지하였습니다. 적당은 일이 실패로 돌아간 것을 알고 인천으로 몰래 도주하였다가 일본 배에 올랐습니다. 홍영식만은 조선 병사에게 주살되었지만 빠져나간 사람이 아주 많아, 이후의 우환은 더욱 크다고 하겠습니다. 23일에는 왕궁으로 복귀하였고, 원세개 사마의 1개 영이 왕궁에 들어와 호위하였습니다. 각국 공사 및 묄렌도르프는 인천에 가서 부대를 이끌고 왕궁에 들어간 이유를 힐문하였습니다. 다케조에 신이치로는 아예 도리를 따지지 않았고, 듣기에 이미 일본에 서신으로 알렸다고 하는데, 반드시 도발할 구실을 찾으려는 뜻입니다. 26일 여순의 군함이 와서 탐문하고 돌아갔으므로, 중국의 원병이 곧 도착할 것임을 알게 되자, 인심이 크게 진정되었습니다. 일본인의 이번 거동은 공리(公理)가 용인하는 바가 아니며, 온 백성이 분노와 원망을 품지 않음이 없습니다. 북쪽을 바라보면서 두 손을 모아 중국의 군대를 기다립니다. 변란을 거친 뒤지만 뭇 백성의 마음은 여전히 견고합니다. 이것은 귀 왕공대신과 북양대신이 황상이 베푸는 자소(字小)의 은혜와 작은 나라가 모욕을 받는 상황을 깊이 안타깝게 여기시는 마음을 우러러 체현(體現)한 바이니, 위기를 넘기고 안정을 이루게 해주시는 것이 그야말로 메아리처럼 신속하였습니다. 조선국왕은 온 나라의 신민과 더불어 감격하지 않을 수 없으며, 마음속 깊이 새기지 않을 수 없습니다. 나아가 국왕이 부덕하여 누차 사변을 만나면서 중국에 근심을 끼치고 백성에게 큰 피해를 주었으니, 하늘과 땅을 우러러 살피면서 부끄러워 몸 둘 곳을 모르겠습니다. 이에 반란이 일어난 경과를 상세하게 기록한 문서를 갖추어 살펴보시도록 올리는 바입니다. 앞으로의 상황에 대해서는 삼가 수시로 자문으로 알리도록 하겠습니다. 이 때문에 먼저 자문을 보내니, 살펴보시고 대신 상주해 주시길 바랍니다.

(17) 문서번호 : 5-1-17(943, 1627a-1630a)

사안 : 조선 난당이 일본인과 결탁하여 반란을 일으킨 경과(朝鮮亂黨勾結日人作亂之經過).[47]

날짜 : 光緒十年十二月二十九日(1885년 2월 13일)

발신 : 朝鮮 國王

수신 : 總理衙門

[생략]

47 이 문서는 (11) 문서번호 : 5-1-11(923, 1558b-1579b)에 실린 첨부 문서 : 1. 「조선 외부에서 베껴 보내온 사략책(朝鮮外部鈔送事略冊)」과 몇 글자 외에는 완전히 같은 내용이라 생략하였다.

(18) 문서번호 : 5-1-18(944, 1630b)

사안 : 조선 조공 사신이 가지고 온 북양대신에게 보내는 문책을 받아서 전달합니다(轉遞朝鮮貢使齎到分咨北洋文冊).

날짜 : 光緒十一年正月初三日(1885년 2월 17일)

발신 : 總理衙門

수신 : 北洋大臣 李鴻章

(光緒十一年)正月初三日, 行北洋大臣李鴻章文稱:

光緒十年十二月二十九日, 准禮部片送朝鮮國王咨文二件、冊二本, 係因上年十月內, 該國變亂緣由請馳遞. 等因前來. 除將該國王知照本衙門文冊留存外, 相應將分咨貴大臣文冊各一件, 咨送查收可也.

(광서 11년) 1월 3일, 북양대신 이홍장에게 다음과 같은 자문을 보냈습니다.

광서 10년 12월 29일, 예부에서 편문으로 보낸 조선 국왕의 자문 2건, 책 2본을 받았는데, 작년 10월 중 조선 변란의 경과를 신속하게 전달해달라는 내용이었습니다. 조선 국왕이 본 아문에 보내는 자문과 책은 여기 남기는 것 외에 응당 귀 대신에게 보내는 자문과 책, 각 1건을 자문으로 보내니 살펴보시길 바랍니다.

(19) 문서번호 : 5-1-19(945, 1631a)

사안 : 예부에서 대신 상주한 조선국 난당의 반란 경과에 대한 주접 1건을 이에 대해 내려진 유지를 베껴 함께 알립니다(禮部轉奏朝鮮國亂黨滋擾原委一摺錄旨知照).

날짜 : 光緒十一年正月初三日(1885년 2월 17일)

발신 : 軍機處

수신 : 總理衙門

正月初三日, 軍機處交片稱:

本日禮部奏, 朝鮮國亂黨滋擾原委, 據咨轉奏一摺. 軍機大臣奉旨:

該衙門知道.

欽此. 相應抄錄原奏、咨文各一件, 知照貴衙門欽遵可也.

광서 11년 1월 3일 군기처에서 다음과 같은 편문을 보내왔습니다.

오늘 예부에서 조선국 난당의 반란 경과를 자문에 따라 대신 상주하였습니다. 군기대신은 다음과 같은 유지를 받았습니다.

해당 아문에 알리라.

이상. 이에 따라 응당 원 주접과 자문 1건을 베껴 귀 아문에 알리니 그에 따라 처리하시면 될 것입니다.

(20) 문서번호 : 5-1-20(946, 1631b-1633a)

사안 : 조선의 연공사(年貢使)가 가져온 반란이 일어난 경과를 알리는 조선 국왕의 자문을 예부에서 대신 받아서 상주합니다(轉奏朝鮮國年貢使齎到該國王咨報亂起原委文).

첨부 문서 : 1. 「조선 국왕의 자문(朝鮮國王咨文)」: 난신 김옥균 등이 일본인과 결탁하여 반란을 일으킨 상황(亂臣金玉均等勾結日人爲亂情形).

날짜 : 光緒十一年正月初三日(1885년 2월 17일)

발신 : 軍機處

수신 : 總理衙門

正月初三日, 軍機處交出禮部抄摺稱:

為據咨轉奏事.

光緒十年十二月二十七日, 朝鮮國王特遣守判中樞府事金晩植、禮曹判書南廷哲等, 恭進年貢到京, 齎到咨文鈔冊等件. 臣等公同閱看, 係因該國叛臣金玉均等五人, 同謀作亂, 經前派往朝鮮駐紮援兵保護, 人心始定, 該國王恭錄亂起原委, 咨請轉奏等情. 謹抄錄原咨, 恭呈御覽. 除將該國王分咨總理各國事務衙門及北洋大臣咨文, 由臣部轉遞, 並將事實原冊錄送軍機處外, 為此謹具奏聞.

光緒十一年正月初三日, 軍機大臣奉旨:

[該衙門知道][48]

欽此.

1) 「朝鮮咨文」.

---

48 원문에는 없지만, 바로 앞의 문서에 이런 내용이 기록되어 있다.

[생략][49]

附: 亂變事實 一冊.

광서 11년 1월 3일 군기처에서 다음과 같은 예부에서 베낀 주접을 보내왔습니다.

자문에 따라 대신 상주합니다.

광서 10년 12월 27일 조선 국왕이 특별히 파견한 수판중추부사(守判中樞府事) 김만식(金晩植), 예조판서(禮曹判書) 남정철 등이 연공을 위해 북경에 도착하였는데, 자문 초책(鈔冊) 등을 가지고 왔습니다. 신 등이 공동으로 열어 보니, 조선 반신 김옥균 등 5명이 함께 반란을 계획하였는데, 전에 조선에 파견하여 주둔하던 원병(援兵)의 보호를 받자 인심이 비로소 가라앉았고, 조선 국왕은 삼가 반란의 원인과 경과를 기록하여 자문으로 대신 상주를 요청하는 내용이었습니다. 삼가 원 자문을 베껴 황상께서 살펴보시도록 올리는 바입니다. 조선 국왕이 총리아문과 북양대신에게 나누어 보내는 자문은 예부에서 대신 전달하고, 아울러 사실원책(事實原冊)을 베껴 군기처에 보내는 것 외에 이 때문에 삼가 주접을 갖추어 상주합니다.

광서 11년 1월 3일, 군기대신은 다음과 같은 유지를 받았습니다.

[해당 아문에 알리라.][50]

이상입니다.

1)「조선 자문(朝鮮咨文)」.

[생략][51]

부록: 변란사실 1책

---

49 (16) 문서번호 : 5-1-16(942, 1625b-1626b)과 같은 문서로 동일한 내용이라 생략한다.

50 원문에는 없지만, 바로 앞의 문서에 이런 내용이 기록되어 있다.

51 (16) 문서번호 : 5-1-16(942, 1625b-1626b)과 같은 문서로 같은 내용이라 생략한다.

(21) 문서번호 : 5-1-21(950, 1649a)

사안 : 조선 난당이 반란을 일으킨 경과를 대신 상주한 것에 대해 내려진 유지(諭旨)를 베껴서 보냅니다(錄送轉奏朝鮮亂黨滋擾原委摺所奉諭旨).

날짜 : 光緒十一年正月初六日(1885년 2월 20일)

발신 : 禮部

수신 : 總理衙門

正月初六日, 禮部文稱:

主客司案呈:

所有本部抄錄朝鮮國王咨文轉奏一摺, 於光緒十一年正月初三日具奏, 准軍機處片交:

本日禮部奏, 朝鮮國亂党滋擾原委, 據咨轉奏一摺, 軍機大臣奉旨:

該衙門知道.

欽此. 除將原摺、咨文抄交總理各國事務衙門外, 相應傳知禮部欽遵.

等因前來. 除原奏及咨文, 已由軍機處抄交外, 相應知照總理各國事務衙門可也.

광서 11년 1월 6일 예부에서 다음과 같은 자문을 보내왔습니다.

주객사(主客司)에서 다음과 같은 기안문서를 올렸습니다.

예부에서 베낀 조선 국왕의 자문을 대신 상주하는 주접은 광서 11년 1월 3일 상주하였고, 다음과 같은 군기처의 편문을 받았습니다.

오늘 예부에서 조선국 난당의 반란 원인과 경과를 알리는 자문을 대신 상주한 주접에 대해 군기대신은 다음과 같은 유지를 받았습니다.

해당 아문에 알리라.

이상. 원 주접과 자문을 베껴 총리아문에 넘기는 것 외에 응당 예부에 알려 그에 따라 처리하게 해야 할 것입니다.

원 주접과 자문은 이미 군기처에서 베껴 보낸 것 외에, 응당 총리아문에도 알려야 할 것입니다.

(22) 문서번호 : 5-1-22(956, 1654a-1655a)

사안 : 조선 국왕이 관원을 파견하여 보내온 주접을 예부에서 대신 상주한 것에 대해 내려진 유지와 원 주접을 삼가 베껴서 알립니다(轉奏朝鮮國王遣年官齎到奏章一摺, 恭錄諭旨, 鈔錄原奏知照).

첨부 문서 : 1. 「예부주접(禮部奏摺)」: 조선 국왕이 번봉(藩封)을 보호하고 화란(禍亂)을 진정시킨 것에 대해 감사의 뜻을 전달해 왔습니다(朝鮮國王謝庇護藩封底定禍亂).

날짜 : 光緖十一年正月初六日(1885년 2월 20일)

발신 : 禮部

수신 : 總理衙門

二月初三日, 禮部文稱:

主客司案呈:

所有朝鮮國王遣官賫到奏章抄錄轉奏一摺, 於光緖十一年正月二十九日奏, 三十日內閣抄出奉上諭:

禮部奏朝鮮國王遣使臣李應浚恭賫謝恩表文, 來京代為呈進一摺, 該國王奏稱:

上年十月十七日夜, 逆臣金玉均、朴泳孝、洪英植、徐光範、徐載弼等謀為不軌, 突入宮闈, 連戮大官六人. 十九日政府因臣民齊憤, 請防營提督吳兆有、同知袁世凱、總兵張光前, 率兵入護. 不期亂臣施放槍砲, 傷亡四十餘人, 鏖戰良久, 亂徒逃竄. 社稷獲存. 嗣蒙欽派大臣吳大澂、續昌前往查辦, 現已蕆事, 俄忽之間, 轉危為安, 恩施再造, 感戴不知.

所云等語, 覽奏具見悃忱. 該國列在藩封, 世修職貢, 前因光緖八年特派官兵前往, 戡平禍亂. 當以該國大難甫平, 人心未靖, 睠念屬藩, 義應保護. 諭令留紮數營, 所以彈壓亂萌, 俾餘党不致復熾. 詎期甫及兩年, 又有此變. 事起倉猝, 提督吳兆有等就近援助, 赴機迅速, 亂党洪英植等旋即伏誅, 餘衆潰逃, 藩邦底定, 深慰朕懷. 至陣亡官兵, 忠勇捐軀, 殊堪嘉憫. 著照該國王所請, 附入原任廣東水師提督吳長慶祠, 春秋派員致祭. 其所稱:"傷亡兵丁, 應由該國議卹, 乞飭北洋大臣查核辦理."等語, 朝廷字小為懷, 體恤惟恐不至. 所有陣亡受傷各官兵, 著李鴻章查明具奏請旨, 優予卹賞加恩, 毋庸由該國議卹. 其奉表使臣, 仍著頒給賞賚. 該國王尚其懲前毖後, 飭紀整綱, 任用賢能, 修明政事, 愛民治兵, 以維國本, 講信修睦以篤邦交, 於以永固屏藩, 長承恩眷, 朕寔有厚望焉. 該部將此傳諭知之.

欽此. 欽遵到部. 相應恭錄諭旨, 鈔錄原奏知照總理各國事務衙門可也.

1.「禮部奏摺」.

禮部謹奏.

為據咨轉奏事. 光緒十一年正月二七日, 據朝鮮國王李㷩專差典圜局帮辦李應浚恭賷奏本一道, 咨送臣部, 乞為轉奏. 臣等公同閱看, 係因上年十月間, 該國變亂, 伏蒙特派大臣吳大澂、續昌乘輪飛渡, 庇護藩封, 底定禍亂, 該國王感激天恩, 恭伸謝悃等因. 除將該賷奏官李應浚等, 安置會同四譯館居住, 所有例賞筵宴事宜, 應由臣部照例辦理外, 謹抄錄該國王原奏, 及與日本國續訂條約, 恭呈御覽. 再, 此次該賷奏官等係由天津赴京, 合併聲明. 為此謹具奏聞.

광서 11년 2월 3일 예부에서 다음과 같은 자문을 보내왔습니다.

주객사에서 다음과 같은 기안문서를 올렸습니다.

조선 국왕 관원을 파견하여 보낸 주장(奏章)을 베껴서 대신 올리는 주접은 광서 11년 1월 29일 상주하여, 30일 내각에서 다음과 같은 상유를 받아 보내왔습니다.

예부에서 조선 국왕이 사신 이응준(李應浚)을 파견하여 축하하면서 은혜에 감사하는 표문(表文)을 보내 북경에 와서 대신 올려달라고 요청하였다는 주접을 올렸는데, 조선 국왕은 이렇게 상주하였다.

지난해 10월 17일 밤, 역신 김옥균, 박영효, 홍영식, 서광범, 서재필 등이 반역을 음모하고 궁정에 돌입하여 연이어 대신 6명을 살해하였습니다. 19일에 정부는 모든 신하와 백성이 공분하자 방영의 제독 오조유, 동지 원세개, 총병 장광전에게 부대를 이끌고 들어와 호위하도록 요청하였습니다. 예기치 않게 난신들이 총포 사격을 개시하여 40여 명의 사상자가 나왔고, 상당히 오랫동안 전투를 계속하다가 난도는 모두 도주하여 숨었고, 사직이 보전될 수 있었습니다. 뒤이어 흠파대신 오대징, 속창이 와서 조사·처리하면서 현재는 이미 모두 마무리되었습니다. 아주 짧은 시간 안에 위기를 안정으로 바꾸었으니 재조(再造)의 은혜에 대해 어떻게 감사해야 할지 모르겠습니다.

이상의 상주 내용을 보고 모두 진정한 정성을 보여주는 것임을 보았다. 조선은 번봉의 하나로 대대로 직공(職貢)을 지켜왔고, 전에 광서 8년 특별히 관병(官兵)을 보내 화란을 진압하게 한 적도 있다. 조선은 대란이 가까스로 진압되었으나 인심이 아직 안정되지 않았으니, 속번(屬藩)을 돌아보면서 응당 보호해야 할 의무가 있었다. 몇 개 영이 남아 주둔하여 반란의 싹을 통제하면서 잔당이 다시 일어나지 못하게 하도록 지시를 내렸다. 그런데 뜻하지 않게 겨우 두 해가 지나지 않았는데 다시 이런 변란이 일어났다. 창졸간에 발생한 일이었지만, 제독 오조유 등이 가까이서 구원에 나서 신속하게 대응함으로써, 난당 홍영식 등이 곧바로 주살되고 나머지 무리는 궤주(潰走)하여 번방(藩邦)이 안정되었으므로 깊이 위안을 느끼는 바이다. 전투 중 사망한 관병은 충성스럽고 용맹하게 몸을 바쳤으니 특별히 칭찬하고 안타깝게 여길 만하다. 조선 국왕의 요청에 따라 원임 광동수사제독 오장경의 사당에 부입(附入)하고 봄가을에 관원을 파견하여 제사를 지낼 수 있도록 하라. "죽거나 다친 병정은 응당 조선에서 의휼(議卹)하고자 하니, 북양대신에게 검토하여 처리할 수 있게 해주십시오"라고 하였지만, 조정은 자소(字小)의 뜻을 품고 있어, 체휼(體恤)이 오로지 이르지 못할까 염려하고 있다. 전투 중 다치거나 죽은 각 관병에 대해서는 이홍장이 조사한 후, 상주하여 유지를 청하고 특별하게 은혜를 더한 위로금과 상사(賞賜)를 내리는 것 외에, 조선에서 의휼하게 할 필요는 없다. 표문을 받들어 온 사신 또한 상뢰(賞賚)를 지급하라. 조선 국왕이 만약 전후의 경과를 뉘우쳐 기강을 정돈하고, 현능한 관원을 임용하고, 정사(政事)를 깨끗하게 닦고, 백성을 사랑하고 군대를 정비함으로써 나라의 근본을 유지하며, 신뢰를 강구하여 이웃 나라와의 방교(邦交)를 돈독히 함으로써 영구히 병번(屛藩)을 안정시키고 오래도록 은권(恩眷)을 받을 수 있기를 짐은 실로 깊이 바라고 있다. 해당 부장 등에게 이 상유를 전달하여 알리도록 하라.

이상. 이상과 같은 유지를 받았으므로, 응당 삼가 유지를 베끼고 아울러 원래의 주접을 베껴 총리아문에 알려야 할 것입니다.

1.「예부 주접(禮部奏摺)」.

예부에서 삼가 상주합니다.

자문에 따라 대신 상주합니다. 광서 11년 1월 27일, 조선 국왕이 전원국(典圜局) 방판(帮辦) 이응준을 특별히 파견하여 축하하는 주본(奏本) 1통을 예부에 자문으로 보내오면서 대신 상주해 달라고 요청하였습니다. 신 등이 공동으로 살펴보니, 지난해 10월 중 조선에서 변란이 발생하였는데, 특별하게 파견된 대신 오대징, 속창이 윤선을 타고 신속하게 건너가 번봉을 보호하고 화란을 제거하였으므로, 조선 국왕이 황상의 은혜에 감격하여 그 정성을 삼가 알리고자 하는 내용이었습니다. 재주관(賫奏官) 이응준 등은 회동사역관(會同四譯館)에 안치하여 머물게 하고, 모든 상사나 연연(筵宴) 등의 문제는 응당 예부에서 전례에 따라 처리하게 하는 것 외에, 삼가 조선 국왕의 원주 및 일본과 속정(續訂)한 조약을 베껴 살펴보시도록 삼가 올리는 바입니다. 또한 이번에 해당 재주관 등은 천진에서 북경으로 간다는 점을 아울러 밝힙니다. 이 때문에 삼가 주접을 갖추어 올리는 바입니다.

(23) 문서번호 : 5-1-23(957, 1655b-1662a)

사안 : 일본은 우리가 프랑스와 마찰을 빚고 있는 틈을 타 이익을 얻으려 하는데, 몹시 가증스럽습니다. 만약 신속하게 프랑스와의 문제를 해결한다면, 일본은 믿는 바를 잃게 되어, 응당 쉽사리 우리의 뜻에 따르게 될 것입니다(日本以我有法患, 欲乘機徼利, 情甚可惡. 若速定法事, 彼失所恃, 當易就範).

첨부 문서 : 1.「오조유 제독의 보고(吳提督兆有來稟)」: 1) 조선 국왕은 경복궁으로 옮겼고, 이미 1개 영을 뽑아 신남영 부근으로 이동·주둔케 하여 가까이에서 보호하게 하였습니다(朝鮮國王移居景福宮, 已撥一營移駐新南營, 就近保護). 2) 일본군의 갖가지 비밀스럽고 괴이한 움직임은 막으려고 해도 막을 수 없으니, 설사 갑작스럽게 일이 생기더라도 일찌감치 지침을 내려 따라 할 수 있도록 해주시길 요청합니다(日兵種種詭秘情形, 防不勝防, 設使倉卒起事, 請早諭機宜, 俾有遵循).

2.「조선 외무독판 김윤식이 원세개에게 보낸 서신(朝鮮外務督辦金允植致袁丞世凱手書)」: 이토 히로부미 등이 중국에 가는 것은 중국과 프랑스가 전쟁 중인 틈을 타서 중국을 힘들게 하려는 것입니다. 만약 중국이 조선에 주둔하는 중국 군대의 철수를 승인하지 않는다면, 일본은 장차 군대를 움직여 싸우고자 할 것입니다(伊藤等赴華, 欲乘中法有事, 以困中國. 若中國不允撤駐朝兵弁, 日本卽將用兵相爭).

3.「진수당 도대의 보고(陳道樹棠來稟)」: 민영익의 말에 의하면 일본인은 반드시 중국이 주둔 부대를 철거하기를 원하며, 그렇지 않으면 전쟁으로 맞설 것이라고 합니다. 김윤식은 대규모의 부대를 크게 동원하고 아울러 전함을 모아 일본인이 엿보는 것을 막아야 한다고 요청하였습니다(據閔泳翊言, 日人必欲中國撤去防營, 否則兵戎相見. 金允植請多調重兵, 並集戰艦以杜日人窺伺).

4.「조선 국왕의 자문(朝鮮國王咨文)」: 일본은 중국과 프랑스의 전쟁을 틈타 중국을 협박하여 조선 주둔 부대를 철수하라고 요구하며, 만약 허락하지 않으면 곧바로 전쟁으로 맞서려 할 것인데, 조선의 안위에 관한 일이라 원대한 방침을 내려주시기를 요청합니다(日乘法釁, 要挾中國, 撤退駐朝兵勇, 如不允撤 ,便欲角力相爭, 事關朝鮮安危, 請卽指授碩劃).

5. 「일본인 이노우에 가쿠고로와 조선 관원 민영익의 필담 원고(日人井上角五郎與朝員閔泳翊筆談稿)」: 이토 히로부미가 논의한 것은 철병 문제에 지나지 않지만, 만약 중국이 철병을 허락하지 않으면, 중국과 일본은 장차 조선에서 전쟁을 시작하게 될 것입니다. 조선이 만약 중국에 편파적으로 붙는다면, 먼저 일본에게 유린당할 것입니다(伊藤所議不過撤兵問題, 中國若不允撤兵, 則中日將開戰於朝鮮. 朝鮮若偏附中國, 必先受日本蹂躪).

날짜 : 光緒十一年二月初八日(1885년 3월 24일)

발신 : 北洋大臣 李鴻章

수신 : 總理衙門

二月初八日, 北洋大臣李鴻章函稱:

日使伊藤不願留津會商, 以赴京呈遞國書為詞, 前已電達在案. 比想抵都先議親遞國書一節, 微有周折, 前榎本密稱:"伊藤擬有辦法條款與鈞署面商," 並未言明何條何款也. 上海字林報英人素暱倭黨, 據稱:"伊藤來有五款, 一索賠八十萬, 二撤朝防軍, 三結球案, 四新開口岸, 五重訂商約." 雖不盡確, 而乘法人戰爭之會, 所慾必奢. 徐孫麒函稱:"該國文武赴鄉會議, 十日始定遣使之局. 日君諭於三月內出閱廣島、熊本兩鎮兵操, 以備緩急, 並伊藤、西香帶來水陸各弁, 到處察探虛實, 形蹤殊屬詭譎." 頃又據提督吳兆有、通商委員陳樹棠正月下旬來稟, 朝鮮執政金允植致袁世凱手書, 均以日使來華, 意存叵測, 朝都亦頗震動. 謹照鈔各稟, 函奉呈察閱. 惟祈熟籌因應之策, 銷患無形, 是所切盼. 伊藤等因我有法患, 乘機徼利, 無理取鬧, 情甚可惡. 若法事速定, 彼失所恃, 儘可據理駁斥, 即稍通融, 當易就範. 其機關似仍在法, 而不在倭. 高明必能鑒及也. 朝鮮國王咨文, 聞遣使專賫, 尚未接到. 專肅密布. 祇頌鈞祺.

1) 「吳提督兆有來稟」.

敬稟者.

竊正月初二日, 朝鮮國王派叅判閔丙奭傳告沐恩, 以宮內傷斃多人, 不甚潔淨, 擬定本月十七日遷居景福宮, 宮址近城西, 係大院君所新造, 距沐恩等營約有四五里之遙. 意欲沐恩亦移駐新宮左右, 就近保護. 沐恩初以人心甫定, 不應有此更動, 欲請從緩. 嗣聞國王及太妃早有此意, 急切欲遷, 未便力阻所請, 隨護亦未便推辭. 惟暫時泥水不活, 築壘頗難, 查新宮外東首有新南營, 正對宮牆建春門, 相距不過數武, 雖無多屋而隙地頗多, 添蓋草宇足容一營. 沐恩乃商於張總兵前光, 郭副將春華, 暫將沐恩左營先於十六日移駐新南營, 十七日三營出隊, 迎護國王遷宮. 十八日復出隊, 隨護國王回老宮, 迎請歷代先王遺像到新宮. 日使近藤真鋤亦率四百餘兵, 在鐘樓大街站隊迎送. 日兵本全駐城外, 正月初八日公使自帶百餘人移進城內, 駐南山下舊日本營舍. 其餘五六百人, 仍駐城外. 每日必有數羣或一二十人或二三十人, 持械徧遊. 滿城市巷隨帶紙筆, 到處繪圖, 每晚則有四五十人, 四處梭巡, 竟夜不息. 日間又常有百數十人, 持械在城外一二十里或二三十里曠野之區, 故作對敵之狀. 仁川舊駐兵船一艘, 名日進艦, 初八晚有兵船名海門艦□口停泊, 而日進則於十一日黎明開回該國. 十七日, 又有三菱公司船名小管丸進口, 查係日本海軍衙門僱募專遞緊要公文, 運有軍粮, 自馬關前來, 所有商家書信一概不帶. 種種詭秘情形, 不獨朝鮮民心初定, 見此多有疑慮, 即沐恩亦有防不勝防之患. 設使倉卒起事, 必待禀請憲示而後照辦, 竊恐朝鮮大局, 已有不及挽回之勢, 且或暗中勾結亂黨, 遷挾國王, 如當年琉球故事, 則沐恩縱能保守各營, 亦復有何面目見我憲台? 況日人如有此舉動, 斷無不侵犯我軍之理. 所以躊躇再四, 不能不仰懇憲台, 早諭機宜, 俾得臨時有所遵守, 不致冒昧, 又增憲台東顧之憂. 前荷吳·續兩憲批准會商憲台, 春季換防, 如蒙照准, 則尤為合軍感幸矣.

正月十八日發. 二月初七日到.

2)「朝鮮外務督辦金允植致袁丞世凱手書」.

日人井上角五郎, 向在朝鮮甚公正, 去冬逃回. 其國信竹添之言, 物議沸騰, 賈勇争先.[52] 此人首言竹添之非, 亂黨之罪, 其國初聞是論, 和議漸成. 及井上馨之來. 自請為僕御隨行, 居中彌縫, 保全和局. 頃復由日回云. 該國議論甚峻, 近有兩邊說, 薩州

52 '가용(賈勇)'은 「左傳」 成公 2년의 기록에서 비롯된 것으로 '賈'는 판매한다는 뜻이니, 용기가 남아 판매한다는 것인데, 여기서 용기를 북돋운다는 뜻이 나왔다.

主戰, 長州主和. 薩州衆議黑田清隆主之,[53] 其言以去冬十月竹添奉王命入宮, 華兵無端相攻, 殺害兵·商, 應責賠償於中國. 長州衆議井上馨主之, 其言往事不必論, 皆由於兩國護兵同住一城之故, 應請中國撤回防兵, 日本亦撤護兵. 如議論不合, 再作計較, 兩議相持未決. 日人久欲尋衅. 其民情甚於廷議, 終難抑遏, 殊可虞也. 今派正使伊藤, 副使西鄕赴華, 伊藤長州衆議, 西鄕薩州衆議, 似合兩議酌中用之. 議不合, 則便可動手. 井上馨來朝時. 初議欲請中國撤兵. 不應則日本添兵如其數. 今聞所議, 更加一層, 若舌爭不諧, 則用兵戰退, 雖百戰百敗, 其勢不止. 又聞法人為難於台灣, 轉向甯波, 直擣天津. 日人乘此機會, 欲困中國, 以中國兵力, 豈不足折其驕心? 但敝邦居其間, 雖無此事者, 自潰之勢, 萬一中日交仗於境內, 將何以支? 若陳兵自衛, 守局外之例, 於義不可, 若出兵隨中國後, 與日人對仗, 則沿海數千里, 四面受敵, 無安枕之日, 又將何以處之? 昨有日船來仁川, 日商皆欲搬貨上船. 想津門亦已戒嚴, 此間無可共商, 束手而坐, 奈何奈何?

正月廿一日發.

3) 「陳道樹棠來禀」.

敬密禀者.

竊朝鮮大員閔叅判泳翊, 自養傷在宅, 旣未預事, 亦未見客. 前經防營派首兵丁, 守護其門. 本月十八日晩間, 忽遣防兵一名, 持名紙來云:"有日本人到宅, 定欲晤談, 特遣通知."等因. 職道雖知有異, 因已交亥刻, 不便黃夜前往, 當飭朝鮮通事往探, 回稱:"日人談約一時之譜, 亦即回去, 未知何事." 次日幫辦譚守賡克詣晤泳翊, 詢昨夕所議, 當將日人井上角五郞筆談底, 出眎譚守, 閱畢, 擇要照錄一紙. 即詢其意旨若何, 泳翊答云:"日人之意, 必欲中國撤去防營. 否則兵戎相見. 即在王城開戰. 不顧人民之殃及矣. 泳翊養傷未痊, 突聞此言, 殊深憂慮, 設或防營議撤, 倘遇事變, 恐有鞭長莫及之虞, 若置不理, 日人志在尋釁, 必啟爭端, 擬請將防營暫行移紮馬山浦, 日

53 구로다 기요타카(黒田清隆, 1840~1900)는 일본 육군 군인, 정치가로 사쓰마 번사로서 막부 말기 삿초 동맹(薩長同盟)에 힘썼고, 메이지 유신 이후 정부에 참가하여 홋카이도(北海道)의 개척을 지휘하고, 1876년에는 「조·일수호조규」 체결에 참석하였다. 이후 사쓰마벌(閥)의 중진으로 활약하였다. 1888년부터 1889년 사이 제2대 내각 총리대신을 지냈다.

後相機更動, 一面知照日兵, 退出仁川港, 彼此離開, 免致藉口滋事."等語. 譚守答以:"撤防一節, 事關重大, 即駐防統領營官, 亦未敢自專, 必俟詳請傅相, 察核情形, 敷陳奏請, 始可遵行." 泳翊又:"倘議不合. 中日當在王城開戰. 勢必蹂躪蹂生靈, 而朝兵又訓練未精, 火器未足特, 恐臨時助戰, 不能得力. 所恃者上國雄師, 但駐此防營, 兵力太單, 一經有事, 消内患有餘, 禦外侮不足, 必得仰伏上國添調重兵, 並集戰艦, 庶可張威制勝."各等語.[54] 伏思泳翊所言, 亦為該國積弱之勢, 戰守、機宜毫無把握, 致有此等苟偷旦夕之論, 獨慮兵單, 恰属目前要務. 職道刻又聞, 德國卜領事談論:"現在朝鮮既與各國立約通商, 合當視同與國, 中國不必定欲固執藩属, 而日本亦不得相争附己. 中·俄·日共相立約, 朝鮮歸三國保護, 倘有他國侵凌, 中·俄·日共為援助, 似此可期長保太平, 不獨朝鮮之幸."云云. 此論属於偏袒, 未為平允, 大約日人未遂狡謀, 致多播弄, 該領事未免為其所惑. 惟英副領事與職道談, 反不以日本所辦為然, 並云即駐中國英公使亦不以為然. 如果日本不守公法, 我英國前立合同, 亦難准辦, 揆其情形, 似另有私約之事. 今以為非, 似乎私約不能作准之意, 但未説明何故, 未便深問. 十九日午後, 外部督辦金允植, 來職道公署筆述:

> 我邦遭難, 前後惟賴中國脊庇, 保有今日, 而不圖日人横梗於中, 慫慂各國於外, 中國豈能棄我邦撤防? 既不撤防, 日人藉以尋釁, 設竟猝然變生, 擁衆而至, 兵單難以抵禦, 即海口議設陸綫, 亦恐緩不濟急. 目前安著, 宜請多調重兵, 並集戰艦, 以固藩籬, 庶杜窺伺, 現由我邦咨請傅相, 迅籌核辦.

等語. 二十日, 旋聞國王已備咨文, 當鈔有底稿一紙. 伏查日人包藏禍心, 不可測度, 職道既有聞見, 雖不敢干預軍事, 亦不得不將探訪情形, 據寔縷陳, 並將咨文稿底及井上角五即與閔泳翊筆談擇鈔之語, 另繕清摺, 稟呈察核. 聞國王亦有咨營公件, 諒由營務處潘中書志俊, 並吳提督兆有等另稟外, 合肅寸稟. 伏祈鈞鑒.

正月二十四日發, 二月初六日到.

4)「朝鮮國王咨文」(謹將朝鮮國王咨稿錄呈鈞覽).

54 이것이 1884년 갑신정변 직후 독일의 총영사 대리 부들러(Budler, H.)가 조선 정부에 권고한 영세중립론(永世中立論)의 내용이다. 이에 대해서는 이 책의 5-3-9(974, 1736b-1745b)의 첨부 문서 4.「조선 주재 독일 서리 공사의 제안(駐朝鮮德國署使條議)」을 참조.

爲密咨事.

照得本月十七日. 日本商船小管丸駛到仁港. 致信函於其國代理公使近藤真鋤. 傳聞本月十四日, 日本派伊藤博文向北京論事. 微探其意, 蓋爲撤回中國駐防之兵也. 去年井上馨, 在政府議約時, 已發其端, 尚屬微婉其詞. 此次情形, 較前更緊議, 若妥成則彼亦撤兵回國, 如其不合, 便欲角力相爭, 其機甚急. 竊念小邦自壬午軍變以來, 賴駐防援護之力, 內靖國難, 外禦鄰侮, 一隅海藩, 得保今日, 莫非我皇上眷庇之恩, 曁貴大臣經遠之謨. 擧國人心, 不勝感戴. 惟恐防兵一朝撤回, 無所依恃. 不圖日人自生猜疑, 又來法冦之釁, 强詞要挾, 有意馮凌驟突. 竊覘日人之志, 不得其所欲, 必不肯休. 敝邦處此艱險, 寔難進退, 若與中國合力防堵, 則雖使僅保宮城, 宮城以外不能盡防. 兵連禍結, 魚肉生靈, 寔屬可念. 若處以中立, 不干戰事, 則敝處駐防之兵, 爲誰受敵? 而敢言閉户之義乎? 誠不免仰愧俯怍. 且如撤防之後, 或有內訌外侵, 土兵勢弱, 何以禦之? 左思右量終無方, 使向來敝邦有事, 靡不咨商於貴大臣, 現下情形, 係是敝邦安危存亡之機, 應請貴大臣深籌商酌, 指授碩畫, 俾得持守成算而無後悔, 不勝幸甚. 爲此借文咨商請, 煩照驗轉奏天陛, 裁度便否, 祈即示覆. 須至咨者.

5) 「日人井上角五郎與朝員閔泳翊筆談稿」(謹將日人井上角五郎對朝員閔泳翊筆談稿底, 繕呈鈞覽).[55]

伊藤西鄕在京, 其議不過撤兵云云, 支那即稱中國, 不肯之也必矣. 然則亂源在於貴國京城, 支那·日本開釁於此, 貴國雖欲中立其可得乎? 故觀强弱以偏附者, 貴國之計也. 而以弟見之, 貴國是附支那, 是計之良者, 然一附支那, 則日本必加害於貴國, 或蹂躪貴國, 或屠戮人民, 使貴國不耐其難, 是弟之所憂也. 貴國不可不偏附支那, 而日本之所害如此, 是弟之所盡貴國若何, 此時則弟盡死力以當其任可也. 伊藤前往

55 이노우에 가쿠고로(井上角五郎, 1860~1938)는 일본의 실업가, 정치가로 저명한 후쿠자와 유키치(福澤諭吉)의 제자로 게이오기주쿠(慶應義塾)를 졸업하였다. 임오군란 후에 조선 정부의 고문으로 보내졌고, 1883년 10월에는 『한성순보(漢城旬報)』를 발간하고, 1886년에는 『한성주보(漢城周報)』 창간에 기술 및 편집고문으로 간여하였다. 갑신정변에 깊이 간여하여 김옥균·박영효와 연락하기도 하였다. 이후 제국의회 중의원 의원에 당선되었고, 실업가로도 크게 활약하였는데, 한성에서의 활동 기억을 담은 『漢城之残夢』(1891)을 남기기도 하였다.(한상일 역·해설, 『서울에 남겨둔 꿈: 19세기 말 일본인이 본 조선』, 건국대학교출판부, 1995에 수록되었다).

支那之時，商船三隻、兵船二隻帶來云．又同時兵船一隻、商船一隻前往朝鮮云云．朝鮮雖偏附支那，而其心不外獨立，玉均輩其言雖是開化，其心不外覬覦王位．近日閱我國新聞紙，皆云朝鮮有事大·開化兩黨．事大黨曩以閔台鎬、趙甯夏、李祖淵、閔泳翊等為首，而獨擅政權朝廷，故日本黨金玉均、朴泳孝等不耐憤懣．是以伏王命誅殺支那黨略盡．其後有金宏集、魚允中則此中之人，僅得勢力而又失之．今則金允植以支那黨首獨擅政權，而閔泳翊在於病蓐陰助之云云．

광서 11년 2월 8일, 북양대신 이홍장이 다음과 같은 서신을 보내왔습니다.

일본 사신 이토 히로부미가 천진에 남아 협상하려 하지 않고 북경에 가서 국서를 제출해야 한다는 구실을 내세운다는 점은 앞서 이미 전보로 알린 바 있습니다. 북경에 가서 먼저 협의하고 직접 국서를 제출하겠다는 문제는 조금은 복잡한 사정이 있는데, 전에 에노모토 다케아키 주북경 일본 공사가 몰래 말하길, "이토는 처리 방법 조항을 마련하여 귀 아문과 직접 협상하고자 합니다"라고 했지만, 결코 어떤 조항인지는 언급하지 않았습니다. 상해의 『자림보(字林報, North-China Daily News)』의 영국인은 비교적 일본 측과 친한데, 그에 따르면 "이토가 가져오는 것은 다섯 조항으로, 1. 80만의 배상, 2. 조선 방군(防軍)의 철수, 3. 류큐 문제의 마무리, 4. 새로운 항구의 개방, 5. 통상조약의 개정."이라는 것입니다. 비록 아주 확실한 것은 아니지만, 중국이 프랑스와 전쟁을 벌이는 시기를 틈탄 것이니 바라는 바가 반드시 분수에 넘칩니다. 서승조 주일본 공사가 서신에서 말하길, "일본의 문·무 관원이 향촌에 내려가 회의하였는데, 10일에 비로소 사신을 파견한다는 국면이 확정되었습니다. 일본 군주는 3개월 이내에 히로시마, 구마모토 양진(兩鎮)의 군사 훈련을 참관하여 완급을 대비한다고 하며, 아울러 이토 히로부미와 사이고 쓰구미치(西鄉從道)가 육·해군 장교를 수반하고 도처에서 허실을 탐색한다고 하는데 행적이 특히 이상합니다"라고 하였습니다. 얼마 전 또한 제독 오조유, 통상위원 진수당이 1월 하순 보낸 보고를 받았는데, 조선 집정 김윤식이 원세개에게 보낸 수서(手書)는 모두가 일본 사신이 중국에 가는데 그 의도를 예측하기 어려워 조선의 수도에서도 자못 동요되는 바가 있다는 내용이었습니다. 삼가 각 보고서를 그대로 베껴 서신과 함께 동봉하여 살펴보시도록 올립니다. 오로지 능숙하게 대응하는 방책을 마련하여 무형 중에 우환을 소멸시킬 수 있으면 하는 것이 절실한 바람입니다. 이토 등이 우리에게 프랑스와의 전쟁 문제가 있다고 해서 기회를 틈타 이익을 얻고자 무리한 소동을 벌이는데 이는 몹시 혐오스러운 일입니다. 만약 프랑스와의 문제가 신속하게 진정되면 일본은 믿는 바를 잃게 되니, 최대한 이치에 근거하여 논박하면 조금이라도 융통성이 생겨 곧바로 우리 뜻에 따르게 될 것입니다. 그 핵심의 소재는 여전히 프랑스에 있지 일본에 있지 않다는 것은 귀하께서 반드시 능히 살펴보셨을 줄 압니다. 조선 국왕의 자문은 듣기에 사신을 특별히 파견하여 보낸다고 하는데, 아직 받아보지 못하였습니다. 이상을 비밀리에 서신으로 알립니다. 편안하시기를 빕니다.

1) 「오조유 제독의 보고(吳提督兆有來稟)」.

삼가 보고합니다.

광서 11년 1월 3일, 조선 국왕이 참판(叅判) 민병상(閔丙爽)을 보내 궁내에서 사상자가 많아 그다지 청결하지 못하기 때문에 1월 18일에 경복궁으로 옮겨갈 예정이라고 제게 알렸습니다. 궁지(宮址)는 성서(城西)에 가깝고 대원군이 새로 조성한 것인데, 저희 부대와 대략 4~5리 정도 멀리 떨어져 있습니다. 저희 역시 신 왕궁 좌우로 옮겨 가까이서 보호해 주길 바라는 뜻 같았습니다. 저희는 인심이 가까스로 가라앉은 참이라 이런 변동이 있어서는 안 된다고 생각하여 좀 늦춰달라고 요청할 생각이었습니다. 그렇지만 국왕 및 태비가 일찍부터 이런 뜻을 품고 있어 빨리 옮겨가기를 간절히 바란다고 하였기 때문에 힘써 요청한 바를 거부하기는 어려웠고, 따라가 호위하는 일 역시 거절하기 어려웠습니다. 하지만 얼마간은 건물을 짓는 일이 쉽지 않고 군 막사를 건축하는 것도 자못 어려웠는데, 새 궁전 밖 동쪽에 새로 신남영(新南營)이 있고, 정면으로 왕궁 담벼락의 건춘문(建春門)을 마주하고 있으며, 서로 떨어져 있는 것이 불과 몇 걸음이라서, 비록 가옥이 많지는 않으나 빈터가 상당히 커서 초가집을 추가한다면 1개 영 정도는 충분히 수용할 수 있었습니다. 저는 그래서 장광전 총병, 곽춘화(郭春華) 부장(副將)과 상의하여, 잠시 저의 좌영을 16일에 앞서 신남영으로 이동시켜 주둔하게 하였고, 17일에는 3개 영 부대를 모두 출동시켜 국왕을 맞이하여 호송하면서 왕궁을 옮겼습니다. 18일 다시 부대를 출동시켜 국왕을 수호하면서 옛 궁전으로 돌아가는 것을 호위하고, 역대 선왕의 유상(遺像)을 새 궁전으로 맞아들여 옮겼습니다. 일본 공사 곤도 마스키(近藤真鋤) 역시 4백여 명의 병사를 이끌고 종루대가(鐘樓大街)에서 부대를 세워 환영하였습니다. 일본군은 전체가 성외에 주둔하는데,

1월 8일 일본 공사가 스스로 100여 명을 이끌고 성내로 진입하여 남산 아래 옛 일본군 막사에 주둔하였습니다. 그 나머지 5~6백 명은 여전히 성외에 주둔하고 있습니다. 매일 반드시 몇 개의 무리, 또는 10~20명이나 20~30명씩 무기를 휴대하고 두루 돌아다니고 있습니다. 성내 곳곳의 거리에서는 종이와 붓을 휴대하고 도처에서 지도를 그리고 있으며, 매일 밤 40~50명이 사방을 순찰하는데, 밤새도록 멈추지 않습니다. 낮에는 또한 항상 백 수십 명이 무기를 지니고 성외 10~20리, 혹은 20~30리 떨어진 넓고 한적한 곳에서 일부러 적군을 맞이하는 진영을 만들기도 합니다. 인천에는 과거 일진함(日進艦)이라는 이름의 군함 1척이 있었는데, 8일 늦게 해문함(海門艦)이라는 이름의 군함이 도착하여 정박하자, 일진함은 11일 새벽 일본으로 돌아가기 위해 출발하였습니다. 17일에는 또한 미쓰비시 공사의 고스케마루(小管丸)란 이름의 배가 진입하였는데, 일본 해군아문이 중요 공문만을 전달하기 위해 고용한 것으로 군량도 함께 운송하며, 시모노세키[馬關]에서 출발하였는데, 상가(商家)의 서신은 전혀 가져오지 않았습니다. 조선의 민심이 가까스로 진정되었는데 이러한 갖가지 괴이하고 비밀스러운 상황을 보면 반드시 의심하고 걱정할 터이며, 저 역시 막으려고 해도 막을 수 없다는 점을 우려하지 않을 수 없습니다. 만약 창졸간에 일이 벌어진다면 반드시 대인께 보고를 올리고 지시를 요청한 다음에야 그에 따라 처리할 수 있는데, 조선의 국면은 이미 만회하기 어려운 대세가 아닌지 두렵습니다. 또한 혹시라도 과거 류큐의 고사(故事)처럼, 암중에 난당과 결탁하여 국왕을 옮기고 협박하는 일이 벌어지는데도, 저희가 만약 각기 자기 부대만 지키면서 보호한다면 다시 무슨 얼굴로 대인을 뵐 수 있겠습니까? 하물며 일본인이 이러한 거동을 보이니 단연코 우리 군대를 침범하지 않는다고 보장하기는 어렵습니다. 그래서 재삼 주저하면서도 부득불 대인께 우러러 신속하게 대책을 지시하여 문제가 생겼을 때 그에 따름으로써 어리석은 방향으로 나가 대인이 다시 동쪽을 돌아보아야 하는 근심을 늘리지 않도록 해주시길 간청합니다. 전에 오대징·속창 두 대인으로부터 대인께 논의하여 춘계(春季)의 방어 부대 교체에 대한 비준을 받았는데, 만약 이를 비준해 주신다면 부대원 전체가 특히 행운이라고 느끼게 될 것입니다.

광서 11년 1월 18일 발송, 2월 7일 도착.

2) 「조선 외무독판 김윤식이 원세개에게 보낸 편지(朝鮮外務督辦金允植致袁丞世凱手書)」.

일본인 이노우에 가쿠고로는 종래 조선에 있을 때 매우 공정하였는데, 지난겨울 도망쳐 돌아갔습니다. 일본에서는 다케조에의 말을 믿어 물의(物議)가 비등하였고 다투어 그것을 부추겼는데, 이노우에 가쿠고로가 처음으로 다케조에의 잘못과 난당의 죄를 지적하자, 일본에서는 비로소 이러한 논의를 들을 수 있게 되었고, 화의도 점차 이루어질 수 있었습니다. 이노우에 가오루가 조선에 오게 되자 그는 자청하여 그의 부하가 되어 수행하면서, 중간에서 중재하여 화의 국면을 유지할 수 있게 하였습니다. 최근 다시 일본에서 돌아왔다고 합니다. 일본에서의 여론은 몹시 험악하여 최근에는 두 가지 주장이 있는데, 사쓰마는 주전(主戰), 조슈는 주화(主和)의 편이라고 합니다. 사쓰마의 여론은 구로다 기요타카(黑田清隆)가 주도하는데, 지난겨울 10월 다케조에가 국왕의 명령을 받아 입궁하였는데 중국군이 이유 없이 공격하여 일본 병사와 상인을 살해하였으므로 응당 중국에 배상을 요구해야 한다는 것이었습니다. 조슈의 여론은 이노우에 가오루가 주도하는데, 지나간 일을 다시 논의할 필요는 없으며, 모두가 두 나라의 호위 병력이 같은 도시에 주둔하고 있었던 것 때문이므로, 중국에 수비 병력을 철수하도록 요청하고, 일본 역시 호위 병력을 철수해야 한다는 것이었습니다. 만약 의견이 맞지 않으면 다시 비교해 보아야 하는데, 양쪽이 서로 의견을 고집하느라 결말이 나지 않았습니다. 일본인은 오랫동안 트집을 잡을 수 있기를 바라왔고, 그 민간 여론은 조정의 논의보다 훨씬 심하므로, 결국 이를 막을 수 없게 되는 것이 몹시 걱정됩니다. 지금 정사(正使) 이토 히로부미, 부사(副使) 사이고 쓰구미치(西鄉從道)를 임명하여 중국에 파견하는데, 이토는 조슈의 여론을, 사이고는 사쓰마의 여론을 대변하므로, 아마 양쪽의 여론을 종합하여 중간쯤에서 절충할 것 같습니다. 의론이 맞지 않으면 즉시 손을 쓰게 됩니다, 이노우에 가오루가 조선에 왔을 때 처음 논의는 중국의 철병을 요청하고, 불응하면 일본군을 그 수만큼 증원하려는 것이었습니다. 지금 논의한 바를 들으니, 거기에 한 가지를 덧붙여 만약 구두 협상이 원만하지 않으면 용병(用兵)을 하더라도 싸우고 물러날 수 있으며, 비록 백전백패하더라도 그 기세는 멈추지 않는다는 것이었습니다. 또한 듣기에 프랑스가 대만을 침범하고 다시 방향을 돌려 영파(甯波)로 향한 다음, 직접 천진으로까지 쳐들어간다고 합니다. 일본인이 이 기회를 빌려 중국을 괴롭히고자 한다면, 중국의 병력으로 어찌 충분히 그 교만한 마음을 꺾을 수 있겠습니까? 그렇지만 조선은 그 중간에 위치하여 비록 이런 일이 없더라도 스스로 무너져 가는 형세니, 만약 중국과 일본이 조선 경내에서 전투라도 벌인다면 어찌 지탱할 수 있겠습니까? 부대를 배치하고 자위하면서 국외중립의 사례를 지킨다고 하는 것도, 이론상으로는 불가능하지는 않습니다. 그렇지만 부대를 동원하여 중국의 뒤를 따라 일본군과 싸움을 벌인다면, 연해 지방 수천 리가 사방에서 적의 공격을 받아 안심하고 잘 수 있는 날이 거의 없을 터이니, 또한 어떻게 대처할 수 있겠습니까? 어제 일본 선박이 인천에 도착하자 일본 상인들은 모두 화물을 옮기고 배에 오르고자 하였습니다. 생각건대 천진 역시 이미 계엄 상태에 들어갔는데, 여기서는 함께 상의할 방법이 없어 손을 묶어 놓고 앉아 있으니 이를 어찌합니까?

광서 11년 1월 21일 발송.

3) 「진수당 도대의 보고(陳道樹棠來稟)」.

삼가 비밀리에 보고합니다.

조선의 고관 참판 민영익은 집에서 상처를 치료하게 된 이후 바깥일에 간여하지도 않고 또한 손님을 만나지도 않습니다. 이전에 방영에서 병정을 파견하여 그 문을 지키게 하였습니다. 이달 18일 늦게 갑자기 방병(防兵) 1명을 보냈는데, 명첩을 가지고 와서 말하길, "일본인이 집에 왔는데, 반드시 저와 만나서 이야기하고자 합니다. 특별히 통지하는 바입니다"라는 것이었습니다. 저는 비록 뭔가 이상하다고 여겼지만, 이미 해각(亥刻, 오후 9~11시)을 넘겼으므로, 밤을 도와 가 보기는 불편하였습니다. 그래서 조선 통역에게 가서 탐문하도록 지시하였는데, 돌아와서 말하길 "일본인과 대략 한 시간 동안 대화를 나누었으며, 이후 곧바로 돌아갔는데 무슨 일인지는 알 수 없습니다"라고 하였습니다. 다음날 방판 담갱극(譚賡克)이 가서 민영익을 만나 전날 저녁 논의한 바를 물었더니, 일본인 이노우에 가쿠고로와의 필담 초고를 꺼내 보였습니다. 담갱극은 다 읽고 나서 요점만을 종이 한 장에 베껴 기록하고, 그 의도가 무엇인지를 물어보자, 민영익은 "일본인은 반드시 중국이 방영을 철거하기를 원하며, 그렇지 않으면 전쟁으로 맞설 것입니다. 설사 한성에서 개전하더라도 백성의 재앙은 돌아보지 않을 작정입니다. 저는 상처 치료가 끝나지 않았는데 돌연 이런 소식을 듣자 더욱 특히 깊이 걱정하게 되었습니다. 설사 방영의 철수를 논의하더라도 만약 우연히 사변이 터지게 되면 정말로 도저히 손을 쓸 수 없는 지경이 될 것이고, 이런 논의를 아예 못 들은 체한다면, 일본인의 뜻은 트집을 잡는 데 있으니, 반드시 충돌의 단서를 만들 것입니다. 방영을 잠시 마산포로 이동시키고, 나중에 기회를 보아가면서 다시 움직이되, 다른 한편으로는 일본군에 통지하여 인천항에서 물러나게 하면, 서로 떨어져 있게 되어 일부러 구실을 만들어 충돌이 생기는 것을 피할 수 있습니다"라고 하였습니다. 담갱극은 "방영의 철수 문제는 아주 중대한 관계가 있는 것이라 주방의 통령관조차 역시 감히 스스로 결단할 수 없습니다. 반드시 이중당 대인에게 보고하고 요청하여, 이중당 대인이 상황을 검토한 다음 이를 설명하면서 주청해야만 비로소 그다음 내려진 유지에 따라 실행할 수 있습니다"라고 답변하였습니다. 민영익은 다시 "만약 의론이 합치되지 않으면, 중·일 양국은 한성에서 당장 개전할 것이고, 형세로 보아 반드시 백성을 유린할 것이며, 조선 병사들은 또한 제대로 된 훈련도 받지 못하고 화기도 믿을 만한 것이 못 되니, 아마 그때 전투를 돕는다고 하더라도 큰 도움이 되지 않을 것입니다. 믿을 수 있는 것은 중국의 웅사(雄師)뿐인데, 다만 여기 주둔하는 방영은 병력이 너무 단출하여, 일단 일이 생기면 내환을 해소하는 데는 힘이 남을지 모르지만, 외국의 침범을 막는 데는 힘이 부족하여 반드시 중국에서 대규모 병력을 파견하고 아울러 전함을 모아야 기세를 펼쳐 승세를 제압할 수 있다고 엎드려 도움을 간청하게 될 것입니다" 민영익의 말을 생각해 보건대, 또한 조선의 쇠약한 형세 때문에 전쟁으로 지키거나 임기응변으로 대응하는 것은 전혀 가망이 없어, 이렇게 구차하고 단기적인 논의를 하게 된 것으로 보이나, 오로지 병력의 부족을 염려하는 것만은 목전의 긴요한 과제에 잘 들어맞는 것 같습니다. 제가 최근 또 듣기에 독일의 부들러(H. Budler) 영사가 "현재 조선은 이미 각국과 조약을 체결하여 통상하고 있으니, 응당 다른 나라와 같은 자격으로 보아야 하며, 중국은 반드시 조선이 번속임을 고집할 필요가 없고, 일본 역시 자기편에 붙도록 중국과 다툴 필요가 없습니다. 중국·러시아·일본이 함께 조약을 체결하여 조선을 삼국 공동 보호로 넘기고, 만약 다른 나라가 조선을 침범하면 중국·러시아·일본이 함께 원조하는 것이 아마도 장기적으로 태평을 유지할 수 있을 것이며, 오로지 조선만의 행운은 아닙니다"라고 주장하고 있습니다. 이 논의는 특히 편파적이어서 공정하다고 볼 수 없습니다. 대략 일본인이 교활한 음모를 이루지 못하자 다방면으로 수작을 부렸고, 부들러 영사는 거기에 말려들어간 것으로 보입니다. 다만 영국 부영사가 저와 이야기를 나누는데 도리어 일본의 주장을 받아들이지 않으면서, 아울러 주중국 영국 공사 역시 그렇게 생각한다고 이야기하였습니다. 만약 일본이 공법(公法)을 지키지 않는다면, 우리 영국이 전에 일본과 계약을 체결한 것 역시 그대로 따라 처리하기 어렵다는 것이었습니다. 그 상황을 헤아려 보건대 따로 비밀스러운 사약(私約)이 있는 것처럼 보이며, 지금 틀렸다고 생각하는 것은 사약이 기준이 될 수 없다는 뜻 같습니다. 다만 어떤 이유인지는 설명하지 않아 깊이 물어볼 수는 없었습니다. 19일 오후 외부독판 김윤식이 제 공서(公署)에서 이렇게 필술(筆述)하였습니다.

> 우리 조선이 재난을 만났지만, 앞뒤로 오로지 중국의 돌봄과 보호에 의지하여 오늘날까지 버텨올 수 있었는데, 뜻하지 않게 일본이 안에서 가로막아 끼어들고 밖에서 각국을 선동하지만, 중국이 어찌 우리 조선을 버리고 방영을 철수할 수 있습니까? 방영을 철수하지 않는다면 일본은 이를 구실로 삼아 트집을 잡을 것이고, 만약 갑작스레 변란이 발생하면 벌떼처럼 큰 병력이 몰려올 것이니, 적은 병력으로는 이를 막기 어렵고, 항구에 육로전선의 설치를 논의하더라도 아마 급한 불을 끌 수는 없을 터입니다. 눈앞의 안정을 위해서는 응당 대규모로 병력을 동원하고 아울러 전함을 모아 번리(藩籬)를 굳건히 하도록 요청해야만 일본이 엿보는 것을 막을 수 있으며, 현재 우리 정부는 이중당 대인에게 자문을 보내 신속하게 검토·처리해 달라고 요청하였습니다.

20일, 곧바로 국왕이 이미 자문을 갖추었다는 소식을 듣고, 당연히 그 초고 한 장을 베껴올 수 있었습니다. 제가 생각건대, 일본이 불순한 마음을 품어 도무지 예측할 수 없는데, 이미 보고 들은 바가 있어 비록 감히 군사 문제에 간여할 수는 없지만 그래도 역시 부득불 탐문한 상황을 사실에 따라 아뢰지 않을 수 없습니다. 아울러 자문 초고와 이노우에 가쿠고로와 민영익의 필담 축약 초본을 따로 목록을 갖추어 함께 올리니 살펴보시고 검토해 주십시오. 듣기에 조선 국왕이 또한 방영에 보내는 공문이 있다고 하니, 영무처(營務處)의 중서 반지준(潘志俊)과 오조유 제독 등이 따로 보고를 올릴 것입니다. 이에 삼가 보고하는 바입니다. 대인께서 살펴보시길 바랍니다.

광서 11년 1월 24일 발송, 2월 6일 도착.

4)「조선 국왕의 자문(朝鮮國王咨文)」: 삼가 조선 국왕의 자문 원고를 베껴 살펴보시도록 올립니다(謹將朝鮮國王咨稿錄呈鈞覽).

비밀 자문을 보냅니다.

이달 17일. 일본 상선 고스케마루가 인천에 진입하여, 일본 대리공사 곤도 마스키에게 서신을 전달하였습니다. 전해 듣기에 이달 14일, 일본은 이토 히로부미를 북경에 파견하여 협상한다고 합니다. 그 뜻을 조금이나마 추측해 보면, 아마도 중국 주방군을 철수하기 위함일 것입니다. 지난해 이노우에 가오루가 의정부에서 조약을 논의할 때 이미 그 발단을 보였지만, 그래도 그 표현은 미약하고 완곡하였습니다. 이번의 상황은 이때보다 훨씬 더 긴박합니다. 이 일이 적당하게 합의가 이루어지면 그들 역시 철병하여 귀국한다고 하지만, 만약 그렇지 않으면 아예 힘으로 다투고자 한다니, 아주 위급한 징조입니다. 삼가 생각건대 조선은 임오군변 이래, 주방군이 원호해 주는 힘에 의지하여 안으로는 국난을 정돈하고 밖으로는 이웃의 침범을 막을 수 있어, 구석에 자리 잡은 해번(海藩) 조선이 그나마 오늘날까지 보전될 수 있었습니다. 이것은 우리 황상께서 돌보고 보호해 주시는 은혜와 귀 대신의 원대한 방책 덕분이 아님이 없으니, 온 나라의 백성이 이제 감격하여 떠받들지 않음이 없습니다. 다만 두려운 것은 중국 방영이 일단 철수하여 의지할 바가 없어진다면, 뜻하지 않게 일본인이 스스로 추측하여 의심하고, 더구나 프랑스의 도발 같은 것이 겹치면 강경한 언사로 협박하고 일부러 업신여기면서 부딪쳐 올 것이라는 점입니다. 은근히 일본인의 뜻을 살펴보건대, 그 바라는 바를 얻지 못하면 절대 멈추려 하지 않을 것입니다. 조선은 이러한 어려움과 위험에 빠져 있어 실로 진퇴가 어렵습니다. 설사 중국과 함께 힘을 모아 방어하더라도, 비록 궁성(宮城)만 보전할 수 있을 뿐, 궁성 이외의 지역은 모두 다 방어할 수도 없습니다. 전쟁이 계속 이어져 무궁한 재앙을 가져오고 백성의 생명을 앗아가니 실로 가여운 일입니다. 만약 중립의 자리를 지키면서 전쟁에 간여하지 않겠다고 한다면, 조선 주방 중국군은 도대체 누구를 위해 적과 싸운다는 말입니까? 그런데도 감히 문을 닫고 외부의 일에 간여하지 않는다는 원칙을 이야기한다는 말입니까? 진실로 부끄럽고 또 부끄러운 일이 아닐 수 없습니다. 그리고 만약 방영 철수 이후 혹시라도 내란이나 외침이 있다면 사병이 쇠약한데 어떻게 막을 수 있다는 말입니까? 왼쪽으로 생각하고 오른쪽으로 헤아려 보아도 도무지 방안을 찾을 수 없습니다. 종래 조선에 문제가 있으면 언제나 귀 대신에게 자문을 보내 상의하지 않음이 없었으니, 지금의 상황은 실로 조선의 안전과 위기, 존망이 달린 시기로서, 응당 귀 대신께서 깊이 준비하고 협의하여 원대한 방침을 알려 주셔서 조선이 미리 계산을 마치고 후회하지 않을 수 있게 해주시면 정말 다행이겠습니다. 이 때문에 자문을 빌려 간청하는 바이니, 번거롭더라도 검토하시고 대신 상주해 주시길 바랍니다. 가능한지 아닌지 답장을 주시면 감사하겠습니다. 이상입니다.

5)「일본인 이노우에 가쿠고로와 조선 관원 민영익의 필담 원고(日人井上角五郞與朝員閔泳翊筆談稿)」: **삼가 일본인 이노우에 가쿠고로가 조선 관원 민영익과 나눈 필담의 원고를 베껴 살펴보실 수 있도록 올립니다**(對朝員閔泳翊筆謹將日人井上角五郞對朝員閔泳翊筆談稿底, 繕呈鈞覽).

이토 히로부미와 사이고 쓰구미치가 도쿄에서 의논한 것은 철병 운운에 지나지 않습니다. 지나(支那)는 바로 중국을 가리키는데, 그들은 반드시 조선을 떠나려 하지 않을 것입니다. 그렇지만 반란의 기원은 조선의 한성에 있고, 중국과 일본이 여기에서 전쟁을 시작한다면 조선이 비록 중립을 원한다고 해도 그것이 가능하겠습니까? 따라서 강약을 살펴 한쪽에 붙는 것이 귀국이 취할 계책입니다. 제 의견으로는 조선이 중국에 달라붙는 것은 좋은 계책입니다. 하지만 일단 중국에 달라붙으면 일본은 반드시 조선에 가해할 것이고, 혹은 조선을 짓밟거나 인민을 도살하거나 함으로써 조선이 그 번거로움을 감당할 수 없게 할 것이니, 이게 제가 우려하는 바입니다. 따라서 조선이 불가불 중국에 달라붙지 않을 수 없는데, 일본이 이렇게 가해하니 이것이 제가 조선이 어떻게 해야 한다는 것을 설명하려는 뜻이고, 이때야말로 제가 죽을힘을 다해 그 일을 맡을 수 있습니다. 이토가 중국으로 향했을 때, 상선 3척, 군함 2척이 함께 갔습니다. 동시에 군함 1척과 상선 1척은 조선으로 향했다고 합니다. 조선이 비록 중국에 바싹 달라붙더라도 그 마음은 독립 말고는 없으니, 김옥균 등의 무리가 비록 개화당이라고는 하지만 그 마음은 사실 왕위를 엿본 데 지나지 않습니다. 최근 일본의 신문을 들여다보니, 모두가 조선에는 사대당(事大黨)과 개화당(開化黨)이 있다고 말하며, 사대당은 과거에는 민태호, 조영하, 이조연, 민영익 등을 우두머리로 삼아 오로지 조정의 정권을 독점하였다고 합니다. 따라서 일본당(日本黨) 김옥균, 박영효 등은 불만을 참을 수 없었고, 이 때문에 국왕의 명령을 빌어 지나당(支那黨) 대부분을 도살하였습니다. 그 뒤에는 김홍집, 어윤중이 있었으므로, 이 무리의 사람은 겨우 세력을 얻자마자 다시 잃어버린 것입니다. 오늘날에는 김윤식이 지나당의 우두머리로 정권을 독점하고 있으며, 민영익은 병상에 있으면서 은근히 그를 돕고 있다고 합니다.

(24) 문서번호 : 5-1-24(960, 1664a)

사안 : 조선 자문전달관 이학규 등이 해로(海路)를 통해 천진에 와서 북경으로 가고자 하므로, 이미 관원을 파견하여 동행하게 하고 아울러 통행증을 만들어 지급했습니다(朝鮮賫咨官李鶴圭等, 由海路來津, 前往北京, 已派員伴送, 並繕發路引).

날짜 : 光緒十一年二月初十日(1885년 3월 26일)

발신 : 北洋大臣 李鴻章

수신 : 總理衙門

二月初十日, 北洋大臣李鴻章文稱:

據津海關道周馥詳稱:

案查前蒙憲台札:

准禮部咨開:

嗣後朝鮮各員由海道赴津, 賫有奏咨文件來京, 務即遵照定例暨奏准章程, 先期知照本部, 並給與來京路引, 派員伴送.

等因. 行令遵照在案. 玆於二月初八日, 准代理朝鮮駐津商務大員成岐運照會內稱:

玆有本國賫奏官李鶴圭, 伴倘金知錄, 通詞宋景福, 跟班李仁永, 行李五包, 並有奏咨文件, 現於本月初六日, 由海道來津, 轉往北京, 相應將員役名數行李件數照會, 以便轉報北洋大臣衙門.

等因到関. 准此. 除札委長蘆候補大使壽祺妥為伴送外. 理合詳請查核轉咨. 並請繕發路引. 以便轉給該賫奏官執往, 寔為公便.

等情. 到本大臣. 據此. 除填註路引印發轉給外. 相應咨明貴衙門. 請煩查照.

광서 11년 2월 10일, 북양대신 이홍장이 다음과 같은 자문을 보내왔습니다.

천진해관도 주복의 다음과 같은 보고를 받았습니다.

조사해 보건대, 전에 이중당 대인의 다음과 같은 지시를 받았습니다.

다음과 같은 예부의 자문을 받았다.

사후 조선 각 관원이 해로를 통해 천진에 오면서 주접이나 자문 등을 가지고 북경에 가고자 하면, 힘써 기존 정례 및 상주하여 승인을 받은 장정에 따라, 먼저 예부에 알려 주시고, 아울러 북경에 올 수 있는 통행증을 지급하고 사람을 보내 수행하게 해 주십시오.

이에 따라 처리하도록 지시한 바 있다. 그런데 2월 8일에 대리조선주진상무대원(代理朝鮮駐津商務大員) 성기운(成岐運)의 다음과 같은 조회를 받았다.

조선 재주관(賫奏官) 이학규(李鶴圭), 반당(伴倘) 김지록(金知錄), 통사(通詞) 송경복(宋景福), 근반(跟班) 이인영(李仁永)이 행리(行李) 5건 및 주접과 자문 등을 함께 휴대하고 이달 6일 해로를 통해 천진에 와서 북경으로 가고자 하니, 응당 관원 성명과 인원수, 행리 건수에 대해 조회함으로써 북양대신 아문에 대신 전달할 수 있게 하고자 합니다.

이상과 같은 조회를 받았으므로, 장로후보대사(長蘆候補大使) 수기(壽祺)에게 서신으로 위임하여 적절하게 동행하게 하는 것 외에, 응당 검토하여 대신 자문을 보내주시도록 보고하여 요청합니다. 아울러 통행증을 만들어 보내주셔서 해당 재주관 등이 가지고 갈 수 있게 해주시면 감사하겠습니다.

이상과 같은 천진해관도의 보고를 받았으므로, 통행증에 인명을 기입하고 날인하여 전달·지급하는 것 외에, 응당 귀 아문에 자문으로 알려야 할 것입니다. 번거롭더라도 살펴보시길 바랍니다.

(25) 문서번호 : 5-1-25(961, 1664b)

사안 : 조선국 재주관이 가져온 자문(咨文) 초책(鈔冊)을 편문으로 발송합니다(片送朝鮮國齎到咨文鈔冊).

날짜 : 光緒十一年二月十一日(1885년 3월 27일)

발신 : 禮部

수신 : 總理衙門

二月十一日, 禮部文稱:

本日申刻, 朝鮮國賫奏官李鶴圭賫到奏本、咨文抄册等件, 除由本部據咨轉奏外, 相應將分咨貴衙門, 咨文二件、抄册一本片送總理各國事務衙門查照可也.

광서 11년 2월 11일, 예부에서 다음과 같은 자문을 보내왔습니다.

오늘 신각(申刻, 오후 3~5시), 조선국 재주관 이학규가 주본(奏本)과 자문 초책 등을 가지고 왔으므로, 예부에서 자문에 따라 대신 상주하는 것 외에, 응당 귀 아문에 나누어 보내는 자문 2건과 초책 1본을 편문으로 보내 검토하도록 하는 바입니다.

2. 오대징의 조선 파견과 조사·처리 (吳大澂赴朝查辦)

(1) 문서번호 : 5-2-01(905, 1515a)

사안 : 오대징 등에게 조선의 반란 상황을 확실하게 조사하고 기회를 살펴 계획을 마련함으로써 신속하게 변란을 진압하라고 명령한다(命吳大澂等確查朝鮮亂事情形, 相機規劃, 速定變亂).

날짜 : 光緖十年十一月初五日(1884년 12월 21일)

발신 : 光緖帝

수신 : 總理衙門

光緖十年十一月初五日, 奉上諭:

李鴻章、吳大徵奏遵旨會商查辦朝鮮事宜, 吳大徵由津啟程日期一摺, 覽奏已悉. 所陳以查辦朝鮮亂黨爲名, 立意不與日人開衅, 深合機宜, 即著該大臣等隨時妥為籌辦. 惟事機難以豫料, 現調方正祥所帶步隊一營及丁汝昌統帶各船, 並由吳大澂帶勇四百餘人前往, 尚恐兵力不敷, 屆時續調, 緩不濟急, 著該大臣等斟酌部署, 密籌調派, 備豫不虞. 吳大澂現赴山海關, 續昌計已抵津. 著該運司即行前往, 會同遄發. 吳大澂等抵朝鮮後, 確查詳細情形, 迅即具奏, 一面相機規畫, 總期措置得宜, 速定朝鮮變亂, 是為至要.

欽此.

광서 10년 11월 5일, 다음과 같은 상유를 받았습니다.

이홍장, 오대징이 유지에 따라 함께 조선 문제를 조사·처리하는 것을 논의하고 오대징이 천진에서 출발하는 시기를 상주한 주접은 이미 받아보았다. 조선 난당을 조사·처리하는 것을 명분으로 삼고, 일본과 충돌을 일으키지 않기로 다짐한 것은 아주 시의적절하니, 두 사람이 수시로 적절하게 준비하여 처리하도록 하라. 다만 사태의 진전은 예측하기 어려우므로, 현재 방정상이 이끄는 보병부대 1개 영과 정여창이 통솔하는 각 군함을 동원하고, 아울러 오대징이 4백여 명의 병사를 데리고 가는데, 그래도 병력 부족이 염려되니 시기에 맞추어 계속 동원하여 시급한 수요에 늦지 않도록 하되, 두 사람이 적절하게 배치하고 비밀리에 동원·파견을 준비하여 예측하지 못한 상황에 미리 대비하도록 하라. 오대징은 현재 산해관으로 갔고, 속창은 이미 천진에 도착했을 것으로 생각된다. 염운사(鹽運司) 속창은 즉각 산해관으로 가서 오대징과 함께 출발하도록 하라. 오대징 등은 조선에 도착한 다음 상세한 상황을 확실하게 조사하여 신속하게 상주하되, 한편으로는 상황을 파악하면서 계획하여 전체적으로 적절한 조치를 할 수 있도록 해야 하는데, 신속하게 조선 변란을 진압하는 것이 가장 중요한 일이다.

이상.

(2) 문서번호 : 5-2-02(906, 1515b-1516b)

사안 : 유지에 따라 조선 문제를 조사·처리하는 데 대해 협의한 내용과 더불어 오대징이 천진에서 출발한 일시를 알립니다(遵旨會商查辦朝鮮事宜, 並報吳大澂由津起程日期).

날짜 : 光緒十年十一月初五日(1884년 12월 21일)

발신 : 軍機處

수신 : 總理衙門

十一月初五日, 軍機處交出李鴻章等抄摺稱:

奏為遵旨會商查辦朝鮮事宜, 恭報臣大澂由津啟程日期, 仰祈聖鑒事.

竊臣等於光緒十年十月二十五日, 接奉十月二十四日上諭:

據李鴻章電陳, 朝鮮又有內亂, 似由日人播弄主持, 擬請派員查辦. 等因.

欽此. 當由臣鴻章電致臣大澂, 迅即來津面商調度, 再赴朝鮮臣. 大澂由樂抵津日期, 曾經具摺報明在案. 臣等連日籌商, 揣度日本政府未必遽有開衅之意, 似未便多調陸隊致啟其疑. 惟華軍往來朝鮮, 口岸不能不派營紮守, 以通消息, 免致水陸便阻. 先已電致旅順, 飭道員袁保齡飛調現駐金州之管帶慶軍正營參將方正祥, 酌帶步隊一營, 乘輪船前往朝鮮馬山浦, 登岸駐守, 並飭統領水師天津鎮總兵丁汝昌, 俟超勇、揚威兩快船調回旅順. 即由該鎮統率各船, 先行駛至馬山浦, 水陸相依為緩急進兵之路, 以備不虞. 仍電飭丁汝昌, 於抵馬山浦後, 傳諭駐朝各營, 堅壁勿動, 以待臣大澂至朝查明, 設法排解. 現因大沽、北塘封凍甚堅, 奉天陸路距朝過遠. 聞山海關深水高坡之地, 尚可設法上船, 一面電致上海旗昌洋棧, 僱用商輪, 剋期駛至山海關, 以便航海遄發, 免誤事機. 臣大澂定於十一月初四日, 由津啟程赴關, 約計續昌到津, 亦可同行至昌黎亭一帶. 臣大澂所部馬步、礮隊十三營, 現可不調, 暫由臣鴻章督飭該軍統領, 嚴密操防, 不致懈弛. 臣大澂酌帶健勇四百餘人, 携帶後門洋槍, 隨身防護, 亦足以資捍衛. 總之, 以查辦朝鮮亂黨為名, 立意不與日人開衅, 即使情詞詭譎, 難以逆料, 但可與口舌相爭, 妥為調停, 或不至以兵威相脅. 俟臣大澂行抵朝鮮, 查明該國亂黨起事根由, 再行詳細奏報, 遇有要務, 當由旅順電報局密電. 臣鴻章隨時電奏請旨遵行. 所有臣等會商調度及臣大澂由津起程日期, 恭摺合詞, 由驛六百里馳奏, 伏乞皇太后、皇上聖鑒. 謹奏.

광서 11년 11월 5일, 군기처에서 이홍장의 주접을 다음과 베껴 보내왔습니다.

상유에 따라 조선 문제를 함께 논의하여 삼가 오대징이 천진에서 출발하는 시기를 알리니, 살펴봐 주시길 바랍니다.

신 등은 광서 10년 10월 25일에, 그 전날 내려진 다음과 같은 상유를 받았습니다.

> 이홍장의 전보 상주에 의하면 조선에 다시 내란이 발생하였으며, 아마도 일본인이 농락하여 주지하는 것 같은데, 관원을 파견하여 조사·처리하는 것을 청하겠다고 한다.

이상. 당연히 신 이홍장이 오대징에게 전보를 보내 신속하게 천진에 와서 직접 조정한 다음 조선에 가자고 연락하였습니다. 오대징이 [당시 주방(駐防)하던 직예성(直隸省)] 낙정(樂亭)에서 천진에 도착한 일기는 일찍이 상주하여 알린 바 있습니다. 신 등은 연일 회의하여 논의한 결과 일본 정부가 반드시 갑작스러운 도발을 시작할 뜻은 갖고 있지는 않은 것으로 보이므로, 대규모 육군 부대를 파견하여 도리어 그 의심을 키워서는 곤란하다고 파악하였고, 이 점도 일찍이 상주하여 알린 바 있습니다. 다만 중국군이 조선에 왕래하기 위해서는 조선의 연안 항구에 부대를 보내 주둔시켜 정보를 소통시켜야 수·륙 방면의 길이 막히는 것을 피할 수 있습니다. 그래서 먼저 여순에 전보를 보내, 도원(道員) 원보령에게 현재 금주(金州)에 주둔하면서 경군 정영(正營)을 지휘하는 참장 방정상이 보병부대 1개 영을 이끌고 윤선을 타고 조선의 마산포로 가서 상륙한 다음 주둔하도록 지시하였고, 아울러 수사(水師)를 통솔하는 천진진총병(天津鎮總兵) 정여창에게 초용(超勇), 양위(揚威) 두 쾌선(快船)을 여순으로 돌아오게 하고 각 군함을 지휘하여 먼저 마산포로 운항하게 하고, 수군과 육군이 서로 의존하면서 완급을 나누어 진군의 통로를 장악함으로써 예기하지 못한 상황에 대비하게 하였습니다. 그리고 또한 정여창에게 마산포에 도착한 다음 조선 주둔 각 부대에 견고하게 지키면서 움직이지 말라고 지시하고, 오대징이 조선에 도착하여 조사한 다음 방법을 마련하여 중재하기를 기다리라고 지시하는 전보를 보냈습니다. 현재 대고(大沽)와 북당(北塘) 지역은 아주 굳게 얼음이 얼었고, 봉천의 육로는 조선과 너무 멉니다. 듣기에 산해관에서 물이 깊고 언덕이 높은 곳은 그래도 방법을 마련하여 배에 오를 수 있다고 하므로, 다른 한편으로는 상해의 기창양잔(旗昌洋棧)에 전보를 보내 상업용 윤선을 고용하여 기한에 맞추어 산해관으로 보냄으로써 신속한 항해를 통해 시기를 놓치는 것을 피하고자 합니다. 오대징은 11월 4일 천진에서 출발하기로 정하였는데, 속창이 천진에 도착하는 것을 대략 계산하면 또한 동행하여 창려정(昌黎亭) 일대에 이를 수 있을 것으로 보입니다. 오대징이 통솔하는 기마부대와 보병, 포병부대 13개 영은 현재 동원하지 않아도 될 듯하여, 잠시 이홍장이 해당 부대 통령에게 엄격하게 작전 준비를 강화하여 해이해지지 않도록 하였습니다. 오대징이 데리고 가는 4백여 명의 병사는 후장식 양식 소총을 휴대하여 신변에서 호위할 수 있으니 또한 적극적 방어에도 도움이 되기에 충분합니다. 요컨대, 조선 난당을 조사·처리하는 것을 명분으로 삼고, 일본과 충돌을 일으키지 않기로 다짐하여, 설사 일본 측의 주장은 속임수가 많아 예측하기 어렵지만, 구두 논쟁으로 대처하면서 적절하게 조정한다면 아마 군사적 위세로 서로 위협하는 상황에 이르지는 않을 것입니다. 오대징은 조선에 도착하여 조선 난당의 반란 원인을 조사·확인한 다음 다시 상세하게 상주하여 알리도록 하겠으며, 중요한 사안이 있으면 응당 여순 전보국에서 비밀 전보로 알리겠습니다. 신 이홍장은 수시로 전보 상주를 통해 상유를 청해 그에 따라 실행하도록 하겠습니다. 신 등이 함께 조선 문제의 조사·처리를 논의하고 오대징이 천진에서 출발하는 시기를 알리기 위해 공동으로 작성한 주접을 매일 6백 리의 속도로 역참을 통해 신속하게 상주하오니, 황태후·황상께 살펴보시길 바랍니다. 삼가 주를 올립니다.

(3) 문서번호 : 5-2-03(907, 1517a) [1]

사안 : 조선 문제의 처리(籌辦朝鮮事宜).

날짜 : 光緖十年十一月初五日(1884년 12월 21일)

발신 : 光緖帝

수신 : 總理衙門

907. 十一月初五日, 奉上諭二道.

[詳見密檔]

浮籤: 籌辦朝鮮事宜由

1 이하 (3) (4) (5)의 문서는 총리아문과 이홍장·오대징이 문서를 주고받았다는 것뿐 다른 내용이 없어 이를 생략하였다.

(4) 문서번호 : 5-2-04(908, 1517b)

사안 : 조선 문제의 처리(籌辦朝鮮事宜).

날짜 : 光緒十年十一月初五日(1884년 12월 21일)

발신 : 總理衙門

수신 : 北洋大臣 李鴻章

十一月初五日, 致北洋大臣李鴻章函.

[詳見密啟]

浮籤: 籌辦朝鮮事宜由.

(5) 문서번호 : 5-2-05(909, 1518a)

사안 : 조선 문제의 처리(籌辦朝鮮事宜).

날짜 : 光緒十年十一月初五日(1884년 12월 21일)

발신 : 總理衙門

수신 : 會辦北洋事宜 吳大澂

十一月初五日, 致會辦北洋事宜吳大澂函.

「詳見密啟」

浮籤: 籌辦朝鮮事宜由.

(6) 문서번호 : 5-2-06(910, 1518b)

사안 : 중국이 권한을 갖춘 고위 관원을 파견하여 일본 전권대신과 이번 조선에서의 군사 충돌 및 사후 처리 문제를 협의하여 처리하길 바랍니다(希中國派秉權大臣, 與日本全權商辦此次在韓構兵及善後事宜).

날짜 : 光緖十年十一月初五日(1884년 12월 21일)

발신 : 日本 公使 榎本武揚

수신 : 總理衙門

十一月初五日, 日本國公使榎本武揚照會稱:

明治十七年十二月二十一日, 接准外務卿井上本月二十日所發電稱:

本日照復淸使:

今次日淸兵士鬧於韓地, 雖事出不意, 而實關重大, 所以我政府經決特簡辦理全權大臣, 前往韓地查辦今次之事, 並議定日淸善後之條款. 即希貴國政府亦派往秉權相等之大員, 會同妥商, 幸將此意轉知貴國政府, 立刻且復可也.

等語. 並飭本大臣轉知貴王大臣, 貴國所派往不是秉便宜行事之全權大員, 不可會同妥商, 即請照復.

等因前來. 查本大臣業經聲明, 除韓廷暴徒是問外, 其與貴國和衷妥商, 貴王大臣亦以為然. 今也, 我國經決特簡辦理全權大使, 貴國亦照我國所幸派往秉權相等之員, 庶乎容易下場矣. 貴王大臣公忠體國, 顧念大局, 必有所三思焉. 相應照會貴王大臣查核, 迅速照復可也.

광서 10년 11월 5일, 북경 주재 일본 공사 에노모토 다케아키가 다음과 같은 조회를 보내왔습니다.

메이지 17년 12월 21일, 외무경 이노우에 가오루가 이달 20일에 보낸 다음과 같은 전보를 받았습니다.

오늘 [주일본] 청국 공사에게 다음과 같은 답장 조회를 보냈다.

이번에 청국과 일본이 조선 땅에서 전투를 벌인 것은 비록 예상하지 못한 상태에서 나온 일이지만 실로 중대한 문제에 관계됩니다. 우리 정부에서는 이미 판리전권대신을 특별히 선발하여 조선에 가서 이번 사건을 조사·처리하고, 아울러 일본과 청국이 사후 처리를 위한 조항을 논의하기로 결정하였습니다. 따라서 청국 정부에서도 권한이 대등한 고위 관원을 파견하여 함께 논의하기를 바랍니다. 이러한 뜻을 청국 정부에 대신 전달하고, 즉각 답장해 주시길 바랍니다.

아울러 본 [북경 주재 일본] 공사에게 귀국에서 파견해 보낸 관원이 편의행사(便宜行事)의 권한을 지닌 전권대신이 아니면 함께 적절한 협의를 할 수 없으니, 귀 왕대신께 답장 조회를 요청하길 바란다고 전달하도록 지시하였습니다.

이러한 전보를 받았는데, 본 [북경 주재 일본] 공사는 이미 조선 조정의 폭도가 문제가 되는 것 외에, 귀국과는 원만하고 적절한 협상이 이루어질 것이라 밝힌 바 있으며, 귀 왕대신께서도 그렇게 생각하실 것입니다. 지금 일본은 특별히 판리전권대사를 파견하니, 귀국 역시 본국처럼 권한이 대등한 관원을 파견하면 쉽사리 마무리를 지을 수 있을 것입니다. 귀 왕대신께서 충성스럽게 국가를 위해 봉사하고 대국을 돌아보시니 반드시 재삼 생각하는 바가 있을 것이다. 이에 응당 귀 왕대신께서 검토해 보도록 조회를 보내니, 신속하게 답장을 주시면 되겠습니다.

(7) 문서번호 : 5-2-07(911, 1519a-1519b)

사안 : 조선의 내란은 중대한 일에 관계되고 일본인이 중국과 프랑스의 전쟁을 이용하여 말썽을 피우려고 엿보지 않는다고 보장하기 어렵다. 이홍장·오대징에게 함께 이에 대한 모든 사무를 논의하도록 지시하며, 아울러 경유(慶裕)에게 최근 사정을 확실하게 탐문하여 변경 방어를 적절히 준비하도록 명령한다(朝鮮內亂, 事關重大, 難保倭人不因中法有事伺隙尋衅, 命李鴻章、吳大澂會同規劃一切, 並命慶裕確探近情, 妥籌邊防).

날짜 : 光緒十年十一月初六日(1884년 12월 22일)

발신 : 光緒帝

수신 : 總理衙門

十一月初六日, 軍機處交出光緒十年十月二十四日奉上諭:

據李鴻章電陳:

朝鮮又有內亂, 似由日人播弄主持, 擬請派員查辦.

等語. 朝鮮亂黨, 自八年秋間戡定後, 萌芽尚未盡絕, 倭人意存叵測. 現又突起衅端, 難保不因中法有事伺隙尋衅, 事關重大, 亟應嚴密籌辦. 著派李鴻章、吳大澂會同規畫一切事宜. 吳大澂接奉此旨, 即著酌帶數營馳赴朝鮮邊界, 察看情形, 或徑至該國都城查辦, 或會商慶裕籌畫邊防, 由該京卿迅速定議. 前有旨令續昌隨同慶裕辦理海防, 本日已諭知速即起程, 與吳大徵同赴朝鮮, 會商一切. 一面先由李鴻章飛檄吳兆有等, 傳知該國, 靜候大員往查, 並飭該提督等, 當與倭使從容商辦, 勿為所欺, 亦勿遽與倭人開衅. 援臺七船未便全數掣動, 著李鴻章將北洋快船二號調回, 添派船隻, 備齊軍火, 令丁汝昌統率前往朝鮮, 督同吳兆有等, 相機定亂, 統歸吳大澂等調度, 會商李鴻章辦理. 吳大澂、丁汝昌移营後樂亭, 及旅順防務應如何責成填補之處, 著李鴻章悉心籌畫. 南洋提閩五船, 李鴻章即電知曾國荃, 仍令式百齡統帶赴閩,[2] 牽

2 식백령(式百齡. Claus Heinrich Sebelin)은 이홍장이 주독일 공사 이봉포(李鳳苞)로 하여금 독일에서 초빙하게 한 해

制法人, 庶不至顧此失彼. 盛京防務緊要, 慶裕務當確探朝鮮近日情事, 妥籌備禦. 如兵力不敷, 即會商雷正綰, 統率所部, 扼要駐紮. 此次朝鮮致亂之由, 是否仍係李昰應餘黨, 李鴻章即探明詳細馳奏.

欽此.

광서 10년 11월 6일, 군기처에서 광서 10년 10월 24일 다음과 같은 상유를 받았다고 보내왔습니다.

이홍장이 전보로 이렇게 알려왔다.

조선에 다시 내란이 발생하였으며, 아마도 일본인이 농락하여 주지하는 것 같은데, 관원을 파견하여 조사·처리하는 것을 청하고자 합니다.

조선 난당이 광서 8년 가을 진압된 다음, 그 싹이 아직 모두 다 제거되지는 않았고, 일본은 어디에 뜻을 두고 있는지 예측하기 어렵다. 현재 다시 갑작스레 분란을 일으켰는데, 중국과 프랑스가 전쟁 중이라 틈을 엿보아 도발하지 않는다고 보장하기 어려운데 이 일은 중대한 문제에 관련되므로 응당 신속하고 엄밀하게 대비해야 한다. 이홍장과 오대징이 함께 모든 문제를 기획하게 하라. 오대징은 이 유지를 받으면 즉각 몇 개 영의 부대를 이끌고 조선 변계로 달려가 상황을 살피거나 아니면 곧장 조선의 수도로 가서 조사·처리하든지, 혹은 경유와 함께 변경 방어를 준비하면서 오대징 본인이 신속하게 의정(議定)하도록 하라. 전에 지시하길 속창은 경유를 따라 해방(海防) 문제를 처리하라고 하였는데, 오늘 이미 신속하게 출발하여 오대징과 함께 조선에 가면서 모든 문제를 함께 논의하도록 지시하

군 교습과 고문 11명 고문 가운데 가장 계급이 높고 실전 경험이 있는 사람이었다. 그에게 북양수사총교습(北洋水師總敎習)을 맡기려 하였는데 외교적 분쟁을 피하려고 이름을 중국식으로 바꾸어 만리성(萬里城)이라고 하였다. 실제 이 일을 맡지는 못하게 된 그는 1884년 9월 이후 프랑스의 대만 해협 봉쇄와 대만 공격을 막기 위해 초용(超勇)·양위(揚威) 호를 이끌고 남하하여 남양 수사와 함께 프랑스 원동함대와 맞서는 임무를 이홍장으로부터 부여받았다.

였다. 한편으로는 먼저 이홍장이 신속하게 오조유 등에게 조선에 고위 관원이 가서 조사할 때까지 조용하게 대기하도록 알리도록 하라. 아울러 응당 일본 사신과 차분하게 협의하되, 속아 넘어가지도 말고 또한 갑작스레 일본인과 충돌을 일으키지도 말라고 지시하도록 하라. 대만을 지원하려던 7척의 군함을 모두 끌어들이기 곤란하니, 이홍장이 북양의 쾌선 두 척을 복귀시키고 선박을 추가하여 군수품을 모두 갖추게 하고, 정여창이 이를 통솔하여 조선에 가서 오조유 등을 감독하여 상황을 보아 반란을 진압하되, 모두 오대징 등이 안배하고, 이홍장과 협의하여 처리하라. 오대징, 정여창이 부대를 옮긴 후 낙정 및 여순의 방어 업무를 어떻게 책임을 주어 보완할 것인지는 이홍장이 전담하여 계획하도록 하라. 남양에서 복건으로 동원한 5척은 이홍장이 즉각 [당시 양강총독으로 남양통상대신이던] 증국전(曾國荃)에게 전보로 알리되, 여전히 식백령(式百齡)이 이끌고 복건으로 향하여 프랑스를 견제하게 하여 이곳을 돌아보다 그곳을 놓치는 일이 없게 하라. 성경(盛京) 방어 업무는 긴요하므로 경유는 힘써 조선의 최근 사정을 확실하게 탐문하여 적절하게 방어 대책을 마련하라. 만약 병력이 부족하다면 뇌정관과 협의하여 그가 이끄는 부대를 요지에 주둔하게 하라. 이번 조선 반란의 원인은 이하응의 잔당이 관계된 것인지 아닌지, 이홍장은 즉각 확인하여 상세하게 신속히 상주하라.

이상.

(8) 문서번호 : 5-2-08(912, 1520a-1520b)

사안 : 조선에서 반란이 일어난 이유에 대해 명확한 정보를 얻기 전에는 쉽사리 일본과 마찰을 일으켜서는 안 되며, 아울러 오대징은 부대를 이끌고 조선에 가서 반란을 조사·처리하도록 지시한다(朝鮮致亂之由, 未得確信前不可輕與日人生釁, 並命吳大澂督隊赴朝鮮, 查辦亂事).

날짜 : 光緒十年十一月初六日(1884년 12월 22일)

발신 : 光緒帝

수신 : 總理衙門

十一月初六日, 軍機處交出光緒十年十月二十八日奉上諭:

李鴻章疊次電報朝鮮情形, 並由總理各國事務衙門呈遞道員陳樹棠等稟函, 均經覽悉. 此次朝鮮致亂之由, 尚未得有確信, 目前辦法總以定亂為主, 切勿與倭人生衅. 李鴻章電陳:

日本領事謁見據稱, 日政府實無與華開衅之意. 日本使臣榎本武揚在京亦有此事由亂黨煽惑, 使我兩國之官不和.

等語. 尤應迎機利導, 不可輕與挑衅. 昨因朝鮮不至大有波瀾, 諭令北洋快船兩號, 仍即赴閩. 今既有土人焚日館, 竹使回國請兵之信, 李鴻章仍將兩船調回, 著照所請, 俟船到即, 飭丁汝昌酌帶隊伍駛行. 此事關繫甚重, 必須大員親往查辦, 方能洞悉機宜. 即著吳大澂乘坐快船, 督隊迅赴朝鮮, 確切查明, 酌度辦理, 庶各將領得所稟承, 不至臨事歧誤. 日本於朝鮮本係有約之國, 彼如按照條約講論, 中國但將朝鮮肇亂罪魁查明懲辦, 即可平亂黨而息争端. 至華兵與日兵接仗之語, 均係得自傳聞, 榎使亦有打架尚是小事之說. 吳大徵查辦時, 籍此措詞, 或易了結. 南洋援閩五船, 著李鴻章電知曾國荃, 仍遵二十四日諭旨辦理.

欽此.

광서 10년 11월 6일, 군기처에서 광서 10년 10월 28일 받은 다음과 같은 상유를 보내왔습니다.

이홍장이 누차 전보로 조선 상황을 알려왔고 또한 총리아문에서 도원 진수당 등의 보고 서신을 올렸는데, 모두 읽어보았다. 이번 조선 반란의 원인은 아직 확실한 정보를 얻을 수 없으니, 현재의 방법은 결국 반란을 진압하는 것을 주로 하되, 쉽사리 일본과 마찰을 일으켜서는 안 된다. 이홍장이 다음과 같은 전보를 보내왔다.

일본 영사를 만났는데 일본 정부는 실로 중국과 마찰을 빚으려는 뜻이 전혀 없다고 합니다. 일본 공사 에노모토 다케아키가 북경에서도 말하길 이번 일은 혹시 난당이 우리 두 나라의 관원이 불화하도록 선동한 것일 수도 있다고 하였습니다.

따라서 더욱 응당 상황을 보면서 유리하게 이끌어야지 쉽사리 일본과 마찰을 일으켜서는 안 된다. 어제 조선이 아주 큰 파란을 일으킬 것 같지는 않아 북양의 쾌선 2척은 여전히 복건으로 향하도록 지시하였다. 지금 토착민이 일본 공사관을 불태웠고, 일본 공사는 귀국하여 군대를 요청한다는 소식이 들어와 이홍장이 다시 이 2척을 복귀시키자고 하니 그 요청한 대로 따르되, 도착하면 즉시 정여창에게 부대를 이끌고 출발하도록 지시한다. 이 일은 아주 중대한 바에 관계되므로, 반드시 고위 관원이 직접 가서 조사·처리해야만 비로소 상황을 제대로 파악할 수 있다. 오대징이 쾌선을 타고 부대를 감독하여 신속하게 조선에 가서 확실하게 조사하고 적절하게 처리해야만, 각 장령이 보고를 올리고 지시를 받으면서 일 처리를 하는 것이 잘못되지 않을 것이다. 일본은 본래 조선과 조약을 체결한 나라이니, 피차 서로 조약에 따라 이치를 따질 것이고, 중국은 다만 조선의 반란을 일으킨 수괴를 조사하여 처벌하기만 하면 난당을 제압하고 분쟁을 마무리할 수 있을 것이다. 중국군과 일본군이 전투하였다는 소식은 모두 소문으로부터 얻은 것이고, 에노모토 공사 역시 전투는 작은 일에 불과하다고 하였다. 오대징은 조사·처리할 때 이러한 취지를 살려 발언한다면 혹은 쉽사리 타결할 수 있을지도 모른다. 남양에서 복건으로 지원하러 가는 5척은 이홍장이 증국전에게 전보로 알려 여전히 24일의 유지에 따라 처리하게 하라.

이상.

(9) 문서번호 : 5-2-09(913, 1521a-1521b)

사안 : 조선에 파견되어 가서 난사를 조사·처리하는 흠차대신은 단지 상의하는 권한만 있을 뿐 [최종 결정은] 여전히 황상의 유지를 청하여 그에 따라야 하므로, 이 점을 귀국 및 전권대신 이노우에 가오루에게 전달해 주시기 바랍니다(派赴朝鮮查辦亂事欽差祇有商議之權, 仍須請旨遵行, 希轉達貴國及井上全權).

날짜 : 光緒十年十一月初六日(1884년 12월 22일)

발신 : 總理衙門

수신 : 日本 公使 榎本武揚

十一月初六日, 給日本國公使榎本武揚照會稱:

准貴大臣照稱:

貴國政府特簡辦理全權大臣, 前往韓地查辦今次之事, 中國亦希派往秉權相等之大員, 會同妥商.

等因前來. 查朝鮮之事, 本出意外, 今兩國欽差大員前往查明實在情形, 妥商辦理, 彼此毫無成見. 惟中國向來與各國交涉之事, 無論何等欽差, 祇有商議之權, 仍須請旨遵行, 不得專擅. 此乃中國政令如是, 與外洋各國法制不同. 即如曾侯前往俄國辦理事件,[3] 相隔數萬里之遥, 亦必俟請旨而後定. 此天下所共知者. 此間與朝鮮相距非遥, 一經商定辦法, 專候朝命, 亦不至於躭擱. 現在欽派大員吳、續兩大人業已啟行, 務望貴大臣將以上情節轉達貴國並知照井上大人, 與中國欽差和衷商辦可也.

---

3 증기택(曾紀澤, 1839~1890)은 자가 길강(劼剛)으로 유명한 증국번(曾國藩)의 둘째 아들로 부친의 작위(一等毅勇侯)를 이어받았기 때문에 여기서 증후(曾侯)라고 표현하고 있다. 동치(同治) 연간 영국·프랑스 주재 공사로 주재하였으며 러시아 등에 외교사절로 파견되었다. 1874년에 숭후(崇厚)가 러시아로 파견되어 러시아가 점거한 이리 지역의 회수 및 육로무역에 관한 「리바디아(Livadia) 조약」을 자의적으로 맺었다가 탄핵을 받고 처형당할 위기에 처하기도 하였는데, 청조는 증기택을 파견하여 재교섭한 결과 개정된 「이리(Lli. 伊利) 조약」을 체결하여, 이를 만회하였다.

광서 10년 11월 6일, 일본국 공사 에노모토 다케아키에게 다음과 같은 조회를 보냈습니다.

귀 대신의 다음과 같은 조회를 받았습니다.

> 우리 정부에서는 이미 판리전권대신을 특별히 선발하여 조선에 가서 이번 사건을 조사·처리하기로 하였습니다. 따라서 청국 정부에서도 권한이 대등한 고위 관원을 파견하여, 함께 논의하기를 바랍니다.

조선 사건은 본래 예기치 않은 상태에서 발생한 것으로 지금 양국의 흠차대원이 가서 실제 상황을 조사·확인하고 적절하게 협의하여 처리한다는 데에는 피차 아무런 이견이 없습니다. 다만 중국은 종래 각국과 교섭할 일이 있을 때 어떤 등급의 흠차이든 단지 협의할 권한만 있어 여전히 반드시 황상의 유지를 청하여 그에 따라 처리해야 하며, 전권을 가지고 임의로 처리할 수 없습니다. 이렇게 중국의 정령(政令)은 이와 같아 서양 각국의 법제와 같지 않습니다. 이를테면 증기택(曾紀澤) 후작이 러시아에 가서 조약 개정 문제를 처리하였을 때 서로 수만 리나 멀리 떨어져 있었지만, 역시 반드시 황상의 유지를 청한 다음에야 결정할 수 있었습니다. 이것은 천하가 모두 아는 바입니다. 이곳과 조선은 서로 거리가 멀리 떨어져 있지 않아 일단 방안을 논의하여 정한 다음, 조정의 지시를 기다린다고 할지라도 역시 시간을 크게 지연시키지는 않을 것입니다. 현재 황상께서 파견한 고위 관원 오대징과 속창이 이미 출발하였으니, 귀 대신께서 이상의 사정을 본국 정부에 전달하고 아울러 이노우에 대인에게 알려 중국의 흠차와 성의껏 협의하여 처리할 수 있기를 몹시 기대합니다.

(10) 문서번호 : 5-2-10(914, 1521a-1521b)

사안 : 중국이 일본의 권한을 갖춘 전권대신과 대등한 지위의 고위 관원을 파견할 수 없는 점에 대해 깊은 유감을 느낍니다(深憾中國未能與日本秉權相等之大員).

날짜 : 光緒十年十一月初七日(1884년 12월 23일)

발신 : 日本 公使 榎本武揚

수신 : 總理衙門

十一月初七日, 日本國公使榎本武楊照會稱:

明治十七年十二月二十二日, 接准貴王大臣覆稱:

中國無論何等欽差, 祇有商議之權, 不得專擅, 與外洋國法制不同.

等因前來. 查今次之事, 我國向希貴國派往秉使宜行事之全權大員者, 以其與我特簡大使秉權相等, 不啻可會同妥商, 且容易下場也. 而今如此, 本大臣有深慨焉. 除即錄送本國外, 先此照覆.

광서 10년 11월 7일, 일본국 공사 에노모토 다케아키가 다음과 같은 조회를 보내왔습니다.

메이지 17년 12월 22일, 귀 왕대신의 다음과 같은 답장 조회를 받았습니다.

중국은 어떤 등급의 흠차이든 단지 협의할 권한만 있어 전권을 가지고 임의로 처리할 수 없으며, 서양 각국의 법제와 같지 않습니다.

이번 사건에서 일본은 귀국이 편의행사의 전권을 지닌 고위 관원을 파견함으로써, 우리가 특별히 임명한 대사와 권한이 대등하여 함께 협의할 수 있을 뿐만 아니라 용이한 마무리가 가능하기를 희망하였습니다. 그런데 지금처럼 한다면 본 대신은 깊이 유감으로 생각하지 않을 수 없습니다. 즉각 조회를 베껴 본국으로 보내는 것 외에, 먼저 이렇게 답장 조회를 보냅니다.

(11) 문서번호 : 5-2-11(920, 1556b)

사안 : 오대징 등은 이미 조선에 가기 위해 출발하였는데, 조선의 반란을 조사·처리하고 일본과 신속하게 논의하여 마무리할 것입니다(吳大澂等已起程赴韓, 查辦韓亂, 與日本妥速議結).

날짜 : 光緒十年十一月十二日(1884년 12월 28일)

발신 : 總理衙門

수신 : 日本 公使 榎本武揚

十一月十二日, 給日本公使榎本武揚照會稱:

光緒十年十一月十二日, 奉上諭:

吳大澂、續昌現已啟行, 著馳赴該國都城, 查明確實情形, 和衷商辦, 妥速了結. 欽此. 相應恭錄照會貴大臣查照可也.

일본 공사에 노모토 다케아키에게 다음과 같은 조회를 보냈습니다.

광서 10년 11월 12일, 다음과 같은 상유를 받았습니다.

오대징·속창은 이미 출발하였는데, 조선의 도성에 달려가서 확실한 상황을 조사·확인한 다음 성심껏 협의하여 적절하고 신속하게 마무리하도록 하라.

이상. 응당 이 상유를 베껴 귀 대신에게 조회를 보내니 참조하시길 바랍니다.

(12) 문서번호 : 5-2-12(921, 1557a-1557b)

사안 : 오대징 등은 조선에 도착하면 신속하게 반란 사정을 조사하여 비당(匪黨)을 체포·제거하고 지방을 안정시켜 일본인들이 트집을 찾는 마음을 막아야 한다. 아울러 이홍장에게 지시하니 부대를 선발·동원하여 여러 차례로 나누어 출발하게 하라(命吳大澂等, 抵韓速查明亂事, 捕除匪黨, 彈壓地方, 以杜日人生釁之心, 並命李鴻章調撥隊伍, 分起進發).

날짜 : 光緒十年十一月十二日(1884년 12월 28일)

발신 : 光緒帝

수신 : 總理衙門

十一月十二日, 軍機處交出奉上諭:

總理各國事務衙門接到李鴻章信函等件, 均已覽悉. 據朝鮮國王及提督吳兆有等所述各情, 是此次朝鮮之事係由該國亂黨勾結日人致有此變, 日本心懷叵測, 其為伺隙生衅, 以圖狡逞, 情節顯然. 吳大徵、續昌現已乘輪啟行, 候登岸後, 著馳赴該國都城, 查明確實情形, 妥為籌辦, 督飭各營, 捕除匪黨, 彈壓地方, 務期迅速戡定, 俾日人措手不及, 懾我兵威, 自可折狡謀而杜衅端. 萬勿稍事遲徊致落後著, 但使亂事已定. 朝·日徐議交涉之事, 彼或不至別起波瀾, 朝王闇弱, 措置一切能否得宜, 吳大徵等並應設法維持. 據黎庶昌電稱:

倭備兵數千, 在熊本雇船十二號侍發.

等語. 現赴朝鮮官軍, 甚為單簿. 著李鴻章於就近隊伍刻即調派, 分起進發. 慶軍兩營可否調往, 以資得力, 並即奏聞, 藉紓廑系. 吳大澂等一面仍照會日本使臣, 和衷商辦, 妥速了結. 該使如有議論, 開誠布公, 與之妥議, 俾釋猜嫌. 至我軍查辦朝鮮亂黨, 並非與日人開衅, 彼亦無可藉口. 一面令駐朝各國公使, 秉公評論, 亦可使日人有所顧忌, 並著吳大澂等酌度辦理.

欽此.

광서 10년 11월 12일, 군기처에서 다음과 같은 상유를 받아 보내왔습니다.

총리아문에서 이홍장의 서신 등 문건을 받았는데, 이미 모두 읽어보았다. 조선 국왕 및 제독 오조유 등이 서술한 각 상황은 이번 사건이 조선 난당이 일본인과 결탁하여 이런 변란을 일으킨 것이며, 일본이 품고 있는 마음은 예측하기 어렵지만 틈을 엿보다 도발하여 교활한 뜻을 도모하려는 사정이 아주 분명하게 드러난다. 오대징과 속창은 현재 이미 윤선을 타고 출발하였는데, 상륙하기를 기다려 조선의 도성으로 달려가 확실한 상황을 명확히 조사하여 적절하게 대책을 마련하고 각 부대를 감독하고 비당을 체포·제거하고 지방을 통제하여 힘써 신속하게 반란을 진압함으로써, 일본이 미처 손을 쓸 수 없게 만들고 또한 우리의 군사적 위세를 두려워하게 하면 저절로 교활한 음모를 꺾고 도발의 단서를 막을 수 있을 것이다. 절대로 조금이라도 일 처리가 늦어 기선을 제압당하는 일이 없어야 한다. 다만 반란이 이미 진압된 다음 조선과 일본이 서서히 교섭하는 일이 혹은 또 다른 파란을 일으키지 않게 해야 한다. 조선 국왕은 암약하여 그 조치가 모두 시의적절한 것이 될 수 있는지 오대징 등은 아울러 응당 방법을 마련하여 유지해야 할 것이다. 여서창이 다음과 같은 전보를 보내왔다.

> 일본은 수천 명의 병력을 준비하여 구마모토에서 12척의 선박을 고용하여 출발하고자 대기하고 있습니다.

현재 조선에 보낸 중국 관군은 그 수가 몹시 빈약하다. 이홍장은 부근 부대에서 즉각 동원·파견하여 여러 차례로 나누어 출발할 수 있게 하라. 경군 2개 영이 동원되어 가서 도움이 될 수 있는지 아울러 상주하여 짐의 근심을 풀어줄 수 있도록 하라. 오대징 등은 한편으로는 일본 사신에게 조회하여 성심껏 협의하여 신속하게 타결하도록 하라. 일본 사신이 만약 논의할 게 있다고 한다면 성실하고 공정하게 함께 적절하게 논의하여 시기와 의심을 풀어주도록 하라. 중국군이 조선 난당을 조사·처리하는 문제는 결코 일본을 도발하려는 것이 아니므로, 그들 역시 빌미로 삼을 것이 없을 것이다. 한편으로는 조선 주재 각국 공사들이 공정하게 평론하도록 하면 또한 일본인들이 돌아보고 꺼리게 할 수 있을 것이니 아울러 오대징이 적절하게 처리하도록 하라.

이상.

(13) 문서번호 : 5-2-13(922, 1558a)

사안 : 오대징과 속창이 이미 조선으로 출발하였다는 점을 알고 있습니다(已悉吳大澂·續昌啓程赴韓).

날짜 : 光緖十年十一月十三日(1884년 12월 29일).

발신 : 日本 公使 榎本武揚

수신 : 總理衙門

十一月十三日, 日本國公使榎本武揚照會稱:

昨接貴王大臣照稱:

光緖十年十一月十二日, 奉上諭:

吳大澂、續昌現已啟程, 著馳赴該國都城, 查確實情形, 和衷商辦, 妥速了結.

欽此. 相應照會,

等因前來. 本大臣業已閱悉. 除即錄送本國外, 先此照復.

광서 10년 11월 13일, 일본 공사 에노모토 다케아키가 다음과 같은 조회를 보내왔습니다.

어제 귀 왕대신의 다음과 같은 조회를 받았습니다.

광서 10년 11월 12일, 다음과 같은 상유를 받았습니다.

오대징과 속창은 현재 이미 출발하였는데, 조선의 도성으로 달려가 확실한 상황을 명확히 조사하여 성심껏 협의하여 신속하고 적절하게 타결하도록 하라.

이상. 응당 조회를 보내야 할 것입니다.

이상과 같은 조회를 본 대신은 이미 받아 읽어보았습니다. 이를 베껴 본국에 보내는 것 외에, 먼저 답장 조회를 보냅니다.

(14) 문서번호 : 5-2-14(929, 1584a-1592a) [생략]

사안 : 조선 국왕이 알리기를, 반란은 김옥균 등이 반역을 꾀하여 왕의 교지를 왜곡하여 일본 병력을 빌리고, 협박을 통해 다른 궁전으로 옮기고 대신들을 살해한 것이며, 일본 공사는 실로 난당에게 우롱당한 것이라고 합니다(朝鮮國王告知, 亂事係金玉均等謀爲不軌 矯傳王諭, 假日兵脅制移宮, 戕害大臣, 日使實爲亂黨所愚弄).

첨부 문서 : 1. 「절략(節略)」: 조선 난당이 반란을 일으킨 연유에 대한 방문 조사(訪査朝鮮亂黨滋事緣由).

2. 「조선 국왕의 자문(朝鮮國王咨文)」: 1) 일본 병력을 불러 입궁시킨 것은 난당 김옥균이 국왕의 유지(諭旨)를 왜곡하여 전달한 것이며, 또한 일본 공사에게 철병을 요청하였을 때도 그와 난당의 국왕 파지(把持)는 더욱 확고하였습니다(召日兵入宮, 係亂黨金玉均矯旨, 且屬論日使撤兵, 彼與亂黨把持愈密). 2) 중국 군대는 입궁하여 국왕을 보호하면서 결코 아무런 소동도 부리지 않았으며, 총을 쏘며 맞받아친 것은 저들 일본 군대가 강박하였기 때문입니다(中國軍隊入衛, 並無滋鬧情事, 其放槍回擊, 係彼日兵所迫).

3. 「오대징과 조선 국왕의 필담(吳大澂與朝鮮國王筆談)」: 1) 이노우에 가오루가 조선에 와서 사건을 조사·처리한다면 반드시 일본인 30명이 사망한 일과 일본 공사관이 불탄 일을 가지고 힐책할 것인데, 조선은 일본에 맞서 저항할 수 없으니, 뜻을 굽히고 저들의 뜻에 따라 일이 마무리되도록 모색하고, 소동을 가라앉혀서 사람들이 서로 편히 대할 수 있게 만드는 것이 마땅할 듯합니다(井上馨來韓查辦事件, 必以日人死三十餘人、使館被焚詰責, 朝鮮既不能與日本相抗, 以委曲求全、息事寧人爲宜). 2) 조선 정부는 응당 이노우에 가오루에게 김옥균 등을 체포하는데 협조하도록 요청하여 뭇사람의 마음을 설복시켜야 합니다(朝鮮政府應託井上, 協助查拿金玉均等, 以服衆心).

4. 「오대징과 일본 공사 이노우에 가오루의 필담(吳大澂與日使井上馨筆談)」: (1) 중국 대신이 조선에 와서 난사를 조사·처리하는 일은 일본과 관계가 없으며, 또한 중국과 일본이 논의할 수 있는 일도 아닙니다(中國大臣至朝鮮, 查辦亂事, 與日

本無涉, 且中日不可議之事). (2) 일본과 조선이 응당 처리할 일에 대해 협상·처리가 끝나면, 중국과 뒤이어 군대 주둔 문제를 협상하면 됩니다(日本與朝鮮, 於應議之事, 商辦完結, 與中國續商駐兵之事).

5. 「오대징이 조선 전권대신 김홍집에게 보여준 글(吳大澂示朝鮮全權大臣金弘集書)」: 난당을 불문에 부쳐서는 안 됩니다(不可置亂黨於不問).

날짜 : 光緒十一年十二月初三日(1885년 1월 18일)

발신 : 會辦大臣 吳大澂

수신 : 總理衙門

[생략][4]

4 이 책의 문서번호 : 5-1-13(929, 1584a-1592a)과 같은 문서라서 중복을 피해 생략한다.

(15) 문서번호 : 5-2-15(930, 1592b)

사안 : 흠차대신 오대징과 이노우에 가오루의 필담 및 조선 난당이 반란을 일으킨 연유에 대한 방문 조사 결과를 베껴서 보냅니다(鈔送吳欽差大澂與井上筆談及訪查朝鮮亂黨滋事緣由).

날짜 : 光緒十年十二月初四日(1885년 1월 19일)

발신 : 總理衙門

수신 : 日本 公使 榎本武揚

十二月初四日, 給日本國公使榎本武陽函稱:

昨日所談吳欽差與貴國井大臣筆談及訪查朝鮮亂黨滋事緣由, 因貴大臣屬為鈔寄一分. 玆特照錄送閱, 希即察照為荷.

광서 10년 12월 4일, 일본 공사 에노모토 다케아키에게 다음과 같은 서신을 보냈습니다.

어제 이야기한 오대징 흠차와 귀국의 이노우에 가오루 대신의 필담 및 조선 난당이 반란을 일으킨 연유에 대한 방문 조사 결과를 귀 대신께서 한 통 베껴달라고 요청하였기에, 지금 특별히 베껴서 읽어보시도록 보내니 살펴봐 주시길 바랍니다.

(16) 문서번호 : 5-2-16(931, 1593a-1593b)

사안 : 이홍장에게 오대징·속창과 더불어 조선 문제에 대한 전반적인 대책을 마련하도록 지시한다(命李鴻章與吳大澂、續昌統籌朝鮮全局).

날짜 : 光緒十年十二月初四日(1885년 1월 19일)

발신 : 光緒帝

수신 : 總理衙門

光緒十年十二月初四日, 奉上諭:

吳大澂奏, 確查朝鮮亂黨詳細情形與日使筆談大略, 並查明駐朝兵勇傷亡數目暨亂黨滋事節略各摺片, 覽奏均悉. 日本使臣井上馨到朝鮮後, 徑與該國訂約, 並未向吳大澂等商量一切,僅稱因該京卿無全權字樣, 倉卒回國. 揣其情形, 若因自知此事實係理屈, 無可狡辯, 尚屬無足重輕, 特恐籍此次來商, 遂謂:"朝鮮非我屬國." 繼此再生衅端, 即以此為口實, 阻我過問, 致蹈越南故轍, 則隐患實大. 著吳大澂等將查辦亂黨及善後事宜詳加籌畫, 此次朝鮮肇亂, 似以金玉均為最, 逃往日本之說, 駐京日使在總理各國事務衙門談論並不承認, 且有不能與高麗拏人之語, 其為有意庇護, 已可概見. 現在辦法宜向朝鮮國王詰問, 令其查明金玉均等究在何處, 訪拏嚴辦, 以平衆心. 該國孱弱已甚, 此時丁汝昌等駐紮保護, 事局尚未大定, 自難撤回, 將來如我軍久駐該國, 應如何妥為區畫, 俾收保護實效, 著吳大澂、續昌統籌全局, 詳加斟酌, 並與李鴻章妥商會議具奏.

欽此.

광서 10년 12월 4일, 다음과 같은 상유를 받았습니다.

오대징이 조선 난당의 상세한 상황에 대한 확실한 조사 결과, 일본 사신과의 필담 대략, 그리고 조선 주재 병사의 사망인 숫자 및 명단과 난당의 반란 경과에 대한 절략을 상주한 각 주접과 부편은 모두 읽어보았다. 일본 사신 이노우에 가오루는 조선에 도착한 다음, 바로 조선과 조약을 체결하면서, 결코 오대징과 아무것도 상의하지 않았고, 다만 오대징이 전권대신 증빙 문서를 휴대하지 않았다고 주장하면서 곧바로 귀국해 버렸다. 그 상황으로 헤아려 보건대 만약 이 일에 대해 이치에서 밀려 교활하게 변명할 수 없음을 알았던 것이라고 한다면 그래도 굳이 경중을 따질 필요가 없는 일에 속한다. 그렇지만 특히 이번에 협상하지 않고 "조선은 중국의 속국이 아니다"라고 주장하면서 뒤이어 다시 분란을 일으킨다면, 바로 이 일을 구실로 삼아 우리가 간여하는 것을 막음으로써 월남 사례와 같은 과거의 곤경에 빠지게 되니, 그야말로 잠재적인 우환이 크다고 할 것이다. 오대징 등은 난당 조사·처리와 사후 조치에 대해 세밀하게 준비·기획하도록 하라. 이번 조선의 소란은 아마 김옥균이 그 흉수인 것 같고, 일본으로 도피했다는 지적에 대해 주북경 일본 공사는 총리아문에서의 대담에서 결코 이를 인정하지 않았으며, 또한 조선과 함께 그를 체포하는 데 협조할 수 없다고 하니, 의도적으로 비호하는 것임을 대략 파악할 수 있다. 현재의 방법은 응당 조선 국왕에게 힐문하는 수밖에 없다. 김옥균 등이 도대체 어디에 있는지 조사하여 확인한 다음 체포하여 엄히 처벌함으로써 뭇사람의 마음을 가라앉히도록 하라. 조선은 이미 너무 쇠약하니, 지금 정여창 등이 주둔하면서 이를 보호해야 할 것이다. 사태가 아직 크게 진정되지 않았으니 당연히 철수하기 어렵다. 장래 만약 우리 부대가 조선에 오래 주둔하게 되면 응당 어떻게 적절하게 구획해야 보호의 실효를 거둘 수 있는지 오대징과 속창이 전체 국면을 총괄적으로 판단하고 상세하게 조절하도록 하되, 아울러 이홍장과 적절하게 상의한 다음 상주하도록 하라.

이상.

(17) 문서번호 : 5-2-17(937, 1605a-1609b)

사안 : 총리아문은 일본 공사 에노모토 다케아키가 직접 건낸 초단(鈔單)을 받았습니다(總署收日本國公使榎本武陽面遞鈔單).[5]

날짜 : 光緒十年十二月初九日(1885년 1월 24일)

발신 : 日本 公使 榎本武陽

수신 : 總理衙門

十二月初九日, 日本國公使榎本武陽面遞鈔單[照錄鈔單]:

據貴大臣來電, 總署照稱:"吳、續奉和衷妥商之特命."等因. 黎公使照稱:"總署來電亦如之", 並稱"即希轉知本大臣."等因. 是以本大臣之入漢陽也, 擬待與該國了議, 與清使以禮相見. 不圖本大臣與朝鮮國全權大臣會商之際, 有突如其來者, 自名吳大澂. 本大臣恠其亡狀, 告曰:"此地本大使與朝鮮國大臣會商之處, 豈容他人排入? 雖然貴大人如奉有全權字據, 異日當議日清涉之事." 吳曰:"日清和好為日已久, 現無當議之事, 故不帶有全權字據. 使者只為查辦韓事而來." 本大臣乃正語曰:"日韓相涉之事, 本大使知與朝鮮國大臣會商而已." 吳乃去焉. 查本大臣初意, 假令吳自稱:"不帶有全權字據", 猶且和衷妥商於私覿. 奈清使舉止如彼其輕. 況其有不帶全權字據乎! 本大臣不全簡命而回, 良有以也. 貴大臣以時轉知以上情節於總署也.[6]

本月四日在郵政局有宴會. 各國使臣、總領事及朝鮮縉紳, 俱應其招. 午後九時晚餐將完之際, 局之後面火起, 閔泳翊出庭前, 為刺客受重傷. 局内騷擾, 衆客避難走出. 余前日訪問各縉紳, 微感風寒, 不赴宴會. 島村書記官回報曰:"物情騷然." 英總領事

---

5 이 문서는 주북경 일본 공사가 총리아문에 전달한 것이지만, 앞부분은 일본의 외무경 이노우에 가오루가 주북경 일본 공사 에노모토 다케아키에게 보낸 공문이고, 뒷부분은 다케조에 신이치로가 갑신정변의 경과를 본국에 보고한 공문으로 구성되어 있다.

6 이 부분이 일본의 외무경 이노우에 가오루가 주북경 일본 공사 에노모토 다케아키에게 보낸 공문이다.

亞斯頓氏來請我兵護衛, 歸館.[7] 此時我護衛兵望見我公館近隣有火, 照例來集, 忽有內官馳至傳余, 以入衛之旨. 余疑宮內有變, 飭属官警備公館, 纔出館門. 內官又氣喘喘馳來, 交"日使來衛."親書, 促迅速入闕. 余急步向王宮, 內官又走來曰:"大君主移于景佑宮, 請速轉向該宮." 即令內官先導, 至景佑宮, 則大君主、中宮、世子既在殿內, 頃而大君母也到. 大君主出於庭外庭迎余, 優旨謝速來護衛. 此夜值直大將尹泰駿, 引兵陪從. 其他縉紳、內官、雜役、女官等紛集雜還. 殿之內外無立錐之地, .余随帶島村村書記官, 淺山顯藏, 立於殿外, 制止雜役賤人闌入. 一時殿內燭滅闇黑, 將我提燈交與內官, 纔得一點燭光. 村上隊長云:"如期雜還, 何以譏察? 且此宮區域廣大, 門門相隔, 又有樹木叢森之處, 僅僅我兵不敷看衛全部." 乃稟請此情, 有命將雜人出於殿門外, 女官居門外北隅之一房, 韓兵在殿東面, 我兵在殿北面並守東北隅小門. 殿之南面, 韓兵守之, 我兵守其小門, 其西北隅第二門, 韓兵守之. 又環圍其西, 其西南隅第二門, 韓兵守之. 我兵二人看守其正南外門與西南隅外門及東北隅內外二門. 我兵守之有來請入宮者, 門兵問其姓名, 一一傳奏, 經准後方許通行. 有出宮者, 由大君主之左右付與名帖. 過夜半之後, 喧嘩漸定. 大君主坐於殿之西, 召余懇話涉時. 翌五日, 米國公使福德、英國總領事亞斯頓入宮謁見. 午前十時, 因大君母無防寒之具, 幸於李載元宅, 宅與景佑宮相接, 僅隔一門, 韓兵環衛宅之外圍, 我兵與韓兵共守宅內. 午前十一時, 米公使、英·獨總領事再來謁見. 午後四時, 大君主召余告以大王妃寢食不安, 有還幸大闕之命. 時近日暮, 余慮其有不虞, 而諭旨懇切, 不得已陪從, 至大闕日暮矣. 大君主及中宮、世子皆同在大君母寢殿. 我兵護衛周圍, 而第一、第二、第三及東·西門, 皆韓兵守之. 此夜始聞大臣數名在景佑宮被殺一事. 翌六日擬欲辭去, 則有大君主及中宮、世子還御各殿, 方可解備之諭, 不得已留, 至午後忽然銃聲貫耳. 大君主驚問此何響聲, 走入寢室, 此時有人將記余名一封書交付島村, 余接手之間, 彈丸交至, 未暇折封. 村上隊長來請曰:"清兵突入, 不解何故. 韓兵翻與清兵合發槍, 不知作何防法." 余曰:"只作保護大君主之防法可也." 於是我兵始行放槍. 余欲候大君主安否, 將進寢室, 京畿監司在室前曰:"大君主安全.: 余信其言. 且想王妃及大王妃

7 애스톤(Aston, William George. 亞斯頓)은 주일본 영국공사관의 서기관, 고베 영사 등을 지내다가 1884년 「조·영조약」 비준 이후 초대 조선 주재 영국 총영사로 임명되어 1884년 4월 한성에 주재하기 시작하였다. 갑신정변 때에는 청·일의 전쟁을 막기 위해 노력하였으나 갑신정변을 주도한 개화파에 대해 부정적으로 평가하였다.

同坐, 不敢進. 乃率島村、淺山立在前面, 彈丸如雨, 欲請大君主移于彈丸不達之處, 至寢室則不見大君主, 回出寢殿後面探尋. 大闕第三門內西側, 有一房, 東有正殿. 大君毋寢室在房後稍偏于東. 淸兵占據第三門及其兩邊屋宇, 與韓兵三面放槍, 迫於我兵. 小谷中尉防戰, 余尋大君主在寢殿後面, 適被淸兵從東方突出槍擊. 大西少尉防戰, 旣而遥認大君主在後苑, 便往護之. 村上中隊長率半小隊兵, 隨余守大君主. 此時淸·韓兵從右翼來迫, 面高中尉、安藤少尉防之. 余至後苑, 大君主在最低下停中, 形勢不利, 奉之移于丘上樹下, 敷氊安坐. 是時少間, 纔得將淸武官所贈信書拆開. 侍臣又負大君主走去在後苑之最後亭中, 余即勸告移居接近後門之小丘上. 此時淸兵放炮, 焚宮中之一殿, 銃聲始止. 後門外韓兵多數屯在, 而大君母在其後面山腹. 至此大君主屢有以死奉侍大君母之命, 余恭其旨欲奉大君主出後門, 韓兵見我兵放槍, 傷侍臣手. 余以為門外地勢不便防敵, 且變出意外, 即以我兵護衛大君主, 反招大君主危險, 亦未可知. 不若委大君主于韓兵保護, 乃告拜別大君主出門, 入韓兵之中. 我兵前後死者三名, 傷者九名. 但意在防禦, 不在攻戰, 故可進而不進, 止于保護大君主而已. 此時日已暮, 城中各處見大光, 王宮三面亂兵充塞, 乃從後門出, 沿山背出于翠雲亭傍, 前後分隊整列, 進入市街, 每至十字街, 亂徒燒篝火, 待我兵來過, 從路旁及屋內亂投瓦石, 面高中慰被微傷, 及迎公館, 韓兵當路放槍, 歸館正八點鐘矣. 據留館員云:"在大闕砲聲起後, 有淸裝之兵襲擊我館一次, 韓兵來攻二次, 旣而見我南山警備隊本營火起, 知為暴徒燒盡粮食." 七日早天, 我公館前後門, 韓兵來槍擊不絕. 又有數十人亂民, 擲瓦石攻大門三次, 我門兵放槍防之. 午前八時, 一韓人來將封信抛置門外直去. 此信係金督辦照會, 即發回書, 並將復淸武官之書同封, 囑托轉寄. 我館中諸員, 男女僕婢合共三十餘人, 匠工七十餘人, 兵員百四十餘人, 其他寄留商民避難來集者三十餘人. 所餘糧米不敷一日之食. 余思與在敵圍之中餓死, 不若姑退于仁川, 待我政府之命. 此時得一報云:"京城各門, 今朝封鎖, 專為攻戰之備, 市街處處, 集瓦石, 積木材, 將待日暮襲擊我館." 於是贈書金督辦, 託以保護公館事, 各各單身輕裝出館. 安藤少尉為先鋒, 大西少尉次之, 面高、小谷二中尉殿之. 村上中隊長護余書記官及屬員. 随後 匠工數十人舁傷者, 扶婦女, 取大道, 向西門發行. 韓兵民或放槍, 或射矢, 或投石, 屢次迫我. 我兵且防且行, 過舊大闕前時, 左營韓兵約一中隊, 整列營前, 亂放大·小砲, 槍擊我側面, 彈丸飛空擦地, 幸而止三四人微傷而已. 至西門,則嚴下鎖鑰, 旗手拿槍把刀守之. 余等僅得間鎖出門. 韓兵尾擊, 我後隊防之. 至麻浦顧見黑煙衝天, 按其方位, 知為我公館. 渡漢江時, 韓兵民提槍者數十人, 尾擊碍渡, 我兵防擊走之. 渡至中流有由下流所繫舟中放槍者. 渡畢, 日已暮矣. 翌八日午前, 抵濟物浦駐留領事館.[8]

광서 10년 12월 9일, 일본 공사 에노모토 다케아키가 직접 전달한 문서 사본.

[이노우에 가오루]: 귀 공사[에노모토 다케아키]가 보내온 전보에 의하면 총리아문에서는 "오대징, 속창이 성심껏 협의하라는 특명을 받았다고"라는 조회를 보냈고, 여서창 주일본 공사도 "총리아문이 보내온 전보 역시 이와 같았다"라고 조회를 보내면서, 아울러 "본 대신[이노우에 가오루]에게 전달해 주시길 바랍니다"라고 하였습니다. 그래서 본 대신[이노우에 가오루]이 한성에 들어오게 되면서, 조선과의 협의를 마치기를 기다려 청국 사신과 예절을 갖추어 만날 계획이었습니다. 그런데 뜻하지 않게 본 대신이 조선의 전권대신과 만나 협의하고 있을 때, 갑작스럽게 들어온 사람이 있는데, 스스로 오대징이라고 칭하였습니다. 본 대신은 이런 상황을 몹시 괴이하게 여겨, "이곳은 본 대사와 조선의 대신이 만나서 협의하는 곳이니 어찌 다른 사람이 끼어들 수 있습니까? 설사 귀 대인이 전권 증빙 문서를 가지고 있다고 하더라도 응당 다른 날을 잡아 일본과 청국의 문제를 논의해야 할 것입니다"라고 알렸습니다. 오대징은 "중국은 일본과 화호(和好)를 이룬 지 오래이고, 현재로서는 특별히 논의할 사안이 없기 때문에 전권대신의 증빙은 없습니다. 본 사신은 단지 조선 문제를 조사·처리하기 위해 왔을 뿐입니다"라고 답변하였습니다. 본 대신은 그래서 정식으로 이야기하였습니다. "일본과 조선의 교섭 문제는 본 대사가 조선의 대신에게 통보하여 만나서 협의할 뿐입니다." 오대징은 이에 자리를 떠났습니다. 본 대신은 본래 가령 오대징이 스스로 "전권 증빙 문서를 가지고 있지 않다"라고 하더라도, 그래도 성심껏 사적인 교제를 통해 적절하게 논의할 생각이 있었습니다. 그런데 청국 사신의 행동거지가 어찌 이렇게 경솔할 수 있다는 말입니까? 하물며 그는 전권대신의 증빙 문서도 가지고 있지 않았습니다! 본 대신이 주어진 명령을 완수하지 못하고 돌아온 것은 정말로 이런 이유에

8 이 부분은 다케조에 신이치로가 갑신정변의 경과를 본국에 보고한 공문이다.

서입니다. 귀 공사께서는 이상의 상황을 총리아문에 대신 전달해 주시길 바랍니다.

[다케조에 신이치로의 보고] 이달 4일 우정국에서 연회가 있어, 각국 사신과 총영사 및 조선의 진신(搢紳)이 모두 초대에 응하였습니다. 오후 9시에 만찬이 끝나갈 무렵, 우정국 뒤쪽에서 불이 났고, 민영익이 나가서 살펴보다가 자객에게 중상을 입었습니다. 우정국 안이 시끄러워지고 뭇 손님들은 피난하기 위해 달려 나갔습니다. 저는 전날 각 진신을 방문하면서 약간의 감기 기운을 느껴 연회에 참석하지 않았습니다. 시마무라(島村) 서기관이 돌아와서 "바깥 사정이 아주 소란스럽다"라고 보고하였습니다. 영국 총영사 애스톤이 와서 일본 군대의 호위를 요청하고 돌아갔습니다. 이때 우리 호위 부대가 우리 공사관 근처에서 불이 난 것을 바라보고, 규정대로 모두 모여들었는데, 갑작스레 내환(內宦)이 달려와서 내게 들어와서 호위하라는 국왕의 교지를 전하였습니다. 제가 궁내에 변고가 있는 것을 의심하여 부하에게 공사관을 경비하도록 지시하고 문을 나서는 참에, 내관(內官)이 다시 헐레벌떡 달려와서, "일본 공사는 와서 호위하라"라는 친서를 넘겨주면서 신속한 입궐을 재촉하였습니다. 저는 급한 걸음으로 왕궁으로 달려갔는데, 내환이 다시 달려와서 말하길, "국왕께서는 경우궁으로 옮기셨으니 신속히 그쪽으로 바꿔 가주십시오"라고 하였습니다. 즉각 내환에게 선도하도록 지시하여 경우궁에 이르렀는데, 국왕과 왕비, 세자가 모두 대전 안에 있었고 조금 있다가 왕대비도 도착하였습니다. 국왕은 정외(庭外)로 나와 저를 맞이하면서, 신속하게 와서 호위해 준 것에 대해 감사의 뜻을 전달하였습니다. 이날 밤 숙직이던 대장 윤태준이 병사를 이끌고 뒤따라 모시고 있었습니다. 기타 진신, 내환, 잡역, 궁녀 등이 잡다하게 모여 들여 둘러싸고 있었으므로, 대전 내외에 그야말로 발을 딛을 틈도 없이 붐볐습니다. 저는 시마무라 서기관, 아사야마 겐조와 함께 대전 밖에 서서 잡역이나 아랫사람이 진입하는 것을 제지하였습니다. 한때 대전 안에 촛불이 꺼져 캄캄해지기도 했는데, 제가 들고 있던 등불을 내환에게 넘겨주어서야 조금은 밝아질 수 있었습니다. 무라카미 대장(隊長)이 말하길, "이렇게 시끌벅적하면 어떻게 통제하며 관찰할 수 있겠습니까? 또 이 궁내는 구역이 광대하며 문들이 서로 떨어져 있는 데다가 수목이 무성한 곳도 있어 경우 우리 병사들만으로는 전부를 지켜보고 호위할 수 없습니다." 그래서 이런 사정을 보고하여 다음과 같은 명령을 내리도록 요청하였습니다. 그 결과 잡인은 대전 문밖으로 내보내고, 궁녀들은 문밖 북쪽 모퉁이의 건물에 머무르게 하며, 조선 병사는 대전의 동서를, 일본 병사는 대전의 북쪽과 동북 모퉁이의 소문을 지키게 하였습니다. 대전 남쪽은 조선 병사가 지키고, 일본 병사는 그 작은 문을 지켰으며, 그 서북쪽 제2문은 조선 병사가 지켰습니다. 또 그 서쪽을 빙 둘러싸고, 그 서남 모퉁이의 제2문은 조선 병사가 지키고, 일

본 병사 2명이 정남 쪽 외문과 서남 모퉁이의 외문 및 동북 모퉁이의 내외 2문을 지켰습니다. 수비하는 일본군은 입궁을 신청하는 사람이 있으면 그 성명을 묻고 하나하나 전하여 국왕께 아뢴 다음, 비준을 받아야 비로소 통행을 허용하였습니다. 왕궁을 나서려는 사람이 있으면 국왕의 좌우에서 명첩(名帖)을 지급하였습니다. 이리하여 야밤이 지난 다음 시끄러운 소동이 점차 진정되었습니다. 국왕께서는 대전의 서쪽에 앉아서 저를 불러 정성스럽게 시사에 관한 대화를 나누었습니다. 다음 5일, 미국 공사 푸트, 영국 총영사 애스톤이 입궁하여 국왕을 알현하였습니다. 오전 10시에 왕대비께서 추위를 물리칠 방도가 없어 이재원의 저택으로 옮겼는데, 이 저택은 경우궁과 서로 이웃하고 경우 문 하나를 사이에 두고 있었는데, 조선 병사가 저택 외부를 빙 둘러 지켰고 일본 병사는 조선 병사와 함께 저택 내부를 지켰습니다. 오전 11시에 미국 공사와 영국·독일 총영사가 다시 와서 알현하였습니다. 오후 4시 국왕께서 저를 불러 왕대비의 침식이 불안하니 대궐로 돌아가겠다고 명령을 내리셨습니다. 마침 해가 질 무렵이라 예측하지 못할 일이 생길까 염려하였지만, 너무 간절한 교지라 부득이하게 수행하여 따르지 않을 수 없었고, 대궐에 이르렀을 때는 이미 해가 저물었습니다. 국왕과 중궁, 세자는 모두 함께 왕대비의 침전에 머물렀습니다. 일본군은 주위를 호위하고, 제 1·2·3문과 동·서문은 모두 조선 병사가 지켰습니다. 이날 밤 비로소 대신 몇 명이 경우에서 피살된 사건에 대해 들었습니다. 다음 6일 호위를 철수하고자 하였는데, 국왕 및 중궁, 세자가 각 대전에 돌아와야 비로소 경비를 풀 수 있다는 지시가 내려져 부득이하게 계속 머물렀습니다. 오후에 이르러 갑자기 총성이 귀를 꿰뚫게 되었습니다. 국왕께서 놀라 이것이 무슨 소리냐고 묻기에 침실로 달려 들어갔는데, 이때 누군가 제 이름이 기입된 봉서(封書)를 시마무라 서기관에게 넘겨주었고, 제가 그것을 받아드는 순간 탄환이 잇따라 날아들어서 미처 펼쳐볼 여유가 없었습니다. 무라카미 대장이 와서 청하기를 "청군이 돌입하였는데 무슨 이유인지 모르겠습니다. 조선 병사들이 도리어 청군과 합쳐 사격을 가하는데, 어떻게 막을지 모르겠습니다"라고 하였습니다. 저는 "단지 국왕을 보호하는 방법만이 가능할 뿐이다"라고 답하였습니다. 이에 우리 병사들도 비로소 사격을 개시하였습니다. 저는 국왕의 안전 여부를 묻기 위해 침실에 들어가고자 하였는데, 경기감사(京畿監司)가 침실 문 앞에서 말하길, "국왕께서는 안전하십니다"라고 하였기에 그 말을 믿었습니다. 또한 왕비와 왕대비께서 같이 앉아 계셨기에 감히 들어갈 수도 없었습니다. 그래서 시마무라와 아사야마 두 사람을 앞세우고 빗발처럼 총알이 쏟아지는 가운데 국왕께서 탄환이 미치지 않는 곳으로 옮기자고 요청할 생각이었는데, 침실에 이르니 국왕께서 보이지 않았으므로 돌아 나와 침전의 뒤에서 찾아보았습니다. 대궐 제3문 안

서쪽이 건물 한 채가 있고 동쪽에 정전(正殿)이 있으며, 왕대비의 침실은 건물 뒤쪽 조금 동쪽으로 치우친 곳이었습니다. 청군이 제3문과 그 양쪽 건물을 점거하고, 조선 병사들과 함께 삼면에서 사격하면서 우리 병사들에게 다가왔습니다. 고타니(小谷) 중위가 방어하는 동안 저는 국왕을 침전 뒤쪽에서 찾아냈는데, 마침 청군이 동쪽으로부터 뛰쳐나오면서 총격을 가하였습니다. 오니시(大西) 소위가 방어하는 동안 멀리서 국왕께서 후원에 계신다고 확인하여, 다시 가서 호위하였습니다. 무라카미 중대장은 소대 절반의 병력을 이끌고 저를 따라 국왕을 호위하였습니다. 이때 청과 조선 병사들이 오른쪽에서 다가왔기 때문에 오모타카(面高) 중위와 안도(安藤) 소위가 이를 막았습니다. 저는 후원에 이르렀고 국왕이 가장 낮은 정자에 머물러 있어 형세가 불리하였으므로, 모시고 언덕 위의 나무 아래로 옮기고 담요를 깔아 편안히 앉으시도록 하였습니다. 이때 잠깐 시간이 있어 청의 무관이 전달해 준 서신을 열어 보았습니다. 시종하던 신하가 다시 국왕을 업고 걸어가 후원에 있는 마지막 정자 안에 들어갔는데, 저는 후문에 인접한 작은 언덕 위로 옮기자고 권고하였습니다. 이 무렵 청군이 대포를 쏘아 궁중의 전각 하나를 불태우자, 총소리가 비로소 멈추었습니다. 후문 밖은 조선 병사들이 다수 주둔하고 있었고, 왕대비는 그 뒤쪽의 산속에 있었습니다. 이에 이르러 국왕께서 누차 죽어도 왕대비를 모시겠다는 명령을 내렸으므로, 저는 그 교지에 따라 왕대비를 모시고 후문으로 나섰는데, 조선 병사들이 우리 병사를 보고 사격을 하여 시신(侍臣)의 손에 상처를 입혔습니다. 저는 문밖의 지세가 적을 막기에 불편하고, 또한 의외의 변고가 생길 수 있다고 생각하여 즉시 우리 병사들이 왕대비를 호위하게 하였는데, 이것이 도리어 국왕의 위험을 초래하였는지는 또한 잘 알 수 없었습니다. 차라리 국왕을 조선 병사의 호위에 넘기는 것이 낫다고 보아 국왕이 문을 나서 조선 병사들 속으로 들어가도록 인사를 하고 고별하였습니다. 일본 병사는 죽은 사람이 3명, 부상자가 9명이었지만, 방어에 전념하고 공격하지 않았기 때문에, 나아가려 해도 나아갈 수 없었고, 단지 국왕을 보호할 뿐이었습니다. 이 무렵은 이미 해가 저물어 성내 각지에서 큰 불빛이 보였고, 왕궁의 삼면은 난병이 가득 차 있었으므로, 후문으로 나와 산등성이를 타고 취운정(翠雲亭) 옆으로 나와서, 앞뒤로 분대별로 정렬한 다음 시가지로 들어갔습니다. 매번 십자가에 이를 때마다 난도들이 불 깡통을 던지고, 우리 병사들이 지나가길 기다려 길옆이나 건물 안에서 기와와 돌을 마구잡이로 던져 오모타카 중위가 경상을 입었고, 공사관에 이르렀을 때는 조선 병사들이 길을 막고 사격하여, 공사관에 돌아왔을 때는 정각 8시였습니다. 남아 있던 공사관 직원은 "대궐에서 포성이 들린 다음 청국 복장을 한 병사들이 우리 공사관을 한 차례 습격하였고, 조선 병사들이 두 차례 습격하였으며, 우리 남산경비대(南山警

備隊)의 본영(本營)에서 불이 일어나 폭도들이 식량을 모두 불태웠다는 것을 알게 되었습니다"라고 하였습니다. 7일 새벽, 일본 공사관의 앞·뒤 문에서는 조선 병사들의 총격이 끊이지 않았습니다. 또한 수십 명의 난민들이 기왓장과 돌을 대문에 던진 것이 세 차례였고, 우리 병사는 소총 사격으로 이를 막았습니다. 오전 8시에 조선인 한 사람이 와서 문밖에 봉투에 든 서신을 놓고 떠났습니다. 이 서신은 김홍집 독판의 조회로 즉시 답장을 보내고 아울러 청의 무관에게 보내는 서신도 동봉하여 대신 전달해달라고 부탁하였습니다. 공사관 여러 직원은 남녀·노복 모두 30여 명, 기술자 70여 명, 병사 40여 명으로, 기타 머물던 상인 가운데 피난하여 모인 사람이 30여 명이었습니다. 남은 식량은 하루치에도 모자랐습니다. 저는 적의 포위 가운데 굶어 죽기보다는 차라리 잠시 인천으로 물러나 우리 정부의 지시를 기다리는 것이 낫다고 생각하였습니다. 이때 다음과 같은 소식을 들었습니다. "한성의 각 대문이 오늘 아침 봉쇄되었는데, 전적으로 공격전을 준비하기 위함이고, 시가 곳곳에서 기왓장과 돌을 모으고 목재를 쌓아놓아 해가 저물기를 기다려 우리 공사관을 습격하려 합니다." 이에 김홍집 독판에게 서신을 보내 공사관을 보호해달라고 부탁하고, 각각 단신의 가벼운 차림으로 공사관을 나섰습니다. 안도 소위가 선봉에 서고, 오니시 소위가 뒤를 따랐으며, 오모타카·고타니 두 중위가 후미를 맡았습니다. 무라카미 중대장은 나와 서기관 및 부하 직원을 호위하였고, 뒤이어 기술자 수십 명이 부상자를 싣고 부녀자들을 부축하며 큰길로 나아가 서대문으로 출발하였습니다. 조선 병사와 백성은 혹은 총을 쏘거나 활을 쏘든지 아니면 돌을 던져 누차 우리를 핍박하였습니다. 우리를 이를 막으면서 길을 나가 구 대궐 앞을 지날 때, 좌영의 조선 병사 1개 중대가 건물 앞에 정렬하여 대포·소포를 마구 쏘아대면서 우리의 측면에 총격을 가하여 탄환이 빗발치듯 쏟아졌는데, 다행히 서너 사람이 경상을 입는 데 그쳤습니다. 서대문에 이르자 쇠사슬로 굳게 잠가놓고 기수(旗手)가 총과 칼로 지키고 있었는데, 저희는 겨우 쇠사슬 사이로 빠져나올 수 있었습니다. 조선 병사들이 뒤에 추격해 왔으므로, 후미 부대가 이를 방어하였습니다. 마포에 이르자 검은 구름이 하늘로 치솟는 것이 뚜렷하게 보였는데, 그 방위로 판단하여 우리 공사관임을 알 수 있었습니다. 한강을 건널 때, 조선 병사와 백성 가운데 총을 든 사람이 수십 명이었는데, 후미를 공격하며 건너가는 것을 막았지만, 우리 병사가 방어하여 사격하여 쫓아냈습니다. 강 중간에 이르러서도 하류에 묶여 있는 배 속에서 사격하는 사람이 있었습니다. 한강을 모두 건너자 해가 이미 저물었습니다. 다음 날 오전 제물포에 이르러 영사관에 머물게 되었습니다.

(18) 문서번호 : 5-2-18(938, 1610a-1620b)

사안 : 1. 난당을 조사·체포한 연유 및 조선과 일본의 교섭은 비교적 적절한 것으로 보인다는 점을 보고합니다(查拿亂黨事由, 朝鮮與日本交涉, 較爲妥協). 2. 이미 이노우에 가오루에게 중국과 일본 양국 사이에는 현재 논의할 만한 일이 없고 당연히 다시 파란이 일어나지는 않을 것이라고 밝혔습니다(已向井上聲明, 中日兩國現無可議之事, 當不至再起波瀾).

첨부 문서 : 1. 「조선 좌의정 김홍집이 일본 전권대신 이노우에 가오루에게 보낸 조회(朝鮮左議政金弘集致日本全權井上照會)」: 조선의 난신 김옥균, 박영효 등 4명을 잡아서 넘겨주시기를 요청합니다(請拿交朝鮮亂臣金玉均、朴泳孝等四人).

2. 「일본의 특파 전권대신 이노우에 가오루가 조선 좌의정 김홍집에게 보낸 조회(日特派全權大臣井上發朝鮮左議政金弘集照會)」: 일본과 조선은 범죄인 상호 인도 조약을 체결하지 않았으며, 김옥균 등이 만약 국사범이라고 한다면, 일본 정부는 조선의 바람에 부응하기 어렵습니다(日·韓未訂互交犯罪之約, 金玉均等若係國事犯, 日政府難副朝鮮之望).

3. 「조선과 일본의 속증조약(朝鮮日本續增條約)」: 조선의 일본에 대한 사죄 및 배상금(朝鮮對日謝罪賠款等).

4. 「조선 국왕이 오대징에게 보낸 답장 자문(朝鮮國王覆吳大澂咨文)」 : 이번 일본과의 속증조약은 오로지 일을 마무리하여 사람들을 안정시키기 위한 것으로, 속증조약 및 그에 관해 주고받은 서류를 베껴서 보내니, 검토해 보시고 대신 상주해 주십시오(此次與日本立約, 專爲息事安人, 錄送續增條約及往復文稿, 核閱轉奏).

5. 「오대징과 조선 좌의정 김홍집의 필담(吳大澂與朝鮮左議政金弘集筆談)」 : 1) 이노우에 고와시와 담판할 때 일본이 군대 병력을 늘려 조선의 경성 등지에 주둔하는 것을 완강하게 거절해야 합니다(與日本井上談判, 婉拒日本添兵, 駐紮朝鮮京城等地). 2) 난당이 일본으로 도망갔는데, 응당 일본 정부에 사로잡아 넘겨달라고 요청해야 합니다(亂黨逃往日本, 應請日政府拿交).

6. 「오대징과 조선 병부상서 김윤식의 필담(吳大澂與朝鮮兵部金允植筆談)」 : (1) 밀고에 의하면 일본이 의도적으로 중국에 대해 트집을 잡으려고 한다고 하므로,

이에 대한 대비가 있어야 합니다(據密告, 日本有意對中國尋釁, 不可無備). (2) 일본은 [조선 주재] 공사를 비호하면서, 그가 입궁하여 조선 국왕을 보호한 일이 왜곡된 국왕의 교지에서 비롯되었다는 점을 인정하지 않습니다(日本袒護公使, 不承認入衛出自矯旨).

7. 「오대징과 일본 서기관 이노우에 고와시의 필담(吳大澂與日本書記官井上毅筆談)」: 이노우에 가오루 대신은 중국의 대신과 함께 중국·일본 군대의 충돌 문제를 협의하여 마무리하려 하였으나, 중국 대신이 전권대신이란 증명서를 갖고 오지 않아, 현재 이미 한성을 떠나 귀국길에 올랐습니다(井上大使擬與中國大臣將中日兵營衝突事會商辦結, 以中國大臣未秉全權字據, 現已首途返國).

날짜 : 光緒十一年十二月初十日(1885년 1월 25일)

발신 : 會辦大臣 吳大澂

수신 : 總理衙門

十二月初十日, 會辦大臣吳大澂等函稱:

十一月二十四日, 肅上一書, 附呈朝鮮亂黨滋事緣由節畧, 並照錄朝鮮國王咨文及筆談各摺,[9] 計已早邀電鑒. 前於二十一日, 左議政金宏集初奉全權之命, 即來商議辦法, 問以初次立約有無拿交逃犯一條. 金亦深怪前人所立原約見不及此, 乃此次立約既允其查拿殺害磯林真三之兇徒, 自應添入兩國互交罪犯一條. 當時井上馨允許金宏集給一照會, 與添入條約無異. 及至續增各約畫押鈐印, 再問其查拿亂黨一節, 井上馨覆一照會, 詞甚游移, 且云兩國現未有互交罪犯之約, 是逃往日本之金玉均、朴泳孝、徐光範、徐載弼等四人, 一經漏網, 恐難再獲. 大澂等亦未便徑行照會井上致生枝節, 若再派兵協緝, 恐多紛擾, 頃已具摺奏明, 應由朝鮮與日本自行議辦, 較為妥協也. 二十二日有朝鮮兵部尚書金允植來言:"日本政府之意, 不在朝鮮而在中國, 速辦朝鮮事以後, 將向中國講理."等語. 外閒傳言多云:"井上欲遷怒於中國." 大澂恐其無理取鬧, 轉多口實, 是以於二十三日帶兵百餘名, 直入議政府, 與之辨論

9 앞의 (13) 문서번호 : 5-1-13(929, 1584a-1592a)의 문서를 가리킨다.

數語, 俾知中國使臣理直氣壯, 無隙可乘, 或可見幾而中止, 免其啟釁. 此先聲奪人之計. 井上託言大澂等無全權字樣, 不便與我商議, 實則日本國王所給全權敕書, 專為詰問朝鮮得罪公使焚燬使館各節, 本無與中國商辦立約之全權字樣. 大澂窺知此意, 即可避實就虛, 因告以中國與日本現無可議, 故無全權字樣. 二十六日, 井上馨臨行之際, 又遣書記官井上毅來見, 詞意和手, 絶無傲慢之語. 大澂堅執前説, 聲明兩國現在無可議之理, 大約風平浪息, 不復再起波瀾. 昨日招致日本署公使近藤真鋤, 暨帶兵將官長谷川良之來營閱操, 待以酒食, 並諭以兩國官兵各自約束, 不致滋生事端, 以後彼此往還毫無嫌隙. 今日近藤真鋤來拜, 情誼殷殷, 絶不提及前事. 應請轉告榎本公使, 電致外務, 囑具放心, 當可渙然氷釋矣. 玆將朝鮮國王咨覆公文, 及金宏集與井上照會, 朝鮮與日本續增條約並金宏集、金允植、井上毅迭次筆談錄呈台鑒.

1.「朝鮮左議政金弘集致日本全權井上照會」[十一月二十八日鈔摺六件 照錄朝鮮日本照會].

大朝鮮特派全權大臣左議政金. 為照會事.

照得此次本國變亂之由, 係亂臣金玉均、朴泳孝、洪英植、徐載弼等作亂宮闈, 殺害大臣之罪, 舉國民人所共憤, 義當聲明與衆戮之. 洪英植已死, 惟金玉均等四賊, 及其徒黨, 尚稽顯戮, 後患非細. 若該犯等逃難, 寄跡於貴國地方, 應請貴大使徧飭各地方無得憐其窮投之情, 查拿交出以昭公允, 以敦友誼, 俾我兩國之間, 妖氛廓掃, 禍萌永絶, 是所切望, 備文照會貴大使, 請煩查照施行.

右照會 大日本特派全權大臣伯爵 井上

大朝鮮開國四百九十三年十一月二十五日

2.「日本持派全權大臣井上發朝鮮左議政金弘集照會」.

大日本持派全權大臣伯爵井上, 為照覆事.

准貴曆十一月二十五日照會內開:,

> 金玉均、朴泳孝、洪英植、徐載弼等作亂宮闈, 若該犯等逃難寄跡於貴國地方, 應請貴大使遍飭各地方, 查拿交出.

等因前來. 查貴大臣所稱之事, 所係非細, 非見詳示其求於我之理由, 本大臣未知所以答焉. 貴·我兩國現未有互交罪犯之約, 貴大臣素所熟知. 雖然至在各國所據其互交罪犯之約捕拿交付者, 若萬國公法之認為合交付者, 我國亦無為其逋藪之意也. 本大使又有欲一言者, 貴大臣所稱數犯, 若係國事犯者, 我政府恐不易副貴大臣之望也. 相應照復貴大臣查照.

右照覆 大朝鮮持派全權大臣左議政 金

明治十八年一月十一日

3.「朝鮮與日本續增條約」.

此次京城之變, 所係非小, 大日本國大皇帝深軫宸念, 玆簡持派全權大使伯爵井上馨, 至大朝鮮國便宜辦理, 大朝鮮國大君主宸念均願敦好, 乃委金宏集以全權議處之任命. 以懲前毖後之意. 兩國大臣和衷商辦, 作左約款, 以昭好誼完全, 又以防將來事端. 玆據全權文憑, 各簽名鈐印, 如左:

第一. 朝鮮國修國書致日本國表明謝意事.

第二. 恤給此次日本國遭害人民遺族并負傷者, 暨填補商民貨物毁損掠奪者, 由朝鮮國撥支十一萬元事.

第三. 殺害磯林太尉之 凶徒, 查問捕拿, 從重正刑事.

第四. 日本公館要移新基建築, 當由朝鮮國交付地基、房屋, 足容公館暨領事館. 至其修築增建之處, 朝鮮國更撥交二萬圓, 以充公費事.

第五. 日本護衛兵弁營舍, 以公館附近擇定照壬午續約第五款施行事.[壬午續約第五, 日本公使館置兵員若干備警事. 設置修繕兵營, 朝鮮國任之. 若朝鮮兵民守律一年之後, 日本公使視做不要警備, 不妨撤兵]

大朝鮮開國四百九十三年十一月二十四日

特派全權大臣左議政 金宏集

大日本明治十八年一月九日

特派全權大使 從三位勳一等伯爵 井上馨

4.「朝鮮國王覆吳大澂咨文」.

朝鮮國王, 為咨覆事.

照得本月二十六日, 准貴大臣咨請内開:

本大臣前聞日本使臣井上馨, 與貴國全權大臣左議政金宏集, 訂於本月二十二日在議政府, 商辦立約各條, 日使頗形倨傲, 意存挾制, 傳聞井上馨議索被害商民恤欵若干, 又索被焚使館賠費若干, 兼索此次調防兵費若干, 並不查明事理之曲直, 但責貴國, 以認過、認賠, 種種不情. 本大臣代為顧慮, 是以有二十三日, 同至政府商議之事, 明知井上馨不願本大臣與聞立約各節. 惟於不干預之中, 畧示以干預之意, 俾知中國大皇帝特派使臣, 帶兵保護, 實與貴國有休戚相關之誼, 庶日使意見稍平, 不致別生枝節. 現聞貴國王大度優容, 准其增立條約各款, 亦為息事安人起見. 所有議定各款, 應請貴國王飭鈔一本咨送, 並將日使以前如何要挾情形, 詳細見覆本大臣, 以便入奏, 仰懇朝廷廑念東藩之至意. 相應備文咨明貴國王, 請煩查照見覆.

等因. 查此次與日本立約, 專為息事, 日人要挾之端, 必不止此, 而實賴貴大臣憑仗皇靈, 來臨玆土, 使日人牽制畏忌, 不敢逞其所欲為, 敝邦之人舉蒙其福, 感佩銜結, 容有其已. 謹將日本增約及往復公文鈔錄, 附選以備核閱存案, 相應為此備文咨覆, 請煩貴大臣轉奏施行.

5.「[十一月二十一日] 吳大澂與朝鮮左議政金弘集筆談」.

光緒十年十一月二十一日, 與朝鮮全權大臣左議政金宏集筆談,

金[弘集]云: 今日井上入覲, 雖幸無他事, 不能折彼之口, 而服其非, 此政主辱臣死之秋, 憤不勝言.

吳[大澂]云: 井上今日含意未伸, 所遞國書大致已可概見其責備貴國君相, 無非袒護竹添之意. 未知井上曾否訂期. 與政府會商一切.

金[弘集]云: 井上入覲密奏, 此次談辦, 可否由君上與使臣俯商, 或命大臣在上前商辦, 寡君答可就政府商辦, 彼又奏外臣既代君而行, 迄命大臣與一様全權, 以便即日了結, 則明日可會商. 寡君允之, 已派宏集為全權大臣, 明白當在政府與彼會商, 而未知彼將如何要挾. 而想不符彼意則必動火, 實在憂慮, 彼在君前已以此次所

辦, 若兩見不對, 則使臣必罷論徑走仰奏, 其跳踉無憚, 有如是矣.

吳[大澂]云: 大約井上要挾之端, 不過三四條. 其一, 欲請貴國派員賫國書赴日本謝過, 其一賠償焚燬使館, 其一被害之商人、生徒酌給恤賞. 此三條皆可從容與之辯論, 本非數言可決. 至其用意欲善防其後, 必有添兵駐紮貴國京城, 及仁川港等處地方, 或謂中國留兵若干, 彼亦如數留兵在此, 不遽撤還. 想貴國王必不能俯允, 此事不免多費唇舌耳. 日人之所重者在此, 商議之最為難者亦在此.

金[弘集]云: 大敎誠是洞見彼情矣. 其防後云者, 想在駐兵一節, 此事未知果如何究結. 宏集曾使日本, 識井上面, 而此次彼來, 不即相問, 今日宮內始相見, 迫昏才往謝, 值城鑰不能多話即起, 而彼有一言相告, 此次談辦逾速逾好. 渠有數千兵帶來住此多日, 各兵難保無事, 是為着心. 宏集答以為然. 彼又言清兵、日兵同在此地, 為本國關念云. 宏集再不明言, 此其意已露一線矣. 小邦羣僚不能竭忠輔治, 以致頻年內亂, 輒賴天兵援護, 保有今日, 匝城生靈, 恃若帡幪, 彼乃狡焉欲售其計, 俾我孑然靡恃, 尤極痛恨萬萬, 彼若有言, 未知作何辦法, 而杜其口手, 伏願明教.

吳[大澂]云: 井上與執事所言, 似乎關切, 實有恫喝之意. 敝營弁業經諭令各營哨官, 嚴加約束, 不准出外滋事. 日兵即有意尋衅, 一概不與計論, 彼亦無如我何也. 至與執事會商之際, 即不能償其奢願, 亦可逐款與之理論, 彼必不能以兵威相脅. 頃所慮及留兵駐防一節, 若照舊保護使館二百名之數, 彼此各無異議. 彼意必欲多留駐防, 似可告以民志未孚, 兵多更難防護, 日本既與貴國講信修睦, 亦必諒此苦衷也. 總之, 以婉詞切懇, 不必以憤激之譚相責, 彼亦無如之何矣.

金[弘集]云: 謹領教. 前所教三件事, 遣使為謝想可准, 恤商人亦未可與我民之死者相抵否? 賠補使館, 尤属不公. 然從彼之言, 其數多少可以推想, 而雖勉强相商, 亦可酌減否?

吳[大澂]云: 兵民死傷, 倍之以理而論, 原可相抵. 使館自焚, 有宋尚吉供詞為據, 亦可與辯. 此在執事者之善為措詞耳. 日兵死者欲索貴國恤賞, 敝營所死之勇丁, 獨不可向日使議恤乎? 使者奉天子命, 來此查辦亂黨, 亦有應辦之事. 金玉均等逃往日本, 已無疑義. 然使者不能詰問日使. 惟有咨請貴國王確切查明拿獲治罪, 而貴國王即可據咨轉問井上, 如何拿交罪人之處. 此題中本義也. 逆黨一日不誅, 使者一日不能還朝覆命, 想井上亦未便置之不理.

金[弘集]云: 罪人拿交一案, 謹聞命, 當歸奏寡君矣. 據愚見, 彼此勢均, 可將此一案入新約為一條, 而以今所處, 彼必不肯, 有人説商辦了結後, 即將罪人拿交一事照會井上, 實與約交無甚異云, 未知何如?

吳[大澂]云: 貴國與日本初次約款, 有無拿交逃犯一條?

金[弘集]云: 與日本初次約款未曾立此一條. 爾時敝邦全昧外交, 日本自戊辰維新送國書到釜山, 始見有稱皇, 稱勅字樣. 朝廷大駭, 阻而不受至八九年之久. 此則因小邦篤於尊中國, 不欲與蠻夷之僭稱故耳. 至丙子春適有江華之役. 其時井上以副大臣來. 幾乎接仗. 朝野莫不欲戰, 而獨朴瓛齋相國排衆許和,[10] 惜瓛翁亦見不及此, 未得於原約立有罪人拿交一條, 致有今日之悔矣.

吳[大澂]云: 此時局面, 與古不同. 通商立約, 萬國皆同, 其勢不能孤立. 日本又與貴國近隣, 斷難拒絕. 惟通商日淺, 民情未洽, 懦者執尊攘之見, 輒以議和為可駭, 識時務者當籌全局為久遠之圖, 不欲專徇俗情. 顧一己之名譽, 朴瓛齋相國本係主戰之人, 其幡然變計, 排衆論, 以言和, 不為無見也. 執事可告井上, 中國使臣專以查拏逆黨為重, 詰責甚嚴. 此事如何設法轉圜, 請其代為籌畫一策.

金[弘集]云: 謹聞命, 即當入宮面君, 用敢告進.

6. 「吳大澂與朝鮮兵部金允植筆談」[照錄十一月二十二日與金允植筆談]

光緒十年十一月二十二日, 與朝鮮兵部尚書金允植筆談.

金[允植]云: 比察日人之意, 且聞各國公使之言, 日人為敝邦別無苛求, 頗有好意, 究不知如何辦法. 今朝逢一箇素親之日人密告:"貴國無事, 但矯旨不必言. 此為最要緊之事." 下官曰:"不言矯旨, 則非徒貴公使無過, 亂黨亦可免罪. 况我政府請

---

10 환재(瓛齋), 환재(桓齋)는 박규수(朴珪壽, 1807~1877)의 호이다. 그의 자는 환경(桓卿), 환경(瓛卿). 정경(鼎卿)이며 이칭으로 환재거사(瓛齋居士)로 불리기도 한다. 박규수는 박지원의 손자로 북학파의 영향을 많이 받았는데, 1848년에 증광시에 병과로 급제해 처음 관직에 나아갔다. 1861년 연행사 부사로 중국에 체류할 때 애로호 사건으로 벌어지는 국제정세를 직접 목격했고, 1866년에는 평안도 관찰사로 재임하면서 대동강에 불법 침입한 제너럴셔먼호 격침을 직접 지휘하기도 했다. 이후 사헌부 대사헌과 홍문관 제학을 거쳐 조선 유학의 최고 영예의 하나인 대제학에 올랐고, 이후 이조참판, 형조판서를 거쳐 우의정에 이르렀다. 1876년 강화도 조약 때까지 줄기차게 개화를 주장하였으나 수용되지 않았으며 흥선대원군 및 척사파와 계속 갈등을 빚고 실각했다. 개화운동의 선구자들인 김옥균·박영효 등이 그의 문하에서 배출되었다.

保護於中國駐防營, 若非亂黨矯旨, 政府之請保護、華營之應援入宮, 均属無名, 何以處此?" 彼曰:"我政府之意, 不在貴國, 在於中國. 速辦貴國事以後, 將向中國講理." 下官曰:"此事萬不可從. 我國為保護我君請護於中國. 今乃歸咎於人, 為自脱之計, 匹夫猶不可食言? 况一國乎? 若以强弱之勢, 不講曲直, 論賠議恤, 無所不可, 豈可作如此負心事乎? 貴國欲全政府體面, 袒護公使, 理或固然, 不能使敝邦曲從. 今日談辦, 必不順成." 彼曰:"現我國兵備甚嚴, 布置整密, 來此及海上所駐兵恰過四千. 國内現派催促, 使四面調集. 若言未歸好, 實為可憂." 下官曰:"敝邦無罪, 惟弱為罪. 事關本國者, 均可認直為曲, 惟歸咎於中國, 斷不可行. 貴國亦應有公論, 素知貴下公平正直, 亦諳此地人情. 貴大使若强吾之所不能行, 必至決裂. 豈不可惜?" 彼曰:"吾在本國已知貴國開化黨之將有亂漸, 竹添之錯, 人或知之, 然為碍政府體面, 不欲言錯. 此事甚難辦, 奈何? 吾將為大使説明, 試看他意思如何." 因告别而去. 下官因歸奏寡君, 又説與左相.

金[允植]云: 敝邦君相之意, 皆以矯旨事, 確不可變. 今日談辦. 未知如何歸結.

吴[大澂]云: 彼意欲與貴國速了, 希冀貴國君相不復詰責竹添, 彼可自立於無過之地, 所謂與中國理論者, 疑亦聲東擊西之語, 觀其歷次照會, 竹添並無歸咎中國防營之詞, 即有意播弄, 僕亦置之不理而已.

金[允植]云: 竹添急於免罪, 不暇歸咎於駐防之營. 惟以矯旨歸我寡君, 彼政府因遂其非, 以為藉口之端. 目下情形, 敝邦誠不能無憂, 而想毒螫必注中國, 其形已著, 小醜不足為慮, 願留意備之.

吴[大澂]云: 備豫不虞, 古之善教也.

7. 「吴大澂與日本書記官井上毅筆談示朝鮮全權大臣金弘集書」[照錄十一月二十六日, 與日負井上毅筆談]

光緒十年十一月二十六日, 與日本書記官井上毅筆談.

井上[毅]云: 我大使今日已起程赴仁川, 特命書記官持送名片道候, 並袖出一紙書云:"我全權大使井上教弟致意閣下." 前日我大使在議政府偶然得閣下臨晤, 初接清塵, 不堪欣幸, 把臂一堂, 因所渴望, 但使臣出派, 一依訓命之外, 不得步趨. 閣下於日清交涉事宜, 不帶辦理全權字樣, 與我訓命所飭不符, 事屬公義, 情切傾蓋, 遺憾曷極? 我大使在本國職居要劇, 不能曠日延留, 即與朝鮮員辦結兩國事宜, 即以本日從速就途矣. 幸勿勞思.

吳[大澂]云: 本大臣前在議政府, 與貴大使忽忽把晤. 未及畧通款曲, 知貴大使與朝員議約完結, 必可盤桓數日, 彼此往還, 擬作樽酒之敘, 不圖貴大使返旆期速, 望塵不及, 實深悵惘, 乞閣下歸國時, 代致承拳, 實所全幸.

井上[毅]云: 貴國駐在日本欽差黎, 前日函致我外署稱:"兩國兵營口角, 莫如各派大員查明辦結."等語. 我政府想貴大使受兩國事宜辦理之命前來, 乃據貴使所聲明云:"兩國現無可議. 故[無]全權字樣.[11]" 敝國大使於前日漢城之變, 深抱惋惜, 素望商議善後事宜, 而使命齟齬, 不得俱相吐露, 促期就途, 使弟致雅意. 惟閣下察焉.

吳[大澂]云: 黎大臣所稱:"兩國兵營口角", 未指何國, 或不知朝鮮亂黨起事情由之故. 本大臣現已查明, 朝鮮政府有公牘請我兵入宮保護, 朝兵與我兵同至普通門外, 有亂黨數人前來放槍, 我兵死五人, 受傷九人, 始各發槍應之. 倉猝之開, 尚不知貴國有兵在內否. 本大臣思我兵傷亡亦應議恤, 既係亂黨先行放槍, 只可查辦亂黨. 所以前在政府所書筆談謂:"中國與貴國, 現無可議也."

井上云: 弟職在記室, 無專對之任, 不欲多言生枝節. 既致我大使之意, 當急忽揮辭, 久渴泰斗之名, 得接温容, 是為欣幸.

吳[大澂]云: 此語作為使者與閣下間談, 並無枝節可生. 如貴大使問及鄙意, 現無可議一節, 即以此次筆談呈閱, 當可渙然氷釋矣. 此兩國和好之意, 本大臣力顧大局, 不欲別生枝節, 實與貴大使所見, 若合符節也.

井上[毅]云: 大人所稱, 弟當復命於我大使耳. 未知我大使意何如, 未便專對諒焉.

광서 10년 12월 10일, 회판[북양사의]대신 오대징이 다음과 같은 서신을 보내왔습니다.

11월 24일 삼가 서신 한 통을 올리면서 조선 난당의 반란 연유에 대한 절략과 더불어 조선

11 원문에는 빠져 있으나 앞서 나온 같은 문장에는 '無'가 들어 있고, 이래야 문맥도 제대로 통한다.

국왕의 자문 및 필담을 베껴 보낸 주접을 첨부하였는데 이미 받아보셨을 것으로 생각합니다. 그 이전 21일에는 좌의정 김홍집이 처음 전권사신의 명을 받자 즉시 제게 와서 방법을 상의하였는데, 처음 맺은 조약에 도주 범인의 체포·인도에 관한 조항이 있는지 문의하였습니다. 김홍집 역시 앞사람들이 체결한 원 조약이 이런 점을 보지 못한 것을 깊이 괴상하게 여겼지만, 이번에 조약을 체결할 때 이소바야시 신조를 살해한 흉도를 잡아 넘긴다고 허락하였으므로, 응당 양국이 서로 범죄인을 인도한다는 조항을 첨가해야 한다고 하였습니다. 당시 이노우에 가오루가 김홍집에게 조회하기로 허락하였으므로, 조약에 첨가하는 것과 다름이 없었습니다. 그런데 속증(續增) 조약에 서명하고 직인을 찍을 때 난당의 조사·체포에 관한 문제를 질문하였더니 이노우에는 다시 답장 조회를 하였는데, 말이 몹시 왔다 갔다 하였고, 또한 말하길 양국은 현재 아직 범죄인 인도 조약을 체결하지 않았다고 하였으므로, 일본으로 도주한 김옥균, 박영효, 서광범, 서재필 등 4명이 모두 법망을 빠져나가 아마도 다시 붙잡기는 어려울 것 같습니다. 오대징 등 역시 직접 이노우에에게 조회를 보내 사소한 분쟁을 일으킬 수는 없었고, 만약 다시 우리 군대를 파견하여 협력하여 체포하게 한다면 아마도 많은 분란이 있을 것이니, 지난번 이미 주접을 갖추어 상주한 것처럼 응당 조선과 일본이 스스로 논의해서 처리하게 하는 것이 비교적 적절할 것입니다. 22일에는 조선 병부상서 김윤식이 다음과 같은 말을 전해 왔습니다. “일본 정부의 뜻은 조선에 있지 않고 중국이 있으니, 신속하게 조선 문제를 처리한 다음 중국에 대해 따지고자 할 것입니다.” 밖에 전해지는 소문 또한 대부분 “이노우에가 중국에 분풀이를 하려 한다”라는 것입니다. 오대징은 무리하게 싸우다가 도리어 구실을 주게 될 염려가 있어, 23일에 병사 1백여 명을 이끌고 직접 의정부로 들어가 그와 더불어 몇 마디 변론을 나눔으로써 중국 사신이 이치가 곧고 기세가 왕성하여 올라탈 틈이 없음을 알게 하고, 혹시라도 상황을 보아 중지함으로써 그가 입을 열어 요구하는 것을 막을 수도 있다고 보았습니다. 이것은 먼저 남의 기선을 제압하려는 계책이었습니다. 이노우에 가오루는 저 오대징 등이 전권대신의 증빙 문서가 없다는 것을 구실로 삼아 협의가 곤란하다고 하였는데, 실은 일본 국왕이 지급한 전권 칙서는 오로지 조선이 일본 공사에게 죄를 짓고 공사관을 불태운 문제 등을 힐문하기 위한 것이라서, 본래 중국과 협의하여 조약을 체결할 수 있는 전권 문서는 아닙니다. 오대징은 이런 내용을 엿보아 깨달은 다음 그 강점을 피하고 약점을 공격할 수 있다고 보았고, 그래서 중국은 일본과 현재 논의할 만한 일이 없어서 전권대신의 증빙이 없다고 통보하였습니다. 26일, 이노우에 가오루는 떠나기에 앞서 다시 서기관 이노우에 고와시를 보내왔는데, 그 말과 뜻은 부드럽고 전혀 오만한 이야기가 없었습니다. 오대징은 이전의 이야기를 굳게 고집하여, 양국 사이에는 현재 논의할 만한 일이 없으며, 대략 풍랑이 가라앉으면 다시는 파란이 일어나지 않을 것이라는 뜻을 밝혔습니다. 어제는 일본 서리 공사 곤도 마스키와 부대를 이끌고 온 장관 하세가와 요시유키(長谷川良之)를 중국 부대로 불러들여 훈련을 참관하게 한 다음 술과 음식을 대접하고, 아울러 양국의 관병이 각자 통제하여 충돌을 낳지 않도록 하고 이후의 피차 왕래에 조금도 거리낌이 없게 하자고 알렸습니다. 오늘 곤도 마스키가 답방을 왔는데, 그 우호의 감정이 아주 뚜렷하여 이전의 일을 절대 언급하지 않았습니다. 응당 모두 안심하도록 부탁하고 당연히 얼음이 녹듯이 의구심이 풀릴 것이라고 에노모토 공사에게 대신 알려 일본 외무성에 전보를 보내게 해 주시길 요청해야 할 것입니다. 여기에 조선 국왕의 답장 자문 및 김홍집과 이노우에 가오루의 조회, 조선과 일본의 속증조약 및 김홍집, 김윤식, 이노우에 고와시 등과의 여러 차례에 걸친 필담을 베껴 살펴보시도록 올립니다.

1. 「조선 좌의정 김홍집이 일본 전권대신 이노우에 가오루에게 보낸 조회(朝鮮左議政金弘集致日本全權井上照會)」

대조선 특파 전권대신 좌의정 김홍집이 조회합니다.

이번 본국 변란으로 난신 김옥균, 박영효, 홍영식, 서재필 등이 궁궐에서 반란을 일으키고 대신을 살해한 죄는 온 나라 백성 모두가 분개하는 바로서, 응당 뭇사람과 함께 이를 주살할 뜻을 밝혀야 할 것입니다. 홍영식은 이미 죽었으나 김옥균 등 네 명의 흉범과 그 도당은 아직 죽임을 당하지 않았으니, 후환이 작지 않습니다. 만약 그들 범인이 도주하여 귀국의 지방에 몸을 붙이고 있다면, 응당 귀 대신에게 각 지방에 두루 지시하여 궁색하게 찾아들었다고 가련히 여기지 말고 체포하여 인도함으로써 공도(公道)를 밝히고 양국 사이의 우의를 두텁게 해주시도록 요청해야 할 것입니다. 그렇게 함으로써 양국 사이의 불순한 기운이 모두 사라지고 재앙의 싹이 영구히 제거되기를 바라고 있습니다. 이에 공문을 갖추어 귀 대신에게 조회하니, 번거롭더라도 살펴봐 주시길 바랍니다.

이상의 내용을 대일본 특파 전권대신 이노우에 가오루에게 조회합니다.

대조선 개국 493년 11월 25일

2.「일본의 특파 전권대신 이노우에 가오루가 조선 좌의정 김홍집에게 보낸 조회(日本持派全權大臣井上發朝鮮左議政金弘集照會)」.

대일본 전권대신 백작 이노우에 가오루가 답장 조회를 합니다.

조선력 11월 25일 다음과 같은 조회를 받았습니다.

김옥균, 박영효, 홍영식, 서재필 등이 궁궐에서 반란을 일으켰는데 만약 그들 범인이 도주하여 귀국의 지방에 몸을 붙이고 있다면, 응당 귀 대신에게 각 지방에 두루 지시하여 체포하여 인도해 주시길 요청합니다.

귀 대신이 말씀하신 바는 관계되는 바가 작은 게 아니나라, 제게 요구하는 이유를 상세하게 보여주시지 않는다면 본 대신은 이에 답장할 바를 알 수 없습니다. 조선과 일본 양국이 현재 범인 인도 조약을 체결하지 않고 있다는 것을 귀 대신께서는 평소 숙지하고 있을 터입니다. 그렇지만 각국이 서로 범인을 인도하는 조약에 따라 체포·인도하는 경우, 만약 만국공법에서 응당 넘겨주어야 한다고 인정하는 경우라면 일본 역시 그들이 도피하는 소굴이 될 생각은 없습니다. 본 대사는 또 한 가지를 추가하고자 하는데, 귀 대신이 칭하는 여러 범인이 만약 국사범(國事犯)이라면 일본 정부는 아마 귀 대신의 여망에 부응하기 어려울 것입니다. 응당 귀 대신에게 답장 조회를 보내야 하니 살펴보시길 바랍니다.

이상의 내용을 대조선 전권대신 좌의정 김홍집에게 답장 조회합니다.
메이지 18년 1월 11일

3.「조선과 일본의 속증조약(朝鮮與日本續增條約)」.

이번 한성의 변란은 관계되는 바가 작지 않아, 대일본국 대황제께서는 깊이 이를 우려하여 전권을 지닌 대사 백작 이노우에 가오루를 임명하여, 대조선국에 가서 전권을 가지고 처리하도록 하였으며, 대조선국 대군주는 모두가 두터운 우호를 바란다는 점을 염두에 두어 김홍집에게 전권을 가지고 협의하여 처리하라는 명령을 내렸다. 앞의 잘못에 비추어 보아 이후 보다 신중하게 대처한다는 뜻을 가지고 양국의 대신은 성심껏 협의하여 다음과 같은 약관(約款)을 만들어 우호가 완전함을 밝히고 또한 장래의 분쟁을 막고자 하였다. 이에 다음과 같이 전권의 증빙 문서에 따라 각기 서명하고 날인하였다.

제1. 조선국은 국서를 갖추어 일본국에 보내 사의(謝意)를 표명할 것.

제2. 이번 일본의 피해 인민 및 유족과 부상자에게 휼급(恤給)하고, 아울러 상인의 화물 훼손과 약탈 피해를 메우기 위해 조선국에서 11만 원을 지급할 것.

제3. 이소바야시 신조 대위를 살해한 흉도를 조사·체포하여 무겁게 처벌할 것.

제4. 일본 공사관을 새로운 터를 찾아 건축하는데, 응당 조선에서 그 터와 건물을 제공하여 공사관과 영사관을 충분히 수용할 수 있게 한다. 건물 수리와 증축이 필요한 곳은 조선에서 2만 원을 더 지급하여 공비로 충당할 것.

제5. 일본 호위 장병의 병영은 공사관 부근을 선택하여 임오속약(壬午續約) 제5조에 따라 시행할 것. [임오속약 제5조. 일본 공사관은 병사 약간을 두어 경비할 것. 병영의 설치와 수리는 조선이 담당한다. 만약 조선 병사와 백성이 1년 동안 법률을 지킨 다음 일본 공사가 보기에 경비가 불필요하다고 간주하면 철병해도 좋다.]

대조선 개국 493년 10월 24일
특파전권대신 좌의정 김홍집
대일본 메이지 18년 1월 9일
특파전권대사 종삼위훈일등백작(從三位勳一等伯爵) 이노우에 가오루

4.「조선 국왕이 오대징에게 보낸 답장 자문(朝鮮國王覆吳大澂咨文)」.

조선 국왕이 답장 자문을 보냅니다.
이달 26일, 귀 대신의 다음과 같은 자문에 의한 요청을 받았습니다.

본 대신은 전에 일본 사신 이노우에 가오루가 귀국의 전권대신 좌의정 김홍집과 이달 22일 의정부에서 조약 각 조항을 논의하여 체결하기로 약속하였다고 들었습니다. 일본 사

신은 자못 오만한 자세를 보이면서 위압적인 자세를 보였으며, 전해 듣기에 이노우에 가오루는 피해 상민에 대한 위로금 약간, 또한 불타버린 공사관 배상비 약간과 이번의 군대 동원 비용 약간을 요구하였다고 하는데, 결코 사리의 시비를 따지지 않고 오로지 귀국에만 책임을 물어 잘못을 인정하고 배상하라는 갖가지 불합리한 자세였다고 합니다. 본 대신이 이에 대신 염려하여 23일에 함께 의정부에 가서 상의하는 일이 있었는데, 이노우에 가오루가 분명하게 본 대신이 조약 체결 문제에 간여하는 것을 원하지 않음을 알면서도, 간여하지 않는 가운데 대략이나마 간여하겠다는 뜻을 보여주어, 중국 대황제께서 특별하게 파견한 사신이 부대를 이끌고 와서 보호하는 것은 실로 조선의 행복과 불행을 같이하겠다는 우호임을 보여주고, 일본 사신이 조금이나마 자세를 낮추어 별다른 분쟁이 재발하는 것을 막고자 기대한 것이었습니다. 현재 듣기에 귀 국왕께서 넓은 도량으로 포용하여 「속증조약(續增條約)」 각 조항을 허락하신 것은 역시 오로지 일을 마무리하여 사람들을 안정시키기 위한 것이었습니다. 협의하여 정한 모든 각 조항을 응당 귀 국왕께서 한 통을 베껴 자문으로 보내주시고, 아울러 일본 사신이 이전에 어떻게 협박하였는지 자세한 상황을 본 대신에게 답장으로 알려 주셔서 제가 상주함으로써 동쪽 번방을 염려하시는 조정의 지극한 뜻에 우러러 부응할 수 있도록 해주시길 요청합니다. 이에 따라 응당 공문을 갖추어 귀 국왕에 자문을 보내니, 번거롭더라도 살펴보시고 답장을 주시길 바랍니다.

이번에 일본과 조약을 체결한 것은 전적으로 일을 마무리하기 위함으로, 일본의 협박 단서는 반드시 여기에만 그치지는 않을 것입니다. 그리고 실로 귀 대신께서 황상의 위엄에 의지하면서 조선에 왕림하셔서 일본 사신을 견제하고 두렵게 함으로써 원래 뜻한 바를 감히 멋대로 하지 못하도록 막아주셨으니, 조선 사람 모두가 그 혜택을 입고 어떻게 감사해야 끝이 날지 정말 모르겠습니다. 삼가 일본과 맺은 증약(增約)과 주고받은 공문 초록을 검토하고 보관할 수 있도록 보냅니다. 이 때문에 응당 공문을 갖추어 답장 자문을 보내니, 귀 대신께서는 번거롭더라도 대신 상주해 주시길 바랍니다.

5. 「(11월 21일) 오대징과 조선 좌의정 김홍집의 필담(吳大澂與朝鮮左議政金弘集筆談)」

김홍집: 오늘 이노우에 가오루가 국왕을 알현하였는데, 비록 다행히 다른 일은 없었지만, 그의

주장을 꺾어 그 잘못을 인정하게 하지는 못하였습니다. 군주가 모욕을 받고 신하가 죽임을 당하는 이러한 상황이 이루 말할 수 없을 정도로 괴롭습니다.

오대징: 이노우에가 오늘 품은 뜻을 제대로 펴지 못하였는데, 전달한 국서는 대체로 귀국의 군주와 재상을 책망하면서 다케조에 신이치로를 비호하려는 뜻이 아닌 게 없음을 알 수 있습니다. 이노우에가 시기를 정하여 정부와 모든 문제를 협의하기로 하였는지 모르겠습니다.

김홍집: 이노우에가 알현하면서 이번 담판은 국왕께서 그와 직접 협의하는지 아니면 대신에게 명령을 내려 국왕 앞에서 협의하는지를 몰래 물었는데, 국왕께서는 의정부에서 협의하여 처리할 수 있다고 답하셨습니다. 그는 또한 외신(外臣)이 국왕을 대신해서 협상한다면, 그에게 자신과 같은 전권을 부여함으로써 곧바로 마무리할 수 있고, 내일 협의를 시작할 수 있다고 아뢰었습니다. 국왕께서 이를 허락하여, 이미 저를 전권대신으로 임명하였으니, 분명히 내일 의정부에서 그와 협상해야 하겠지만, 그가 어떤 식으로 위협할지는 알 수 없습니다. 그렇지만 자기 뜻에 부합하지 않으면 반드시 크게 화를 낼 것이라는 점이 실제 우려됩니다. 그가 이미 국왕 앞에서 이번 처리에서 만약 양쪽 의견이 일치하지 않는다면 반드시 협상을 중단하고 곧장 돌아가 정부에 보고하겠다고 아뢴 바도 있으니, 거리끼지 않고 발호하는 모습이 정말 이 정도입니다.

오대징: 이노우에가 위협을 할 실마리는 대략 서너 가지에 지나지 않습니다. 첫째는 귀국이 관원을 파견하여 국서를 가지고 일본에 가서 사과하도록 요청하는 것이고, 둘째는 불타버린 공사관에 대한 배상, 셋째는 피해 상인이나 생도들에게 위로금을 지급하는 것입니다. 이 세 가지는 모두 차분하게 그들과 협의할 수 있고, 원래 몇 마디로 결정되는 것은 아닙니다. 그리고 이후의 사태를 잘 방어하려는 생각으로 반드시 부대를 추가하여 조선의 수도 및 인천 등의 지방에 주둔시키고자 하거나, 혹은 중국의 주둔 병력 얼마가 있으니 그들 역시 같은 수의 병력을 여기에 머무르게 해야 하며, 갑작스레 철수할 수는 없다고 할 수도 있습니다. 생각건대 귀 국왕께서는 반드시 이를 허락하지 않으실 터이니, 이 일을 가지고 엄청나게 논쟁하는 일을 피할 수는 없을 것입니다. 일본인이 중요하게 여기는 것이 바로 여기에 있고, 협상할 때 가장 어려운 점도 역시 여기에 있을 것입니다.

김홍집: 방금 말씀은 정말로 일본 측 사정을 꿰뚫어 보신 것입니다. 이후의 사태를 방어하려한다는 것은 군대의 주둔 문제에 관련되는 것인데, 이 일이 어떻게 마무리될지는 알지 못

하겠습니다. 저는 일찍이 일본에 수신사로 파견되었을 때 이노우에를 만난 적이 있는데, 이번에 왔을 때 곧장 가서 만나보지 못하고 오늘 궁내에서야 비로소 만날 수 있었으며, 저녁이 다가와서야 비로소 답방하러 갔는데 성문이 닫힐 시간이라 많은 말을 하지 못하고 곧바로 일어났지만, 그는 이번 담판은 빠르면 빠를수록 좋다고 한마디 하였습니다. 그는 수천 명의 병력을 데리고 와서 이렇게 오래 머무르면 병사들이 아무 일을 벌이지 않는다고 보장하기 어려우니 이 때문에 염려한다는 것이었습니다. 저도 그렇게 생각한다고 답변하였습니다. 그는 또한 말하길 청국 군대와 일본 군대가 함께 이곳에 있으면 조선을 위해 염려가 된다고도 하였습니다. 저는 다시 분명한 말을 하지 않았지만, 이 말은 그의 뜻을 얼마간 보여준 것이었습니다. 조선의 뭇 신하들이 충성을 다해 국왕을 보좌하지 못해 이렇게 몇 년 사이의 거듭된 내란을 불러들였는데, 그때마다 다행히 중국 군대가 원호해 줌으로써 오늘날까지 보전할 수 있었으니, 한성 내의 모든 백성은 마치 듬직한 병풍처럼 의지하고 있습니다. 그런데도 그는 교활하게 계책을 부려 이간질함으로써 우리가 아무것도 믿을 수 없게 하려 하니, 특히 정말로 통한스러운 일입니다. 그가 만약 이런 말을 하면 어떤 방법으로 그 입과 손을 막을 수 있을지 모르니, 명백한 가르침을 내려 주시길 바랍니다.

오대징: 이노우에가 집사에게 한 말은 아주 간절한 것처럼 보이지만, 실은 협박의 뜻을 품고 있습니다. 중국 부대의 장관들은 이미 각 영 초관에게 엄격한 단속으로 밖에 나가서 일을 벌이지 못하도록 하라고 지시하였습니다. 일본군이 설사 의도적으로 도발하더라도 아예 함께 상대해 주지 않는다면 저들도 어쩔 방법은 없습니다. 집사와 함께 협의할 때 그 사치스러운 요구를 채워주지 않고 또한 조목조목 그와 이치를 따진다고 할지라도, 그는 군사적 위세로 협박하지는 못할 것입니다. 다만 염려되는 것은 부대를 남겨 주둔한다는 문제인데, 만약 종전처럼 공사관을 보호하는 2백 명이라고 한다면 서로 각기 다른 말이 없을 것입니다. 그는 반드시 더 많은 병력을 주둔시키려 하겠지만, 백성들의 뜻과 부합되지 않아 병력이 많으면 더욱 방호가 어렵다고 하면 될 것입니다. 일본은 이미 귀국과 우호 관계를 맺고 있으므로 또한 반드시 이런 고충을 양해할 것입니다. 요컨대 완곡한 말로 간절하게 대응하되 반드시 격분한 논조로 책망할 필요는 없으며, 이러면 일본 역시 어쩔 방법이 없을 것입니다.

김홍집: 알겠습니다. 앞에 말씀하신 세 가지 문제에서 사신을 파견하여 사과하는 것은 아마 허

용되겠지만, 상인에 대한 위로는 또한 우리 백성의 사망자와 서로 메울 수는 있는 것이 아닙니까? 공사관에 대한 배상은 더욱 불공정합니다. 그렇지만 그의 말을 따르더라도 그 액수의 크기는 대략 짐작할 수 있지만 비록 억지로 협상하면 또한 삭감할 수 있지 않겠습니까?

오대징: 군인과 백성의 사상(死傷)은 이치로 따진다면 원래 서로 메울 수 있습니다. 공사관을 스스로 불태웠다는 것은 송상길(宋尚吉)의 구두 진술이 근거가 되니 역시 그와 더불어 따질 수 있습니다. 이것은 집사께서 어떻게 말을 잘 꾸미느냐에 달려 있습니다. 전사한 일본 병사에 대해 귀국에 위로금을 요구한다면, 중국 부대의 사망 병사에 대해서만은 왜 일본 사신에게 위로금을 요구할 수 없겠습니까? 본 사신이 황상의 명령을 받들어 여기 와서 난당을 조사·처리하는 일 역시 응당 해야 할 일이 있습니다. 김옥균 등이 일본으로 도주한 것은 이미 의심할 나위 없습니다. 그렇지만 본 사신은 일본 사신에게 직접 힐문할 수 없습니다. 오로지 귀 국왕께 확실하게 조사하여 체포하고 처벌해달라고 자문으로 요청할 수밖에 없으니, 귀 국왕께서 즉각 이 자문에 따라 이노우에에게 어떻게 죄인을 잡아서 넘겨줄지를 대신 물어주시는 것이 이번 사안에서 중심 문제입니다. 역당을 하루빨리 잡아 죽이지 않는다면 본 사신은 귀국하여 복명(覆命)할 수 없으며, 아마 이노우에 역시 이 문제를 듣고 모른 체 할 수 없을 것입니다.

김홍집: 죄인을 잡아 넘기는 사안은 잘 알겠습니다. 응당 돌아가 국왕께 아뢰겠습니다. 제 소견으로는 피차 서로 마찬가지로 보상해야 하니 이것을 새 조약의 한 조항으로 집어넣으면 될 것 같은데, 지금 상황에서는 그가 반드시 받아들이지 않을 것입니다. 어떤 사람은 협상이 타결된 다음에 죄인을 붙잡아 넘기는 문제를 이노우에에게 조회하면 실로 조약과 별 큰 차이는 없다고 말하는데, 어떨지 모르겠습니다.

오대징: 귀국과 일본이 처음 조약을 맺었을 때 범죄인 인도 조항이 있었습니까?

김홍집: 처음 일본과 조약을 체결할 때 이런 조항을 넣지 않았는데, 그때는 조선이 외교에 몹시 어두웠습니다. 일본은 무진년(戊辰年, 1868) 유신 이후 국서를 부산에 보냈는데, 그때 처음 '皇(황)'이나 '勅(칙)'이라는 글자가 담겨 있었습니다. 조정에서는 크게 놀라 저지하고 받아들이지 않은 것이 8~9년이나 되었습니다. 이것은 조선이 중국에 대한 존중이 아주 두터운 데서 비롯된 것으로 만이(蠻夷)의 참칭(僭稱)을 받아들이지 않으려는 연고였습니다. 병자년(丙子年, 1876) 봄에 이르러 강화도에서의 다툼이 있었습니다. 그때 이노우에

는 부대신(副大臣)으로 왔는데, 거의 전쟁이 날 뻔하였습니다. 조야(朝野)에선 싸우고자 하지 않음이 없었는데 오로지 박규수(朴珪壽) 상국(相國)만이 다른 사람의 의견을 물리치고 화의를 허용하였는데, 안타깝게도 박규수 상국 역시 이 점은 미처 보지 못하신 것 같습니다. 원래의 조약에서 범인 인도 조항을 두지 않아 오늘에 와서 후회하게 된 것입니다.

오대징: 요즈음의 국면은 옛 시대와 다릅니다. 통상과 조약 체결은 만국이 모두 똑같으니, 더 이상 고립의 대세는 유지될 수 없습니다. 일본은 또한 귀국과 근린이니 단연코 거절하기 어렵습니다. 다만 통상이 시작된 지 얼마 되지 않아 백성들이 이에 적응하지 못하고 있으며, 겁이 많은 사람은 존양(尊攘)의 견해를 가지고 끄떡하면 의화(議和)를 해괴한 것으로 받아들이니, 시무(時務)를 아는 사람은 응당 전체 국면을 장기적으로 유지할 수 있는 계획을 세워야지 오로지 백성의 여론에만 따르려고 해서는 안 될 것입니다. 한 사람 자신의 명예로 본다면 박규수 상국은 원래 주전파의 일원이지만, 그 생각을 확 뒤집어 뭇사람의 논의를 물리치고 화의를 주장한 것은 결코 생각이 없어서가 아닌 것 같습니다. 집사께서 이노우에에게 알리길 중국 사신은 오로지 역당을 조사·체포하는 임무만을 중시할 뿐이라면서 심하게 힐책하시면 됩니다. 이 일에 대해 어떻게 방법을 마련하여 돌파구를 찾을 수 있는지는 대신 방안을 마련해 주시길 바랍니다.

김홍집: 알겠습니다. 즉시 입궐하여 국왕을 알현하고 감히 아뢰도록 하겠습니다.

6. 「11월 22일 오대징과 조선 병부상서 김윤식의 필담(吳大澂與朝鮮兵部金允植筆談)」[光緒十年十一月二十二日, 與朝鮮兵部尙書金允植筆談].

김윤식: 최근 일본인의 의도를 살펴보고 또 각국 공사의 의견을 들어보니, 일본인은 조선에 대해 따로 가혹한 요구를 할 생각이 없으며 자못 호의를 지니고 있다고 하는데, 도대체 어떤 방법으로 대처할지 모르겠습니다. 오늘 아침 만난 평소 친하던 일본인이 몰래 알리길, "귀국은 무사하겠지만, 다만 반드시 국왕 교지의 위조 문제를 언급하지 않을 것, 이것이 가장 긴요한 일입니다"라고 하였습니다. 저는 이렇게 대답하였습니다. "교지 위조를 이야기하지 않으면 귀 공사의 허물이 없어질 뿐 아니라, 난당 역시 면죄될 수 있습니다. 하물며 우리 정부가 중국의 주방영에 보호를 요청하였는데, 만약 난당의 교지 위조가 아니었

다면, 정부의 보호 요청이나 중국 부대의 도움을 주기 위한 입궁 모두가 명분이 없어집니다. 이것은 어떻게 처리합니까?" 그는 말하였습니다. "일본 정부의 뜻은 귀국에 있지 않고, 중국에 있습니다. 우선 귀국의 문제를 신속하게 처리하고, 이후 다시 중국에 대해 따질 것입니다." 저는 말했습니다. "이런 방식은 절대 따를 수 없습니다. 우리는 우리 국왕을 보호하기 위해 중국에 보호를 요청하였습니다. 그런데 지금 중국에 허물을 돌리면서 자신의 곤경을 벗어나는 계책으로 삼으라는데, 필부라도 어찌 식언을 할 수 있겠습니까? 하물며 한 나라에서 어찌 그럴 수 있겠습니까? 만약 강세로 약세를 억눌러 시비곡직을 따지지 않고 배상과 위로금을 요구하는 일이라면 안 될 것도 없겠지만, 어찌 이렇게 부끄러운 것을 강요한다는 말입니까? 귀국이 정부의 체면을 보전하기 위해 공사를 비호하는 것은 당연하지만, 조선이 거기에 굽혀 따르게 할 수는 없습니다. 오늘의 담판은 반드시 순조롭지 못할 것입니다." 그는 말했습니다. "현재 일본의 군사적 대비는 매우 삼엄하고 배치도 치밀합니다. 여기에 온 병력과 해상에 머무는 병력은 대략 4천 명이 넘습니다. 일본 국내에서는 현재 파병을 재촉하여 사방에서 동원하고 있습니다. 만약 회담이 좋은 결과를 내지 못한다고 하면 실로 우려가 됩니다." 저는 답했습니다. "조선은 죄가 없고, 다만 약한 것이 죄입니다. 조선에 관한 일이라면 모두 곧은 것을 굽은 것이라고 억지를 부려도 받아들일 수밖에 없습니다. 그렇지만 중국에 허물을 돌린다면 이것은 절대로 안 됩니다. 일본에도 응당 공론이 있을 터이고, 평소 귀하는 공평하고 정직하며, 또한 이곳 민심도 잘 알고 있음을 알고 있습니다. 귀국 대사께서 우리가 할 수 없는 일을 억지로 강요한다면 반드시 결렬에 이를 것입니다. 어찌 안타깝지 않습니까?" 그는 말했습니다. "저는 본국에서 이미 귀국 개화당 무리가 장차 변란을 일으킬 것임을 알고 있었습니다. 혹은 사람들이 다케조에의 잘못을 알더라도 정부의 체면에 방해되기 때문에 잘못이라고 얘기하려 하지 않습니다. 이 일은 정말 처리하기 어려우니 어떻게 합니까? 제가 일본 대사에게 설명한 다음 그의 의사가 어떤지 살펴보겠습니다." 그리고 인사를 한 다음 떠났는데, 저는 돌아가 국왕께 아뢰고 또한 좌의정에게도 이야기하였습니다.

김윤식: 저희 국왕과 상국의 뜻이 모두 교지 위조를 문제로 삼고 있다는 것은 절대 바뀔 수 없이 확실합니다. 오늘 잘못 처리하면 어떤 결말이 될지 모릅니다.

오대징: 그가 귀국과 신속한 타결을 원하면서도 귀국 국왕과 상국이 더 이상 다케조에의 잘못을 힐책하지 않기를 바란다면 당연히 피할 곳 없는 자리를 스스로 찾는 격입니다. 이른바

중국과 이치로 따진다는 것은 역시 우리 측의 반응을 떠보기 위한 소리일지도 모릅니다. 지금까지 보내온 조회를 보건대, 다케조에는 결코 중국 방영에 허물을 돌리는 말이 없었으니, 일부러 농간을 부리는 것입니다. 나 역시 듣지 못한 것처럼 하지 않겠습니다.

김윤식: 다케조에는 면죄받는 데 급급하여 주방영에 허물을 돌릴 틈이 없습니다. 다만 교지 위조를 우리 국왕의 탓으로 돌리고, 일본 정부 역시 이 잘못된 방향을 따라 핑계를 대는 구실로 삼고 있습니다. 지금 상황에서 조선은 정말로 근심이 없을 수 없지만, 생각건대 중국을 상대로 벌의 독침을 쏘려는 형적이 이미 두드러지니, 이 작은 벌레야 걱정할 정도는 아니지만 그래도 미리 대비하는 게 좋을 듯합니다.

오대징: 예측하지 못한 상황을 대비하는 것은 옛날의 좋은 가르침입니다.

7. 「(11월 26일), 오대징과 일본 서기관 이노우에 고와시의 필담(吳大澂與日本書記官井上毅筆談)」[照錄十一月二十六日, 與日負井上毅筆談]

이노우에 고와시: 우리 대사는 오늘 이미 인천으로 출발하면서, 서기관인 제가 대신 명편(名片)을 가지고 가서 전달하면서 인사하라는 특명을 내렸습니다[아울러 소매에서 서신 한 통을 꺼내, "우리 전권대사 이노우에 가오루가 각하에게 보내는 것"이라 하였다]. 전에 우리 전권대사께서 의정부에서 우연히 각하와 만날 수 있었는데, 처음 만나서 정말 기뻐 친밀한 교류를 나눌 수 있기를 몹시 갈망하였지만, 외국에 파견된 사신이라 오로지 훈령을 따르는 일 외에는 조금도 나서지 못하였습니다. 각하께서는 일본과 청국의 교섭 문제에 대해 전권을 가지고 처리한다는 증빙을 가져오지 않으셨기 때문에 우리 정부의 훈령에서 지시한 바와 부합하지 않았습니다. 공무에 속하는 일이니 아무리 간절한 우호 감정이 있더라도 정말 유감스러운 일이 아닐 수 없습니다, 우리 대사께서는 본국에서 요직에 앉아 있어 며칠이나 지체할 수는 없어 조선 관원과 양국 문제를 마무리하자 곧장 오늘 신속하게 귀국길에 올랐습니다. 너무 마음 쓰지 마십시오.

오대징: 본 대신은 전에 의정부에서 귀 대사와 잠깐 만났을 뿐 깊은 교류를 할 시간은 없었습니다. 귀 대사가 조선 관원과의 조약 문제를 완결하면 반드시 며칠간 머무르면서 서로 왕래하여 술잔을 나누며 회포를 풀 시간이 있을 것으로 기대하였습니다. 뜻하지 않게 귀 대사가 너무 빨리 귀국해서 만날 겨를이 없으니 실로 매우 안타깝습니다. 귀하께서 돌아가

셨을 때 대신 안부를 전해주시면 대단히 다행이겠습니다.

이노우에: 귀국의 일본 주재 공사 여서창이 전에 우리 외무성에 "양국 병영의 말다툼은 각기 고위 관원을 파견하여 조사·처리하는 게 가장 낫습니다"라고 서신을 보냈습니다. 우리 정부에서는 귀 대사께서 양국 문제를 처리하라는 명을 받들고 온 것으로 생각하였는데, 귀 대사께서는 "양국은 현재 논의할 만한 일이 없어 전권의 증빙이 없다"라고 밝히셨습니다. 저의 대사는 전에 벌어진 한성의 변란에 대해서 몹시 안타까운 마음을 품고 계시고, 본래 사후 처리 문제를 상의할 수 있기를 희망하였으나, 사명이 어긋나 함께 회포를 풀 틈을 얻지 못하고 다급하게 귀국하면서 제게 대신 그 뜻을 전해달라고 하셨습니다. 각하께서 살펴주시길 바랍니다.

오대징: 여서청 공사가 "양국 병영의 말다툼"이라고 했다는데, 어떤 나라를 가리키는지, 혹은 조선 난당이 봉기한 사정 때문인지 모르겠습니다. 본 대신이 이미 조사해 본 바로는 조선 정부에서 중국군에 입궁해서 보호해달라는 공문을 보냈고, 조선 병사와 중국 병사가 함께 보통문 밖에 이르렀을 때, 난당 몇 명이 사격하여 우리 병사 5명이 죽고 9명이 부상을 입자 비로소 사격으로 응대하기 시작하였습니다. 창졸지간에 벌어진 일이라 일본 병사가 안에 있는지는 아직 알지 못하였습니다. 본 대신은 다치거나 죽은 우리 병사들 역시 응당 위로금을 받아야 하며, 이미 난당이 먼저 사격을 개시하였으니 단지 난당을 조사·처리하면 될 뿐이라고 생각합니다. 그래서 앞서 의정부에서 필담을 나눌 때, "중국과 일본은 현재 논의할 일이 없다"라고 한 것입니다."

이노우에: 저는 서기관일 뿐 이에 대해 대답할 위치에 있지 않으며, 쓸데없는 말로 또 다른 분란을 낳을 생각은 없습니다. 이미 우리 대사의 뜻을 전달했으니, 응당 바로 인사를 드리고자 합니다. 오랫동안 대인의 크나큰 명성을 갈망해 왔는데, 오늘 얼굴을 뵙게 돼서 정말 영광이었습니다.

오대징: 지금 얘기는 사신으로서 귀하와 한담을 나눈 것이니, 결코 다른 분란을 낳지는 않을 것입니다. 이를테면 귀 대사와 제 뜻이 현재 논의할 일이 없다는 것은 이런 필담의 내용을 보고해 올리면 응당 얼음이 녹듯이 의심이 풀릴 것입니다. 이러한 우리 양국의 우호를 위해 본 대신이 힘써 대국을 돌아보면서 또 다른 분란을 낳지 않으려는 뜻은 실로 귀 대사의 의견과 마치 부절(符節)처럼 꼭 들어맞습니다.

이노우에: 대인께서 말씀하신 바를 응당 우리 대사께 전달하겠습니다. 우리 대사의 뜻이 어떤

지 몰라 제대로 답변을 드리지 못하는 점을 양해해주시길 바랍니다.

(19) 문서번호 : 5-2-19(939, 1621a-1623b)

사안 : 조선과 일본의 「증속조약(增續條約)」 협상은 이미 완결되었으며, 현재 조선과 더불어 사후 처리 문제를 논의하여 처리하고자 합니다(朝鮮與日本議增續約, 已經完結, 現擬與朝鮮商辦善後事宜).

날짜 : 光緒十年十二月十三日(1885년 1월 28일)

발신 : 軍機處

수신 : 總理衙門

十二月十三日, 軍機處交出吳大澂抄摺稱:

為朝鮮·日本議增續約, 已經了結, 中國與日本並無可議之條, 兩國帶兵各員彼此往還, 可無嫌隙, 地方亦均安謐, 現擬與朝鮮商辦善後事宜, 以弭後患而固藩封, 恭摺仰祈聖鑒事.

竊臣查朝鮮亂黨起事緣由, 及與日本使臣井上馨筆談大畧, 已於光緒十年十一月二十五日具摺奏明在案. 旋於二十五日申刻, 接准軍機大臣字寄, 十一月十二日奉上諭:

總理各國事務衙門接到李鴻章信函等件, 均已覽悉. 據朝鮮國王及提督吳兆有等所述各情.

等因.[12]

欽此. 仰見聖謨默運, 訓示周詳, 曷勝欽佩? 臣等前聞日本使臣井上馨, 屢告朝員, 以朝事議結, 即當與中國理論. 臣恐該使臣詭計多端, 意在尋衅, 若俟其啟齒, 再與爭辨, 未免多費唇舌. 是以於二十三日, 突入議政府, 書示數條, 俾知中國使臣理直氣壯, 無隙可乘, 亦先聲奪人之計. 乃井上馨既與朝鮮立約完結, 復遣書記官井上毅前來通問, 仍謂:"臣無全權字樣, 井上馨不便來晤." 並因前次筆談, 臣有現無可議一語,

12 이 상유의 전체 내용은 (12) 문서번호 : 5-2-12(921, 1557a-1557b)를 참조.

故作疑難之詞. 臣復告以:“我兵入宮保護之時, 有亂黨數人前來放槍, 我兵死五人, 受傷九人, 始各開槍應之. 倉猝之間並不知日本有兵在內否, 我兵傷亡之人, 應亦議恤. 既經查明亂黨先行放槍, 只可查辦亂黨, 故謂中國與日本, 現無可議之條.” 此顧全大局之意, 井上毅無詞可答, 已與井上馨同赴仁川, 乘輪回國. 應請飭下總理各國事務衙門, 如果日本公使或有饒舌, 即可告以兩國和好本無可議之端, 毋庸互相詰責, 以全交誼. 現在日本署公使近藤真鋤, 及該國留駐朝鮮帶兵官長谷川良之, 經臣等招致營中, 優禮相待, 並曉諭兩國帶兵各員, 各宜約束兵勇, 勿稍滋事, 彼此往還, 毫無猜忌. 該國公使近藤真鋤, 人尚和平, 長谷川良之亦知大義, 均願兩國和好, 不生嫌隙. 其所帶隊伍, 共計兵六百餘名, 從前駐朝之日員竹添進一, 島村久及繙譯淺山顯藏, 均喜多事, 現俱調回本國. 可知日本外務亦不以該員等謀議為然, 斷不致任其播弄, 再起波瀾, 堪以仰慰宸廑. 本月二十七日, 准朝鮮國王咨文, 送到朝鮮日本議均續約五條, 一修國書表明謝意, 一給被害商民恤銀十一萬圓, 一查拏殺害磯林真三之凶徒, 一賠日本使館修築費銀二萬圓, 一日本護衛兵弁照壬午續約第五款施行, 並准朝鮮國王咨稱:

> 日人要挾之端, 必不止此, 憑仗皇靈, 特派大臣來臨玆土, 使日人牽制畏忌, 不敢逞其所欲, 為弊邦之人舉蒙其福, 感佩銜結, 曷其有極.

等語. 朝鮮臣民僉謂:“此次議約得以速了, 彼實不料, 北洋封凍以後, 中國官兵先到三日, 天威振慴, 隐制猝謀. 藩服君臣感荷生成之德, 實出至誠.” 臣查此次亂党, 以設宴召客之洪英植為首犯, 其同謀之官士生徒, 不過二十餘人. 只因假借日兵, 擅作威福, 察其情節, 與聚衆謀叛不同. 除洪英植等九人業已伏誅, 現在續拏之申重模、李昌奎、徐載昌、李漢承等十餘人, 均係案中要犯. 其在逃之金玉均、朴泳孝、徐光範、徐載弼等四人, 既經削髮改服倭裝, 未必潛回本國. 朝鮮百姓怨恨切齒, 斷不容該犯藏匿民間, 脫離法網. 前經臣等咨明朝鮮國王, 敕令金宏集, 照會井上馨, 查拏亂黨. 由該國王送閱井上馨所覆照會, 以查照公法辦理為詞, 又云兩國並無拏交罪犯之條, 詞意游移, 未必肯認真辦理. 臣等又未便徑行照會日本使臣, 致生枝節. 若再派弁勇協緝, 恐多紛擾, 其如何懸賞購線, 設法訪拏之處, 應由朝鮮與日本自行議辦, 較為妥協. 現在懲前毖後之計, 正宜講求治理, 培養人才, 黙化潛移, 以消黨禍, 此正本清源之辦法, 臣等擬與朝鮮左議政金宏集等, 公同商議, 擇其尤要者, 酌擬數條, 以備該國王集思廣益, 一遵聖諭, 設法維持之意, 似於該國之風俗人心, 不無裨補. 至隨同臣等來朝之水陸各營之駐朝鮮地方, 似非常策, 且恐日人又生疑竇, 應否俟日本兵船撤回後, 即飭統領水師天津鎮總兵丁汝昌, 將超勇、揚威兩快船, 及威達練船, 一併調回旅順, 臣所帶護衛弁兵, 俟臣等商議善後事宜, 辦有頭緒, 即令隨臣航海回營. 臣與續昌應俟奉到諭旨, 再行啟程回京覆命. 除將朝鮮·日本議定條約及與井上毅筆談抄送總理各國事務衙門查照外, 所有臣等體察朝鮮·日本兩國情形, 並商辦一切事宜, 理合會同兩淮塩運使續昌, 恭摺奏陳, 伏乞皇太后、皇上聖鑒訓示. 謹奏.

光緒十年十二月十二日, 軍機大臣奉旨:

覽奏均悉. 所籌尚妥, 仍著懍遵本月初四日諭旨, 將朝鮮善後事宜妥商辦理. 吳大澂等所帶各營及水師船隻, 俟事竣奏到聽候諭旨撤回.

欽此.

광서 10년 12월 13일, 군기처에서 다음과 같은 오대징의 주접을 베껴 보내왔습니다.

조선과 일본의 속약(續約) 체결이 이미 마무리되었고, 중국과 일본은 결코 논의할 만한 사안이 없어 양국의 부대를 이끄는 각 장관이 피차 왕래하는 데에도 아무런 거리낌이 없고 지방 역시 모두 안정되었으므로, 지금 조선과 사후 처리 문제를 협의하여 후환을 막고 번봉을 튼튼히 하는 문제에 대해 삼가 주접을 갖추어 살펴보시도록 올립니다.

조선 난당이 반란을 일으킨 연유에 대한 조사와 일본 사신 이노우에 가오루와의 필담 대략은 이미 광서 10년 11월 25일에 주접을 갖추어 상주한 바 있습니다. 이에 25일 신각(申刻, 오후 3~5시)에 11월 12일 다음과 같은 군기대신의 기신상유를 받았습니다.

총리아문에서 이홍장의 서신 등 문건을 받았는데, 이미 모두 읽어보았다. 조선 국왕 및 제독 오조유 등이 서술한 각 상황[이하 생략됨].

이상. 황상께서 암중에 위대한 계획을 운용하여 치밀하게 훈시를 내리시니 우러러보면서 어찌 감탄하지 않을 수 있겠습니까? 신 등이 전에 듣기에 일본 사신 이노우에 가오루가 조선 사무의 협의가 마무리되면 곧바로 중국과 이치로 따지겠다고 누차 조선 관원에게 알렸다고 합니다. 신은 그가 속임수가 많고 도발할 뜻을 품고 있으므로 만약 그가 입을 열기를 기다린 다음에야 논쟁한다면 엄청나게 많은 시간을 낭비할 것을 염려하였습니다. 그래서 23일 의정부에 돌입하여 몇 가지 항목을 써서 보여주어, 중국 사신이 이치가 곧고 기세가 왕성하여 올라탈 틈이 없음을 알게 하였으며, 이는 먼저 기선을 제압하려는 계책이었습니다. 그런데 이노우에 가오루는 조선과의 조약 체결이 완료되자 다시 서기관 이노우에 고와시를 보내 제 안부를 물으면서 여전히 "제게 전권대신의 증빙이 없어 와서 만나기 불편하다"라는 이야기를 전하였고, 아울러 앞의 필담에서 신이 현재는 논의할 만한 일이 없다고 한 말을 가지고 일부러 저를 난처하게 만드는 구실로 삼았습니다. 신은 다시 알렸습니다. "중국군이 입궁하여 보호하려 했을 때, 난당 몇 명이 와서 사격하여 우리 병사 5명이 죽고 9명이 부상을 입자 비로소 사격으로 응대하기 시작하였습니다. 창졸지간이라 일본 병사가 안에 있는지는 아직 알지 못하였습니다. 다치거나 죽은 우리 병사들 역시 응당 위로금을 받아야 합니다. 이미 난당이 먼저 사격을 개시하였음을 확인하였으니 단지 난당을 조사·처리하면 될 뿐이라, 중국과 일본은 현재 논의할 일이 없다고 한 것입니다." 이것은 대국을 돌아보아 보전하기 위한 뜻에서 나온 것인데, 이노우에 고와시는 대답할 말이 없자 이노우에 가오루와 함께 인천으로 가서 윤선을 타고 귀국하였습니다. 만약 일본 공사가 혹시라도 궤변을 늘어놓으면 즉각 양국은 우호 관계를 이룬 지 오래라 본래 논의할 만한 사안이 없다고 알려주고 굳이 서로 질책하지 않음으로써 우호 관계를 보전하라고 총리아문에 지시를 내려 주시길 주청해야 할 것 같습니다. 현재 일본의 서리 공사 곤도 마스키 및 조선 주둔군을 지휘하는 병관(兵官) 하세가와 요시유키는 신이 우리 부대로 초대하여 우대하는 예로 접대하고, 아울러 양국의 병력을 지휘하는 장관이 각자 통제하여 충돌을 낳지 않도록 하고 이후의 피차 왕래에 조금도 거리낌이 없게 하자고 깨우쳐 주었습니다. 일본 공사 곤도 마스키는 사람됨이 그래도 화평하고, 하세가와 요시유키 역시 대의를 알아 모두 양국이 사이좋게 지내며 불만과 틈이 생겨나기를 원하지 않습니다. 그가 이끄는 부대는 모두 합해 병사 6백 명입니다. 종전 조선에 주재하던 다케조에 신이치로와 시마무라 히사시 및 번역(繙譯) 아사야마 겐조는 모두 일 벌이는 것을 좋아하였는데, 지금은 모두 본국으로 소환되었습니다. 일본 외무성 역시 그들의 모의를 옳다고 여긴 것이 아니어서 단연코 그들이 멋대로 농간을 부리도록 방치하여 다시 파란을 일으키려는 것이 아님을 알 수 있으니, 이 점으로 황상의 근심을 조금은 덜 수 있을 것으로 생각합니다. 이달 27일 조선 국왕의 자문을 받았는데, 조선과 일본이 체결한 속약 5조는 첫째는 국서를 갖추어 사과의 뜻을 보인다, 둘째는 피해 상인에게 위로금 은(銀) 11만 원을 지급한다, 셋째는 이소바야시 신조를 살해한 흉도를 잡아 인도한다, 넷째는 일본 공사관 수축 비용으로 은 2만 원을 지급한다, 다섯째는 일본 호위 장병의 병영은 「임오속약」 제5조에 따라 시행한다는 것이었습니다. 아울러 조선 국왕의 자문에는 이런 내용이 있었습니다.

> 일본의 협박 단서는 반드시 여기에만 그치지는 않을 것입니다. […] 황상의 위엄에 의지하면서 조선에 왕림하셔서 일본 사신을 견제하고 두렵게 함으로써 원래 뜻한 바를 감히 멋대로 하지 못하도록 막아주셨으니, 조선 사람 모두가 그 혜택을 입게 되어 그 은혜에 어떻게 감사해야 끝이 날지 정말 모르겠습니다.

조선의 백성은 모두 말합니다. "이번 조약 체결이 신속하게 마무리된 것은 실로 예상하지 못하던 일로, 북양 지역이 결빙으로 봉쇄된 이후 중국 관병이 사흘 먼저 도착하여 중국 군대의 위세를 크게 떨침으로써 은근하게 일본의 변칙적 음모를 저지할 수 있었습니다. 조선의 군신이 새롭게 만들어 주신 은덕에 감사드리는 것은 실로 지극한 정성에서 나온 것입니다." 신이 조사해 보건대, 이번 난당은 연회를 열어 손님을 초대한 홍영식이 주범이고, 공모한 사관생도는 20여 명에 지나지 않습니다. 단지 일본군의 힘을 빌려 멋대로 위세를 불린 것으로 그 사정을 들여다보면 무리를 모아 모반한 것과는 다릅니다. 홍영식 등 9명이 이미 살해된 것을 제외하면 현재 계속 체포하고 있는 신중모(申重模), 이창규(李昌奎), 서재창, 이한승(李漢承) 등 10여 명은 모두 이번 사건의 요범입니다. 도망 중인 김옥균, 박영효, 서광범, 서재필 등 4명은 이미 머리를 깎고 일본 옷으로 갈아입었으니, 몰래 본국에 다시 올 리는 없습니다. 조선 백성은 원한으로 이를 갈고 있으니, 단연코 그들이 민간에 잠닉하여 법망을 벗어나는 것을 허용하지 않을 것입니다. 전에 신 등이 조선 국왕에게 자문을 보내 김홍집에게 칙명을 내려 이노우에 가오루에게 난당을 조사·체포할 것을 요청하도록 하였는데, 조선 국왕이 보내온 이노우에 가오루의 답장 조회에서는 공법에 따라 처리한다는 것을 구실로 삼으면서 또한 양국 사이에는 결코 범인 인도 조약이 없다고 말하며 발뺌하려는 뜻을 보였으므로 반드시 진지하게 처리하려 하지는 않을 것으로 보입니다. [그렇지만] 신 등은 다시 일본 사신에게 직접 조회를 보내 또 다른 분란을 낳을 수는 없었습니다. 만약 다시 병사를 파견하여 체포에 협조하게 한다면 아마도 더 많은 분쟁이 늘었을 터이므로, 어떻게 현상금을 내걸고 방법을 마련하여 체포하는가 하는 문제는 응당 조선과 일본이 스스로 논의하여 처리하게 하는 편이 비교적 적절하였습니다. 현재는 이전의 잘못에 비추어 앞으로의 문제에 대처하기 위해 응당 치리(治理)를 강구하고 인재를 배양하여 점진적인 변화를 통해 당쟁의 화를 소거하는 것, 이것이야말로 바탕을 바로잡고 근원을 맑게 하는 방안입니다. 신 등은 조선 좌의정 김홍집 등과 공동으로 상의하여 그 가운데 중요한 곳을 골라 몇 가지 조항으로 정리함으로써 국왕께서 의견을 물어보시는데 대비하고, 국왕의 성유(聖諭)에 따라 방법을 마련하여 유지하겠다는 뜻을 지니고 있는데, 아마도 조선의 풍속과 인심이 도움이 되지 않을까 생각합니다. 신 등과 함께 조선에 온 수륙 각 부대가 조선에서 주둔하는 것은 아마도 항구적인 대책은 아닌 것 같고, 또한 일본인들이 다시 의심할 수도 있으니, 일본 군함이 철수한 다음 수사(水師)를 지휘하는 천진진총병 정여창에게 지시하여 초용(超勇), 양위(揚威) 두 쾌선 및 위달(威達) 연선(練船)은 함께 여순으로 복귀시켜야 할 것 같습니다. 신이 이끌고 온 호위 병력은 사후 처리 문제를 상의한 다음 처리가 궤도에 오르면 즉각 신과 함께 항해하여 원부대로 복귀하도록 지시하겠습니다. 신 오대징과 속창은 응당 유지를 받들기를 기다린 다음 다시 출발하여 북경으로 돌아가서 복명(覆命)하고자 합니다. 조선과 일본이 의정한 조약 및 이노우에 고와시와의 필담은 총리아문에 베껴 보내 검토하게 하는 것 외에, 신 등이 조선과 일본 양국 상황을 살피고 아울러 협의하여 처리한 모든 문제에 대해 양회염운사 속창과 함께 주접을 갖추어 상주하오니, 황태후·황상께서 살펴보시고 훈시하여 주시길 빕니다. 삼가 주를 올립니다.

광서 10년 12월 12일, 군기대신은 다음과 같은 상유를 받았습니다.

> 주접을 모두 읽어보았다. 처리한 바는 타당한 것으로 보이는데, 이달 4일 내린 유지를 삼가 지켜서 조선의 사후 처리 문제를 적절하게 처리하도록 하라. 오대징 등이 이끈 각 부대 및 수사(水師)의 선박은 일이 마무리되었다는 상주 이후 유지가 내려지기를 기다렸다가 철회하도록 하라.

이상.

(20) 문서번호 : 5-2-20(947, 1633b-1638b)

사안 : 조선 난당의 반란에 대한 확실한 조사 결과와 일본 사신 이노우에 가오루와 변론을 나눈 상황에 대해 보고합니다(確査朝鮮亂黨滋事, 及與日使臣井上馨辯論情形).

첨부 문서 : 1. 「조선 난당이 반란을 일으킨 연유에 대한 오대징의 방문 조사 절략(吳大澂訪查朝鮮亂黨滋事緣由節略)」: 조선의 반란은 김옥균 등의 역신이 미리 계획을 세우고 일본인과 결탁하여 일으킨 것입니다(朝鮮亂事爲金玉均等逆臣豫定計劃, 勾結日人而起).[13]

날짜 : 光緒十一年正月初三日(1885년 2월 17일)

발신 : 會辦大臣 吳大澂

수신 : 總理衙門

正月初三日, 軍機處交出吳大澂抄摺稱:

為遵旨確查朝鮮亂黨詳細情形, 並與日本使臣井上馨筆談大略, 恭摺馳陳仰祈聖鑒事. 竊臣於光緒十年十一月十一日, 在山海關途次, 接准軍機大臣密寄, 十一月初五日奉上諭:

李鴻章、吳大澂奏遵旨會商查辦朝鮮事宜, 吳大澂由津起程一摺, 覽奏已悉. 等因. 欽此. 當即電商李鴻章, 現在無須多帶隊伍, 免啟倭疑, 酌留輪船數號, 停泊馬山浦. 如須續調防兵, 海道往來亦尚迅速. 臣與續昌即於本月十一日, 在山海關上船, 夜半開輪, 於十三日行抵朝鮮馬山浦. 次日候潮長足, 分撥渡船, 率隊登陸. 十六日即抵朝鮮國都. 十七日與該國王相見, 面詢亂黨金玉均等起事緣由. 其時日本使臣井上馨, 甫抵仁川, 尚未來城. 該國君相茫無主意, 臣等暗中代為籌畫一切, 連日與朝鮮左議政金宏集筆談, 已將緊要關鍵, 逐款開明, 俾有成竹在胸, 商辦時較為妥協. 查案中要

13 앞의 (13) 문서번호 : 5-1-13(929, 1584a-1592a)에 수록된 첨부 문서 : 1. 「절략(節略)」: 조선 난당이 반란을 일으킨 연유에 대한 방문 조사(訪查朝鮮亂黨滋事緣由)와 같은 내용이라 생략한다.

事, 約有四端. 起釁之始, 係亂臣金玉均、朴泳孝、洪英植、徐光範、徐載弼等迫脅國王, 假借日兵, 戕害大臣, 謀為不軌. 此天地所不容, 神人所共憤. 首當聲明其罪, 立正典刑. 除洪英植、朴泳教已為朝鮮兵民所殺, 毋庸置議外, 尚有金玉均、朴泳孝、徐光範、徐載弼等四名, 一時漏網, 未經緝獲. 風聞該逆於變亂時, 業經剪髮改服倭裝, 或云已趁輪船, 逃往日本. 臣等已備文咨明朝鮮國王, 嚴密訪查, 應屬日本使臣井上馨, 行文該地方官通飭查拏, 解回朝鮮, 審明懲辦, 以彰國法而服衆心. 此不可不嚴究者一也. 日本公使竹添進一率隊入宮, 雖云奉有"日使入衛"之諭, 惟查此四字, 係用洋紙鉛筆所書, 其為逆黨偽造可知. 昨准朝鮮國王咨覆文內有:"金玉均、朴泳孝等請召日兵, 本國王堅執不允, 金玉均等乃自書四字, 非本國王之所知."等語.[14] 是竹添進一之入衛, 實為金玉均等所愚弄, 且日兵為保護使館而設, 並無翊衛王宮之責, 百姓洶洶, 疑其與逆黨同謀, 激成禍亂, 咎由自取. 此不可不明辯者二也. 自十七日夜, 閔泳翊被刺之後, 外間並無動靜, 十八·十九兩日, 百官·庶民皆不知國王所在, 亦不知日兵堅守宮門有何意見. 大臣六人忽被屠戮, 衆議沸騰, 始乞師於中國駐防各營. 臣已查明提督吳兆有等, 親帶勇丁入宮保護, 有朝鮮議政府右議政沈舜澤請兵書, 據言詞迫切, 並非該提督等擅入宮禁. 及至普通門中國與朝鮮兵勇, 皆以國王在內, 不敢放槍. 忽有亂黨數人, 先行開放, 日兵繼之. 子如雨下, 中國兵死五人, 受傷九人, 朝鮮兵死八人, 始各發槍應之. 臣等明查暗訪, 實係亂黨先行放槍, 衆目共覩, 此不可不確查者三也. 查日本使館焚燬之際, 衆口一詞, 皆云:"日人自焚其館." 昨由朝鮮政府送閱日館使役宋尚吉口供, 據稱:"十九日申刻, 館內所有文書、冊子堆積大廳, 以石油一桶灌之, 火起後, 告於竹添進一, 遂令日人紛紛逃去." 其為日人自焚無疑, 此不可[不]詳察者四也. 以上各條, 既經查明實在情形, 朝鮮政府自可據實與日本辯論, 即臣等與日本使臣井上馨相見, 亦屬有詞可措. 乃井上馨並不與臣等訂期會議, 自二十一日井上馨覲見朝鮮國王以後, 即請該國王, 派定左議政金宏集為全權大臣, 定於二十二日在朝鮮議政府商辦立約. 金宏集輿井上馨辯駁終日, 迄無成議. 臣聞該使臣井上馨於此事原委, 概置不論, 但與金宏集要約三端, 一令遣使赴日謝過, 一索被害商民恤款, 一賠使館修築費銀, 詞氣之間, 頗形倨傲, 意存挾制, 以曲作直. 臣竊思

14 앞의 (13) 문서번호 : 5-1-13(929, 1584a-1592a)에 수록된 첨부 문서 2.「조선 국왕의 자문(朝鮮國王咨文)」을 가리킨다.

朝鮮國小而弱, 諸臣無應變之才, 兵力、才力均不足與日本相抗, 以事勢而論, 不能不委曲周旋, 免生枝節. 然使臣等坐視不問, 尤恐日人要挾多端, 毫無忌憚, 因於二十三日辰刻, 函約金宏集等, 同至議政府, 與該使臣井上馨畧為辯論, 顯示以掖助朝鮮之意, 並責金宏集以查拏亂黨最關繫要, 不宜草草立約. 臣亦明知井上馨不願中國使臣與聞朝臣立約之事, 惟於不干預之中, 徽露以干預立端, 其事或可速為了結. 臣等亦未便遇事堅持, 致啟衅端. 筆談之際, 彼以臣等無全權字樣, 堅執不與商議. 臣亦未便立争, 但告以中國與日本和好最久, 本無可議之約, 此次係查辦事件, 故無全權字樣. 惟其問答語内有:"貴國兵營之事, 尚有葛藤."等語, 該使臣亦未明言, 揣度其情, 或欲中國駐防各營盡數撤回. 如果井上馨以此詰問, 但告以中國有保護朝鮮之責, 防兵駐紮之年, 兵民尚属相安, 碍難遽撤. 若該使臣急於回國, 目前暫可置之不理, 似不至大有波瀾, 致開兵衅. 朝鮮民情近亦安謐如常, 藉可仰慰聖懷. 除將朝鮮國王咨文並筆談各節略鈔送總理各國事務衙門查照外, 謹將臣等查明朝鮮亂黨滋事緣由節畧, 繕具清單, 恭呈御覽. 至日本與朝鮮如何立約, 俟該使臣議定後, 再行鈔錄具奏. 所有臣等確查朝鮮亂黨詳細情形, 並與日本使臣井上馨筆談大畧, 謹會同兩淮鹽運使臣續昌, 恭摺奏聞.

再, 此摺交輪船送至山海關, 由驛六百里馳奏, 以期迅速, 合併陳明, 伏乞皇太后、皇上聖鑒. 謹奏.

光緒十年十二月初四日軍機大臣奉旨:

[]

欽此.

1.「吳大澂訪查朝鮮亂黨滋事緣由節略」.

謹將訪查朝鮮亂黨滋事緣由, 開具節畧, 恭呈御覽.[15]

[생략]

15 이하의 내용은 앞의 (13) 문서번호 : 5-1-13(929, 1584a-1592a)에 수록된 첨부 문서 : 1. 『절략(節略)』: 조선 난당이 반란을 일으킨 연유에 대한 방문 조사(訪査朝鮮亂黨滋事緣由)와 같은 내용이라 생략한다.

광서 11년 1월 3일, 군기처에서 다음과 같은 오대징의 주접을 베껴 보내왔습니다.

유지에 따라 조선 난당의 상세한 상황을 확실하게 조사한 내용과 더불어 일본 사신 이노우에 가오루와의 필담 대략을 삼가 주접을 갖추어 아뢰니, 황상께서 살펴보시길 바랍니다.

신은 광서 10년 11월 11일, 산해관으로 가는 길 위에서 11월 5일 다음과 같은 군기대신의 비밀 기신 상유를 받았습니다.

> 이홍장, 오대징이 유지에 따라 함께 조선 문제를 조사·처리하는 것을 논의하고 오대징이 천진에서 출발하는 시기를 상주한 주접은 이미 받아보았다.

이상. 이에 곧바로 이홍장에게 전보로 상의한 결과, 현재 대규모의 부대를 데리고 가서 일본의 의심을 살 필요는 없다고 하여, 윤선 수 척을 적절하게 남겨두고 [호위 부대를 이끌고 조선에 가서] 마산포에 정박하고, 만약 좀 더 병력을 계속 동원할 필요가 있다면 해로로 왕래하는 것이 또한 그래도 신속하다는 답장을 받았습니다. 신과 속창은 11월 11일 산해관에서 배에 올라 밤중에 항해하여 13일에 조선의 마산포에 도착하였습니다. 다음날 조수가 늘어나는 것을 기다려 여러 차례로 나누어 상륙선에 올라 부대를 이끌고 상륙하였습니다. 16일에는 조선의 수도에 도착하였습니다. 17일에는 조선 국왕을 알현하였고, 난당 김옥균 등이 변란을 일으킨 이유에 대해 직접 질문하였습니다. 그 무렵 일본 사신 이노우에는 마침 인천에 도착하여 아직 한성에는 이르지는 않았습니다. 조선 국왕은 아무런 주장도 없었으므로 신 등이 암중에 모든 일을 대신 계획하였으며, 연일 조선 좌의정 김홍집과 필담을 하면서 긴요한 관건 문제를 항목마다 설명하여 사전에 충분한 준비를 갖추어 일본 사신과 협상하게 하는 것이 비교적 적절하였습니다. 이 협상에서 중요한 사항은 대략 네 가지였습니다. 변란의 시작은 난신 김옥균, 박영효, 홍영식, 서광범, 서재필 등이 국왕을 위협하고 일본군의 위세를 빌려 대신을 살해하고 반역을 도모한 데서 비롯되었습니다. 이런 일은 천지가 용납하지 않는 바이며 신인(神人)이 공분하는 바이기도 합니다. 따라서 우선 먼저 그 죄를 밝히고 올바른 형벌을 실행해야 할 것입니다. 홍영식과 박영교 등은 조선의 병사와 백성에게 살해되었으므로 더 이상 따질 것이 없지만, 김옥균, 박영효, 서광범, 서재필 등 4명은 한때 법망을 벗어나 포획되지 않았습니다. 소문에 따르면 이들 역적은 변란을 일으켰을 때 이미 머리를 깎고 일본 옷으로 갈아입었으며, 혹은 이미 윤선을 타고 일본으로 도주하였다고 합니다. 신 등은 이미 자문을 갖추어 조선 국왕에게 엄밀하게 조사하고 응당 일본 사신 이노우에에게 위촉하여 [일본] 지방관에게 두루 지시를 내려 체포한 다음 조선으로 압송해서 심판을 거친 다음 징벌하여, 국법을 밝히고 뭇사람의 마음을 가라앉혀야 한다고 지적한 바 있습니다. 이것이 불가불 엄격하게 추구하지 않을 수 없는 첫 번째 사항입니다. 일본 공사 다케조에 신이치로는 부대를 이끌고 입궁하여 비록 "일본 공사는 와서 호위하라"라는 교지를 받았다고는 하지만, 이 네 글자는 양지(洋紙)에 연필로 쓴 것이라 역당이 위조한 것임은 쉽게 알 수 있습니다. 전에 조선 국왕의 답장 자문을 받았는데, 거기에는 "김옥균, 박영효 등이 일본군을 불러들여 온갖 협박과 요구를 하였고, 본 국왕이 완강하게 허락하지 않았지만, 김옥균 등은 마침내 스스로 네 글자를 스스로 써서 [교지를 위조하였는데] 이는 본 국왕이 알지 못하는 바입니다"라는 내용이 있었습니다. 다케조에가 왕궁에 들어와서 호위한 것은 실로 김옥균 등에게 우롱당한 것이며, 또한 일본 병사는 공사관을 보호하기 위해 배치된 것이지 결코 왕궁을 보호하는 책임이 없으니, 백성의 민심이 흉흉해져서 그들이 역당과 공모한 것으로 의심하여 재앙을 불러일으켰고, 그 허물은 본인들이 자초한 것입니다. 이것이 불가불 가려서 밝히지 않을 수 없는 두 번째 사항입니다. 17일 밤 민영익이 피습당한 이후 외간에는 아무런 움직임이 없었는데, 18·19일 이틀 사이 조선의 모든 관료와 백성들이 국왕이 어디에 있는지 알 수 없었으며, 일본군이 궁문을 굳게 지키는 것이 무엇 때문인지도 알지 못하였습니다. 6명의 대신이 갑자기 도살당하여 여론이 들끓자 비로소 중국의 주방 부대에 도움을 요청하게 되었는데, 신이 이미 조사한 바에 의하면 오조유 제독 등이 직접 병사를 이끌고 입궁하여 호위한 것은 조선 의정부 우의정 심순택(沈舜澤)의 병력 지원 요청 공문이 있었고 그 언사가 아주 절박하였기 때문으로 결코 오조유 제독 등이 멋대로 왕궁에 들어간 것은 아닙니다. 보통문에 이르러서 중국과 조선 병사는 국왕이 안에 있어 감히 총을 쏘지 못하였습니다. 갑자기 난당 몇 명이 먼저 총을 쏘기 시작하고 일본군이 뒤를 이었습니다. 총탄이 빗발처럼 쏟아져서 중국 병사 5명이 죽고 9명이 부상을 당하였으며, 조선 병사도 8명이 죽자 비로소 각기 사격을 개시하여 응전하였습니다. 신 등이 공개적·비공개적으로 조사해 본 바에 의하면 실로 난당이 먼저 사격을 개시한 것은 뭇사람이 모두 함께 목격한 바입니다. 이것도 불가불 확실하게 조사하지 않을 수 없는 세 번째 사항입니다. 조사해 보면 일본 공사관이 불탈 때 모든 사람이 입을 모아 "일본인 스스로 공사관을 불태웠다"라고 이야기하였습니다. 어제 조선 정부에서 보내온 일본 공사관 사역(使役) 송상길의 구두 진술에 의하면, "19일 신각(申刻, 오후 3~5시) 관내 장부나 잡지를 모두 쌓고 석유를 끼얹어 불을 질렀으며, 불이 붙은 다음 다케조에에게 알리자, 마침내 일본인들이 분분히 도주하기 시작하였습니다"라고 합니다. 일본 공사관을 일본인 스스로 불태웠다는 것을 의심할 나위가 없습니다. 이것이 불가불 상세하게 살피지 않을 수 없는 네 번째 사항입니다.

이상 네 가지 사항은 이미 실제 상황을 조사한 것이고, 조선 정부가 당연히 이러한 근거를 가지고 일본과 변론을 할 수 있으며, 신 등이 일본 사신 이노우에와 만날 때도 역시 제시할 수 있는 주장에 속합니다. 그런데 이노우에는 결코 신 등과 시기를 정해 회담하지 않고, 21일 이노우에가 조선 국왕을 알현한 이후 즉시 조선 국왕에게 요청하여 좌의정 김홍집을 전권대신으로 임명하고 22일 조선 의정부에서 조약 체결 협상을 하기로 정하였습니다. 김홍집과 이노우에는 하루 종일 논박하였지만, 아무런 합의도 얻지 못하였습니다. 신이 듣기에 일본 사신 이노우에는 이 사건의 원인과 경과에 대해서는 아예 쳐다보지도 않고 오로지 김홍집에게 세 가지만을 요구하였는데, 하나는 사신을 일본에 보내 사과하는 것, 하나는 피해 상인에 대한 위로금 지급, 하나는 공사관 수축 비용의 제공이며, 그 어조와 자세가 아주 오만하여 협박으로 굽은 것을 곧은 것으로 바꾸고자 하였다고 합니다. 신이 생각건대 조선은 작고 약한 나라이고, 뭇 신하들은 임기응변의 재주가 없으며, 병력·재력(才力) 면에서 일본에 대항하기에 부족하니, 대세로 따지자면 부득불 자세를 낮추어 상대의 뜻을 들어줌으로써 다른 분란이 생기는 것을 피해야 합니다. 그렇지만 사신으로서 이를 앉아서 보기만 하고 따지지 않는다면 일본인들이 더욱 많은 협박을 하면서 아무것도 꺼리지 않을까 염려하였습니다. 그 때문에 23일 진각(辰刻, 오전 7~9시) 김홍집 등과 서신으로 약속한 다음, 함께 의정부에 가서 일본 사신 이노우에와 대략 변론을 나누어 조선을 후원하겠다는 뜻을 분명하게 보여주고, 아울러 김홍집에게 난당의 조사·체포가 가장 긴요하며, 소홀하게 조약을 체결해서는 안 된다고 다짐하였습니다. 신은 중국 사신이 조선과의 조약 체결에 간여하는 것을 이노우에가 원하지 않는 점을 분명히 알고 있었지만, 그래도 간여하지 않는 가운데 은근하게나마 간여한다는 자세를 보여주면 혹시라도 그 일이 신속하게 마무리될 수 있을 것으로 보았습니다. 신 등은 물론 일마다 우리 주장을 고집하여 분쟁을 새로 만들기는 곤란하였습니다. 그런데 필담을 나눌 때 그는 신에게 전권 증빙이 없다면서 함께 상의하는 것을 굳게 거부하였습니다. 신 역시 계속 다투기는 불편하였지만, 중국과 일본은 우호 관계를 이룬 지 아주 오래되어 현재로서는 논의할 만한 조약이 없고, 이번 행차는 사건을 조사·처리하기 위한 것이었으므로 전권 증빙이 없다고 알렸습니다. 그러나 문답하던 내용에 "중국 병영의 문제가 여전히 갈등을 일으킨다"라는 구절이 있었는데, 그 역시 그 이유를 분명하게 밝히지는 않았습니다. 그 상황을 헤아려 보건대, 혹은 중국이 주방 부대를 모두 철회하기를 바라는 것 같았습니다. 만약 이노우에가 이 문제로 따진다면, 응당 중국 부대는 조선 보호의 책임을 지니고 있으며, 이곳에 주둔한 지 몇 년이지만 병사와 백성 사이가 비교적 편안하였기에 갑작스러운 철수는 곤란하다고 대응할 것입니다. 그런데 이노우에는 귀국하기에 급급해 현재로서는 잠시 이 문제를 제쳐두는 것 같아, 큰 파란이 생겨 군사적 충돌이 있거나 하는 지경에 이르지는 않을 것 같습니다. 조선 백성의 사정 역시 또한 평소처럼 안정되어 있어 우러러 황상의 근심을 위로할 수 있을 것입니다. 조선 국왕의 자문 및 필담 절략을 총리아문에 베껴 보내 검토하도록 하는 것 외에, 신 등이 조선 난당의 변란 사유를 조사한 절략을 갖추어 삼가 살펴보시도록 올리는 바입니다. 일본과 조선이 어떻게 조약을 체결하는지는 해당 사신들의 협의가 마무리된 다음에 다시 베껴 상주하도록 하겠습니다. 지금까지 신 등이 확실하게 조사한 조선 난당의 상세한 상황과 더불어 일본 사신 이노우에와 나눈 필담의 대략은 양회염운사 속창과 공동으로 주접을 갖추어 상주하도록 하겠습니다.

첨부합니다. 이 주접은 윤선 군함에 넘겨 산해관에 보내고, 거기에서 역참을 통해 하루 6백리의 속도로 신속하게 전달하게 신속함을 꾀하도록 하였음을 아울러 밝히면서, 황태후·황상께서 살펴보시길 엎드려 빕니다. 삼가 주를 올립니다.

광서 10년 12월 4일, 군기대신은 다음과 같은 유지를 받았습니다:

[ ]

이상.

1.「조선 난당이 반란을 일으킨 연유에 대한 오대징의 방문 조사 절략(吳大澂訪查朝鮮亂黨滋事緣由節略)」.[16]

[생략]

16 이하의 내용은 앞의 (13) 문서번호 : 5-1-13(929, 1584a-1592a)에 수록된 첨부 문서 : 1.「절략(節略)」: 조선 난당이 반란을 일으킨 연유에 대한 방문 조사(訪查朝鮮亂黨滋事緣由)와 같은 내용이라 생략한다.

(21) 문서번호 : 5-2-21(948, 1639a)

사안 : 조선에 주둔하는 중국의 각 부대는 결코 사전에 소동 등을 일으킨 적이 없으며, 또한 일본 부대와 서로 싸운 일도 없습니다(中國駐防朝鮮各營事前並無滋擾情節, 亦無與日兵互鬪之事).

날짜 : 光緒十一年正月初三日(1885년 2월 17일)

발신 : 軍機處

수신 : 總理衙門

正月初三日, 軍機處交出吳大澂抄片稱:

再, 查中國駐防朝鮮慶字等營, 事前並無滋擾情節, 亦無與日兵互鬪之案. 此次入宮保護, 有朝鮮政府沈舜澤乞師公牘為憑, 且入宮以後, 並非我兵先行放槍, 有朝鮮國王咨覆公文為據. 日本使臣諒亦無由尋隙. 臣等札飭統帶親·慶等營提督吳兆有等查明, 左營陣亡勇丁四名, 受傷十三名, 副營陣亡勇丁七名, 受傷十四名, 後營受傷勇丁三名, 共計陣亡勇丁十一名, 受傷勇丁三十名, 理合附片陳明, 伏乞聖鑒. 謹奏.

光緒十年十二月初四日, 軍機大臣奉旨:

[]

欽此.

광서 11년 1월 3일, 군기처에서 다음과 같은 오대징의 편문을 베껴 보내왔습니다.

[편문으로] 첨부합니다. 조선에 주둔하는 경자영(慶字營) 등의 부대는 사전에 결코 소동 따위를 일으킨 적이 없으며, 또한 일본 부대와 서로 싸운 일도 없습니다. 이번에 왕궁에 들어가 국왕을 보호한 일은 조선 정부 심순택이 부대 출동을 간청한 공문이 증거가 되며, 또한 입궁 이

후 결코 우리 병사가 먼저 사격을 한 적이 없는데, 조선 국왕의 답장 자문이 증거가 됩니다. 일본 사신 역시 정말로 흠을 잡아낼 수 없었습니다. 신 등은 친·경 등의 부대를 지휘하는 제독 오조유 등에게 조사를 지시하여, 좌영에서 전사한 병사가 4명, 부상자가 13명, 부영(副營)에서 전사한 병사가 7명, 부상자가 14명, 후영에서 부상자가 3명으로 모두 합해 전사한 병사가 11명, 부상자가 30명임을 확인하였으므로, 응당 주접에 첨부한 편문으로 아뢰면서, 엎드려 살펴보시길 빕니다. 삼가 주를 올립니다.

광서 10년 12월 4일, 군기대신은 다음과 같은 유지를 받았다.

[ ]

이상.

(22) 문서번호 : 5-2-22(958, 1662b)

사안 : 조선 난당 조사·처리를 위해 빌려 쓴 선박 비용을 출사 경비 항목에서 지출할 수 있게 해달라고 요청하는 편문 원고를 자문으로 보냅니다(咨送查辦朝鮮亂黨墊用船價各款, 請於出使經費項下開支片稿).

첨부 문서 : 1. 「이홍장의 주편 원고(李鴻章奏片稿)」: 조선 난당 조사·처리를 위해 빌려 쓴 선박 비용 2만여 량을 출사 경비 항목에서 검토하여 지출할 수 있게 해주시길 요청합니다(查辦朝鮮亂黨墊用船價各款二萬餘兩, 請於出使經費項下覈實開支).

날짜 : 光緒十一年二月初八日(1885년 3월 24일)

발신 : 北洋大臣 李鴻章

수신 : 總理衙門

二月初八日, 北洋大臣李鴻章文稱:

竊照本閣爵大臣於光緒十一年二月初五日, 在天津府專差附奏, 查辦朝鮮亂黨墊用船價各款, 請於出使經費項下開支一片, 除俟奉到諭旨, 恭錄另咨外, 相應抄片咨送. 為此合咨貴衙門, 請煩查照施行.

1. 「李鴻章奏片稿」.

再, 上年冬間, 臣奉旨會同吳大澂等, 籌商朝鮮查辦亂黨事宜, 正值大沽封凍, 輪船停駛, 吳大澂等因事機緊迫, 不宜遲緩, 電飭上海旗昌洋行, 專僱富有、利運、普濟等輪船, 限期駛赴山海關、旅順口一帶, 裝載員弁、兵勇, 赴朝駐泊馬山浦. 往來遞送文報, 所需船價, 應令蘇松太道,[17] 於出使經費項下隨時墊發. 現值北洋海防緊要, 需餉浩繁, 無欵可撥. 所有此次墊付船價, 及吳大澂等陸路轉運軍火, 僱用朝鮮牛馬, 犒賞兵

17 소송태도(蘇松太道)는 1724년 처음 설립되었는데, 보통 분순소통대병비도(分巡蘇松太兵備道)라 하는데 강소성의 소주부(蘇州府), 송강부(松江府), 태창주(太倉州)를 관할 구역으로 하며, 나중에는 상해현과 강해관(江海關)을 겸관하게 되어 상해도(上海道), 강해관도(江海關道)로 불리기도 한다.

夫, 並往返一切費用, 共墊銀二萬餘兩, 擬請即由出使經費內, 核實開支. 除咨明總理各國事務衙門知照外, 謹附片陳明, 伏乞聖鑒. 謹奏.

광서 11년 2월 8일, 북양대신 이홍장이 다음과 같은 자문을 보내왔습니다.

본 각작대신(閣爵大臣)은 광서 11년 2월 5일, 천진에서 직접 인원을 보내 상주하여, 조선 난당을 조사·처리하기 위해 빌려 쓴 선박 비용 등 각 항목을 출사경비(出使經費) 항목에서 지출할 수 있도록 주청하였는데, 유지를 받는 것을 기다려 따로 자문을 보내는 것 외에 응당 이 편문을 베껴 자문으로 보내야 할 것입니다. 이에 귀 아문에 자문을 보내니 번거롭더라도 살펴보시길 바랍니다.

1.「**이홍장의 주편 원고**(李鴻章奏片稿)」.

첨부합니다. 작년 겨울 신은 유지를 받아 오대징 등과 조선의 난당을 조사·처리하는 문제를 처리하였습니다. 마침 대고(大沽) 지역의 결빙으로 윤선의 운항이 정지되었는데, 오대징 등이 사태가 긴박하여 늦출 수 없다고 하여 상해 기창양행(旗昌洋行)에 전보를 보내 부유(富有), 이운(利運), 보제(普濟) 등 윤선을 고용하여 기한 내로 산해관, 여순구(旅順口) 일대로 오게 한 다음, 문·무 관원과 병사들을 싣고 조선의 마산포로 가서 정박하게 하였습니다. 이때 왕래하면서 보낸 공문이나 들어간 선박 비용 등은 응당 소송태도(蘇松太道)에게 지시하여 출사경비 항목 아래서 수시로 지급하게 해야 할 것입니다. 현재 북양의 해방(海防)이 긴요하여 필요한 자금이 아주 방대하므로 빼서 쓸 수 있는 자금이 없습니다. 이번에 빌려 쓴 선박 비용 및 오대징 등이 육로로 군수품을 운반하면서 조선의 우마를 고용하고 병사와 인부에게 상금으로 지급한 비용 등 왕래에 들어간 모든 비용은 합해서 은 2만여 량을 옮겨 썼는데, 출사경비 항목 아래에서 확인한 다음 지급해 주시길 요청합니다. 총리아문에 자문으로 알리는 것 외에, 삼가 부편으로 아뢰면서 황상께서 살펴보시길 빕니다. 삼가 주를 올립니다.

(23) 문서번호 : 5-2-23(959, 1663b)

사안 : 조선 난당 조사·처리를 위해 빌려 쓴 각 비용을 출사 경비 항목에서 지출하고자 한다는 편문을 상주합니다(具奏查辦朝鮮事宜墊用各款, 擬由用出使經費項下開支一片).

날짜 : 光緒十一年二月初九日(1885년 3월 25일)

발신 : 軍機處

수신 : 總理衙門

二月初九日, 軍機處交出李鴻章片稱:

[생략] [18]

光緒十一年二月初八日, 軍機大臣奉旨:

　該衙門知道.

欽此.

광서 11년 2월 9일, 군기처에서 다음과 같은 이홍장의 부편을 보내왔습니다.

[생략]

이 부편 1건에 대해 광서 11년 2월 8일 군기대신은 다음과 같은 유지를 받았습니다.

　해당 아문에 알리도록 하라.

이상.

---

18 바로 위의 문서번호 : 5-2-22(958, 1662b)의 첨부 문서 1. 「李鴻章奏片稿」와 같은 내용이다. 위의 첨부 문서는 이홍장이 직접 총리아문에 보낸 것이고, 지금 이 문서는 군기처가 이홍장으로부터 받은 같은 내용을 총리아문에 전달하는 것인데, 같은 내용이라 생략한다. 다만 이에 대해 내려진 상유의 내용은 위의 첨부 문서에는 생략되어 있는데, 여기에는 그것이 기록되어 있다는 차이가 있다.

(24) 문서번호 : 5-2-24(962, 1665a-1665b)

사안 : 조선 주재 각 부대를 통할하는 오조유 제독 등을 특별히 장려하여 군사들의 마음을 고무하고 위로할 수 있도록 대신 상주해 주시길 요청합니다(請轉奏, 將統帶駐朝各營吳提督等格外優敍, 以勵慰士心).

날짜 : 光緖十一年二月十一日(1885년 3월 27일)

발신 : 朝鮮 國王

수신 : 總理衙門

二月十一日, 朝鮮國王文稱:

前以戰亡兵勇請加獎恤一事, 已經具奏在案. 查能將士卒之死力, 在乎統率之得宜, 惟統帶親·慶等營吳提督兆有, 總理親·慶等營營務處袁司馬世凱, 管帶親兵後營營官張總兵光前, 帮帶慶軍副營郭副將春華等, 駐防三年, 不憚勞苦, 御軍嚴整, 民懷敵畏. 及夫去年十月之變, 該員等 身先士卒, 衝鋒冒難, 驅退日兵, 掃除乱党, 使敝邦宗社危而復安, 生民亡而復存, 此莫非我皇上威靈暨貴王公諸大臣深筭, 先事布置, 以備不虞, 竟收今日之效. 該員等孤軍遠戍, 再靖藩服, 誠為不世之奇績、干城之良才. 惟蔽賢掩功,[19] 義所不敢, 謹具事實, 奏聞天陛, 恭候恩命, 專差刑曹正郎李鶴圭賫奉前去, 相應備文咨會, 請煩貴王公諸大臣, 照驗轉奏, 可否將該員等功勞格外優叙, 慰士心, 不勝幸甚. 須至咨者.

광서 11년 2월 10일, 조선 국왕이 다음과 같은 자문을 보내왔습니다.

전에 전투 중 사망한 병사에 대한 포상과 위로를 요청하는 상주를 한 바 있습니다. 장교와

19 폐현(蔽賢)은 현능(賢能)한 사람을 매몰한다, 엄공(掩功)은 공로를 덮어버린다는 뜻이다.

병사들이 사력을 다해 헌신하는 것은 지휘의 적절함에 달려 있습니다. 그런데 친·경 등의 부대 전체를 통솔하는 제독 오조유, 친·경 등의 부대 영무처 사마 원세개, 친병(親兵) 후영(後營)을 지휘하는 영관(營官) 총병 장광전, 경군(慶軍) 부영(副營)을 지휘하는 부장(副將) 곽춘화(郭春華) 등은 3년 동안 주둔하면서 노고를 꺼리지 않고 엄격하게 부대를 통제하여, 백성들이 경외심을 품었습니다. 작년 10월의 사변이 발생하자, 그들은 몸소 병사들보다 앞장서서 위험을 무릅쓰고 진격하여 일본군을 물리치고 난당을 제거함으로써 조선의 종사를 위기에서 구해내어 안정시켰으며, 조선의 백성을 죽음의 위기에서 구해내었습니다. 이것은 모두 우리 황상의 위엄과 귀 왕공대신의 깊으신 계산 덕분으로, 사전에 배치하여 예상치 못한 사태에 대비함으로써 마침내 오늘과 같은 효과를 거둘 수 있었습니다. 해당 지휘관들은 고립된 부대로 멀리 외국에 와 주둔하면서 다시 번복(藩服)을 안정시켰으니 진실로 불세의 탁월한 공적을 이루었고 방패와 성벽처럼 강력한 보호자가 되었습니다. 이러한 뛰어난 지휘관의 공적을 엄몰(淹沒)하는 것은 대의로 보아 있을 수 없으므로, 삼가 사실을 갖추어 황상께 상주하여 은혜로운 명령이 내려지기를 기다리고자, 이를 위해 상주문을 올리고자 형조정랑(刑曹正郎) 이학규를 파견하였습니다. 응당 공문을 갖추어 자문으로 알리니, 번거롭더라도 귀 왕공대신께서 검토하시고 대신 상주해 주시길 바랍니다. 해당 지휘관들의 공로를 파격적으로 표창하여 장사들의 마음을 위로할 수 있다면 정말 다행이겠습니다. 이상입니다.

(25) 문서번호 : 5-2-25(966, 1706a)

사안 : 예부에서 조선의 주본과 자문을 베껴 올려서 상주하고 받은 유지를 베껴 알려드립니다(禮部鈔呈朝鮮奏本、咨文一摺, 錄所奉諭旨傳知).

날짜 : 光緖十一年二月十六日(1885년 4월 1일)

발신 : 軍機處

수신 : 總理衙門

二月十六日, 軍機處交出本日禮部具奏抄呈朝鮮奏本、咨文一摺.

軍機大臣面奉諭旨:

該衙門知道.

欽此. 相應傳知貴衙門欽遵可也.

광서 11년 2월 16일, 군기처에서 오늘 예부에서 조선 주본(奏本)과 자문(咨文)을 베껴 상주한 주접을 보내왔습니다.

군기대신은 직접 다음과 같은 유지를 받았습니다.

해당 아문에 알리도록 하라.

이상. 응당 귀 아문에서 삼가 따르도록 전달하여 알려야 할 것입니다.

(26) 문서번호 : 5-2-26(967, 1706b-1708a)

사안 : 조선 주재 문·무 관원을 장려해달라는 조선 국왕 상주문 원본 및 예부의 주접 원고를 베껴서 알려드립니다(朝鮮國王具奏, 獎卹駐朝官弁一摺, 鈔錄原奏及本部摺稿知照).

첨부 문서 : 1. 「조선 국왕의 주접(朝鮮國王李熙奏摺)」: 조선 주둔 관원 오조유 제독 등의 군공을 특별히 장려해 주시도록 상주합니다(具奏優獎駐韓官員吳提督兆有等軍功).

2. 「예부 주접(禮部奏摺)」: 조선 주둔 관원의 장려를 요청하는 조선 국왕의 주접과 일본과의 교의를 늘리기 위해 주고받은 국서를 베껴 보낸 자문을 대신 상주합니다(轉奏朝鮮國王請獎駐韓官員摺, 及與日本申締交誼, 鈔錄往覆國書咨).

날짜 : 光緒十一年二月十七日(1885년 4월 2일)

발신 : 禮部

수신 : 總理衙門

二月十七日, 禮部文稱:

主客司案呈:

所有朝鮮國王遣官賫到奏章、咨文抄錄轉奏一摺, 光緒十一年二月十六日奏, 本日准軍機處片交禮部具奏抄呈朝鮮奏本、咨文一摺, 軍機大臣面奉諭旨:

該衙門知道.

欽此. 除傳知總理各國事務衙門外, 即希禮部將原案抄交該衙門. 等因前來. 除此次朝鮮國賫奏官賫到該國王分咨貴衙門咨文二件、抄册一本, 前經本部咨送在案, 無庸抄錄外, 相應將朝鮮國王及本部各原奏, 分別鈔錄知照總理各國事務衙門可也.

1. 「朝鮮國王李㷩奏摺」:

朝鮮國王臣李㷩謹奏, 為獎叙軍功事.

伏以臣前為戰亡兵勇請加優恤, 已經陳奏在案. 窃惟三軍勇法, 繫乎立將, 伏見統帶親·慶等營吴兆有、總理親·慶等營營務處袁世凱、管带親兵後營官張光前、帮带慶副營郭春華等, 駐防三年, 不憚勞苦, 御軍嚴整, 民懷敵畏, 晝宵憧憧, 惟在乎報國一念. 及夫去年十月十七日夜, 逆臣金玉均等, 勾引日本兵入宮, 戕害宰輔, 三日不退. 該員等審知情形, 將有不測之禍, 明告日人, 整隊入護. 日人自知理屈, 以兵相向, 該員等身先士(事)卒, 衝鋒冒難, 驅退日兵, 掃除亂党, 使小邦宗社危而復安, 生民亡而復存, 此莫非我皇上威靈攸暨罔有內外. 該員等克體聖意, 奮不顧身, 底定禍亂, 用彰厥勳. 伏思聖朝紀功之典, 無微不錄. 該員等孤軍遠戍, 再靖藩服, 誠為不世之奇績、干城之良才, 理合據寔奏聞, 祈蒙格外獎賞, 以勸將士之心. 臣無任惶恐, 俟命之至. 緣係獎叙軍功事理, 為此謹具奏聞.

2.「禮部奏摺」.

禮部謹奏, 為據咨轉奏事.

光緒十一年二月十一日, 朝鮮國王李㷩特遣刑曹正郎李鶴圭, 恭賫奏本一道、咨文二件、抄册一本, 咨送臣部, 乞為轉奏. 臣等公同閱看, 一係因上年十月間該國變亂, 統带防軍吴兆有等孤軍遠戍, 再靖藩服, 該國王不敢蔽賢掩功, 奏請格外獎叙. 其另咨一件, 係因該國與日本國申諦交誼, 抄錄往復國書, 咨請轉奏各等情. 除將該賫奏官李鶴圭等, 安置會同四譯館居住, 所有例賞筵宴事宜, 應由臣部照例辦理, 並將朝鮮與日本互換國書, 錄送軍機處存案外, 謹抄錄該國王原奏、原咨, 恭呈御覽.

再, 此次該賫奏官等, 係由天津赴京, 合併聲明, 為此謹奏請旨.

광서 11년 2월 17일, 예부에서 다음과 같은 자문을 보내왔습니다.

주객사(主客司)에서 다음과 같은 기안 문서를 올렸습니다.

조선 국왕이 관원을 파견하여 보내온 주장(奏章)과 자문을 베껴서 대신 올린 주접은 광서 11년 2월 16일 상주하였는데, 오늘 군기처에서 편문으로 이를 보내왔습니다.

군기대신은 직접 다음과 같은 유지를 받았습니다.

해당 아문에 알리도록 하라.

이상. 이 내용을 총리아문에 전달하여 알리는 것 외에, 예부에서 원 주장과 자문을 베껴서 총리아문에 보내주시길 바랍니다.

조선의 재주관(賫奏官)이 가져온 귀 아문에 보내는 자문 2건과 초책(抄册) 1권은 이미 본 예부에서 자문으로 보낸 바 있어 다시 베끼지 않는 것 외에, 응당 조선 국왕 및 예부의 원주를 각기 베껴서 총리아문에 알려야 할 것입니다.

1.「조선 국왕의 주접(朝鮮國王李㷩奏摺)」.

조선 국왕이 삼가 군공을 포상하는 문제를 위해 상주합니다.

이전에 전투 중 사망한 병사에 대한 포상과 위로를 요청하는 상주를 한 바 있습니다. 생각건대, 군부대 전체를 운용하는 방법은 어떤 장수를 세우느냐에 달려 있습니다. 엎드려 살피건대 친·경 등의 부대 전체를 통솔하는 제독 오조유, 친·경 등 부대의 영무를 총리하는 영무처의 원세개, 친병 후영을 지휘하는 총병 장광전, 경군 부영을 지휘하는 부장 곽춘화 등은 3년 동안 주둔하면서 노고를 꺼리지 않고 엄격하게 부대를 통제하여, 백성들이 경외심을 품었고, 밤낮으로 움직이는 것이 오로지 나라에 보답한다는 일념 때문이었습니다. 작년 10월 17일 밤에 이르러 역신 김옥균 등이 일본군과 결탁하여 입궁한 다음 대신을 살해하면서 사흘 동안 물러나지 않았습니다. 해당 지휘관 등은 상황을 살펴 장차 예측하지 못한 재앙이 있을 것임을 알고, 분명하게 일본인에게 알린 다음 부대를 정렬하여 왕궁에 들어와 호위하려 하였습니다. 일본인들은 이치로 따지기 어렵다는 것을 스스로 알고 군사력으로 대응하였습니다. 해당 지휘관 등은 몸소 병사들보다 앞장서서 위험을 무릅쓰고 진격하여 일본군을 물리치고 난당을 제거함으로써 조선의 종사를 위기에서 구해내어 안정시켰으며, 조선의 백성을 죽음의 위기에서 구해내었습니다. 이것은 모두 우리 황상의 위엄이 미치는 바가 내외를 가리지 않은 덕분입니다. 해당 지휘관 등은 황상의 뜻을 몸소 떠받들어 몸을 아끼지 않고 분투하면서 화란을 제압하고 진정시킴으로써 그 공적을 뚜렷하게 드러냈습니다. 엎드려 생각건대 중국의 공적을 기록하는 법전은 아주 미세한 것까지 빠뜨리지 않습니다. 해당 지휘관들은 고립된 부대로 멀리 외국에 와 주둔하면서 다시 번복(藩服)을 안정시켰으니 진실로 불세출의 탁월한 공적을 이루었고 방패와 성벽처럼 강력한 보호자가 되었습니다. 응당 사실을 갖추어 황상께 상주하여, 각별하게 칭찬하고 포상하여 장사들의 마음을 북돋아 주시기를 빕니다. 신은 이에 황공한 마음으로 명령이 내려지기를 기다리고 있습니다. 군공을 칭송하고 표창하는 일이기에, 이 때문에 주본을 갖추어 상주합니다.

2.「예부 주접(禮部奏摺)」.

예부에서 자문에 따라 대신 상주합니다.

광서 11년 2월 11일, 조선 국왕이 특별히 형조정랑 이학규를 파견하여 삼가 주본 1도(道), 자문 2건, 초책 1본을 예부에 자문으로 보내면서 대신 상주해 주기를 요청하였습니다. 신 등이 공동으로 열어 보니, 하나는 지난해 10월 중 조선 변란이 있을 때 주방 부대를 통솔한 오조유 등이 고립된 부대로 멀리 외국에 와 주둔하면서 다시 번복을 안정시켰으니 조선 국왕이 감히 그들의 공적을 엄몰할 수 없다고 하여 각별하게 칭찬하고 포상하여 주시길 주청하는 것이었습니다. 다른 자문 1건은 조선이 일본과의 우호 관계를 밝히면서 주고받은 국서를 베껴 보내 대신 상주해달라고 요청하는 것이었습니다. 해당 재주관 이학규 등을 회동사역관에 안치하여 머물게 하고, 정례에 따른 상사(賞賜)와 연연(筵宴) 문제는 예부에서 처리하고, 아울러 조선과 일본이 서로 주고받은 국서를 군기처에 베껴 보내 보존하게 하는 것 외에, 삼가 조선 국왕의 원 주본과 자문을 베껴 살펴보시도록 올립니다.

첨부합니다. 이번 해당 재주관 등은 [해로를 통해 천진에 와서] 천진에서 북경으로 왔음을 아울러 밝히는 바입니다. 이 때문에 삼가 주를 올려 황상의 유지를 청합니다.

(27) 문서번호 : 5-2-27(978, 1761a-1761b)

사안 : 조선에 가서 난당 조사·처리를 위해 쓴 군사 비용을 출사 경비 항목에서 지출 승인을 받고자 요청한다는 이홍장의 상주에 첨부된 편문 원고를 자문으로 보냅니다(咨移直督李鴻章附奏, 赴朝鮮查辦亂黨兵勇一切費用, 請由出使經費內開片稿).

첨부 문서 : 1. 「이홍장 주접의 부록 편문(李鴻章奏片)」: 조선에 가서 난당을 조사·처리하는 데 든 군사 비용은 모두 2만여 량을 빌려 썼는데, 출사 경비 항목에서 검토하여 지출을 승인받고자 요청하려 합니다(赴朝鮮查辦亂黨兵勇一切費用, 共墊二萬與兩, 擬請由出使經費內核實開支).

날짜 : 光緒十一年三月十一日(1885년 4월 25일)

발신 : 戶部

수신 : 總理衙門

三月十一日, 戶部文稱:

貴州司案呈:[20]

據直隸總督李鴻章片奏:

籌商朝鮮查辦辭黨、兵勇赴朝、往來文報、所需船價並陸路轉運軍火、僱用朝鮮牛馬、犒賞兵夫、往返一切費用, 共墊銀二萬餘兩, 擬請由出使經費內核實開支.

等因. 附片一件, 光緒十一年二月初八日, 軍機大臣奉旨:

該衙門知道.

欽此. 欽遵於二月初十日, 軍機處交出到部, 相應抄錄附片, 移咨總理各國事務衙門

---

20 명·청대 호부(戶部)는 전국의 강토, 농지(田地), 호적, 부세, 봉향(俸餉) 및 일체의 재정 문제를 관장하였다. 그 내부의 행정사무는 지역별로 분업하여 청리사(淸吏司)를 두었는데, 각 청리사는 본 성의 토지세(錢糧)를 관장하는 것 외에 따로 기타 아문의 부분 업무를 관할하기도 하였으므로 직책이 서로 교차되는 바가 있었다. 강남(江南), 절강(浙江), 강서(江西), 복건(福建), 호남(湖南), 산동(山東), 산서(山西), 하남(河南), 섬서(陝西), 사천(四川), 광동(廣東), 광서(廣西), 운남(雲南), 귀주(貴州)의 14개 청리사가 바로 그것이다. 이외에 팔기봉향처(八旗俸餉處), 현심처(現審處), 반은처(飯銀處), 연납처(捐納處), 내창(內倉) 등의 기구도 설치되었다. 원래 귀주청리사(貴州淸吏司)는 귀주의 토지세 수지 항목을 관장하는 것 외에 전국의 관세(關稅)를 관할하기도 하였다. 호부상서(戶部尚書)는 전국의 토지와 재정 수지를 관장하는 대신으로 청대에는 종일품의 관직이었다.

查照可也.

1. 「李鴻章奏片」:[21]
[생략]

광서 11년 3월 11일, 호부(戶部)에서 다음과 같은 자문을 보내왔습니다.

[호부의] 귀주청리사(貴州淸吏司)에서 다음과 같은 기안 문서를 올렸습니다.
직예총독 이홍장의 다음과 같은 편주(片奏)를 받았습니다.

> 조선의 난당을 조사·처리하는 문제, 병사의 조선 파견, 왕래하면서 보낸 공문 비용, 빌려 쓴 선박 비용 및 육로로 군수품을 운반하면서 조선의 우마를 고용하고 병사와 인부에게 상금으로 지급한 비용 등 왕래에 들어간 모든 비용은 합해서 은 2만여 량을 옮겨 썼는데, 출사경비 항목 아래에서 확인한 다음 지급해 주시길 요청합니다.

이 부편 1건에 대해 광서 11년 2월 8일 군기대신은 다음과 같은 유지를 받았습니다.

> 해당 아문에 알리도록 하라.

이상. 이에 따라 2월 10일 군기처에서 이 부편을 호부로 보내왔으므로, 응당 이 부편을 베껴 총리아문에도 알려서 검토하게 해야 할 것입니다.

1. 「이홍장주편(李鴻章奏片)」:[22]
[생략]

---

21 문서번호 : 5-2-22(958, 1662b)의 첨부 문서 : 1. 「이홍장의 주편 원고(李鴻章奏片稿)」와 같은 내용이라 생략한다.
22 문서번호 : 5-2-22(958, 1662b)의 첨부 문서 : 1. 「이홍장의 주편 원고(李鴻章奏片稿)」와 같은 내용이라 생략한다.

3. 천진조약 (天津條約)

(1) 문서번호: 5-3-01(949, 1639b-1648b)

사안: 1. 이미 국서를 전달하였으며, 조선 주둔군의 철수가 어렵다는 점을 바로 유지에 따라 힘써 이노우에 가오루와 변론하였습니다(已遞國書, 正遵旨以難撤駐朝防營, 極力與井上辯論). 2. 일본 난당이 [청국] 공사관을 짓밟으려는 뜻을 품었는데, 이는 중국을 일부러 도발하여 일본 내에서 문제를 발생시킴으로써 사사로운 뜻을 이루려는 것으로, 이미 [외무성에] 조회를 보내 순포(巡捕)를 보내 진압해달라고 요청했습니다(日亂黨起意作踐使署, 欲其國有事中朝, 遂其私意, 已照請派捕彈壓). 3. 일본 외무경이 말하기를, 일본은 결코 조선 땅을 탐내거나 조선을 속이려는 의도가 없다고 하였습니다. 중국이 추가로 파병하지 않으면 일본 또한 추가 파병을 하지 않을 것이라고 합니다(日外務聲言, 日本決無朝土及欺朝鮮之意. 中國如不添兵, 日亦不添).

첨부 문서 : 1.「일본 태정관이 공고한 조선과 체결한 조항과 추가 조항(日本太政官公告與朝鮮議定條款、續款)」: 조선에서 사죄하고, 부상 당하거나 죽은 사람들을 위로하며, 배상하고 흉범을 처벌하기로 하였습니다(朝鮮謝罪, 撫恤傷亡, 賠償及懲凶等).

2.「일본 외무경 이노우에 가오루가 출사일본대신 서승조를 답방하고 나눈 문답(日外務卿井上馨答拜出使日本大臣徐承祖問答)」: 이노우에 가오루가 말하기를, 일본은 조선의 땅을 엿보려는 의도가 없다고 합니다. 다만 러시아가 호시탐탐 조선을 노리고 있으니, 중국이 헛된 명성을 누리다가 실제로는 화를 입을까 우려된다고 합니다. 조선을 속국으로 여기지 말라고 권하였습니다(井上言, 日無佔朝

鮮土地之意. 惟以俄虎視朝鮮, 恐中國享虛名而受實禍. 勸勿以朝鮮爲屬國).

3.「출사대신 서승조가 일본 외무경 이노우에 가오루를 방문하여 나눈 문답(出使日本大臣徐承祖訪日外務卿井上馨問答)」: 이노우에 가오루는 만일 조선과 류큐 두 가지 사안을 마무리하지 않는다면 중국과 일본이 결국 진실로 평화를 이루기 어렵다고 하였습니다. 아울러 양국이 함께 조선 주둔 병력을 철수하자고 건의하였습니다(井上談, 若不將高麗、琉球二事辦結, 中日兩國終難眞實和好. 並建議兩國同撤駐韓兵弁).

날짜 : 光緖十一年正月初三日(1885년 2월 17일)

발신 : 出使日本大臣 徐承祖

수신 : 總理衙門

正月初三日, 出使大臣徐承祖函稱:[1]

十一月二十六日, 曾發東字第二號一函, 並附譯錄藤田一郎信稿及節次收發電報鈔摺,[2] 想邀鑒收矣. 承祖抵任之次日, 即外感風寒, 内患腿痛. 因新舊交替正値西歷歲除, 未便與日本外務省商辦各事. 彼時朝事又復緊要. 是以力疾催其早定遞國書日期, 幸趕於前月十七日遞進, 二十一日日本君主招飲, 復勉强撑持從事, 至是晚竟行動維艱. 雖終日躺卧, 而於應辦查探各事及與貴署並北洋來往電報, 仍復小心經理. 總以受恩深重, 時事多艱, 不敢因微疾而誤公. 幸於二十九日, 外感全鮮, 腿痛亦減, 近日已漸有復元之勢矣. 日前井上馨回國, 當與晤談, 所談要意, 已先電. 玆特將與伊問答全語, 開摺附上, 即祈轉呈堂憲, 鑒閱示遵是叩. 日本稅重政苛, 深叢民怨. 因

1 서승조(徐承祖, 1842~1908)는 자가 손기(孫麒)로 강소성 육합현(六合縣) 출신이다. 도광(道光) 연간의 유명한 학자인 진사 서내(徐鼐)의 둘째 아들로 연납(捐納)으로 관원이 되었다, 즉 서승조는 1848년 연납(捐納)으로 국자감감생(國子監監生)이 된 다음, 민절총독(閩浙總督) 좌종당(左宗棠)의 추천으로 미국·스페인·페루 등에 외교관으로 파견되었고, 1881년 귀국하였는데 청불전쟁기에 주전론을 주장하였다가 옹동화(翁同龢)의 추천을 받아 출사일본대신으로 임명되었다. 1884년 12월 26일 도쿄에 부임하였다. 하지만 1886년 발생한 나가사키사건(長崎事件: 중국 수병과 일본인의 대규모 충돌 사건)의 사후 처리 과정에서 국가의 체면을 잃게 하였다는 이유로 면직되었다.

2 후지타 이치로(藤田一郎)의 경력 사항은 현재 확인이 곤란하다.

其國家兵力, 足以相制, 亂黨尚未敢蠢動, 然狡焉思逞之心,[3] 時見發露. 朝鮮日館之毁, 此間愚民皆謂咎在我軍. 日前竟有亂黨數百人, 欲來作踐使署. 蓋外則欲挑釁于中邦, 實則欲其國家有事, 而從中遂其私謀. 當經知照外務卿, 派令巡捕彈壓, 現已安静. 惟日廷雖知其無他, 而日民思亂之多, 不能不稍自防備. 現向外務卿商撥巡捕四人, 駐署護衛. 伊雖不要薪資, 而工食自應由我發給, 需費無幾, 而所全者大, 想各堂憲當亦以為然也. 近有華民三十六名, 在箱館地方遭風, 已飭横濱理事, 派員前往撫卹. 除另備公文咨報外, 先乞統回堂憲, 尤為感禱. 肅此. 敬請台安.

敬再啓者.
尊函繕就後, 接奉李相轉電:

初九日奉旨:

黎庶昌、徐承祖電稱:

晤井上談, 欲中日將駐朝兵丁撤回, 黎庶昌無事求歸.

等語. 華兵駐朝保護屬藩, 業已有年, 又經朝王屢請留防, 義難漠視. 今該國亂黨未靖, 尤不能撤. 著徐承祖據理辯論, 以釋其疑. 黎庶昌既無應辦之事, 著准其回籍.

欽此欽遵.

承祖自當遵旨前晤井上, 據理婉商. 儻井上始終執一, 可否與其商論, 俟朝鮮請英·德人教練成軍後, 彼時察看該國足以自行彈壓保護, 再行撤回, 或與其明定期限. 鄙見如斯, 務祈接信後, 并兩次問答鈔摺, 統呈堂憲酌奪電復遵辦. 承祖現在總極力以難以撤兵與其據理辯論. 既不敢稍存成見, 亦不敢冒昧先露擬商撤兵之意也. 用再奉聞.
再, 問答摺内所云:"榎本二次來電."一節, 望於榎本前, 切勿稍露. 若一提破, 恐彼族以後無實言告我矣. 至要至囑. 肅此. 再請台安.

---

3 교언사령(狡焉思逞)은 교언사계(狡焉思啓)라고도 하며 「춘추좌전(春秋左傳)」 성공(成公) 8년 조의 "무릇 교활한 생각을 가지고 영토를 개척하여 자기의 사직을 이롭게 하려는 자가 어느 나라이건 없겠습니까?(夫狡焉思啓封疆以利社稷者, 何國蔑有)"에서 비롯된 성어이다. 탐욕스러운 마음을 가지고 함부로 그 음모를 드러내려는 것을 일컫는다.

敬再啓者.

前於十一月十九日辰刻, 所發電報内云:

昨晨承祖晤外務卿吉田談朝事, 據云:

日廷決無利朝土及欺侮朝鮮之意. 請貴政府切須認明此意, 勿稍懷疑, 致釀成事. 惟朝人與日人屢次尋衅, 未免不合. 此次井上大臣赴朝, 亦衹要辦得平而已, 派兵千人, 係為護衛. 中國如不添兵, 日亦不添矣. 金玉均知為朝鮮歹人. 伊固不配播弄, 他言不足聽, 在日亦如未在. 宜飭在朝華官, 隨時總以固中日邦交為要, 請代轉電貴政府.

等語. 發電之次日, 與吉田談及, 始知所談各事傳話者, 均未傳錯. 惟請代轉電貴政府一語, 微有參差. 據伊云;"不過將此實情告知, 請承祖酌量, 自行轉達, 並無請代轉電之語." 承祖當告"此語無關緊要, 既據閣下説明, 自當函致敝政府, 代為更正." 於此足見出使者總以傳話得人, 方足以資應對. 承祖查使署向有東語通事鉅鹿赫泰,[4] 業經前任黎大臣裁撤. 玆在東文學生中揀得盧永銘[5]、劉慶汾[6]二人. 該生等於日本語文皆深通曉, 漢文亦復明順. 現派充東文繙譯, 足堪勝任. 其薪水仍舊支給, 庶於公事有益, 而經費亦不加多. 至留用及有續調人員, 俟揀派駐定後, 再行分別奏咨. 至地方商務詞訟交涉及中東學堂等事, 有應行立章整頓者, 容俟次第分别舉辦, 其如何辦理之處, 容再隨時奉聞.

再, 附上活字板字様一紙, 所圈出之第二號及第四號字板並機器一副, 承祖業已購得, 擬隨時排印各書. 前次承祖譯呈美國條約, 如未刊行, 擬請轉求堂憲, 賜以弁言, 發下排印, 較為省便. 稍緩數月, 并擬購備石印機器, 仍求將各情轉回堂憲是叩. 肅此. 再請台安.

---

4 거록혁태(鉅鹿赫泰)는 오가 가쿠타로(鉅鹿赫太郎, 1860~1933)를 가리키는 것으로 보인다. 나가사키 출신인 오가는 13세에 북경으로 건너가 수학한 뒤 1877년 총리아문의 4품 번역관에 임용되어 주일 공사관의 번역관으로 재직하였다고 한다. 이후 그는 청일전쟁 당시 육군 통역관으로 재직하였고, 전쟁 후에는 대만으로 건너가 대만총독부와 법원에서 통역관으로 활동하였다.

5 노영명(盧永銘)은 복건 출신으로 1884~1885년 일본 주재 중국 공사관의 동문학당(東文學堂)에서 일본어를 학습하였고, 1886년 1월부터 1894년까지 주일 청국 공사관의 일본어 통역을 담당하였다.

6 유경분(劉慶汾)은 귀주 출신으로 1884~1886년 동문학당에서 일본어를 학습하고, 1894년까지 주일 청국 공사관의 일본어 통역을 담당하였다. 노영명과 더불어 제1세대 일본어 통역 인재에 해당한다.

照錄鈔單.

1.「日本太政官公告與朝鮮議定條款、續款」.

日本太政官三條實美、外務卿井上馨, 為出示布告事.

照得去歲十二月朝鮮都城之亂, 經兩國派員會商, 議定條欵於左, 為此布告.

明治十八年一月二十一日, 即中歷十二月六日.

近因朝鮮都城之亂, 大日本皇帝深為痛惜, 特派井上馨為全權大臣出使朝鮮, 大朝鮮國主意欲固敦友誼, 特命金國壽為全權大臣, 調停此案. 兩國大臣會商之後, 議定條款, 開列於左:

第一款. 朝鮮修書謝罪.

第二欵. 撫卹日本死傷之家属, 與賠補被毀被刼之財産兩項, 朝鮮政府願出銀十一萬元.

第三款. 殺死磯林大尉之兇犯, 應行速拏按律治罪.

第四款. 日本使署應遷往他處, 朝鮮政府除備地以便選擇外, 賠銀二萬元, 作為建造之費.

第五欵. 營房須與使署相近, 并在使署地面, 以便行一千八百八十二年續訂之約.

日本全權大臣井上馨, 朝鮮全權大臣金國壽, 為此署押, 以昭信守.

明治十八年一月九日, 即朝鮮四百九十三年十一月二十四日.

「續欵」.

第二、第四兩款所開之數, 按照日本銀錢, 交納限三個月内, 在仁川(尼新)收兑[7]. 自署押之日起, 限廿日内, 將兇犯懲辦.

2.「日外務卿井上馨答拜出使日本大臣徐承祖問答」: 初八日申正, 井上來署答拜. 玆將問答照錄如左:

7 원문은 니신(尼新)으로 되어 있으나, 분명히 인천(仁川)을 오기한 것이다

井上云: 昨日暢談, 不勝欣慰.

承祖云: 閣下甫由朝鮮回國, 近日公事想必匆匆.

井上云: 公事固多, 而各官來探者亦復不少. 昨晚兩下鐘舍間, 客始散清. 遇有議論風生者,[8] 尚要極力辯駁, 以服其心, 實不啻唇焦舌爛矣. 朝事只我一人最為難. 初起事時, 駐北京榎本來電, 係述貴總署之言. 隨後又來一電, 請我速派重兵, 佔據高京, 另在附近佔一小島, 以為屯紮水師地步. 予接此電, 即放入荷包內, 未與一人看. 彼時海、陸兩軍省各員總勸興兵, 予皆力阻. 所以我此番到高麗, 帶海、陸兩軍省大輔各一人, 使其看我辦事, 以鉗其口. 到朝後, 駐我國之俄使忽派參贊一人, 乘坐兵船, 赶至高麗. 與予密商云:"此次日本想必欲佔朝地. 如欲佔, 當分一點與我國." 我答云:"決無此意. 我只來以舌辯. 其所以帶數百兵者, 仍因中國吳星使帶有兵來也. 如中國不帶一兵, 我亦不帶一兵." 俄參贊即於次日乘輪回日. 是此事始終皆我一人維持其間也. 榎本來電之語, 切勿洩漏為托. 若非閣下誠實, 予決不能傾心以告也. 今日仍有一事告商, 將來兩國議論此事, 仍宜先作朋友間談, 彼此說有端倪, 彼時兩國再行派人會議, 似較易辦. 在閣下以為如何?

承祖云: 好極. 鄙見豈止此一事應如此辦法, 即予將來在貴國辦兩國交涉各事, 亦宜照此辦法為妙. 若冒昧形之公牘, 一有不合, 則挽回甚難.

井上云: 如此甚好.

井上復言: 高麗大局, 其意思總以勸中國不作高麗為屬國, 詞意隱約.

承祖云: 閣下屢云:"欲設法固中日邦交, 總要彼此往來情好甚於西國." 此語誠是. 然欲辦到如此地步, 必須彼此諸事相諒, 勿强所難. 即如我國與高麗之事, 貴國實可不必過問也.

井上大笑云: 傾問之言, 非敝國有何意見. 因恐俄國虎視朝鮮, 恐貴國享虛名而受實禍也. 起身握手言別.

承祖云: 承派巡捕駐署保護, 實係格外優待, 不勝感謝. 伊等工資, 定須由予付給為妥.

井上云: 理當保護, 决不敢領. 貴大臣如出行時, 並可令其隨行, 沿途保護.

承祖云: 謝謝.

---

8 '의론풍생(議論風生)'은 폭넓고 생동감과 풍취가 있는 논의를 형용하는 표현이다.

握手四次而別.

3.「出使日本大臣徐承祖訪日外務卿井上馨問答」:十二月初七日午初, 與日本外務卿井上問答. 初六日, 承祖帶同東文繙譯盧永銘, 往拜井上, 適伊出門未晤. 旋據吉田來函, 約於初七日午初往談. 遂復帶盧繙譯前往見面.

承祖云: 久仰大名, 今日幸逢, 不勝暢慰.

井上云: 前據敝公使榎本來函, 深願閣下早臨敝邦. 日前到此時, 適予因公赴朝, 未克遠迎, 不勝歉仄.

承祖云: 閣下由朝歸國, 想朝日之事已了.

井上云: 敝國與朝鮮各事, 均辦了結. 無如吳星使無全權會商之權, 未能辦結, 良用歉仄. 本擬托美國駐高公使福君, 邀吳星使在伊署閒坐, 予作無意亦至美使署, 庶可面談一切. 雖非會議, 却可以將彼此將來如何辦法了然於胸. 美使已答應照屬而行. 嗣因正與朝鮮全權大臣開議之日, 吳星使投刺來拜, 辭不獲已, 勉我一間屋接見, 美使代邀之舉, 遂不果行.

言至此, 該國外務省通事鄭永甯來入座.

井上遂屬其傳話云: 貴大臣有無別處拜客?

答云: 今日係專誠來談, 並無別處.

井上云: 予有要言奉聞. 可否請貴國繙譯官, 暫為退避?

答云: 予所帶之人, 皆係妥靠, 請放心勿疑.

井上云: 雖知貴繙譯不致洩漏, 然予今日之言, 以貴大臣與予及鄭永甯三人知道為妙.

當即應允. 旋井上引承祖, 至一密室, 察看係井上辦公事房. 就座後.

井云: 據我看來, 東方可以稱國者, 只有貴國與敝國而已. 然彼此常時齟齬, 言念及之, 不勝悽然.

答云: 近來兩國交涉事件, 尚稱和好安靜. 閣下何出此言?

井云: 總之, 若不將高麗及琉球二事辦完, 兩國終難誠實和好.

承祖云: 閣下云彼此因高麗一層, 請道其詳.

井云: 中國不撤駐朝之兵, 料定不出年半, 事端必致復起.

承祖云: 敝國前兩年留兵駐朝, 一因高王請我朝廷駐兵彈壓, 二因高麗國家甫願通商, 而該國士民仍多不願, 高兵又不足以鎮攝亂民. 此我朝廷恐高民開罪西方各國, 是以俯准高王之請, 留兵駐守. 是我兵駐朝, 實為彈壓高麗亂民而設, 决非留兵防備貴國. 此事務望信予之言, 勿稍懷疑為要. 我朝并知如高人得罪貴國, 貴國必可原諒. 若將駐朝之兵撤回, 將來儻若高麗亂民, 或毁歐洲各國使署, 或殺傷西人, 則西國問罪之師至朝, 高國必吃不住. 彼時非徒中國為難, 恐亦非貴國之利也. 緑高麗雖小, 究属東方之國, 於亞洲大局亦有妨礙.

井云: 高論雖是, 予仍有一言奉申. 現在朝人因中日有兵在彼, 不肖者遂分中國、日本兩黨. 中國黨必時在中國文·武官弁、兵丁前説, 日本兵民不好. 日本黨亦必時在日本官弁、兵丁前 説, 中國兵民不好. 是凡武人皆少思多躁, 時聞此言, 心中必時多積忿, 一朝因事可疑, 遂成事端. 夫兵猶火也. 朝鮮兩黨之人, 猶點火者也. 因此, 予意請彼此撤兵, 實所以求長保太平也. 至云朝兵不足用, 誠如尊言. 此番已告朝鮮金大臣, 令其延請或英國人, 或德國人, 練西法之兵五百人, 既足彈壓亂民, 亦可將來即在此五百人内, 分出教習别兵, 為高麗謀此策為最美. 金大臣亦甚以為然. 今日與貴大臣所言, 不過朋友閒談. 彼此均未奉商高事全權之命. 至將來如何辦法, 敝國意見亦尚未定. 近日我朝内臣民主戰者, 甚為不少. 予雖力意主和, 究竟彼衆我寡, 實為可慮.

承祖云: 予與閣下竭力在和上辦理. 若將來辦不到, 而出於戰, 此亦係無法之事也.

井上點頭歎氣.

承祖接云: 閣下云:“貴國官民紛紛主戰.” 請問其究為何事, 而欲與我國交兵? 予到貴國, 雖僅箇月, 然貴國民情已審知一二. 各處人民俱以税重難以謀生, 又不願效法西洋, 極欲思亂. 因貴國四方無事, 水陸兵丁足以尅制, 不敢起事. 時欲挑釁外國, 欲國家與别國交兵, 則伊等庶可從中起事, 為所欲為. 即如此次朝事, 自始至終, 中日兩國俱一口言和. 而貴國鈔票已較銀錢七折, 未竟一日長至二元三角, 似此人心浮動, 何可再與别邦言戰? 予生性直爽, 用敢實言.

井云: 此係敝國實情. 我政府及各大臣亦多見及於此. 予尚有事妥問, 不知可願聞否?

承祖云: 今日係朋友暢談. 何不願之有? 請道其詳.

井上云: 貴國與法國之事, 如别國有人出來調處, 能歸於好否?

承祖云: 我國雖可與法言歸於好, 惟安南決不能歸法保護. 如事在情理, 當可商辦. 自法人去年攻打安南, 我國並未派一兵助安攻法, 僅派兵駐守北甯, 以固我疆. 而法人攻我不備, 以致北甯失守, 我朝仍大度置之. 今春法人因埃及有事, 趕緊派員來津, 議約五條. 我朝明知情偽, 亦仍以兵凶戰危, 許其定約. 不意法兵在安南者, 力逼我兵退回, 我帶兵官答以此時未奉諭令, 不敢遽退, 請稍緩數日, 俟我請示而行. 而法兵不允, 即行開鎗. 法人反誣我朝背約, 索無名之費, 我朝仍無決戰之意, 復派曾制軍, 在申與法使會議. 乃法人在福州約我初四日開仗. 初三即向我船攻擊, 旋又攻我基隆, 似此無情無理, 想閣下聞之亦必不平. 且安南邊界與我三省毗連. 若容法人佔據其地, 則將來法之兵不必調自巴黎斯, 法之餉并可就地設籌, 將來不特我國必受其害, 且於東方大局亦大有不便. 是以我朝決意, 分路力攻安南. 至沿海七省, 朝廷已飭內地十一省協助兵餉, 併力固守, 以備法人. 現在我國海疆各省, 譬如人家請客, 不問客來與否, 及客來多少, 酒席均已備妥. 不過用項太大, 其所以如此者, 實因水師不如法人耳.

井上云: 貴國各省之兵不一樣. 若戰敗而和, 必致失地削權. 即日本面上亦不好看. 予意仍以此時議和為妙. 若貴國決意主戰, 務望小心為要.

承祖云: 足見關切, 謝謝.

井云: 今日雖與閣下初次相見, 然所談之言, 具見誠直, 勝我十年故友. 將來中日必無難辦之事矣.

承祖云: 過承謬讚, 不勝愧歉. 初到貴邦, 尚望隨時指教. 日前亂民欲來毀我使署, 幸為巡捕攔阻. 予昨請吉田派巡捕四名, 常駐使署之內, 以防不測, 不知可允否. 至該巡捕之工資, 由予發給.

井云: 此皆無知年少之人, 決不能做成事端. 已飭各處巡捕, 嚴密防範, 務請放心. 承屬派捕四名, 遵當知照巡捕頭照派. 至工食萬不敢領. 緣保護使署, 係敝國之責也.

承祖云: 保護之事, 固係貴國之責. 然門以外則然. 若使署頭門以內, 自應由予出費, 較為妥當.

井云: 此係敝國應當盡職. 貴大臣不必介意.

因見鐘已三下, 遂握手而別.

광서 11년 1월 3일, 출사일본대신 서승조가 다음과 같은 서신을 보내왔습니다.

11월 26일, 일찍이 동자(東字) 제2호 서신을 발송하면서 후지타 이치로(藤田一郞)의 서신 원고[9] 및 여러 차례 주고받은 전보 등을 번역하여 첨부하였는데, 이미 받아서 살펴보셨을 것으로 생각합니다. 저는 부임한 다음 날부터 감기에 걸리고 다리 통증을 앓았습니다. 임무 교대가 때마침 서력(西曆)으로 섣달그믐에 있었기 때문에 일본 외무성과 각종 사무를 협의할 수 없었습니다. 그때 조선의 사무가 다시 긴박해졌습니다. 이에 병을 무릅쓰고 애써 국서를 전달하는 날짜를 앞당겨 다행히도 지난달 17일에 전달하였고, 21일에는 일본 군주가 연회에 초대하였으므로, 또한 억지로 병을 버텨내면서 사무를 처리하였는데, 이날 밤 늦은 무렵이 되어서는 결국 움직이기 어려울 정도가 되었습니다. 비록 종일토록 침대에 누워 있었으나 마땅히 처리하고 조사해야 할 각종 사무와 귀 총리아문 및 북양대신과 주고받는 전보는 그래도 조심스럽게 처리하였습니다. 언제나 깊고 무거운 은혜를 입었고, 다양한 사건으로 여러 어려움이 많지만, 감히 미약한 질환으로 공무를 어그러뜨릴 수 없었습니다. 다행히도 29일 감기는 모두 나았고, 다리 통증 또한 줄어들어 최근에는 점차 원기를 회복하였습니다. 일전에 이노우에 가오루가 조선에서 귀국하였기에 마땅히 함께 만나 이야기할 일이 있었고, 회담 요지는 이미 앞서 전보로 보고하였습니다. 여기에서는 그와 나누었던 문답 전체를 특별히 기록하여 첨부하니, 당헌(堂憲)께 전달하여 올리신 다음 살펴보시고 지시를 내려 주시면 그대로 따를 수 있기를 바랍니다. 일본은 세금이 중하고 정치가 가혹하여 백성들의 원한이 깊습니다. 다만 그 국가의 군사력이 그것을 제압하기 충분하여 난당은 아직 감히 준동하지 못하고 있습니다만, 교활한 음모가 때때로 드러나기도 합니다. 조선에서 일본 공사관이 훼손되자 현재 이곳의 어리석은 백성은 모두 그 잘못이 청의 군대에 있다고 합니다. 그래서 얼마 전에는 결국 난당 수백 명이 몰려와서 우리 공사관을 짓밟고자 하였습니다. 이것은 밖으로는 중국을 도발하려는 것처럼 보이지만, 실은 일본 내에서 무슨 일이 발생하기를 바라는 것으로, 그 틈을 타서 사사로운 계획을 이루려는 것입니다. 일찌감치 외무경에게 알려 순포를 보내 진압해달라고 하였으므로, 현재는 안정된 상황입니다. 다만 일본 정부에서는 비록 다른 일이 없을 것임을 알지만, 일본 백성 가운데 소란을

---

9 후지타 이치로(藤田一郞)의 서신은 그가 청 순친왕(醇親王)에게 발송한 서신을 가리키며, 해당 서신은 伊藤博文文書研究会 監修, 「伊藤博文文書」(全 127巻. ゆまに書房, 2007) 122 「秘書類纂」 外交 8에 수록되어 있다.

일으키려는 사람이 많아서 조금이나마 방비하지 않을 수 없습니다. 현재 외무경에게 상의하여 순포 4명을 보내 공사관을 주재하면서 호위해 달라고 하였습니다. 그들에게 급여를 줄 필요는 없겠지만 응당 우리가 필요한 수당이나 식사를 지급해야 할 것이고, 필요한 비용도 그리 많지 않지만 온전해지는 바가 크고, 각 당헌께서도 마땅히 그렇게 여기실 것으로 생각합니다. 근래 중국인 36명이 하코다테(箱館) 부근에서 풍랑을 만나는 일이 발생하여 요코하마 이사(理事)에게 사람을 보내 그들을 보살펴 주도록 하였습니다. 이 점에 대해서는 별도의 공문을 마련하여 자문으로 보고하는 것 외에, 먼저 종합적 내용을 보고드리니 특별히 살펴보시길 바랍니다. 이상입니다. 평안하시길 빕니다.

삼가 다시 추가로 알립니다.

보내주신 편지를 모두 베껴 쓴 다음, 이홍장 중당께서 전달해 보내주신 다음과 같은 전보를 받았습니다.

> 9일, 다음과 같은 유지를 받았습니다.
>
> 여서창, 서승조가 다음과 같은 전보를 보내왔다.
>
> > 이노우에 가오루와 만나 이야기하였는데, 그는 중국과 일본이 조선에 주둔시키고 있는 부대를 철수하기를 원한다고 하였습니다. 여서창은 처리할 일이 없어 귀국하기를 원합니다.
>
> 중국 부대가 조선에 주둔하여 속번을 보호한 지 이미 몇 년이 지났다. 또한 조선 국왕이 누차 남아서 지켜달라고 요청하였으므로 의리상 소홀히 여길 수 없었다. 지금으로서는 조선 난당이 아직 진압되지 않았으니 더더욱 철수할 수 없다. 서승조가 도리에 따라 변론하여 일본인들의 의심을 풀어주도록 하라. 여서창은 이미 처리해야 할 사무가 없으므로 고향으로 돌아갈 것을 허락한다.

이상과 같은 상유를 전달받았으므로, 저는 마땅히 유지에 따라 이노우에 가오루를 만나 도리에 따라 완곡하게 상의할 작정입니다. 만일 이노우에 가오루가 시종 고집을 부린다면, 조선이 영국인이나 독일인을 초빙하여 군대를 조련한 다음 스스로 변란을 진압하고 보호하기에 족한지를 살펴 재차 철수하거나 아니면 철수 기한을 확정할지 논의해도 되겠습니까? 제 의견은 이와 같은데, 서신을 받으신 후 첨부한 두 차례 문답 내용을 초록한 문서를 함께 올리니 당헌께서 결정하고 답장 전보를 보내주셔서 그에 따라 처리할 수 있도록 해 주십시오. 저는 현재 모든 힘을 다해 조선의 중국 군대를 철수하기 어렵다는 점을 도리에 따라 변론하고자 합니다. 이에 대해서는 감히 조금이라도 선입견을 남겨둘 수 없을 뿐 아니라 또한 무턱대고 먼저 철수 논의를 하려는 뜻을 감히 드러낼 수도 없습니다. 그래서 다시 보고하는 바입니다.

추가합니다. 문답을 적은 문서에서 "에노모토 다케아키가 두 번째 보내온 전보"라고 한 구절은 에노모토 앞에서는 조금도 드러내 주시지 않으시기를 바랍니다. 만일 조금이라도 알아채면 일본인들은 이후에는 우리에게 진심을 이야기하지 않게 될 것입니다. 매우 중요하므로 간곡히 말씀드립니다. 이상입니다. 평안하시길 빕니다.

다시 또 아룁니다.

11월 18일 진각(辰刻, 오전 7~9시)에 발송한 전보에서 다음과 같이 언급하였습니다.

어제 아침, 제가 외무경 요시다 기요나리(吉田淸成)을 만나 조선과 관련된 일을 회담하였습니다. 그는 다음과 같이 말하였습니다.

일본 정부는 결코 조선의 땅을 탐하거나 조선을 모욕하려는 뜻이 없습니다. 청컨대 귀 정부는 이러한 뜻을 절실하고 명확하게 인식하여 조금이라도 의심하면서 다른 사태를 만들지 않도록 하십시오. 다만 조선인과 일본인은 여러 차례 분쟁이 있어서 화합하지 못하고 있습니다. 이번에 이노우에 가오루 대신이 조선에 간 것은 또한 단지 공평하게 처리하려는 목적뿐이었으며, 1천 명의 군대를 보낸 것은 호위를 위한 것이었습니다. 중국에서 추가로 파병하지 않는다면 일본 또한 추가로 파병하지 않겠습니다. 김옥균은 조선의 악인(惡人)으로 알려져 있는데, 그는 본래 남을 조종하는 데 어울리지도 않고 그의 말은 들을 가치도 없어서 일본에 있을 때도 없는 것과 마찬가지였습니다. 응당 조선에 있는 중국 관리에게 수시로 중국과 일본의 교류를 공고히 하는 것을 중요 사무로 삼도록 지시해야 하며, 청컨대 귀 정부에 대신 전보로 전달해 주십시오.

이 전보를 보낸 다음 날, 요시다와 이야기를 나누면서 회담에서 나누었던 각 사안에 대한 전달이 모두 잘못된 것이 아니었음을 비로소 확인하게 되었습니다.[10] 다만 "귀 정부에 대신 전보로 전달해달라"라고 한 것에는 조금 착오가 있었습니다. 그는 단지 "이렇게 실제 상황을 알리면, 제가 상황을 헤아려 스스로 전달해 주기를 청했던 것일 뿐, 결코 대신 전보를 전해달라고 청한 적은 없다"라고 하였습니다. 저는 당연히 "그런 말은 중요한 일이 아니지만, 각하의 설명에 따라 마땅히 우리 정부에 서신을 보내 대신 바로잡을 것입니다"라고 답하였습니다. 여기에서 외국 사신에게는 제대로 된 통역이 있어야만 비로소 제대로 대응할 수 있음을 알 수 있었습니다. 제가 살펴보니 공사관에서는 지금까지 일본어 통역으로 오가 가쿠타로가 있었지만 전임 여서창 대신이 이미 해고한 상태입니다. 그래서 현재 일본어를 배우는 학생 가운데 노영명(盧永銘), 유경분(劉慶汾) 2명을 가려 뽑았습니다. 이들은 일본어와 문자에 깊이 통달했을 뿐 아니라 한문에도 막힘이 없습니다. 현재 일본어 통역으로 임명하였는데, 그 업무를 감당하기 충분합니다. 그들에 대한 급여는 이전처럼 지급하면, 공무에 도움이 될 뿐 아니라 경비 또한 많이 추가되지도 않을 것입니다. 남아 있는 인원과 새롭게 임명할 인원에 대해서는 파견·주재를 기다린 다음 다시 각각 주접과 자문으로 보고하겠습니다. 지방의 상업 관련 소송 교섭 및 중동학당(中東學堂) 등의 사무에 대해서는 응당 규정을 마련하여 정돈해야 할 경우가 있으므로, 곧 순서대로 각각 처리하고 어떻게 처리하였는지 또한 곧장 수시로 보고하겠습니다.

추가합니다. 첨부한 활자판 자형(字型) 1장, 동그라미를 친 제2호와 제4호 자판(字板) 및 기계 1벌은 이미 구매하여 수시로 여러 서적을 조판·인쇄할 계획입니다. 앞서 제가 번역해서 올린 「미국조약」은 아직 간행되지 않았다면, 당헌께 서문을 청한 다음 인쇄에 넘겨주시면 비교적 간편하게 처리할 수 있을 것입니다. 몇 달을 조금 늦춘 다음, 아울러 석판 인쇄 기계도 구매하려고 합니다. 이러한 사정을 당헌께 전해주시길 바랍니다. 이상입니다. 다시 편안하시길 빕니다.

첨부 문서 초록

---

10 전화(傳話)의 본래 의미는 다른 사람에게 말을 전한다는 것이지만, 이어지는 내용에서 통역의 중요성과 통역관에 대한 언급이 나오므로 통역으로 해석하는 편이 적당해 보인다.

1.「일본 태정관이 조선과 의정(議定)한 조항과 추가 조항을 공고합니다(日本太政官公告與朝鮮議定條款、續款)」.

일본 태정관 산조 사네토미(三條實美), 외무경 이노우에 가오루가 고시하여 공고합니다.

작년 1월 조선 도성(都城)에서 발생한 변란에 대해 양국에서 관원을 보내 협의하여 다음과 같은 조항을 정하였으므로, 이에 포고합니다.

메이지 18년 1월 21일, 중력(中曆) 12월 6일

근래 조선 도성에서 변란이 발생하여 대일본 황제는 깊이 안타까워하시며 특별히 이노우에 가오루를 전권대신으로 삼아 조선으로 보내셨다. 대조선 국주는 우의를 돈독히 하시려는 뜻을 가지고 특별히 김홍집을 전권대신으로 삼아 이 사안을 조정하도록 하셨다. 양국 대신들이 협의하여 조항들을 다음과 같이 정하였다.

제1조. 조선에서는 국서를 갖추어 사죄한다.

제2조. 일본인 사상자의 가속(家屬)에 대한 위로금, 피해를 당한 재산에 대한 배상금 두 항목에 대하여 조선 정부는 은 11만 원을 내기를 원한다.

제3조. 이소바야시 신조 대위를 살해한 흉범은 마땅히 신속하게 체포하여 법률에 따라 치죄한다.

제4조. 일본 공사관이 마땅히 다른 지역으로 이주해야 하므로 조선 정부는 땅을 마련하여 택할 수 있도록 하는 것 외에 은 2만 원을 배상하여 공사관 건축비로 삼게 한다.

제5조. 군영은 반드시 공사관과 가까워야 하고 아울러 공사관과 같은 구역에 있어서 1882년의 속정지약(續訂之約)을 실행할 수 있게 한다.

일본 전권대신 이노우에 가오루, 조선 전권대신 김홍집이 이에 서명하여 성실하게 준수할 것임을 밝힌다.

메이지 18년 1월 9일, 조선 개국 493년 11월 24일

추가 조항(續欵)

제2조와 제4조에서 나열한 금액은 일본 은화에 따르고 3개월 이내에 납부하며, 인천에서 받아 태환(兌換)한다. 서명한 날부터 20일 이내에 흉범을 처벌한다.

2.「일본 외무경 이노우에 가오루가 출사일본대신 서승조를 답방하여 나눈 문답(日外務卿井上馨答拜出使日本大臣徐承祖問答)」: 8일 오후 4시, 이노우에 가오루가 공사관으로 답방하였습니다. 여기에서 그와 나눈 문답을 다음과 같이 초록하였습니다(初八日申正, 井上來署答拜. 玆將問答照錄如左).[11]

이노우에 가오루: 어제 막힘없이 이야기를 나눠 기쁘고 큰 위안이 되었습니다.

서승조: 각하께서 방금 조선에서 돌아오셨으니, 근래 공무에 매우 바쁘실 것 같습니다.

이노우에: 본래 공무가 많고 찾아오는 관원 또한 적지 않습니다. 어젯밤에도 시계탑 종이 두 번 울릴 때가 되어서야 비로소 손님이 없어졌습니다. 어쩌다 거침없고 유창하게 말하는 사람을 만나면 언제나 힘을 다해 반박하여 그 마음을 굴복시키려고 하는데, 실로 입술이 부르트고 혀가 갈라질 정도입니다. 조선 사변은 오로지 내게만 가장 어려운 일입니다. 처음 사변이 발생했을 때 북경에 주재하고 있는 에노모토 공사가 전보를 보내 귀 총리아문의 말을 전하였습니다. 그 후 또 한 차례 전보를 보내 내게 신속하게 대규모 군대를 보내 조선의 수도를 점령하고 별도로 부근의 작은 섬 하나를 점거하여 해군이 주둔하는 기반으로 삼자고 요청하였습니다. 나는 이 전보를 받자마자 곧장 봉투 안에 집어넣고 아무에게도 보여주지 않았습니다. 그때 해군성·육군성 관원들이 줄곧 군대를 일으키자고 권유하였으나 나는 힘써 거부하였습니다. 그래서 내가 이번 조선에 갈 때 해군성·육군성의 대보(大輔) 한 명씩을 데리고 가서 일 처리하는 것을 보여주면서 그들의 입을 다물게 하였습니다. 조선에 도착한 후, 일본에 주재하고 있던 러시아 공사가 홀연히 참찬(參贊) 1명을 군함에 태워 조선으로 보냈는데,[12] 그는 나와 비밀리에 논의하면서 말하기를, "이번에 일

11 시간 순서로 한다면 다음에 오는 문답 (3)이 전날의 방문에 관한 것이므로 이 문답 (2)보다 앞에 와야 할 것으로 보이나, 원문이 편집이 이렇게 되어 있어 그대로 따랐다.

12 러시아의 일등 서기관 쉬페이에르는 1884년 12월 30일부터 1885년 1월 6일까지 조선에 체류하였다.

본이 반드시 조선 땅을 차지할 것으로 생각합니다. 만일 차지한다면 응당 그 일부분을 나누어 우리나라에 주어야 합니다"라고 했습니다. 나는 대답했습니다. "결코 이러한 뜻은 없습니다. 나는 단지 혀로써 변론만 할 뿐입니다. 수백 명의 군대를 이끌고 온 것은 오로지 중국의 오대징 칙사가 군대를 이끌고 왔기 때문입니다. 만일 중국이 군대를 한 명도 데려오지 않았다면 나 또한 군대를 데려오지 않았을 것입니다." 러시아 참찬은 그래서 다음 날 윤선을 타고 일본으로 돌아갔습니다. 이처럼 이 일은 처음부터 끝까지 모두 저 홀로 그 사이를 유지하고 있을 뿐입니다. 에노모토가 전보에서 한 말은 절대로 누설하지 않기를 부탁합니다. 만일 각하께서 성실하지 않으셨다면 나는 결코 진심으로 이를 알릴 수 없었을 것입니다. 오늘도 또한 알리고 싶은 것이 있는데, 장래 양국이 이 사안을 논의할 때 마땅히 먼저 친구 사이처럼 이야기를 주고받다가 서로의 주장 사이에 합의의 실마리가 생기면 그때 양국에서 다시 사람을 보내 회의하도록 하면 비교적 쉽사리 처리할 수 있을 듯합니다. 각하께서는 어떻게 생각하십니까?

서승조: 매우 좋습니다. 제가 생각하기에 어찌 이 방법을 응당 이 사안에만 적용할 수 있겠습니까? 내가 장래 귀국에서 양국 간의 각종 사무에 대해 교섭할 때도 마땅히 이 방법을 사용하면 좋을 것 같습니다. 만일 경솔하게 공문으로 드러내 버리면 하나라도 들어맞지 않을 때 만회하기가 매우 어렵습니다.

이노우에: 그렇게 한다면 매우 좋겠습니다. 조선의 정세와 관련해서 제 생각은 언제나 중국이 조선을 속국으로 여기지 말라고 권하는 것인데, 그 뜻을 이리저리 돌려 말하였습니다.

서승조: 각하께서 누차 말씀하시기를 "방법을 마련하여 중국과 일본의 친교를 굳히자, 아무래도 서로 왕래할 때의 감정이 서양 각국보다 특별히 좋아야 한다"라고 하셨습니다. 이 말씀은 진실로 옳습니다. 다만 이러한 기반 위에서 일을 처리하려면 반드시 피차간에 모든 사안에 대해 양해해야 하며, 곤란한 일을 강요해서는 안 됩니다. 예를 들면, 우리나라와 조선의 일에 대해서 귀국에서 반드시 참견할 필요가 없습니다.

이노우에가 크게 웃으며 말하였다: 말씀하신 내용에 대해 일본에 특별한 의견이 있는 것은 아닙니다. 러시아가 조선을 호시탐탐 노리고 있어서 귀국이 헛된 명분만 누리다가 실제로 피해를 당하는 것을 우려해서입니다.

이노우에는 몸을 일으켜 악수를 청하며 작별을 고하였습니다.

서승조: 순포를 보내 공사관을 보호해 주시는 조치는 실로 특별히 우대해 주시는 것이라 매우

감사드립니다. 그들의 급여는 필시 저희 쪽에서 지급하는 것이 타당할 것입니다.
이노우에: 마땅히 보호해야 하니 결코 그것을 감히 받을 수는 없습니다. 귀 대신께서 외출하실 때 그들이 수행하면서 보호해 드릴 수 있을 것입니다.
서승조: 고맙습니다.
네 차례 악수를 한 다음 헤어졌습니다.

3. 「**12월 7일 11시, 일본 외무경 이노우에 가오루와의 문답**(出使日本大臣徐承祖訪日外務卿井上馨問答)」: 6일, **제가 일본어 통역 노영명을 데리고 이노우에 가오루를 방문했습니다만 때마침 그가 출타 중이라 만나지 못했습니다. 얼마 후 요시다가 서신을 보내 7일 11시에 가서 이야기하기로 약정하였습니다. 마침내 다시 노영명을 데리고 가서 그를 만났습니다.**(初六日, 承祖帶同東文繙譯盧永銘, 往拜井上, 適伊出門未晤. 旋據吉田來函, 約於初七日午初往談. 遂復帶盧繙譯前往見面)

서승조: 오랫동안 명성을 앙모하고 있었는데 오늘에야 다행히 만나게 되어 큰 위로가 됩니다.
이노우에 가오루: 전에 에노모토 다케아키 공사가 서신을 보내왔으므로 각하께서 우리나라에 일찍 왕림하시길 몹시 기대하였습니다. 일전에 여기로 오셨을 때 때마침 공무로 조선에 가느라 멀리 나가 영접하지 못하여 매우 송구스럽습니다.
서승조: 각하께서 조선에서 귀국하셨으니, 조선과 일본의 사무가 이미 종료되었을 것으로 생각합니다.
이노우에: 우리나라와 조선의 각종 사무는 모두 처리 완료하였습니다. 유감스럽게도 오대징 칙사에게는 협상에 대한 전권이 없어서 완결할 수 없었기에 매우 아쉬운 마음입니다. 본래는 미국의 조선 주재 공사 푸트에게 부탁하여, 오대징 칙사를 미국 공사관에 초대하여 한담하고 있으면 저 또한 무심코 그곳을 방문하였다가 그를 만나 모든 사안에 대해 면담할 수 있게 되기를 기대하였습니다. 비록 정식 회담은 아니지만 오히려 피차간에 장래 어떻게 처리할지 가슴을 터놓고 이야기할 수 있었을 것입니다. 미국 공사 또한 이미 제 부탁대로 해주겠다고 하였습니다. 뒤이어 조선 전권대신과의 회의 날 오대징 칙사가 [사전 예고도 없이] 명첩을 내놓으면서 찾아와서 사양하지 못하고 어쩔 수 없이 한 방에서 접견하였으므로, 미국 공사가 대신 초청하는 계획은 결국 무산되었습니다.

여기까지 말하였을 때 일본 외무성 통역 정영녕(鄭永寧)[13]이 들어와서 자리에 앉았다.

이노우에가 마침내 통역을 통해 말을 전하였다: 귀 대신께서는 오늘 다른 곳을 방문하셔야 합니까?

서승조 답변: 오늘은 특별히 이곳에 와서 이야기할 뿐, 달리 갈 곳은 없습니다.

이노우에: 제가 중요하게 드릴 말씀이 있습니다. 귀국 통역관을 잠시 물러가도록 해도 되겠습니까?

답변: 제가 데려온 사람은 모두 믿을 만한 사람이니, 마음 놓으시고 의심하지 마십시오.

이노우에: 비록 귀 통역이 누설하지 않으리라 알지만, 제가 오늘 드리는 말씀은 귀 대신과 저, 정영녕 세 명만 아는 편이 좋을 것 같습니다.

곧바로 수락하였습니다. 곧이어 이노우에는 저를 밀실로 데려갔습니다. 살펴보니 이노우에의 사무실이었습니다. 착석 후 다음과 같이 이야기했습니다.

이노우에: 제가 보았을 때 동방에서 나라라고 할 만한 곳은 귀국과 우리나라뿐입니다. 그런데 피차간 늘상 의견이 다르고 말과 생각이 어긋나니 안타까움을 이길 수 없습니다.

서승조: 근래 양국의 교섭 사안은 평화롭고 안정되었다고 할 만합니다. 각하께서 어찌 이런 말씀을 하십니까?

이노우에: 요컨대 만일 조선·류큐의 두 가지 사안이 완결 처리되지 않는다면 양국은 결국 진정한 평화를 이루기 어려울 것입니다.

서승조: 각하께서 피차가 조선 때문에 어긋난다고 하신 부분을 상세하게 말씀해 주십시오.

이노우에: 중국이 조선 주둔군을 철수하지 않는다면 반년 내에 다시 말썽이 생길 것으로 예측됩니다.

서승조: 우리나라에서 앞서 2년 동안 조선에 군대를 주둔시킨 것은 첫째 조선 국왕이 우리 조정에 군대를 주둔시켜 진정해 주기를 청했기 때문이고, 둘째 조선이 이제 막 통상을 하

---

13 정영녕(鄭永甯)은 복건 출신의 선조가 명청 교체기에 일본으로 귀화하여 나가사키(長崎)에 정착한 오(吳)씨 가문의 후예이다. 그가 성인이 된 후 대대로 막부의 통역을 담당했던 정씨 가문으로 입양되면서 정영녕으로 개명하고 당통사(唐通事)의 가업을 계승하였다. 메이지 유신 이후에는 야나기하라 사키미쓰(柳原前光), 다테 무네나리(伊達宗城), 소에지마 다네오미(副島種臣), 오쿠보 도시미치(大久保利通), 모리 아리노리(森有禮), 이토 히로부미(伊藤博文) 등이 청과 교섭할 때 일본 측 통역을 담당하였다.

려고 하는 데 조선 백성 대다수가 여전히 그것을 원하지 않고 조선 군대 또한 난민을 진압하기에 부족하기 때문입니다. 이에 우리 조정에서는 조선 백성이 서방 각국에 죄를 지을까 염려하여 조선 국왕의 요청을 허락하고 군대를 남겨 지키게 했던 것입니다. 이처럼 우리 군대가 조선에 주둔한 것은 실로 조선의 난민을 진압하려는 조치이지, 결코 군대를 남겨 귀국을 방비하기 위함이 아닙니다. 이 일에 대해서는 제 말을 믿으시고 조금이라도 의심하지 않기를 바랍니다. 우리 조정에서는 조선인들이 귀국에 죄를 지었다는 점을 아울러 알고 있지만, 귀국에서 필시 양해해주실 수 있을 것입니다. 조선 주둔군을 철수하게 되면 만일 장래에 조선 난민이 혹 유럽 각국의 공사관을 훼손하거나 서양인을 살상하는 일이 발생하게 될 경우, 서양 각국에서 죄를 묻기 위해 군대를 조선에 보낼 터인데 조선은 반드시 이를 견딜 수 없을 것입니다. 그런 상황이 발생하면 중국이 곤란해질 뿐 아니라 일본에 이로운 일도 아닙니다. 조선은 비록 작지만, 결국은 동양에 속하는 나라이므로 아시아 전체의 형세에도 장애가 될 것이기 때문입니다.

이노우에: 말씀하신 바가 옳지만, 저도 여전히 한 마디 드릴 말씀이 있습니다. 현재 조선에 중국과 일본 군대가 주둔해 있고 조선인 중 불초한 자들이 중국당과 일본당으로 나누어져 있습니다. 중국당은 반드시 중국의 문·무 관원과 군대 앞에서 일본인과 일본 군인이 나쁘다고 말합니다. 일본당 또한 반드시 일본 관원과 군대 앞에서 중국인과 중국 군인이 나쁘다고 합니다. 대체로 무인들은 생각이 짧고 조급한 경우가 많으므로 때때로 이러한 말을 듣게 되면 마음에 반드시 쌓이는 분노가 늘어날 것이고, 하루아침에 의심스러운 일이 발생하게 되면 결국 말썽이 날 것입니다. 군대는 불과 같습니다. 조선의 양당 사람들은 불을 붙이는 사람들과 같습니다. 이 때문에 제가 피차간 철병을 요청하는 것은 실로 장기간의 태평을 얻을 수 있기 때문입니다. 조선 군대가 쓸모에 부족하다는 점은 진실로 말씀하신 바와 같습니다. 이번에 이미 조선의 김홍집 대신에게 영국인이나 독일인을 초빙하여 서양식 방법으로 군사 500명을 조련하면 난민을 진압하기에 족할 뿐 아니라 장래 이 500명을 나누어 별도의 군사들을 가르치도록 하는 것이 조선을 위해서 가장 좋은 계책이라고 충고하였습니다. 김홍집 대신 또한 매우 그러하다고 하였습니다. 오늘 귀 대신과 나누는 이야기는 친구 간의 한담에 불과합니다. 피차 모두 조선 사무를 논의하는 전권의 명령을 받지 않았습니다. 장래에 어떻게 할지에 대해서도 우리나라의 의견은 아직 정해지지 않았습니다. 근래 우리 정부 내에서 전쟁을 주장하는 자가 적지 않습니다. 제가 비

록 힘을 다해 평화를 주장하지만 필경 그들은 많고 저는 적어서 실로 우려가 됩니다.

서승조: 저와 각하가 힘을 다해 평화를 위해 처리합시다. 만일 장래에 이를 처리하지 못해 전쟁으로 나아가더라도 이 또한 어쩔 수 없는 일입니다.

이노우에가 고개를 저으며 탄식하였습니다.

서승조가 뒤를 이어 말하였습니다: 각하께서 귀국의 관민이 분분히 전쟁을 주장한다고 하시는데 도대체 어떤 일 때문에 우리나라와 전쟁을 하려는 것입니까? 제가 귀국에 온 지 불과 몇 개월 되지 않았습니다만, 귀국의 민정에 대해서 이미 살펴서 조금 알고 있습니다. 각 지역의 인민 모두 세금이 무거워 살기 어렵다고 하고 서양을 본받는 것도 원하지 않으며, 나라에 반란을 일으키고자 하고 있습니다. 귀국은 사방으로 문제가 없으므로 육·해군이 이들을 진압하기에 충분하여 그들이 감히 일을 일으키지 못합니다. 때때로 외국을 도발하고, 일본 정부가 다른 나라와 전쟁을 하기를 바라는데, 그러면 그들이 중간에서 분란을 일으켜 원하는 바를 실행하려는 것입니다. 이번 조선 사변과 관련해서도 시종일관 중·일 양국 모두 하나같이 평화를 말하고 있습니다. 그런데 귀국 지폐[초표(鈔票)]의 가치는 은전(銀錢)에 비해서 70%밖에 되지 않는데, 하루도 지나지 않아 2원 3각(角)으로 오를 정도로 이렇게 인심이 이렇게 불안정하니, 어찌 다른 나라와의 전쟁을 말할 수 있습니까? 저의 타고난 성정이 직설적이어서 감히 솔직한 마음을 말씀드립니다.

이노우에: 그것은 분명 일본의 실정입니다. 우리 정부와 각 대신 또한 이러한 일들을 주시하고 있습니다. 제가 아직 물어볼 이야기가 있는데, 듣고 싶으신지 모르겠습니다.

서승조: 오늘은 친구 간에 흉금을 털어놓고 이야기를 나누고 있습니다. 어찌 원하지 않는 것이 있겠습니까? 상세하게 말씀하십시오.

이노우에: 귀국과 프랑스의 일과 관련하여 만일 다른 나라에서 나서서 중재한다고 한다면 잘 될 수 있을까요?

서승조: 우리나라가 비록 프랑스와 말로는 우호적인 관계로 돌아갈 수 있다고 해도, 베트남은 결코 프랑스의 보호로 귀속될 수 없습니다. 만일 사리에 합당한 일이라면 마땅히 논의하여 처리할 수 있습니다. 작년 프랑스인들이 베트남을 공격한 이래 우리나라에서는 베트남을 돕고 프랑스를 공격하기 위해 단 한 명의 병사도 보내지 않았고, 단지 군대를 북녕(北寧)으로 보내 우리 강역을 공고히 하였을 뿐입니다. 그러나 프랑스인들이 우리의 준비 부족을 공격하여 북녕을 상실하게 되었습니다만, 우리 조정에서는 여전히 너그럽게 넘겼

습니다. 올봄 프랑스인들은 이집트에서 사태가 발생하자 긴급하게 사람을 천진으로 보내 5개 조항의 조약을 논의하였습니다. 우리 조정에서는 그 진위를 명확히 알고 있었습니다만, 또한 군대와 전쟁의 위협 때문에 그대로 조약 체결을 허가하였습니다.[14] 그런데 뜻밖에 베트남에 주둔한 프랑스 군대는 우리나라 군대의 후퇴를 힘써 압박하였고, 우리 장교들은 아직 지시받지 못하여 감히 퇴거할 수 없으니 며칠 동안 기다렸다가 지시를 받고 물러나겠다고 답변하였습니다. 그렇지만 프랑스 군대는 이를 수용하지 않고 곧바로 총을 발사하였습니다. 프랑스인들은 도리어 우리 조정에서 조약을 위반하였다고 모함하면서 명분이 없는 비용을 요구하였습니다. 우리 조정에서는 여전히 전쟁하려는 뜻이 없었으므로 재차 증기택을 보내 상해에서 프랑스 공사와 회의하도록 하였습니다. 오히려 프랑스인들은 복주(福州)에서 우리에게 4일 개전할 것이라고 약속하였으나, 그보다 앞선 3일 우리 군함을 공격하였고 곧이어 [대만의] 기융(基隆)을 공격하였으니, 이처럼 무자비하고 무도한 행위에 대해서 각하께서도 듣고 필시 불공평하다고 생각하셨을 것입니다. 또한 베트남의 변경과 우리 3개 성이 인접해 있어서 만일 프랑스인이 베트남 땅을 점령하도록 용인한다면, 앞으로 프랑스 군대는 파리에서부터 파견할 필요가 없고 군량 또한 그 땅에서 마련할 수 있으므로 장차 우리나라가 필시 그 해를 입을 뿐 아니라 동방 형세에도 큰 불편을 초래할 것입니다. 이에 우리 조정에서는 결심하여 길을 나누어 베트남을 힘써 공격하도록 하였습니다. 연해 7성의 경우 조정에서는 이미 내지 11개 성에 군량을 협조하도록 하였으며, 힘을 모아 굳게 지키며 프랑스인들을 방비하도록 하였습니다. 현재 우리나라 해안 각 성은 마치 가정에서 손님을 청하였는데 손님이 올지 안 올지, 많이 올지 적게 올지에 관계없이 술과 자리를 적절하게 준비해 둔 상황과 같습니다. 하지만 비용이 너무 많이 드는데 이렇게 한 이유는 실로 우리 해군이 프랑스만 못하기 때문입니다.

이노우에: 귀국 각 성의 군대 상황은 하나같지 않습니다. 만일 전쟁에서 패하여 화친한다면 반드시 땅을 잃고 권위가 깎일 것입니다. 이는 일본의 체면에도 좋지 않습니다. 저는 지금 화친을 논의하는 것이 묘책이라고 생각합니다. 만일 귀국이 전쟁을 결심하였다면 신중하기를 바랍니다.

---

14 여기서 말하는 조약은 1884년 5월 11일 천진에서 이홍장과 푸르니에 간에 체결된 소위 「이홍장-푸르니에 협정」을 말한다.

서승조: 많은 관심을 기울여 주셔서 감사합니다.

이노우에: 오늘 비록 각하를 처음 뵙습니다만 이야기를 나눈 말 속에서 그 참되고 올바름을 엿볼 수 있었으니, 내 10년 된 친구보다 낫습니다. 장래 중국과 일본 간에는 필시 처리하기 곤란한 일들이 없을 것입니다.

서승조: 과찬을 들으니 부끄러움을 이길 수 없습니다. 처음 귀국에 도착했을 때부터 수시로 지도해 주시기를 바랐습니다. 일전에 난민들이 우리 공사관을 훼손하려고 하였으나 다행히도 순포들이 저지하였습니다. 저는 어제 요시다에게 순포 4명을 보내 공사관 안에 상주하면서 예상치 못한 사태에 대비하게 해달라고 요청하였는데 승인 여부는 알 수 없습니다. 해당 순포의 급여는 저희가 지급하겠습니다.

이노우에: 이들은 무지하고 젊은 사람들이니 결코 사단을 만들어 낼 수 없을 것입니다. 이미 각 지역의 순포에게 지시를 내려 엄밀하게 방비하도록 하였으니 안심하도록 하십시오. 순포 4명을 보내달라고 부탁하셨으니 마땅히 순포두(巡捕頭)에게 알려 그에 따라 순포를 보내도록 하겠습니다. 급여는 결코 받을 수 없습니다. 왜냐하면 공사관을 보호하는 일은 우리나라의 책임이기 때문입니다.

서승조: 보호 업무는 본디 귀국의 책임이 맞습니다. 그러나 공사관 정문 밖일 경우에만 그렇습니다. 만일 공사관 정문 안이라면 마땅히 우리가 비용을 내는 편이 비교적 타당합니다.

이노우에: 이는 우리나라가 응당 다해야 하는 직무입니다. 귀 대신은 개의치 마십시오.

시계를 보았더니 이미 3시가 넘어서 악수하고 헤어졌습니다.

(2) 문서번호: 5-3-02(951, 1649b-1651b)

사안 : 일본에서 이토 히로부미를 전권으로 삼아 중국에 보내 사안을 논의하려고 합니다. 만약 일본이 조선 주둔군을 모두 철수한다면 오장경의 부대 또한 잠시 철수하는 것이 불가능한 것은 아니며, 별도로 독일 장교를 고용하여 조선에 보내 조선 군대를 조련하게 하면 됩니다(日派伊藤博文爲全權, 來華議事. 若日本盡撤駐朝兵弁, 慶軍亦未嘗不可暫撤. 另選僱德弁, 往朝敎鍊韓兵).

첨부 문서 : 1. 「출사일본대신 서승조가 보내온 서신(出使日本徐大臣承祖來函)」: 조선 주둔군 문제를 만일 해결하지 못한다면 일본이 우리와 프랑스의 전쟁이 심각한 상황을 틈타 프랑스와 결탁하여 우리를 난처하게 할 수 있습니다. 지금은 임시로 합의한 다음, 프랑스와의 문제가 해결된 뒤 다시 이치로 다투는 편이 낫습니다(駐兵朝鮮一事, 若不解決, 恐日人乘法事正殷, 勾結法人, 與我爲難. 目前不如姑與定議, 俟法事定後再與理爭).

날짜 : 光緒十一年正月十五日(1885년 3월 1일)

발신 : 北洋大臣 李鴻章

수신 : 總理衙門

正月十五日, 北洋大臣李鴻章函稱:

日本派使來華, 已據徐孫麒來電轉達在案.[15]十三日, 日領事原敬來謁謂:"接電報, 該國派參議伊藤博文為全權便宜行事大臣, 於十三起程, 約二十後過津, 即赴京議事. 所議何事, 則不可知." 詢以西鄉同來否, 答云:"未知其詳." 查伊藤在倭主持國事已久. 此行必有要求. 適接孫麒去臘十五日來函:"擬俟一半年後, 朝鮮練兵足以自衛, 彼此再行撤兵, 為暫時轉圜之計, 屬密商鈞署酌奪."等語. 謹照抄原函呈覽. 伊藤既已啟行, 應俟抵都時, 由尊處相機籌商. 慶軍戍韓三年. 將士苦累, 嗟怨稍緩, 本應撤換. 但

15 손기(孫麒)는 서승조의 자(字)이다.

隔海遠役, 諸多不便. 朝城各國官商畢集, 口舌繁多, 倭人又從中播弄. 統將剛柔操縱, 難盡合宜, 得人實屬不易. 如果倭兵允即盡撤, 我軍亦未嘗不可暫撤, 由敝處但為選僱德弁往朝教錬, 期其漸成勁旅, 自行保衛. 徐察局勢, 隨時酌辦, 仍可常派兵船, 赴朝巡練, 似亦可備一策. 尚祈祕鑒, 采擇核辦為幸. 專肅密布. 祗敂春禧.

1.「出使日本徐大臣來函」

敬肅者.

十二月十一日, 曾肅釘封一函, 附問答全語抄摺及朝日會議條款抄摺, 由驛馳陳, 度已仰邀賜鑒. 昨奉十一月十七日, 所發復諭, 謹聆一切, 恭稔宮太傅爵中堂世伯簪裾篤祜,[16] 節鉞延綏,[17] 引企台垣,[18] 莫名忭慰. 承示朝亂之由, 日使竹添實為罪魁. 在朝恐有後患, 宜設法令其調開. 姪密探得日廷駐朝之使, 擬另揀人前往, 竹添恐難復任. 聞數日即可定奪. 姪因此未曾往商. 緣日人性情剛愎, 若徑道破, 恐轉有激動, 似不相宜. 倘聞仍有令其回朝之信, 自當遵命前往, 設詞挽轉也. 前晤井上馨, 伊欲中日撤兵, 當經電聞, 旋奉總署來電. 以朝鮮為我屬藩, 我兵駐朝有年, 且朝王屢次乞援, 義難漠視, 勢不能撤等語. 與之理論, 彼仍謂:"兩國撤兵, 冀息後患. 此後擬囑韓廷延英·德人教練成軍, 彼亦足以自衛."等語. 姪思我朝綏撫屬藩, 向少派兵之舉. 前因大院君之亂, 日本舉動叵測, 我朝始有派兵鎮朝之舉. 今伊執定此說, 若僅以不能撤兵一語答之, 恐此事終難議定. 如慮日人覬覦朝地, 現有俄人虎視在旁, 料日人亦斷不敢作此妄想. 鄙見可否與日人議明, 俟一年或半年後, 韓廷練兵足以自衛, 再行撤防? 或可了結此事, 以消東顧之憂. 誠如來諭所云, 現值法事方殷, 未便多樹一敵, 似亦設法早日了事為是. 倭情狡猾, 若朝事堅不相下, 恐其勾結法人, 與我為難. 雖內地不致疏虞, 然台灣必大受其累. 且恐遷延不了, 明春法人倘有大舉入寇, 日人要求恐又不

16 궁태부작중당(宮太傅爵中堂)은 이홍장을 가리키는 것으로 보인다. 세백(世伯)은 부친 세대의 사람 중에 자신의 부친보다 연장자를 가리킨다. 서승조는 이 글에서 자신을 조카(姪)로 칭하고 있으니, 아마 이홍장과 숙질 관계의 인척이었던 것으로 보이지만, 확인은 곤란하다. 잠거(簪裾)는 존귀한 자의 복식을 의미한다.

17 절월(節鉞)은 부절(符節)과 부월(斧鉞)의 합칭으로 군대를 보낼 때 천자가 권위의 증표로서 대장군에게 수여하였다. 연수(延綏)는 북방의 군진(軍鎮) 이름으로, 명대 구변(九邊) 가운데 하나이다. 현재의 유양구(榆陽區)이다. 결국 절월연수는 지방의 대군을 이끄는 장군을 가리키는 것으로 보인다.

18 태원(台垣)은 도찰원과 육과(六科)의 합칭으로 감관(監官) 또는 간관(諫官) 기구를 의미한다.

止此一事也. 不如目前見機, 姑與日人定議. 即有未妥, 不難俟法事定後再與理爭. 諒蕞爾日本, 必可就我範圍也. 種種曲情, 想早在我公燭照之中. 姪材庸識淺, 愚昧之言, 未敢徑達總署. 且未敢於倭人前稍露擬商撤兵之意. 伏望中堂統籌全局, 俯賜酌奪. 將姪前呈問答全語參閱, 速與總署婉商及早定奪電復. 是所企禱, 恃愛瀆陳. 是否尚求, 訓示祇遵. 云云.
光緒十年十二月十五日發
光緒十一年正月十三日到

광서 11년 1월 15일, 북양대신 이홍장이 다음과 같은 서신을 보내왔다.

일본에서 사신을 중국에 보낸다는 소식에 대해 이미 서승조가 보내온 전보를 전달한 바 있습니다. 13일, 일본 영사 하라 다카시가 찾아와서 말하길, "전보에 따르면 일본에서 참의(參議) 이토 히로부미를 전권편의행사대신(全權便宜行事大臣)으로 임명하였고, 그는 13일 길을 떠나 약 20일 후에 천진을 지나 곧장 경사로 가서 사무를 논의할 것입니다. 어떤 일을 논의할지는 알 수 없습니다"라고 하였습니다. 또한 사이고 쓰구미치가 함께 오는지를 물어보았더니, "상세한 내용은 모른다"라고 답하였습니다. 생각건대 이토 히로부미가 일본에서 국사를 주관한 지 이미 오래되었습니다. 이번의 사행(使行)에는 필시 요구가 있을 것입니다. 때마침 서승조가 작년 섣달 15일에 서신을 보내, "1년이나 반년 이후 조선이 군대를 조련하여 스스로 지키기 충분할 정도가 되면, 중국과 일본이 다시 철병하자는 제안을 일시적인 만회책으로 삼으려고 하니, 비밀리에 총리아문과 상의하여 결정해 주십시오"라고 부탁하였습니다. 삼가 서신 원본을 초록하여 올리니 살펴봐 주십시오. 이토 히로부미가 이미 출발하였으므로 응당 그가 경사에 도착할 때 총리아문에서 기회를 엿보며 협상하셔야 할 것입니다. 오장경의 부대가 조선에 주둔한 지 3년이 되었습니다. 병사들이 고생하고 있어서 그들의 불평과 탄식을 조금이라도 풀어주려면 본디 응당 교체해 주어야 합니다. 다만 바다를 건너 원정을 떠나 불편한 것이 많고, 한성에는 각국 관원과 상인이 모여 있어서 구설수에 말리기 쉽고, 일본인이 또 중간에서 농간을 피웁니다. 따라서 지휘관들이 강경책과 유화책을 구사하더라도 모두 적절하게 균형을 맞추기 어려우며, 여기에 적합한 인사를 찾는 것도 쉽지 않습니다. 만일 일본군이 모두 철수한다면, 우리 군대 역시 잠시 철수하지 못할 것도 없습니다. 다만 저희 쪽에서 독일 장교를 가려 뽑아 조선에 보내 군대를 훈련시키면, 그 군대가 점차 정예 부대가 되어 스스로 보호하기를 기대할 수 있습니다. 천천히 형세를 살펴 수시로 상황을 헤아려 처리하되 언제든지 군함을 조선에 보내 순찰하며 훈련하도록 하는 편이 또 한 가지의 대비책이 될 듯합니다. 삼가 비밀리에 살펴보시고 채택하여 처리해 주신다면 다행일 것입니다. 이에 삼가 비밀리에 아룁니다. 새봄에 복 많이 받으시길 빕니다.

1. 「출사일본대신 서승조가 보내온 서신(出使日本徐大臣來函)」.

삼가 아룁니다.

광서 10년 12월 11일, 일찍이 서신 한 통을 밀봉하고, 여기에 문답 내용 전체 및 조선과 일본이 회담으로 논의한 조항을 초록으로 첨부하여 역참을 통해 신속하게 아뢰었으니, 이미 받아서 살펴보셨을 것으로 생각합니다. 어제 11월 17일 보내신 답장 지시를 받았는데, 지시 사항을 모두 읽어보니, 중당 대인께서는 존귀한 신분으로 도타운 복을 누리시면서 북양의 대병력을 지휘하실 뿐만 아니라 조정 관료의 모범이 되고 계시니, 말로 표현할 수 없을 정도로 기쁘고 위안이 됩니다. 조선 변란의 원인에 대한 설명을 보니 일본 공사 다케조에 신이치로가 실로 그 원흉입니다. 그가 계속 조선에 있게 되면 아마도 후환이 있을 것이므로 마땅히 방법을 마련하여 그가 조선에서 떠나도록 해야 할 것입니다. 제가 비밀리에 탐문하니 일본 정부에서 다른 사람을 뽑아 조선 주재 공사로 보낸다고 하니 다케조에는 아마도 다시 부임하기 어려울 것입니다. 듣기로는 수일 내에 결정할 것이라고 합니다. 이 때문에 아직 제가 가서 이 문제를 상의하지 않았습니다. 일본인은 고집이 세서 만일 곧바로 잘라서 말하면 도리어 그들을 자극할 수 있어서 아마 적절하지 않을 듯합니다. 만일 그를 다시 조선으로 돌려보낼 것이라는 소식을 듣게 된다면, 마땅히 지시에 따라 구실을 만들어 만회하도록 하겠습니다. 일전에 이노우에 가오루를 만났을 때 그가 중국과 일본이 철병하기를 원한다고 하여, 이를 이미 전보로 보고하였고 곧이어 총서의 답신 전보를 받았습니다. 전보에서는 "조선은 우리의 번속이다. 우리 군대가 몇 년 동안 조선에 주둔한 것은 또한 조선 국왕이 누차 도와달라고 요청하여 의리상 무시할 수 없었기 때문으로, 상황을 고려했을 때 철수할 수 없다"라고 하였습니다. 그래서 이것을 가지고 이노우에 가오루와 논쟁하였는데 그는 여전히 "양국 군대가 철수해야만 후환을 잠재울 수 있습니다. 그리고 나중에 조선 정부에 영국인이나 독일인을 초빙해 군대를 조련하도록 부탁한다면 그들 또한 스스로 지키기 충분할 것입니다"라고 하였습니다. 제가 생각하기로는 우리 조정에서 번속을 안정시키면서 지금까지 군대를 파견하는 일은 적었습니다. 일전에 대원군의 변란에서 일본의 거동을 예측할 수 없었기 때문에 우리 조정에서 비로소 군대를 보내 조선을 진정시키는 일이 있었습니다. 지금 이노우에 가오루가 철병 주장을 고집하고 있는 상황에서, 만일 단순히 "철수할 수 없다"라는 한마디로 답변하게 되면 아마도 이 일은 끝까지 해결될 수 없을 것입니다. 만일 일본인이 조선 땅을 노리고 있는 것이 염려된다면, 현재 러시아 또한 그 곁에서 호시탐탐 노리고 있으므로, 일본인이 결코 감히 이러한 망상을 감행하지 않을 것이라 저는 생각합니다. 제가 일본인들과 1년 또는 반년 후에 조선 조정에서 군대를 조련하여 스스로 지키기에 충분해지면 재차 철수하기로 협의해도 되겠습니까? 혹 이 문제를 해결한다면 조선과 관련된 우려를 잠재울 수 있을 것입니다. 정말로 보내주신 지시에서도 말씀하신 것처럼 현재 프랑스와의 전쟁이 심각한 상황에서 다른 적을 만들어 낼 수는 없다고 하셨으니, 방법을 마련하여 조속히 이 사안을 해결하는 편이 옳을 듯합니다. 일본인의 성정이 교활하여, 만일 조선 문제를 가지고 고집하면서 양보하지 않으면, 그들이 프랑스와 결탁하여 우리를 곤란하게 할 것이 우려됩니다. 비록 내지(內地)에는 문제가 없겠지만 대만은 필시 큰 피해를 당할 것입니다. 또한 처리가 지체되어 끝맺지 못하는 상황에서 만일 내년 봄 프랑스가 대거 침입하게 된다면 일본의 요구는 단지 이 일로만 끝나지 않을 것입니다. 차라리 지금의 상황을 헤아리면서 잠시나마 일본과 화해하는 편이 나을 것이며, 설사 이런 처리에 마땅치 않은 부분이 있더라도 프랑스와의 일이 마무리된 다음 다시 이치로 따지는 것도 어렵지 않습니다. 생각건대 손바닥만 한 일본은 필시 우리의 의도대로 끌려올 것입니다. 이런 여러 가지 사정에 대해서는 물론 일찍부터 헤아리고 계시리라 생각합니다. 저는 재능과 견식이 용렬하고 얕아서 우매한 의견을 감히 총리아문에 곧바로 아뢸 수가 없었습니다. 또한 감히 일본인 앞에서 조금이라도 군대 철수를 논의하려는 뜻을 드러내 보일 수도 없었습니다. 엎드려 바라옵건대 중당 대인께서 전체적인 상황을 총괄적으로 주지하시면서 결정을 내려 주시길 바랍니다. 제가 일전에 올린 문답 내용을 참고하시고 속히 총리아문과 완곡하게 논의하여 조속히 결정을 내려 답장 전보를 보내주시길 빕니다. 이렇게 바라는 바를 저를 아껴주시는 마음을 믿고 외람되이 아뢰었습니다. 가부에 대해 말씀해 주시면 따르도록 하겠습니다.

광서 10년 12월 15일 발송

광서 11년 1월 13일 도착

(3) 문서번호: 5-3-03(952, 1652b)

사안 : 이홍장을 전권대신으로 삼아 일본 사신과 조선 사무를 협의하도록 하라(命李鴻章爲全權大臣, 與日本使臣商議朝鮮事宜).

날짜 : 光緒十一年正月二十五日(1885년 3월 11일)

발신 : 光緒帝

수신 : 總理衙門

光緒十一年正月二十五日, 奉上諭:

大學士直隸總督李鴻章, 著作為全權大臣, 與日本使臣商議事務.

欽此.

광서 11년 1월 25일, 다음과 같은 상유를 받았습니다.

대학사 직예총독 이홍장을 전권대신으로 삼아 일본 사신과 사무를 상의하게 하라.

이상.

(4) 문서번호: 5-3-04(953, 1652b)

사안 : 이홍장이 일본 사신과 천진에서 조선 사무를 상의하도록 하라. 아울러 오대징도 이홍장을 돕도록 하라. 일본은 우리가 조선에 파견한 무관(武官)을 처벌하기를 바라지만 그 요청은 결코 들어줄 수 없다(命李鴻章與日使在津商議朝鮮事宜, 並吳大澂會辦. 日本欲我懲處在朝武弁, 不能曲徇其請).

날짜 : 光緒十一年正月二十五日(1885년 3월 11일)

발신 : 光緒帝

수신 : 總理衙門

光緒十一年正月二十五日, 奉上諭:

日本使臣計將到津. 李鴻章熟悉中外交涉情形, 必能妥籌因應. 本日已有旨派李鴻章為全權大臣, 即著該督與日使在津商議事務, 毋庸令其来京. 吳大澂係原派前往朝鮮查辦之員, 並著會同商議, 俟来京召見後, 即日赴津. 此次朝鮮亂黨滋事, 提督吳兆有等所辦並無不合. 前據徐承祖電稱:"日人欲我懲在朝武弁", 斷不能曲徇其請. 著李鴻章等設法堅拒. 其餘商議各節, 該大臣等務當妥為籌畫, 斟酌機宜, 與之辯論, 隨時請旨遵行. 本日簡派全權大臣諭旨一道, 一併發往. 如該使臣索看憑據, 即著李鴻章另行恭錄, 給與閱看, 俟議辦事畢, 此旨仍繳還軍機處備查.

欽此.

광서 11년 1월 25일, 다음과 같은 상유를 받았습니다.

일본 사신이 곧장 천진에 도착할 것이다. 이홍장은 중외 교섭 상황에 익숙하니 필시 능히 적절히 준비하여 대응할 수 있을 것이다. 오늘 이미 유지를 내려 이홍장을 전권대신으로 삼아 일본 사신과 천진에서 사무를 상의하도록 하였으니, 일본 사신이 경사로 오게 할 필요는 없다. 오대징은 원래 조선으로 파견되어 조사·처리하도록 한 인원이므로 아울러 이홍장을 돕도록 하는데, 경사에서 소견한 다음 곧장 천진으로 가라. 이번 조선의 난당이 반란을 일으켰을 때 제독 오조유 등이 처리한 바는 적절하였다. 앞서 서승조가 전보를 보내, "일본인들이 우리가 조선에 파견한 무관을 처벌하기를 바랍니다"라고 하였지만, 결코 그 요청은 들어줄 수 없다. 이홍장 등은 방법을 마련하여 끝까지 거부하라. 나머지 상의할 내용들은 해당 대신들이 힘써 타당하게 계획하고 상황을 헤아려 변론하며, 수시로 유지를 청해 그에 따라 처리하도록 하라. 오늘 전권대신을 골라 임명한다는 유지도 함께 발송하도록 하라. 만일 일본 사신이 증거를 요구하면, 이홍장은 별도로 유지를 베껴 그에게 보여주고, 일 처리가 끝나면 이 유지를 군기처로 반납하여 보관하도록 하라.

이상.

(5) 문서번호: 5-3-05(970, 1709b-1714a)

사안 : 1. 이번에 이토 히로부미가 오는 것은 단지 조선 문제를 처리하기 위함만이 아닙니다. 그리고 조선 문제에 대한 요구는 또한 두 가지로 나뉩니다. 하나는 철병이고, 다른 하나는 지휘 장교에 대한 처벌 및 위로금 지급입니다(伊藤此行非只辦朝鮮案件. 而朝案要求又分兩層. 一爲撤兵, 一爲議處統將, 賠補恤銀). 2. 프랑스 의회에서는 양산(諒山)에서의 패배로[19] 인해 전쟁을 주장하게 될 형세이므로, 조약 체결 논의는 일시적으로 시작되기 어렵고, 그래서 일본인의 야욕을 더욱 부풀리고 있습니다(法議院因諒山之敗, 勢將主戰, 款議一時難就. 更張倭人覬覦).

첨부 문서 : 1.「일본 전권증명서(日本全權憑據)」: 일본에서는 이토 히로부미를 판리전권으로 임명하여, 중국 전권대신과 조선 사건을 논의하여 처리하도록 합니다(日本派伊藤博文爲辦理全權, 與中國全權大臣議辦朝鮮事件).

2.「이홍장과 이토 히로부미의 문답기략(李鴻章與伊藤博文問答紀略)」: 일본 사신은 중국이 조선에 주둔한 군대를 철수하고, 지휘관을 처벌하고, 손실을 배상하라고 요구하였습니다(日使要求中國撤回駐韓兵弁, 懲處統將, 補償損失).

날짜 : 光緖十一年二月二十日(1885년 4월 5일)

발신 : 北洋大臣 李鴻章

수신 : 總理衙門

二月二十日, 北洋大臣李鴻章函稱:

連奉二月十二、十五·六日公函鈔件, 敬聆一一. 日使伊藤與榎本等, 於十七日抵津, 函約十八日申初來, 當同吳副憲、續運司接晤. 彼此先閱全權憑據, 旋即開議. 所有問答節略鈔呈電閱. 其敕書內有"議辦前日案件, 妥商善後方法之語", 為隱括朝案宗

19 이곳은 랑손(Lạng Sơn), 즉 베트남의 랑선성(諒山省)을 가리킨다. 중국의 광서성(廣西省), 운남성(雲南省)과 인접하였으며 성도는 하노이에서 북동쪽으로 137km 떨어진 랑선시이다.

旨.[20] 該使則謂:"此行非只獨辦朝鮮案件, 而朝案尤宜先結, 前在鈞署面遞節略內, 固已言明." 似其饒舌不止一端. 即所談朝事分兩層, 一為已往, 一為將來, 發端頗為張大. 撤兵一節, 彼所注意, 但須兩國同撤, 尚無難妥酌辦理. 至已往之事, 彼欲議處統將, 賠補卹銀, 皆於情理不合, 必須反覆辨爭. 擬二十日午後往該使寓館答拜, 再行會議. 倭人最貪小利, 自同治十三年台灣之案, 優給卹銀. 此次該國在朝兵民損失甚多, 且被我軍攻逐, 有傷體面, 積慙生忿. 其在朝鮮僅議賠十三萬元. 蓋憫朝人之窮, 又無以饜國人之慾, 未嘗不思援例補償. 然我軍入宮保護, 名正言順, 不可不堅拒力持. 雖議至決裂, 亦所勿計, 卓裁當以為然也. 連接西電, 法茹相退位. 議院因諒山大敗之辱, 勢須主戰, 似欵議一時難就. 澎湖為全台門, 澎已被踞, 台將不保. 若失台後, 更無轉圜之方. 不獨長倭人之覬覦, 竊用憂煎. 專肅密布. 敬頌鈞福.

照錄鈔册

1.「日本全權憑據」.

保有天佑, 踐萬世一系帝阼之大日本國皇帝宣示瞻此書者.

去年十二月, 朝鮮漢城之變事, 涉日清兩國. 朕茲簡素所信任賢能大臣參議兼宮內卿、勳一等伯爵伊藤博文, 委以辦理全權, 派往大清國皇帝闕下. 使其與大清國全權大臣議辦前日案件, 妥商善後方法, 便宜從事訂約蓋印. 其所訂定者, 與朕親臨處分無異, 不要更行批准.

神武天皇即位紀元二千五百四十五年

明治十八年二月二十五日, 於東京宮城親記名, 鈐國璽

御 名

奉 敕

外務卿伯爵 井上馨

2.「二月十八日申刻, 日使伊藤問答紀略」:彼此互閱全權憑據.

---

20 은괄(檃括)은 원래 기존의 문장이나 저작을 편집하거나 각색하는 것을 뜻하며, 여기에서 교정한다는 의미가 파생하였다.

伊藤: 此次為商辦朝鮮之事. 約有兩層, 一為以前之事, 一為將來之事. 請先說將來之事. 我國派兵在朝鮮駐紮, 當初因亂民驅逐公使花房義質, 燒燬日館, 議派兵防護使館, 先只駐兵二中隊, 每隊僅一百二十人. 上年撤回一隊, 只留一隊. 中國駐朝兵勇一千數百, 較日兵為多. 各有猜忌之意, 恐將來中日因此失和, 莫如由中國撤兵, 使兩國永遠和好.

李: 伊藤大人欲中國撤兵. 是否貴國同時撤兵?

伊藤: 本國與朝鮮條約, 俟一年以後察看, 朝民不致滋事, 使館無須保護, 方可撤兵.

李: 貴國既不能遽撤, 先欲令中國撤兵, 未免越俎, 且近不恕.

伊藤: 條約雖有一年體察之說, 如中國可商撤, 我約亦可酌改. 欲請中堂相諒. 如中國不肯撤, 仍留多兵, 日本亦須照數添兵. 兩國兵力不相上下, 更易生事.

李: 中國留兵在朝並非多事, 似與日本無涉.

伊藤: 方纔所說撤兵之話, 係為將來之事. 現在又述以前之事. 去冬我竹添公使在朝, 因奉有朝鮮國王之諭, 令日使入衛. 後來貴國帯兵官, 由外闖入. 竹添之兵, 理應在宮中保護. 貴國之兵忽然攻進先開槍, 未免無禮, 應請將貴國帯兵官議處. 後數日華兵在街市上, 將日本商民傷害, 以致日本民命財産被失, 須請中國畧為賠補.

李: 中國所派之兵, 係我管轄, 然並不稍袒護. 當時各營均有禀報, 朝鮮國王亦有咨文, 我皇上又派吴、續兩大人前往查明原委. 於此中詳細情形, 早已洞悉. 現將各營禀報及朝鮮國王公文及吴、續兩大人所查, 擇其大畧言之. 此事竹添公使所辦未免冒昧, 何也? 留兵原為保護使館. 當時應查明朝城實在有無變亂情事. 詳查確實方可動兵. 即使派兵保護國王, 亦應格外慎重. 且必得知照外部, 彰明較著. 此事何等重大, 豈可輕率詭祕若此?

伊藤: "日使來衛"四字, 係國王所書. 事起倉猝, 不及知照外部. 且竹添在朝必知國中變亂情節, 否則不肯輕動兵也.

李: 究竟變亂係何人在何處, 何以竹添不細察?

伊藤: 本來此事竹添不知情. 渠到朝鮮只一月. 既經國王召入, 照公法可以相助, 並無不合. 請中堂不必疑心.

李: 朝鮮國王來咨云, 此係亂臣矯詔, 並非國王之意.

伊藤: 事後情形均已改變. 現在國王如何說法, 未必可靠. 當竹添進宮之時, 國王當面道謝. 且在宮中住數日, 國王再三懇留.

李: 此事實由朝鮮國王懦弱, 為金玉均等欺. 國王既稱矯詔, 斷不能一人說兩樣話, 前後不符. 總而言之, 朝王為亂黨所賣, 竹添亦為亂黨所賣耳.

伊藤: 此事欲考究起禍之由, 似可不必考究. 中堂疑竹添與聞其事. 我亦曾細查, 實無憑據.

李: 前事本可不提. 因伊大人欲懲辦我營將弁, 不能不將起事情由, 詳細辦論. 我兵駐朝三年. 當時因朝鮮亂黨滋事, 前往查辦, 將大院君拘至保定以後留兵, 駐紮原為保護朝鮮而設. 去冬十月之變, 亂黨挾日本兵威, 戕殺六大臣. 舉國臣民怨憤, 紛紛赴中國防營求救, 是以該弁兵不能不進宮保護. 此不得已之情事.

伊藤: 借日本兵力, 殺朝鮮大臣, 應看知情、不知情. 如朝鮮欲殺大臣, 即無日本兵力, 亦可自殺.

李: 朝鮮亂黨欲戕害大臣, 無此力量. 是以借日兵在宮擅殺之. 朝鮮國王實不願誅此六大臣也. 但朝鮮誅戮大臣, 是否係國王之意, 均未可知, 似可不問.

李: 伊藤大人欲責我兵, 將不能不詳加辯論. 竹添是否知情, 我亦不敢知.

榎: 我兵在日本宮内並無開仗之意. 中國兵進宮先行開槍, 是以迫得交戰.

李: 我兵進宮之先沕函知照竹添, 本無惡意. 竹添以為尚未折閱, 即聞槍聲. 此特託詞.

吴: 我兵進宮時, 陳訓導手執名片, 照呼日人不必開槍. 及名片上打有槍眼, 又傷我兵數人, 方始發槍應之. 此非我兵先開槍之實據.

伊藤: 中國帯兵官致信竹添, 並未開視. 其時日本兵在内, 高麗兵在外. 我兵不能先開槍, 因有朝兵在前也.

李: 朝兵既先開槍傷我兵, 我兵不能不發槍. 既發槍即不能辨認朝兵與日兵. 各兵皆欲自保性命, 此一定之理.

伊藤: 考究誰先開槍一節, 實無憑據. 如係高麗人先開搶, 中國兵勇打高麗人, 不能殃及日兵.

李: 既經開槍, 即難分別矣. 又伊藤大人言, 日本商民為華兵所傷害, 斷無此事. 後來朝鮮國王到我營中住三日, 我兵專意護衛國王, 實無一人出外滋事. 且日本婦女流落街市, 中國帶兵官派人護送回仁川, 可知我兵並無他意.

伊藤: 中堂所言護送婦女至仁川, 實有此事. 日本人回國, 而中國官兵至日本民人家搶刼, 亦有此事. 日本人回國所述情形如此.

李: 中國營規、軍令極嚴, 絶不敢赴日本民人家滋事. 或係旁人假冒.

伊藤: 華兵赴日本民人家滋擾, 實有其事.

李: 以前之事, 是非眞僞殊無一定, 兩國各有稟報情形, 多不一律, 似可不必深究.

광서 11년 2월 20일, 북양대신 이홍장이 다음과 같은 서신을 보내왔습니다.

2월 12일, 15일, 16일 보내주신 공문과 초록을 잇따라 받아 하나하나 살펴보았습니다. 일본 사신 이토 히로부미와 에노모토 다케아키 등은 17일 천진에 도착한 뒤 서신을 보내 18일 오후 3시에 오기로 약속했습니다. 그래서 오대징, 속창과 함께 그들을 만났습니다. 피차간 먼저 전권증서를 열람하고 곧장 논의를 시작하였습니다. 모든 문답 기록을 베껴서 전보로 올려 신속하게 살펴보시도록 합니다. 일본의 칙서에는 "전일(前日)의 사안을 협의하여 처리하고 사후 처리 방법을 적절히 상의한다"라는 말이 있었는데, 이것은 조선 문제 처리의 종지를 바꾸는 것입니다. 해당 사신들은 "이번 사행은 오로지 조선 문제만을 처리하기 위함이 아니지만, 조선 문제를 마땅히 먼저 처리해야 한다고 일전에 총리아문에 직접 제출한 공문에서 이미 언급하였습니다"라고 하였습니다. 그 장황한 말들이 여기에만 그치지 않았으니, 그들이 말하는 조선 문제는 두 가지 차원으로 나뉘는데, 하나는 과거의 일이고 다른 하나는 장래의 일이라고 하여, 시작부터 자못 거창하였습니다. 철병 문제는 그들이 주의를 기울이는 바로서 반드시 양국이 함께 철수해야 하며 이를 적절히 처리하는 데 어렵지 않을 것이라고 하였습니다. 과거의 일과 관련하여 그들은 중국군 지휘관을 처벌하고 위로금을 지급하는 것을 바라지만, 이는 모두 사정이나 도리에 부합하지 않으므로 반드시 거듭하여 논쟁해야 할 것 같습니다. 20일 오후 해당 사신들의 숙소에 가서 답방하면서, 다시 회의를 열기로 하였습니다. 일본인들은 작은 이익에 매우 탐욕스러워 동치 13년(1875)의 대만 사건 당시에도 위로금을 넉넉히 지급한 바 있습니다. 이번 조선에서 일본 군인과 민간인이 입은 손실이 매우 크고, 또한 우리 병사들의 공격으로 쫓겨나 체면에 손상을 입고 수치와 원한이 쌓여 있습니다. 조선에서는 단지 13만 원을 배상하는 것에 대해 논의하였는데, 대개 조선이 궁핍하고 또한 일본인의 욕심을 충분히 만족시킬 수 없었기 때문으로, 전례에 따라 보상하는 것을 생각해 보지 않은 것은 아닙니다. 그러나 우리 병사들이 왕궁에 들어가 보호한 행위는 명분이 바르고 그 말이 사리에 맞으므로 완강히 거부하면서 버티지 않을 수 없습니다. 비록 협의가 결렬에 이르더라도 또한 상관하지 말라는 탁견은 지당합니다. 계속해서 서양에서 보낸 전보를 받아보니 프랑스의 쥘 페리 수상이 퇴임하였습니다. 의회에서는 랑선에서 대패의 치욕 때문에 형세상 반드시 전쟁을 주장할 것이므로, 조약 체결 논의는 잠시 시작되기 어려울 듯합니다. 팽호(澎湖)는 온 대만의 문호이므로 팽호가 점령당하면 대만을 지킬 수 없게 됩니다. 만약 대만을 상실한 이후라면 더욱 만회할 방법이 없습니다. 이렇게 되면 일본인의 야욕을 더욱 크게 부풀려 큰 우환이 생길 수 있을 것입니다. 서신으로 비밀리에 알려드립니다. 복되시기를 빕니다.

첨부 문서 초록

1. 「일본 전권증서(日本全權憑據)」.

하늘의 도움을 받고 만세일계의 보위를 이행하는 대일본국 황제가 이 증서를 읽는 자에게 선포한다.

작년 12월 조선 한성에서 발생한 사변은 일·청 양국과 관계가 있다. 짐은 이에 평소에 신임하는 현능한 대신인 참의 겸 궁내경 일등백작 이토 히로부미를 뽑아 판리전권으로 삼아 대청국 황제 폐하에게 보낸다. 그로 하여금 대청국 전권대신과 전일(前日)의 안건을 논의하여 처리하고 사후 처리 방법을 적절하게 상의하도록 하고, 편리한 대로 일을 처리하여 조약을 맺고 조인하도록 하였다. 그가 의정한 내용은 짐이 친히 처분한 것과 다르지 않으니 추가로 비준할 필요가 없다.

진무천황(神武天皇) 즉위 기원 2545년

메이지 18년 2월 25일, 도쿄 궁성에서 친히 이름을 기록하고 국새를 찍다.

어명

봉칙

외무경 백작 이노우에 가오루

2. 「2월 18일 신시, 일본 사신 이토 히로부미와의 회담 요록(二月十八日申刻, 日使伊藤問答紀略)」: 피차간 서로 전권증서를 확인하였다.

이토 히로부미: 이번에 온 것은 조선 문제를 상의하여 처리하기 위함입니다. 조선 문제에는 대략 두 가지 차원이 있으니, 하나는 과거의 일이고 다른 하나는 장래의 일입니다. 먼저 장래의 일에 대해 말씀드리겠습니다. 일본에서 조선에 군대를 보내 주둔시킨 것은 당초에 난민이 하나부사 요시모토(花房義質) 공사를 쫓아내고 공사관을 불태웠기 때문으로, 공사관 보호를 위한 군대 파병을 논의하였을 때 먼저 단지 2개 중대를 주둔시키는 것으로, 중대당 겨우 120명씩이었습니다. 작년에 그중 1개 중대를 철수하고 나머지 1개 중대만 남겨두었습니다. 중국이 조선에 주둔시키는 부대는 천 수백 명으로 일본 군대에 비해 훨씬 많습니다. 양측이 서로를 의심하고 있어 아마도 장래에 이 때문에 중국과 일본이 불화하게 될 것입니다. 차라리 중국군이 철수하여 양국이 영원토록 화목하게 지내는 편이 낫습니다.

이홍장: 이토 대인은 중국의 철병을 원하시는데, 귀국 군대도 동시에 철수하는 것인가요?

이토: 일본과 조선이 체결한 조약에서 1년 이후 상황을 살펴 조선 백성이 사변을 일으키지 않고 공사관을 보호할 필요가 없다면 비로소 철병할 수 있다고 하였습니다.

이홍장: 귀국이 서둘러 철수할 수 없으면서 먼저 중국군 철수를 원한다면 좀 지나친 참견이고, 또 용인할 수 없는 일에 가깝습니다.

이토: 조약에는 비록 1년 후 상황을 살핀다는 내용이 있지만 만일 중국이 철수를 논의할 수 있다면 우리도 적당히 바꿀 수 있습니다. 중당 대인의 양해를 바랍니다. 중국이 만일 철수하지 않고 그대로 많은 군대를 주둔시킨다면 일본도 또한 반드시 그 숫자에 맞춰 추가 파병할 것입니다. 양국의 병력이 대등하지 않으면 불시의 사태가 발생하기 쉽습니다.

이홍장: 중국군이 조선에 주둔하는 일은 결코 쓸데없는 일이 아니며, 일본과 관계가 없는 듯합니다.

이토: 방금 이야기한 철병 문제는 장래의 일입니다. 이제 과거의 일을 이야기하겠습니다. 작년 겨울, 우리 다케조에 공사가 조선에 있을 때 "일본 공사가 들어와서 호위하라."는 조선 국왕의 유지를 받아 궁궐에 들어갔습니다. 나중에 귀국 군대를 통솔한 장교가 느닷없이 밖에서 쳐들어왔습니다. 다케조에 공사는 이치상 마땅히 궁중에서 보호해야 하는데, 귀국 군대가 갑자기 공격해 들어오며 먼저 총을 쏴서 무례한 행위를 저질렀으니, 응당 귀국 군

대를 지휘한 장교의 죄를 논하여 처벌하기를 요청합니다. 며칠 후에는 중국 병사들이 시가지에서 일본 상인들에게 상해를 가하여 일본인의 생명과 재산에 손실을 입혔으니, 반드시 중국에서 대략적으로나마 배상해달라고 요청합니다.

이홍장: 중국에서 파병한 군대는 내 관할이지만, 결코 조금이라도 비호하지 않겠습니다. 당시 각 군영마다 모두 보고하였고, 조선 국왕 또한 자문을 보냈으며, 우리 황상께서는 또한 오대징, 속창을 보내 그 경위를 조사하도록 하였으므로, 이 동안의 상세한 상황에 대해서는 일찌감치 모두 숙지하고 있습니다. 현재 각 군영에서 보고한 내용, 조선 국왕의 공문 및 오대징·속창이 조사한 바에서 그 대략을 골라 말씀드리고자 합니다. 이 일과 관련하여 다케조에 공사의 일 처리가 경솔하였습니다. 왜일까요? 군대 주둔은 본래 공사관을 보호하기 위함입니다. 당시 서울에 변란이 실제로 발생했는지 마땅히 조사하여 밝혀야 했습니다. 상세히 조사하여 확실해진 다음에야 군대를 움직일 수 있었습니다. 설령 군대를 보내 국왕을 보호한다고 해도 응당 특별히 신중하게 처리했어야 합니다. 또한 이를 반드시 외부(外部)에 통보해야 떳떳함이 더욱 두드러집니다. 그런데 이렇게 중대한 일을 어찌 이처럼 경솔하고 몰래 처리할 수 있습니까?

이토: "일본 공사가 와서 호위하라"라는 네 글자는 국왕이 쓴 것입니다. 사태가 창졸간에 발생하여 외부(外部)에 알릴 겨를이 없었습니다. 또한 다케조에가 조선에 있을 때 틀림없이 나라 안의 변란 상황을 알았을 것이고, 그렇지 않았다면 가벼이 군대를 움직이려 하지 않았을 것입니다.

이홍장: 도대체 변란을 누가 어디서 일으킨 것인지, 어찌 다케조에는 상세하게 살피지 않았습니까?

이토: 본래 이 일에 대해 다케조에는 그 사정을 몰랐습니다. 그가 조선에 도착한 지 겨우 한 달에 불과했습니다. 국왕이 불러 입궐했던 것으로, 공법에 비추어 보면 서로 도울 수 있으며, 부적절한 바는 결코 없었습니다. 중당께서는 의심하실 필요가 없습니다.

이홍장: 조선 국왕이 보낸 자문에서 이는 난신이 국왕의 명령이라고 사칭한 것이지 국왕의 뜻은 아니라고 하였습니다.

이토: 사후의 상황은 모두 바뀌었습니다. 현재 국왕이 뭐라고 말하던 반드시 믿을 만한 것은 못됩니다. 다케조에가 궁궐에 들어갔을 때 국왕은 그 자리에서 사의를 표명했습니다. 또한 궁중에서 며칠을 묵었는데도 국왕은 여러 차례 남아달라고 간청했습니다.

이홍장: 이 일은 실로 조선 국왕이 유약하여 김옥균 등에게 속은 것입니다. 국왕이 이미 사칭한 것이라고 하였으니, 결코 한 입으로 다른 말을 할 수는 없으며 앞뒤 사정이 서로 들어맞지 않습니다. 요컨대 조선 국왕이 난당에게 배신당한 것이고, 다케조에 또한 난당에게 속은 것뿐입니다.

이토: 이 사태의 화근을 살피고자 하시지만, 반드시 깊이 따질 필요는 없을 듯합니다. 중당께서는 다케조에가 그 일에 간여한 것으로 의심하고 계십니다. 나 또한 이를 상세하게 조사하였지만, 실로 아무런 증거도 없었습니다.

이홍장: 이전의 일은 본래 따지지 않을 수도 있지만, 이토 대인께서 우리 군영의 장병을 처벌하길 원하기에 사건이 일어난 사정에 대해 상세하게 변론하지 않을 수 없습니다. 우리 군대가 조선에 주둔한 지 3년이 되었습니다. 당시 조선에서 난당이 변란을 일으켜 우리 군대가 가서 조사·처리하고, 대원군을 구금하여 보정으로 데려온 이후 군대를 남겨 주둔시켰는데, 이는 조선을 보호하기 위함이었습니다. 작년 10월 변란에서는 난당이 일본 군대의 위세에 힘입어 6명의 대신을 살해하였습니다. 온 나라의 신민이 울분에 차서 분분히 중국 군영으로 와서 구제를 요청하였으므로, 해당 장병들이 궁궐에 들어가 보호하지 않을 수 없었습니다. 이는 부득이한 사정이었습니다.

이토: 일본의 병력을 빌려 조선 대신을 살해한 것에 대해서는 응당 다케조에가 사정을 알았는지 몰랐는지를 살펴봐야 합니다. 만일 조선에서 대신을 살해하려고 했다면 일본군이 없었더라도 스스로 죽일 수 있었습니다.

이홍장: 조선 난당이 대신을 살해하려고 해도 이 정도의 역량은 없었습니다. 이에 일본 병력을 빌려 궁궐에서 그들을 함부로 죽인 것입니다. 조선 국왕은 실로 이 여섯 대신을 죽일 마음이 없었습니다. 다만 조선에서 대신을 죽인 일이 국왕의 뜻인지 알 수 없으니, 더 이상 따지지 않아도 될 듯합니다.

이홍장: 이토 대인께서 우리 군대를 책망하시고자 하니 더욱 상세하게 변론하지 않을 수 없습니다. 다케조에가 사정을 알았는지에 대해 우리 또한 알 수 없습니다.

에노모토: 우리 군대는 본래 그날 궁궐에서 전투를 벌일 의도가 없었습니다. 중국 군대가 궁궐에 들어와 먼저 사격하여 억지로 교전할 수밖에 없었습니다.

이홍장: 우리 군대가 궁궐에 들어가기에 앞서 서신을 보내 다케조에에게 알렸으니, 본디 나쁜 의도는 없었습니다. 다케조에는 서신을 뜯어 보지도 않고 총소리를 들었다고 하였습니

다. 이는 특히 구실에 불과합니다.

오대징: 우리 군대가 궁궐에 들어갔을 때 진수당 훈도가 손에 명첩을 들고 일본인에게 총을 쏠 필요가 없다고 호소하였습니다. (그러나 그들이 총을 쏴서) 명첩에 총알 자국이 나고 우리 병사 여러 명이 부상을 당한 다음에야, 우리가 비로소 응사하였습니다. 이것이 우리 군대가 먼저 사격하지 않았다는 증거입니다.

이토: 중국 장교가 다케조에에게 서신을 보냈지만 뜯어 보지 않았습니다. 그때 일본군은 안에 있었고 조선군은 밖에 있었습니다. 일본군이 먼저 총을 쏠 수 없었다고 하는 것은 조선군이 그보다 앞에 있었기 때문입니다.

이홍장: 조선군이 먼저 총을 쏴서 우리 군에게 부상시켰으므로 우리 군도 총을 쏘지 않을 수 없습니다. 총을 쏘게 되면 조선군인지 일본군인지 식별할 수 없습니다. 각 군 모두 자신의 생명을 지키고자 하는 것은 당연한 이치입니다.

이토: 누가 먼저 총을 쐈는지 확인하려고 해도 증거가 없습니다. 만일 조선인이 먼저 총을 쐈다면 중국군은 조선인을 공격해야지 일본군에 재앙을 끼칠 수는 없습니다.

이홍장: 이미 총을 발사했다면 식별하기 어렵습니다. 또한 이토 대인이 일본 상인과 민간인이 중국군에게 상해를 입었다고 하였지만, 결코 이러한 일이 없었습니다. 나중에 조선 국왕이 우리 군영에서 사흘간 머물렀는데, 우리 병사들은 전심으로 국왕을 호위하고 단 한 사람도 밖으로 나가 문제를 일으키지 않았습니다. 또한 거리에서 떠돌던 일본 부녀자를 중국 장교가 사람을 보내 인천으로 호송한 일에서도 우리 군에 다른 뜻이 없었다는 점을 알 수 있습니다.

이토: 중당께서 부녀자들을 인천으로 호송하였다고 하셨는데, 실로 이런 일이 있었습니다. 하지만 일본인이 일본으로 돌아가자 중국 관병이 일본 민간인의 집을 약탈한 일 또한 있었습니다. 일본인이 귀국해서 진술한 사정이 이와 같습니다.

이홍장: 중국 군영의 부대 규칙과 군령이 엄격하여 절대로 감히 일본인 민가에 가서 소란을 피울 수 없습니다. 아마 다른 사람들이 중국군을 사칭하였을 것입니다.

이토: 중국군이 일본 민가에 가서 소란을 일으킨 일이 실제 있었습니다.

이홍장: 이전에 발생했던 일의 진위는 특히 확실하지 않습니다. 양국에서 각각 보고받은 내용도 대부분이 일률적이지 않아서 깊이 고찰할 필요는 없을 듯합니다.

(6) 문서번호: 5-3-06(971, 1714b-1722b)

사안: 일본 사신 이토 히로부미와의 회담 내용 및 그가 직접 전달한 일본인 피해자 진술을 초록하여 올립니다(鈔呈與日使伊藤開議問答及其所面遞倭民被難口供).

첨부 문서 : 1.「혼다 슈노스케(本多奴之輔) 부인의 진술서(本多奴之輔妻供狀)」: 청군이 집안으로 쳐들어와 부수고 약탈하며 위협하였습니다(淸兵闖入室內, 掠奪破壞與恐嚇).

2.「오쿠가와 요시타로(奧川嘉太郎) 부인의 진술서(奧川嘉太郎妻供狀)」: 청과 조선 폭도들이 일본인을 마구 살해하였습니다. 남편 형제와 친구까지 총 3명이 살해당했습니다(淸韓暴徒亂殺日人. 良人兄弟及友三人皆遭殺害).

3.「슈야마 도쿠쿠라(須山德藏)의 진술서(須山德藏供狀)」: 청군 3명이 큰길에서 함부로 일본인을 죽였습니다.(淸兵三人於大道通衢, 亂斫日人).

4.「스기오카 다이스케(杉岡大助)의 진술서(杉岡大助供狀)」: 청군이 일본인 가옥에 쳐들어가 소란을 피우고, 교통을 차단하며 서울의 모든 성문을 봉쇄했습니다(淸兵亂闖人日人家屋騷擾, 並遮斷交通, 封鎖韓京諸門).

5.「아라키 센노스케(荒木仙之輔)의 진술서(荒木仙之輔供狀)」: 일본인 3명이 청군과 조선인에게 살해당하는 현장을 직접 보았습니다(親見日人三名被淸兵及朝鮮人殺害).

6.「2월 20일 신각(申刻, 오후 3~5시), 이홍장과 일본 사신 이토 히로부미의 문답기략(二月二十日申刻,李鴻章與日使伊藤博文問答紀略)」: 한성에서 중국과 일본 군대가 충돌한 책임 소재에 대해 변론하였습니다.辯論韓京中日兵隊衝突責任).

날짜 : 光緒十一年二月二十二日(1885년 4월 7일)

발신 : 北洋大臣 李鴻章

수신 : 總理衙門

二月二十二日, 北洋大臣李鴻章函稱:

二月十九日, 與日使伊藤問答鈔呈鈞鑒在案. 二十日申刻, 鴻章同吳、續二使往伊藤寓館答拜, 辨論三點鐘. 彼仍多端狡執, 呶呶不休. 謹將問答撮要, 鈔寄台覽. 伊所面遞倭民被難各口供, 均係一面之詞, 未足為據, 附鈔呈鑒. 約二十二日午後, 再行會議. 頃聞金登幹[21]已於十九日在巴黎畫押. 法議既定, 伊使當無奢望. 容晤商後, 再詳晰奉聞. 專肅密布. 敬頌均祉.

照錄伊藤面交各供狀譯漢

1.「本多奴之輔妻供狀」.

妾夫妻與長女[八年]及男韓次[四年], 自明治十六年羈居於朝鮮京城水橋側, 以照相為業. 去年十二月六日正午, 市中騷鬧, 良人欲探變狀出門遂不歸. 妾與二兒及同居人杉岡大助守家, 候動靜如何, 會住永辰妥亦來宿. 翌七日下午六點鐘, 清國兵二十餘人, 各携刀鎗由前後門闖入. 此時杉岡、住永徒出防鬪, 妾不復知伊等所之. 清兵均集, 掠奪什器. 其中一兵自室内向户外放銃兩三回, 晌時皆出門去. 無幾清·韓兵及清商約六七十人入來, 破壞照相、藥材及卓機. 長女右眼上被傷. 此時前掠去什器之清兵二十餘人再入來, 將刀斷妾髻鈕, 奪取櫛簪, 圍妾四傍. 拉所抱韓次之足, 捉要頭髮亂搖左右, 衆交舉足蹴踏, 嗣被壞障子、箱櫃等物件, 投放于室内. 其慘毒無情, 妾母子唯有哀泣耳下. 午一點鐘, 别有清兵十餘人皆抱刀携銃, 圍繞妾母子, 去至下都監前, 再被移于南山下兵營. 時三點鐘也. 妾母子在該營終夜, 清兵更來, 或將白刀恐嚇. 翌八日上午, 清兵二十五、六人, 韓兵四、五人押送妾母子於米國公使館. 九日由該館護送仁川領事館.

2.「奥川嘉太郎妻供狀」.

奥川嘉太郎, 舊大村藩士族也, 為朝鮮政府所雇, 製造陶器, 與妾及弟義一居於京城南村之公◌內. 此次變亂之起, 欲住避難之公館, 聞清·韓暴徒塞途, 亂殺日本人, 潛匿不出. 本多收之輔亦來俱匿. 至六日晚, 清國人三十餘人皆携兵器(其為兵為商則不

21 캠벨(James Duncan Campbell, 1833~1907)은 영국인으로 중국해관 총세무사 로버트 하트의 중요한 조수였다. 청불전쟁 당시 하트는 청 정부의 동의 아래 1885년 2월 캠벨을 몰래 파리로 보내 프랑스 외교부 측과 강화 협상을 대행하게 하였으며, 약 4개월의 협상 후 6월 9일 강화조약이 체결되었다.

詳也), 使朝鮮人先導闖入, 嘉太郎兄弟與奴之輔俱匿于內房. 妾逃避於背後隣家. 側耳候良人安否, 俄聞銃聲數響, 人聲囂◌, 須臾而止. 乃知是良人兄弟與奴輔之死期也. 妾隱隣家竈中過一夜, 翌七日備嘗辛苦免難, 至麻浦得隨公使一行, 來濟物浦.

3.「須山德藏供狀」.

兵庫縣人, 木匠. 須山德藏供.

上年十二月六日, 京城市中騷闹, 衆皆畏難奔集於公館. 奴友根本半九郎者羈宿於水標臺六橋社, 至正午十二點鐘, 猶不來於公館. 奴與泥匠福井利助謀, 下午二點鐘共往六橋社迎之. 不意路途相左. 至社則關寂無人, 再歸及東大門通衢, 見許多朝鮮人成群. 忽有清國兵三人, 自其中跳出, 拔刀追趕奴等. 至公館通衢之隅, 福井利助由背後被刀傷頭腦. 奴亦同被刀傷左耳旁至肩. 二人奪命而奔, 福井以年老氣力不支, 至石橋傍倒地, 奴幸得逃歸公館, 不得詳福井死生, 是為遺恨. 但在大道拔刀亂斫者, 確係清兵三人, 白日之下所見, 是明斷無誤認.

4.「杉岡大助供狀」.

杉岡大助供.

明治十六年五月, 奴與本多奴之輔俱為朝鮮政府所雇, 開設撮影業於水標橋. 明治十七年十二月六日午後四點鐘, 市街騷擾, 勢極危險, 奴護守家宅, 不出户庭. 此時對州人住永辰妥, 將到公館, 途上為暴徒所遮斷, 回避投宿焉. 翌七日午前六時, 清兵一名携銃闖入, 奴殊死防門. 又有清兵七八名由前門入, 勢不可當, 即超窓户奔出後街避難. 遇所識韓人金鏞元, 鏞元曰:"猶得生存歟". 奴答:"將避難於濟物浦何如?" 鏞元曰:"諸門皆既封鎖, 清兵守之, 不可通過." 乃為鏞元所救, 潛匿於其叔父某家, 得經二日. 九日京城諸門稍解嚴. 奴擬裝韓人, 逌至濟物浦. 而住永則為兇手所殺死矣.

5.「荒木仙之輔供狀」.

荒木仙之助供.

奴明治十七年十二月六日避難於公使館. 因素所友善米國答雲仙之囑託, 護送其妻於米國公館. 往至鐘樓街前面, 遥見古屋堅四郎、杉原常範、田中直次郎三人, 排開朝鮮人及清國人群集中, 向公館馳來. 其時在古屋等所奔之方, 哄聲大起, 瓦礫如雨. 奴等馳向米國公館去, 想古屋等三人將此時遭害矣. 清國人之數, 不下十人也.

6.「二月二十日申刻, 日使伊藤問答紀畧」.

伊藤: 前日向中堂言及, 去冬朝鮮之事, 中國營官辦事不合規矩, 應由中國懲辦. 此事日本實有憑據.

李: 有何憑據?

伊藤: 日本兵在宮内保護國王, 中國官兵不應入宮打我兵. 於理實有不合.

李: 朝鮮國王用印之咨文, 能作憑據否? 當時中國大皇帝, 因關係兩國交涉要件, 派吳、續兩大人前往朝鮮查辦. 恐我營官弁一面之詞, 不足為據. 吳、續兩位特備文咨詢朝鮮國王, 現有朝王咨覆公文, 請伊藤大人閱之, 便知我兵實無滋事情形. 更有一言, 朝鮮君臣皆甚怕事, 願伊藤大人見此公文, 勿怪朝王為要.

遂將朝王覆文照鈔副本, 送交存查.

伊藤: 朝王事後有給中國使咨文. 當時竹添公使在朝, 有朝王面告我公使之語, 亦足為憑.

李:口説不足為憑. 當時竹添何不向朝王, 索一字據?

伊藤: 朝王咨覆吳、續之文已詳閱. 其中情節不足為憑, 不能定中日兩國之案. 朝王亦有與我國公使之信件, 不如此説也.

李: 亦可取閱.

伊藤: 朝王親筆書並未帶來, 有一鈔本可取一閱. 前日已向中堂言明, 事後情形, 均已改變, 朝王所述之言不足憑信. 當時朝王向竹添覿面所説, 自足為據.

李: 竹添之言, 更不足信. 總之, 朝鮮之事, 變起倉猝, 兩國多不及料. 竹添辦事甚屬冒昧, 中國營官實難任咎. 恐此事愈説愈遠, 有傷和誼, 不如存而弗論. 專顧兩國大局為是.

伊藤: 我亦與中堂意見相同. 不欲愈説愈遠.

因出朝鮮王宮圖, 指視某處為日兵所紮之地, 某處為華兵闖入之地, 某處為開仗之地.

李: 中國統領、營官等, 向與竹添往來甚熟. 因要帶兵進宮, 當日辰刻即給竹添一信, 候至下午三點鐘, 竹添並無回信. 事過之後, 竹添詭言, 此信尚未拆閱, 已聞槍聲.

如當時竹添有一回信, 互相商酌, 即無此事.

伊藤: 中國營官云:"八點鐘給信", 竹添云:"三點鐘兵既進宮, 纔接信." 兩邊所說之話不同. 營官之言不足信.

李: 中國營官之言不足信, 竹添之言皆足信, 此事是非, 自難定矣.

伊藤: 中國營官致竹添之信, 我亦帶來, 取出同看. 信中並無注有時刻.

李: 營官本係武人, 不知交涉事宜. 忽忽發信, 未注明時刻, 亦不足怪. 然其時鈔函寄敝處, 注明送信, 實係辰刻, 必非揑飾.

伊藤: 十八日, 中國辦理商務之陳道往見美國公使福地言及, 華營將派兵入宮. 福地觀其勿遽動兵, 須與竹添說明為要.

李: 十月十八、九日, 朝鮮官民不見國王, 又聞宮中殺六大臣, 衆情惶急, 紛紛赴我營盤, 求兵保護. 中國駐防各營, 本有保護王宮之責, 不能不帶兵前往, 亦無可如何之事, 並非有意尋衅.

伊藤: 我但知華兵打我兵. 至朝鮮官民到營請兵, 我不過問.

李: 因伊藤大人不知此中情形, 故須明白言之.

伊藤: 當時中國兵欲由前門進宮, 因攔阻不允, 即由後宮門分道闖入. 是臨陣布隊之法, 可知有意要打仗.

李: 此竹添之不見幾不善處事也. 如當時接信 即派人出來商量, 必無此事. 皆由竹添恃才傲物, 不肯與人商酌辦理. 各國公使亦不料有此舉動.

伊藤: 竹添之恃才傲物, 此心中之事. 我實看不出.

李: 我與竹添交頗久, 相知甚深. 早知其恃才傲物也.

榎本: 無論高麗官民求救、不求救, 中國營官總知日本有兵在內, 一進宮門, 兩國之兵, 必爭鬭矣.

吴: 我兵本不欲開仗. 及進宮門, 已被打死五人, 受傷十餘人, 方始開槍應之. 其先並未放槍也.

續: 我兵入宮打亂黨, 並不欲與日本兵相爭. 亦不知日兵在內. 想日兵為保護國王而來, 國王既逃出宮, 豈有日兵獨守王宮之理?

伊藤: 中國管兵有意打我日兵, 此事關係甚大.

李: 去年榎本大人在總理衙門言及, 中·日兩國兵丁口角, 尚屬小事.

榎本: 去年本不想到中國之兵竟用兵法來打我兵. 且我有公使在宮內, 打我公使, 即是辱我國旂.

李: 此事只怪竹添不看我營官之信, 自然明白, 無此糾葛矣.

伊藤: 中國營官云:"八點鐘送信", 竹添云:"三點鐘纔接信." 而八點鐘之時刻, 既無憑據, 自以竹添之言為可信. 日兵只有二百人, 願與千餘人打仗乎?

李: 我兵進宮亦無千餘人之多. 竹添率兵進宮, 並未知照外部, 向來無此辦法. 自應與外部商酌明白, 亦可派人知照我營, 免得誤會. 此次竹添實不能無過.

伊藤: 中堂責竹添未經知照外部, 未經知照中國營官. 如此則華兵便應打我兵乎?

李: 非此之謂也. 當時朝鮮變起, 宮中誅戮六大臣, 情節太重, 京城內外一時震動. 竹添率兵在宮內, 不得謂之不知.

伊藤: 朝官、朝民請華兵入宮亦是有理. 華兵保護王宮亦無不合. 惟不應打我兵, 有傷我國體面.

李: 我兵已傷亡不少, 然後開搶, 實非華兵多事.

伊藤: 日兵在內, 華兵在外, 中間尚有朝兵阻隔. 日兵不能與華兵相接.

吳: 我兵受傷實不少. 王宮後面安有地雷, 在亭子上懸一刀一表. 我兵前往取表, 轟死二人. 豈非日兵有意預備打仗, 陷害我兵. 若云無意動兵, 何必安此地雷?

伊藤: 我駐朝之兵並未帶有地雷. 若地雷轟死兩人, 此雷亦不甚大.

續: 只轟兩人, 尚有九間房轟塌, 遺址尚在.

吳: 我有一言奉勸伊藤大人. 勿論從前之事, 但論以後之事, 何如? 孔子云:"成事不說, 既往不咎."[22] 伊藤大人想必讀過論語.

伊藤: 尚有他言. 請論中國官兵傷害日本民人之事.

續: 實無此事. 中國營兵既傷日本民人, 又何保護其子女送回仁川乎?

伊藤: 現有憑據在此. 我日本有一婦人, 逃回本國云:"其夫係照相為業. 是日聞滿街人聲鼎沸, 不知何事, 伊夫出外探聽. 未幾有中國兵二十人手持刀矛, 進屋搜查, 將照相傢具打毀, 持刀恐嚇我小女, 旋即出去. 又有中國兵與朝鮮兵二十餘人進來,

22 이 구절은 「논어(論語)」 「팔일(八佾)」편에 나오는 구절로서, 원문은 "이미 이루어진 일은 말하지 않고 끝난 일은 간언하지 않으며 지나간 일은 탓하지 않는다(成事不說, 遂事不諫, 既往不咎)."이다.

將我圍住, 解去我頭上所擊絲带, 拔去簪子. 將我及我小女拖至中國營中, 又送至美國公館, 次日送往濟物浦." 此紙所書係婦人口述之確據.

吴: 近來朝兵所改服式, 與華兵相類, 婦人何能一一辨别?

李: 前日曾告伊藤大人, 營外多有假冒營兵之人. 此事實難分辨.

伊藤: 此我民人回國所述, 尚有數人供稱, 中國營兵騷擾日本民人之事. 另有譯出漢文, 可請中堂詳細一閱.

吴: 前在朝鮮, 我與竹添閒談, 並未提及中國營兵騷擾日本商民. 如有其事, 他國公使亦必有議論及此者. 乃當時明查暗訪, 實未聞有此事.

伊藤: 竹添既非全權大臣, 無商辦公事之權. 是以與吴大人晤時, 不便提及.

吴: 譬如兩造涉訟, 但有原告呈詞, 並無被告可證, 實難斷其虛實. 伊藤大人但以此口供為據, 亦係一面之詞. 若欲以此責我官兵, 實不能任咎. 伊籐大人亦必相諒.

伊藤: 此係我國民人所述, 並非告狀之呈詞.

續: 前在朝鮮見美使福地論及此事. 福地云:"朝鮮百姓太不解事, 傷害許多日本商民, 殊有不合." 並未說中國官兵傷害日本商民. 此亦一確據.

伊藤: 美國公使非朝鮮之巡捕頭, 何能管此閒事?

李: 此口供即使是實, 情節亦不甚重.

伊藤: 第一名口供如此. 後數名口供内, 有傷害民人情事. 我意並不欲使中堂為難, 亦願和平商辦. 但既有此憑據, 理應請中堂閱之, 亦不得已之事.

李: 事隔數月, 無從查出係何營何兵所為, 毫無憑據, 未便據此一面口供定案.

광서 11년 2월 22일, 북양대신 이홍장이 다음과 같은 서신을 보내왔습니다.

2월 19일 일본 사신 이토 히로부미와 나눈 문답 내용을 초록해 올려 살펴보시도록 했습니다. 20일 신각(申刻, 오후 3~5시)에 저와 오대징, 속창이 이토의 숙소로 찾아가 답방하면서 3시간 동안 그와 변론하였습니다. 그는 여전히 여러모로 교활하게 굴면서 떠드는 말을 멈추지 않았습니다. 삼가 그와 나눈 문답 요지를 간추려 초록해 보내니 살펴봐 주십시오. 그가 직접 건네준 일본인의 피해 진술은 모두 한쪽만의 이야기라서 증거로 삼기에는 부족하지만, 초록하여 첨부하니 살펴봐 주십시오. 대략 22일 오후에 다시 회의를 열 것입니다. 방금 캠벨이 19일 파리에서 조약에 서명하였다는 소식을 들었습니다. 프랑스와의 강화 논의가 이미 결정되었으니 이토가 응당 과도한 욕심은 부리지 않을 것입니다. 조만간 그와 만나 상의하고 재차 상세하게 아뢰겠습니다. 삼가 서신으로 비밀리에 알려드립니다. 복되시기를 빕니다.

이토 히로부미가 직접 건네준 진술서의 한문 번역본 초록.

1. 「혼다 슈노스케(本多奴之輔) 부인의 진술서(本多奴之輔妻供狀)」.

저희 부부와 8세의 장녀, 4세의 아들 간지(韓次)는 메이지 16년부터 조선 서울 수교 옆에서 거주하면서 사진 찍는 일로 먹고살았습니다. 작년 12월 6일 정오, 거리가 소란스러워져서 남편이 무슨 일이 일어났는지 살피려고 나갔으나 결국 돌아오지 않았습니다. 저와 두 아이, 그리고 함께 사는 스기오카 다이스케와 집을 지키면서 동정이 어떠한지를 살피고 있었는데 스미에이 다쓰다(住永辰妥)도 와서 함께 묵었습니다. 7일 오후 6시, 청국 군인 20여 명이 무기를 가지고 앞문과 뒷문을 통해 집으로 쳐들어왔습니다. 이때 스기오카, 스미에이 두 사람이 뛰어나가 막으려고 하였으나 저는 그들이 어떻게 되었는지 알지 못합니다. 청군이 모두 모여 집기들을 약탈하였습니다. 그중 한 병사가 방 안에서 바깥쪽으로 두세 발의 총을 쏘자, 그들 모두 잠시 문밖으로 나갔습니다. 얼마 후 청과 조선 병사, 청국 상인 약 60~70명이 와서 사진기와 약재, 받침대를 부수었습니다. 장녀는 오른쪽 눈 위에 상처를 입었습니다. 이때 앞서 집기를 약탈해 갔던 청군 20여 명이 다시 들어와 칼로 제 머리채를 자르고 비녀를 빼앗았으며 저를 둘러쌌습니다. 제가 안고 있던 차남의 발을 잡아당기면서 머리채를 쥐고 좌우로 흔들다가 여러 명이 짓밟았고, 나중에는 그들이 부순 칸막이와 상자 등을 방안에 던져 놓았습니다. 그 참혹함과 무정한 상황 때문에 저와 자녀들은 단지 구슬피 흐느낄 수밖에 없었습니다. 오후 1시에 또 다른 청군 10여 명이 칼과 총을 들고 저희 모자를 둘러싸고 하도감(下都監) 앞까지 데리고 갔다가 다시 남산 아래의 병영으로 끌고 갔습니다. 이때가 3시였습니다. 저와 자녀들이 그 군영에서 하룻밤을 보낼 때 청군들이 다시 와서 혹 칼로 위협하려고 했습니다. 다음 날 8일 오전, 청군 25~26명, 조선 군사 4~5명이 저와 자녀들을 미국 공사관까지 끌고 갔습니다. 9일 미국 공사관에서 인천의 영사관까지 호송해 주었습니다.

2.「오쿠가와 요시타로(奥川嘉太郎) 부인의 진술서(奥川嘉太郎妻供狀)」.

오쿠가와 요시타로는 예전 오무라번(大村藩)의 사족으로, 조선 정부에서 도자기 제조를 위해 고용하였습니다. 처, 동생 오쿠가와 요시이치(奥川義一)와 서울 남촌의 공원 안에 살았습니다. 이번에 변란이 일어나 공관으로 가서 피난하고자 하였으나 청과 조선의 폭도들이 길을 막고 일본인들을 마구 죽인다는 소리를 듣고 숨어서 나오지 않았습니다. 혼다 슈노스케 역시 와서 함께 숨었습니다. 6일 저녁, 청국인 30여 명이 무기를 가지고 (그들이 군인인지 상인인지는 상세하지 않다) 조선인을 앞세워 들이닥치자 오쿠가와 형제와 혼다가 안방에 숨었습니다. 저는 뒤쪽의 이웃집으로 도피하였습니다. 귀를 기울여 남편의 안부를 살피고 있었는데 갑자기 여러 발의 총성이 들리고 시끄러운 소리가 들리다가 잠시 후 그쳤습니다. 남편 형제와 혼다가 이때 죽었음을 알게 되었습니다. 저는 이웃집 부엌에서 몰래 하룻밤을 지내고 다음 날 7일 온갖 고생을 겪은 뒤 마포에 이르러 공사 일행과 제물포에 올 수 있었습니다.

3.「슈야마 도쿠쿠라(須山徳藏)의 진술서(須山徳藏供狀)」.

효고현 출신 목수 슈야마 도쿠쿠라의 진술.

작년 12월 6일 서울 시중에 소란이 일어나자, 사람들은 모두 난리를 두려워하여 분분히 공관으로 모였습니다. 저의 친구 네기 한구로(根本半九郎)가 수표대(水標臺) 육교사(六橋社)에 거주하고 있었는데, 정오 12시가 되어서도 여전히 공관으로 오지 않았습니다. 저는 미장이 후쿠이 리스케(福井利助)와 함께 오후 2시에 육교사에 가서 그를 데려올 생각이었습니다. 하지만 생각지도 못하게 그와 길이 엇갈렸습니다. 육교사에 도착해보니 조용하고 사람이 없어서 다시 돌아오는 길에 동대문 도로에 이르렀을 때 수많은 조선인이 무리를 이루고 있는 상황을 목격하였습니다. 돌연 청군 3명이 그중에서 뛰쳐나와 칼을 빼 들고 저희를 뒤쫓았습니다. 공관 도로 모퉁이에 이르렀을 때 후쿠이는 뒤쪽에서 칼을 맞아 머리에 부상을 입었고, 저 또한 왼쪽 귀에서 어깨까지 칼로 부상을 입었습니다. 2명이 목숨을 부지하기 위해 애썼으나 후쿠이는 나이가 많고 기력이 지탱하지 못해 석교 부근에 이르러 쓰러졌고, 저는 다행히도 도망쳐 공관으로 돌아올 수 있었습니다. 후쿠이의 생사를 알지 못하는 것이 한스럽습니다. 하지만 큰길에서 칼을 빼 들고 함부로 휘두른 사람들은 확실히 청군 3명이라는 점은 제가 대낮에 목격한 바로 결코 잘못 보지 않았습니다.

4.「스기오카 다이스케(杉岡大助)의 진술서(杉岡大助供狀)」.

스기오카 다이스케의 진술.

메이지 16년 5월, 저와 혼다 슈노스케는 모두 조선 정부에 고용되어 수표교에서 촬영업을 하고 있었습니다. 메이지 17년 12월 6일 오후 4시, 시가가 소란스러워지면서 상황이 극히 위험해지자 저는 집을 지키면서 안뜰에조차 나가지 않았습니다. 이때 쓰시마인 스미에이가 공관으로 가려다가 폭도에 의해 길이 차단되자 피해서 들어와 투숙하였습니다. 다음날 7일 오전 6시, 총을 든 청군 1명이 난입하려고 하여 저는 목숨을 걸고 문을 막아섰습니다. 재차 청군 7~8명이 앞문으로 들어와 감당할 수 없는 상황이 되자 창문을 넘어 뒷길로 도주하여 피난하였습니다. 우연히 평소에 알고 있던 조선인 김용원(金鏞元)을 만났습니다. 김용원이 "아직 살아계시는군요"라고 하자, 저는 "제물포로 피난하려고 하는데 어떻습니까?"라고 물었습니다. 김용원이 말하기를 "모든 문이 이미 봉쇄되고 청군이 지키고 있어서 통과할 수 없습니다"라고 했습니다. 이에 김용원이 구해주어 그의 숙부 집에서 이틀 동안 숨어 있었습니다. 9일, 서울의 모든 문에서 방비가 조금 느슨해지자 조선인 복장으로 갈아입고 제물포로 도피하였습니다. 하지만 스미에이는 흉범에 의해 살해당했습니다.

5.「아라키 센노스케(荒木仙之輔)의 진술서(荒木仙之輔供狀)」.

아라키 센노스케의 진술.

저는 메이지 17년 12월 6일, 공사관으로 피난하였습니다. 평소에 친하게 지내던 미국인 타운센드의 부탁으로 그의 부인을 미국 공사관까지 호송해 주었습니다. 종루가(鐘樓街) 앞쪽에 이르렀을 때, 다카야 겐지로(古屋堅四郎), 스기하라 쓰네노리(杉原常範), 다나카 나오지로(田中直次郎) 3명이 조선인과 청국인 무리에서 헤어나와 공관 쪽으로 달려가는 모습을 멀리서 보았습니다. 그때 다카야 등이 달리던 방향 쪽에서 시끄러운 소리가 크게 일어나고 기와 조각과 벽돌 부스러기가 비처럼 쏟아졌습니다. 저희는 미국 공사관 쪽으로 신속히 이동하였는데, 생각해 보니 다카야 등 3명이 이때 해를 입었던 것 같습니다. 청국인 수는 10명 이상이었습니다.

6. 「2월 20일 신각(申刻, 오후 3~5시), 이홍장과 일본 사신 이토 히로부미의 문답기략(二月二十日申刻, 李鴻章與日使伊藤博文問答紀略)」.

이토 히로부미: 전날 이홍장 중당께 작년 겨울 조선 사변 당시 중국 영관(營官)의 일 처리가 규칙에 부합하지 않았으면 응당 중국에서 처벌해야 한다고 말씀드렸습니다. 이 일에 대해 일본에서는 실제로 증거를 가지고 있습니다.

이홍장: 어떤 증거가 있습니까?

이토: 일본군이 궁궐 안에서 국왕을 보호하고 있었으므로 중국 관병이 마땅히 입궁하여 우리 군사를 공격하면 안 되었습니다. 이는 도리에 부합하지 않습니다.

이홍장: 조선 국왕이 옥새를 찍은 자문은 증거로 삼을 수 있습니까, 없습니까? 당시 중국 대황제께서는 양국과 관계된 중요한 교섭 안건이므로 오대징과 속창 두 사람을 조선으로 보내 조사·처리하도록 하였습니다. 아마도 우리 영관들의 일방적인 말은 증거로 삼기에 부족할 것입니다. 오대징과 속창 두 사람이 조선 국왕에게 특별히 자문으로 문의한 것에 대해 여기에 조선 국왕의 답장 자문이 있으니 이토 대인께서 읽어보시길 청합니다. 그리하면 우리 군이 말썽을 부린 상황이 없었다는 사실을 알게 되실 것입니다. 또 한 마디를 덧붙이자면, 조선 군신들 모두 몹시 두려워하였다고 하니 이토 대인께서 이 공문을 보시고 조선 국왕을 탓하지 마시기를 바랍니다.

마침내 조선 국왕의 답장 자문을 초록한 부본을 보내 살펴보도록 하였다.

이토: 조선 국왕이 사후에 중국 사신에게 준 자문입니다. 당시 다케조에 공사가 조선에 있을 때 조선 국왕이 직접 우리 공사에게 했던 말 또한 증거로 삼기에 충분합니다.

이홍장: 입으로 한 것은 증거로 삼기에 부족합니다. 당시 다케조에는 어찌 조선 국왕에게 문서로 된 증거를 요구하지 않았습니까?

이토: 조선 국왕이 오대징과 속창에게 보낸 답장 자문은 이미 읽어보았습니다. 자문의 내용은 증거로 삼기 어려우므로 중·일 양국의 사안을 결정할 수 없습니다. 조선 국왕이 우리나라 공사에게 준 서신도 있지만 이 내용과 같지 않습니다.

이홍장: (주신다면) 또한 그것을 읽어 볼 수 있습니다.

이토: 조선 국왕이 친필로 쓴 서신으로 가져오지 않았습니다만 초록한 것이 있으니 가져가 읽어보실 수 있을 것입니다. 전날 이미 언명했듯이 사변 이후의 상황이 모두 달라져서 조선

국왕이 서술한 말들은 믿기 어렵습니다. 사변 당시 조선 국왕이 다케조에의 눈앞에서 했던 말이 실로 증거로 삼기에 충분합니다.

이홍장: 다케조에의 말 또한 믿기 어렵습니다. 요컨대, 조선 사변은 창졸지간에 발생했고 양국에서 대부분 미처 예상하지 못한 일이었습니다. 다케조에의 일 처리가 매우 경솔했으므로 중국 영관들에게 책임을 묻기 어렵습니다. 아마도 이 문제는 말을 하면 할수록 의견 차이가 점점 더 심해져 양국의 우호에 손상을 입힐 수도 있으니, 차라리 제쳐두고 논의하지 않는 편이 나을 것입니다. 오로지 양국의 대국(大局)을 고려한다면 이렇게 하는 편이 옳습니다.

이토: 저 또한 중당의 의견과 같습니다. 말할수록 의견이 더 멀어지는 상황을 원하지 않습니다. 뒤이어 조선 왕궁의 지도를 꺼내, 어떤 곳이 일본군이 주둔하던 지역이고 어떤 곳으로 중국군이 들어왔으며 어떤 곳에서 전투가 발생하였는지 지목하며 보여주었습니다.

이홍장: 중국의 지휘관, 영관 등은 지금까지 다케조에와 왕래하여 매우 친숙합니다. 군대를 이끌고 궁궐에 진입하는 일이었기 때문에 당일 진각(辰刻, 오전 7~9시) 다케조에에게 서신 한 통을 발송하였는데 오후 3시까지 기다려도 다케조에는 답장하지 않았습니다. 일이 일어난 후에 다케조에는 서신을 뜯어 읽어보기도 전에 총소리를 들었다고 교활하게 변명하였습니다. 만일 당시에 다케조에가 답신을 보내 서로 논의했다면 이러한 일은 없었을 것입니다.

이토: 중국 영관들은 8시에 서신을 보냈다고 했고, 다케조에는 3시에 병사들이 이미 궁궐에 진입한 직후에 서신을 받았다고 합니다. 양측의 주장이 다릅니다. 영관들의 말을 믿기 어렵습니다.

이홍장: 중국 영관들의 말은 믿기 어렵고 다케조에의 말은 모두 믿을 만하다고 하면 이 일의 시비를 정하기 어렵습니다.

이토: 중국 영관들이 다케조에에게 보낸 서신을 내가 가져왔으니 꺼내서 함께 봅시다. 서신에는 시간에 대한 기록이 없습니다.

이홍장: 영관들은 본래 무인으로 교섭 사무에 대해 잘 알지 못합니다. 급히 서신을 발송하느라 시간을 기록하지 못한 것 또한 이상하지 않습니다. 그런데 그 당시 우리 쪽에 보낸 서신 초록에는 발송한 것이 진각(辰刻)이었다는 사실이 명확히 기록되어 있으니 필시 꾸며낸 것은 아닙니다.

이토: 18일 중국의 상무위원인 도대 진수당이 미국 공사 푸트를 찾아가 중국 군영에서 장차 군대를 보내 입궁시킬 것이라고 말했다고 합니다. 푸트는 성급히 군사를 움직이지 말고 반드시 다케조에에게 설명하는 것이 중요하다고 권유했습니다.

이홍장: 10월 18·19일, 조선 관민은 국왕을 볼 수 없고, 또 궁중에서 6명의 대신이 살해당했다는 소식을 듣자, 심정이 다급해져서 분분히 우리 군영으로 와 군사를 동원해 보호해달라고 청하였습니다. 중국 주둔군 각 군영은 본래 국왕을 보호하는 책임을 지고 있으므로 군대를 보내지 않을 수 없었으니, 또한 어쩔 수 없는 일이었고 고의로 분쟁을 일으킨 것도 아닙니다.

이토: 우리는 단지 중국 병사들이 우리 병사들을 공격한 사실만을 알 뿐입니다. 조선 관민들이 군영에 가서 군대를 청했는지 관심이 없습니다.

이홍장: 이토 대인께서 이러한 사정을 모르시기 때문에, 마땅히 분명하게 그것을 말씀드리는 것입니다.

이토: 당시 중국군이 앞문으로 궁궐에 들어가려고 했으나 저지당하여 뒤쪽 궁문으로 길을 나누어 들어갔습니다. 이는 전장에서 부대를 배치하는 방법으로서, 고의로 싸우려 했다는 것을 알 수 있습니다.

이홍장: 이는 다케조에가 앞을 내다보지 못하고 일 처리를 못했기 때문입니다. 만일 당시에 서신을 받자마자 곧장 사람을 보내 상의하게 했다면 필경 이런 일은 없었습니다. 이는 모두 다케조에가 자신의 재능을 믿고 남을 업신여기면서 다른 사람과 상의하여 처리하려고 하지 않았기 때문입니다. 각국 공사들 또한 이러한 거동이 있을 것이라 예상하지 못했습니다.

이토: 다케조에의 자만심은 그 마음속의 문제라서 내가 실로 알아챌 수 없습니다.

이홍장: 나와 다케조에와의 교류가 자못 오래되어 서로에 대한 이해가 깊습니다. 일찌감치 그의 자만심을 일찍부터 알고 있었습니다.

에노모토: 조선 관민들이 구조를 청했든, 청하지 않았든 중국 영관들은 일본군이 안에 있어서 일단 궁문으로 들어가면 양국 군대 사이에 필시 전투가 벌어질 것임을 반드시 알고 있었습니다.

오대징: 중국군은 본래 전투를 하고 싶지 않았습니다. 궁문에 들어가서 5명이 사망하고 10여 명이 부상을 당하고 나서야 비로소 응사하였습니다. 먼저 총을 쏘지 않았습니다.

속창: 우리 군이 입궁한 것은 난당을 공격하려고 했던 것이지 결코 일본군과 싸우려던 것이 아니었습니다. 또한 일본군이 궁궐 안에 있다는 것도 몰랐습니다. 생각해 보면 일본군이 국왕을 보호하기 위해 왔다고 하지만, 국왕이 이미 도피하여 궁을 나간 상황에서 어찌 일본군만 홀로 남아 왕궁을 지킬 이유가 있겠습니까?

이토: 중국군은 고의로 우리 일본군을 공격하였습니다. 이 일은 매우 중요한 일입니다.

이홍장: 작년 에노모토 대인이 총리아문에서 중일 양국 군사 간의 말다툼은 작은 일이라고 언급한 바 있습니다.

에노모토: 작년에는 본래 중국군이 병법을 써서 우리 군을 공격하리라 예상하지 못했습니다. 또한 우리 공사가 궁궐 안에 있었고 그를 공격한 것은 우리나라 국기를 모욕한 것입니다.

이홍장: 이 일에서는 단지 다케조에가 우리 영관이 보낸 서신을 읽지 않았던 것을 탓해야 한다는 점이 자연스럽고 명백하니 이렇게 다툴 바가 없습니다.

이토: 중국 영관은 8시에 발송했다고 하고 다케조에는 3시가 되어서야 서신을 받았다고 합니다. 그런데 8시라는 시각에 대해서 증거가 없으므로 실로 다케조에의 말을 믿을 만합니다. 일본군은 단지 2백 명뿐이었는데 1천여 명과 싸우길 바랐겠습니까?

이홍장: 궁궐에 들어간 우리 군사가 1천 명이나 되지 않았습니다. 다케조에가 군대를 이끌고 궁궐에 들어간 사실을 외부에 알리지 않았는데, 지금껏 이러한 일 처리는 없었습니다. 마땅히 외부와 분명하게 상의했어야 하고 또한 사람을 보내 우리 군영에 알렸다면 오해를 피할 수 있었을 것입니다. 여기에 다케조에의 과실이 없다고 할 수 없습니다.

이토: 중당께서는 다케조에가 외부에 알리지 않고, 중국 영관에게 알리지 않았던 일을 책망하고 계십니다. 그러면 중국군이 우리 군을 마땅히 공격해도 된다는 것입니까?

이홍장: 그것을 말하는 것이 아닙니다. 당시 조선에서 변란이 일어나고 궁중에서는 6명의 대신이 살해당하여 상황이 매우 엄중하였고 서울 내외가 한꺼번에 동요하였습니다. 다케조에가 군사를 이끌고 궁궐 안에 있었다는 사실을 우리가 몰랐다고 할 수 없습니다.

이토: 조선 관리와 백성이 중국군에게 입궁을 청한 일 또한 지당합니다. 중국군이 왕궁을 보호하는 것 또한 적절합니다. 다만 우리 군대를 공격하여 우리나라 체면을 손상해서는 안 되었습니다.

이홍장: 우리 군에서 사상자가 적지 않게 발생한 이후에 총을 쏘았으니 실로 중국군이 쓸데없는 일을 벌인 것이 아닙니다.

이토: 일본군이 궁궐 안에, 중국군이 궁궐 밖에 있었고 중간에는 조선군이 있어서 서로 막혀 있었습니다. 일본군은 중국군과 서로 접할 수 없었습니다.

오대징: 우리 군의 부상자가 실로 적지 않았습니다. (일본군은) 왕궁 뒤편에 지뢰를 설치하고 정자 위에 칼 한 자루와 시계 하나를 걸어 두었습니다. 우리 군이 가서 시계를 취하려고 하다가 2명이 폭사하였습니다. 어찌 일본군이 고의로 미리 트집을 잡아 싸움을 일으키고 우리 군을 함정에 빠뜨리려고 한 것이 아니겠습니까? 만약 고의가 아니었다면 어찌 지뢰를 설치했습니까?

이토: 조선에 주둔하는 우리 군에는 지뢰가 없습니다. 만약 지뢰로 2명이 폭사했다면 지뢰가 그리 크지 않았습니다.

속창: 단지 2명이 폭사하였을 뿐이고 9칸 가옥이 폭발로 무너졌습니다. 그 흔적이 아직 남아 있습니다.

오대징: 제가 이토 대인께 권유의 말씀 한마디 하겠습니다. 이전의 일은 논하지 말고 단지 장래의 일만을 논의하는 것이 어떻겠습니까? 공자께서 말하길 "이미 이루어진 일은 말하지 않고 이미 지나간 일은 탓하지 않는다"라고 하였습니다. 이토 대인께서도 필시 「논어」를 읽어보셨으리라 생각됩니다.

이토: 아직 다루지 못한 다른 일도 있습니다. 중국 관병이 일본 민간인에게 상해를 입힌 일을 논의하길 청합니다.

속창: 이런 일은 실제로 없었습니다. 중국 병사가 일본 민간인에게 상해를 입혔다면 또한 어찌 그 자녀들을 보호하여 인천으로 돌려보냈겠습니까?

이토: 여기에 증거가 있습니다. 우리 일본인 부녀 한 명이 본국으로 도피하면서 다음처럼 말했습니다. "제 남편은 사진 촬영을 직업으로 삼고 있었습니다. 이날 거리에 사람들의 떠들썩한 소리가 가득해 남편이 무슨 영문인지 알아보기 위해 밖으로 나갔습니다. 얼마 지나지 않아 중국 군인 20명이 손에 칼과 창을 쥐고 방으로 들어와 뒤지면서 사진기와 가구를 부수고 칼로 작은딸을 위협하다가 금방 밖으로 나갔습니다. 또한 중국 군인과 조선 군인 20여 명이 들어와 우리를 둘러싸고 제 머리 끈을 풀고 비녀를 뽑아 갔습니다. 저와 제 딸을 중국 군영으로 끌고 갔다가 재차 미국 공사관으로 보냈고, 다음 날 제물포로 보냈습니다." 이 종이에 쓰인 바가 부녀자가 진술한 확실한 증거입니다.

오대징: 근래 조선 군인들의 복식이 바뀌어서 중국 군인들과 유사한데, 부인이 어찌 하나하나 판별할 수 있었습니까?

이홍장: 전날 이토 대인께 말씀드렸듯이, 군영 밖에는 군인을 가장한 사람들이 많습니다. 이 사안에서는 실로 분별하기 어렵습니다.

이토: 이는 우리 백성이 귀국하면서 진술한 것입니다. 그리고 여러 사람이 중국 병사가 일본 민간인에게 해를 입힌 일을 하나같이 진술하고 있습니다. 별도로 한문으로 번역한 진술서가 있으니 중당께서 상세하게 읽어보십시오.

오대징: 일전에 조선에서 저와 다케조에가 이야기를 나누었을 때 중국 병사가 일본 상민에게 해를 입혔다는 말은 하지 않았습니다. 만일 그런 일이 있었다면 다른 나라 공사들 또한 필시 이에 대해 언급했을 것입니다. 당시 다방면으로 조사하였지만, 이런 일이 있었다는 이야기를 듣지 못했습니다.

이토: 다케조에는 전권대신이 아니어서 공무를 협의하고 처리할 권한이 없었습니다. 이에 오 대인을 만났을 때 언급할 수 없었을 것입니다.

오대징: 예를 들면, 양측이 소송에 휘말렸을 때 단지 원고의 고소 내용만 있고 피고의 (잘못에 대한) 증거가 없다면 실로 그 허실을 판단하기 어렵습니다. 이토 대인께서는 오로지 이 진술만을 증거로 여기시지만, 이 또한 일방적인 말일 뿐입니다. 만약 이 진술을 가지고 우리 관병을 책망하고자 하더라도 관병에게 죄를 물을 수 없습니다. 이토 대인 또한 필시 양해해주실 것입니다.

이토: 이는 우리 민간인들이 진술한 것이지 결코 고소장의 내용이 아닙니다.

속창: 일전에 조선에서 미국 공사 푸트를 만났을 때 이 일에 대해서 논의했던 적이 있습니다. 그는 "조선 백성들이 사리를 분별하지 못하고 허다한 일본 상민들에게 상해를 입힌 일이 매우 불합리하다"라고 말하였지만, 중국 관병이 일본 상민에게 상해를 입혔다는 말은 하지 않았습니다. 이 또한 하나의 확실한 증거입니다.

이토: 미국 공사가 조선 순포의 우두머리가 아닌데 어찌 이런 사소한 일까지 관여하겠습니까?

이홍장: 이 진술이 설사 사실이라고 해도 그 정황이 그리 중하지 않습니다.

이토: 첫 번째 사람의 진술이 그렇습니다. 그다음 여러 명의 진술에서도 민간인에게 해를 입힌 일이 언급되었습니다. 내 의도는 결코 중당을 곤란하게 하려는 것이 아니고 평화롭게 상의하여 처리하고자 합니다. 다만 이러한 증거가 있어서 도리상 응당 중당께서 읽어보시도록 청한 것이니 이 또한 부득이한 일입니다.

이홍장: 이 일이 발생한 지 수개월이 지났음에도 어떤 군영의 어떤 병사들이 저지른 것인지

밝혀내지 못하고 증거도 전혀 없는 상황에서 한쪽 진술에만 의거하여 사안을 결정할 수 없습니다.

(7) 문서번호: 5-3-07(972, 1723a-1729b)

사안 : 22일 이토 히로부미와 나눈 문답절략을 베껴 보내고, 아울러 난민 구휼과 관련하여 기회를 살펴서 논의할 것인지, 아니면 결렬시키고 떠나가도록 놔둘 것인지 유지를 내려달라고 대신 주청해 주십시오(鈔送二十二日與伊藤問答節略, 並請轉奏請旨對配恤難民一節, 可否相機議及, 抑聽其決裂自去).

첨부 문서 : 1.「이홍장과 일본 이토 히로부미의 문답기략(李鴻章與日伊藤問答紀略)」: 일본 사신이 중국에서 영관을 처벌하고, 일본 난민을 구휼해 달라고 요청하였습니다(日使要求中國懲辦營官, 撫恤避難日民).

날짜 : 光緒十一年二月二十四日(1885년 4월 9일)

발신 : 北洋大臣 李鴻章

수신 : 總理衙門

二月二十四日, 北洋大臣李鴻章函稱:

本月十八、二十日與日使伊藤辯論節畧, 業經兩次鈔呈在案. 二十二日申刻, 伊藤、榎本等復來會商. 其氣雖和, 其詞愈辯. 是日所有問答撮要, 鈔奉鈞覽. 其談至日本商民在朝被我兵傷害一節, 鴻謂:"日人口供不足憑信, 吴、續二使駐朝月餘並未查有蹤影, 礙難遽議賠卹." 伊使詞色怫然, 半晌無語, 似大失所望者. 約二十五日再來會議, 並云:"儘此一議, 決定行止." 揣度情形, 議處營官、賠卹難民兩層, 縱不能悉如所請, 須求酌允其一, 俾得轉圜而固和局. 但我軍入宮保護, 名正言順, 交戰亦非得已. 朝王及其官民感戴, 悉出至誠, 斷無再加懲處之理. 彼所遞難民口供, 已用英文繙刻成書, 蓄意取償, 概可想見. 即如所供受害七人, 是否盡係傷亡, 尚多揣測之詞, 是否營兵所為, 抑係游勇、客民、朝人所為, 均難臆度, 亦無可追查. 即使加恩優卹, 諒不過數萬元. 應否相機議辦, 抑聽其決裂自去之處, 擬懇迅速轉奏請旨遵行, 並望即日密賜電覆為禱.

再, 法議畫押, 此間各國官商咸知. 伊使等雖未詢及, 諒必側聞其事. 專肅密布, 祇頌鈞祉.

1.「與日使伊藤問答紀畧」: 二月二十二日申刻, 日使伊藤問答紀畧.

伊藤: 前日所說之話, 已極詳明, 中堂亦已洞悉情形. 請問中堂有何主意?

李: 中國與日本和好日久. 我與伊藤大人相敍數日, 彼此契洽亦甚和好. 惟願伊藤大人從大處着想, 勿以小事苛求, 方不失兩國和好之意.

伊藤: 此次我奉全權大臣之命臨行時, 我國大皇帝特命致意中國大皇帝. 但願兩國商辦妥洽, 比從前更加和好. 今聞中堂之言, 與我大皇帝之意, 正相符合. 不勝欣幸.

李: 貴國仿照西法, 講求水陸練兵, 西洋亦常稱道. 中國官兵斷無與貴國比較强弱之意. 去冬朝鮮之事, 實出兩國意料之外, 偶然爭鬪, 本無所謂勝負. 但願彼此和洽, 不必以此等小事計較, 兩國自無不睦之意.

伊藤: 中堂說, 此事甚小, 我不能不辨. 我大皇帝派我為全權大臣, 原為重敦和誼而來. 今中國大皇帝派中堂為全權大臣, 亦為主持和好起見. 兩國辦事之大臣意見, 原無不合. 惟中堂以為此事甚小, 而日本官民皆以為關係甚大. 惟中堂以為此事甚小, 而日本官民皆以為關係甚大. 只要彼此用意不甚相遠, 事便易了. 當日之變, 本係兩國所不及料. 但既有此事, 只能就事論事, 想出一辦法也.

李: 數日來所辨之詞, 各執一理. 我中國防營亦有一面之情理. 故不得不與伊藤大人辨論明白.

伊藤: 前日與中堂議論, 中國官兵在朝鮮打我公使, 打我國旗, 皆公法所不應為之事. 中堂逐條辨駁, 共有四層. 第一層日使來衛, 非朝王親筆所書, 第二層竹添率兵入衛並未通知朝鮮外務衙門, 第三層中國營官早已送信與竹添, 於理並無不合, 第四層中國營兵並未先行放槍. 我亦有辨駁四層之話. 第一層日使來衛四字, 實係朝王所書. 當時竹添率兵進宮, 朝王當面道謝, 可知非矯命也. 第二層竹添雖未通知外務衙門, 但一國之中以君命為重. 既遵國王之諭, 即可不必通知外務衙門. 第三層中國營官說八點鐘早已送信. 竹添說三點鐘始行接信. 信上又無注明時刻實據. 第四層華兵入宮正在忙亂之時, 究係何人先行放槍, 查無實據. 中堂所駁之四層, 我已辨論明白矣.

李: 我兵入宮並非打日本之兵. 當時朝鮮國王與竹添公使同在一處, 若云開槍打公使, 亦可云開槍打朝鮮國王. 安有此理? 竹添既係保護國王, 中國官兵豈肯打保護國王之人乎?

伊藤: 我不論朝鮮國王, 只論中國與日本之事. 前日送去日本民人之口供, 中堂想已詳細閱過. 營兵之騷擾百姓, 即營官約束不嚴之過, 自應將營官酌量懲處.

李: 前日早已言過, 華兵與朝兵服式相類. 且有游民假冒營勇之人, 殊難分辨.

伊藤: 中國律例, 婦人之言能否作為憑據?

李: 無論男婦, 總須兩邊質對, 訊明確供, 方可定案. 即西洋各國辦理案件, 亦是如此.

伊藤: 此事與尋常詞訟不同. 譬如日本是原告, 中國是被告, 但就兩國定是非, 不必再令兵勇與婦人質對.

李: 兩國交涉爭論之事, 即如涉訟一般, 原告所控情節, 被告心中有不服之處. 此案是非即難斷定.

伊藤: 現有美國駐朝公使福地致竹添一信, 本與此事無涉, 原可不必呈覽. 因前日續大人云:"中國營兵曾將日本流落子女送至仁川, 必無傷害日本民人之事." 現閱此信, 知美國英國公使共勸中國營官派兵送至仁川, 非該營官之本竟也.

李: 既肯送還, 斷無傷害之意.

伊藤: 送我民子女至仁川, 自是好意. 營兵騷擾我民人, 又是一事. 中堂看此事如何辦理?

李: 竹添係駐朝公使. 此事又與竹添有牽涉. 當時吴、續二欽差在朝查辦之時, 竹添何不將營兵騷擾日民之事, 與吴、續二欽差言明立案. 便有根據, 何以當日絕不提及一字, 事隔數月, 忽有此言, 實難憑信.

伊藤: 當時吴大人並無全權字樣. 故未便提及.

李: 兩國辦事, 須論全權, 就地查案, 不必論全權也. 吴大人係查辦此案之人. 如果當時實有其事, 應先請吴大人訊問營官, 將詳細情形就近確查, 先行立案. 即不歸吴大人辦理, 亦須由吴大人查明. 此時毫無證據, 何能定其虛實?

榎本: 當時國家有電報, 属我送至總理衙門, 閱過內有中國營兵傷害日本民人之事. 此一節話在總理衙門有案可據. 當時我曾說明被害人數尚不確知, 總理衙門堂官答云:"我們並未聞有此事. 如此事果確, 我心亦甚抱歉."

吴: 我在吉林带兵多年, 營勇有不守營規之事, 無不查明嚴辦. 駐朝各營本不歸我統帯, 更不必為之掩飾. 去冬奉命赴朝, 又有查辦之權. 如果實有其事, 斷無偏袒之理. 何以在朝一月有餘, 並未聞有此事?

伊藤: 吴大人軍令嚴明, 素所知悉. 此事不能怪吴大人.

李: 吴大人尚查不出, 我又何從查明此事乎?

伊藤: 無知小民或有不老實之人揑造誣告. 國家辦事, 斷無揑造之理.

李: 我亦不敢説伊藤大人揑造此言. 但我朝廷既派吴、續兩大人前赴朝鮮, 專為查辦此案. 何等慎重? 既查無實據, 此事如何處置, 尚須伊藤大人想一妙法.

伊藤: 我既銜命而來, 亦極重大. 若一事辦不成, 如何回國. 但願中堂秉公辦理, 是所盼望.

李: 事之成與不成, 仍在伊藤大人主見. 要成便成.

伊藤: 中堂與我皆有全權. 事之成否, 在中堂與我兩人. 意見相合, 自然好辦.

李: 此事甚屬為難. 如我應允營兵騷擾日民, 實有其事, 中國大小官員豈不駭異, 將紛紛議論? 責備我者必多. 吴、續兩大人奉使往查, 並未聞有此事. 我獨聽信伊藤大人之言, 以為實有其事, 斷辦不到, 實在令我為難之至.

伊藤: 中堂與我皆特派之大臣, 總須秉公妥商, 此事方可辦好.

李: 吴、續兩大人均未查明, 我何能信以為實. 中國大皇帝派我為全權大臣, 又派吴、續兩大大人會議, 原為朝鮮之事, 我未親往查辦, 恐有不知底細之處. 當以吴、續兩大人為質證, 方有實憑實據. 今欲强我認此一事, 實在難斷.

伊藤: 兩國交涉之事, 在全權大臣辦理, 本來毋庸旁人質證, 亦不必身臨其地.

李: 吴、續兩大人既奉特旨, 派往朝鮮查辦事件, 原為案中詳細情形, 必得就地查明, 方可妥辦. 今吴、續兩大人均云實無其事, 今我如何辦法?

伊藤: 中國尚未查明其事, 不與日本相干.

李: 或待將來詳細查明, 究竟有無其事, 方可定其虛實. 此時暫可不論.

伊藤: 此事與民人告狀不同, 不必令兩造同在一處質證也. 兩國交涉之事, 自有辦法.

李: 既無質證, 何能定此事之虛實? 不知虛實, 何從辦理妥洽?

伊藤: 今日所談之事均極明白. 只盼望下次再議, 中堂有一辦法. 我在天津亦不能久住.

李: 請問伊藤大人, 有何意見?

伊藤: 總望兩國所議意見相同, 方可奏明我大皇帝辦理完結.

李: 試問伊藤大人此次來華商辦, 一為以前之事, 一為將來之事. 此兩件中究以何事為重?

伊藤: 此次商辦兩件事均要辦到, 方於兩國有益.

李: 兩件均要辦到, 恐不容易. 或辦一件, 尚可商量. 請伊藤大人熟思之.

伊藤: 未來之先, 已將此事反覆思維. 既來之後, 無日不以此事熟思審處. 我已計之熟矣.

李: 自去冬朝鮮亂黨起事以來, 我亦無日不以此事籌思. 總之, 此中曲直, 不能盡怪中國營兵, 亦天下之公論也.

伊藤: 我在此與中堂商辦此事, 中堂以為此事甚難, 我亦以為此事不易辦. 我之責成甚重, 中堂之責成亦甚重. 只須將此中難處化去, 方可商辦.

李: 欲將此中難辦之處, 渙然氷釋. 惟仗伊藤大人之意, 一轉念間, 便能將此難處化去.

伊藤 但願中堂將辦法說出我, 再與中堂妥商.

李: 伊藤大人必有辦法, 何不明白告知? 能允者允之, 不能允者亦可詳細回覆. 日前伊藤大人出京後, 總理衙門來信謂:"伊藤大人處事和平, 不難商辦." 今會議三次, 我知此事為難甚多, 甚不易辦. 若照總理衙門之言, 是所欣願也.

伊藤: 總理衙門亦言此事與中堂商辦, 必能妥速. 因中堂係主和之人, 必不願與日本開仗.

李: 總理衙門來信述伊藤大人之言, 凡有兩端, 一欲中國撤兵, 一欲懲辦中國營官. 總理衙門謂營官辦事無過, 不能懲辦. 撤兵一節, 如何商議, 屬我與伊藤大人和平商辦. 此外並無第三款, 故總理衙門以為此事不難辦.

伊藤 我在總理衙門, 亦曾提及華兵傷害我民人之事. 惟恤款一節未曾明言. 三事牽連說下, 或總理衙門未聽明白, 以為只有兩事.

李: 約二十五日三點鐘, 再行會議.

광서 11년 2월 24일, 북양대신 이홍장이 다음과 같은 서신을 보내왔습니다.

이번 달 18일과 20일, 일본 사신 이토와의 회담 기록은 이미 두 번에 걸쳐 베껴 올렸습니다. 22일 신각(申刻, 오후 3~5시), 이토와 에노모토 등이 다시 와서 회담하였습니다. 그 기색은 비록 온화하였으나 그 말은 더욱 논쟁적이었습니다. 이날 그와 나눈 모든 회담 내용의 요점을 베껴 올리니 살펴봐 주십시오. 그때 이야기했던 것 중에 조선의 일본 상인이 우리 군에게 상해를 입었다는 내용이 있었습니다. 저는 일본인의 진술은 믿을 수 없고 오대징과 속창이 1개월 남짓 조선에 있으면서 그러한 행적을 전혀 밝혀내지 못하였으므로 성급하게 배상 논의하기 어렵다고 하였습니다. 이토의 말과 표정에는 분노가 나타났고 오랫동안 말을 하지 않은 것을 보면 크게 실망한 듯하였습니다. 25일 다시 와서 회의하기로 약속하면서 되도록 이 회의에서 처리 방침을 결정하자고 하였습니다. 상황을 헤아려 보면 영관 처벌과 난민 배상 두 가지에 대하여 설령 그 요청을 모두 들어줄 수 없더라도 반드시 그중 하나를 승낙하여 상황을 전환하고 우호적인 관계를 공고히 해야 할 것입니다. 다만 우리 군이 궁궐에 들어가 보호한 것은 명분이 바르고 그 말이 이치에 맞으며, 교전 또한 부득이한 일이었습니다. 조선 국왕과 그 관민들이 감격스레 고마워한 것은 모두 진심에서 우러나온 바로서 결코 재차 영관에게 처벌을 가할 이유는 없습니다. 그들은 건네준 난민들의 진술서를 영문으로 번역하여 책으로 간행하였는데, 그 저의가 배상을 얻어내기 위함이라는 점은 대개 미루어 알 수 있습니다. 그들이 진술한 대로 7명의 피해자가 모두 다치거나 죽은 것인지 아닌지에 대해 대부분 짐작의 말들이고 병사들이 한 짓인지 아니면 유용(游勇)이나 객민(客民), 조선인이 한 짓인지 모두 예단하기 어려울 뿐 아니라 조사할 수도 없습니다. 하지만 설령 은혜를 더하여 넉넉히 배상한다고 하더라도 수만 원에 불과할 것으로 생각됩니다. 이에 대해 기회를 보면서 협의하여 처리할지, 아니면 결렬시키고 그가 돌아가도록 내버려 둘 것인지 신속하게 유지를 대신 주청하셔서, 그에 따를 수 있게 해주십시오. 아울러 곧장 비밀리에 답장 전보로 알려주시기를 바랍니다.

추가합니다. 프랑스와의 조약에 조인했다는 점에 대해서 현재 각국의 관원과 상인이 모두 알고 있습니다. 이토 등이 아직 물어보지 않았지만, 필시 그 사실을 들었을 것으로 생각합니다. 삼가 서신으로 비밀리에 알려드립니다. 복되시기를 빕니다.

1.「일본 사신 이토 히로부미와의 문답기략(與日使伊藤問答紀畧)」: 2월 22일 신각(申刻) 일본 사신 이토와의 회담 요록.

이토 히로부미: 전날 이야기 나누었던 바가 매우 상세하고 명확하여 중당께서도 이미 그 상황을 모두 숙지하고 계실 것입니다. 중당께서 어떤 생각을 가지고 계십니까?

이홍장: 중국과 일본이 화목하게 지낸 지 오래되었습니다. 저와 이토 대인이 며칠 동안 이야기를 나누어서 피차간 관계 또한 매우 화목합니다. 다만 이토 대인께서 넓은 시야에서 생각하시고 작은 일로써 가혹하게 요구하지 않으셔야 비로소 양국이 우호적으로 지내려는 뜻을 잃지 않을 수 있습니다.

이토: 이번 저는 전권대신의 명을 받았습니다. 출발할 때 우리 대황제께서는 중국 대황제께 안부를 전해달라고 특별히 명하셨습니다. 단지 원하는 바는 양국이 이 문제를 적절하게 논의하고 처리하여 이전에 비해 더욱 화목해지는 것입니다. 지금 중당의 말씀을 들어보니 우리 대황제의 뜻과 정확히 부합하여 매우 기쁘고 다행스럽습니다.

이홍장: 귀국은 서양을 모방하여 해군과 육군의 조련을 강구하고 있으니, 서양에서도 이를 항상 칭찬합니다. 중국 관병은 결코 귀국과 강약을 비교하려는 뜻이 없습니다. 작년 조선에서 발생한 사변은 실로 양국이 예상치 못한 상황으로, 우발적으로 전투를 벌였으나 본래 승부라고 할 만한 것이 없습니다. 단지 피차가 서로 융합하여 이러한 작은 일로 논쟁하지 않고 양국이 불화하려는 뜻이 없기만을 바랍니다.

이토: 중당께서는 이 일이 매우 작다고 말씀하시니 제가 변론하지 않을 수 없습니다. 우리 대황제께서 저를 전권대신으로 삼아 보내신 것은 본래 우호를 거듭 돈독히 하기 위함입니다. 지금 중국 대황제께서 중당을 전권대신으로 삼으신 것 또한 양국이 화목해지도록 주관하기 위함입니다. 양국에서 일을 처리하는 대신들의 의견이 본래 합치되지 않을 것이 없습니다. 다만 중당께서는 이 일을 매우 작다고 생각하시지만, 일본의 관원과 백성들은 모두 매우 중요하다고 여깁니다. 오로지 피차의 의도가 너무 멀어지지 않게 해야 이 일을 쉽게 끝마칠 수 있습니다. 당일의 변란은 본래 양국이 예상하지 못한 일이었습니다. 다만 이러한 일이 이미 발생한 이상, 단지 사안에 입각해서 시비를 따진다면 처리 방법을 도출해 낼 수 있을 것입니다.

이홍장: 지난 며칠 동안의 변론에서 각자가 자신의 사정만을 고집하였습니다. 우리 중국군에

도 또한 우리만의 사정이 있습니다. 그래서 이토 대인과 분명하게 변론하지 않을 수 없었습니다.

이토: 전날 중당과 논의하면서 중국 관병이 조선에서 우리 공사를 공격하고 국기를 훼손한 행위가 모두 공법상 해서는 안 되는 일이라고 말씀드렸습니다. 중당께서는 하나하나 반박하셨는데 모두 네 가지 내용입니다. 첫 번째는 "일본 공사가 와서 호위하라"라는 문서가 조선 국왕이 친필로 작성한 것이 아니라는 점, 두 번째는 다케조에가 병사를 이끌고 궁궐에 들어가 호위하는 것에 대해 조선 외무아문에 통지하지 않았다는 점, 세 번째는 중국 영관들이 일찌감치 다케조에에게 서신을 발송하였고 이것이 사리에 부합한다는 점, 네 번째는 중국 병사가 먼저 총을 쏘지 않았다는 점입니다. 저 또한 네 가지 내용으로 반박합니다. 첫 번째, "일본 공사가 들어와서 호위하라"라는 네 글자는 실제로 조선 국왕이 쓴 것입니다. 당시 다케조에가 군사들을 이끌고 궁에 들어갔을 때 조선 국왕이 직접 감사를 표시했다는 점에서 다른 사람이 사칭하여 내린 명이 아니었음을 알 수 있습니다. 두 번째, 다케조에가 미리 외무아문에 통지하지 않았지만, 나라에서는 군주의 명령이 가장 중요합니다. 국왕의 지시가 있었으므로 반드시 외무아문에 통지하지 않아도 되었습니다. 세 번째, 중국 영관은 8시에 이미 서신을 발송했다고 말합니다. 다케조에는 3시가 되어서야 서신을 받았다고 합니다. 서신에는 또한 시간에 관한 명확한 증거가 표시되어 있지 않았습니다. 네 번째, 중국 병사가 궁궐에 들어왔을 때는 혼란스러운 때여서 어떤 사람이 먼저 총을 쏘았는지 확실한 증거를 찾을 수 없습니다. 중당께서 반박하신 네 가지 내용에 대해서 저 또한 명백하게 변론하였습니다.

이홍장: 우리 군이 입궁한 것은 결코 일본군을 공격하기 위함이 아니었습니다. 당시 조선 국왕과 다케조에 공사가 함께 있었으므로 만일 공사에게 총을 쏘았다고 한다면 또한 조선 국왕에게 총을 쏜 것이라고도 할 수 있습니다. 어찌 이런 도리가 있겠습니까? 다케조에가 국왕을 보호하고 있는데, 중국 관병들이 어찌 국왕을 보호하고 있는 사람을 공격하려고 했겠습니까?

이토: 저는 조선 국왕을 이야기하고 있는 것이 아니라 중국과 일본 간의 일을 이야기하고 있을 뿐입니다. 전날 일본 민간인의 진술을 전달해 드렸으니 중당께서 이미 상세하게 살펴보셨을 것으로 생각합니다. 병사들이 백성들에게 해를 입힌 것은 곧 영관들의 통제가 엄격하지 않았기 때문이므로 마땅히 영관들의 잘못을 헤아려 처벌해야 합니다.

이홍장: 전날 이미 이야기했듯이, 중국군과 조선군의 복식이 유사합니다. 또한 유민들 중에 병사를 가장하는 사람들도 있어서 분별하기 매우 어렵습니다.

이토: 중국 율례에서 부인의 진술이 증거가 될 수 있습니까?

이홍장: 남녀 관계없이 반드시 양측을 대질하고 분명하게 심문하여 진술이 확실해야만 바야흐로 결정을 내릴 수 있습니다. 서양 각국의 안건 처리 방식 또한 이와 같습니다.

이토: 이 사안과 일반 소송은 다릅니다. 예컨대, 만일 일본이 원고이고 중국이 피고라면 양국이 시비를 가리면 될 뿐이지 다시 병사와 부녀자를 대질시킬 필요는 없습니다.

이홍장: 양국이 교섭하고 논쟁하고 있는 사안은 일반 소송에서 원고가 고소한 사정에 대해서 피고가 마음속으로 불복하고 있는 상황과 같습니다. 이 사안에서 시비를 단정하기 어렵습니다.

이토: 조선 주재 미국 공사인 푸트가 다케조에에게 보낸 서신은 본래 이 일과 무관하므로 반드시 읽어보실 필요는 없습니다. 하지만 어제 속창 대인이 "중국 병사들이 유랑하던 일본인 자녀들을 인천까지 호송하였고 일본 백성들에게 상해를 입힌 일이 필시 없었다"라고 하셨습니다. 지금 이 서신을 읽어보면, 미국·영국 공사가 함께 중국 영관에게 병사들을 보내 일본인들을 인천까지 호송하도록 권유한 것에 따랐을 뿐이지, 그 영관의 본심이 아니었음을 알 수 있습니다.

이홍장: 기꺼이 송환한 것이지 결코 상해를 입히려는 의도는 없었습니다.

이토: 우리 백성을 인천까지 호송해 주신 일은 호의에서 비롯된 것입니다. 하지만 병사들이 우리 민간인에게 해를 입힌 일은 또 다른 사안입니다. 중당께서는 이 일을 어떻게 처리할 생각입니까?

이홍장: 다케조에는 조선 주재 공사입니다. 이 일은 또한 다케조에와 관계가 있습니다. 당시 오대징, 속창 흠차대신이 조선에서 조사할 때 다케조에는 어찌 중국 병사들이 일본인들에게 해를 입힌 일을 오대징·속창 대인에게 공식적으로 제기하지 않았습니까? 설령 근거가 있었다면 어찌 당일에 한마디도 언급하지 않다가 수개월이 지나서 홀연히 이런 말씀을 하니 실로 믿기 어렵습니다.

이토: 당시 오 대인에게는 전권 증빙이 없어서 제기하지 못한 것입니다.

이홍장: 양국 간의 일 처리라면 반드시 전권 여부를 논해야 하지만 현장에서 사안을 조사할 때는 전권 여부를 논할 필요가 없습니다. 오 대인은 이 사안에 대한 조사와 처리를 담당

한 사람입니다. 만일 당시에 실제로 그러한 일이 있었다면 마땅히 먼저 오 대인에게 영관들을 심문하고 현장에서 상세한 상황을 확실히 조사하여 먼저 입안해 줄 것을 청해야 했습니다. 설령 오 대인이 처리하지 않더라도 또한 반드시 오 대인이 조사하여 밝혀내야 했습니다. 이때 아무런 증거도 없었는데 어찌 진위를 정할 수 있습니까?

에노모토: 당시 일본 정부에서 전보를 보내 총리아문에 전달하라고 지시했습니다. 전보를 읽어보니 중국 병사들이 일본 민간인에게 해를 입힌 일이 언급되어 있었습니다. 이 내용에 대해서는 총리아문에서 관련 문서를 찾을 수 있을 것입니다. 당시 제가 피해자의 숫자가 아직 불확실하다고 말하자 총리아문 당관(堂官)이 "우리는 이 일을 듣지 못했습니다. 만일 사실이라면 우리 역시 몹시 매우 미안하게 생각합니다"라고 답장했습니다.

오대징: 제가 길림에서 몇 년 동안 군사들을 데리고 있었을 때 병사들이 규정을 지키지 않는 일이 발생하면 조사하여 밝히고 엄히 처리하지 않은 경우가 없었습니다. 조선에 주둔하는 각 군영은 본래 나의 통제에 귀속되지 않으므로 또한 그들의 잘못을 덮어줄 필요는 없습니다. 작년 겨울 명을 받아 조선에 갔고 또한 조사·처리할 수 있는 권한이 있었습니다. 만일 그러한 일이 정말 있었다면 결코 편들어 줄 이유는 없었습니다. 어찌 조선에서 1개월 남짓 있었음에도 이 일에 대해 듣지 못했을까요?

이토: 오 대인의 군령이 엄하고 명백하다는 점은 평소에 잘 알고 있었습니다. 이 일에 대해서 오 대인을 탓할 수 없습니다.

이홍장: 오 대인이 조사하여 밝혀내지 못했는데 내가 또한 어떻게 이 일을 밝혀낼 수 있었겠습니까?

이토: 무지한 백성 가운데 혹 정직하지 않은 자들이 사실을 날조하여 무고하는 경우가 있습니다. 하지만 국가에서 처리하는 일에서는 결코 날조할 이유가 없습니다.

이홍장: 나 또한 감히 이토 대인이 이 사실을 날조했다고 말하는 것이 아닙니다. 다만 우리 조정에서 오대징·속창 두 대인을 조선에 보내 오로지 이 사안을 조사하여 처리하도록 하였습니다. 얼마나 신중히 했겠습니까? 그럼에도 증거를 찾을 수 없었으니, 이 일을 어떻게 처리해야 할지 이토 대인께서 반드시 묘책을 생각해 두셨을 것입니다.

이토: 내가 명을 받들어 왔으므로 그 임무가 또한 매우 중대합니다. 만일 하나의 일도 처리하지 못한다면 어찌 돌아가겠습니까? 다만 중당께서 공평하게 처리하시기만을 바랄 뿐입니다.

이홍장: 일의 성사 여부는 여전히 이토 대인의 의견에 달려 있습니다. 성사하려면 할 수 있습니다.

이토: 중당과 나는 모두 전권을 가지고 있습니다. 일의 성사 여부는 중당과 나, 두 사람에게 달려 있습니다. 서로의 의견이 합치된다면 자연스레 잘 처리될 것입니다.

이홍장: 이 일은 매우 곤란한 일입니다. 만일 내가 우리 병사들이 일본인들에게 해를 입힌 일을 사실로 인정하게 되면 중국의 대소 관원들이 어찌 놀라서 분분히 왈가왈부하지 않겠습니까? 나를 책망하는 자들이 필시 많을 것입니다. 오대징·속창 대인이 명을 받고 가서 조사했지만, 이 같은 일에 대해서는 듣지 못했다고 합니다. 나 홀로 이토 대인의 말을 믿고 그 일이 실제로 있었다고 여기더라도, 결코 이 문제가 해결되지 않고 저만 매우 난처해질 것입니다.

이토: 중당과 저는 모두 특별히 파견된 대신으로 반드시 공평한 태도로 상의해야만 이 일이 잘 처리될 수 있습니다.

이홍장: 오대징·속창 두 대인 모두 조사하여 밝혀내지 못했는데, 내가 어찌 진실이라고 믿겠습니까? 중국 대황제께서 나를 전권대신으로 삼으시고 게다가 오대징·속창 두 대인을 보내 함께 논의하도록 하신 것은 본래 조선의 사변에 대해 내가 직접 가서 조사하고 처리한 것이 아니어서 상세한 사정을 알지 못할 것으로 우려하셨기 때문입니다. 마땅히 오대징·속창 두 대인이 증인이 되어야 비로소 확실하게 믿을 수 있습니다. 지금 억지로 제게 이 일을 인정하게끔 하고 싶더라도 진실로 그렇게 판단하기 어렵습니다.

이토: 양국 간 교섭 사무는 전권대신이 처리하는 것으로서 본래 주변 사람이 증인이 될 필요가 없고 또한 직접 그 현장에 갈 필요도 없습니다.

이홍장: 오대징·속창 두 대인이 특별한 유지를 받들어 조선에 가서 사건을 조사하여 처리한 것은 본래 사건의 상세한 사정을 반드시 현지에서 밝혀내야만 비로소 적절한 처리가 가능하였기 때문입니다. 지금 오대징·속창 두 대인이 하나같이 그 일이 없었다고 이야기하는데, 나에게 무슨 방법이 있겠습니까?

이토: 중국에서 아직 그 일을 밝혀내지 못한 것은 일본과 무관합니다.

이홍장: 혹 장래에 상세하게 조사하여 그 일의 유무를 밝혀내면 비로소 그 허실을 결정할 수 있을 것입니다. 지금은 잠시 논하지 않아도 가합니다.

이토: 이 일과 일반 백성의 고소는 다르므로 양측을 한곳에 모아 대질시킬 필요는 없습니다.

양국 간 교섭 사무에는 그것만의 방법이 있습니다.

이홍장: 증거가 없는데 어찌 이 사안의 허실을 결정할 수 있습니까? 허실을 모르는데 어떻게 적절하게 처리하겠습니까?

이토: 오늘 이야기한 사안은 모두 매우 명백합니다. 다만 다음번 회의에서 중당께서 하나의 방법을 마련해 주시기를 바랍니다. 저는 천진에서 오랫동안 머물 수 없습니다.

이홍장: 이토 대인께서는 어떤 생각을 가지고 계십니까?

이토: 언제나 양국이 논의한 의견이 서로 같기를 바라며 그래야만 비로소 우리 대황제께 일 처리가 완료되었다고 상주할 수 있습니다.

이홍장: 이토 대인께서 이번에 중국에 와서 상의하여 처리하려는 일들이 하나는 과거의 일이고 하나는 장래의 일이라고 하셨습니다. 두 가지 중에 어떤 일이 중요합니까?

이토: 이번에 상의하여 처리하려는 두 가지 사안을 모두 처리해야만 비로소 양국에 이익이 됩니다.

이홍장: 두 가지 사안을 모두 처리하기는 쉽지 않습니다. 혹 하나의 안건을 처리하는 것에 대해 논의해 볼 수 있습니다. 이토 대인께서 깊이 생각해 보시길 청합니다.

이토: 미래의 일이 발생하기 전부터 이 일에 대해 이미 여러 번 생각하였습니다. 과거의 일이 지나간 후부터 하루라도 이 일을 어떻게 처리할지 숙고하지 않은 날이 없습니다. 나는 이미 그것을 깊이 생각하였습니다.

이홍장: 작년 겨울 조선에서 난당이 사변을 일으킨 이래 나 또한 이 일에 대한 처리 방법을 생각하지 않은 날이 없습니다. 요컨대, 이 일의 곡직에 대해서 모두 중국 병사들의 탓으로 돌릴 수 없다는 것이 또한 천하의 공론입니다.

이토: 내가 여기에서 중당과 이 일을 논의하고 있는데 중당께서는 이 일이 매우 어려운 일이라고 생각하시고, 나 또한 이 일이 쉽게 처리할 수 없는 일이라고 생각합니다. 나의 책임이 매우 무겁고 중당의 책임 또한 매우 무겁습니다. 오직 반드시 이 중에서 곤란한 부분을 제거해야만 비로소 상의하여 처리할 수 있습니다.

이홍장: 이 중 처리하기 어려운 부분이 순식간에 해소되길 바랍니다. 오로지 이토 대인께서 한 번만 생각을 바꾸신다면 어려운 부분을 제거할 수도 있을 것입니다.

이토: 단지 중당께서 처리 방안을 나에게 말씀하시고 그에 대해서 다시 중당과 상의하면 좋겠습니다.

이홍장: 이토 대인께서는 필시 방안이 있을 터인 어찌 분명하게 알려주시지 않습니까? 수용할 수 있는 것은 수용하고, 수용할 수 없는 것 또한 자세하게 답변할 수 있습니다. 전날 이토 대인이 경사를 떠난 후 총리아문에서 서신을 보내, 이토 대인이 우호적으로 일을 처리하셔서 상의하기 어렵지 않을 것이라 하였습니다. 지금 세 번 회의를 해보니 이 사안에서 어려운 부분이 매우 많고 쉽게 처리할 수 없다는 점을 알게 되었습니다. 총리아문의 말대로 되기를 매우 원합니다.

이토: 총리아문에서는 또한 이 일을 중당과 상의하여 처리하면 필시 신속하고 적절하게 할 수 있을 것이라 하였습니다. 중당께서는 평화를 주장하는 분이라서 반드시 일본과의 전쟁을 원치 않을 것이라고 했습니다.

이홍장: 총리아문에서 서신을 보내 이르기를, 이토 대인은 중국군의 철수와 중국 영관의 처벌 두 가지 내용을 언급하셨다고 했습니다. 총리아문에서는 영관의 일 처리에 잘못이 없으므로 처벌할 수 없다고 이야기하였고, 군대 철수를 어떻게 할지에 대해서는 나에게 이토 대인과 우호적으로 상의하여 처리하라고 했습니다. 이 외에는 다른 내용이 없었습니다. 총리아문에서는 이 일이 어렵지 않게 처리될 것으로 생각하고 있습니다.

이토: 내가 총리아문에서 중국군이 우리 백성에게 해를 끼친 일에 대해 언급했었습니다. 다만 배상금에 대해서는 명확하게 이야기하지 않았습니다. 세 가지 일을 연결하여 이야기했는데, 혹 총리아문에서 명백하게 이해하지 못하고 단지 두 가지 내용이라고 여기고 있는 것입니다.

이홍장: 25일 3시쯤에 다시 회의를 합시다.

(8) 문서번호: 5-3-08(973, 1730a-1736a)

사안 : 에노모토 다케아키가 와서 조선에 대한 세 가지 사안을 묻길래 엄정히 입장을 표명했습니다. 단지 군대 철수에 대해서만 아직 협상할 수 있다고 하였습니다. 그는 중간에서 중재할 뜻이 있는 듯합니다. 이토 히로부미와의 문답기략을 베껴 올립니다(榎本來詢朝事三件, 已嚴正表明. 僅撤兵一事, 尚可酌商. 彼似有意轉圜. 鈔呈與伊藤問答紀略).

첨부 문서 : 1.「이홍장과 일본 사신 이토 히로부미와의 문답기략(李鴻章與日使伊藤問答紀略)」: 중국과 일본이 공동으로 조선 주둔 부대를 철수하는 문제(中日共同撤退駐朝兵隊問題)

날짜 : 光緒十一年二月二十七日(1885년 4월 12일)

발신 : 北洋大臣 李鴻章

수신 : 總理衙門

二月二十七日, 北洋大臣李鴻章函稱:

二月二十二日, 與日使伊藤問答節略, 業經鈔呈在案. 二十三日戌刻, 榎本來晤謂:"連日伊使會議朝事三件, 究可應允幾件?" 鴻章告以彼此撤兵一節, 事關永遠息爭, 尚可酌商妥辦. 至議處營官、償卹難民二節, 或非情理, 或無質證, 礙難允行. 榎云:"互商撤兵, 於日本並無益處. 駐京公使儘可議辦, 玆特派頭等使來商, 何等鄭重, 不能專為此一事? 如僅允此件. 伊藤擬於二十五日會議後, 即啓程回國." 鴻怫然曰:"朝鮮事, 中國並未辦錯. 其錯處全在竹添. 若因此決裂, 我惟預備打仗耳." 榎本强狠唆謀, 欲以彊弗友剛克之義折之.[23] 彼復和顏婉稱:"我因兩全權使相持不下, 持來解勸調停. 公何出此言耶?" 鴻謂:"汝勸我三條皆允, 無此調停之理, 亦斷無此辦法." 語畢歸去. 二十五日申刻, 伊藤、榎本同來反覆商量. 專議撤兵一節, 詞色愈温. 其

---

23 '彊弗友剛克(강불우강극)'은 「서경(書經)」 「홍범(洪範)」에서 삼덕(三德)을 논하며 나오는 구절의 일부다. 강불우(彊弗友)는 성격이 뻣뻣하여 친하기 어렵다는 뜻이고 이런 것을 강극(剛克)한 사람이 지닌 성향이라고 하는 것으로 보인다.

餘兩件, 暫置勿論. 謹將是日問答摘要鈔呈電覽, 應否代奏之處, 乞核酌. 伊使開談云:"辦交涉事, 須從容細商, 不必動氣著急." 似欲挽回榎本前夜語意. 約二十七日下午, 再往日本使館會議. 昨奉電傳之旨, 敬謹默識, 非至萬不能了時, 决不輕許也. 專肅密布, 祇頌鈞福.

1.「與日使伊藤問答紀略」:二月二十五日申刻, 日使伊藤問答紀略.

伊藤: 會議數次, 所辨之話不少, 中堂已深知底細. 如何辦理, 想中堂必早有定見.

李: 前日問遏伊藤大人, 以前之事為一節, 將來之事為一節, 究竟此兩節中, 以何事為重?

伊藤: 前向總理衙門王爺大人言之. 此次前來中國商議, 不但兩國要和好, 總須比從前更加和好. 祇因朝鮮去年之事, 兩國營兵不無嫌隙. 現在中國留兵在朝, 日本亦留兵保護使館. 兩國之兵同在一城, 恐將來難保無事, 有傷和誼. 我意以撤兵為最要, 然以前之事亦不能置之不辦.

李: 撤兵一節, 總理衙門亦有信來. 此事尚可商量.

伊藤: 我意極願與中堂妥商辦理.

李: 今日何不商議此事? 昨與榎本大人說, 去年我國駐日欽差徐大人言及, 外務卿井上馨大人欲商議撤兵, 總理衙門謂:"我中國保護朝鮮之兵與日本無涉, 函屬徐大人不必再言." 今伊藤大人係頭等公使, 特派來華, 商議此事, 我不固執成見, 可與伊藤大人議一辦法.

伊藤: 井上馨大人並未提及中國不肯撤兵.

李: 今固伊藤大人銜命而來, 不能不通融辦理. 但願將撤兵一層辦得妥當, 回國後亦有榮耀.

伊藤: 日本駐朝之兵, 不論何時皆可撤. 恐日久不撤, 又生出意外之事, 兩邊更難辦理. 是以愈早愈妙.

李: 前接駐朝營官來禀, 近有日本營兵往來街市, 常有二三十人手持槍械. 遇見我們兵勇多有不願之意, 恐其有心尋衅, 猝不及防. 我已批令嚴諭兵勇, 不許上街滋事.

伊藤: 如兩國兵勇再有爭鬥之事, 我與中堂體面均不好看.

李: 朝鮮國王膽小, 欲留中國之兵, 並請添派兵勇, 進城保護. 我意不必添兵.

伊藤: 中堂所見甚是. 現兵何時可撤?

李: 但恐朝鮮國王又來懇求, 不願中國撤防, 此事亦甚為難. 近日朝王移宮, 派我兵隨從護衛, 屬我營官移紮宮門近處, 不肯遠離.

伊藤: 我見上海新聞紙述朝王移宮情形, 中國有兵一千餘名護送入宮, 我日兵不敢近, 但從窗開窺視.

李: 聞日兵在鼓樓大街站隊迎接, 並非在窗開窺視. 新聞紙謠言不可信.

伊藤: 我亦不甚信.

李: 將來議定, 須立一專條.

伊藤: 中堂之意是否, 欲候朝鮮國王回信.

李: 此兵本係朝王請留, 不得不告知.

伊藤: 中堂備文咨達朝王, 不過知照而已. 撤兵之約, 須中堂與我在此議定.

李: 自可先行議定.

伊藤: 撤兵之議, 自中堂主之. 通知朝王一節, 另是一事, 與中日兩國所議之約, 不相干涉.

李: 日兵是否全撤?

伊藤: 自以全撤為是. 若日本留兵若干, 中國亦必留兵若干, 不如全撤為妥.

李: 可俟一年以後再撤.

伊藤: 一年以後未免太遲. 既議撤兵, 早撤為妙.

李: 去冬朝鮮國王曾有咨文云:"新練三營, 請我轉飭駐朝各營派人教習." 我已應允派定在先. 我兵撤回時, 在朝鮮營中酌留教習之人, 此不在兵隊之數, 須與伊藤大人言明.

伊藤: 教習共有若干人?

李: 大約不過二十人.

伊藤: 莫若兩國一律辦理, 不致互相猜忌.

李: 僅留教習之人, 何敢猜忌?

伊藤: 我心明白並不猜忌, 就我本國官民論之, 恐不免猜忌之心. 如中國請德國人教習甚多, 英、法各國亦有妬忌之人. 況中國與日本嫌疑未化, 有此一節難保不生妬忌.

李: 我兵所習德國操法. 朝鮮各營現亦改用德國操, 故請中國弁勇為教習.

伊藤: 教習定年限否?

李: 本無年限. 如將來撤兵, 可將留營教習之人, 定一年限. 其中更有一層道理, 因朝人與泰西通商未久, 民情尚未融洽, 不願用西人為教習. 中國教習每人月不過十餘金, 西人教習薪水甚大. 朝鮮國小而貧, 不能以重貲聘請西教習. 此亦朝人之苦衷.

伊藤: 中堂亦知朝人有黨, 與日本人相好者, 即謂日本黨, 與中國人相好者, 即謂中國黨. 如日本國人聞, 中國有武弁在彼營中, 充當教習, 我國亦有願往朝鮮, 自備資斧充當教習之人. 彼此爭勝, 又恐生衅. 似武弁總不宜留在朝鮮.

李: 朝王不請日本人教習, 日人豈能自往充教習乎?

伊藤: 日本有學生, 向與朝鮮相熟之人, 亦願赴朝教習兵操. 如令朝鮮派出弁勇赴中國學習操法, 日本自無異議.

李: 朝鮮國用不足. 派兵出境需費甚繁, 恐非所願.

伊藤: 朝王許我賠償之費, 前已豁免四十萬元. 若藉為出境練兵之資, 不患不足.

李: 彼本太窮出不起. 欠中國招商局銀二十萬亦久未付.

伊藤: 恐白送朝鮮作禮物了.

李: 朝王留我教習, 願練兵以自强. 伊藤大人既與朝鮮要好, 豈不欲其自强乎?

伊藤: 若除去中國武弁, 便無教習之人, 可說我不願朝鮮自强. 如他國之人均可當教習, 何必定用中國人, 方能自强? 我意不願朝人立黨, 並非不願華人當教習.

李: 此等教習官甚小, 不過把總、外委等職, 亦有並無官職之人.

伊藤: 總須兩國一律辦理方好.

李: 我有一實話, 不妨直言. 當年朝王練兵五營, 以三營交中國人教習, 以兩營交日本人教習. 後來起事時, 日本人所教之營, 竟助亂黨滋事, 自相残殺. 試思, 日本黨與中國黨究竟孰是孰非? 此次犯上作亂, 皆日本黨金玉均、洪英植諸人, 擅殺六大臣. 可見日本黨不是, 中國黨並無不是. 我又不能不怪竹添矣.

伊藤: 此等事各國往往有之. 二十人教習未免過多, 似與带兵官一樣.

吴: 朝鮮自有營官、哨官, 皆國王所派本國官員. 至中國人教習, 專為教操, 不能與聞營政.

伊藤: 日本練兵學堂亦有請各國教習, 分司其事, 與朝鮮情形不同. 今與中堂商議中日各撤駐朝之兵, 莫如兩國一律辦理. 須與朝王言明, 不必請中國人教習, 亦不必請日本人教習, 他國武官能當教習者甚多. 如論格致功夫, 精益求精, 原不容易. 若僅操演步伐、口令技藝, 尋常小兵頭, 皆能教習教成一隊. 又可由本營之人自行推廣教習, 亦不必多用外人.

李: 朝鮮貧甚, 不能多費錢.

伊藤: 前晤朝鮮派來之穆麟德亦言, 用歐羅巴人為教習最好. 穆麟德又言, 朝王之意並不願中國各營, 在彼駐防.

李: 將來朝鮮百姓, 或與日本商民再有爭鬪之事, 日本若派大員往朝查辦, 毋庸帯兵. 若日本派兵前往, 中國亦必派兵, 莫如約定兩國皆不派兵, 自不致開衅.

伊藤: 自應遵辦. 兩國所定之約, 須兩國大皇帝批准, 計須兩箇月. 再遲兩箇月, 可以撤兵.

李: 約計不過四箇月之譜.

伊藤: 中堂説立一專條, 下次即可定議.

李: 是否日兵先撤?

伊藤: 兩國自應同撤. 俟四箇月以後, 兩國各派官員前往, 訂明同時並撤.

李: 此次議定後, 請伊藤大人函致帯兵官, 切勿滋事.

伊藤: 早有信去属我營官從嚴約束. 今聞中堂之言, 當更函致帶兵官.

李: 我有一大議論, 預為言明. 我知貴國現無侵佔朝鮮之意, 嗣後若日本有此事, 中國必派兵爭戰. 若中國有侵佔朝鮮之事, 日本亦可派兵爭戰. 若他國有侵佔朝鮮之事, 中·日兩國皆當派兵救護. 緣朝鮮關係我兩國緊要藩籬, 不得不加顧慮. 目前無事, 姑議撤兵可耳.

伊藤: 中堂所論光明正大, 極有遠見. 與我意相同, 當謹識勿忘.

광서 11년 2월 27일, 북양대신 이홍장이 다음과 같은 서신을 보내왔습니다.

2월 20일, 일본 사신 이토 히로부미와의 회담 기록은 이미 베껴 올렸습니다. 23일 술각(戌刻,

오후 7~9시)에 에노모토 다케아키가 와서 "연일 이토 사신과 조선 문제 세 가지를 논의하고 있는데 도대체 몇 가지를 승낙하실 수 있습니까?"라고 물었습니다. 저는 "상호 군대 철수는 영원히 분쟁을 종식하는 데 관계되므로 상황을 헤아려 상의하고 적절히 처리할 수 있습니다. 영관 처벌과 난민 구휼은 혹 정리에 맞지 않거나 증거가 없으므로 승낙하기 어렵습니다"라고 답하였습니다. 에노모토는 "상호 군대 철수는 일본에 이익이 되는 바가 전혀 없습니다. 주북경 공사가 이 문제를 논의하여 처리할 수 있음에도 이렇게 1등 사신을 특별히 보내 협상하고 있으니 얼마나 정중한데, 이 일에만 전념할 수 없습니까? 만일 단지 이 안건만을 승인하신다면 이토는 25일 회의 후 즉시 귀국길에 오를 것입니다"라고 하였습니다. 제가 화를 내며 말하기를, "조선 문제와 관련하여 중국이 잘못 처리한 바는 없습니다. 잘못은 오로지 다케조에에게 있습니다. 만일 이 때문에 결렬된다면 나는 단지 전쟁을 준비할 뿐입니다." 에노모토는 고집이 세고 흉악하며 책략을 부추기는 사람이기 때문에, "성격이 뻣뻣하여 친하기 어려운 것이 지나치게 강극(剛克)한 사람이다"라는 구절에 따라 그를 꺾으려고 하였습니다. 그는 재차 온화한 얼굴로 바꿔 완곡하게 말하기를 "저는 두 전권대신께서 서로 버티며 양보하지 않기 때문에 중재하고 조정하기 위해 온 것입니다. 공께서는 어찌 이런 말씀을 하십니까?"라고 하였습니다. 제가 말하기를, "당신은 나에게 세 가지 항목을 모두 승낙하도록 권하고 있으니, 조정의 도리가 아니라서 결코 이러한 방법은 수용할 수 없습니다." 말을 마치자, 그는 돌아갔습니다.

25일 신각(申刻, 오후 3~5시) 이토와 에노모토가 함께 와서 다시 상의하였습니다. 여기에서는 오로지 군대 철수만을 논의하였는데, 그들의 말투가 더욱 온화하였습니다. 나머지 두 가지 사안은 잠시 내버려 두고 논의하지 말기로 했습니다. 이날 문답 기록을 베껴 올리니 신속히 살펴보시고 대신 상주할 부분이 있는지 없는지 헤아려 결정해 주십시오. 이토가 회담을 시작하면서 말하기를 "교섭 사무를 처리할 때는 반드시 침착하고 자세하게 상의해야지, 화를 내고 조급해할 필요가 없습니다"라고 하였는데, 이는 에노모토가 전날 밤에 했던 말을 수습하고자 했던 모양입니다. 27일 오후 다시 일본 공사관에 가서 회의하기로 약속했습니다. 어제 전보로 보내신 유지를 받았으니, 삼가 도저히 종결할 수 없는 상황에 이르는 것이 아니라면 결코 가벼이 허용하지 말라는 뜻을 마음속에 새기도록 하겠습니다. 삼가 서신으로 비밀리에 알려드립니다. 복되시기를 빕니다.

1. 「일본 사신 이토 히로부미와의 문답 기략(與日使伊藤問答紀略)」.

2월 25일 신각(오후 3~5시), 일본 사신 이토와의 회담 요록.

이토: 여러 차례 회의 동안 변론했던 말들이 적지 않아서 중당께서 이미 상세한 내막을 깊이 알고 계실 것입니다. 어떻게 처리할지 중당께서는 필시 일찍부터 견해를 정하셨을 것으로 생각합니다.

이홍장: 전날 이토 대인께서 과거의 일이 하나, 장래의 일이 하나라고 하신 것에 대해 물어보았는데, 도대체 이 두 가지 중에 어떤 것이 중요합니까?

이토: 어제 총리아문의 왕야(王爺) 대인께[24] 그에 대해 이야기했습니다. 이번에 중국에 와서 상의하는 것은 비단 양국이 우호적으로 지내기 위해서만이 아니라 반드시 이전보다 더욱 좋게 하기 위해서입니다. 삼가 조선에서 작년에 있었던 사변 때문에 양국 군사 사이에는 악감정이 없지 않습니다. 현재 중국은 조선에 군대를 남겨두고 있고, 일본 또한 군대를 남겨 공사관을 보호하고 있습니다. 양국 군대가 같은 성의 안에 머무르고 있으니, 장래 아무 일이 없으리라 보장하기 어렵고 화목한 관계에도 손상을 끼칠 것을 우려합니다. 내 생각에는 군대 철수가 가장 중요합니다만, 그렇다고 과거의 일 또한 방치해 둘 수 없습니다.

이홍장: 군대 철수에 대해서 총리아문에서도 관련 서신을 보내왔습니다. 이 일과 관련하여 아직 협상할 수 있습니다.

이토: 나는 중당과 적절하게 상의하여 처리하기를 매우 원합니다.

이홍장: 오늘 어찌 이 일을 논의하지 않겠습니까? 어제 에노모토 대인께서 말하기를, 작년 우리나라의 일본 주재 흠차대신 서승조가 이노우에 가오루 대인이 군대 철수에 대해 논의하기를 원한다고 전하였으나 총리아문에서 중국이 조선을 보호하는 병력은 일본과 무관하므로 서 대인에게 서신을 보내 이에 대해서 다시 언급할 필요가 없다는 점을 당부했다고 합니다. 지금 이토 대인께서는 1등 공사로서 특별히 중국에 파견되어 이 일을 상의하고자 하시니, 나는 기존의 생각을 고집하지 않고 이토 대인과 방법을 찾아보고자 합니다.

---

24 이 무렵 총리아문을 이끌던 왕야(王爺)는 1년 전 해임된 공친왕(恭親王) 혁흔(奕欣)을 뒤이은 순친왕(醇親王) 혁현(奕譞)이었는데, 그는 광서제의 생부(生父)였다.

이토: 이노우에 대인은 중국이 군대를 철수하려 하지 않을 것이라는 말을 결코 한 적이 없습니다.

이홍장: 지금 이토 대인께서는 명을 받아 오셨으니 융통성 있게 처리하지 않을 수 없습니다. 오로지 철병 문제만 제대로 처리한다고 해도 귀국 후에 큰 영예를 얻으실 것입니다.

이토: 조선에 주둔하고 있는 일본군은 언제든지 전부 철수할 수 있습니다. 아마도 오랫동안 철수하지 않으면 의외의 사태가 발생하게 되어 양측이 더욱 처리하기에 곤란해질 것입니다. 이처럼 철수가 빠르면 빠를수록 좋습니다.

이홍장: 며칠 전 조선에 주둔하는 영관이 보낸 보고서를 받았습니다. 거기에서는 근래 일본 병사들이 거리를 돌아다니고 있고 그중 20~30명이 총을 소지하고 있으며, 우리 측 군인을 만나면 대부분 꺼리는 기색이 있어서 그들이 싸움을 일으키려고 마음먹으면 창졸 간에 막을 수 없을 것이라고 하였습니다. 나는 이미 지시를 내려 군사들에게 거리에서 문제를 일으키지 말도록 엄하게 명령하였습니다.

이토: 만일 양국 군사 사이에 싸움이 벌어지게 되면 나와 중당의 체면에 모두 좋지 않습니다.

이홍장: 조선 국왕은 담이 작아서 중국 군대를 남겨두고 또한 추가로 군사를 보내 한성에 들어와 보호해 주기를 바라고 있습니다. 나는 추가 파병이 필요하지 않다고 생각합니다.

이토: 중당의 견해가 매우 옳습니다. 현재 병력은 언제 철수할 수 있습니까?

이홍장: 아마도 조선 국왕이 다시 와서 간청하면서 중국군의 철수를 원하지 않는다고 할 것이므로 이 일은 매우 곤란합니다. 근래 조선 국왕이 궁을 옮길 때 우리 군대를 보내 호위하였는데, 그가 우리 영관에게 군대를 궁문 근처로 옮겨 주둔시키고 멀리 떨어지지 않도록 해달라고 당부했다고 합니다.

이토: 나는 상해 신문에서 조선 국왕이 궁을 옮기던 당시 상황에 관한 기사를 보았습니다. 거기에서는 중국 병사 1천여 명이 그를 호송하여 입궁하였으며 우리 일본 군대는 감히 가까이 가지 못하고 창문으로 엿보았다고 하였습니다.

이홍장: 듣기로는 일본군은 고루대가(鼓樓大街)에서 대오를 갖추어 영접하였지, 창문으로 엿보지 않았다고 합니다. 신문에 나온 헛소문은 믿을 수 없습니다.

이토: 나 또한 그리 믿는 것은 아닙니다.

이홍장: 앞으로 논의하여 반드시 이에 대한 특별조항을 세워야 합니다.

이토: 중당께서는 조선 국왕의 답신을 기다리고자 하시는 것입니까?

이홍장: 이 군대는 본래 조선 국왕이 남아주길 청한 것이므로 알리지 않을 수 없습니다.

이토: 중당께서 자문을 작성하여 조선 국왕에게 보낸 것은 단지 통지하는 것에 불과합니다. 철병 조약은 반드시 중당과 제가 여기에서 논의하여 결정해야 합니다.

이홍장: (답신이 도착하기 전에) 먼저 논의하여 결정할 수 있습니다.

이토: 철병 논의는 중당께서 주관하십니다. 조선 국왕에게 통지하는 것은 이와 다른 일로 중일 양국이 논의하는 조약과는 서로 관계가 없습니다.

이홍장: 일본군은 전원 철수할 것인가요?

이토: 전원 철수하는 편이 옳습니다. 만일 일본이 군대를 남겨두면 중국 또한 반드시 군대를 남겨둘 터이니 모두 철수하는 편이 더욱 타당합니다.

이홍장: 1년 후에 다시 철수해도 됩니다.

이토: 1년 후에 철수하는 것은 너무 늦습니다. 이미 군대 철수를 논의하고 있으니 빨리 철수하는 편이 좋습니다.

이홍장: 작년 겨울 조선 국왕이 자문을 보내, "새롭게 3개 영을 조련하려고 하는데 제게 조선 주둔 중국 군영에서 교습을 보내주도록 해주십시오"라고 요청하였습니다. 저는 이미 마땅히 먼저 교습을 보내주겠다고 응락하였습니다. 우리 군이 철수할 때 조선 군영에 남아 있는 교습 인원은 철병 숫자에 포함되지 않는다는 점을 이토 대인께 반드시 분명하게 말씀드립니다.

이토: 교습은 모두 몇 명입니까?

이홍장: 대략 20명에 불과합니다.

이토: 양국이 일률적으로 처리하여 서로 시기하지 않도록 하는 편이 더 좋습니다.

이홍장: 단지 남아 있는 교습들에 대해 어찌 감히 시기하겠습니까?

이토: 내 마음으로는 분명히 시기하지 않습니다만, 우리나라 관리와 백성은 아마도 시기하는 마음이 있을 것입니다. 예를 들면, 중국에서 독일인 교습을 매우 많이 초빙하면 영국과 프랑스에 그것을 시기하는 사람이 있는 것과 같습니다. 하물며 중국과 일본 간에 의심이 아직 풀리지 않은 상황에서 이에 대해 시기심이 생기지 않으리라 보장하기 어렵습니다.

이홍장: 우리나라 군사들은 독일식 훈련 방식을 익혔습니다. 조선의 각 군영에서 현재 독일식 훈련 방식으로 바꾸어서 중국 군인을 교습으로 초빙한 것입니다.

이토: 교습의 기한은 정했습니까?

이홍장: 본래 기한은 없습니다. 만일 장래에 철병하게 되면 군영에 잔류한 교습 인원들은 1년을 기한으로 정할 수 있습니다. 여기에는 추가적인 이유가 있으니, 조선인들이 서양 각국과 통상한 지 오래되지 않았고 백성의 정서가 아직 조화롭지 못하여 서양인을 교습으로 고용하기를 원하지 않기 때문입니다. 중국 교습에게는 각 사람당 매달 10여 금의 임금을 지급하지만, 서양인 교습의 임금은 매우 많습니다. 조선은 나라가 작고 빈궁하므로 큰돈을 들여 서양인 교습을 초빙할 수 없습니다. 이 또한 조선인들의 고충입니다.

이토: 중당께서도 조선인들 가운데 당이 있다는 사실을 아실 겁니다. 일본인과 친한 자들은 일본당, 중국인과 친한 자들은 중국당이라고 부릅니다. 만일 일본인이 중국 무관이 조선 군영에 교습으로 충당되었다는 소식을 듣게 되면 일본에서도 조선으로 가서 스스로 경비를 마련하여 교습으로 충당되기를 원하는 사람이 있을 것입니다. 피차간에 경쟁하게 되면 또한 싸움이 생길 것입니다. 양측 모두 군인을 조선에 남겨두지 않는 편이 적절할 듯합니다.

이홍장: 조선 국왕이 일본인 교습을 청하지 않았는데, 일본인들이 어찌 스스로 가서 교습에 충당될 수 있겠습니까?

이토: 일본 학생 중에 조선에 대해 잘 알고 있는 자들이 조선에 가서 군사 훈련 교습이 되기를 원합니다. 만일 조선에서 군인을 중국에 보내 군사 훈련 방식을 배우도록 한다면 일본에서는 이의가 없습니다.

이홍장: 조선은 재정이 부족합니다. 군인을 나라 밖으로 보내는 데에는 비용이 매우 많이 들기 때문에 아마도 원하지 않을 것입니다.

이토: 조선 국왕이 인정한 배상금 가운데 이미 40만 원을 감면해 주었습니다. 가령 이 돈을 중국에 군대를 보내 조련하는 비용으로 삼는다면 부족하지 않을 것입니다.

이홍장: 그들은 본래 매우 궁핍하여 나갈 수 없을 것입니다. 중국의 초상국(招商局)에서 빌린 20만 원 또한 오래도록 갚지 않고 있습니다.

이토: 아마도 조선에 주는 선물이 되어 버렸군요.

이홍장: 조선 국왕이 우리나라 교습을 남겨두려는 것은 군대를 조련하여 스스로 강해지기를 원하기 때문입니다. 이토 대인은 조선과 사이가 좋으신데, 어찌 그들이 자강하기를 원치 않으십니까?

이토: 만일 중국 무관을 없애서 교습에 충당할 사람이 없어진다면 우리가 조선의 자강을 원치

않는다고 말할 수 있습니다. 다른 나라 사람도 교습에 충원될 수 있는데, 하필 중국인을 써야만 비로소 자강할 수 있는 것입니까? 나는 조선인들이 당을 나누기를 바라지 않을 뿐이지 중국인이 교습에 충원되기를 바라지 않는 것이 아닙니다.

이홍장: 이들 교습의 관품이 매우 미천하여 파총(派總), 외위(外委) 등의 직에 불과하고 또한 관직이 없는 사람도 있습니다.

이토: 여하튼 양국이 일률적으로 철수해야 좋습니다.

이홍장: 직언을 무릅쓰고 사실을 솔직하게 말씀드리겠습니다. 당시 조선 국왕은 5개 군영을 조련하였습니다. 3개 영은 중국인 교습에게, 2개 영은 일본인 교습에게 맡겼습니다. 나중에 사변이 일어났을 때 일본인이 가르친 군영은 결국 난당을 도와 사변을 일으켰고 서로 죽였습니다. 생각해 보십시오. 일본당과 중국당 가운데 누가 옳고 누가 그릅니까? 이번에 윗사람을 범하고 변란을 일으킨 것은 모두 일본당 김옥균, 홍영식 등으로 여섯 명의 대신을 멋대로 살해하였습니다. 이를 통해 일본당의 잘못이지 중국당의 잘못이 없다는 점을 알 수 있습니다. 또한 나는 다케조에를 탓하지 않을 수 없습니다.

이토: 이러한 일들은 각국에서 왕왕 있습니다. 20명의 교습은 너무 많고 군사들을 거느리는 군관들과 같은 듯합니다.

오대징: 조선에는 영관(營官), 초관(哨官)이 있는데, 모두 국왕이 파견한 본국 관원입니다. 중국인 교습은 오로지 훈련법을 가르칠 뿐 군영의 행정에는 간여할 수 없습니다.

이토: 일본 연병 학당에서도 또한 각국 교습을 초빙하여 그 사무를 분장하도록 하고 있어서 조선의 상황과는 다릅니다. 오늘 중당과 중·일의 조선 주둔군 철수에 대해 논의하고 있는데, 양국이 일률적으로 철수하는 편이 낫습니다. 그리고 조선 국왕에게 반드시 중국인 교습이나 일본인 교습을 초빙할 필요는 없으며 다른 나라 무관 중에도 교습을 감당할 수 있는 자가 많다는 점을 언명해야 합니다. 마치 과학처럼 깊게 파고들어 정밀함을 더하는 일은 원래 결코 쉽지 않습니다. 만약 단지 걸음걸이, 구령 등의 기술만을 훈련하는 것이라면 일반 선임 사병도 능히 가르쳐 한 부대를 이룰 수 있습니다. 또한 본 군영의 군인들이 자체적으로 범위를 넓혀 가르친다면 외국인을 많이 고용할 필요는 없습니다.

이홍장: 조선이 매우 궁핍하여 많은 돈을 쓸 수 없습니다.

이토: 전에 조선에서 보낸 묄렌도르프를 만났는데, 그 또한 유럽인을 교습으로 쓰는 편이 가장 좋다고 말했습니다. 그는 또한 조선 국왕은 결코 중국 군대가 조선에 주둔하기를 원치 않

는다고 하였습니다.

이홍장: 장래 조선 백성이 혹 일본 상인, 민간인과 다시 싸우는 일이 발생하면 일본이 대원을 조선에 보내 조사하여 처리하더라도 군대를 대동시킬 필요는 없습니다. 만일 일본이 파병하면 중국 또한 파병할 것이니, 양국 모두 병력을 파병하여 싸움이 벌어지는 일이 없도록 약정하는 편이 더 낫습니다.

이토: 마땅히 그에 따라 처리해야 합니다. 양국이 체결하는 조약은 반드시 양국 대황제의 비준이 필요한데 거기에 2개월이 필요합니다. 그로부터 2개월 후에 군대를 철수할 수 있습니다.

이홍장: 대략 계산해 보면 불과 4개월 정도입니다.

이토: 중당께서 특별조약을 마련하신다면 다음번에 논의를 결정할 수 있습니다.

이홍장: 일본군이 먼저 철수합니까?

이토: 양국이 마땅히 함께 철수해야 합니다. 4개월 후 양국에서 파견한 관원이 가서 동시에 철수하기로 분명하게 정할 것입니다.

이홍장: 이번에 논의가 결정된 후 이토 대인께서 군사를 통솔하는 장교에게 서신을 보내 절대로 말썽을 일으키지 말도록 해 주십시오.

이토: 이미 서신을 보내 우리 장교에게 엄격히 통제하라고 당부하였습니다. 지금 중당의 말씀을 들었으니 마땅히 그에게 서신을 다시 보내겠습니다.

이홍장: 나에게 또 다른 의견 하나가 있어서 미리 말씀드립니다. 나는 귀국이 현재 조선을 침략하려는 뜻이 없다는 것을 알고 있습니다. 사후에 만일 일본이 이러한 일을 벌인다면 중국은 반드시 군대를 보내 싸울 것입니다. 만일 중국이 조선을 침략하는 일이 있으면 일본 또한 군대를 보내 싸울 수 있습니다. 만일 다른 나라가 조선을 침략하는 일이 발생하면 중일 양국이 모두 마땅히 군대를 보내 조선을 구호해야 합니다. 조선은 우리 양국에게 긴요한 울타리이므로 더욱 신경 쓰지 않을 수 없습니다. 현재는 아무 일이 없으므로 잠시 군대 철수를 논의할 수 있을 따름입니다.

이토: 중당께서 말씀하신 바는 광명정대하고 매우 원대한 식견입니다. 제 의견과 같으니 마땅히 삼가 기억하고 잊지 않겠습니다.

(9) 문서번호: 5-3-09(974, 1736b-1745b)

사안 : 일본 사신은 향후 피차 모두 조선에 군대를 보내 주둔시키지 않도록 하는 데 뜻을 기울이고 있습니다. 그 뜻을 매우 견고하니, 아마도 결렬된다면 만회할 수 없을 것이므로 대신 상주하셔서 유지를 청해 주십시오(日使注意將來彼此皆不派兵駐韓. 執意甚堅, 恐決裂無可轉圜, 請轉奏請旨).

첨부 문서 : 1.「오대징이 마련하여 넘겨준 조항(吳副憲大澂擬交條款)」(二月二十六日): 양국이 동시에 철수한다. 중국에서는 상황을 헤아려 교련(敎鍊) 무관(武官)을 남겨두고, 기한을 정해 다시 철수한다. 만일 조선에서 변란이 있어서 조선 국왕이 중국에 파병을 요청하는 일이 있으면, 일본과 무관하다(兩國同時撤兵. 由中國酌留敎鍊武弁, 定限再撤. 若朝鮮有亂, 朝王請中國派兵, 與日本無涉).

2.「일본 사신 이토 히로부미가 직접 건네준 조항 수정의 대략(日使伊藤面交條款酌改大略)」(二月二十七日): 중·일 양국이 모두 조선 국내에 파병하지 않고, 혹 주둔지나 항구를 점거하지 않는다. 조선에 권유하여 타국 무관을 초빙하여 병사를 교련하도록 한다. 현재 주둔하고 있는 군대는 4개월 이내에 동시 철수한다(中·日兩國皆不派兵朝鮮國內, 或占據營地港口. 勸朝鮮選聘他國武弁, 敎鍊兵士. 現在派駐兵隊, 四月內同撤).

3.「이홍장과 일본 사신 이토 히로부미와의 문답 기략(李鴻章與日使伊藤問答紀略)「: 중국이 장래 파병하여 조선을 보호하는 권한 및 파병 시기의 문제에 대해 논쟁하였습니다(爭執中國將來派兵保護朝鮮之權及派兵時期問題).

4.「조선 주재 독일 서리 공사의 제안(駐朝鮮德國署使條議)」: 청·일본·러시아 삼국이 서로 조약을 맺어 조선의 중립을 영구히 보호할 것을 건의하였습니다(建議由淸、日、俄三國, 互相立約, 永保朝鮮中立).

날짜 : 光緖十一年二月二十九日(1885년 4월 14일)

발신 : 北洋大臣 李鴻章

수신 : 總理衙門

二月二十九日, 北洋大臣李鴻章函稱:

二月二十五日, 與日使伊藤問答節略業經抄呈在案. 清卿因須會議撤兵一節, 先擬四條, 於二十六日送交伊藤察酌. 二十七日下午, 同往日館會議伊藤, 以吴議四條為不協, 自取出所擬五條呈閱. 注意在將來彼此永不派兵駐朝一節. 日本自改用西法後, 日寖强大, 久有輕視中國, 併吞高麗之志. 前與朝鮮立約, 明認為自主之國, 即暗唆其不屬中國之意也. 厥後美、英、德各邦與朝鮮議約, 朝鮮雖另具照會, 聲明為我屬邦, 而各國皆置不答, 亦由於日本一氣勾通, 但不便明與我爭耳. 伊使此行未嘗不欲嘗試. 昨談次提及屬國二字, 彼不為然. 鴻章謂:"朝為我數百年屬國, 證據極多, 非彼所應過問." 彼但以此次同時撤兵以後, 永不派兵, 兩國一樣辦法為平允, 就事論事. 彼第一條不派兵設營, 佔據營地、港口, 既載在盟書, 日後自難翻異, 可除日本併呑高麗之疑. 此於我有利者也. 然若彼等唆弄朝鮮, 背畔中國, 或朝人有內亂重大情節, 或俄鄰有侵奪土地之事, 中國未便坐視不理. 若訂明彼此均不派兵, 無事則可相安, 有事則多牽制. 此於我有害者也. 鴻章於其第二條內改添"若他國與朝鮮或有戰爭, 或朝鮮有叛亂情事, 不在前條之例."等語, 似較圓活無礙. 伊藤於他國或有戰爭一語, 强而後可, 於朝鮮叛亂情事一語, 再四强之, 而仍不可, 謂:"如此則中國常有派兵之權, 首條為無用矣." 鴻章謂:"汝意必不允諾, 只有將前四條删去, 以第五款作專條, 專訂此次撤兵之事, 以完題中本義." 伊又謂:"目前撤兵事小, 日後防患事大. 若僅訂此條, 不如不訂. 我即日歸去耳." 語甚決絕, 意甚不懌. 瀕行榎本復向伊藤言, 是否再訂期. 伊云:"俟酌定知會." 二十八日午. 伊藤遣領事原敬來詢, 本日晚間過晤, 鴻以事冗推托, 屬今三月初一午後再行會商. 然彼意堅執, 我亦不得不堅執. 誠恐再商不成決裂徑去. 無可轉圜. 事關重大, 應如何酌辦之處, 乞即轉奏請旨, 電飭遵照為感. 所有吴副憲擬具四條, 伊藤面交條款酌改五條, 並是日問答摘要鈔呈鑒覈.

再, 昨駐朝中書潘志俊寄到德國署使所擬條議,[25] 似與日人通謀, 亦足為朝鮮蠱惑.

---

25 반지준(潘志俊, 1857~1919)은 강소성 출신으로 원명은 지정(志定)이며, 호는 자정(子靜)인데, 귀주순무를 지낸 반위(潘蔚)의 둘째 아들로, 1876년 순천향시에서 거인(擧人)으로 합격하였다. 갑신정변 당시 한성에 주재하였다가 이후 이경방(李經芳)과 함께 프랑스 주재 청국 공사관의 참찬으로 근무하였다. 귀국 후 이홍장의 막료로 활약하다가 청일전쟁 직전 귀국한 원세개의 후임자로 임명되었다, 나중에 산동성의 서리 등래청교병비도(登萊青膠兵備道) 겸 동해관감독(東海關減毒)으로 근무하였다.

並鈔呈鑒. 專肅密布, 敬頌鈞祺.

1. 「吴副憲擬交條款」(二月二十六日[26]).

一. 議定兩國各撤駐朝之兵, 自畫押蓋印之日起, 以四箇月為期. 四箇月以後, 中國將駐紮朝鮮各營, 盡數撤回. 日本亦將駐紮朝鮮保護使館之兵, 盡數撤回. 兩國同時辦理, 不得違逾.

一. 朝鮮練兵各營, 有中國教習武弁, 酌留十餘人至二十人為度. 定立年限, 年滿再行撤回.

一. 以後朝鮮商民或與日本商民偶有爭端, 如日本派員前往查辦, 毋庸帶兵. 或中國有派員查辦之事, 亦不带兵, 免滋疑忌.

一. 朝鮮本國如有亂黨滋事, 該國王若請中國派兵彈壓, 自與日本無涉. 事定之後, 亦即撤兵回國, 不再留防.

2. 「日使伊藤面交條款酌改大略」(二月二十七日).

一, 議定嗣後在朝鮮國内兩國均不得有派兵師, 設兵營, 占據營地、港口之事, 以免有兩國滋端之虞.

一, 前條約款仍與中日兩國戰時之權無干. 若他國與朝鮮或有戰爭, 或朝鮮有叛亂情事, 亦不在前條之例.

一, 將來在朝鮮國如有中日兩國交涉事端, 或有彼此一國與朝鮮國交涉事端, 兩國各特派委員, 務依平和便法, 妥商辦理.

一, 兩國均允勸朝鮮國王, 教練兵士, 足以自護其國, 兼保護駐留外國人. 又由朝鮮國選他國武弁一員或數員, 委以教演練習之事.

一, 兩國均允將現在彼此派駐朝鮮國兵員, 於畫押蓋印之後四箇月限内, 均行盡數撤回. 日本國兵由仁川港撤去, 中國兵由馬山浦撤去. 屆時均簡委員派往朝鮮漢城, 酌訂施行.

---

26 원문에는 3월 26일로 되어 있으나, 분명한 오류라서 바로잡았다.

3.「與日使伊藤問答紀略」:二月二十七日申刻, 日使伊藤問答紀略.

伊藤: 前日所議撤兵之事, 已擬就一稿. 請中堂閱看.

李: 第二條云, 前條約款仍與兩國交戰之權, 不相交涉. 用意殊不可解.

伊藤: 謂如兩國交戰時, 各有自主之戰權, 係照萬國公法, 與第一條所說不派兵之話, 不相干涉. 此次商議撤兵之事, 兩國總須一律辦理.

李: 朝鮮為中朝屬國. 故向來事事應具報請命, 與日本往來情形不同.

伊藤: 若論朝鮮與中國交接之道, 更費唇舌, 不若不議為妥.

李: 此次專論撤兵一節, 至朝鮮為中國屬國, 貴大臣本來不應議論.

伊藤: 暫不必議. 前日商議中國與日本, 以後皆不派兵, 故須於約款內載明.

李: 昨日吴大人親自送來一稿, 詞義甚明. 何不即用此稟?

伊藤: 第四條說明朝鮮內亂, 可請中國派兵. 此條不甚妥協. 第二條欲留中國教習, 亦難應允.

李: 第三條詞義甚妥. 何不用之?

伊藤: 吴第三條云:"朝鮮商民與日本商民爭端." 此是小事, 本來無須派兵. 如有焚燒使館等事情節重大者, 恐日本亦不能不派兵. 但必告知中國.

李: 貴大臣所擬第二條宜酌改. 如他國與朝鮮有戰爭之事, 中國一定派兵相助, 不在此例.

伊藤: 我意欲渾含, 不必明言.

李: 既載入約, 不妨說得明白. 即西國人知我們有約, 亦可免其覬覦朝鮮. 何不可說明之有? 因增改數語云:"前條約款仍與中日兩國交戰之權無干. 若他國與朝鮮或有戰爭不在此例."[後伊藤將稿取去另謄. 交戰之權改為戰時之權, 不在此例改為亦不在前條之例.]

伊藤: 中堂之意, 如他國欲攻朝鮮, 或恐其假道來攻中國, 故中國必派兵往援.

李: 無論他國之意, 是否與中國為難, 但攻朝鮮, 則中國必派兵助之.

伊藤: 朝鮮有巨磨島, 在濟洲東北四十英里. 如有他國水師屯聚於巨磨島, 窺伺朝鮮, 與日本大有妨碍. 日本亦可派兵往援否?

李:日本自可派兵往援.

李: 萬一朝鮮再有內亂之事, 該國來請兵, 中國必派兵前往, 為之定亂. 此次約內必得說明, 可用吴大人所擬第四條.

伊藤: 然則撤兵不過一時之事, 於將來無益.

李: 朝鮮向來黨禍最多. 將來之事原不能逆料具必有, 但不可不慮及耳.

伊藤: 如朝鮮亂民有殺害日本官員等事, 日本亦可派兵否?

李: 如有必應派兵之事, 日本亦須知照中國.

伊藤: 若照中堂所說添此一條, 中國有派兵之權, 日本則無權矣. 内亂之事, 有大有小, 或因小事而中國藉端派兵, 亦未可知. 日本與中國總須一樣辦理, 方為平允.

李: 日本不能與中國比也. 前所云, 朝鮮為我屬國, 伊藤大人說不必議論. 在我國家視之, 此事關係甚大.

伊藤: 屬國之說, 西洋與朝鮮立約, 各國皆不認, 亦不必再提. 但日本國家並無欲佔據朝鮮土地之意. 故此次與中國立約首條, 即言明此意, 使中國不必疑心.

李: 從前難保無人疑議. 或者立有明約可免謠惑.

伊藤: 若約内言明朝鮮有亂中國即可派兵, 不知亂何時定, 兵何時撤. 今日撤兵, 或明日又派兵前去. 何必立此約?

李: 中國豈願派兵赴朝乎? 此係不得已之事. 伊藤大人不必如此多疑. 如果事定而不撤兵, 日本可執此約, 與中國理論.

吴:此一條亦非中堂之意, 實我朝廷之意. 將來朝鮮或有内亂, 請我中國派兵, 朝廷不能不允. 此次立約, 豈能禁我以後不復保護朝鮮乎?

伊藤: 若立此條, 則首一條為無用矣.

李: 即專用後一條, 將前四條刪去, 抑或於第二條添入一句云, 或朝鮮有叛亂情事亦不在前條之例. 如此似甚簡括.

伊藤: 日本與朝鮮約内, 我國本有留兵之權. 今與中國既立此約, 則日本無派兵之權, 前約即作廢紙.

李: 日本留兵為保護使館, 中國派兵為保護朝鮮, 事各不同. 中國本有派兵保護之權也.

伊藤: 壬午年日朝立約云, 一年之後, 由日本駐朝公使察看情形, 能否撤兵, 再行酌辦. 我國公使本來自有留兵之權.

李: 當時原以一年為期. 一年之後, 若早撤兵, 便無此事.

伊藤: 中國若不留兵亦無此事.

李: 從前聞日本官員有人勸朝鮮背畔中國, 此或非日本國家之意? 然外間頗有此議論.

伊藤: 朝鮮官員中或有意背畔中國, 欲立為自主之國. 此事我不問也.

李: 此事日本原不應管. 將來朝鮮有事, 請中國派兵一節, 如伊藤大人不欲明言, 我意亦可酌改, 擬於第二條内添入一句云:"兩國向來在朝鮮所有之權, 各不相干."

伊藤: 此條更有為難, 未能允行.

吴: 伊藤大人為難處小, 中堂為難處大. 此次商議現在撤兵與將來派兵與否, 本屬兩事. 惟約内言明, 以後派兵定亂, 事竣撤回, 仍不留防, 亦與此次撤兵之意, 暗相符合.

伊藤: 約内添此一條實未敢允.

李: 前日言明立一專條. 其實只須用撤兵一條, 此事即可辦結.

伊藤: 此次奉使來華議約, 原為預防將來之事, 可以永遠和好. 如以後中國仍要派兵, 日本不能無爭.

李: 朝鮮無事, 原不必派兵. 中國豈願多事哉?

伊藤: 我亦另擬一條云:"中日兩國如經朝鮮請平内亂, 各有派兵赴朝之權. 惟彼此均應請示."

李: 此條亦不可行.

伊藤: 議不成, 我當即日回國. 請中堂詳細思之. 如議不成而歸, 我心甚為抱歉.

李: 若議不妥, 我心亦甚抱歉. 請伊藤大人詳細思之. 總須兩邊遷就, 方可説合.

4.「駐朝鮮德國署使條議」:交朝鮮統理外務金允植送呈.

按泰西有二三小國, 為泰西各大國互相立約保護, 永遠相安無事, 其於小國受益實多. 倘他日兩大國, 或出於交戰, 而小國只以千餘人屯駐邊界, 自守吾圉. 敵兵過境, 示之以禁地, 不得越疆而馳. 設有入境, 則小國之政府可行文照會其元戎, 收其器械, 羈其軍士, 洎乎兩國罷干戈而修玉帛.[27] 於時發放還歸國. 人既弗慮有驚擾, 國君亦

27 옥백(玉帛)은 옥기와 비단을 합친 말로 고대에 제사나 국가 간에 교제할 때 사용하던 예물이다. 이 문맥에서는 "창과 방패를 옥과 비단으로 바꾼다'(化干戈爲玉帛)"는 것은 즉 전쟁을 그치고 강화(講和)한다는 의미다.

得安然無事. 此大國互約保護之益也.即如德、法西一千八百七十年之戰,[28] 而法軍八萬敗入法邊界之遂次國. 夫遂次一小國耳, 當即備文, 按約理處. 且各國互約中載明, 倘他國有戰事, 不得借用土地. 是以德軍之攻法也, 如假道於比利時國, 較為近便, 乃必遶遠前進者, 不能違背各國互立之約也. 小國之為大國互相約以保護, 實有益而無損, 即此明白可證矣. 以今朝鮮情形而言, 清國勞師糜餉, 歲費不貲, 駐防於此. 推原其故, 蓋恐藩籬不守, 强隣排闥而入, 茫無把握, 理或然歟? 然朝鮮為清國後庭, 亦即與俄、日之邊界毗連, 勢不相容, 必至爭攘. 雖千萬人駐防於朝鮮, 何所益? 愚以為照泰西成法, 而清、俄、日互相立約, 永保朝鮮, 設或異日他國攻伐, 不得借道於朝鮮國. 而朝鮮自派數千兵, 沿境邏巡防查, 國中仍與和約各國通商. 玆於朝鮮永獲厚益, 而於清國可免他國不亦善夫. 日使井上馨前在朝鮮亦以此法為妙, 想日本亦頗情願. 今日特派大使前赴清國, 或早與商此法, 果行其言, 豈不更妙? 愚見朝鮮此時亟宜袖手旁觀, 若清、日兩國開戰, 而於朝鮮無事. 如清、法之開戰, 朝鮮無事一様. 今有人言, 朝鮮目下請清國添兵來, 果有其事, 便是辦錯. 試想. 清國既允添兵, 日本亦易添兵, 兩國紛紛重兵壓境, 將一定帶累朝鮮國. 朝鮮既不欲清、日以國中為戰地, 塗炭生民, 應請清國不添兵, 暫亦不撤兵, 照常安屯. 向在王城三營、馬山一營是國王早請來保護, 今可以仍照常保護, 他國方無話說. 若添兵或調馬山一營來城, 他國便有話可說了. 朝鮮與清原非一國, 從前立約與英、德、美、日各國均朝鮮朝廷自主之. 清國與他國開戰, 他國不能來攻朝鮮而奪土地. 清國向并不請朝鮮幫助, 所以此次清、日如有戰事, 朝鮮自亦不用添兵幇助清國, 其實可以袖手旁觀. 如今所在朝鮮清兵, 保護國王, 防禦內亂, 已足用矣. 於日本國不用防也, 且不應防. 不用防者何? 日本并不想來朝鮮佔地一步, 去年已重修和好, 只想通商之益處. 不應防者何? 清國不應在朝鮮國而防日本. 不然日本可到朝鮮來攻清兵. 朝鮮自備兵防各國, 實是應行之事, 他國不能談論. 按萬國公法, 兩國開戰, 他國不幇此, 亦不幇彼, 彼此兩國自不能難為他國及其民人. 現在朝鮮所可危者, 此間王城知道清·日實已開戰, 惟恐駐紮王城清·日之兵, 偶然相見以干戈, 而國中民人趁勢動手. 國人趁勢動手, 自於朝鮮更有大禍. 所以最要防者, 不使國人動手, 急應開導他們, 縱清·日兵有攻打事, 於爾等不相干涉, 切

28 1870년 7월 19일부터 1871년 5월 10일까지 있었던 프로이센-프랑스 전쟁을 일컫는다.

勿附會招殃. 而政府亦可與清·日商量, 兩國尚未説和, 暫將兵營離遠, 或清兵去馬山, 或日兵去仁川, 免致兵戎相見, 蹂躪京城之慮. 倘中國立即撤兵, 自己要用, 朝鮮不應請留. 朝鮮此時無别可防, 防在内訌. 然亦可用國中軍士保護國家. 若清兵仍欲在王城照常保護, 亦聽其便, 不過請其應照舊有規畫, 不用改新花樣耳. 此論既脱稿, 而日使適來, 遂將其意以探問之. 日使應聲曰:"然我不欲朝鮮土地一步也. 我亦不欲屬諸人以邊防. 故而欲清國撤兵. 今我派使前赴北京, 看來可望和議有成. 即或兩情決裂, 棄玉帛而修戈矛, 我兵勢必以天津而交鋒, 斷不就王城為戰地. 那時駐京兩國軍士, 自必營屯相距遥遥, 静聽消息, 無得妄動, 或清營而移紮馬山, 或日兵而退駐仁川. 烏有率爾尋衅於和約之朝鮮國中者乎? 我日本必不先出乎此." 於是更持禁地之法言於日使, 日使曰:"此法亦頗善. 朝鮮可以無事, 三國不致交爭, 想我日本亦所願也." 且大使井上馨在朝鮮日閒曾談及以為此法甚好. 杞人但願先行其言而後從之者也.[29] 此接前日所呈日本欲清國撤兵, 推原其故之稿書.

광서 11년 2월 29일, 북양대신 이홍장이 다음과 같은 문서를 보내왔습니다.

2월 25일, 일본 사신 이토 히로부미와 나눈 문답 절략은 이미 베껴 올린 바 있습니다. 오대징이 반드시 철병 논의를 해야 한다면서 먼저 4개 조항을 입안하여 26일 이토에게 건네 살펴보도록 하였습니다. 27일 오후 그와 함께 일본 영사관에 가서 이토와 회담하였는데, 그는 오대징이 제시한 4개 조항이 적절하지 않다고 여기고, 스스로 입안한 5개 조항을 제시하였습니다. 그 뜻은 피차 장래에 영구히 조선에 군대를 보내 주둔시키지 않도록 하는 데에 기울어져 있었습니다. 일본은 서법(西法)으로 고쳐 쓰게 된 후부터 나날이 강대해져서 오랫동안 중국을 경시하고 조선을 병탄하려는 뜻을 갖게 되었습니다. 일전에 조선과 조약을 체결하면서 (조선이) 자주

29 기인(杞人)은 기인지우(杞人之憂)의 기인을 의미하는 것으로 보인다. 기인지우란 기나라 사람이 하늘이 무너지고 땅이 꺼지면 몸을 의탁할 곳이 없을까 걱정하여 자고 먹는 것을 그만두었다는 고사로서, 쓸데없는 걱정을 하는 것을 뜻한다. 통상적으로는 이를 줄여서 기우(杞憂)로 쓴다. '先行其言而後從之'는 『논어(論語)』「위정편(爲政篇)」에 나오는 구절로서, 자공(子貢)이 공자(孔子)에게 군자(君子)에 대해서 묻자 공자가 "말에 앞서 실행하고 그 뒤에 말이 행동을 따르게 하는 사람이다"라고 답한 것에서 비롯되었다.

국이라고 분명히 인정하였으니, 이는 곧 몰래 조선이 중국에 속하지 않도록 하려는 의도입니다. 그 후 미국·영국· 독일 등 각국이 조선과 조약 체결을 논의할 때는 조선이 비록 별도의 (속방) 조회를 갖추어 우리 속방임을 밝혔으나, 각국에서 모두 응답하지 않은 것 역시 일본과 한통속으로 결탁했음에도 단지 분명하게 우리와 다툴 수 없었기 때문입니다. 이토 사신은 이번 사행에서 이를 시험해 보지 않으려 한 적이 없습니다. 어제 회담할 때, '속국' 두 글자를 언급하였으나, 그는 그렇지 않다고 여겼습니다. 저는 조선이 우리의 수백 년 된 속국이라는 점에 대해서는 증거가 매우 많으므로 그들이 응당 끼어들 일이 아니라고 하였습니다. 그는 단지 이번에 동시에 군대를 철수한 이후 양국이 동일하게 영원히 파병하지 않는 방법이 공평하고 타당하다고 하였으며, 사안에 입각해서 시비를 따지자고 하였습니다. 그는 제1조에서 "군대를 파병하여 군영을 세우고 주둔지나 항구를 점거하지 않는다"라고 하였는데, (이러한 내용이) 조약이 기재되어 있으면 나중에 스스로 뒤집기 어려우니 일본이 조선을 병탄하려고 한다는 의구심을 없앨 수 있습니다. 이 점은 우리에게 유리합니다. 그러나 만일 그들이 조선을 교사하여 중국을 배반하도록 하거나, 혹 조선인들에게 내란과 같은 중대한 사정이 있거나 혹 러시아가 토지를 침탈하는 일이 있다면 중국은 좌시할 수 없습니다. 만일 피차 모두 파병하지 않는다고 명확하게 정해두면 아무 일이 없을 때는 서로 평안할 수 있지만 유사시 구애받는 바가 많아지게 됩니다. 이 점은 우리에게 해롭습니다. 저는 제2조에 "만일 다른 나라와 조선 사이에 혹 전쟁이 있거나 혹 조선에 반란과 같은 사정이 생기면 앞 조항의 적용을 받지 않는다"라는 내용을 추가하면 비교적 원만하고 지장이 없을 것으로 생각했습니다. 이토는 "다른 나라와 혹 전쟁이 있거나"라는 말에 대해서는 강변한 후에 가능하다고 하였지만, "조선에 반란과 같은 사정"이라는 말에 대해서는 여러 차례 강변한 후 불가하다고 하면서, 이렇게 되면 중국이 언제나 파병할 수 있는 권한을 가지게 되므로 첫 번째 조항이 쓸모없게 된다고 하였습니다. 저는 "당신이 필시 승낙하지 않을 것이니, 단지 앞의 4개 조항을 삭제하고 제5조만으로 이루어진 특별조약으로 군대 철수의 일에 대해서만 정하여 이 일의 본래 취지를 완수합시다"라고 했습니다. 그는 다시 말하기를 "현재의 군대 철수는 작은 일이고 장래의 후환 방비는 큰일입니다. 만일 단지 이 조항만으로 체결하려면 차라리 체결하지 않는 편이 낫습니다. 저는 즉시 돌아가겠습니다"라고 했습니다. 그 말이 매우 단호하고 그 마음은 매우 불쾌한 것으로 보였습니다. 그가 떠나려고 할 때 에노모토가 이토에게 다시 날짜를 잡을지 묻자, 이토는 상황을 보고 결정하여 알려주겠다고 하였습니다. 28일 오후, 이토가 영사 하라 다케시를 보내 당일 저녁 만날 수 있을지 물었으나 저는 일이 많다는 핑계로 거절하고 3월 1일 오후에 다시 협상하자고 하였습니다. 그런데 그가 자기 뜻을 고집하므로 저 또한 부득불 고집을 부릴 수밖에 없습니다. 정말로 다시 협상하여 성공하지 못하고 결렬되어 그가 곧장 돌아가 버린다면 만회할 방법이 없습니다. 이 일이 중대하므로 응당 어떻게 처리해야 할지, 곧장 대신 상주하여 유지를 청해주시고 신속히 알려 따르도록 해주시면 감사하겠습니다. 오대징이 입안한 4개 조항, 이토가 직접 넘겨준 조항에 대한 수정안 5개 조, 이날 이토와의 문답 기략을 베껴 올리니 살펴보시고 결정해 주십시오.

추가합니다. 어제 조선 주재 중서(中書) 반지준(潘志俊)이 독일 서리 공사의 제안을 보내왔는데, 일본인과 함께 공모한 듯하며 또한 조선을 미혹시키기에 족합니다. 아울러 초록하여 올리니 살펴봐 주십시오. 삼가 오로지 비밀리에 아룁니다. 복 되시길 빕니다.

1.「오대징이 입안하여 건네준 조항(吳副憲大澂擬交條款)」: 2월 26일(二月二十六日).

하나. 양국은 각각 조선에 주둔시킨 군대를 철수하며, 서명하고 조인한 날부터 4개월을 기한으로 하기로 의정(議定)한다. 4개월 후 중국은 조선에 주둔하고 있는 각 군영을 전원 철수한다. 일본 또한 조선에 주둔하면서 공사관을 보호하는 군사들을 전원 철수한다. 양국이 동시에 처리하며 기한을 초과할 수 없다.

하나. 조선에서 조련하고 있는 각 군영에 중국 교습 군관을 두되 10여 명에서 20명 한도로 상황을 따라 남겨둔다. 기한을 정해두고 기한이 만료되면 다시 철수한다.

하나. 이후 조선 상민들이 혹 일본 상민과 우발적으로 분쟁이 있어서 일본에서 관원을 보내 조사하여 처리하는 경우 군대를 대동할 필요가 없다. 혹 중국에서 관원을 보내 조사하여 처리하더라도 또한 군대를 대동하지 않음으로써 의심이 일어나지 않도록 한다.

하나. 만일 조선 본국에서 난당이 사변을 일으켜 국왕이 중국에 군대를 보내 진압해 줄 것을 청하게 되면 일본과 무관하다. 사변이 진정된 후 또한 즉시 군대를 철수시키고 남겨두지 않는다.

2.「일본 사신 이토 히로부미가 직접 건네준 조항 수정의 대강(日使伊藤面交條款酌改大略)」: 2월 27일(二月二十七日).

하나. 사후 조선 국내에 양국 모두 파병하여 군영을 설치하며 주둔지나 항구를 점거하지 않기로 의정하며, 이를 통해 양국 간 사단이 일어날 우려를 피한다.

하나. 앞 조항은 중일 양국이 전시에 갖는 권한과 관계가 없다. 만일 타국이 조선과 혹 전쟁이 있거나 혹 조선에 반란과 같은 사정이 있으면 또한 앞 조항의 예에 들지 않는다.

하나. 장래 조선국에 만일 중·일 양국과 교섭해야 할 사건이 있거나 혹 피차 한 나라가 조선국과 교섭해야 할 사건이 있으면 양국에서 각각 특별히 위원을 보내 평화롭고 편리한 방법에 따라 적절하게 처리하도록 힘쓴다.

하나. 양국 모두 조선 국왕에게 군대를 조련하도록 권유하여 스스로 그 나라를 지키고 아울러 주재하고 있는 외국인들을 보호하기 충분하게 한다. 또한 조선국에서 다른 나라 군관 1명 혹은 수 명을 선발하여 가르치고 훈련하는 일을 맡긴다.

하나. 양국 모두 현재 피차 조선국에 보내 주둔시킨 군대는 서명하고 조인한 날 후 4개월 이내에 모두 철수시키기로 승인한다. 일본 군대는 인천항에서 철수하고, 중국 군대는 마산포에서 철수한다. 기한이 되면 양측 모두 위원을 뽑아 조선 한성에 보내 상황을 헤아려 방법을 정해 시행한다.

3.「일본 사신 이토 히로부미와의 문답기략 초록(日使伊藤面交條款酌改大略)」: 2월 27일 신각(申刻, 오후 3~5시) 일본 사신 이토 히로부미와의 문답기략.(二月二十七日申刻, 日使伊藤問答紀略).

이토: 전일 논의한 군대 철수에 대해 초안 하나를 입안했습니다. 중당께서 살펴봐 주십시오.

이홍장: 제2조에서 "전 조항은 양국이 교전 시 갖는 권한과 관계가 없다"라고 하였습니다. 그 의도가 특히 이해되지 않습니다.

이토: 제가 양국이 교전 시 각각이 자주적인 전쟁 권한을 갖는다고 말한 것은 만국공법에 따른 것으로서, 제1조에서 파병하지 않는다는 말과 서로 관계가 없습니다. 이번에 논의하고 있는 군대 철수는 양국이 여하튼 일률적으로 처리해야 합니다.

이홍장: 조선은 중국의 속국입니다. 그래서 지금까지 모든 일마다 응당 보고하며 명을 청했으니 (조선이) 일본과 교류한 상황과 다릅니다.

이토: 만일 조선과 중국이 교제하는 도리를 논하려면 긴말을 허비해야 하니 논의하지 않는 편이 더 적당합니다.

이홍장: 이번에는 군대 철수에 대해서만 논의하고 있으니, 조선이 중국의 속국이라는 점에 대해서 본래 귀 대신이 마땅히 왈가왈부할 게 아닙니다.

이토: (이에 대해서) 지금은 잠시 논의할 필요가 없습니다. 전일 중국과 일본이 이후에 모두 파병하지 않기로 상의하였으므로, 반드시 조약 내에 명확하게 기재되어야 할 것입니다.

이토: 어제 오대징 대인이 직접 보낸 초고는 그 말뜻이 매우 명확합니다. 어찌 이 초고를 그대로 쓰지 않았습니까?

이토: 제4조에서 조선에서 내란이 있을 때 중국에 파병을 요청할 수 있다고 설명하고 있습니다. 이 조항이 매우 적당하지 않습니다. 제2조에서 중국 교습을 남겨두고자 한 것 역시 응당 수락하기 어렵습니다.

이홍장: 제3조의 의미는 매우 타당합니다. 어찌 쓰지 않았습니까?

이토: 오대징 대인이 제3조에서 조선 상민과 일본 상민의 분쟁을 이야기했습니다만 이는 작은 일로써 본래 파병할 필요가 없습니다. 공사관을 불태우는 등의 중대한 사건이 발생하면 아마도 일본 또한 파병하지 않을 수 없습니다. 단 반드시 중국에 알리도록 하겠습니다.

이홍장: 귀 대신이 입안한 제2조는 (다음과 같이) 마땅히 고쳐야 합니다. "만일 타국과 조선 사이에 전쟁이 있으면 중국이 반드시 파병하여 도와야 하며, 이 점은 이 예에 들지 않는다."

이토: 제 뜻은 명확하게 말해 둘 필요는 없으니 모호하게 남겨두자는 것이었습니다.

이홍장: 이미 조약 내에 기재되어 있으므로 명백하게 이야기해도 무방합니다. 그래야 서양인들이 우리 사이에 조약이 있다는 사실을 알게 되고 또한 그들이 조선을 노리는 마음을 없앨 수 있습니다. 어찌 그것을 분명하게 말해 둘 수 없겠습니까? 따라서 몇 가지 말을 늘리고 고쳐서 "전 조항은 중일 양국이 가진 교전의 권한과 관계가 없다. 만일 다른 나라와 조선 간에 혹 전쟁이 있다면 이 예에 들지 않는다"라고 합시다.

(이 말을 들은 후) 이토는 원고를 가지고 가서 따로 옮겨 썼다. "교전의 권한"을 "전시의 권한"으로 고쳤고, "이 예에 들지 않는다"를 "전 조항의 예에 들지 않는다"로 고쳤다.

이토: 중당께서는 만일 다른 나라가 조선을 공격한다고 했을 때 혹 길을 빌려 중국을 공격할

수도 있다는 점을 우려하셔서 중국이 반드시 파병하여 도와주어야 한다고 생각하십니다.

이홍장: 다른 나라의 의도가 중국과 곤란한 일을 만드는 것이든 아니든 관계없이 단지 조선을 공격하면 중국은 반드시 군대를 보내 도울 것입니다.

이토: 조선에는 제주도 동북쪽 40 마일에 거문도[巨磨島]가 있습니다. 만일 다른 나라 수군이 거문도에 모여 조선을 노리게 된다면 일본에 큰 장애가 생기게 됩니다. 그러면 일본 또한 군대를 보내 도와줄 수 있는 것입니까?

이홍장: 일본도 군대를 보내 도와줄 수 있습니다.

이홍장: 만일 조선에 재차 내란이 발생하여 조선에서 군대를 청하면 중국에서는 반드시 군대를 보내 그들을 위해 변란을 진압할 것입니다. (이에 대해) 이번 조약에서 반드시 명백하게 언급되어야 하며, 오대징 대인이 입안한 제4조를 쓸 수 있습니다.

이토: 그러면 군대 철수는 단지 일시적인 일에 불과하게 되며 장래의 일에 있어서 아무 이익이 되지 않습니다.

이홍장: 조선에서는 지금껏 당쟁으로 인한 재난이 가장 많았습니다. 장래의 일은 원래 반드시 발생할 것으로 예측할 수 없습니다만 미리 생각해 두지 않을 수 없을 뿐입니다.

이토: 만일 조선 난민이 일본 관원을 살해하는 등의 일이 있다면 일본 또한 파병할 수 있습니까?

이홍장: 만일 반드시 파병해야 할 일이 있다면 일본 또한 반드시 중국에 알려야 합니다.

이토: 만일 중당께서 말씀하신 바에 따라 이 조항을 추가하게 되면 중국에는 파병권이 주어지는데 일본은 그렇지 않습니다. 내란에도 큰일이 있고 작은 일이 있는데, 혹 작은 일인데도 중국에서 이를 빌미로 파병할지 또한 알 수 없습니다. 일본과 중국은 여하튼 같은 방식으로 처리해야 비로소 공평해질 수 있습니다.

이홍장: 일본은 중국에 비할 수 없습니다. 이전에 말했듯이 조선은 우리의 속국이며 이토 대인께서 의론이 필요치 않다고 하셨습니다. 우리나라에서 보자면 이는 매우 중대한 일입니다.

이토: 속국에 대한 주장은 서양과 조선이 조약을 체결할 때 각국 모두 인정하지 않았으므로 또한 다시 언급할 필요는 없습니다. 단 일본 국가는 조선의 토지를 점거할 의도가 진혀 없습니다. 그래서 이번에 중국과 체결하는 조약의 첫 번째 조항에서 이 뜻을 언명하여 중국이 의심하지 않도록 하려는 것입니다.

이홍장: 종전까지 의심하는 사람이 없었다고 보장하기 어렵습니다. 어쩌면 조약에서 명확히 하면 풍문에 사람들이 현혹되는 일을 피할 수 있을 것입니다.

이토: 만약 조약에서 "조선에 변란이 생기면 중국에서 즉시 파병할 수 있다"라고 언명하더라도 변란이 언제 진정되고 군대가 언제 철수할지는 알 수 없습니다. 오늘 철수하고 혹 내일 다시 파병할 수 있습니다. 구태여 이러한 조항을 넣을 필요가 있습니까?

이홍장: 중국이 어찌 군대를 조선에 보내기를 바라겠습니까? 이는 부득이한 일입니다. 이토 대인께서는 이렇게 많이 의심하실 필요가 없습니다. 만일 사변이 진정되었음에도 군대를 철수하지 않으면 일본은 이 조항을 가지고 중국과 다툴 수 있습니다.

오대징: 이 조항은 중당의 뜻이 아니라 실로 우리 조정의 뜻입니다. 장래 조선에 혹 내란이 발생하여 우리 중국에 파병을 요청하면 조정에서는 승인하지 않을 수 없습니다. 이번에 조약을 체결한다고 해서 어찌 우리가 나중에 조선을 다시 보호하지 못하도록 금할 수 있겠습니까?

이토: 만일 이 조항을 넣게 되면 첫 번째 조항은 쓸모가 없습니다.

이홍장: 그러면 마지막의 한 조항만을 쓰고 앞의 4개 조항은 삭제하거나, 아니면 제2조에 "조선에 반란과 같은 사정이 있을 때는 또한 앞 조항의 예에 들지 않는다"라는 자구를 추가하면 됩니다. 이렇게 하면 매우 간결하게 개괄할 수 있을 듯합니다.

이토: 일본과 조선이 체결한 조약에 따라 우리나라는 본래 군대를 남겨둘 권리가 있습니다. 지금 중국과 이 조약을 체결하게 되면 일본에는 파병의 권리가 없으며 앞의 조약은 휴지 조각이 됩니다.

이홍장: 일본은 공사관을 보호하기 위해 군대를 남겨두고, 중국은 조선을 보호하기 위해 파병하므로 사안이 다릅니다. 중국은 본래 군대를 보내 보호할 권리를 가지고 있습니다.

이토: 임오년에 일본과 조선이 체결한 조약에서 "1년 후 일본의 조선 주재 공사가 상황을 살펴서 군대 철수 여부를 다시 처리한다"라고 하였습니다. 우리나라 공사는 본래 군대를 남겨둘 권한이 있습니다.

이홍장: 당시에는 원래 1년을 기한으로 하였습니다. 1년이 지난 후 조속히 군대를 철수시켰다면 이러한 일이 없었을 것입니다.

이토: 중국이 만일 군대를 남겨두지 않았더라도 이러한 일이 없었습니다.

이홍장: 종전에 일본 관원 중 누군가가 조선에 중국을 배반하라고 권유했다는 이야기를 들었는데, 이것이 혹 일본 국가의 의도가 아닙니까? 그런데 외간에서도 이러한 이야기들이 있습니다.

이토: 조선 관원 중에 혹 중국을 배반하고 자주국을 세우고자 하는 뜻을 가진 자가 있을 수도 있습니다. 이 일에 대해서 나는 관심이 없습니다.

이홍장: 이 일은 일본이 원래 간여할 일이 아닙니다. 장래 조선에서 사변이 생겨 중국에 파병을 청한다는 내용과 관련하여 만일 이토 대인께서 명확히 언급하길 원치 않는다면, 제2조에 "양국이 지금까지 조선에서 가졌던 권한에 대해서는 서로 간여하지 않는다"라는 문구를 추가하는 것으로 바꿀 수 있습니다.

이토: 이러한 조항은 더욱 난처하므로 승인할 수 없습니다.

오대징: 이토 대인께서 난처해하는 부분은 작고, 중당이 난처해하는 부분은 큽니다. 지금은 현재의 군대 철수와 장래의 파병 여부를 논의하고 있는데, 본래 서로 다른 사안입니다. 다만 조약에서 "이후 파병하여 변란을 진정시키고 사태가 종료되면 철수하며 군대를 남겨두고 방비하지 않는다"라고 언명한다면 이번 군대 철수의 뜻과 은밀하게 부합합니다.

이토: 조약 내에 이러한 조항을 첨가하는 것은 감히 승인할 수 없습니다.

이홍장: 어제 하나의 특별조약을 체결하자고 하였습니다. 사실 단지 군대 철수 한 조항만을 쓴다면 이 일은 즉시 종결할 수 있습니다.

이토: 이번에 내가 사신으로 중국에 와서 조약 체결을 논의하는 것은 원래 장래의 사태를 예방하여 영원토록 우호적인 관계를 지속하기 위함입니다. 만일 이후 중국이 여전히 파병하고자 한다면 일본이 다투지 않을 수 없습니다.

이홍장: 조선에서 아무 일이 없다면 본래 파병할 필요가 없습니다. 중국이 어찌 많은 일이 벌어지길 원하겠습니까?

이토: 나 또한 별도로 하나의 조항을 입안하였는데, "중·일 양국이 만일 조선이 내란의 평정을 요청하면 각각 조선에 군대를 보낼 권한을 갖는다"입니다. 다만 이에 대해서는 피차 모두 마땅히 지시를 청해야 할 것입니다.

이홍장: 이 조항은 또한 시행할 수 없습니다.

이토: 합의가 이루어지지 않으면 나는 마땅히 곧장 돌아가겠습니다. 중당께서 세심히 생각하시길 바랍니다. 만일 합의를 이루지 못하고 돌아간다면 매우 유감일 것입니다.

이홍장: 만일 합의가 되지 않으면 나 또한 매우 유감일 것입니다. 이토 대인께서 세심히 생각하시길 바랍니다. 여하간 양측이 양보해야만 비로소 논의가 성사될 것입니다.

4.「조선 주재 독일 서리 공사의 제안 초록(駐朝鮮德國署使條議)[30]」: 조선 통리외무 김윤식에게 준 것을 보내옴.(交朝鮮統理外務金允植送呈).

유럽에는 2~3개의 소국(小國)이 있는데 유럽의 각 대국(大國)이 서로 조약을 맺어 보호하므로 영원토록 평안하고 사단이 없어, 소국이 얻는 이익이 실로 많습니다. 만일 언젠가 두 대국이 혹 교전을 벌이더라도 소국은 단지 천여 명을 변경에 주둔시키면서 스스로 땅을 지킵니다. 적병이 국경을 넘어오면 그곳이 금지된 땅임을 알려서 그 경계를 넘어 지나가지 못하도록 합니다. 설혹 경계 내로 들어오면 소국의 정부가 (적군의) 사령관에게 조회를 보내고 그 무기를 압수하고 그 군사를 속박할 수 있으며, 양국이 전쟁을 그치고 강화하기를 기다렸다가 그때 풀어주어 귀국시키니, 사람들이 놀라서 소란을 피울 우려가 없고 군주 또한 편안하게 무사할 수 있습니다. 이것이 대국이 상호 조약을 맺어 보호하는 이익입니다. 예를 들면, 프로이센과 프랑스가 서력 1870년의 전쟁을 벌일 때 프랑스 군 8만 명이 프랑스 변경의 스위스로 패주하였습니다. 무릇 스위스는 소국일 뿐이지만 응당 즉시 공문을 갖추어 조약에 따라 처리하였습니다. 또한 각국이 체결한 조약에서 "만일 다른 나라에 전쟁이 있을 때 땅을 빌려 쓸 수 없다"라고 명확히 기재되어 있었습니다. 이에 프로이센군이 프랑스를 공격할 때 벨기에로부터 길을 빌렸다면 비교적 가깝고 편했지만, 반드시 멀리 돌아 전진했던 것은 각국이 체결한 조약을 위배할 수 없었기 때문입니다. 소국이 대국 간의 상호 조약에 의해 보호를 받으면 실로 이익만 있을 뿐 손해가 없다는 점을 여기에서 명백하게 증명할 수 있습니다. 현재 조선의 정세에 대해서 말하자면, 청국은 군대를 수고롭게 하고 군량을 쓰며 매년 엄청난 돈을 아끼지 않고 이곳에 주둔하고 있습니다. 그 원인을 헤아려 보면 대개 울타리를 제대로 지키지 않고 있다가 강한 이웃 국가들이

30 앞서도 나왔지만, 이 문건은 1885년 3월, 한성 주재 독일 부영사 헤르만 부들러(Herman Budler)가 작성하여 외무독판 김윤식에게 제출한 것으로 조선 중립화 방안을 담고 있다. 그 요지는 청, 러시아, 일본이 조약을 체결하여 조선의 중립을 보장하면 그 안보가 보장됨은 물론 청에도 한반도의 군대 주둔 비용을 줄일 수 있으므로 양국 모두에 이득이 된다는 것이었다. 또한 설령 공동 보장이 성사되지 않더라도 절대 청에 증원군을 요청해서는 안 되며 청과 일본 간 전쟁이 발발하더라도 외부 세력과 결탁하려는 내부의 움직임만을 단속할 뿐 국외중립을 선언하고 간여하지 말 것을 권고하였다. 이 제안에 대해서 조선 조정은 청이 이유 없이 조선 주둔군을 증원하거나 분쟁을 일으키지 않을 것이며 일본 또한 경거망동할 가능성이 없다는 이유를 들어 거절하였다. 부들러의 중립화 제안을 비롯한 근대 한반도의 중립화론에 대한 각종 구상과 계획은 김종학,「근대 이행기 한반도 중립화론의 전개(1882-1905)」, 국립외교원 외교안보연구소 정책연구시리즈 2021-19, 2021 참조.

밀고 들어오면 아무런 대책도 없을까 두려워하기 때문에 이치상 그럴 수 있지 않겠습니까? 그런데 조선은 청국의 뒷마당이고 또한 러시아와 일본의 변경과 접해있어서 형세 상 서로 용납할 수 없으니 필시 다툼에 이르게 될 것입니다. 비록 천만 명이 조선에 주둔한들 어떤 도움이 되겠습니까? 제 생각으로는 유럽의 방법을 따라 청, 러시아, 일본이 서로 조약을 체결하여 조선을 영구히 보호하여, 설령 언젠가 다른 나라가 공격하더라도 조선으로부터 길을 빌릴 수 없게 합니다. 그리고 조선에서는 수천 명의 군대를 보내 국경을 순찰하면서 방비하고, 국내에서는 조약을 체결한 각국과 그대로 통상하도록 해야 합니다. 이렇게 하면 조선은 영원히 두터운 이익을 얻을 수 있고, 청국도 다른 나라와 사이가 나빠지는 상황을 피할 수 있습니다. 일본 사신 이노우에 가오루가 예전 조선에 있을 때 이 방법이 절묘하다고 하였으니 일본 또한 상당히 이에 대해 기대하고 있다고 생각합니다. 지금 특파대사를 청국으로 보내 혹 이 방법을 조속히 논의하여 과연 그 말이 실행된다면 어찌 더욱 절묘하지 않겠습니까? 제 생각으로 조선은 지금 응당 최대한 팔짱을 끼고 관여하지 말아야 하며, [그렇게 되면] 만일 청과 일본 양국이 개전하더라도 조선에는 아무 일이 발생하지 않을 것입니다. 이는 청과 프랑스가 개전했을 때 조선에 아무 일이 발생하지 않았던 것과 같습니다. 지금 어떤 사람이 말하기를 현재 조선이 청국에 추가 파병을 요청한다고 하는데, 과연 그러한 일이 있다면 이는 잘못한 것입니다. 생각해 보십시오. 청국이 추가 파병을 승인하게 되면 일본 또한 쉽게 추가 파병하게 되고, 양국의 대군이 분분히 밀어닥치면 앞으로 분명히 조선에 피해를 주게 될 것입니다. 조선은 청과 일본이 나라 안을 전쟁터로 만들고 생민들을 도탄에 빠뜨리기를 원하지 않으므로 응당 청국에 추가 파병을 하지 않고 군대 철수 또한 잠시 하지 말며 평소대로 편안히 주둔해 달라고 청해야 합니다. 종전 한성의 3개 영, 마산의 1개 영은 국왕이 시급히 와서 보호해 달라고 요청한 결과이므로, 지금 평소처럼 보호할 수 있으며 다른 나라에서 왈가왈부하지 않습니다. 만일 추가로 파병하거나 혹 마산의 1개 영을 왕성으로 불러들인다면 다른 나라에서는 할 말이 많을 것입니다. 조선과 청은 원래 한 나라가 아니며, 종전에 영국·독일·미국·일본 각국과 조약을 체결할 때는 모두 조선 조정에서 주도하였습니다. 청국이 다른 나라와 개전을 하더라도 다른 나라가 조선을 공격하고 땅을 빼앗을 수 없습니다. 청국은 지금까지 조선에 도움을 청하지 않았으므로, 이번에 청과 일본 사이에 전쟁이 발생하더라도 조선은 실로 군대를 보내 청국을 도울 필요가 없습니다. 이는 사실 수수방관이라고 할 만합니다. 지금 조선에 있는 청군은 국왕을 보호하고 내란을 방어하기 충분합니다. 일본에 대해서는 굳이 방어할 필요가 없으며 또한 방어해서도 안 됩니다. 왜 방어할 필요가 없습니까? 일본은 조선에 와서 그 땅을 한 치라도 점거하려고 하지 않으며, 작년에 우호를 거듭 굳게 한 것은 오로지 통상의 이익만을 생각하기 때문입니다. 왜 방어해서는 안 됩니까? 청국은 조선에서 일본을 막으려 해서는 안 됩니다. 그렇지 않으면 일본은 조선에 와서 청군을 공격할 수 있기 때문입니다. 조선이 스스로 군대를 갖추어 각국을 방어하는 것은 실로 마땅히 해야 하는 일이며, 다른 나라는 이에 대해 뭐라 할 수 없습니다. 만국공법에 따르면 양국이 개전했을 때 다른 나라가 이쪽을 돕지도 않고 저쪽을 돕지도 않으면 피차 양국은 그 나라와 그 인민들을 곤란에 처하게 할 수 없습니다. 현재 조선이 우려할 상황은 이곳 한성에서 청과 일본이 이미 사실상 개전하였다는 소식을 알게 되는 것으로, 그렇게 되면 한성에 주둔하고 있는 청, 일본 군대가 우연히 마주쳐서 서로 전투를 벌이고 조선 백성이 그 형세를 이용하여 손을 쓰는 상황이 되는데, 조선 백성이 형세를 이용하여 손을 쓰게 되면 조선에 또한 커다란 재앙이 됩니다. 그래서 가장 막아야 하는 것은 조선 백성이 손을 쓰지 않도록 하는 것으로서, 응당 시급히 그들에게 "설령 청과 일본군이 싸우더라도 너희들과는 관계가 없으니, 절대로 부화뇌동하여 재앙을 초래하지 말라"라고 지도해야 합니다. 그리고 정부에서는 또한 청·일본과 협의하여 양국이 아직 강화가 이루어지지 않더라도 잠시 병영을 멀리 떨어뜨려 놓아, 혹 청군은 마산으로 보내고 혹 일본군은 인천으로 보내면, 군대가 서로 충돌하여 한성 유린당하는 우려를 피할 수 있습니다. 만일 중국이 즉시 군대를 철수하여 자기들의 필요대로 쓰려고 하더라도 조선은 (이들의) 잔류를 요청해서는 안 됩니다. 현재 조선은 별달리 막아야 할 것이 없지만, 내홍(內訌)만은 막아야 합니다. 그렇지만 또한 나라 안의 군사를 써서 국가를 보호할 수 있습니다. 만약 청군이 그대로 왕성에서 평소처럼 보호하기를 원하고 또한 그 편의를 들어준다면, 이는 기왕에 있던 낡은 규칙대로 하자고 요청하는 것에 불과하고 새로운 방법으로 고쳐 쓰지 않는 것일 뿐입니다. 이 논설을 이미 탈고하였을 때 때마침 일본 사신이 왔길래 곧 그 뜻을 물어보았습니다. 일본 사신이 응답하면서 말하기를, "그런데 우리는 조선의 땅 한치도 원하지 않습니다. 우리 또한 (조선이) 다른 사람에게 변경 방비를 요청하길 원하지 않습니다. 그래서 청국이 철병하기를 원하는 것입니다. 지금 우리나라 사신이 북경에 갔는데 보아하니 화의가 성사될 가망이 있습니다. 혹여나 양측의 감정이 결렬되어 화의를 포기하고 창을 들게 되더라도 우리 군세 상 반드시 천진에서 싸우지 결코 한성을 전장으로 삼지 않을 것입니다. 그때 한성에 주둔하는 양국 군사들은 필시 주둔지가 서로 멀고 소식을 조용히 듣고만 있을 뿐 망동할 수 없고, 혹 군영을 비우고 마산으로 옮겨 주둔하거나, 혹 일본군은 인천으로 퇴각하여 주둔할 것입니다. 어찌 평화조약을 체결한 조선국 내에서 경솔하게 싸움을 일으키겠습니까? 우리 일본은 필시 먼저 여기에 먼저 나서지 않을 것입니다." 이에 더욱 나아가 "[다른 나라 군대가 국경을 넘어 들어오는 것이] 금지된 땅이란 법"을 일본 사신에게 말하였더니, 일본 사신은 "이 법 역시 자못 좋습니다. (그렇게 되면) 조선은 무사할 수 있고 삼국은 서로 다투지 않게 되니, 우리 일본 또한 바라는 바라고 생각합니다"라고 하였습니다. 또한 이노우에 가오루 공사가 조선에 있을 때 일찍이 이 방법이 아주 좋다고 이야기한 적도 있습니다. 쓸데없는 걱정을 하는 사람으로서 단지 먼저 그 말에 앞서 실행하고 그 뒤에 말이 뒤따르게 되기를 바랍니다. 이는 전날 올린 일본이 청국의 철병을 원한다는 글을 접하고 그 이유를 추측하여 작성한 원고입니다.

(10) 문서번호: 5-3-10(975, 1746a-1755a)

사안 : 이미 이토 히로부미와의 협상이 완료되었습니다. 장래 조선에 군대를 파견하게 되면 양국이 서로 알리고 별도로 조회를 보내 영관 등에게 경계하도록 지시하겠습니다(已與伊藤商議完結. 將來派兵赴朝鮮, 兩國互相知照, 另備照會將營官等戒飭).

첨부 문서 : 1. 「이홍장과 일본 사신 이토 히로부미와의 문답 기략(李鴻章與日使伊藤問答紀略)」: 중·일의 조선 파병 및 중국 영관 처벌 등의 문제에 대해 변론하였습니다(辯論中·日派兵朝鮮及懲處中國營官等事).

2. 「특별조약(專條)」: 중·일 양국은 4개월 이내에 조선 주둔군을 철수하고, 조선 국왕이 군대를 조련하여 스스로 치안을 지키도록 권유한다. 양국 모두 인원을 보내 대신 가르치고 훈련하지 않는다. 이후 유사시 파병하게 되면 서로 공문을 보내 알리며 사태가 진정되면 즉시 철수한다(中·日兩國四個月內, 撤駐韓兵弁, 勸韓王練兵, 自護治安. 兩國皆不派員代爲教鍊. 嗣後有事時派兵, 互相行文知照, 事定卽撤).

3. 「이홍장이 일본 사신 이토 히로부미에게 발송한 조회(李鴻章發日使伊藤照會)」: 만일 중국군이 한성에서 민가에 들어가 약탈하거나 인명을 빼앗은 상황과 사실이 조사하여 밝혀지면 군법에 따라 엄중히 처리하겠습니다(若查明華兵在漢城, 有入屋掠奪, 戕斃人命情事, 定依軍法從嚴懲辦).

날짜 : 光緒十一年三月四日(1885년 4월 18일)

발신 : 北洋大臣 李鴻章

수신 : 總理衙門

三月初四日, 北洋大臣李鴻章函稱:

二月二十七日, 與日使伊藤問答節略, 業經抄呈台覽. 三月初一日申刻, 正與伊藤會議相持之際, 接到鈞署轉電. 是日奉旨:

撤兵可允. 永不派兵不可允. 萬不得已, 或於第二條內無干句下添敘"兩國遇有朝鮮重大事變, 各可派兵互相知照."等語, 尚屬可行. 至教練兵士一節, 亦須言定兩國均不派員為要.

等因. 欽此. 仰見廟算精詳, 權衡至當, 欽服莫名. 適伊藤請照前議:"嗣後兩國或一國要派兵, 應互相知照."等語, 執意堅求, 自未便屢拂其請, 以致久議無成. 夫欲防日本用兵侵奪其土地, 既有先互知照之約, 我亦可隨意派兵. 欲防西國用兵侵奪其土地, 既有互相知照之約, 我更可會商派兵, 似於大局無所窒碍. 因商准將前擬五條改為三條, 就伊藤原稿再三斟酌, 添易字句, 遂即定議. 該使又提懲處營官, 賠卹難民二節. 鴻章因吳、續二使親往朝鮮查辦, 見聞必更真確, 屬與當面駁詰. 該使强詞狡辯, 不稍撓屈, 且謂:"此二節不定辦法, 實難回國覆命." 鴻章姑為設法轉圜, 擬另備照會聲明:"將該營官等戒飭[本言明申飭, 伊藤令榎本來商求改戒飭. 查申飭係官話, 或飭則儆戒將來之意, 自無不可通融]並派員查明如有確實證據, 果係何營何勇滋事, 定照軍法懲辦."等因. 該使不得已允就此完結. 此即英署使毆格訥在尊處所陳, 俟查考明白, 暫作推宕, 彼此無傷和氣之意也. 伊使所著重者, 在我營官带兵攻打公使, 有損該國體面, 而日兵潰退, 傷亡頗多, 又損該國軍威. 故欲請美國公斷. 然美使暱倭已久, 若稍存偏袒, 則我之有理, 或變為無理, 更生波瀾, 不得不力與堅拒. 惟是朝鮮前事已奉明降諭旨, 措詞極為正大, 在朝廷斷無議處營官之理. 該營官等究係鴻章所部. 因保護朝王, 遽與鄰邦生衅, 似不妨作為己意加以戒飭. 猶之人家子弟與鄰舍口角, 其父兄出為轉圜, 亦情理之常. 至查明兵勇, 如有藉端滋事確據, 本應嚴辦, 似尚無貶損於國體, 亦不至貽憂於君父. 管見如斯, 未知當否. 伊藤亟欲東歸, 諄催畫押. 現定於初四日下午在公所, 校對會同畫押蓋印, 並另給照會. 昨已電奏大略在案. 聞伊使擬於初五日即行起程. 將來具摺陳奏, 如奉批准, 應請鈞署暫緩行知榎本, 俟一兩箇月榎本詢催, 再行知照, 庶撤兵及一切事宜, 次第籌辦, 方易就緒. 謹抄初一日問答節略、議定三條及照會底稿奉呈, 可否先代奏明之處, 敬希酌裁. 專肅密布. 祇頌鈞福.

1.「與日使伊藤問答紀略」: 三月初一日申刻日使伊藤問答紀略.

伊藤: 前日因議撤兵之事, 意見不甚合. 此兩日中堂已熟思辦法否?

李: 我再四思維, 前日我所議論, 並無不合之處.

伊藤: 前日與中堂不洽之處, 因兩邊所説辦理情形, 未能一律. 中堂欲添:"朝鮮或有內亂, 中堂派兵."一條,[31] 我意不以為是. 後來中堂説删去前四條, 專留後一條, 作為專條. 惟我意欲添一條:"如將來朝鮮有紛難之事, 兩國或一國派兵, 先互相行文知照." 我已擬就一稿呈閱.

李將伊藤稿取出閱畢謂:"紛難二字 擬改為變亂重大事件, 較為醒目. 若即定議, 未知我大皇帝之意, 以為然否, 仍以兩國批准為定."

伊藤: 前日言過立約後, 須候兩國大皇帝批准. 至兩國全權大臣, 自可先行畫押蓋印.

李: 前次吴大人所擬第四條言, 朝鮮有内亂, 中國可以派兵. 今約内添入, 中日兩國要派兵, 互相知照一層, 本不宜允. 因伊藤大人屢次爭執, 我亦不能不略為遷就.

伊藤: 約計幾箇月可批准?

李: 大約不過一兩箇月. 兩國各有駐京公使, 將來批准後, 即可由駐京公使互相知照. 惟中國如交廷臣會議, 批准或稍遲耳.

伊藤: 撤兵之事, 現已議妥. 以前之事, 中堂以為兩國皆有不是, 我不能不辯論.

李: 辨論數次, 不過徒費唇舌.

伊藤: 中國營官, 似不能不加懲辦.

李: 若要懲處中國營官, 竹添之錯當如何辦理?

伊藤: 竹添入宮, 實奉朝王之命, 不能責其不合. 中國營兵不應打我官兵, 所以要辦營官之咎.

李: 中國營勇並未打日本之兵.

伊藤: 我兵在内, 華兵在外, 中間又有朝兵. 我兵若先行開槍, 必打朝兵. 是以並非我兵先開槍也.

吴: 華兵之前既有朝兵, 則華兵開槍, 只能打朝兵. 如何能打到日兵?

李: 如有意打日兵, 何必先行致信. 既有此信, 則中國營官决非有心開仗.

伊藤: 中國營兵傷害我民人之事, 如何辦理?

李: 前日所見口供内語多影響, 傷害之人大半得自傳聞, 並無實在證據. 何能定案?

伊藤: 此事中堂能否查辦?

李: 如果我兵實有其事, 中國必應嚴辦.

31 '中堂'은 아마 '中國'의 오기인 것으로 보인다.

伊藤: 若查明實情, 如何辦法?

李: 如果查明果有其事, 應照中國律例嚴辦. 然必須實有確證, 或有當日從旁親見之人, 可以質對, 方能定案

伊藤: 中堂可即照此辦法. 營官總要懲處, 日本面上, 方過得去.

李: 營官先致信竹添, 乃實在憑據. 竹添妄言三點鐘始接信, 不及拆閱, 無此情理.

伊藤: 營官所寫之信, 與所辦之事不符. 信内云:"為保護國王, 帮助日本而來," 一進宮門, 就放槍打人, 實與原信不符.

李: 當時竹添與島邨久均在王宮.[32] 平日與我各營官均甚熟悉. 若有一人出來答話, 便無此事.

伊藤: 竹添、島邨不能出與中國營官相見. 因華兵見面, 便要開槍, 不及講論.

李: 信内已說不動兵, 竹添何必多疑? 何妨遣人, 與我營官說明退兵, 自無意外之事.

伊藤: 中堂總說竹添之過, 有何實據?

李: 竹添之過, 只要問吴、續二大人.

吴: 當時竹添在王宮内, 派令朝兵看守宮門. 若竹添不欲開衅, 必不准朝兵放槍. 然則朝兵先行放槍, 安知非竹添之意?

伊藤: 朝兵放槍, 豈竹添所能指使?

吴: 竹添入宮時, 本為謡言, 華兵有變故來保護國王. 至十八日一晝夜, 中國兵並未出營, 並未上街. 竹添明知無兵變之事. 朝王亦無須保護, 何不引兵退出王宮? 若竹添於十九日清晨出宮, 必無與我兵爭鬪之事. 此竹添之不見幾也.

伊藤: 竹添云, 屢向朝王言, 欲引兵而退, 朝王不允. 可知逗留在宮, 非竹添本意.

吴: 朝王屢言, 日兵可退, 竹添不允. 此朝王親口告我之話. 當時朝王, 被人愚弄, 茫然不知何事. 迨至十九日, 逼令朝王更換民裝, 逃往日本, 朝王不肯, 託言欲與王太妃一見, 方可出城. 此時朝王始悟竹添之不為好意見也.

伊藤: 逼令朝王赴日本, 是否竹添主意, 有無實據, 必要究問.

吴: 我亦不能說一定是竹添之意. 但當日竹添與金玉均、朴泳孝等皆在朝王左右. 即

32 시마무라 히사시(島邨久, 1850~1918)는 오카야마현 사족 출신의 외교관으로 1882년 11월 조선 주재 일본공사관의 서기관으로 임명되어 조선으로 건너왔으며 1884년 10월부터 1885년 1월까지 부영사로 근무하였다.

是金玉朴、泳孝之意, 逼朝王赴日本, 竹添未必不知情.

伊藤: 謂竹添知情, 有何確據? 豈可以誣衊人耶?

吴: 事前便有兩事可疑. 十月十七日午間, 日本兵隊搬移大砲彈箱. 由泥峴至校洞公館, 絡繹不絶, 街上百姓無不疑訝. 是夜即有變亂之事. 此一可疑也. 洪英植於郵政局, 請各國公使飮酒. 惟竹添稱病不至. 如果真病, 何以夜半尚能率兵入衛? 如非真病, 何為不肯赴席? 此二可疑也. 我謂竹添知情, 亦因其形迹可疑耳.

伊藤: 此可疑者皆虛擬之詞. 吴大人又謂朝兵放槍係竹添指使, 皆關係重大情節, 究竟有憑據?

吴: 當日把守宮門之朝兵, 即日本人教操之兵. 故金玉均等引之入宮. 其餘朝兵不歸日本人教操者, 皆在宮外, 不能出入, 則放槍之朝兵, 皆日本黨也.

伊藤: 朝兵自有带兵官. 豈竹添所能驅使乎?

續: 我勸伊藤大人不必追究. 去冬井上馨大人到朝鮮會議, 即不提前情, 但就目前應辦之事, 立一簡明條約. 今伊藤大人既欲兩國和好, 亦不必提及前事矣.

伊藤: 以往之事中堂與吴、續二大人之意, 皆謂:"此事甚小." 日本官民皆謂:"此事關係甚大." 兩國意見不洽, 莫若請一他國國主公斷. 如斷定孰是孰非, 便當照辦.

李: 兩國所傳説皆不一. 他國亦難懸斷.

伊藤: 如果中堂有一辦法, 便可無須. 否則必請中間人斷定為是.

李: 若請中國人, 須請西國人矣.

伊藤: 亞細亞之國王不能作中間人. 朝王亦不能公斷. 我意美國國主辦事, 最為公道. 與兩國交情皆好, 可請作中間人.

李: 美國國主能否到朝鮮, 查明情節?

伊藤: 美國國主不能赴朝, 可將兩國所執案卷, 秉公定斷. 此西洋各國常有之事.

李: 我亦知西國有此辦法. 譬如一村之中小有口角, 欲請遠處人來講解. 我以為不甚體面. 此並非重大之事, 何必如此舉動? 為西國人所笑. 總之, 此事兩國營兵誤會, 乃口角小事也.

伊藤: 此事總有一定之是非. 中堂如有辦法, 便可自相説合, 無須再請局外人.

李: 我以為朝鮮宮中之事, 彼此只是誤會, 本可不議. 至聞我兵有傷害日本民人之事, 俟我查明再辦. 此即化大為小, 化有為無之意.

伊藤: 中堂之意, 欲化大為小, 化有為無, 甚可敬佩. 華兵騷擾我民之事, 可俟中堂查明再辦. 惟懲處營官一節, 不能置之不理.

李: 竹添如何辦罪?

伊藤: 竹添實無罪. 我亦非欲中堂嚴辦營官. 但須有一辦法, 方可了結. 否則此案仍未辦完. 此事關係重大. 現因兩國意見不合, 故須請他國來斷. 若經他國斷定, 不能不遵.

李: 此事在我朝廷以為理足, 我亦以為理足. 吳、續兩欽差亦以為理足. 朝鮮臣民亦以為中國理足, 何必再請他國來斷?

伊藤: 中國以為理足, 日本亦自以為理足. 故須請他國人一斷. 我臨行時, 我大皇帝曾有面諭, 如議不合, 可請他國調處, 派我全權我能作主.

李: 此議我不敢作主.

吳: 我有一言奉勸. 如請他國斷定孰是孰非, 必有一認錯之人. 如令中國認錯, 中國必不甘服, 如令日本認錯, 日本亦不甘服. 但有一邊不得其平, 便傷和好. 伊藤大人既議撤兵立約, 原為兩國和睦起見. 何必定要斷明是非, 有傷和誼?

伊藤: 是非不可不明. 如他國人斷定日本不是, 我必認錯.

吳: 伊籐大人即肯認錯, 日本官民或有不平之心. 中堂即肯認錯, 中國官民亦有不平之心. 莫若釋此嫌疑, 不論孰是孰非, 兩國皆無傷和好.

伊藤: 因兩國各以為有理, 故必請他國論斷.

李 : 去歲中國與法國之事, 我欲請美國調處, 因法國不願而止. 此等小事, 更不值再請他國.

伊藤: 必須兩國皆願乃可請別國. 今既不願亦無法了. 我前已將日本確實憑據, 送與中堂閱看.

李: 有何憑據?

伊藤: 朝王所書:"日使來衛"之文, 即是憑據.

李: 朝王咨文內已言明, 此是僞造矯詔. 不足為據.

伊藤: 如請他國公斷, 說是僞造, 我方甘服.

李: 我國大皇帝並無此意. 我無允請他國之權.

伊藤: 營兵既俟查明再辦. 營官冒失當, 如何辦理?

李: 伊藤大人必謂:"營官不該與日官爭鬪, 有傷和誼." 該營官等皆我屬員, 我亦可行文申飭而已.

伊藤: 望中堂將此意寫一照會給我. 我帶回與國人閱看, 稍平衆人氣忿. 我即可以銷差.

李: 可將申飭營官, 查辦兵丁, 併敘入照會內. 就此完案

伊藤: 能否將營官先行調回?

李: 營官調回, 則營兵無人約束. 必俟撤兵時, 再行調回.

伊藤: 中堂照會能先將底稿送我一閱否?

李: 明日將照會稿送閱. 即請伊藤大人將約文繕正. 我亦將漢文寫好, 以便定期畫押益印.

伊藤: 我來中國耽擱已逾一月, 再過五日, 必要回去.

李: 初四日或可辦妥.

2.「專條並照會」.

大清國特派全權大臣、太子太傅、直隸總督、一等肅毅伯爵 李

大日本國特派全權大臣、參議兼宮內卿、勳一等伯爵 伊藤

各遵所奉諭旨, 公同會議, 訂立專條, 以敦和誼, 所有約款臚列於左:

一, 議定中國撤駐紮朝鮮之兵, 日本國撤在朝鮮護衛使館之兵弁, 自畫押蓋印之日起, 以四個月為期, 限內各行盡數撤回, 以免兩國有滋端之虞. 中國兵由島山浦撤去,[33] 日本國兵由仁川港撤去.

一, 兩國均允勸朝鮮國王, 教練兵士, 足以自護治安. 又由朝鮮國選僱他國武弁一人或數人, 委以教演之事. 嗣後中日兩國均勿派員, 在朝鮮教練.

一, 將來朝鮮國若有變亂重大事件, 中日兩國或國要派兵, 應先互行文知照. 及其事定, 仍即撤回, 不再留防

大清國光緒十一年三月八日

特派全權大臣、直隸總督 李

大日本國明治十八年四月 日

33 마(馬)의 오기로 보인다.

特派全權大使、參議 伊藤博文

大淸欽差全權大臣直隸總督李, 為照會事.
照得上年十月, 朝鮮漢城之變, 中國官兵與日本官兵在朝鮮王宮爭鬪一節, 實出兩國國家意料之外. 本大臣殊為惋惜, 惟念中日兩國和好年久, 中國兵官等雖一時情急, 不得已而爭鬪, 究未能小心將事, 應由本大臣行文戒飭. 至貴大使送閱日本民人本多收之輔妻等供謂:“在漢城內有華兵入屋, 掠奪戕斃人命情事.” 但中國並無的確證據. 自應由本大臣派員訪查明確, 取具供證, 如果當日實有某營某兵, 上街滋事, 殺掠日民, 確有見證, 定照中國軍法, 從嚴拏辦. 為此, 備具照會, 貴大使請煩查照.

광서 11년 3월 4일, 북양대신 이홍장이 다음과 같은 서신을 보내왔습니다.

2월 27일, 일본 사신 이토 히로부미와의 문답 기략은 이미 살펴보시도록 베껴 올렸습니다. 3월 1일 신각(申刻, 오후 3~5시), 이토와 회의하면서 서로 대립하고 있던 차에 때마침 총리아문에서 전달하여 보내준 전보를 받았습니다. 그 전보에는 이날 받은 다음과 같은 상유가 있었습니다.

철병은 승인할 수 있지만, 영원히 파병하지 않는다는 내용은 승인할 수 없다. 부득이하다면 혹 제2조에서 “관계가 없다”라는 문구 아래에 “양국은 조선에 중대 사변이 있으면 각각 군대를 파병할 수 있고 서로 알린다”라는 내용을 추가로 서술한다면, 그래도 가능할 것이다. 군대 교련에 대해서는 또한 반드시 양국 모두 관원을 파견하지 않는다는 점을 언명하는 것이 중요하다.

조정의 계책을 우러러 살펴보면 정밀하고 상세하며 그 헤아림이 지당하여 감복하지 않을 수 없습니다. 마침 이토가 종전의 논의에 따라 “사후 양국 중 혹 일국이 군대를 파병하려고 하면 마땅히 서로 알리자”라고 요청하였는데, 아주 집요하고 견고하게 이것을 요구하는 바라서, 실로 계속해서 그 요청을 거부하여 오랜 논의에도 아무런 성과도 거두지 못하기는 정말 곤란하였습니다. 무릇 일본이 군대를 동원하여 조선의 땅을 침탈하는 일을 방어하려면 먼저 서로 알린다는 약속이 있어야 할 뿐 아니라, 우리 또한 우리의 뜻에 따라 파병할 수 있어야 합니다. 서양 국가가 군대를 써서 조선의 땅을 침탈하는 일을 방어하려면 서로 알린다는 약속이 있어야 할 뿐 아니라 우리 또한 파병에 대해 함께 논의할 수 있어야 하니, 이는 대국에는 장애 되는 바가 없을 듯합니다. 이전에 입안했던 5개 조를 3개 조로 고치기로 상의하여 허용하였기 때문에, 이토의 원고를 여러 차례 따져보고 자구를 더하거나 고쳐서 최종결정을 하였습니다. 해당 사신은 다시 영관 처벌, 난민 배상 두 가지 사안을 제기하였습니다만, 저는 오대징·속창 두 사신이 직접 조선에 가서 조사하였으므로 그 견문이 필시 확실하다고 하면서 대놓고 반박하였습니다. 해당 사신은 억지를 부리고 궤변을 늘어놓으면서 조금도 굽히지 않았고, 또한 이 두 가지 사안에 대한 처리 방법을 정하지 않으면 귀국하여 그 결과를 보고하기 어렵다고 하였습니다. 저는 잠시 조정 방법을 마련하여 별도로 조회문을 갖춰 "해당 영관 등에게 주의를 주고 경계하도록 지시하며[본래 신칙(申飭)이라고 하였으나 이토가 에노모토를 보내 논의하면서 계칙(戒飭)으로 바꿔줄 것을 요구하였습니다. 신칙은 틀에 박힌 관청 용어인데, 계칙은 장래를 경계하게 한다는 뜻이므로 융통할 수 없는 것은 아닙니다.] 아울러 관원을 보내 조사하여 만일 과연 어떤 부대에서 문제를 일으켰는지 증거가 확실하다면 군법에 따라 처벌하겠다"라는 뜻을 밝히려고 하였습니다. 이토는 부득이하게 이를 받아들이며, 문제를 매듭지었습니다. 이는 영국 서리 공사 오코너가 총리아문에서 진술했던 바로, 조사하여 명백해질 때까지 잠시 미뤄두고 피차간 화목한 감정을 해치지 않는다는 취지였습니다. 이토가 중시하는 바는 우리 영관들이 군사를 이끌고 공사관을 공격하여 일본 국가의 체면을 손상하였고, 일본 군대가 궤주하고 사상자가 많아서 일본 군대의 위엄이 손상되었다는 점입니다. 그래서 미국에 공정하게 판단해달라고 청하려고 했던 것입니다. 그렇지만 미국 공사는 오랫동안 일본과 친밀하게 지냈기 때문에 만일 조금이라도 일본 편을 들게 되면 우리가 도리에 맞더라도 혹 도리가 없는 것으로 바뀌게 되어 파란이 일어나므로 부득불 힘써 거부하지 않을 수 없었습니다. 다만 조선의 이전 사변에 대해서 이미 분명하게 내려주신 상유를 받들었고 그 상유의 내용이 매우 정당하므로 조정에서 영관을 처벌할 이유가 결코 없습니다. 해당 영관 등은 결국 제가 통솔하는 부대에 속합니다. 조선 국왕을 보호하다가 결국 이웃 나라와 분쟁이 생긴 것이므로 제 뜻으로 경계하도록 지시한다고 해도 큰 무리는 없을 듯합니다. 마치 어떤 집안의 자제가 이웃집과 말다툼을 벌이면 그 부형이 중재에 나서는 것이 일상적인 정리인 것과 같습니다. 군대를 조사하여 만일 트집을 잡아 문제를 일으킨 확실한 증거가 있다면, 본디 엄하게 처리해야 하며, 이는 국체를 손상하거나 또한 황상께 근심을 끼치는 일이 아닌 듯합니다. 제 생각이 이러하지만 타당한지 어떤지는 알 수 없습니다. 이토가 서둘러 일본으로 돌아가려고 하여 조약에 서명하도록 간곡하게 재촉하였습니다. 현재는 4일 오후 공소에서 검토하고 함께 서명하고 조인하며, 별도로 조회를 발급하기로 의정하였는데, 이에 대해서는 어제 이미 전보를 통해 그 대략을 상주하였습니다. 이토 사신은 5일 곧바로 길을 떠난다고 합니다. 장차 주접을 갖추어 상주하려고 하는데, 만일 비준을 받는다면 응당 총리아문에서 에노모토에게 통보하기를 잠시 늦추었다가 1개월 후에 에노모토가 재촉하여 물을 때 알려주시기를 청하오니, 철병 및 모든 사무가 차례대로 계획되고 처리되어야만 비로소 일이 쉽게 진척될 수 있을 것입니다. 삼가 1일의 문답 기략 및 의정한 3개 조항, 조회 초고를 베껴 올리니, 먼저 대신 상주하실지 결정해 주시기를 바랍니다. 삼가 서신으로 비밀리에 알려드립니다. 복되시기를 빕니다.

1. 「**일본 사신 이토 히로부미와의 문답기략**(與日使伊藤問答紀略)」: **3월 1일 신각**(申刻, 오후 3~5시) **일본 사신 이토 히로부미와의 문답기략**(三月初一日申刻日使伊藤問答紀略).

이토 히로부미: 전날 군대 철수를 논의하면서 의견이 매우 어긋났습니다. 이틀 동안 중당께서 적당한 방법을 깊이 생각해 보셨습니까?

이홍장: 여러 번 생각해 보아도 그날 내가 말한 바에서 불합리한 부분이 없었습니다.

이토: 전날 중당과 어긋났던 부분들은 양측이 말하는 처리 상황이 일률적이지 못했기 때문입니다. 중당께서는 "조선에 혹 내란이 있으면 중국이 파병할 수 있다"라는 조항 하나를 추가하고자 했지만, 저는 그렇게 하는 게 옳다고 생각하지 않았습니다. 나중에 중당께서 앞의 4개 조항을 삭제하고 오로지 마지막 1개 조항을 남겨두어 특별조약으로 하자고 하셨습니다. 다만 저는 "만일 장래 조선에 분란의 사변이 생겨서 양국 중 혹 일국이 파병하게 되면 먼저 서로 공문을 보내 알린다"라는 조항을 추가하고 싶습니다. 내가 이미 초고를 작성하였으니 살펴보십시오.

이홍장은 이토의 원고를 꺼내 살펴본 후 말하였다: '분란'이라는 두 글자를 '변란중대사건'으로 고치는 편이 비교적 눈에 잘 들어옵니다. 만약 당장 결정하더라도 우리 황상께서 그렇게 여기실지 아닐지 알 수 없으므로, 양국의 비준으로 결정합시다.

이토: 전날에 조약 체결 후 반드시 양국 대황제의 비준을 기다려야 한다고 말씀드렸습니다. 양국 전권대신들은 먼저 서명하고 조인할 수 있습니다.

이홍장: 이전에 오대징 대인께서 입안한 제4조에서 "조선에 내란이 있으면 중국이 파병할 수 있다"라고 하였습니다. 지금 조약에서는 "중일 양국이 파병하고자 하면 서로 알려야 한다"라고 내용을 추가하였는데, 본디 승낙하기에 마땅하지 않습니다만, 이토 대인께서 계속 고집하셨기 때문에 저 또한 조금 양보하지 않을 수 없습니다.

이토: 대략 몇 개월쯤이면 비준할 수 있을까요?

이홍장: 대략 한두 달이면 됩니다. 양국 수도에는 주재하는 공사가 있으니 장차 비준 후 공사가 즉시 서로 알릴 수 있습니다. 다만 중국에서 만일 조정 대신의 회의에 부쳐진다면 비준이 혹 조금 늦어질 수 있습니다.

이토: 철병과 관련된 일은 이미 적절히 논의하였습니다. 이전의 일과 관련하여 중당께서는 양국 모두 옳지 않은 부분이 있다고 생각하시니, 나는 변론하지 않을 수 없습니다.

이홍장: 몇 차례 변론했지만, 헛수고에 불과했습니다.

이토: 중국의 영관에게는 처벌을 가하지 않을 수 없을 듯합니다.

이홍장: 중국 영관을 처벌한다고 하면, 다케조에의 잘못은 응당 어떻게 처리해야 하겠습니까?

이토: 다케조에의 입궁은 실로 조선왕의 명을 받든 것으로, 그가 협조하지 않은 책임을 물을 수 없습니다. 중국 병사들이 우리 관병을 공격해서는 안 되었으므로 영관의 죄를 처벌하려는 것입니다.

이홍장: 중국군은 결코 일본군을 공격하지 않았습니다.

이토: 우리 군이 안에, 중국군이 밖에 있었고, 중간에는 조선군이 있었습니다. 우리 군에서 만일 먼저 총을 쏘았다면 필시 조선 병사들을 공격하게 됩니다. 이처럼 우리 군이 먼저 총을 쏘지 않았습니다.

오대징: 중국군 앞에 조선군이 있었으므로 중국군에서 총을 쏘았다면 오로지 조선군만 공격할 수 있었습니다. 어찌 일본군을 공격할 수 있었겠습니까?

이홍장: 만일 일본군을 공격할 의도가 있었다면 어째서 먼저 서신을 보냈겠습니까? 서신을 보냈다는 것은 중국 영관들이 결코 의도적으로 싸움을 벌인 것이 아니라는 점을 보여줍니다.

이토: 중국 병사들이 우리 민간인에게 상해를 입힌 일은 어떻게 처리할 것입니까?

이홍장: 전날 보았던 진술 중에는 근거가 없는 내용이 많았고 상해를 입었다는 사람들 절반 이상이 전해 들은 것으로 실제의 증거가 없습니다. 어떻게 이 사안을 결정하겠습니까?

이토: 이 일에 대해 중당께서는 조사하여 처리하실 수 있겠습니까?

이홍장: 만일 우리 병사들이 실제 그러한 일을 벌였다면 중국에서는 반드시 엄중히 처리하겠습니다.

이토: 만일 조사하여 실제 정황이 밝혀지게 된다면, 어떻게 처리하실 겁니까?

이홍장: 만일 조사하여 과연 그러한 일이 있었다는 사실이 밝혀지면 응당 중국 율례에 따라 엄중히 처벌할 것입니다. 그러나 반드시 확실한 증거가 실제로 있어야 하므로 혹 당일 곁에서 직접 목격한 사람을 불러 대질한다면 바야흐로 결정할 수 있을 것입니다.

이토: 중당께서는 이 방법에 따르셔도 가합니다. 영관들이 결국 처벌되어야만 일본의 위신이 비로소 괜찮아집니다.

이홍장: 영관들이 먼저 다케조에에게 서신을 보낸 점에 대해서는 실제로 증거가 있습니다. 다케조에는 3시에 서신을 받아서 뜯어볼 여유가 없었다고 망령되이 말하였는데, 이러한 도리는 없습니다.

이토: 영관이 쓴 서신의 내용과 (실제로) 처리한 방식이 부합하지 않습니다. 서신에서는 국왕을 보호하고 일본을 돕기 위해 들어왔다고 했지만, 궁문을 들어오자마자 총을 쏘고 사람들을 공격하였으니 실제로 원래 서신(의 내용)과 부합하지 않습니다.

이홍장: 당시 다케조에와 시마무라가 왕궁에 있었습니다. 평소에 우리 영관들과 모두 잘 알고 지냈습니다. 만일 한 사람이라도 나와서 답을 했다면 이러한 일이 없었을 것입니다.

이토: 다케조에와 시마무라가 밖으로 나와서 중국 영관을 만날 수 없었습니다. 중국군이 그들을 보자마자 총을 쏘려 할 것이므로 이야기할 틈이 없습니다.

이홍장: 서신에서 군대를 움직이지 않을 것이라고 이미 이야기했으므로 다케조에가 많이 의심할 필요가 있었습니까? 사람을 보내 우리 영관들과 군대를 물리기로 했다면 뜻밖의 사태가 없었을 것입니다.

이토: 중당은 줄곧 다케조에의 과실만 말씀하십니다. 어떤 증거가 있습니까?

이홍장: 다케조에의 과실은 단지 오대징·속창 두 대인께 문의해야 합니다.

오대징: 당시 다케조에가 왕궁 안에 있으면서 조선군을 보내 궁문을 지키도록 하였습니다. 만일 다케조에가 싸움을 일으키려고 하지 않았다면 필시 조선 군사에게 총을 쏘지 못하도

록 했을 것입니다. 그러므로 조선 군사가 먼저 총을 쏜 것이 어찌 다케조에의 뜻이 아니라고 할 수 있습니까?

이토: 조선 군사가 총을 쏘도록 다케조에가 어떻게 교사할 수 있었겠습니까?

오대징: 다케조에가 입궁할 당시 본래 헛소문이 떠돌아다녔는데, 변고가 있어서 중국군이 왕궁에 들어와 국왕을 보호할 것이라는 이야기였습니다. 18일 하루 동안 중국군은 군영을 나가거나 거리에 나서지 않았습니다. 다케조에는 군사 변란의 사태가 없으며 조선 국왕 또한 보호할 필요가 없다는 사실을 명확히 알고 있었음에도 어찌 군대를 이끌고 왕궁을 나오지 않았습니까? 만약 다케조에가 19일 새벽 궁을 나왔다면 우리 군과 싸움을 벌이는 일은 필시 없었을 것입니다. 이는 다케조에가 미리 예상하지 못한 결과입니다.

이토: 다케조에가 말하기를 여러 차례 조선 국왕에게 군대를 이끌고 왕궁을 나가고 싶다고 하였으나, 조선 국왕이 허가하지 않았다고 하였습니다. (이를 통해) 그가 왕궁에 머물렀던 것이 다케조에의 본의가 아니었음을 알 수 있습니다.

오대징: 조선 국왕은 일본 군사가 왕궁을 나갈 수 있으나 다케조에가 허가하지 않았다고 여러 차례 말했습니다. 이는 조선 국왕이 직접 나에게 이야기한 것입니다. 당시 조선 국왕은 다른 사람에 농락당하여 멍하니 무슨 일이 일어났는지 알지 못하는 상황이었습니다. 19일이 되어서 조선 국왕을 핍박하여 평민의 복장으로 갈아입고 일본으로 도주시키려고 하였지만 조선 국왕이 썩 내키지 않아 하면서 부탁하며 말하기를 왕태비를 한번 만난다면 성을 나갈 수 있다고 하였습니다. 이때 조선 국왕이 비로소 다케조에가 좋은 뜻이 아님을 깨닫게 된 것으로 보입니다.

이토: 조선 국왕을 핍박하여 일본으로 가게 했던 것이 다케조에의 생각이었는지에 대한 확실한 증거가 있는지 반드시 추궁해야 합니다.

오대징: 저는 반드시 다케조에의 생각이었다고 말할 수 없습니다. 다만 당일 다케조에와 김옥균, 박영효 등이 모두 조선 국왕 곁에 있었습니다. 곧 이는 김옥균, 박영효의 뜻에 따라 조선 국왕을 일본으로 가도록 한 것으로, 다케조에가 그 사정을 몰랐다고는 할 수 없습니다.

이토: 다케조에가 사정을 알았다고 하였는데, 어떤 확실한 증거가 있습니까? 어찌 다른 사람을 비방할 수 있습니까?

오대징: 일이 벌어지기 전에 두 가지 의심스러운 일이 있었습니다. 10월 17일 정오 무렵 일본 군대가 대포, 탄약 상자를 옮겼습니다. 진고개(泥峴)에서 교동 공관까지 수레가 끊이지 않

아서 거리의 백성 가운데 의아해하지 않은 사람이 없었습니다. 이날 밤 변란이 있었습니다. 이것이 첫 번째 의심스러운 일입니다. 홍영식이 우정국에서 각국 공사들을 초대하여 음주하였습니다. 오로지 다케조에만이 병을 칭하여 오지 않았습니다. 만일 진짜 아픈 것이었다면 어찌 한밤중에 능히 병사들을 이끌고 궁궐에 들어가 호위할 수 있었겠습니까? 만일 진짜 아픈 것이 아니었다면 어째서 주연 자리에 가려고 하지 않았습니까? 이것이 두 번째 의심스러운 일입니다. 내가 다케조에가 사정을 알았다고 말한 것 역시 그의 행적이 의심스럽기 때문입니다.

이토: 여기에서 의심스럽다고 한 일들은 모두 허위로 꾸며낸 말들입니다. 오대징 대인께서는 또한 다케조에가 교사하여 조선 병사들이 총을 쏘았다고 하였는데, 이는 그 관계가 중대한 내용입니다. 도대체 증거가 있습니까?

오대징: 당일 궁문을 지키던 조선 병사는 일본인이 가르치고 조련한 병사들입니다. 그래서 김옥균 등이 그들을 데려다가 입궁시켰습니다. 나머지 조선 병사 가운데 일본인으로부터 배우지 않은 자들은 모두 궁궐 밖에 있으면서 출입할 수 없었습니다. 그래서 총을 쏜 조선 병사는 모두 일본당입니다.

이토: 조선군에는 자체적으로 군대를 통솔하는 관원이 있습니다. 어찌 다케조에가 능히 부릴 수 있었겠습니까?

속창: 내가 권하건대 이토 대인께서 추궁하실 필요가 없습니다. 작년 겨울 이노우에 가오루 대인께서 조선에 와서 회의했을 때, 이전의 사정에 대해서는 언급하지 않고 단지 현재 처리해야 하는 일에 대해서만 간명한 조약 하나를 체결하였습니다. 지금 이토 대인께서 양국의 우호를 원하신다면 또한 앞의 일을 언급하실 필요가 없습니다.

이토: 과거의 일에 대하여 중당과 오대징·속창 두 대인은 모두 "매우 사소한 일이다"라고 하십니다. 일본 관민들은 모두 "이 일의 영향이 매우 크다"라고 합니다. 양국의 생각이 융합되지 못하니 차라리 다른 나라의 군주에게 공평하게 판단해달라고 청하는 편이 낫습니다. 만일 누가 옳고 누가 그르다는 판단이 정해지면 마땅히 그에 따라 처리하면 됩니다.

이홍장: 양국에 전해지는 말들이 모두 다릅니다. 다른 나라 역시 근거 없이 억측하기 어렵습니다.

이토: 만일 중당께서 다른 방법이 있으시다면 꼭 그렇게 하지 않아도 됩니다. 그렇지 않다면 반드시 중재인에게 판단을 청하는 편이 옳습니다.

이홍장: 중국인에게 청합니까, 아니면 서양인에게 청해야 합니까?

이토: 아시아의 국왕은 중재인이 될 수 없습니다. 조선 국왕 또한 공정하게 판단할 수 없습니다. 내 생각으로는 미국 대통령이 처리하는 편이 공정한 도리에 가장 맞습니다. 미국은 양국과의 관계가 모두 좋으므로 중재인을 해달라고 청할 수 있습니다.

이홍장: 미국 대통령이 조선에 와서 사정을 조사하여 밝힐 수 있겠습니까?

이토: 미국 대통령은 조선에 갈 수 없지만, 양국이 가지고 있는 문서들을 가지고 공정하게 판단할 수 있을 것입니다. 이는 서양 각국에서 늘 있는 일입니다.

이홍장: 나 또한 서양 국가에 이러한 방법이 있는 줄 알고 있습니다. 예를 들면, 한 마을에 조그마한 말다툼이 발생했을 때 멀리에 있는 사람을 청하여 화해시키도록 하는 것과 같습니다. (하지만) 내 생각으로는 그다지 체면이 서지 않습니다. 이는 결코 중대한 일이 아닌데 하필 이렇게 해야 합니까? 서양인들로부터 웃음거리가 될 것입니다. 요컨대 이 일은 양국 군사들이 오해하여 다툼을 벌인 작은 사건입니다.

이토: 이러한 일에는 언제나 일정한 시비가 있습니다. 중당께서 (다른) 방법이 있으시다면 서로 합의할 수 있으니, 국외인에게 재차 청할 필요가 없습니다.

이홍장: 나는 조선 궁중에서 발생한 사단은 단지 피차간의 오해에서 비롯된 일로, 본래 논의하지 않아도 되는 일이라고 생각합니다. 우리 병사가 일본 민간인에게 상해를 입혔다는 일에 대해서는 내가 조사하여 밝힌 후 다시 처리하겠습니다. 이것이 곧 큰일을 작게 만들고 있던 일을 없게 만들려는 뜻입니다.

이토: 중당께서 큰일을 작게 만들고 있던 일을 없게 하려고 하시는 데에 매우 감탄스럽습니다. 중국군이 우리 민간인에게 폐를 끼친 일에 대해서는 중당께서 조사하여 밝히신 후 다시 처리하셔도 됩니다. 다만 영관 처벌에 대해서는 내팽개쳐 둘 수 없습니다.

이홍장: 다케조에는 어떻게 처벌할 것입니까?

이토: 다케조에는 실로 무죄입니다. 나 또한 중당께서 영관들을 엄히 처벌하길 바라지 않습니다. 다만 반드시 하나의 방안이 있어야만 비로소 종결할 수 있습니다. 그렇지 않으면 이 사안은 완결되지 않을 것입니다. 이 일은 그 관계가 중대합니다. 현재 양국의 의견이 서로 합치되지 않으므로 반드시 다른 나라에 청하여 판단해달라고 해야 합니다. 만일 다른 나라가 판단을 내리면 따르지 않을 수 없습니다.

이홍장: 이 일에 관해 우리 조정에서는 우리 쪽 도리가 충분하다고 여기고 있고, 나 또한 그렇다고 생각합니다. 오대징·속창 두 흠차대신 역시 동일합니다. 조선의 신민 또한 중국 쪽

의 도리가 충분하다고 생각하는데, 어찌 다른 나라에 와서 판단해달라고 재차 청할 필요가 있습니까?

이토: 중국이 스스로 도리가 충분하다고 여기는 것처럼 일본 또한 자신의 도리가 충분하다고 생각합니다. 그렇기에 반드시 다른 나라 사람을 청하여 한번 판단을 내려달라고 청해야 하는 것입니다. 내가 출발할 때 우리 대황제께서 직접 말씀하시기를 만일 논의가 합치되지 않으면 다른 나라의 중재를 청해도 되며 나를 전권대신으로 파견하였으므로 내가 결정할 수 있다고 하셨습니다.

이홍장: 이 논의에 대해서 나는 감히 결정할 수 없습니다.

오대징: 내가 충고 한마디 하겠습니다. 만일 다른 나라를 청하여 누가 옳고 누가 그른지를 판단하게 되면, 반드시 잘못을 인정하는 사람이 있게 됩니다. 만일 중국에게 잘못을 인정하도록 하면 중국은 필시 달갑게 받아들이지 않을 것이고, 일본에게 잘못을 인정하도록 하면 일본 역시 그럴 것입니다. 단지 한쪽에서 공평하지 않다고 여기게 되면 우호에 더욱 손상을 입히게 됩니다. 이토 대인께서 군대 철수에 대해 논의하고 조약을 체결하는 것은 원래 양국의 화목을 위함입니다. 구태여 시비를 명확하게 가려서 화의에 손상을 입히려고 하십니까?

이토: 시비는 명확히 하지 않을 수 없습니다. 만일 타국인이 일본이 옳지 않다고 판단하면 나는 반드시 잘못을 인정하겠습니다.

오대징: 이토 대인께서 기꺼이 잘못을 인정하시더라도 일본 관민 중에는 혹 불평의 마음을 가진 사람이 있을 수 있습니다. 중당께서 기꺼이 잘못을 인정하시더라도 중국 관민 중에도 불평의 마음을 가진 사람이 있을 것입니다. 차라리 이러한 의심을 풀고 누가 옳고 그른지 따지지 않는 편이 양국의 우호를 손상하지 않을 것입니다.

이토: 양국이 각각 자신에게 도리가 있다고 여기므로 반드시 다른 나라의 판단을 청할 필요가 있는 것입니다.

이홍장: 작년 중국과 프랑스 간의 사변에서 나는 미국에 중재를 청하려고 했습니다만 프랑스에서 원하지 않아 그만두었습니다. 더욱이 이러한 작은 일은 다른 나라에 중재를 청할 가치가 없습니다.

이토: 반드시 양국이 모두 원해야만 다른 나라를 청할 수 있습니다. 지금 원하지 않으신다면 다른 방법이 없습니다. 내가 일전에 일본이 가진 확실한 증거를 중당께 드려 살펴보시도

록 했습니다.

이홍장: 어떤 증거가 있습니까?

이토: 조선 국왕이 쓴 "일본 공사가 와서 호위하라"라는 내용의 문서가 곧 이 증거입니다.

이홍장: 조선 국왕이 자문에서 이는 국왕을 사칭하고 위조한 것이라고 언명했습니다. 증거로 삼기에 부족합니다.

이토: 만일 다른 나라의 공정한 판단을 청하여 그 나라에서 위조라고 한다면 내가 기꺼이 받아들이겠습니다.

이홍장: 우리 황상께서는 결코 이럴 뜻이 없으십니다. 나는 다른 나라를 청할 수 있는 권한이 없습니다.

이토: 병사들은 조사하여 밝힌 후 다시 처리한다고 하였습니다. 영관들이 경솔하게 부적절한 일을 하였다면 어떻게 처리할 것입니까?

이홍장: 이토 대인께서는 필시 영관들이 일본 관원과 싸움을 벌여 우호적인 관계를 손상해서는 안 된다고 하실 것입니다. 해당 영관 등은 모두 나의 부하 관원이므로 나 또한 문서를 보내 타이르고 경계시킬 수 있을 뿐입니다.

이토: 중당께서 이러한 뜻을 한 통의 조회로 적어 나에게 주시길 바랍니다. 내가 가지고 돌아가 나라 사람들에게 보여주면 대중들의 분노가 조금 가라앉을 것입니다. 그러면 나도 임무를 종료할 수 있을 것입니다.

이홍장: 영관을 타이르고 경계시키며 병사를 조사하여 처벌하겠다는 내용을 모두 조회에 써 줄 수 있습니다. 이렇게 이 사안을 종결합시다.

이토: 영관들을 우선 소환할 수 있습니까?

이홍장: 영관들이 소환되면 병사들을 통제할 사람이 없습니다. 반드시 군대가 철수할 때 소환해야 합니다.

이토: 중당께서 작성하신 조회의 초고를 먼저 나에게 보여줄 수 있습니까?

이홍장: 내일 조회 초고를 보내 읽어보시도록 하겠습니다. 이토 대인께서도 조약문을 가다듬어 주시기를 청합니다. 나 또한 한문으로 잘 써서 기한에 맞춰 서명하고 조인할 수 있게 하겠습니다.

이토: 내가 중국에 와서 머무른 지 1개월이 지나고 또 5일이 지났습니다. 돌아가야 합니다.

이홍장: 4일쯤이면 적절하게 처리할 수 있을 것입니다.

2. 「특별조약 및 조회(專條並照會)」

대청국특파전권대신 태자태보 직예총독 일등숙의백작 이홍장

대일본국파전권대신 참의 겸 궁내경 훈일등백작 이토 히로부미

각각은 받은 유지에 따라 함께 회의하고 특별조약을 체결하여 우호를 돈독히 한다. 모든 조약의 내용은 다음과 같다.

하나. 중국은 조선에 주둔하는 군대를 철수하고 일본은 조선에서 공사관을 호위하는 군대를 철수하며, 서명하고 조인한 날부터 4개월을 기한으로 하여 기한 이내에 각각 군대 전원을 철수하여 양국 간에 말썽이 발생할 수 있는 우려를 피하기로 의정한다. 중국 군대는 마산포에서 철수하고, 일본 군대는 인천항에서 철수한다.

하나. 양국은 모두 조선 국왕에게 병사를 조련하여 충분히 스스로 치안을 보호할 수 있도록 권유한다. 또한 조선국에서는 다른 나라 군관 1명 혹 여러 명을 골라 고용하여 가르치고 훈련하는 일을 맡긴다. 사후 중일 양국 모두 조선에 관원을 보내 가르치고 훈련할 수 없다.

하나. 장래 조선국에 변란·중대 사건이 발생하면, 중일 양국 중에 혹은 한 나라가 파병하고자 하면 반드시 먼저 공문을 보내 알린다. 또한 사변이 진정되면 즉시 철수시키며 남겨두고 주둔시키지 않는다.

대청국 광서 11년 3월 8일

특파전권대신 직예총독 이

대일본국 메이지 18년 4월 일

특파전권대사 참의 이토 히로부미

대청흠차전권대신 직예총독 이홍장이 조회를 보냅니다.

작년 10월, 조선 한성의 변고 당시 중국 관병과 일본 관병이 조선 왕궁에서 싸움을 벌인 일은 실로 양국에서 예상치 못한 일이었습니다. 본 대신은 특히 애석하게 생각합니다. 다만 중·

일 양국이 오랫동안 우호적으로 지냈다는 점을 고려한다면, 중국 관병 등이 비록 잠시 정세가 급박하여 부득이하게 싸움을 벌였다고 해도 결국 신중하게 일 처리를 하지 못한 결과입니다. 응당 본 대신이 공문을 보내 타이르고 경계시키겠습니다. 귀 대신이 보내서 읽어본 일본 민간인 혼다 슈노스케의 아내 등의 진술서에서 "한성 안에서 중국 병사들이 집에 들어와 약탈하고 인명을 빼앗은 일이 있었다"라고 했지만, 중국에서는 그에 대한 적확한 증거를 찾을 수 없었습니다. 마땅히 본 대신이 관원을 보내 명확하게 조사하고 진술과 증거를 수집하여 과연 당일 모 군영 모 병사가 거리에서 사단을 벌이고 일본인을 죽이고 약탈한 일에 대한 확실한 증거가 있다면, 중국 군법에 따라 엄격히 잡아 처리하겠습니다. 이에 조회를 갖추어 보내니, 귀 대사께서 번거롭더라도 검토해 보시길 바랍니다.

(11) 문서번호: 5-3-11(976, 1755b-1760a)

사안 : 일본 사신과 맺은 특별조약에 서명하고 서로 교환하였다는 내용을 아뢰는 주접 원고 및 체결한 특별조약을 자문으로 보냅니다(咨送具奏與日使訂立專條, 畫押互換摺稿及所訂專條).

첨부 문서 : 1.「이홍장 등의 주접 원고(李鴻章等奏稿)」: 유지에 따라 일본 사신과 조선 사무에 대해 회담하여, 현재 이미 특별조약을 맺어 서명하고 교환하는 일을 마무리하였습니다(遵旨與日使會議朝鮮事, 現已訂立專條, 畫押互換竣事).

2.「중·일이 의정한 특별조약(中日議訂專條)」: 중·일은 4개월 이내에 현재 조선에 주둔하는 군대를 철수한다. 쌍방 모두 군관을 파견하여 조선 군대를 대신 조련하지 않는다. 사후 만일 사변이 있어서 군대를 보낼 때는 서로 공문을 보내 알린다(中日四個月撤回現駐朝鮮之兵. 雙方皆不派武員, 代爲教鍊. 嗣後如有事派兵時, 互相行文知照).

날짜 : 光緒十一年三月六日(1885년 4월 20일)

발신 : 北洋大臣 李鴻章

수신 : 總理衙門

三月初六日, 北洋大臣李鴻章文稱:

為照本大臣於本年三月初五日, 在天津行館會同會辦北洋事宜、都察院左副都御史吳, 二品頂
戴兩淮塩運使續, 由驛具奏, 遵旨與日本使臣商議事務, 現已訂立專條畫押互換一摺. 除俟奉到諭旨, 另行恭錄咨達外, 相應抄錄摺稿, 並議定專條, 咨會貴衙門, 請煩查照.

1.「奏稿」.
奏為遵旨與日本使臣商議事務, 現已訂立專條, 畫押互換, 恭摺馳陳, 仰祈聖鑒事.

竊臣欽奉光緖十一年正月二十五日寄諭:

日本使臣計將到津. 李鴻章熟悉中外交涉情形, 必能妥籌因應. 本日已有旨派李鴻章為全權大臣, 即著該督與日使在津商議事務. 吳大澂係原派前往朝鮮查辦之員, 並著會同商議. 此次朝鮮亂黨滋事, 提督吳兆有等所辦並無不合. 前據徐承祖電稱:"日人欲我懲在朝武弁", 斷不能由徇其請. 著李鴻章等設法堅拒. 其餘商議各節, 該大臣等務當妥為籌畫, 斟酌機宜, 與之辯論. 隨時請旨遵行.

等因. 欽此. 仰見聖訓精詳, 指授機要, 感佩莫名. 日使伊藤傳文抵津, 匆匆入都, 旋由都來津, 於二月十八日詣臣行館會議, 當同吳大澂、續昌與之接晤. 該使臣要求三事. 一撤回華軍, 二議處統將, 三償邺難民. 二十、二十二、二十五等日會晤, 復以此三事呶呶不休. 經臣疊次據理力爭, 往復駁詰. 所有連日問答節畧, 均鈔送總理衙門轉奏在案. 臣維三事之中, 惟撤兵一層, 尚可酌量允許. 我軍隔海遠役, 將士苦累異常, 本非久計. 朝鮮通商以後, 各國官商畢集王城, 口舌滋多. 又與倭軍逼處, 帶兵官剛柔操縱, 恐難一一合宜, 最易生事. 本擬俟朝亂畧定, 奏請撤回, 而日兵駐紮漢城, 名為護衛使館, 實則鼾睡卧榻,[34] 蟠踞把持, 用心殊為叵測. 今乘其來請, 正可趁此機會令彼撤兵, 以杜其併吞之計. 但日本久認朝鮮為自主之國, 不欲中國干預, 其所注意, 不在暫時之撤防, 而在永遠之輟戍. 若彼此永不派兵駐朝, 無事時固可相安, 萬一倭人唆朝叛華, 或朝人內亂, 或俄鄰有侵奪土地之事, 中國即不復能過問, 此又不可不熟思審處者也. 伊藤於二十七日, 自擬五條給臣閱看. 第一條聲明, 嗣後兩國均不得在朝鮮國內派兵設營, 乃該使臣著重之筆, 餘尚無甚關係. 臣於其第二條內添註, 若他國與朝鮮或有戰爭, 或朝鮮有叛亂情事, 不在前條之例, 伊使於叛亂一語堅持不允, 遂各不懌而散. 旋奉三月初一日電旨:

撤兵可允, 永不派兵不可允. 萬不得已, 或於第二條內無干句下添敍:"兩國遇有朝鮮重大事變, 各可派兵, 互相知照."等語, 尚屬可行, 至教練兵士一節, 亦須言定兩國均不派員為要.

---

34 한수와탑(鼾睡臥榻)'은 "와탑지상, 기용타인한수(臥榻之上, 豈容他人鼾睡)"를 줄인 성어로 "자기의 침대에 다른 사람이 코를 골며 자도록 용인하겠는가?"라는 뜻이다. 이는 자기의 세력 범위에 다른 사람의 관계하지 못하도록 함을 비유하는 표현이다.

等因. 欽此. 聖謨深遠, 杜漸防微,[35] 正與臣等愚慮脗合. 臣復恪遵旨意, 與伊藤再四磋磨, 始將前議五條改為三條. 第一條議定兩國撤兵日期, 第二條中日均勿派員在朝教練, 第三條朝鮮若有變亂重大事件, 兩國或一國要派兵, 應先互行文知照. 句斟字酌, 點易數四, 乃始定議.

夫朝廷睠念東藩, 慮日人潛師襲朝, 疾雷不及掩耳,[36] 故不惜糜餉勞師, 越疆遠戍. 今既有先互知照之約, 若將來日本用兵, 我得隨時為備, 即西國侵奪朝鮮土地, 我亦可會商派兵, 互相援助. 此皆無礙中國字小之體, 而有益於朝鮮大局者也. 至議處統將, 償卹難民二節, 一非情理, 一無證據, 本可置之不理. 惟當時日兵被我軍擊敗傷亡頗多, 國旗既辱, 軍威亦損. 聞日本薩長諸黨深以此事為恥, 羣情洶洶, 齊動公憤, 欲圖報復. 伊藤此二節不定辦法, 既無以復君命, 更無以息衆忿, 亦係實情. 然我軍保護屬藩, 名正言順. 誠如聖諭, 該提督等所辦並無不合, 斷不能曲徇其請. 且明詔煌煌, 亦萬無議處之理. 因念駐朝慶軍係臣部曲, 姑由臣行文戒飭, 以明出自己意, 與國家不相干涉. 譬如子弟與人爭鬪其父兄出為調停, 固是常情. 至伊所呈各口供謂, 有華兵殺掠日民情事, 吳大澂等在朝鮮時, 毫無見聞. 臣亦未聞他人言及, 難保非彼族藉詞圖賴. 但既經該國取有口供, 正可就此追查. 如查明實有某營某兵上街滋事, 確有見證, 定照軍法嚴辦, 以示無私, 絶無賠償可議也. 以上兩節即由臣照會伊藤, 俾得轉場完案, 伊藤亦翕服無異詞. 旋奉初三日電旨:

所定三條著即照辦, 餘依議.

欽此. 遂於初四日中刻, 彼此齊集公所, 將訂立專條逐細校對, 公同畫押蓋印, 各執一本為據, 並另給照會交伊藤收執. 該使臣即於初五日起程回國. 謹將約本封送軍機處, 進呈御覽, 恭候批准. 其照會底稿已鈔致總理衙門, 查照轉奏矣. 竊惟去冬十月朝鮮之變, 竹添陰助亂黨, 而朝王亦難免開門揖盜之譏. 日兵先發難端, 而華軍亦有乖投鼠忌器之義.[37] 日本最貪小利. 同治十三年台灣生番之役, 優給卹銀, 畧示寬大. 此

---

35 두점방미(杜漸防微)는 나쁜 생각이나 일이 생길 조짐이 있을 때 억제하여 더 이상 발전하지 못하도록 한다는 뜻이다.

36 질뢰불급엄이(疾雷不及掩耳)는 신뢰불급엄이(迅雷不及掩耳)와 같은 의미의 성어로 천둥이 갑자기 울려 귀를 막을 틈이 없다는 뜻이다. 어떤 사건이 돌연 발생하여 대비하고자 해도 대비할 수 없는 상황을 비유하는 표현이다.

37 투서기기(投鼠忌器)는 잡고 싶어도 그릇을 깰까 겁낸다는 뜻의 성어로, 악인을 공격하고 싶어도 자기나 호인(好人)

次乘中法交訌之會, 借朝鮮兵爭之事, 尋衅而來, 冀收漁人之利, 其願望未嘗不奢. 駐日使臣徐承祖函稱:“該國王調集廣島、熊本兩鎮之兵, 預備戰事. 伊藤來華隨帶水陸將弁多人, 沿途偵探虛實.” 朝鮮君臣聞日使北來, 舉國震恐. 臣等方慮事機決裂, 重貽君父之憂, 玆幸法夷効順, 倭人亦就範圍. 臣等稟承廟謨, 反復辯折, 俾免隕越. 以後彼此照約撤兵, 永息爭端, 俾朝鮮整軍經武, 徐為日固之謀, 並無傷中日兩國和好之誼, 庶於全局有裨. 所有遵旨會議, 訂立專條, 畫押竣事各緣由, 謹會同都察院左副都御史臣吳大徵, 兩淮塩運使臣續昌, 恭摺由驛馳奏, 伏乞皇太后皇上聖鑒訓示.

再, 臣續昌擬即日回京覆命合併聲明. 謹奏.

2. 「議定專條」.

大清國特派全權大臣、太子太傅、文華殿大學士、北洋通商大臣、兵部尚書、直隷總督、一等肅毅伯爵 李

大日本國特派全權大使、參議兼宮内卿、勳一等伯爵 伊藤

各遵所奉諭旨, 公同會議, 訂立專條, 以敦和誼. 所有約款臚列於左:

一, 議定中國撤駐紮朝鮮之兵, 日本國撤在朝鮮護衛使館之兵弁, 自畫押蓋印之日起, 以四個月為期, 限内各行盡數撤回, 以免兩國有滋端之虞. 中國兵由馬山浦撤兵去, 日本國兵由仁川港撤去.

一, 兩國均允勸朝鮮國王教練兵士, 足以自護治安. 又由朝鮮國王選僱他外國武弁一人或數人, 委以教演之事. 嗣後中日兩國均勿派員在朝鮮教練.

一, 將來朝鮮國若有變亂重大事件, 中日兩國或一國要派兵, 應先互行文知照. 及其事定仍即撤回不再留防.

大清國光緒十一年三月 日

特派全權大臣、文華殿大學士、直隷總督、一等肅毅伯爵 李鴻章

大日本國明治十八年四月 日

特派全權大使、參議兼宮内卿、勳一等伯爵 伊藤博文

에게 손해가 발생할까 겁나 하지 못하는 상황을 비유하는 표현이다.

광서 11년 3월 6일, 북양대신 이홍장이 다음과 같은 문서를 보내왔습니다.

본 대신은 올해 3월 5일, 천진 행관에서 회판북양사의이자 도찰원 좌도부어사 오대징, 이품 정대의 양회염운사 속창과 함께 유지에 따라 일본 사신과 사무를 협상하였는데, 현재 이미 특별조약을 맺고 서명하여 교환하였다는 주접을 역참을 통해 상주하였습니다. 유지를 받은 후에 별도로 삼가 베껴 자문으로 알리는 것 외에 응당 주접 원고 및 의정한 특별조약을 초록하여 귀 아문에 자문으로 보내니 번거롭더라도 검토해 주십시오.

1.「주접 원고(奏稿)」.

유지를 받아 일본 사신과 사무를 상의하여 현재 이미 특별조약을 맺고 서명하여 서로 교환하였다는 내용을 공손히 주접으로 갖추어 신속히 아뢰오니 황상께서 살펴봐 주십시오.

신은 광서 11년 1월 25일 다음과 같은 유지를 받았습니다.

> 일본 사신이 곧장 천진에 도착할 것이다. 이홍장은 중외 교섭 상황에 익숙하니 필시 능히 적절히 준비하여 대응할 수 있을 것이다. 오늘 이미 유지를 내려 이홍장을 전권대신으로 삼아 일본 사신과 천진에서 사무를 상의하도록 하였으니, 일본 사신이 경사로 오게 할 필요는 없다. 오대징은 원래 조선으로 파견되어 조사·처리하도록 한 인원이므로 아울러 이홍장을 돕도록 하는데, 경사에서 소견한 다음 곧장 천진으로 가라. 이번 조선의 난당이 반란을 일으켰을 때 제독 오조유 등이 처리한 바는 적절하였다. 앞서 서승조가 전보를 보내 "일본인들이 우리가 조선에 파견한 무관을 처벌하기를 바랍니다"라고 하였지만, 결코 그 요청은 들어줄 수 없다. 이홍장 등은 방법을 마련하여 끝까지 거부하라. 나머지 상의할 내용들은 해당 대신들이 힘써 타당하게 계획하고 상황을 헤아려 변론하며, 수시로 유지를 청해 그에 따라 처리하도록 하라.

황상의 지시를 우러러보면 정밀하고 상세하며 핵심을 지목하시니 감복하지 않을 수 없습니다. 일본 사신 이토가 천진으로 향하는 길에 급히 경사에 들어갔다가 곧이어 경사에서 천진으로 와서 2월 18일 신의 행관으로 찾아와 회담을 하였는데, 당연히 오대징·속창과 함께 그를 만났습니다. 해당 사신은 세 가지 사항을 요구하였습니다. 첫 번째는 중국군의 철수, 두 번째는 중국군 지휘관에 대한 처벌, 세 번째는 피해 난민에 대한 배상이었습니다. 20일, 22일, 25일 등 만났을 때 또한 이 세 가지 사항에 대한 요구를 끊임없이 거듭하였습니다. 저는 여러 차례 도리에 의거하여 힘써 다투고 반복하여 반박하였습니다. 연일 이어진 회담의 모든 기록은 베껴서 총리아문에 보내 대신 상주하도록 하였습니다. 제 생각으로는 세 가지 사항 가운데 오로지 군대 철수 한 가지에 대해서는 상황을 헤아려 승인할 수 있습니다. 우리 군대가 바다를 건너 원정하게 되면 장교와 사병들의 고통이 심하므로 본래 장기적인 대책은 아닙니다. 조선이 통상한 이래 각국의 관원과 상인들이 왕성에 모여 있어서 구설수도 많습니다. 또한 왜군과 옆에 붙어 있고 군대를 이끄는 지휘관이 강경책과 온건책을 구사하는 데 하나하나 적당하게 처리하기 어려워 말썽이 일어나기 가장 쉽습니다. 본래 조선의 변란이 대략 진정되면 철수를 주청할 생각이었습니다. 그런데 일본 군대가 한성에 주둔하면서 공사관 호위를 명목으로 하고 있는데, 실로 우리 침대에서 그들이 코를 골고 자면서 독차지하는 것이나 마찬가지니 그 마음 씀씀이를 특히 예측하기 어렵습니다. 지금 그들이 요청한 상황에서 이 기회를 활용해 그들의 군대를 철수하게 하면 병탄하려는 계획을 막을 수 있습니다. 단 일본은 오랫동안 조선을 자주국으로 인정하고 중국의 간여를 원하지 않았으니, 그들이 주의하는 바는 잠시 중국의 주둔군을 철수하는 데 있지 않고 영원히 지켜주지 못하도록 하는 데 있습니다. 만약 피차 영원히 군대를 보내 조선에 주둔시키지 않는다면 아무 일이 없을 때는 본래 서로 평안할 수 있지만, 만일 왜인들이 조선인들을 부추겨 중국을 배반하도록 하거나 혹 조선인들의 내란이 있거나, 혹 러시아가 땅을 빼앗는 일이 있더라도 중국은 다시 참견할 수 없을 터이니, 이 또한 깊이 생각하여 처리하지 않을 수 없습니다. 이토는 27일, 5개 조항을 입안하여 제가 살펴보도록 하였습니다. 첫 번째 조항에서 "사후 양국 모두 조선국 내에 군대를 파견하고 군영을 설치할 수 없다"라고 하였는데 이 점이 해당 사신이 특히 주의하는 부분으로 이를 제외한 나머지는 그다지 중요하지 않다는 태도였습니다. 저는 제2조 내에 "만일 타국과 조선 사이에 혹 전쟁이 있거나 조선에 반란 등의 사변이 있으면 앞 조항의 예에 들지 않는다"라는 내용을 추가하려고 하였으나, 이토는 '반란'이라는 단어를 고집스레 승낙하지 않아서 결국 각자 불쾌해하며 해산하였습니다. 곧이어 3월 1일 전보로 보낸 다음과 같은 유지를 전달받았습니다.

철병은 승인할 수 있지만, 영원히 파병하지 않는다는 내용은 승인할 수 없다. 부득이하다면 혹 제2조에서 "관계가 없다"라는 문구 아래에 "양국은 조선에 중대 사변이 있으면 각각 군대를 파병할 수 있고 서로 알린다"라는 내용을 추가로 서술한다면, 그래도 가능할 것이다. 군대 교련에 대해서는 또한 반드시 양국 모두 관원을 파견하지 않는다는 점을 언명하는 것이 중요하다.

황상의 계획이 심원하시어 재앙이 커지기 전에 미리 방지하시려는 뜻은 마침 저희의 어리석은 생각과 딱 들어맞았습니다. 저는 다시 유지의 뜻을 삼가 준수하여 이토와 여러 차례 협상한 다음에야 비로소 앞에 논의했던 5개 조항을 3개 조항으로 바꾸었습니다. 제1조에서는 양국 군의 철수 기한을 정하였고, 제2조에서는 중일 모두 관원을 보내 조선 군대를 훈련하지 않도록 하며, 제3조에서는 조선에 만일 변란·중대 사건이 발생하여 양국 중 혹 일국이 파병하고자 하면 마땅히 먼저 공문을 보내 알리기로 하였습니다. 자구를 세밀하게 다듬고 여러 번 고친 다음에 비로소 결정을 내렸습니다. 무릇 조정에서는 조선을 불쌍히 여기시고 일본인이 몰래 군대를 보내 조선을 공격하면 서둘러 막으려고 해도 막을 수 없음을 우려하셔서 군량과 군대를 아까워하지 않고 강역을 넘어 멀리서 지키도록 하셨습니다. 현재 먼저 알리기로 하는 약속을 하였으므로 만일 장래 일본이 군대를 동원하더라도 우리는 수시로 대비할 수 있으며, 곧 서양 국가가 조선의 땅을 침탈하더라도 우리는 또한 (일본과) 군대를 보내 서로 돕도록 하는 것을 상의할 수 있습니다. 이는 중국이 작은 나라를 불쌍히 여기는 자소(字小)의 체제에 장애가 없고, 조선의 전반적인 정세에도 도움이 됩니다. 조선 주재 중국군의 지휘관을 처벌하고 일본 난민들에게 배상하는 두 가지 내용은 사리에도 맞지 않고 증거도 없으므로 본래 그냥 놔두어도 됩니다. 다만 당시 일본 군대가 우리 군대에게 격퇴당하여 다치거나 죽은 자가 자못 많고, 국기가 치욕을 당하고 군대의 위엄 또한 손상당하였습니다. 들리기로는 일본 사쓰마·조슈의 여러 세력이 이 일을 매우 치욕으로 여기고 있으며 대중의 감정도 흉흉하여 일제히 공분이 일어나 보복을 기도한다고 합니다. 이토는 이 두 가지에 대해 처리 방법을 정하지 않으면 천황에게 보고할 수 없고 또한 대중들의 분노도 잠재울 수 없다고 하였는데, 이 또한 사실입니다. 그러나 우리 군대가 번속을 보호하는 것은 명분과 이치에 맞습니다. 진실로 황상의 유지처럼 해당 제독들이 처리한 바에는 부적당한 것이 없으므로 결코 그 청을 들어줄 수 없습니다. 또한 황상의 조칙에서 분명하게 밝히셨으므로 더더욱 처벌할 이유가 절대 없습니다. 조선에 주둔하고 있는 경군(慶軍)이 제 휘하라는 점을 고려하여 잠시 제가 공문을 보내 경계하여 타이르는 것은 제 뜻에서 비롯된 것이지, 바로 국가와는 아무 관계가 없다는 점을 분명히 하였습니다. 예컨대, 자제들이 다른 사람과 싸우면 그 부형이 나서서 중재하는 것이 본디 인지상정입니다. 이토가 건네준 진술서에서는 중국 병사들이 일본 민간인을 살해하고 약탈한 일이 있다고 했지만, 오대징 등이 조선에 있을 때 이러한 이야기를 듣지 못했습니다. 저 또한 다른 사람이 이 일을 언급한 바를 듣지 못했으니, 그들이 구실을 만들어 모해하려는 것이 아니라고 보장하기 어렵습니다. 하지만 이미 일본에서는 진술을 받았으므로 바로 이에 대해서 추궁하고 조사할 수 있습니다. 만일 조사하여 모 군영의 모 병사들이 거리에서 말썽을 일으켰다는 확실한 증거를 밝혀내면 군법에 따라 엄히 처벌하여 사사로운 마음이 없음을 보이겠지만, 절대로 배상은 논의할 수 없습니다. 이상의 두 가지 내용을 제가 이토에게 조회를 보내서 상황을 전환시켜 완결할 수 있도록 하였는데, 이토 또한 순순히 따르고 다른 말이 없었습니다. 곧이어 3일에 다음과 같은 전보 유지를 받았습니다.

결정한 세 가지 조항에 따라 처리하라. 나머지는 논의한 바에 따르라.

이상. 마침내 4일 정오에 피차가 공소(公所)에 모여 합의한 특별조약을 세심하게 검토하고 함께 서명·조인하여 각각 1부씩을 갖고 증거로 삼았으며, 별도로 이토에게 조회를 주어 소지하도록 하였습니다. 해당 사신은 5일 귀국길에 올랐습니다. 삼가 조약 본문을 밀봉하여 군기처에 보내 황상께서 살펴보시도록 하고, 공손히 비준을 기다리고 있습니다. 조회의 초고 역시 베껴서 총리아문에 보내 검토하고 대신 상주하도록 하였습니다. 다만 작년 겨울 조선의 사변 당시 다케조에가 몰래 난당을 도왔고 조선 국왕 또한 문을 열고 도둑을 불러 모았다는 비난을 면하기 어렵습니다. 일본 군대가 먼저 곤란한 상황을 만들었고, 중국 군대 또한 신중하지 못했던 면도 있습니다. 일본은 작은 이익을 가장 탐하기에, 동치(同治) 13년 대만 사건 당시 위로금을 넉넉하게 지급하여 관대함을 대략 보인 바 있습니다. 이번에 중국과 프랑스 간의 전쟁을 틈타고 조선에서의 군사 분쟁을 빌어 분쟁을 일으켜 와서 어부지리를 얻으려고 하니, 그 바라는 바는 지나치지 않은 적이 없습니다. 일본 주재 사신 서승조가 서신을 보내, "일본 국왕이 히로시마·구마모토 두 현의 병사들을 소집하여 전쟁을 미리 대비하고 있다"라고 하였습니다. 이토가 중국에 왔을 때 대동한 육·해군 군인들이 많았는데, 그들은 길을 따라가면서 허실을 정탐하였습니다. 조선의 군신은 일본 사신이 북쪽에 온다는 소식을 듣고 온 나라가 두려움에 떨었습니다. 저희는 바야흐로 중요한 일이 결렬되어 황상께 거듭 우려를 끼칠까 근심하였으나, 다행히도 프랑스 오랑캐가 순응하였고 왜인 또한 저희의 의도에 따르도록 만들었습니다. 저희는 조정의 계획을 받들어 반복적으로 반박하여 요행히 직책을 다할 수 있었습니다. 이후 피차 조약에 따라 군대를 철수하여 영원토록 분쟁의 원인이 사라지면, 조선은 군대를 정비하여 서서히 나날이 공고해질 수 있고, 중·일 양국의 우호도 손상되지 않아서 전체적인 정세에 도움이 될 것입니다. 유지에 따라 논의하여 특별조약을 체결하고 서명하여 사안을 마무리한 모든 경과를 삼가 도찰원좌도부어사 오대징, 양회염운사 속창과 함께 공손히 주접을 갖추어 역참을 통해 상주하오니, 황태후·황상께서 살펴보시고 훈시해 주시기를 바랍니다.

추가합니다. 신 속창이 곧장 경사로 돌아가 보고드리겠다는 내용을 아울러 함께 밝힙니다.
삼가 주를 올립니다.

2. 「의정한 특별조약(議定專條)」.

대청국 특파전권대신 태자태보 문화전대학사 북양통상대신 병부상서 직예총독 일등숙의백작 이홍장
대일본 특파전권대사 참의 겸 궁내경 훈 일등백작 이토 히로부미

각각은 받은 유지에 따라 함께 회의하고 특별조약을 체결하여 우호를 돈독히 한다. 모든 조약 내용은 다음과 같다.

하나. 중국은 조선에 주둔하는 군대를 철수하고 일본은 조선에서 공사관을 호위하는 군대를 철수하며, 서명하고 조인한 날부터 4개월을 기한으로 하여 기한 이내에 각각 군대 전원을 철수하여 양국 간에 사단이 발생할 수 있는 우려를 피하기로 의정한다. 중국 군대는 마산포에서 철수하고, 일본국 군대는 인천항에서 철수한다.

하나. 양국은 모두 조선 국왕에게 병사들을 조련하여 충분히 스스로 치안을 보호할 수 있도록 권유한다. 또한 조선 국왕은 다른 나라 군관 1명 혹 여러 명을 골라 고용하여 가르치고 훈련하는 일을 맡긴다. 사후 중·일 양국 모두 조선에 관원을 보내 가르치고 훈련할 수 없다.

하나. 장래 조선국에 변란·중대 사건이 발생하여 중일 양국 중에 혹시 한 나라가 파병하고자

하면 반드시 먼저 공문을 보내 알린다. 또한 사변이 진정되면 즉시 철수시키며 남겨두고 주둔시키지 않는다.

대청국 광서 11년 3월 일

특판전권대신 문화전대학사 직예총독 일등숙의백작 이홍장

대일본국 메이지 18년 4월 일

특파전권대사 참의 겸 궁내경 훈일등백작 이토 히로부미

4. 중국군과 일본군의 철병 (中日撤兵)

(1) 문서번호: 5-4-01(1004, 1851a)

사안 : 조선 주둔 경군(慶軍)을 철수하되, 철수 후에도 연락하면서 방비하도록 하고, 나태해지지 말고 급박한 일에 대비할 수 있게 하라(撤回駐韓慶軍, 仍於撤回後, 聯絡操防, 毋懈以備緩急).

날짜 : 光緖十一年五月二十一日(1885년 7월 3일)

발신 : 光緖帝

수신 : 總理衙門

光緖十一年五月二十一日, 軍機大臣奉旨:

覽奏已悉. 即著督飭該軍, 於撤回後聯絡操防, 以備緩急. 毋稍鬆懈. 欽此.

광서 11년 5월 21일, 군기대신이 다음과 같은 유지를 받았습니다.

상주는 모두 읽어보았다. 경군을 감독하여 철수 후에도 연락하면서 방비하도록 하고, 나태해지지 말고 급박한 일에 대비할 수 있게 하라

이상.

(2) 문서번호: 5-4-02(1005, 1851b-1852b)

사안 : 상유에 따라 조선의 경군을 철수시켜 여순으로 옮겨 주둔하면서 멀리서 응원하도록 하였습니다(遵旨撤回駐朝鮮慶軍, 移紮旅順, 遙爲援應).

날짜 : 光緒十一年五月二十二日(1885년 7월 28일)

발신 : 軍機處

수신 : 總理衙門

五月二十二日, 軍機處交出李鴻章抄摺稱:

為遵旨撤回駐朝慶軍, 調紮旅順, 以資控扼, 而備援應, 恭摺仰祈聖鑒事.

竊本年三月間中日訂約撤兵議, 自畫押盖印之日起, 以四箇月為期, 限內各行全數撤回. 旋准駐日使臣徐承祖電稱:

日本外務井上馨謂:"駐朝中日兵丁屢次滋事, 恐釀巨案, 致乖友誼. 兩國宜即派員往朝撤兵, 不必拘定限期."

等語. 經臣轉電總理衙門代奏. 欽奉四月初九日電旨:

條約互易後, 兩國即撤駐朝防兵, 不必拘定限期. 惟於撤兵之先, 該大臣應照會日本同時並撤, 不得稍有先後.

等因. 欽此. 聖訓精詳, 自應遵旨妥辦. 徐承祖五月初一日來電, 接日本外務省文稱:"該國已於二十六日派船往撤駐朝日兵, 仍暫留一百五十二名, 屆津約期盡再撤." 臣恐其暫留之兵或有逗遛情事, 因電致徐承祖, 告以慶軍不久即撤, 應速商外務, 將日兵同時全數撤回, 以踐原約. 十七日接徐承祖回電:

日本先撤之兵, 現已回國. 日外務云:

暫留之兵, 隨時可撤. 請將中國派船及撤兵日期電知, 以便同時盡撤.

各等語. 臣查兩國撤兵限期, 扣至七月初四日屆滿, 為時已近. 今日本在朝兵弁既經先撤回國, 其暫留之兵亦允於華軍同時並撤, 則我軍自未便久留. 臣檄飭提督吳兆有督率各營官, 即將漢城內慶軍左、後、副三營整備行隊, 撥赴馬山浦暫駐, 參將方正祥所帶正營, 分駐水原之三哨, 亦次第撥赴馬山浦. 統於六月初七日在該浦取齊, 候船內渡. 臣一面將撤兵日期電致徐承祖, 屬其知照外務, 迅將日本暫留朝鮮之兵盡數撤回, 勿任其稍有先後, 致煩聖廑. 惟朝鮮國勢尫弱, 强隣環伺, 內憂外侮, 在在堪虞. 防軍不得不撤, 所以暫息爭端, 援軍不可不張, 所以遥作遠勢. 前准總理衙門函商朝鮮善後之策, 旅順及鳳凰門外水陸兩路, 均宜有備, 慶軍撤回後, 應酌量移紮何處. 臣查由邊門至朝鮮王城千有餘里, 山徑崎嶇, 遇有警急, 勢難尅期赴援. 而由旅順乘輪抵馬山浦, 兩日可至. 自馬山、水原以達漢城均慶軍熟由之路, 其險易要害, 皆所稔知. 且與北洋師船屯紮一處, 水陸相依, 聲援尤壯, 自以移駐旅順為宜. 因飭派海鏡官輪並酌調商輪兩艘, 陸續駛往, 限於六月初十日齊泊馬山浦, 將慶軍四營弁勇及軍裝、馬匹、子藥等件, 全數運回旅順, 即令分紮口內東西兩岸砲壘, 與該處舊有各營, 聯絡操防, 以資控馭而備援應. 所有撤回駐朝鮮慶軍調紮旅順緣由, 謹繕摺由驛具陳, 伏乞皇太后、皇上聖鑒. 謹奏.

광서 11년 5월 22일, 군기처에서 이홍장의 다음과 같은 주접[1]을 베껴 보내왔습니다.

상유에 따라 조선 주둔 경군을 철수시켜 여순으로 옮겨 주둔하면서 통제에 도움이 되게 하고 조선을 응원할 수 있도록 준비한 일에 대해 삼가 주접으로 아뢰니 황상께서 살펴봐 주십시오.

올해 3월 중에 중·일 간에 철병 관련 조약을 체결하면서 서명, 조인한 날부터 4개월을 기한으로 하여 그 이내에 각각 전원을 철수하기로 하였습니다. 곧이어 주일 사신 서승조가 다음과 같은 전보를 보내왔습니다.

일본 외무경 이노우에 가오루가 말하기를, "조선에 주둔하고 있는 중국과 일본 병사들이 여러 차례 분쟁을 일으켰는데, 큰 사안이 생겨 양국의 우호가 어그러질지 우려됩니다. 양국은 마땅히 즉시 관원을 조선으로 보내 철병하고, 기한에 구애받을 필요가 없습니다"라

1 이홍장이 올린 주접의 원문은 『李鴻章全集』11 奏議11, 문서번호 G11-05-016, pp.109-110에 수록되어 있다.

고 했습니다.

신 이홍장이 총리아문에 해당 전보를 전달하여 대신 상주하도록 하였는데, 4월 9일 전보로 다음과 같은 상유를 받았습니다.

> 조약을 서로 비준한 후 양국은 즉시 조선에 주둔하는 군대를 철수하며, 기한에 구애될 필요는 없다. 다만 철병에 앞서 해당 대신은 응당 일본도 동시에 철수하며 조금이라도 선후가 있어서는 안 된다는 내용의 조회를 보내도록 하라.

황상의 가르침이 정밀하고 상세하여, 응당 유지에 따라 적절히 처리하였습니다. 서승조가 5월 1일 일본 외무성에서 공문을 보냈는데, "일본은 이미 26일 배를 보내 조선 주둔 일본군을 철수하도록 하였고, 그래도 잠시 152명을 남겨두었다가 천진조약에서 정한 기한이 되면 마저 철수한다"라고 하였다고 전보를 보내왔습니다. 저는 잠시 남겨둔다는 병사들이 혹 계속 머물려는 속셈은 아닌지 우려하여 서승조에게 전보를 보내 경군은 조만간 철수할 것이므로 응당 신속히 외무성과 협의하여 일본군도 모두 동시에 철수하여 원래의 조약을 이행해야 한다고 알리게 하였습니다. 17일 서승조가 다음과 같은 답장을 보냈습니다.

> 우선 철수하는 일본군은 현재 이미 귀국하였습니다. 외무경이 다음과 같이 말하였습니다.
>
> > 잠시 남겨둔 병사들은 언제든지 철수할 수 있습니다. 중국에서 배를 보내 군대를 철수하는 날짜를 전보로 알려주면, 동시에 전원 철수할 수 있을 것입니다.

신이 살펴보니 양국이 군대를 철수하는 기한은 7월 4일에 만료가 되며 그 시한이 이미 가깝습니다. 현재 일본의 조선 주둔군이 이미 먼저 철수하여 귀국하였고, 잠시 남겨둔 병사들 또한 중국군과 동시에 철수한다고 하였으니 우리 군을 오랫동안 머무르게 할 수 없습니다. 저는 제독 오조유에게 지시하여 각 영관을 통솔하여 곧장 한성 내의 경군 좌·후·부 3개 영의 대오를 정비하고 마산포로 보내 잠시 주둔하게 하였고, 참장 방정상이 이끄는 정영(正營)과 수원에 나누어 주둔한 3개 초 역시 차례대로 마산포로 가도록 하였습니다. 모두 6월 7일 마산포에서 집결하여 배를 기다렸다가 귀국합니다. 저는 철병 날짜를 서승조에게 전보로 알리면서 외무성에 통지하여 시급히 일본이 조선에 잠시 남겨둔 군대도 모두 철수하고 조금이라도 멋대로 선후가 있어 황상의 염려를 번거롭게 하지 말도록 알리게 하였습니다. 다만 조선의 국세가 미약하고 강한 이웃들이 기회를 엿보고 있어서 내우외환이 항상 우려됩니다. 주둔군은 부득불 철수하여 분쟁의 소지를 잠시 없애더라도, 지원군은 불가불 확장하여 멀리서라도 기세를 보여주지 않을 수 없습니다. 일전에 총리아문과 서신으로 조선에 대한 사후 대책을 상의하였는데, 여순 및 봉황문 밖의 수륙 두 방면은 모두 마땅히 대비해야 하며, 경군이 철수한 후 응당 어디로 옮겨 주둔시켜야 할지 상황을 헤아려야 한다고 하였습니다. 제가 살펴보니 변문(邊門)에서 조선 왕성까지는 천여 리에 달하고 산길이 험하여 급박한 일이 발생하더라도 형세로 보아 시간에 맞춰 지원하러 가기 어렵습니다. 그러나 여순에서 윤선을 타고 마산포까지 이틀이면 도착합니다. 마산, 수원에서부터 한성까지의 길은 경군이 익숙하게 지나다니던 길로 그 지세나 요충지를 모두 숙지하고 있습니다. 또한 북양해군과 같은 곳에 주둔하고 있으면, 육군과 해군이 서로 의지하면서 그 성원(聲援)이 더욱 웅장해질 수 있으니, 실로 여순으로 옮겨 주둔시키는 편이 적절합니다. 따라서 관윤선(官輪船) 해경 호와 민간 윤선 1척을 조달하여 잇따라 배를 몰고 가서 6월 10일까지 마산포에 집결하고 경군 4개 영의 군사 및 군장, 마필, 탄약 등 전부를 여순까지 운반하여 여순구(旅順口) 안의 동·서 양안 포대에 나누어 주둔하면서 그곳에 원래 있던 각 군영과 연계하여 방어 태세를 갖추어 전반적 통제에 도움을 주고 조선을 응원하는 데 대비하도록 하였습니다. 조선에 주둔하는 경군을 여순으로 옮겨 주둔시킨 모든 경과에 대해 삼가 주접을 갖추어 역참을 통해 아뢰니 황태후·황상께서 살펴봐 주십시오. 삼가 주를 올립니다.

(3) 문서번호: 5-4-03(1025, 1885b-1886a)

사안 : 조선이 러시아와 내통하여 보호를 요구하였습니다. 한규직(韓圭稷), 김지성(金智性)이 주모한 일로 결코 성공하지 못했습니다. 중국 주둔군이 조약에 따라 철수한 다음 조선 민심이 두려워하고 있으며, 각국 공사 또한 조금씩 경계심을 갖고 있습니다(朝鮮通俄求保護. 由韓圭稷, 金智性之主謀, 並未成功. 自中國防軍遵約撤回後, 朝鮮民心惶懼, 各使亦稍有戒心).

날짜 : 光緒十一年六月十七日(1885년 7월 28일)

발신 : 北洋大臣 李鴻章

수신 : 總理衙門

六月十七日, 北洋大臣李鴻章文稱:

六月十四日, 據委辦朝鮮商務分省補用道陳樹棠稟稱:

竊職道前奉憲札, 密訪朝鮮與俄陸路通商具稟, 於五月二十六日奉到批:

據稟已悉. 日本外務密電謂:"已得朝鮮通俄證據", 嘖有煩言. 今閱與朝官筆談, 是金、權、金、申四人赴海蔘葳與俄官立約, 請俄保護, 竟非影響之談. 金知性、洪在禧是否係主謀之人? 仰即密與該政府詳確詢商, 設法挽回, 密稟核辦. 是為至要. 以後如何情形, 仍即詳細馳報.

等因. 奉此. 職道查金、權、金、申四人赴海蔘葳勾結俄人, 確有此事. 其主謀者在韓圭稷未死之前, 皆其一人主謀, 迨後所為乃出自金智性之意. 所幸金、權、金、甲四人皆係間曹末職, 出言無足重輕, 且並無政府文憑, 何足為據? 迨事敗露, 該政府茫然之際, 尚疑係朝王密遣, 及詢諸王則云並無其事. 職道竊以為當擾亂之間, 國王悮聽奸謀, 毫無主見, 遽有是舉, 亦未可知. 現在國王既不承認, 政府亦無文憑, 則請保護之說, 可以不行. 要之, 保護大事, 並無國家憑信, 僅據一二小臣置喙其間而可濟事, 想俄亦不若是之謬也. 玆奉憲飭查報, 用特稟呈查鑒.

又據稟稱:

去歲義大利國公使盧嘉德, 偕其國之水師提督益鮮衣來朝訂約. 今於本月二十五日, 該提督復來朝鮮. 暨日斯巴尼亞國駐劄中華全權大臣薩時鐸並參贊馬一薩, 專為游歷而來, 並無要事. 茲已回去矣. 順以奉達.

又據稟稱:

防軍遵約撤回. 茲海鏡已到, 全軍部署內渡. 朝鮮民心惶懼, 固不待言. 各國公使亦稍有戒心, 而日本較為戰慄. 擬於撤防之後, 群請朝鮮外部, 商議設法保護. 用敢先行奉布, 俟後定議, 續行稟達.

等情. 到本大臣. 據此除飭隨時確探各情馳報外, 相應密咨貴衙門, 請煩查照.

광서 11년 6월 17일, 북양대신 이홍장이 다음과 같은 문서를 보내왔습니다.

광서 11년 6월 14일, 위판조선상무(委辦朝鮮商務) 분성보용도(分省補用道) 진수당이 다음과 같은 보고를 올렸습니다.

저는 일전에 지시를 받들어 조선과 러시아의 육로 통상에 대해 비밀리에 조사하여 보고하였고, 5월 26일 이에 대해 다음과 같은 지시를 받았습니다.

보고는 모두 읽어보았다. 일본 외무경이 비밀리에 전보를 보내, "이미 조선이 러시아와 내통하였다는 증거가 있다"라고 하면서 불평을 털어놓았다. 지금 조선 관리와의 필담을 읽어보니 김용원, 권동수(權東壽), 김광훈(金光勳), 신선욱(申先郁) 4명이 블라디보스토크에 가서 러시아 관원과 조약을 체결하고 러시아의 보호를 요청하였다고 하는데, 필경 근거가 없는 이야기는 아닐 것이다. 김지성, 홍재희(洪在禧)가 주모자인가? 즉시 비밀리에 조선 정부와 상세하고 정확하게 논의하여 방법을 마련해 만회하고 비밀리에 보고하여 처리하도록 하라. 이 점이 매우 중요하다. 이후의 상황에 대해서는 즉시 상세하고 신속하게 보고하라.

제가 조사해 보니 김용원, 권동수, 김광훈, 신선욱 4명이 블라디보스토크에 가서 러시아인과 결탁한 사실은 확실히 있었습니다. 그 주모자는 한규직이 죽기 전까지는 한규직 한 사람이었고, 그 후의 행위는 김지성의 뜻에서 나온 것입니다. 다행스러운 바는 김용원, 권동수, 김광훈, 신선욱 4명이 모두 미관말직으로 그들의 말이 대단치 않고 또한 정부에서 발급한 증명서도 없으니 어찌 증거로 삼을 수 있겠습니까? 이 일이 탄로된 후에 조선 정부가 실의에 빠져 있어 조선 국왕이 몰래 이들을 파견한 것은 아닌지 의심이 들었습니다. 하지만 조선 국왕에게 물어보니 그러한 사실이 전혀 없다고 하였습니다. 저는 나라가 혼란스러울 때 국왕이 간교한 계략에 잘못 빠져 조금의 주관도 없이 서두르다 이러한 일이 벌어진 것은 아닌지 알 수 없다고 생각합니다. 현재 조선 국왕이 인정하지 않을 뿐 아니라 정부에서 발급한 증명서가 없으므로 보호를 청하였다는 이야기는 성립할 수 없다고 할 수 있습니다. 요컨대, 보호를 요청하는 큰 사안임에도 국가에서 발급한 증거가 없고, 단지 한두 명의 신하들이 그 사이에 끼어들어 성사할 수 있다고 한 것에 불과한데, 생각건대 러시아 역시 이런 잘못을 저지르지는 않을 것입니다. 지금 조사하여 보고하라는 지시를 받들어 특별히 보고를 올리니 살펴봐 주십시오.

또한 그는 다음과 같이 보고하였습니다.

작년 이탈리아 공사 페르디난도 데 루까(Ferdinando de Luca)가 그 나라 해군 제독 이센이(益鮮衣, 불명?)와 함께 조선에 와서 조약을 체결하였습니다. 5월 25일 해당 제독이 조선에 다시 왔습니다. 그리고 에스파냐의 중국 주재 전권대신 살시도(Don Leopoldo de Alba Salcedo)와 참찬 마이사(馬一薩. 불명?)가 오로지 여행을 위해 조선에 왔으며, 중대한 용무는 없었습니다. 현재는 이미 돌아갔습니다. 이를 아뢥니다.

또한 다음과 같이 보고하였습니다.

조선 주둔군이 조약에 따라 철수하였습니다. 현재 해경 호가 이미 도착하여 전군 부서가 중국으로 돌아갔습니다. 조선 민심이 두려움에 떨고 있음은 더 말할 필요도 없습니다. 각국 공사 또한 조금씩 경계하고 있으며, 일본은 더욱 전율하고 있습니다. 주둔군 철수 이후 각국 공사는 조선 외부에 요청하여 방법을 마련해 보호해달라고 상의하고 있습니다. 이에 먼저 말씀을 드리는데, 논의가 정해지면 다시 보고하겠습니다.

이러한 보고가 본 대신에게 도착하였습니다. 수시로 각 사정을 확실하게 조사하여 신속하게 보고하도록 하는 것 외에, 마땅히 귀 아문에 비밀 자문을 보내니 번거롭더라도 검토해 주십시오.

(4) 문서번호: 5-4-04(1028, 1888b)

사안 : 일본의 조선 주둔군이 전원 철수하였습니다(日本在朝鮮兵弁盡數撤回).

날짜 : 光緒十一年六月二十一日(1885년 8월 1일)

발신 : 日本 公使 榎本武揚

수신 : 總理衙門

六月二十一日, 日本國公使榎本武楊照會稱:

昨接外務卿井上馨電開:

在韓我兵經于七月二十七日盡數回來. 轉行總署王大臣知照.

等因前來. 為此照會. 須至照會者.

광서 11년 6월 21일, 일본국 공사 에노모토 다케아키가 다음과 같은 조회를 보내왔습니다.

어제 외무경 이노우에 가오루가 전보를 보내 다음과 같이 통보하였습니다.

조선에 있는 우리 군대는 7월 27일 이미 모두 철수하였습니다. 총리아문의 왕대신에게 대신 알려 주십시오.

이에 조회를 보냅니다. 이상입니다.

(5) 문서번호: 5-4-05(1032, 1892b)

사안 : 일본의 조선 주둔군이 전원 철수하였다는 점을 이미 알고 있습니다(已悉日駐韓兵弁盡數撤回).

날짜 : 光緒十一年六月二十四日(1885년 8월 4일)

발신 : 總理衙門

수신 : 日本 公使 榎本武揚

六月二十四日, 給日本國公使榎本武揚照會稱:

光緒十一年六月二十一日, 准照稱:

昨接外務卿電開:

在韓之兵已經盡數撤回.

等因. 知照前來. 本爵大臣等均經閱悉, 相應照復貴大臣可也.

광서 11년 6월 24일, 일본 공사 에노모토 다케아키에게 다음과 같은 조회를 발송하였습니다.

광서 11년 6월 21일 다음과 같은 조회를 받았습니다.

어제 외무경이 전보를 보내 다음과 같이 통보하였습니다.

조선에 있던 군대는 이미 모두 철수하였습니다.

이와 같은 사실을 알려왔습니다. 본 각작대신 등은 이미 모두 살펴보았으므로, 마땅히 귀 대신께 답장 조회를 보내야 할 것입니다.

(6) 문서번호: 5-4-06(1034, 1893b)

사안 : 진수당이 조선 주둔군이 마산포로 철수하여 배를 기다렸다가 귀국한다고 보고하였습니다(陳道樹棠稟, 駐韓兵弁撤往馬山浦, 候船內渡).

날짜 : 光緒十一年六月二十八日(1885년 8월 8일)

발신 : 北洋大臣 李鴻章

수신 : 總理衙門

六月二十八日, 北洋大臣李鴻章文稱:

總辦朝鮮通商事務道員陳樹棠稟稱:

駐韓防軍四營, 遵於初七日盡數拔赴馬山浦, 候船內渡. 職道前奉憲札:"軍行之後, 責成查拏游勇."等情. 職道先經會同吳提督互為出示, 並轉飭三口分辦委員認真稽查. 撤營之際, 有隨營偕來貿易者四十餘人, 已一併隨同內渡. 此後當再遵諭嚴查, 必期無有疏誤, 以副藎懷. 連日大雨滂沱, 道路泥濘, 軍行甚苦. 順以奉達. 日本載兵之豐島丸, 已於初四日抵仁川. 又青龍丸日內亦可到埠, 準初十日開行回國, 以符定約.

等情. 到本閣爵大臣. 據此相應咨明. 為此合咨貴衙門, 請煩查照.

광서 11년 6월 28일, 북양대신 이홍장이 다음과 같은 문서를 보내왔습니다.

총판조선통상사무 도원 진수당이 다음과 같이 보고하였습니다.

조선 주둔군 4개 영이 지시에 따라 7일 전원 마산포로 가서 배를 기다려 귀국하려고 합니다. 저는 이전에 "군대가 이동한 후 책임지고 탈영병을 조사하여 체포하라"라는 지시를 받았습니다. 그래서 우선 제독 오조유와 함께 고시를 발포하고 아울러 3개 항구의 분판

위원들에게도 지시를 전달하여 착실하게 검사하도록 하였습니다. 군영이 철수할 때 따라온 상인들도 40여 명이 되는데, 이들도 모두 함께 귀국하려고 합니다. 이후 마땅히 지시에 따라 엄격히 다시 조사하여 반드시 소홀함이나 착오가 없도록 함으로써 대인의 충심에 부합하도록 할 것입니다. 연일 큰 비가 세차게 내려서 도로가 진흙탕이 되어 행군이 매우 어렵습니다. 지시에 따라 보고드립니다. 일본군을 실어 갈 도요시마마루(豐島丸)가 이미 4일 인천에 도착하였습니다. 또한 세이류마루(青龍丸)도 며칠 안에 도착하고 정확히 10일에 출발하여 귀국함으로써 조약에 부합할 수 있을 것입니다.

이상의 내용이 본 각작대신에게 도착하였습니다. 이에 따라 마땅히 자문으로 알려야 할 것입니다. 이를 위해 귀 아문에 자문을 보내니 번거롭더라도 살펴보시고 검토해 주십시오.

(7) 문서번호: 5-4-07(1036, 1896b-1897b)

사안 : 주둔군 철수 후 조선 외부에서 군대를 보내 각국 공사관을 보호하는 장정을 이미 제정하였습니다(防軍撤回後, 朝鮮外部已定立章程, 派兵保護各國使館).

첨부 문서 : 1. 「조선외부파병보호각국사관정장(朝鮮外部派兵保護各使館定章)」: 조선의 각국 공사관을 호위하는 병사 인원 및 규정 사항(朝鮮護衛各使館之兵丁數及規定事項).

날짜 : 光緒十一年六月二十九日(1885년 8월 9일)

발신 : 北洋大臣 李鴻章

수신 : 總理衙門

六月二十九日, 北洋大臣李鴻章文稱:

據委辦朝鮮商務分省補用道陳樹棠稟稱:

防軍遵約撤回, 各國公使在韓城者咸有戒心, 擬請政府設法保護, 業經職道具稟憲鑒在案. 玆由朝鮮外部派兵保護定立章程, 尚稱妥善. 特即抄錄淸摺呈覽.

等情. 到本大臣. 據此. 相應咨明貴衙門, 請煩查照.

1. 謹將「外部派兵保護各使館定章」錄呈鈞鑒.

中國駐防兵及日本公使護兵, 現遵津約撤回. 嗣後各公館保護之事, 宜由本衙門主人. 玆列章程如左:

一. 無事時, 各國公館派送兵丁十人.[內有什長一人. 看守門户, 每十日一換]

一. 遇有事, 加派四十人.[內有哨長一人. 嚴加護衛]

一. 本衙門知照各營. 凡調兵文書, 但見本衙門印押, 即行派送, 無得遲延晷刻.

一. 換隊時, 各該營哨兵長, 或吏書開列十人姓名, 呈明本衙門.

一. 護兵在各公館盡心護衛. 該兵頭嚴束所帶九人. 如有怠慢, 不謹護衛, 及有滋事之弊, 由公使館知會於本衙門, 該兵頭責予重罰, 該犯隨輕重照律嚴繩.

一. 護衛兵弁既有該營常料. 在各公館一切伙食、薪水之費, 均可自備.

一. 護兵不得擅離. 如有買賣物件等事暫須離任, 該兵頭定與時刻. 違者責罰. 如遇有病及婚喪大事, 父母、妻子病重, 無救護之人, 即可稟明該營, 或可稟明於公使, 知會本衙門, 暫行替足.

광서 11년 6월 29일, 북양대신 이홍장이 다음과 같은 문서를 보내왔습니다.

위판조선상무 분성보용도 진수당이 다음과 같이 보고하였습니다.

주둔군이 조약에 따라 철수한 후 한성의 각국 공사들 모두 경계심을 갖게 되어 정부에 방법을 마련해 보호해달라고 요청하였다는 내용을 이미 제가 살펴보시도록 보고드린 바 있습니다. 현재 조선 외부에서 군대를 보내 보호하는 것과 관련하여 장정을 제정하였으니, 그래도 적절하다고 할 수 있습니다. 특별히 그 내용을 베껴 정서하여 올리니 살펴봐 주십시오.

이상의 보고가 본 대신에게 전달되었습니다. 이에 마땅히 귀 아문에 자문으로 알려야 하니, 번거롭더라도 살펴보시고 검토해 주십시오.

1. 삼가 「외부파병보호각사관정장(外部派兵保護各使館定章)」을 베껴 올리니 살펴봐 주십시오.

중국 주둔군 및 일본 공사관 호위병이 현재 천진조약에 따라 철수하였다. 사후 각 공사관 보호 업무는 마땅히 본 아문에서 주관한다. 이에 장정을 다음과 같이 열거한다.

하나. 특별한 일이 없을 때, 각국 공사관에는 병사 10명을 파견한다[그 안에는 십장 1명을 둔다. 출입구 간수는 10일마다 한차례 교체한다].

하나. 유사시에는 40명까지 추가로 파병한다[그 안에는 초장 1명을 둔다. 더욱 엄중하게 호위한다].

하나. 본 아문에서 각 군영에 알린다. 병력 이동 문서에서 단지 본 아문의 인장과 서명을 확인하면 즉시 보내야 하고 시간을 지체할 수 없다.

하나. 병력 교체 시, 각 해당 군영의 초병장(哨兵長) 혹은 이서(吏書)가 10명의 성명을 열거하여 본 아문에 보고한다.

하나. 각국 공사관의 호위병은 마음을 다해 호위한다. 해당 병두(兵頭)는 거느린 9명을 엄격히 단속한다. 만일 태만하여 호위에 신중하지 않거나 문제를 일으켜 공사관에서 본 아문에 알리면 해당 병두는 중벌을 부과하고 해 범죄자는 경중에 따라 법률에 따라 엄히 제재한다.

하나. 호위병은 이미 소속 군영에서 급료를 받는다. 각 공사관에서 소모되는 모든 식사, 일용품 비용은 모두 스스로 마련할 수 있다.

하나. 호위병은 마음대로 자리를 이탈할 수 없다. 만일 물건 매매 등의 일로 잠시 자리를 떠나야 하면 해당 병두가 시간을 정한다. 위반자는 처벌한다. 만일 병환, 혼인, 장례 등의 큰일이나 부모·처자의 지병이 중하여 간호할 사람이 없다면 해당 군영 또는 공사에 보고하여 알릴 수 있으며, 본 아문에 통보하면 잠시 교체한다.

(8) 문서번호: 5-4-08(1043, 1918b)

사안 : 일본의 조선 주둔군이 이미 모두 철수하였습니다(日本已盡撤駐朝兵弁).

날짜 : 光緖十一年七月十一日(1885년 8월 20일)

발신 : 日本出使大臣 徐承祖

수신 : 總理衙門

七月十一日, 出使大臣徐承祖文稱:

竊照本大臣於光緒十一年六月二十一日, 接日本外務卿井上馨函稱:

本國駐朝之兵撤回一事, 業經本月初三日第二十一號公文:"定以我七月二十一日為限, 全數撤回."等因. 回覆在案. 今據陸軍卿知照:

所有該撤回兵員, 於本月二十七日均已回到本國.

等因前來. 應請貴大臣將此意轉告貴政府可也.

等因. 准此. 相應照敘原文咨呈貴衙門, 謹請查照.

광서 11년 7월 1일, 출사대신 서승조가 다음과 같은 문서를 보내왔습니다.

본 대신은 광서 11년 6월 21일, 외무경 이노우에 가오루로부터 다음과 같은 서신을 받았습니다.

본국의 조선 주둔 병력 철수와 관련하여 이미 이번 달 3일 제21호 공문에서, "일본력 7월 21일을 기한으로 하여 전원 철수하기로 정하였습니다"라고 답장을 보낸 바 있는데, 현재 육군경(陸軍卿)이 다음과 같은 내용을 알려왔습니다.

철수 병력 전원이 이번 달 27일에 이미 본국에 도착했습니다.

이와 같은 사실을 알려왔으니 마땅히 귀 대신께서 귀 정부에게 대신 전달해달라고 요청해야 할 것입니다.

이상과 같은 서신을 받았으므로, 마땅히 원문을 베껴 귀 아문에 자문으로 보내야 할 것이니, 삼가 살펴보시고 검토해 주십시오.

(9) 문서번호: 5-4-09(1047, 1921a)[2]

사안 : 일본이 조선 주둔군을 이미 모두 철수하였습니다(日本已盡數撤回駐朝兵弁).

날짜 : 光緒十一年七月十五日(1885년 8월 24일)

발신 : 北洋大臣 李鴻章

수신 : 總理衙門

[생략]

---

2 이 내용은 앞의 문서(서승조->총리아문)와 같은 내용(서승조->북양대신)을 받은 북양대신 이홍장이 이를 다시 총리아문에 보내는 것이라 중복이 되므로, 생략한다.

(10) 문서번호: 5-4-10(1091, 1968b)

사안 : 영구(營口)에 주둔하는 감군(甘軍) 9개 영이 봉황(鳳凰) 변문(邊門) 밖으로 이동하여 요충지를 골라 주둔한다는 내용으로 올린 주접과 그에 대해 받은 유지를 자문으로 보냅니다(會奏營口甘君九營移往鳳凰邊門以外, 擇要扼紮, 咨送奏摺及所奉諭旨).

날짜 : 光緒十一年十一月二日(1885년 12월 7일)

발신 : 北洋大臣 李鴻章

수신 : 總理衙門

十一月初二日, 北洋大臣李鴻章文稱:

為照本閣爵大臣於光緒十一年十月二十六日, 在天津行館, 會同奉天軍督部堂慶[前銜], 統率甘軍陝西周原提督軍門雷[後銜], 由驛四百里具奏, 營口甘軍九營陸續移往鳳凰邊門以外, 擇要扼紮, 並布置大略情形一摺, 業經抄摺咨行在案. 茲於十月二十九日, 遞回原摺後開:

軍機大臣奉旨:

知道了.

欽此. 除咨行外, 相應恭錄密咨貴衙門, 煩請欽遵查照.

광서 11년 11월 2일, 북양대신 이홍장이 다음과 같은 공문을 보내왔습니다.

본 각작대신은 광서 11년 10월 26일, 천진 행관에서 봉천장군(奉天將軍) 경유(慶裕) 통솔감군섬서주원제독(統率甘軍陝西周原提督) 뇌정관(雷正綰)과 함께 영구의 감군 9개 영이 잇따라 봉황변문 밖으로 이동하여 요충지를 골라 주둔하고 배치된 대략적인 상황에 대한 주접을 역참을 통해 하루에 400리의 속도로 함께 상주하였으며,[3] 이미 주접을 베껴 자문으로 보내드린 바 있습니다. 이에 10월 29일, 돌려보내온 주접 원문 뒷부분에 다음과 같은 내용이 서술이 있었습니다.

군기대신이 다음과 같은 유지를 받았습니다.

알았다.

이상의 유지를 받았으므로, 자문으로 보내는 것 외에 응당 공손히 초록하여 귀 아문에 비밀 자문으로 보내니, 청컨대 번거롭더라도 살펴보시고 검토해 주십시오.

---

3 해당 주접의 원문은 「李鴻章全集」 11 奏議11, 문서번호 G11-10-028, pp.252-253에 수록되어 있다. 이 주접에서 이홍장은 감군의 군영과 요새를 봉황 변문 밖 압록강 서안 쪽 요충지에 배치하면 위세를 보일 수 있겠지만 조선 한성까지 천여 리에 달하므로 유사시 신속하게 대응하기 위해서는 별도의 준비가 필요하다고 서술하였다. 그는 의주와 한성 중간에 위치한 평양에 주목하고 뇌정관에게 지시하여 비밀리에 인원을 보내 평양까지의 지세나 도로 상황을 조사하고 지도를 작성하여 보고하도록 하였다.

(11) 문서번호: 5-4-11(1460, 2657a-2659a)

사안 : 원세개의 보고에 따르면 조선 외부에서 조회를 보내 각 공사관을 보호하기 위해 보낸 병사의 철수를 요청하였습니다. 중국의 주한(駐韓) 공서(公署)도 다시 조선 병사를 파견하여 지킬 필요가 없습니다(據袁世凱稟, 韓外署照請撤回派往各使署保護兵隊. 中朝駐韓公署無庸再派韓兵守護).

날짜 : 光緒十五年十月九日(1889년 11월 1일)

발신 : 北洋大臣 李鴻章

수신 : 總理衙門

十月初九日, 北洋大臣李鴻章文稱:

據駐紮朝鮮總理交涉通商事宜、升用道補用知府袁世凱稟稱:

竊照八月二十九日, 准朝鮮外署督辦閔種默照會內開:

案照光緒十一年六月間, 貴總署駐防兵撤回時, 敝政府約代派護兵, 無事時十人, 有事時四十人. 此時則敝邦新經變亂, 慮有未穩, 故駐防兵撤回後, 恐有他虞而然也. 嗣後諸邦使署亦如例派護兵. 爾来四年有餘, 攪亂永消, 百度和平, 身命財産在敝邦安, 固亦如在他邦也. 兼以敝政府建置陸軍甚少, 而現派外國諸使署護兵為六十人, 幾致一小隊之有闕, 所派諸兵又未熟於練操及凡他恒務焉. 玆者敝政府要我陸軍有能有實, 用不資之費, 務練武之技. 而且有斟量之一端, 飭返外國諸使署護兵為可焉. 不因此次之事, 而遂廢有事時派護兵之約也. 今當撤回他邦使署護兵, 而不可仍留貴總署護兵, 致有異同. 玆將備文照會貴總理, 請煩查照施行可也.

等因. 准此. 伏查光緒十一年華·倭立約撤兵後, 駐韓倭使曾與外署訂立數條, 因時由韓廷酌派兵丁保護該使公署. 各國使員亦皆援以為請. 於是倭·西各國使署均有韓兵十名常川保護. 彼時陳道樹棠辦理商務, 該外署亦派來韓兵十名保護公署. 迨卑府是年冬奉委來韓, 亦未便遽行退還, 只令其送遞文信, 服事雜役. 竊以華員駐紮屬邦, 自與各友國使臣, 名實有別. 在中國有保護藩屬之責, 又何須韓兵保護華員公署. 且卑署與韓政府本無護兵條約. 該外署更不應以倭人條約, 各國援約, 輒來照請聲明. 揆諸事體, 殊有未合. 况該韓兵性情罷輭, 遇事滋擾, 本無所用. 而韓廷已延請美國教師, 方事操練, 自應飭其回營歸伍. 因即照覆該外署以:

查本總署與貴政府向無代派護兵之約, 或貴政府另有約於他國, 亦未可知. 本總理於十一年冬奉命來此駐紮, 見有貴政府派來兵丁, 祇視為貴政府敬重天朝使命, 故特派兵丁, 服事雜役而已. 今既貴政府操練陸軍, 飭還此項兵丁, 亦屬合理. 本總理原以此項兵丁, 無甚要需, 自應飭令回營歸伍. 除即諭遣該兵丁回營外, 相應照覆貴督辦查照施行.

等因. 去後. 迭聞西、韓人告稱:

韓王因倭使及德領事每於入宮謁見時, 必排列韓兵十人, 持槍護從, 韓廷厭之, 故有此照請撤回護兵. 各國公使俱已先後允許. 惟美使丹士謨仍欲酌留數人, 以備守户, 迭囑小人, 赴宮懇請韓王, 仍允派留數名. 各國使因復援請照辦. 外署亦未便異同, 並將派送卑署數名, 以期一律.

各等語. 旋即准該外署於九月初六日照會內開:

查此項護兵實係敝邦頃當搶攘之餘, 衛護各公館起見. 當經由敝署向日本公使高平酌訂數條, 飭派兵役十人, 調送各公館看守門户. 現值無虞, 照商徹還, 業已回營歸訖, 應請貴總理一律照辦. 旋蒙准覆, 嗣又飭令該項兵丁歸充練隊. 本督辦殊不覺感愧交切. 惟念貴總理欽奉天朝使命來駐敝邦, 凡係事宜, 靡不勷辦. 遇值交涉要公, 實不可違誤晷刻. 如無敝邦兵役聽候使用, 碍難任便需急. 且敝邦現未設有巡查, 庸備警虞, 另擬再派若干名, 前赴貴總署, 以供指使.

等因. 准此. 復查卑府駐紮朝鮮, 韓廷固不應因倭人之約, 各國之請, 亦認卑署供役之兵為護兵. 而卑府尤未便因美使懇請, 各國援照, 復受韓廷再派之兵以役使. 因即照覆該外署以:

貴督辦因本總理欽奉天朝使命來此駐紮, 凡係事宜, 靡不勷辦, 遇值交涉要公, 虞有違誤, 特擬再添兵丁前來, 以供指使, 而便急需, 自屬顧籌大局、慎重要公之意. 本總理固應勉副盛籌. 惟本總署尚有韓役旗手四名, 擬再添顧通事數人, 足可敷用. 至各項雜已分添差弁、役丁執辦, 實無須再由貴督辦另派兵丁前來.

相應照覆貴督辦, 請煩查照. 無庸再添.
等因. 去後. 該外署知卑府決不復受, 亦未派送. 至韓兵飭還後, 已由卑府自行籌資, 添僱韓役、華丁各數名, 分司各項雜事, 以資役使, 而免遺誤. 所有照覆韓外署, 飭還韓派護兵, 無庸再派各緣由, 理合稟請查核.
等情. 到本閣爵大臣. 據此, 相應咨明貴衙門, 請煩查照.

광서 15년 10월 9일, 북양대신 이홍장이 다음과 같은 문서를 보내왔습니다.

주찰조선총리교섭통상사의(駐紮朝鮮總理交涉通商事宜) 승용도보용지부(升用道補用知府) 원세개가 다음과 같이 보고하였습니다.

저는 8월 29일 조선 외부독판 민종묵으로부터 다음과 같은 조회를 받았습니다.

광서 11년 6월, 중국의 주둔군을 철수할 때 조선 정부에서 특별한 일이 없을 때는 10명, 특별한 일이 발생하면 40명의 호위병을 귀 총서에 대신 보내기로 약정하였습니다. 이 때는 조선이 새롭게 변란을 겪어 불안한 상황이었으므로 주둔군이 철수한 후에 또 다른 우환이 생길까 우려하여 그랬던 것이었습니다. 그 후 각국 공사관에도 또한 이 사례에 따라 호위병을 보냈습니다. 그로부터 4년가량이 흘러서 혼란이 영원히 종식되고 모든 일이 평화로워져서 조선에서 신체와 생명, 재산의 안정됨이 다른 나라와 같아졌습니다. 아울러 조선에서 건설한 육군은 매우 수가 적습니다. 그런데 현재 외국 공사관에 보낸 호위병은 60명으로 거의 한 개 소대에 약간 모자라는 정도입니다. 보낸 병사들 또한 훈련 및 여타 임무에 대해 잘 알고 있지 못합니다. 현재 우리 정부에서는 유능하고 실력을 갖춘 육군을 양성하기 위해 셀 수 없는 비용을 쓰고 군사 훈련에 힘쓰고 있습니다. 그리고 또한 생각하고 있는 한 가지가 외국 공사관 호위병들을 복귀시키는 일입니다. (그러나) 이번의 일로 인하여 사변이 있을 때 군대를 보내 호위하겠다는 약속을 폐기하겠다는 것이 아닙니다. 지금 마땅히 다른 나라 공사관의 호위병을 철수하려고 하는데, 귀 총서의 호위병만을 그대로 남겨두어 차이를 둘 수는 없습니다. 이에 문서를 갖추어 귀 총리께 조회를 보내니 번거롭더라도 검토해 주시길 바랍니다.

엎드려 생각해 보면 광서 11년 중국· 일본이 조약을 체결하고 군대를 철수한 후 조선의 일본 공사는 일찍이 조선 외부와 몇 가지 약조를 맺어 때에 따라 조선 정부에서 상황을 헤아려 병사를 보내 해당 공사관을 보호하도록 하였습니다. 각국 공사 또한 모두 이를 원용해 줄 것을 조선 정부에 요청하였습니다. 이에 일본·서양 각국 공사관에는 모두 조선 군인 10명이 상주하며 보호하였습니다. 그때 도원 진수당이 상무를 처리하고 있었는데, 조선 외부에서 조선 병사 10명을 보내 상무위원 공서(公署)를 보호하였습니다. 제가 이해 겨울 조선에 왔을 때 갑자기 조선 병사를 복귀시킬 수 없어서 다만 문서를 전달하거나 잡일에 종사하도록 하였습니다. 중국 관원이 속방에 주재하는 것에는 다른 우호국 공사들과 명분과 실질에 차이가 있습니다. 중국에게는 번속을 보호해야 할 책임이 있으니 또 조선 병사들이 어찌 중국 관원의 공서를 보호해야만 하겠습니까? 또한 저희 공서와 조선 정부 간에는 본래 호위병 파견 조약이 없습니다. 조선 외부에서는 또한 일본과의 약조를 각국에 원용해서는 안 된다고 하면서 갑자기 조회를 보내 위의 내용을 밝히고 요청하였습니다. 체제를 고려했을 때 특별히 부합하지 않는 면이 있습니다. 하물며 조선 병사들의 성정이 유약하고 주관이 없어서 일만 생기면 소란을 일으키니 본래 쓸모가 없습니다. 그리고 조선 정부에서 이미 미국 교사를 초빙하여 조련을 담당하도록 하였으니 응당 그들을 본대로 복귀시켜야 합니다. 이에 즉시 조선 외부에 다음과 같은 답장 조회를 보냈습니다.

생각건대 본 총서와 귀 정부 사이에는 호위병을 대신 보낸다는 약조를 한 적이 없으며, 혹 귀 정부에서 별도로 다른 나라와 약조를 맺었는지도 알 수 없습니다. 본 총리가 광서 11년 겨울 명을 받고 조선에 와서 주재하면서 귀 정부에서 보내온 병사를 보고 단지 귀 정부가 천조의 사신을 존중하기 위해 특별히 병사를 보내 잡역에 종사하게 한 것으로 이해하였습니다. 현재 귀 정부에서 육군을 조련하면서 이 병사를 복귀시키는 것 역시 이치에 합당합니다. 본 총리는 원래 이 병사가 그다지 필요하지 않았으므로 응당 복귀하도록 해야 할 것입니다. 즉시 해당 병사들에게 지시를 내려 본대로 복귀하도록 지시하는 외에 응당 귀 독판에게 답장 자문을 보내니 검토해보시길 바랍니다.

그 후 서양인과 조선인이 여러 차례 다음과 같이 이야기하였습니다.

일본 공사와 독일 영사가 매번 입궁하여 조선 국왕을 알현할 때마다 반드시 조선 군사 10명이 총을 들고 열병하여 호위하였는데, 조선 국왕은 그것을 싫어하여 이렇게 조회를 보내 호위병 철수를 요청하였습니다. 각국 공사도 모두 차례대로 승낙하였습니다. 오로지 미국 공사 딘스모어만 몇 명을 남겨두어 보호해 주기를 원하여, 여러 번 아랫사람을 궁궐에 보내 조선 국왕에게 허가를 간청했다고 합니다. 그러자 각국 공사도 재차 이에 따라 처리해달라고 요청했습니다. 외부(外部)에서는 차이를 둘 수 없었으므로 우리 총리 공서에도 몇 명을 보내 일률적으로 처리한다고 하였습니다.

곧이어 조선 외부에서 9월 6일 다음과 같은 조회를 보내왔습니다.

생각건대, 이 호위병은 조선이 혼란에 빠졌을 때 각국 공사관을 호위하기 위한 것이었습니다. 외부에서는 일본 공사 다카히라 고고로와 몇 개 조항을 제정하고 병사 10명을 보내 각 공사관의 출입문을 지키도록 하였습니다. 현재는 특별한 우려가 없어서 상의한 바에 따라 철수하기로 하여 이미 본대로 복귀하였으니, 귀 총리께서도 응당 그에 따라 일률적으로 처리해 주십시오. 곧 승인한다는 답장을 받으면 그 후에 해당 병사를 훈련 부대에 복귀시키겠습니다. 본 독판은 이 일을 처리함에 저도 모르게 감사함과 부끄러움이 교차합니다. 다만 귀 총리께서는 천조의 사명을 받아 조선에 와서 주재하시면서 모든 사무에 대해 도와주시지 않은 적이 없으십니다. 교섭과 관련된 중요한 공무는 촌각이라도 어긋날 수 없습니다. 만일 지시에 따라 부릴 수 있는 조선 병사가 없다면 편리하고 신속하게 일 처리를 하는 데 장애가 있을 것입니다. 또한 조선은 현재 순사(巡査)를 설치하지 않아서 우려스러운 일에 대비할 필요도 있으므로 별도로 몇 명을 귀 총서에 다시 보내 부리실 수 있도록 하고자 합니다.

다시 생각해 보면 제가 조선에 주재하는 것에 대해 조선 정부는 본디 일본과의 조약이나 각국의 요청을 따라서는 안 되었고, 저희 총서도 일하는 병사를 호위병으로 인정한 적이 없습니다. 그런데 저는 특히 미국 공사의 간청과 각국의 원용 때문에 조선 정부에서 다시 보낸 병사를 받아 부릴 수 없었습니다. 이에 따라 즉시 조선 외부에 다음과 같은 답장 조회를 보냈습니다.

귀 독판께서는 본 총리가 천조의 사명을 받아 조선에 와서 주재하면서 모든 사무에 대해 도와주지 않은 적이 없고, 교섭과 관련한 중요한 일에서 어긋남이 있을까를 우려하여 특별히 병사를 다시 보내 부리도록 하여 긴급한 필요에 대응하도록 하신다는데, 이는 실로 대국을 고려하고 계획하며 중요한 업무에 신중을 다하려는 뜻입니다. 본 총리는 본래 마땅히 이러한 계획에 부합할 수 있도록 노력해야 할 것입니다. 다만 본 총서에는 조선인 기수(旗手) 4명이 있고 재차 통역 몇 명을 추가로 고용할 계획이라서 쓰임에 충분합니다. 각종 잡역은 이미 잡부·일꾼들에게 나누어 처리하도록 하였으므로 귀 독판께서 재차 병사를 보내실 필요는 없습니다. 마땅히 귀 독판께 답장 자문을 보내니 번거롭더라도 검토해 주십시오. 다시 보내실 필요는 없습니다.

조선 외부에서는 제가 결코 다시 받아들이지 않을 것임을 알고 병사를 보내지 않았습니다. 조선 병사를 복귀시킨 후 이미 저는 스스로 비용을 마련하여 조선인·중국인 잡부 각 몇 명씩을 고용하여 각종 잡역을 나누어 맡겨서 사무 처리에 도움이 되고 빈틈이 생기지 않도록 하였습니다. 조선 외부에 답장 조회를 보내 돌려보낸 조선의 호위병을 다시 파견할 필요가 없다고 한 모든 경과를 마땅히 보고하면서 검토해 주실 것을 간청합니다.

이러한 보고가 본 각작대신에게 도착하였습니다. 이에 마땅히 귀 아문에 자문을 보내니 번거롭더라도 검토해 주시길 바랍니다.

5. 김옥균사건 (金玉均案)

(1) 문서번호: 5-5-01(938, 1610a-1620b)[1]

사안 : 1. 난당을 조사·체포한 연유 및 조선과 일본의 교섭은 비교적 적절한 것으로 보인다는 점을 보고합니다(查拿亂黨事由, 朝鮮與日本交涉, 較爲妥協). 2. 이미 이노우에에게 중국과 일본 양국 사이에는 현재 논의할 만한 일이 없어 당연히 다시 파란이 일어나지는 않을 것이라고 밝혔습니다(已向井上聲明, 中日兩國現無可議之事, 當不至再起波瀾).

첨부 문서 : 1.「조선 좌의정 김홍집이 일본 전권대신 이노우에 가오루에게 보낸 조회(朝鮮左議政金弘集致日本全權井上照會)」: 조선의 난신 김옥균, 박영효 등 4명을 잡아서 넘겨주시기를 요청합니다(請拿交朝鮮亂臣金玉均、朴泳孝等四人).

2.「일본의 특파 전권대신 이노우에 가오루가 조선 좌의정 김홍집에게 보낸 조회(日特派全權大臣井上發朝鮮左議政金弘集照會)」: 일본과 조선은 범죄인 상호 인도 조약을 체결하지 않았으며, 김옥균 등이 만약 국사범이라고 한다면, 일본 정부는 조선의 바람에 부응하기 어렵습니다(日·韓未訂互交犯罪之約, 金玉均等若係國事犯, 日政府難副朝鮮之望).

1 이 문서의 본문과 첨부 문서는 이 책의 문서번호 : 5-2-18(938, 1610a-1620b)에 이미 그대로 소개된 바 있어, 여기서는 중복을 피하기 위해 모두 생략한다. 원본의 목차에는 이 문서의 첨부 문서(부건)이 2개만 기록되어 있으나, 실제로는 모두 7건이다.

3.「조선과 일본의 속증조약(朝鮮日本續增條約)」: 조선의 일본에 대한 사죄 및 배상금(朝鮮對日謝罪賠款等).

4.「조선 국왕이 오대징에게 보낸 답장 자문(朝鮮國王覆吳大澂咨文)」: 이번 일본과의 「속증조약」은 오로지 일을 마무리하여 사람들을 안정시키기 위한 것으로, 「속증조약」 및 그에 관해 주고받은 서류를 베껴서 보내니, 검토해 보시고 대신 상주해 주십시오(此次與日本立約, 專爲息事安人, 錄送續增條約及往復文稿, 核閱轉奏).

5.「오대징과 조선 좌의정 김홍집의 필담(吳大澂與朝鮮左議政金弘集筆談)」: 1) 이노우에 고와시와 담판할 때 일본이 군대 병력을 늘려 조선의 한성 등지에 주둔하는 것을 완강하게 거절해야 합니다(與日本井上談判, 婉拒日本添兵, 駐紮朝鮮京城等地). 2) 난당이 일본으로 도주하여 갔는데, 응당 일본 정부에 사로잡아 넘겨 달라고 요청해야 합니다(亂黨逃往日本, 應請日政府拿交).

6.「오대징과 조선 병부상서 김윤식의 필담(吳大澂與朝鮮兵部金允植筆談)」: (1) 밀고에 의하면 일본이 의도적으로 중국에 대해 트집을 잡으려고 한다고 하므로, 이에 대한 대비가 없어서는 안 됩니다(據密告, 日本有意對中國尋釁, 不可無備). (2) 일본은 [조선 주재] 공사를 비호하면서, 그가 입궁하여 조선 국왕을 보호한 일이 왜곡된 국왕의 교지에서 비롯되었다는 점을 인정하지 않습니다(日本袒護公使, 不承認入衛出自矯旨).

7.「오대징과 일본 서기관 이노우에 고와시의 필담(吳大澂與日本書記官井上毅筆談)」: 이노우에 가오루 대신은 중국의 대신과 함께 중국·일본 군대의 충돌 문제를 협의하여 마무리하려 하였으나, 중국 대신이 전권대신이란 증명서를 갖고 오지 않아, 현재 이미 한성을 떠나 귀국길에 올랐습니다(井上大使擬與中國大臣將中日兵營衝突事會商辦結, 以中國大臣未秉全權字據, 現已首途返國).

날짜 : 光緒十年十二月初十日(1885년 1월 25일)

발신 : 會辦大臣 吳大澂

수신 : 總理衙門

[생략]

(2) 문서번호: 5-5-02(947, 1633b-1638b)[2]

사안 : 조선 난당의 반란에 대한 확실한 조사 결과 및 일본 사신 이노우에 가오루와 변론을 나눈 상황에 대해 보고합니다(確査朝鮮亂黨滋事, 及與日使臣井上馨辯論情形).

첨부 문서 : 1. 「조선 난당이 반란을 일으킨 연유에 대한 오대징의 방문 조사 절략(吳大澂訪查朝鮮亂黨滋事緣由節略)」: 조선의 반란은 김옥균 등의 역신이 미리 계획을 세우고 일본인과 결탁하여 일으킨 것입니다(朝鮮亂事爲金玉均等逆臣豫定計劃, 勾結日人而起).

날짜 : 光緒十一年正月初三日(1885년 2월 17일)

발신 : 會辦大臣 吳大澂

수신 : 總理衙門

[생략]

---

2 이 문서는 앞서 이 책의 문서번호 : 5-2-20(947, 1633b-1638b)으로 소개된 바 있어 여기서는 중복을 피하기 위해 생략한다.

(3) 문서번호: 5-5-03(1095, 1973a)

사안 : 이노우에 가오루가 비밀리에 알린 바에 따르면, 일본은 김옥균을 체포하여 [자신들이] 저 무리들과 결탁하여 중국과 일본이 우호 관계를 잃게 하지는 않겠다는 뜻을 보이고자 합니다(據井上馨密告, 日本擬查拿金玉均, 以示不與彼黨勾串, 致失中東交誼).

날짜 : 光緒十一年十一月二十四日(1885년 12월 29일)

발신 : 出使日本大臣 徐承祖

수신 : 總理衙門

十一月二十四日, 收出使日本徐承祖文:

敬再密啟者:

前日井上馨特來密告:

聞金玉均隱結日本自由黨人, 欲在大阪地方購買軍械、炸藥等物, 私運回島尋衅. 業已竟飭神户、長崎地方官轉飭各關口, 遇有赴朝鮮船隻, 無論所裝何物, 必開箱逐細搜查, 冀獲實據, 即可從嚴懲辦. 知榎本在津時曾奉李相面囑拿辦金玉均, 當時告未能顯獲其叛逆之迹, 此次如能搜獲軍器、火藥等物, 必當查拿嚴辦.

等語. 承祖揣其情詞, 蓋恐日後朝鮮萬一作亂, 以明日廷決不從中勾串, 以失中·東交誼之意. 閱近日新聞紙, 知自由黨人日本已有陸續拿獲者, 似井上馨之言卻非虛假也. 除函聞李相轉飭朝鮮關口, 於日本商船進口時, 一體嚴密搜查, 以防不測外, 用特密聞. 肅此. 再請台安.

광서 11년 11월 24일 출사일본대신 서승조가 다음과 같은 서신을 보내왔습니다.

삼가 재차 비밀리에 알립니다

어제 이노우에 가오루가 특별히 비밀리에 다음과 같이 알려왔습니다.

듣기에 김옥균이 일본의 자유당 당원과 은밀히 결탁하여 오사카에서 무기와 폭탄 등을 구매하여 한반도로 몰래 들여와 일을 벌이기를 바라고 있다고 합니다. 이미 고베와 나가사키의 지방관에게 각 항구에 명령을 전달하라고 지시하였습니다. 즉 조선으로 가는 배가 있으면 어떤 화물을 실었든 상관없이 반드시 상자를 열어서 세밀히 수색하고, 실제 증거물이 발견되면 즉각 엄격히 처벌할 수 있도록 하라는 것이었습니다. 에노모토가 일찍이 천진에 체류할 당시 이홍장과의 면담에서 김옥균의 체포를 부탁받았는데, 당시 반역 행위의 낌새를 명확히 잡아낼 수 없다고 알렸지만, 이번처럼 만약 군수품이나 화약 등의 화물을 찾아낸다면 반드시 체포해서 엄히 처벌해야 한다는 것입니다.

제가 그 발언을 미루어 짐작해 보건대, 아마도 일본은 후에 조선에서 만에 하나 반란이 일어나게 되면, 일본 정부가 결코 그 가운데에 연루되어 중국과 일본의 우호 관계를 잃고자 하지는 않겠다는 뜻을 분명히 밝히려고 하는 것 같습니다. 최근 일본 신문을 보면 자유당 당원이 일본에서 이미 계속해서 체포되고 있다는 소식을 알 수 있는데, 이노우에 가오루의 말이 허황된 거짓은 아닌 것 같습니다. 이중당 대인께 서신으로 알려 조선의 항구에 일본 상선이 입항할 때 모두 엄밀하게 수색하여 예측하지 못한 재앙을 방지하도록 지시를 전달해야 할 것 같아 특별히 비밀리에 알립니다. 이상입니다. 다시 편안하시길 빕니다.

(4) 문서번호: 5-5-04(1103, 1985b-1993a)

사안 : 1. 상인으로 위장한 일본인 80여 명이 조선에서 난을 일으키려 한 사건은 일본 정부가 순포를 파견하여 조사·체포해서 이미 저지하였습니다(日人扮商八十餘名有在朝作亂之事, 日廷擬派捕前往查拏, 已阻止). 2. 외무경 이노우에 가오루 등은 서양의 법률과 만국공법을 고집하며 김옥균이 국시범(國是犯)이기에 결코 조선으로 송환할 수 없다고 합니다(外務井上馨等執西例及萬國公法謂:"金玉均係國是犯, 決不送交朝鮮.").

첨부 문서: 1.「출사일본대신 서승조의 별도 보고(出使日本徐承祖另啓)」: 일본 정부는 역적 김옥균을 엄중히 처벌하려고는 하지 않으며, 이미 확고해서 도저히 깰 수 없는 견해를 지니고 있습니다. 원세개의 전보 또한 사실관계가 확실하지 않아서 저들이 교활하게 발뺌하는 것을 도울 뿐입니다. 오로지 수시로 몰래 탐색하면서 기회를 봐서 처리하는 것이 비교적 타당할 듯합니다(日廷不肯嚴辦金逆, 已有牢不可破之見. 袁電亦實有未盡確者, 更益彼狡展, 惟有隨時密探相機辦理較宜).

2.「서승조가 받은 북양대신 이홍장의 전보(徐承祖收北洋大臣李鴻章電)」: 일본이 김옥균을 체포하려는지 아닌지 떠보려고 합니다. 일본 순포가 조선에 도착하면 대중의 마음을 현혹시킬까 염려되니 응당 중지하도록 권고해야 합니다(試查日本有無護金玉均之事, 日捕赴朝鮮, 恐惑衆心, 應勸止).

3.「서승조가 받은 북양대신 이홍장의 전보(徐承祖收北洋大臣李鴻章電)」: 조선은 일본 조정에 역적 김옥균의 체포를 요청하는 공문을 보냈습니다(朝鮮送文日廷請拿金逆玉均).

4.「서승조가 받은 북양대신 이홍장의 전보(徐承祖收北洋大臣李鴻章電)」: 원세개가 전에 보낸 전보의 오역을 바로잡아 주십시오. 또한 원세개의 전보에 의하면, 각국 모두 일본 정부가 악당 무리를 엄중히 수색해야 한다고 주장한다고 합니다(請更正袁前電誤譯, 又據袁電云各國均主日政府須嚴索匪黨).

5.「서승조가 받은 북양대신 이홍장의 전보(徐承祖收北洋大臣李鴻章電)」: 조선은 이미 공문을 준비하고, 역적 김옥균의 각 서신을 베껴서 다카히라(高平)에게 보냈

습니다(朝鮮已備文, 並鈔送金逆各信送高平).[3]

6. 「서승조가 받은 북양대신 이홍장의 전보(徐承祖收北洋大臣李鴻章電)」: 역적 김옥균이 일본인과 결탁해서 왕경(王京)을 침략하고 한왕(韓王)을 납치하려고 한다는 원세개의 전보를 받았는데, 이 역적을 체포해서 처벌하지 않으면 재앙의 뿌리를 끊어낼 수 없다는 뜻을 이토 히로부미와 만나서 확실하게 전달해 주시길 바랍니다(接袁電金逆勾結日人, 欲犯王京, 刼漢王, 望與伊藤切實聲明, 非拿辦此逆, 不能絶禍根).

7. 「서승조가 받은 북양대신 이홍장의 전보(徐承祖收北洋大臣李鴻章電)」: 일본이 역적 김옥균과 공모한 것은 한반도의 길을 빌려 중국으로 침범하기를 요청하는 것이었습니다. 일본과 협의하고 독촉해서 역적 김옥균을 체포해서 후환을 잘라낼 것을 기대합니다(日人與金逆同謀者, 請假道犯華. 望商催日本捕金逆絶後忠).

8. 「서승조가 북양대신 이홍장에게 보낸 전보(徐承祖發北洋大臣李鴻章電)」: 조선의 대신이 베껴 보낸 김옥균의 각 서신을 주조선 일본 공사에게 보내, 일본 정부에 김옥균을 체포하라는 전보를 보내도록 교섭하기를 요청합니다(請電朝臣鈔送金逆各信致駐高日使, 交涉電日廷捕金逆).

9. 「서승조가 북양대신 이홍장에게 보낸 전보(徐承祖發北洋大臣李鴻章電)」: 이노우에 가오루는 역적 김옥균이 이미 체포되어 조사 중인데 결코 도망하게 하지 않을 것이니, 일본 공사의 답장 전보를 기다려 확실한 증거를 확인하면 즉시 김옥균을 체포하겠다고 했습니다(井上馨云金逆已加捕跟察, 決不令逃, 俟日使覆電, 査證確實, 卽可拘金).

10. 「서승조가 북양대신 이홍장에게 보낸 전보(徐承祖發北洋大臣電)」: 응당 역적 김옥균의 서신을 일본 공사에게 전달해서 이 증거를 통해 김옥균을 체포할 수 있도록 조선의 대신에게 지시해야 합니다(應飭朝臣, 將金逆信件交日使, 以便據以拘金).

11. 「서승조가 북양대신 이홍장에게 보낸 전보(徐承祖發北洋大臣李鴻章電)」: 이노우에 가오루는 터무니없는 서신으로 김옥균을 체포할 수 없다는 뜻을 굳게 갖고

3 高平은 다카히라 고고로(高平小五郞, 1854~1926)를 가리키는데, 그는 메이지·다이쇼 시기의 외교관이다. 1870년 공부성(工部省)에 입직했다가 1876년 외무성으로 옮겼다. 1885년에는 한성의 공사관에서 서기관으로 근무하고 있었다. 1904년 러일전쟁 이후 러일강화회의에서 고무라 주타로(小村壽太郎)와 함께 전권 위원으로 활동하였다.

있으니, 김홍집이 재차 구속을 재촉해도 이익이 없으며, 응당 조선이 비밀리에 방비하도록 지시해야 합니다(井上馨堅持不能以無稽信件拘金, 再崔拘無益, 宜飭朝鮮密防).

12.「일본 다카히라 고고로 공사가 일본 외무성에 보낸 전보를 조회로 보냅니다(照會日本高平公使發日本外務電)」: 1. 조선은 일본이 난당을 체포하고 실제 증거를 찾기를 기다려 김옥균을 체포한다는 소식을 듣고 매우 만족해하고 있습니다.(朝鮮聞日本拿亂黨及俟有實據, 卽拘金, 已甚爲滿意), 2. 일본의 소상인이 난당으로 지목되고, 상인으로 위장해 반란을 도모한다는 이야기는 아무런 실제 증거도 없습니다(日本小商被目爲亂黨, 扮商希圖作亂, 並無實據).

날짜 : 光緒十一年十二月十二日(1886년 1월 16일)

발신 : 出使日本大臣 徐承祖

수신 : 總理衙門

十二月十二日, 出使大臣徐承祖函稱:

本月十一日, 曾肅東字第二十一號函, 寄由滬道用排單飛遞, 計日諒已早邀賜詧矣. 是日發信後, 即接李相初十日所發亥電, 有:"日捕赴朝, 恐惑衆, 祈勸止."等語. 當將此意轉達外務, 據榎本云:

前日因李相電有:"日人扮商八十餘名, 在朝恐作亂."等語. 敝國政府重以李相之命, 特開內閣會議, 若不派人赴朝拘回, 恐扮商可疑之人即在彼作亂, 又恐派兵有違約章, 是以慎重斟酌, 始有派捕赴朝之舉, 捕船昨已開行. 今李相又恐日捕赴朝惑衆, 來電勸止, 勢無及矣. 倘扮商者實無其人, 尚須請查朝鮮之誤報電信者.

等語. 承祖當與婉切言之, 榎本旋允與井上馨熟商, 發電至馬關, 令巡捕各名暫留仁川, 先令捕頭赴漢城, 聽候高平之命, 當將各情摘要電覆李相矣. 嗣得十三日李相所發巳電, 知袁守與高平和衷商籌, 日捕擬留仁川, 此意正與此間不謀而合. 前李相十一日來電有拘金送朝懲辦之語, 此意承祖早經言餂. 外務井上馨等謬執西例及萬國公法, 謂:

金逆係是國事犯. 不特日本與朝無交犯之約, 即預有交犯約章, 似此等國事犯人亦照例照公法不能送交. 非特朝鮮一國如是也. 縱將來查有實據, 亦祗能照日例懲辦, 决不能送回朝鮮.

等語. 承祖窺外務之意, 外雖如此設詞, 實則因去年韓事竹添與金逆同謀, 日廷必有實在憑據落在該逆之手, 故刻下碍難嚴加懲辦. 此事承祖早有風聞. 前經託由西洋人代為設法覓其實跡之證, 近據交到金逆, 前與竹添私謀日記稿本一本.[4] 其中言語, 雖未敢謂盡確, 然亦决非無因假造. 昨曾將此本密示榎本, 冀激動日廷, 嚴辦該逆. 且俟朝鮮此次私信確據寄來, 當再與外務商辦. 金逆為害匪小, 總期嚴辦一分好一分, 以斷此禍根, 差慰各堂憲除亂安藩之至意. 至其日記稿本, 頁數甚長, 隨後當即抄上. 祈將各情轉回堂憲, 是所企禱. 肅此. 敬請台安.

1.「出使日本徐承祖另啟」.

敬再啟者.

十四日夜接李相十四日願電,[5] 謹悉. 十五日早又接高平發來囑轉交外務電報. 當即送去. 是日往訪井上馨兩次, 適因禮拜未值, 當又函約, 至今日未刻始晤井上馨、榎本. 詢其高平電係何語, 據井上馨出示高平來電云:"高平電稱, 金玉均欲襲朝鮮, 早有此謠傳. 自袁世凱接李相轉寄徐公使之電, 朝人始多驚慌, 袁尚來我處詢探, 何忽有扮商巡城等電, 至金剛船兵官二三人係到朝鮮舊宮苑游玩, 其扮商可疑之人, 查察實無其人."等語. 當將願電與井上馨看閱, 據願電稱:"金玉均要買槍千桿." 井上馨云:"無論金斷無此錢, 即有錢買槍, 敝國向來例禁出賣軍器. 即買一二桿, 非經官給照, 斷不任其買去, 此買槍一層, 必無其事." 又願電稱:"金擬先帶千兵, 並續有兵三萬."等語. 井上馨云:"試思兵千名須用輪船兩隻, 若續有三萬, 恐極大輪船亦須用三十隻, 恐金玉均無此力量, 求英保護一語, 更屬無稽. 試思英廷肯作此事否? 何貴政府毫不審察, 遽信此為實. 且日人並無田中其人, 只有後藤相次郎,[6] 並無相歇其人. 此君曾任參議, 甫由西洋回來, 亦斷不肯與金玉均同謀. 無論以上各情, 與敝國高

---

4 아마도 이것은 갑신정변 때의 일을 김옥균이 다음 해 기록하였다고 하는 「갑신일록」을 가리키는 것으로 보인다. 여기 수록된 일기는 1884년 10월 30일부터 1884년 12월 6일까지 38일 동안의 사정을 기록하고 있다.

5 전보에서 날짜 '願'은 14일을 가리킨다(중국어사전의 부록으로 흔히 실려 있는 「운목대조표(韻目對照表)」를 참조).

6 원건에는 '後籐相次郎(象二)'으로 표시되어 있다.

平公使來電絶不相符, 即使韓廷送出此等之據, 亦難拘辦." 承祖當與反覆辦論. 井上馨又云:"即如前日袁世凱來電中有兵官入城句, 伊自認為誤譯為巡城. 始云日兵扮商八十餘人, 伊後又自認只有數人. 如此亂報. 貴大臣何獨信彼語而不肯聽我一言耶? 查貴大臣送來之電, 即係貴政府送來一樣. 今如此不實, 將來公事如何辦法. 兩國辦理交涉, 總須實言方足取信. 若照此等無稽之談, 輕遽發電, 要我聽此虛言辦事, 我實斷做不到."等語. 承祖遂答云:"李相接電即轉, 正欲貴國速辦. 恐亂党蔓延之故, 至屢電請拘金懲辦, 亦不過欲除此禍根, 以安三國. 今貴外務卿既如此拘執, 本大臣當函致我政府不必以金介意. 看將來事體如何, 再行辦理."云云, 告辭而退. 旋榎本引至別室云:"金逆之事, 請李相不必節次來電催拘. 現拏獲自由党正在所訊, 如訊有勾引實據, 自必照日例拘辦. 亦斷無送朝懲辦之事. 若無據, 斷難拘拏. 惟井上馨此時對貴大臣只能如此".云云. 其實我聞井上馨云, "金逆留日致令三國生疑, 縱此次無據難拏, 將來俟此事結清後, 另找別事定行拘禁". 云云. 回署後又接李相十六日所發諫電, 得悉種切. 揣度井上馨如此情形, 即再示以諫電, 亦是無益. 是以刻間將接願電後與井上馨辯商情形, 即以霰電覆聞. 李相想早達到, 承祖思日廷不肯嚴辦金逆, 已有牢不可破之見. 井上馨之言, 明知其有意逞狡. 然袁守迭次來電, 亦多有欠實之處, 致使彼等更有所藉口. 承祖在此一年, 事事脚踏實地, 與彼交接, 彼等尚有多方狡滑. 矧袁電之實有未盡確者耶. 此事尚求各堂憲裁酌, 至當我能確有把握示日不能推託之法, 然後出與之言, 或可除此逆根. 否則恐空言無益也. 諒金逆亦不能作甚大事, 日廷似不至與伊勾結, 即與之勾結, 刻下我值海疆無事之時, 朝港已備有兵船, 想彼等亦斷不敢遽爾肆逞. 即如前日來電, 此處聞有扮商之事, 鈔票即時跌價, 米價忽爾頓長, 日本民情浮動, 斷難有為. 已可概見. 明知今日井上馨所示高平暗號之電, 究未詳其電文何如, 其有心飾詞狡賴, 固在意中. 以承祖愚見, 此事惟有由承祖隨時密探, 靜以觀其動靜, 相機辦理, 似為妥協. 務祈轉回堂憲裁奪示覆祗遵, 是所企禱. 專此. 再請台安. 承祖謹又啟. 十一月十六三鼓.

再. 此次因公司輪船忽改期, 明早即欲開行. 此信因恐下班寄躭延, 故匆匆趕就, 字跡不恭, 尚祈回明堂憲鑒諒是叩. 附上近日收發北洋電報一本, 照譯高平寄外務電文一紙. 並請馨入, 又及.

2. 「電稿」: 十一月十一日午刻, 接北洋大臣電[初十亥時發].

行朝臣李載元佯私於玉均, 接金信如此云. 未肯抄送. 或據所聞, 告日廷, 餂其果護金否, 金不拘辦, 亂根不除. 已添派快船赴仁川, 日捕赴朝, 恐惑衆心, 祈勸止. 鴻. 蒸.[7] 亥.

3. 「電稿」:十一月十一日午後六點鐘, 接北洋大臣電.

真電已轉袁.[8] 聞朝送文日廷, 請拏送金逆. 俟高平電覆, 即拘金送朝懲辦, 則日·韓將來可免猜疑, 愈和好, 大局之幸. 此間各國謠言亦多. 鴻. 真.

4. 「電稿」:十一月十二日午後二點鐘, 接北洋大臣電.

行真電悉, 袁電前報:

倭船主率小兵官入城, 誤譯為巡城. 乞電公更正. 倭捕到, 商高查逐. 彼雖不良, 不敢害凱. 各國均云:"日政府必須嚴索匪黨." 高平慚懼, 已有電去."

等語. 鴻. 文.[9] 鱼.[10]

5. 「電稿」: 十一月十三日午後三點鐘, 接北洋大臣電.

行袁昨電. 日外務電至已交高平. 韓已備文並抄金逆各信送高平. 俟電文到日, 乞商辦法. 又高平擬捕來留仁, 捕頭調漢城聽用. 漢八十餘商可疑者只數人. 袁與高平和衷商籌, 大局有裨. 鴻. 元.[11] 巳.

6. 「電稿」:十一月十四日晚八點鐘, 接北洋大臣電.

行袁世凱十三來電.

今早韓王派李喬翼、閔應植來. 持有金賊致李載元、韓土文信一件, 內有:"買鎗千

7 전보에서 날짜 '蒸'은 10일을 뜻한다.

8 전보에서 날짜 '眞'은 11일을 뜻한다.

9 전보에서 날짜 '文'은 12일을 뜻한다.

10 시간을 나타내는 글자가 와야 하는데, '魚'를 쓴 까닭은 알 수 없다.

11 전보에서 날짜 '元'은 13일을 뜻한다.

桿, 委日人辦, 約同時動手, 可成大事."等語. 又有張甲福、宋秉俊報金情形, 與李喬翼、[韓]土文各信内有:"金擬先帶千兵犯江華, 廿犯京, 續兵三萬刼韓王入江華, 得意進, 失意守, 求英保護, 僱輪船兩隻."等語. 尚有信在江華, 今天可來. 已飭譚守律、李閔同見高平. 先以此各告, 候各信來再送. 張甲福云:"倭田中引金見後藤相歡, 即同謀." 頃譚回謂:"高平見各信, 擬據實電其政府, 金信有姓名、洋圖書可憑. 明日外署備文付信送高平, 高有達倭電托寄徐轉交."

云云. 望與伊籐、井上馨切實言之. 非拏辦金不能絶此禍根. 鴻. 願.[12] 辰.

7.「電稿」: 十一月十六日午後四點鐘, 接北洋大臣電.

行袁世凱十五來電.

又據張甲福信内有倭名板陔退朝同謀, 約金玉均成功後假道犯華. 並有倭名副島種臣, 約成功副西北兩道倖力助金賊. 又檢金書二件, 尚在譯, 尚未送高平. 頃英總領事貝德禄來談[13]:"第匏要倭永拘金, 次送金至津, 次送韓. 恐倭必不肯送."

云云. 望商催酌辦. 鴻. 諫.[14]

以上有紅點者, 恐是號碼寫錯, 合併聲明.

8.「電稿」:十一月初十晚六點鐘, 發北洋大臣電.

行既有此信, 似宜電飭朝臣抄送駐高日使, 囑其電達日廷. 則伊等無詞可推, 否則彼必以一面之詞推脱. 鄙見請酌復. 此電尚未轉致. 承祖. 蒸.

9.「電稿」:十一月十一日早八點鐘, 發北洋大臣電.

誠昨晚此處謡傳頗多, 當持蒸電晤井上馨. 伊云:"此電不能作憑, 至金逆已加捕跟察, 此事未定, 决不令逃." 承祖云:"請你電詢駐高日使, 伊允託姪轉電. 旋交來洋字暗號

---

12 전보에서 날짜 '願'은 14일을 뜻한다.

13 영국 총영사 패덕록(貝德禄)은 베버(Edward Colborne Baber, 1843~1890)를 가리킨다. 영국의 동양학자이자 여행가 출신으로 1870년대부터 동아시아에서 활동하다가 1885년부터 1886년까지 조선에서 서리 총영사(consul-general) 직을 맡았다.

14 전보에서 날짜 '諫'은 16일을 뜻한다.

電文, 姪已逕電袁守, 囑轉交日使. 此電從津過." 井又云:"如日使復確有此事, 即拘金." 望電飭袁即照交. 真.

10.「電稿」:十一月十一晚七點鐘, 發北洋大臣電.

行亥真電均悉.[15] 捕船昨開, 晤榎本.

據云:"井、伊重以鈞電, 謂:

'日人扮商, 恐留朝作亂, 因派兵達約, 故派捕拘回安朝. 但無扮商者. 尚須請查金成籠中鳥. 有據即拏.'"

等語. 務請勒朝臣將信交日使. 否則日必以我為虛誣. 承祖. 真.

11.「電稿」:十一月十七日早九點鐘, 發北洋大臣電.

頃井示高平十三來電稱:

"金襲韓, 早聞此謠, 自袁接李轉徐電, 朝人始驚, 袁尚赴我處詢探, 何忽有扮商巡城等電, 船官係游舊閼, 日商無一可疑, 現朝安靜, 韓外部致我文只云謝日廷破獲亂黨, 具見關愛云, 並無一語似願電者,"

井云:"袁處以謠言電聞, 致派捕驚人心. 以後如再不審實遽報, 無以取信, 恐碍交涉. 現斷難照此無稽信據拘金." 承祖與辯再三, 井終堅執. 頃接諫電, 難送井觀. 望囑袁詢高平何以未將韓文金信電達. 並囑袁以後須探實電聞為要. 此事似宜飭高密防. 我則靜以觀之. 催拘無益. 日且以我為荒张. 餘詳另信. 霰.[16]

12.「照譯日本高平公使致日本外部電」.

十一月十三日發. 金玉均將欲來犯之耗, 非自今日始矣. 本月四日此間得接元山津發來警音, 即飭該口領事凡日船到埠, 須留心察看, 倘有可疑之人, 不可令其登岸. 本月十四日袁來言得接李相電:

---

15 해시(亥時)는 오후 9~11시를 가리키고, 전보에서 날짜 '眞'은 11일을 뜻한다. 그런데 전보가 발신된 시점이 11일 오후 7시이기 때문에 부자연스럽다.

16 전보에서 날짜 '霰'은 17일을 뜻한다.

"據中國駐東京公使電稱:

'前八天有日本亂黨往韓作亂.'等語. 是否屬實, 請煩電詢." 云云.

余以日本與朝鮮電線之案, 尚未了結却之. 並告以即便屬實, 遇有緊急, 我可令金剛艦水兵登岸擒之. 同日船長井上馨偕武弁三人, 隨員二人游舊宮. 韓人見之不勝驚駭. 余只得向韓廷解說. 十五日中國駐東京公使致電袁君, 謂'金玉均尚在東京, 亂黨已拏'. 等語. 自此韓人又甚安靜. 余所知者如此, 至於小商目為亂黨, 並無實據. 伊等多是好商, 做正路買賣. 間或有三五游客暫寓於此, 亦是熟識之人. 余肯作保. 此後可否准敝署暨濟物領署開折往來可疑之信, 並准變通巡捕章程之處, 尚冀鈞裁. 尊意已轉達外務卿. 渠聞日本政府拏亂黨及俟有實據, 即拘金以示友誼之語, 甚為滿意. 蓋朝鮮之疑我國者於今可釋矣. 民間聞金玉均及其黨係被日廷拏獲, 非由中國, 頗覺奇怪.

광서 11년 12월 12일 출사대신 서승조가 다음과 같은 서신을 보내왔습니다.

이달 11일 일찍이 동자(東字) 제21호 서신을 보냈습니다. 상해 도대를 통해 역참을 이용해 신속히 올리게 했으니, 날짜를 헤아려 보면 이미 일찍이 받아서 살펴보셨을 것으로 생각됩니다. 이날 서신을 발송한 후 곧바로 이홍장 대인께서 10일 10시에 보낸 전보에서 "일본의 순포가 조선으로 향하고 있어서 대중을 곤혹스럽게 할까 염려되니 이를 중지하도록 권고해 주십시오"라는 내용이 있었습니다. 당연히 이 의견을 외무성에 전달했습니다. 이에 대해 에노모토는 다음과 같이 말하였습니다.

어제 이홍장 대인의 전보에서 "일본인 위장 상인 80명이 조선에서 난을 일으킬까 우려된다"라는 내용이 있었습니다. 우리 정부는 이홍장 대인의 명을 중시하여 즉각 내각회의를 열었는데, 만약 인원을 조선에 파견해서 잡아 오지 않으면 위장 상인으로 의심되는 자들이 그곳에서 난을 일으킬까 우려되고, 또한 병력을 파견하면 조약을 위반할까 우려되기 때문에 신중하게 숙고하였습니다. 순포를 조선으로 파견하기로 결정했고, 체포선은 이미 어제 출발했습니다. 현재 이홍장 대인께서는 또 일본 순포가 조선에 와서 대중을 곤혹스럽게 할까 염려하여 중지를 권고하는 전보를 보냈는데, 이미 늦었습니다. 만약 위장 상인이 실제 그런 사람이 아니라면 오히려 조선의 잘못된 내용을 전보로 보낸 사람을 조사하도록 요구해야 할 것입니다.

저는 당연히 완곡하게 이야기했고, 에노모토는 이노우에 가오루와 깊이 상의할 것이라고 바로 승낙하였습니다. 이에 시모노세키[馬關]로 전보를 보내 순포를 잠시 인천에 머무르게 하고, 우선 순포 대장은 한성으로 가서 다카히라의 명령을 기다리라고 지시하였습니다. 마땅히 각 정황을 요약해서 이홍장 대인께 답장 전보를 보냅니다. 이어서 13일 이홍장 대인께서 이미 전보를 보내 원세개에게 다카히라와 평화롭게 합의하도록 알리셨습니다. 일본 순포는 잠시 인천에 머물렀는데, 이 뜻은 바로 그들과 모의하지 않았다는 것입니다. 전에 이홍장 대인께서 11일 보내온 전보는 김옥균을 잡아서 조선으로 보내어 징벌해야 한다는 말씀이 있었는데, 이는 이미 제가 일찍이 말씀드린 것입니다. 외무성의 이노우에 가오루 등은 서양 사례 및 만국공법을 짚으며 다음과 같이 말했습니다.

역적 김옥균은 국사범입니다. 일본과 조선은 범죄자 인도 조약이 없을 뿐 아니라, 범죄자 인도 조약을 미리 맺었다고 하더라도 이러한 국사범은 역시 공법에 비추어 볼 때 송환할 수 없습니다. 조선에만 이와 같은 것이 아닙니다. 설령 향후 실제 증거가 발견되더라도 단지 일본의 법률에 따라 징벌할 수 있을 뿐, 절대로 조선으로 송환할 수는 없습니다.

제가 외무성의 뜻을 살펴본 결과, 겉으로는 비록 이렇게 말하지만, 실제로는 작년 조선의 사건은 다케조에와 김옥균 역당이 함께 모의하여 반드시 실제 증거가 역적 김옥균의 수중에 있기 때문에 일본 정부가 즉각 엄격한 징벌을 가하기는 어렵습니다. 이 일은 제가 일찍이 풍문으로 들은 적 있습니다. 일찍이 서양인에게 저 대신 방법을 마련해 실제 증거를 찾아달라고 의뢰한 적이 있고, 최근 역적 김옥균이 다케조에와 몰래 음모한 일기의 원고 한 본을 증거로 건네받았습니다. 일기 속의 말들이 비록 모두 확실하다고 감히 말할 수는 없지만 결코 근거 없는 허위 날조는 아니었습니다. 어제 이 일기장을 에노모토에게 비밀리에 보여주어 일본 조정이 김옥균을 엄히 처벌하도록 자극하려 했습니다. 또 조선에서 보낸 이번 비밀 편지의 확실한 증거가 도착하면 마땅히 재차 외무대신과 상의해 처리하겠습니다. 역적 김옥균은 그 해악이 적지 않으니, 조금이라도 더 엄격하게 처벌해서 이 재앙의 뿌리를 잘라내, 각 당헌(堂憲)께서 번국(藩國)을 안정시키고자 하는 뜻을 위로받을 수 있기를 바랍니다. 일기 원고의 쪽수가 매우 많아 이후에 베껴서 올리겠습니다. 각 상황을 당헌께 전달해 주시길 바랍니다. 이만 마칩니다. 삼가 편안하시길 빕니다.

1.「출사일본대신 서승조의 별도 보고(出使日本徐承祖另啟)」.

삼가 다시 아룁니다.

14일 밤 이홍장 대인께서 14일에 보낸 전보를 받아, 모두 읽었습니다. 그런데 15일 아침 다시 외무대신에게 전달해달라고 요청하는 다카히라의 전보를 받았습니다. 당연히 즉각 발송했고, 이날 이노우에 가오루를 두 차례 가서 방문하였습니다. 마침 일요일이었기 때문에 자리에 없어서, 다시 편지로 약속을 잡아 오늘 미각(未刻, 오후 1~3시)에 이르러 이노우에·에노모토와 면담하였습니다. 다카히라가 보낸 전보는 무슨 말인지 물었고, 이노우에가 다카히라에게서 온 전보를 보이며 다음과 같이 말하였습니다. “다카히라의 전보에 따르면 김옥균이 조선을 습격하려고 한다는데, 이런 요언(謠言)은 일찍부터 퍼져 있었습니다. 원세개가 이홍장 대인이 서승조 공사를 통해 전달한 전보를 받았는데, 조선인은 처음에는 대부분 놀라 허둥지둥하였습니다. 원세개는 또 우리에게 와서 물었습니다. “도대체 어디서 갑자기 위장 상인이 순성한다는 등의 전보가 나온 것입니까? 군함 곤고(金剛) 호의 병관(兵官) 2~3명이 조선의 옛 궁원(宮苑)에 놀러 갔는데, 위장 상인으로 의심되는 사람은 조사 결과 실제로 존재하지 않았습니다.” 당연히 14일 자 전보를 이노우에와 함께 열람했는데, 14일 자 전보에 따르면 “김옥균이 소총 1천 자루를 사려고 합니다”라고 하였습니다. 이노우에는 다음과 같이 말했습니다. “김옥균은 이러한 돈이 결코 없을 뿐 아니라, 돈이 있어서 총을 사더라도 우리나라는 지금까지 군수품의 수출을 법으로 금지하고 있습니다. 한두 자루를 사더라도 관청에서 발급하는 증명서 없이는 제멋대로 살 수 없으니 이 소총 구매와 관련된 일은 절대 사실이 아닙니다.” 또 14일 자 전보에서, “김옥균이 먼저 1천 명의 병사를 이끌고, 이후 3만 명을 증파할 것이다”라고 하였는데, 이노우에는 다음과 같이 말하였습니다. “병력 1천 명은 윤선 두 척을 써야 하고, 만약 3만 명을 증파하려면 초대형 윤선 30척이 필요할 것으로 생각되는데, 김옥균은 이럴 역량이 없고, 영국 정부의 보호를 구한다는 말은 더욱 근거가 없습니다. 또 영국 정부가 과연 이 일을 허락할지를 생각해 보십시오. 어찌 귀 정부는 이런 것을 전혀 깊이 살피지 않고, 서신에 근거해서 이것이 사실이라고 여기십니까? 또한 일본인 중에 다나카(田中)라는 그런 사람은 없고, 단지 고토 아이지로(後藤相次郎)만 있을 뿐으로 조선이 찾는 그 사람이 아닙니다. 이 사람은 일찍이 참의(參議)에 임명되어 막 서양에서 돌아와서 결코 김옥균과 함께 모의하려고 하지 않을 것입니다. 이상 각 정황은 우리나라의 다카히라 공사가 보내온 전보와 절대 부합하지 않을 뿐만 아니라 설사 조선 정부가 이러한 증거를 보내오더라도 또한 (김옥균을) 체포해서 처벌하기 어렵습니다." 저는 응당 재차 논박했습니다. 이에 이노우에는 다음과 같이 말하였습니다. "전날 원세개가 보내온 전보에서 '병관이 입성한다'와 같은 구절이 있었습니다. 그는 그것이 순성(巡城)으로 오역한 것이라 스스로 인정했습니다. 처음에는 일본 군대가 상인으로 위장한 80명이라고 말해 놓고, 이후에는 겨우 몇 명에 불과하다고 또 스스로 인정했습니다. 뒤죽박죽인 보고가 이와 같습니다. 그런데 귀 대신께서는 어찌 그의 말만 믿고 우리 말은 한마디도 들으려 하지 않으십니까? 귀 대신께서 보내오신 전보는 귀 정부에서 보내온 것과 같습니다. 현재 사실이 부정확한 것이 이와 같은데, 앞으로 공무를 어떻게 처리하시겠습니까? 양국의 교섭에 관한 처리는 사실에 근거하여 신뢰도가 충분해야 합니다. 만약 이런 터무니없는 소리에 비추어 가벼이 전보를 보내 저에게 이런 허언(虛言)의 처리를 요청하시려고 한다면, 저는 진실로 할 수가 없을 것 같습니다." 저는 이렇게 답했습니다. "이홍장 대인께서 보내신 전보를 받아서 바로 전달하였습니다. 귀국이 신속하게 처리해 주길 바란 것뿐입니다. 난당이 확산할 것을 우려한 까닭으로 누차 김옥균을 체포해서 징벌해 달라고 전보로 요청해서, 또한 이 재앙의 뿌리를 제거하여 삼국을 평안하게 하려던 것일 뿐입니다. 지금 귀 외무경께서 계속하여 이처럼 고집하시니, 본 대신은 응당 우리 정부에 김옥균 문제에 개입할 필요가 없다고 서신을 보내야 할 것입니다. 장래의 사태가 어떻게 되는지 보고, 재차 처리해야겠습니다." 이렇게 말하고 퇴장하자, 에노모토가 바로 별실로 인도하며 말하였습니다. "역적 김옥균의 일은 이홍장 대인께서 매번 전보를 보내 체포를 재촉할 필요가 없습니다. 현재 자유당 당원을 체포해서 바로 조사하고 있는데, 만약 실질적인 증거를 가지고 결탁한 사실이 있다면 자연히 반드시 일본의 법률에 비추어 (김옥균을) 체포해서 처리할 것입니다. 결코 조선으로 보내서 징벌하는 일은 없을 것입니다. 만약 증거가 없다면 결단코 체포하기 어렵습니다. 다만 이노우에는 이 시점에서 귀 대신에게 이렇게 말할 수밖에 없으십니다." 실제로 저는 이노우에가 다음과 같이 말하는 것을 들었습니다. "역적 김옥균이 일본에 체류하며 삼국이 서로 의심하게 되었습니다. 비록 이번에 증거가 없이 체포하기 어려워도, 장래에 이 일이 마무리된 후 다른 사건을 찾아내서 구금할 수 있을 것입니다". 공사관으로 돌아온 후 이홍장 대인께서 16일 보내신 16일 자 전보를 받고, 여러 사실을 알게 되었습니다. 이노우에의 분위기가 이와 같은 것으로 가늠해 보면, 바로 16일 자 전보를 보여주는 것은 이득이 될 것이 없을 것 같습니다. 이 때문에 현시점에서 14일 자 전보를 받은 후 이노우에와 상황을 논의했고, 17일 자 전보로 답신하였습니다. 이홍장 대인께서는 전보를 빨리 받기를 원하시는데, 저는 일본 정부가 역적 김옥균을 엄중히 처벌하길 꺼리며, 이미 깰 수 없는 확고한 입장을 갖고 있다고 생각합니다. 이노우에의 말에서 그 의도가 교활하게 행동하려는 데 있다는 것을 명확히 알 수 있습니다. 하지만 원세개가 여러 차례 보낸 전보는 또한 사실과 어긋나는 부분이 많아서 그들에게 구실거리로 삼게 할 것이 더욱 많았습니다. 제가 이곳에서 1년을 보내며 사건마다 직접 발로 뛰며 그들과 교류가 있었지만, 그들은 여전히 여러 방면에서 교활합니다. 하물며 원세개 전보의 내용은 완전히 확실하지 않았습니다. 이 일은 각 당헌께서 고려해서 결정해 주십시오. 마땅히 제가 확실히 파악할 수 있어야 일본이 핑계를 댈 수 없는 모범을 보인 연후에 그들에게 말할 수 있고, 이 반역의 뿌리를 제거할 수 있을 것입니다. 그렇지 못하면 빈소리로 이익이 없을까 두렵습니다. 역적 김옥균이 그렇게 큰일을 꾸밀 수 없다는 것을 헤아려 보면, 일본 정부가 그와 결탁하지는 않은 것 같으나 그와 결탁하더라도 현재 우리는 바다에서 특별한 사안이 없는 시점을 맞이하였고 조선의 항구에 이미 군함을 준비하고 있으니, 그들은 결코 감히 갑자기 마음대로 행동하지 못할 것으로 생각합니다. 어제 전보를 받았는데, 이곳에서 위장 상인 사건 소식이 퍼지며, 초표(鈔票)의 가격이 즉각적으로 하락하고 미가(米價)가 갑자기 급등한 것처럼 일본의 민심이 동요하여 함부로 행동하기 어렵습니다. 이로써 (그들의) 상황을 대략 알 수 있습니다. 오늘 이노우에가 보여준 다카히라의 암호 전보는 그 상세한 전보 내용이 어떤지 알 수는 없지만, 그 의도가 말을 꾸미고 교활히 변명하는 것임을 알 수 있습니다. 제 우매한 의견으로 이 일은 오직 제가 수시로 탐색하고, 은밀히 그들의 동정을 관찰하고 상황에 따라 처리하는 것이 타당한 것 같습니다. 당헌께서 검토해서 답장을 주시면 그에 삼가 따를 수 있기를 바라고 있습니다. 이상입니다. 재차 평안하시길 빕니다. 승조가 삼가 재차 알립니다. 11월 16[일] 3고(鼓, 오후 11시~오전 1시)

추가합니다. 이번에 공사의 윤선이 갑자기 출항 일정을 변경해서 내일 아침 출발하고자 합니다. 이 서신은 공무를 마치고 작성하여 지연될 것을 우려하여 서둘러 작성한 까닭으로 문자가 공손하지 못하니, 이 점 당헌께서 헤아려 주시길 바랍니다. 최근 수신·발신한 북양의 전보 한 부를 첨부하고, 다카히라가 외무경에게 보낸 전보 한 부를 번역하였습니다. 아울러 살펴주시길 바랍니다. [또한 덧붙입니다]

2. 「전보 초고(電稿)」: 11월 11일 오시(午時, 오전 11시~오후 1시) 북양대신이 보낸 다음과 같은 서신을 받았습니다[10일 해시(亥時, 오후 9시~11시) 발송](十一月十一日午刻, 接北洋大臣電[初十亥時發]).

조선의 관료 이재원이 가장한 채 은밀히 김옥균에게 접근하여 김옥균의 서신을 받았다고 합니다. 아직 베껴 보내려고 하지 않고 있는데, 아마 들은 바에 따르면 일본 조정에 알려서 김옥균을 보호하고 있는지 떠보려는데, 김옥균이 잡혀서 처벌되지 않으면 재앙의 뿌리가 제거되지 않습니다. 이미 쾌속선을 추가로 파견해서 인천으로 향하고 있는데, 일본 순포가 조선에 도착하면 대중의 마음을 곤혹스럽게 할까 염려되니, 이를 중지하도록 권고해 주십시오. 이홍장. 증일(蒸日, 10일). 해시(亥時, 오후 9시~11시)

3. 「전보 초고(電稿)」: 11월 11일 오후 6시 다음과 같은 북양대신의 전보를 받았습니다(十一月十一日午後六點鐘, 接北洋大臣電).

11일 자 전보는 이미 원세개에게 전달했습니다. 듣기에 조선이 일본 조정에 역적 김옥균을 체포해서 송환해달라고 요청했다고 합니다. 다카히라의 답장 전보를 기다려 김옥균을 체포해서 조선으로 송환해 징벌한다면, 일본과 한국은 장래에 의심을 면하고 더욱 사이가 좋아질 것이니 대국의 행운입니다. 이곳에서도 각국 사이에 요언(謠言)이 또한 많습니다. 이홍장. 진일(眞日, 11일).

4. 「전보 초고(電稿)」: 11월 12일 오후 2시 다음과 같은 북양대신의 전보를 받았습니다(十一月十二日午後二點鐘, 接北洋大臣電).

11일 자 전보 내용을 확인했습니다. 원세개의 전보는 다음과 같습니다.

일본 선박의 선주가 소수의 병력을 이끌고 '입성(入城)'하였는데, 이것이 '순성(巡城)'으로 잘못 번역되었습니다. 이를 바르게 고쳐 주실 것을 간청합니다. 일본 순포가 도착하자, 다카히라와 상의하여 조사하고 내쫓았습니다. 그들이 비록 불량하나 감히 원세개에게 해를 끼치지 못할 것입니다. 각국이 모두 "일본 정부가 악당 무리를 반드시 엄중히 수색해야 한다"라고 하자, 다카히라는 두렵고 부끄러워하며 이미 전보를 보냈다고 했습니다.

이홍장. 문일[文日, (12일)]. 魚[17].

5. 「전보 초고(電稿)」: 11월 13일 오후 3시 다음과 같은 북양대신의 전보를 받았습니다(十一月十三日午後三點鐘, 接北洋大臣電).

원세개에게 어제 전보를 보냈습니다. 일본 외무성으로부터 전보가 이미 다카히라에게 전달되었습니다. 조선 측은 이미 공문을 준비하고 아울러 역적 김옥균의 각종 서신을 베껴 다카히라에게 보냈습니다. 전보가 일본에 도착하기를 기다려 처리 방안을 논의해 주시도록 요청합니다. 또 다카히라는 순포를 인천에 머무르게 하고, 순포 대장만 한성(漢城)에 가서 지시를 받도록 하였습니다. 한성의 80여 명의 의심스러운 상인은 겨우 몇 명뿐이었습니다. 원세개와 다카히라가 속을 터놓고 논의했으니, 대국에 도움이 될 것입니다. 이홍장. 13일. 사시(巳時, 오전 9~11시)

6. 「전보 초고(電稿)」: 11월 14일 저녁 8시 다음과 같은 북양대신의 전보를 받았습니다(十一月十四日晩八點鐘, 接北洋大臣電).

원세개의 다음과 같은 13일 전보가 도착했습니다.

오늘 아침 조선 국왕이 이교익(李喬翼)과 민응식(閔應植)을 보내왔습니다. [그들은] 역적 김옥균이 이재원에게 보낸 한글 문서 한 건을 가지고 왔는데, "천 자루의 총을 매입해서 일

17 시간을 나타내는 글자가 와야 하는데, '魚'를 쓴 까닭은 알 수 없다.

본인에게 처리를 맡기며, 대략 동시에 행동에 착수하면 큰일을 이룰 수 있다"라는 내용이었습니다. 또 장갑복(張甲福)과 송병준(宋秉俊)이 보고한 김옥균의 상황이 있었는데, 이교익의 한글 각 서신 내용에는 "김옥균이 먼저 병사 1천 명을 이끌고 강화도에 침략하고, 이어서 서울을 공격하며, 병사 3만 명을 증원해서 조선 국왕을 납치해서 강화도로 들어갈 것이고, 뜻이 성공하면 나아가고, 실패하면 수비하면서 영국에 보호를 요청하고, 윤선 두 척을 고용한다"라는 계획이 쓰여 있었습니다. 아직 강화도에서 서신이 오고 있고, 오늘 도착할 것입니다. (저는) 이미 담수율(譚守律)에게 이민(李閔)과 함께 다카히라를 만나보도록 지시했습니다. 먼저 이 내용을 알려드리고 다른 서신이 도착하기를 기다려 재차 보내겠습니다. 장갑복은 "일본의 다나카가 김옥균을 이끌고 고토(後籐)와 만나 서로 기뻐하였으니, 즉 공모하였다"라고 합니다. 방금 담수율이 돌아와서 말하길, 다카히라가 각각의 서신을 모두 확인했고, 이를 근거로 자신의 정부에 전보를 보내려고 한다고 합니다. 김옥균의 서신은 그의 이름과 서양 그림이 있어서 증거가 될 수 있습니다. 내일 외서는 공문을 준비해서 다카히라에게 보낼 것이고, 다카히라는 일본에 보낼 전보를 서승조를 통해 전달해달라고 하였습니다.

이토와 이노우에에게 확실하게 이를 전달하길 바랍니다. 김옥균을 체포해서 처벌하지 않으면 이 재앙의 뿌리를 끊을 수 없습니다. 이홍장. 14일. 진시(辰時, 오전 7~9시).

7. 「전보 초고(電稿)」: 11월 16일 오후 6시 다음과 같은 북양대신의 전보를 받았습니다(十一月十六日午後四點鐘, 接北洋大臣電).

원세개의 다음과 같은 15일 전보가 도착했습니다.

또한 장갑복의 서신의 내용에 따르면 일본 이름으로 이다카미 다이아사(板陔退朝)가 함께 공모했는데, 김옥균이 성공한 후 길을 빌려 중국을 침략한다고 합니다. 아울러 일본 이름으로 소에지마 다네오미(副島種臣)는 서북(西北) 양도(兩道)의 봉록을 역적 김옥균을 돕는 데 쓰기로 약속하였습니다. 또 김옥균의 서신 두 통은 아직 번역 중이고, 아직 다카히라에게 보내지 않았습니다. 방금 영국 서리 총영사 베버가 찾아와서 이야기를 나누었는데,[18] 첫째는 일본이 김옥균을 영원히 구금하는 것, 다음은 천진으로 보내는 것, 그다음은 조선으로 보내는 것이라고 합니다. 일본이 그를 결코 송환하려 하지 않을까 우려됩니다.

이 점을 논의하여 신속히 처리해 주길 바랍니다. 이홍장. 16일.

위의 붉은 점이 있는 것은 아마도 전보 번호가 잘못 찍혔을 것임을 함께 밝히는 바입니다.

8. 「전보 초고(電稿)」:11월 10일 저녁 6시 북양대신에게 다음과 같은 전보를 보냈습니다(十一月初十晩六點鐘, 發北洋大臣電).

이러한 서신이 있는 이상, 조선 관료에게 서신을 베껴 조선 주재 일본 공사 다카히라에게 보내도록 전보를 보내도록 요청하여, 그 전보가 일본 정부에 도착하면, 저들은 변명할 말이 없게 될 것이고, 그렇지 않으면 반드시 일방적인 말로 회피할 것이 분명합니다. 제 비루한 견해에 대해 삼가 답장해 주시길 부탁드립니다. 이 전보는 아직 전달되지 않았습니다. 서승조. 10일.

9. 「전보 초고(電稿)」:11월 11일 오전 8시 북양대신에게 다음과 같은 전보를 보냈습니다(十一月十一日早八點鐘, 發北洋大臣電).

어젯밤 이곳에서는 상당히 많은 요언이 퍼졌고, 이에 10일 자 전보를 가지고 이노우에를 만나 이야기했습니다. 그가 말했습니다. "이 전보가 신뢰할 만하지 않으며, 역적 김옥균은 이미 체포하여 조사 중인데, 사건이 아직 확정되지 않았으니 결코 그가 도망가게 하지 않을 것입니다." 그래서 저는 다음과 같이 말했습니다. "당신에게 조선 주재 공사 다카히라에게 전보로 문의할 것을 요청했고, 당신도 조카에게 부탁하여 전보를 전달하는 것을 승낙했습니다. 곧이어 서양 문자 암호 전보를 전달받았고, 조카가 이미 원세개에게 직접 전하며 이를 일본 공사에게 전달해달라고 부탁했습니다. 그 전보가 천진을 거쳐 도착했습니다." 이에 이노우에는 다시 말했습니다. "만약 일본 공사가 이 사건을 확실하게 확인한다면 즉시 김옥균을 체포할 것입니다." 원세개에게 조회를 전달하라고 지시하는 전보를 보내주시길 바랍니다. 11일.

---

18 이 뒷부분은 문맥이 잘 통하지 않는다. 무언가 원문에 오류가 있는 것으로 보인다.

10. 「전보 초고(電稿)」:11월 11일 저녁 7시 북양대신에게 다음과 같은 전보를 보냈습니다(十一月十一晚七點鐘, 發北洋大臣電).

11일 자 해시(亥時, 오후 9시~11시) 전보를 모두 확인하였습니다. 순포 선박은 어제 출발했고, 에노모토를 만나서 이야기했습니다. 그에 따르면 이노우에와 이토가 대인의 전보를 중요하게 여기며 다음과 같이 이야기했다고 합니다.

> 일본인이 상인으로 위장해서 조선에 머무르며 반란을 일으킬까 염려되기 때문에 병력을 파견하면 조약을 위반하므로, 순포를 파견해서 붙잡아와 조선을 안정시켰습니다. 그러나 위장 상인은 없었습니다. 오히려 김옥균을 새장 속에 새처럼 가두어달라고 요청하고 있습니다. 증거가 있으면 바로 잡겠습니다.

조선 관료에게 일본 공사의 서신을 전달하게 해주실 것을 힘껏 요청합니다. 그렇지 않으면 일본은 반드시 우리가 허위로 비방했다고 말할 것입니다. 서승조. 11일.

11. 「전보 초고(電稿)」:11월 17일 오전 9시 북양대신에게 다음과 같은 전보를 보냈습니다(十一月十七日早九點鐘, 發北洋大臣電).

방금 이노우에 가오루는 다카히라 고고로가 13일 보낸 다음과 같은 전보를 보여주었습니다.

> 김옥균이 조선을 습격한다는 이러한 요언은 일찍부터 알고 있었습니다. 원세개로부터 이홍장 대인이 전달한 서승조의 전보를 받고 조선인은 경악하였습니다. 원세개는 또한 제가 있는 곳으로 와서 상황을 물었습니다. 그런데 갑자기 상인으로 위장한 사람들이 순성한다는 전보가 있었는데, 선관(船官)들은 옛 궁궐에 유람을 간 것뿐이고, 일본 상인 중 의심될 만한 사람은 한 사람도 없었습니다. 현재 조선은 안정적입니다. 조선의 외부는 우리에게 보낸 공문에서는 일본 조정이 난당을 적발하여 체포한 데 감사의 말을 전하며, 관심과 애정을 보였고, 14일 자 전보와 같은 이야기는 하나도 없었습니다.

이노우에가 다음과 같이 말했습니다. “원세개는 요언을 가지고 전보를 보내서 순포를 파견하며 인심을 놀라게 만들기에 이르렀습니다. 앞으로는 사실관계를 확인하지 않고 급하게 보고한다면 신뢰를 얻을 수 없어서 교섭에 방해가 될 것이 염려됩니다. 현재 이런 터무니 없는 서신을 증거로 김옥균을 체포하기는 결코 어렵습니다.” 저는 일본 측과 재삼 논의했지만 이노우에는 끝내 고집을 부렸습니다. 방금 16일 자 전보를 받았습니다. 이노우에가 열람하게 보내기는 어렵겠습니다. 다카히라가 어째서 김옥균의 한글 서신을 전보로 전달하려 하지 않는지 원세개에게 물어보도록 지시해 주시길 바랍니다. 아울러 앞으로 사실관계를 검토한 후 전보를 보내는 것이 중요하다고 원세개에게 지시해 주시길 바랍니다. 이 사안은 다카히라가 비밀리에 방비하도록 지시하는 편이 좋을 것 같습니다. 저는 조용히 이를 지켜보겠습니다. 체포를 재촉해야 좋을 것이 없습니다. 일본은 또 우리가 황당한 소리를 한다고 할 것입니다. 자세한 나머지 사항은 별도의 서신으로 전하겠습니다. 17일.

12. 「일본 공사 다카히라 고고로가 일본 외무성에 보낸 전보 번역(照譯日本高平公使致日本外部電)」.

11월 13일 발송. 김옥균이 조만간 조선으로 침입해 올 것이라는 소문은 오늘 처음 시작된 것이 아닙니다. 이번 달 4일 이곳에서 원산진(元山津)에서 보내온 경고를 접했는데, 곧바로 해당 항구의 영사에게 모든 일본 선박이 항구에 도착하면 주의 깊게 살펴보아야 하며 더욱이 의심스러운 사람이 있으면 상륙하게 해서는 안 된다고 지시하였습니다. 이번 달 14일 원세개는 다음과 같은 이홍장 대인의 전보를 받았습니다.

도쿄 주재 중국 공사가 다음과 같은 전보를 보냈습니다.

> 지난 8일 일본의 난당이 조선으로 가서 반란을 일으킬 예정입니다. 사실인지, 아닌지, 번거롭겠지만 전보로 문의해 주시길 요청합니다.

저는 일본과 조선 간의 전선에 관한 사안이 아직 해결되지 않았기 때문에 이를 거절하였습니다. 아울러 설령 사실이라고 하더라도 긴급한 상황이 발생하면, 제가 군함 곤고의 수병이 상륙해서 그들을 체포하라고 명령할 수 있습니다. 같은 날 선장 이노우에 가오루가 무관 세 명,

수행원 두 명을 대동해서 구궁(舊宮)에 유람하러 갔습니다. 조선인들은 그를 보고 놀라고 두려운 마음을 감당하지 못하였습니다. 저는 어쩔 수 없이 조선 정부에 이를 해명했습니다. 15일 도쿄 주재 중국 공사가 원세개에게 전보를 보내서, “김옥균은 아직 도쿄에 있고, 난당이 모두 잡혔다”라고 전했습니다. 이에 따라 조선인은 매우 안심하게 되었습니다. 제가 아는 바는 이와 같습니다. 소상인이 난당이라고 지목하는 것은 결코 사실 근거가 없습니다. 그들은 대부분 착실한 상인이고 정상적인 방식으로 장사를 하고 있습니다. 간혹 3~5인의 여행객이 잠시 이곳에 머문다고 들었으나 또한 잘 아는 사람들입니다. 제가 기꺼이 보증을 서겠습니다. 앞으로 주조선 일본 공사관과 제물포 영사관이 의심스러운 서신을 검열할 수 있을지 없을지 혹은 「순포장정」의 일부를 변통할 수 있을지 살펴보시고 결정해 주시길 바랍니다. 귀하의 의견은 이미 외무경에게 전달되었습니다. 외무경은 일본 정부가 난당을 체포했고, 실제 증거를 찾아서 김옥균을 붙잡아서 우의의 뜻을 보인다는 말을 듣고, 매우 만족했습니다. 대저 조선이 우리나라를 의심하는 것은 이제 풀릴 수 있을 것입니다. 민간에서는 김옥균과 그의 무리가 일본 정부에 의해서 체포되었다는 소식을 듣고 중국이 아니라는 점에 자못 의아하게 여기고 있습니다.

(5) 문서번호: 5-5-05(1104, 1993b-1999a)

사안 : 일본과 김옥균의 체포를 협상한 안건의 서신(函述與日本辯商拘金玉均案).

첨부 문서 : 1. 「서승조가 받은 북양대신 이홍장의 전보(徐承祖收北洋大臣李鴻章電)」: 다카히라 고고로가 김옥균의 서신을 전보로 전달하기로 했으나, 발신이 지연되고 있습니다. 일본이 파견한 순포 숫자가 이전 전보의 내용과 부합하지 않는데, 사안이 매우 의심스러우니 상세히 조사하고 세밀히 물어봐 주시길 바랍니다(高平允將金信轉電, 而遲不發, 日派巡捕數目, 與前電不符, 事殊可疑, 請詳査細詰).

2. 「서승조가 북양대신 이홍장에게 보낸 전보(徐承祖發北洋大臣李鴻章電)」: 일본이 조선으로 보낸 선박은 수색을 엄중히 하고 있고, 중국과 조선은 응당 은밀한 방비를 늦추어서는 안 될 것입니다(日本赴朝船仍搜査甚嚴, 中國與朝鮮應密防不可解弛). 2. 일본은 관제를 크게 개혁하여 이토 히로부미가 수상에 오르고, 에노모토 다케아키가 우정(郵政) 장관, 시오타 사부로가 중국 주재 공사로 임명되었습니다(日本大更官制, 伊藤居首, 榎本長郵政, 駐華公使以鹽田接充).

3. 「서승조가 받은 북양대신 이홍장의 전보(徐承祖收北洋大臣李鴻章電)」: 주일 영국 공사의 서신에 따르면 일본의 정당과 역적 김옥균이 결탁해서 조선을 침범하려고 한다고 하니, 재차 서둘러 물어봐 주시길 바랍니다(據英駐日使信云:"倭黨與金逆勾結, 欲犯韓." 請再詢崔).

4. 「서승조가 받은 북양대신 이홍장의 전보(徐承祖收北洋大臣李鴻章電)」: 모든 역당이 소멸하지 않으면 조선은 안정될 수 없습니다. 다카히라의 전보가 도착했는데, 일본의 의도는 어떠합니까?(諸逆不殄韓未可安, 高平電到, 倭意若何)

5. 「서승조가 북양대신 이홍장에게 보낸 전보(徐承祖發北洋大臣李鴻章電)」: 설령 조선 조정이 김옥균의 서신을 일본에 전달해도, 일본은 체포해서 송환하지 않을 것입니다. 원세개가 김옥균의 서신을 검수한 결과, 이 역적이 고의로 허풍을 떨어서 우리와 일본이 의심으로 인해 틈이 생기기를 노린 것 같습니다(縱韓廷交金信, 日本亦不拘送. 袁所檢獲金信, 恐係該逆故意虛喝, 冀我與日本因疑啓釁).

6. 「서승조가 받은 북양대신 이홍장의 전보(徐承祖收北洋大臣李鴻章電)」: 조선은 다카히라에게 조회하여 일본이 역적 김옥균을 체포해 송환해 주기를 요청했습니다(韓照會高平請日本拏送金逆).

7. 일본의 관제 개혁 보도 자료, 법제국 관제 내각 명단(日本更改官制報章法制局官制內閣名單) [생략]

날짜 : 光緖十一年十二月十六日(1886년 1월 20일)

발신 : 出使日本大臣 徐承祖

수신 : 總理衙門

十二月十六日, 出使大臣徐承祖函稱:

十一月十六日, 曾肅東字第二十二號函, 計已邀賜詧矣. 連日疊接李相霰·嘯等電, 當即兩覆皓電. 二十日又接李相號電, 碼錯亂, 僅能識其大意. 玆將來往各電文另單鈔錄呈鑒. 至日廷不肯據韓廷所獲金信拘辦金逆情形, 曾於十六日函內詳陳, 無俟更贅. 二十日接號電後, 本擬以韓廷已確有照會等語, 再與外務辯商, 繼思此信我以為實據, 彼視為無稽. 且請彼拘辦金逆, 早已言之舌敝, 井上馨一味逞刁辯論, 甚至推託高平無信來東, 其執意不辦. 知斷非口舌所能爭, 如我屢言不行, 能繼之以兵, 承祖自當始終與之力爭. 惟揣目前情勢, 似我決未必因此興兵. 若空與爭論, 而無後勁, 伊仍執不肯. 是徒傷國家之體, 益長彼族之驕. 是以進退籌思, 而未便冒昧再令拘辦也. 昨日榎本來云:

> 我已向伊藤言過. 現在李相既屢次來信欲拘金逆. 若我執意不拘, 未免彼此因此而生嫌隙. 倘自由黨隨後供出金逆, 自然照例拘拏, 縱各犯供無金逆勾結情事, 似亦須另設別法,拘金為是, 伊藤已允照辦. 惟刻值大更官制, 諸事忙碌已甚. 且節屆新年, 一俟稍緩, 定當再與伊藤、井上馨言之. 現在伊藤權位居首, 我亦權可會議一切. 我等皆素主中·日和平之人, 以後交涉各事, 當更易辦. 即如李相要拘金玉均, 我國亦並未堅執不辦. 第不能以朝鮮之無稽信據辦金, 嗣後我當與伊藤熟商另想別法拘辦. 以除此逆, 當使邦交愈密, 請先代轉致李相.

等語. 承祖密察伊藤、榎本尚知東方大局. 金逆之事容與婉切商辦. 惟刻下我與朝鮮

密為防查, 似不可懈. 想各堂憲蓋籌早鑒及此, 尚祈轉請裁酌示覆. 昨據西洋諜者密報云:

金逆與日本自由黨三五十人勾結, 欲在朝作亂, 挑衅中日. 因無錢舉辦各事, 遂議湊資捐助, 共捐有數千元. 已收得二千五百元, 旋被同黨經收者將錢吞没, 反赴外務省舉發. 故日廷得以按名拘獲. 現因年節停訊, 尚未訊出實情. 彼時日廷聞知後, 一面拘拏搜查, 一面電致高平, 囑其留意. 故高平派捕在漢城、元山一帶暗巡, 因此朝鮮謠言四起, 人心驚恐. 並探得日廷無論金逆有無憑據, 隨後總設法拘拏, 將該逆發配一海島, 永遠拘禁. 其島名無人島, 至送朝懲辦, 決做不到.

云云. 承祖揣日廷之意, 雖有去年竹添與該逆一段情節, 究亦早知該逆之決非好人. 特不肯因我與朝鮮獲送信據辦金, 而必欲在此訊獲實據, 或別尋事機, 亦日人之自要面子耳. 現日廷首任伊藤為內閣總理大臣, 位在各大臣之上. 榎本為遞信大臣, 參預機要. 中國公使已派鹽田三郎, 此人刁小, 遠不如榎本. 茲將日本更改官制報章. 另錄附鑒. 專此. 敬請台安.

「清摺」: 謹將與北洋大臣來往電信開呈察鑒.

1.「十一月十八日晚七點鐘, 接北洋大臣電」.

行袁電. 高平允將金信轉電, 而遲不發. 倭豐島丸船昨載到商百餘, 內有金黨余吉濬等十四名. 又京丸載到巡捕四十,[19] 書記官壹, 與前電派廿不符, 事殊可疑. 乞詳查細詰, 日■[20]究何意. 我當豫備. 鴻. 霰.[21] 已.

2.「十一月十九日午一點鐘, 發北洋大臣電」.

行昨酉接霰電. 查日自接高平電, 頗靜. 井甚悔派捕空往. 捕實二十, 捕頭四, 官一. 現沿海遇赴朝船, 仍搜查甚嚴. 承祖有東西洋探, 隨時密報. 然不敢據謠電達, 致彼此誤猜啟釁, 至我與朝密防似不可懈. 日官黨禍正興, 昨大更官制, 伊藤權位居首, 榎本派

---

19 아마 '東京丸'의 오자가 아닌지 의심스럽다.

20 원건에는 '○'으로 기재되어 있는데, 불명확하다. 문맥상 '정부(政府)', '조정(廷)' 등이 어울리는 것으로 보인다.

21 17일.

辦郵政, 華使派鹽田, 此人刁小, 遠不如榎. 皓.[22]

3.「十一月十九日午後二點鐘, 接北洋大臣電」.

誠霰電悉. 英接駐日英使信云, 倭黨與金勾結欲犯韓. 與袁電略同. 豈我獨謊張. 袁十七電高平電金信係昨夜發, 此信當到. 乞再詢催見示, 鴻. 嘯.[23] 申.

4.「十一月十九日午後五點鐘, 接北洋大臣電」.

誠袁本日來電.

昨又檢切金逆信三件, 内有"韓人寄居倭者七萬人, 俱為所用, 將結西國保護, 而先以一千人來擾." 等語. 韓已譯出原本送高平. 前後導金信五, 張信二均送高平. 頃韓問其政府回電. 昨徐光範致信於閔, 問何故設電通中國, 多悖妄語, 要十萬元自用. 諸逆不殄, 韓未可安.

云. 高平電到, 倭意若何. 鴻. 嘯. 戌.

5.「十一月十九晚八點鐘, 發北洋大臣電」.

誠兩嘯電悉. 頃詢井據云, 高平無電來. 顯係彼等有意欺朦, 探問日意. 縱韓廷交金信, 亦不拘送. 寄居倭者不過數十, 光範在美. 承祖揣袁所檢金信, 恐係金故意虛喝, 冀我與日因疑啟釁. 適償其願, 我宜静觀密防. 乞察示. 皓.

6.「十一月二十日晚八點鐘, 接北洋大臣來電」.

袁電. 抄韓照會高平十六日文.

為祕行照會事.

查金玉均本國亂臣也. 逃入貴國經年, 屢請貴國拏送, 終未獲許. 貴邦既無違例拏送之道, 要亦斷無總聽為書, 欲探其情. 據本年七月廿五日該賊來書有:"買槍千枝, 乘時而動, 大事可成."等語. 並有張甲福等先後偵察, 據云該賊將率千人先入江華, 次

---

22 19일.

23 18일.

犯京城. 玆將譯信及原信送, 請貴公使■亂之理.[24] 該賊年來勾結我國不肖之徒, 譸張為幻, 種種非法. 已分別隨時懲辦. 不圖該賊皇敢致書於江華留守李判書載元, 而李判書佯回賊. 速稟貴國政府, 查核辦理, 以除亂根, 庶兩國友誼益敦, 實為幸甚.
云云, 鴻. 號. 辰.
以上圈出之字,[25] 俱有疑義, 想係號碼錯誤.

7.「日本更改官制報章」.[26]
[생략]

광서 11년 12월 16일 출사대신 서승조가 다음과 같은 서신을 보내왔습니다.

11월 16일 동자(東字) 제22호를 보냈으니, 이미 받아보고 검토하셨을 것으로 압니다. 연이어 이홍장 대인의 17·18일 자 전보를 받아서, 19일 전보로 바로 답장하였습니다. 20일 또한 이홍장 대인의 20일 자 전보를 받았는데, 전보 암호에 착오가 있어 겨우 대강의 뜻만 알 수 있었습니다. 이에 왕래한 각각의 전보를 초록하여 별도의 부록으로 올리니 살펴봐 주십시오. 일본 정부에서 조선 정부가 확보한 김옥균의 서신에 근거해서 역적 김옥균을 처벌하지 않으려는 상황은 일찍이 16일 서신에서 상세히 설명했으므로, 재차 군더더기 말이 필요하지 않을 것입니다. 20일에 20일 자 전보를 받은 다음, 조선 정부가 확실한 조회하였다는 것을 가지고 재차 외무성과 상의하려 했지만, 그 서신에 대해 저는 실제 증거로 여기고, 저들은 터무니없는 것으로 보고 있습니다. 또 역적 김옥균을 붙잡아 처벌하라는 요청은 이미 저들에게 일찍부터 입이 닳도록 이야기했지만, 이노우에 가오루는 그저 교활하게 변명하며 심지어 다카히라 고고로가 도쿄에 보내온 서신이 없다고 구실을 대며 김옥균을 처벌하지 않겠다는 뜻을 고집합니다. 결코 대화로써 다툴 수 있는 바가 아님을 알고 있고, 만약 제가 누차 이야기해서 시행되지 않는다면

24 '■' 부분은 한 글자가 비어 있다.
25 '欲探其情'과 '■亂之理' 부분에 작은 동그라미가 쳐져 있다.
26 김옥균 사건과 직접적인 상관이 없는 내용이라 생략한다.

무력 충돌로 이어질 것입니다. 저는 응당 처음부터 끝까지 그들과 힘써 다툴 것이나, 현재 상황을 고려해 보면 우리로서는 결코 이런 일로 군대를 일으키지 않을 것 같습니다. 만약 쓸데없이 그들과 논쟁만 하고, 후속 조치가 없다면 저들은 여전히 고집부리며 하지 않으려 할 것입니다. 이는 공연히 국가의 체면을 손상하고, 저들 집단의 교만함만을 더욱 늘릴 뿐입니다. 이 때문에 진퇴를 여러모로 생각해서 무모하게 재차 붙잡아 처벌하라고 할 수 없었습니다. 어제 에노모토 다케아키가 와서 다음과 같이 말했습니다.

> 저는 이미 이토 대인에게 이야기한 적 있습니다. 현재 이홍장 대인께서 역적 김옥균을 체포할 것을 요청하는 서신을 몇 차례 보냈습니다. 만약 제가 고집하여 붙잡지 않으면 그로 인해 피차에 불만의 틈이 생기는 것을 면하기 어려울 것입니다. 만약 자유당이 역적 김옥균의 문제를 자백하면 자연스럽게 법률에 따라 체포하고, 설령 각 범죄자의 자백에서 역적 김옥균과 결탁한 사정이 없더라도 김옥균을 붙잡을 별도의 처벌 방법을 마련해야 하는 것이 맞을 것 같으며, 이토 대인도 그렇게 처리하는 것을 이미 윤허했습니다. 다만, 현재 관제(官制)를 크게 변경하는 중이라 여러 일들로 매우 정신없이 바쁘십니다. 또 새해를 맞이하기에 이르러, 잠시 한가해지기를 기다려 재차 이토 대인 및 이노우에와 이를 논의하여 정하겠습니다. 현재 이토 대인은 권위가 수상에 이르렀고,[27] 저 또한 (장관으로 임명되어) 모든 회의에 참여할 권한이 있습니다. 우리는 모두 본디 중·일 평화를 주장하는 사람이라, 앞으로의 각 사안의 교섭은 응당 더욱 쉽게 처리될 것입니다. 이홍장 대인께서 김옥균의 체포를 원하시고, 일본 역시 결코 처벌하지 않겠다고 고집하지 않습니다. 다만, 조선의 황당무계한 서신 증거로 김옥균을 처벌할 수 없다는 것이고, 이후 나는 응당 이토 대인과 깊이 상의해서 구속·처벌할 별도의 방법을 모색할 것입니다. 이 역적을 제거함으로써 마땅히 외교가 더욱 밀접해지게 해야 할 것이니 우선 이홍장 대인께 대신 전달해 주시길 바랍니다.

제가 몰래 살펴보기에 이토 대인과 에노모토는 동방의 대세를 잘 알고 있습니다. 역적 김옥균의 문제는 쉽사리 부드러운 분위기에서 논의할 수 있습니다. 그렇지만 현재 우리와 조선은

---

27 당시 일본은 초대 내각을 구성했고, 이토 히로부미가 초대 총리로 임명되었다.

은밀하게 방비하면서 결코 해이해져서는 안 될 것 같습니다. 각 당헌께서는 이 점을 미리 감안해서 고려하셨을 것으로 생각되지만, 그래도 검토 후에 답장 지시를 내려달라고 요청해 주시길 바랍니다. 어제 서양인 스파이가 비밀리에 다음과 같이 보고하였습니다.

역적 김옥균은 일본 자유당 30~50명과 결탁해서 조선에서 반란을 일으켜 중국과 일본의 분쟁을 유발하려고 하고 있습니다. 각종 거사를 일으킬 자금이 부족한 까닭으로 기부금으로 자금을 마련하기로 논의하고, 모두 수천 원을 모았습니다. 이미 2,500원을 모았으나 같은 무리의 돈을 걷은 자가 돈을 착복하여 사라졌고, 오히려 외무성에 고발하였습니다. 이 때문에 일본 정부는 명단에 따라 그들을 체포할 수 있었습니다. 현재 연휴이기에 심문이 정지되어 아직 사건 실제 상황에 대한 심문 결과가 나오지 않았습니다. 그때 일본 정부는 소식을 접한 후 한편으로 구속해서 수사하면서, 한편으로 다카히라에게 전보를 보내서 주의를 당부하였습니다. 이 때문에 다카히라는 순포를 파견해서 한성과 원산 일대에서 비밀리에 순찰했고, 이것 때문에 조선에서 여러 방면에서 요언이 떠돌고 인심이 질겁하였습니다. 또한 일본 정부는 증거가 있든 없든 상관없이 곧바로 총체적 방안을 마련해서 김옥균을 구속하여, 이 역적을 한 섬에 유배하여 영원히 감금할 계획을 세웠습니다. 그 섬의 이름은 무인도(無人島)입니다. 조선으로 송환하여 정벌하는 일은 결코 없을 것입니다.

제가 일본 정부의 뜻을 헤아려 보건대, 비록 지난해 다케조에와는 김옥균이 일정한 관계가 있었지만, 일찌감치 김옥균이 결코 좋은 사람이 아니라고 여기고 있었던 것같습니다. 특히 중국과 조선이 확보해서 보낸 서신을 증거로 김옥균을 처벌하기를 원하지 않지만, 이번 심문에서 반드시 실질적 증거나 다른 구실을 찾으려는 것은 일본인 자신의 체면을 중시하기 때문일 뿐입니다. 현재 일본 정부는 이토를 초대 내각총리대신으로 임명했는데, 그 지위는 모든 대신들의 위에 있습니다. 에노모토는 체신대신으로 기밀 사무에 참여하게 되었습니다. 중국 공사로는 이미 시오타 사부로(鹽田三郎)를 파견했는데, 이 사람은 교활하고 옹졸하여 에노모토에 훨씬 못합니다. 이에 일본의 관제 개혁에 관한 보도를 별도로 베껴 첨부합니다. 이에 특별히 알립니다. 삼가 평안하시길 빕니다.

첨부 문서: 삼가 북양대신과 주고받은 전보와 서신을 살펴보실 수 있도록 올립니다.

1.「11월 18일 오후 7시 북양대신에게서 받은 전보(十一月十八日晩七點鐘, 接北洋大臣電)」.

원세개가 전보를 보내왔습니다.

다카히라가 김옥균의 서신을 전보로 전달하는 것을 승낙했지만, 지연되며 발송하지 못하고 있습니다. 일본의 도요시마마루(豐島丸)가 어제 상인 100여 명을 싣고 왔는데, 그 안에는 김옥균 무리의 여길준(余吉濬) 등 14명이 있었습니다. 또 도쿄마루(東京丸)는 순사 40명, 서기관 한 명을 싣고 왔는데, 이전 전보에서 20명을 파견했다는 것과 부합하지 않으니, 사안이 특히 의심스럽습니다. 일본 정부가 도대체 무슨 의도인지 상세하게 조사하고, 세밀히 물어봐 주시길 바랍니다. 저는 응당 미리 준비하겠습니다.

이홍장, 17일. 사시(巳時, 오전 9~11시)

2.「11월 19일 오후 1시 북양대신에게 보낸 전보(十一月十九日午一點鐘, 發北洋大臣電)」.

어제 유시(酉時, 오후 5~7시)에 17일 자 전보를 받았습니다. 일본은 다카히라의 전보를 받은 후 자못 차분합니다. 이노우에 가오루는 순포를 파견했으나 빈손으로 돌아온 것을 매우 후회하고 있습니다. 순경은 실제 20명, 순경 대장은 1명, 관리 1명입니다. 현재 연해에서 조선으로 향하는 선박을 만나면 여전히 매우 엄밀하게 수색하고 있습니다. 저는 동양·서양의 스파이가 있어서 수시로 은밀한 보고를 받습니다. 그러나 감히 요언에 근거하여 전보를 보내서 피차에 오해와 원망을 낳고 불화를 일으킬 수는 없으니, 우리와 조선의 문제는 비밀리에 방비하며 나태해져서는 안 될 것 같습니다. 내각제를 도입하며 어제 관료 제도에 큰 변동이 있었고, 이토는 권력 위치가 수상에 이르렀고, 에노모토는 우정(郵政)으로 파견되었고, 중국 공사로 시오타가 파견되었는데, 그 인물됨이 교활하고 옹졸하여 에노모토에 훨씬 못합니다. 19일.

3.「11월 19일 오후 2시 북양대신에게서 받은 전보(十一月十九日午後二點鐘, 接北洋大臣電)」.

17일 자 전보는 모두 확인하였습니다. 영국은 주일 영국 공사로부터 일본의 자유당과 김옥균이 결탁하여 조선을 침략하려고 한다는 서신을 받았습니다. 이는 원세개 전보의 내용과 대략 비슷합니다. 어찌 우리만 이것을 허황된 과장으로 보아야 하는지? 원세개는 17일 전보에서 김옥균의 서신이 어젯밤 발송되었다고 다카히라가 전보를 보냈다고 하는데, 이 서신이 곧 도착하면, 다시 한번 문의해서 확인해 보길 바랍니다. 이홍장. 18일. 신시(申時, 오후 3~5시)

4.「11월 19일 오후 5시 북양대신에게서 받은 전보(十一月十九日午後五點鐘, 接北洋大臣電)」.

원세개에게 오늘 다음과 같은 전보를 받았습니다.

> 어제 역적 김옥균의 서신 세 건을 재차 검토했습니다. 그 내용은 "일본에 거주하는 조선인이 7만 명으로, 모두 쓸모를 갖추고 있습니다. 장차 서양 국가의 보호를 맺고 우선 1천 명이 (조선에) 와서 혼란을 일으키려고 한다"라는 것이었습니다. 조선 정부는 이미 번역본을 다카히라에게 보냈습니다. 전후로 김옥균의 서신 다섯 건, 장갑복의 서신 두 건을 모두 다카히라에게 보냈습니다. 바로 조선 정부 측은 일본 정부의 답신 정보를 물었습니다. 어제 서광범이 민응식에게 서신을 보내 어째서 중국과 연결되는 전선을 설치하려고 하는지 묻는 등 도리에서 벗어나고 망령된 말이 많았고, 10만 원을 자금으로 요구하였습니다. 모든 역적을 제거하지 않으면 조선은 평안할 수 없겠습니다.

다카히라의 전보가 도착했는데, 일본의 의도는 어떠합니까? 이홍장. 18일. 술시(戌時, 오후 7~9시)

5. 「11월 19일 오후 8시 북양대신에게 보낸 전보(十一月十九晩八鐘, 發北洋大臣電)」.

18일 자 전보 두 통을 모두 읽어보았습니다. 방금 이노우에 가오루에게 물었는데, 다카히라가 보내온 전보가 없다고 합니다. 우리를 기만하려는 뜻이 있는 것 같아 일본의 의도를 탐문하였습니다. 설령 조선 정부가 김옥균의 서신을 전달하더라도 또한 그를 체포해서 송환하지는 않을 것입니다. 일본에 거주하는 사람은 불과 수십 명에 불과하고, 서광범은 미국에 있습니다. 제가 추정하기에 원세개가 검토했다는 김옥균의 서신은 아마도 김옥균이 고의로 허세를 부린 것으로, 우리와 일본이 의심이 생겨서 갈등이 생기기를 유도한 것 같습니다. 그의 의도에 말려들어갈 수도 있으니, 응당 침착하게 지켜보고 철저히 조사해야 할 것입니다. 살펴보고 지시해 주시길 바랍니다. 19일.

6. 「11월 20일 오후 8시 북양대신에게서 받은 전보(十一月二十日晩八點鐘, 接北洋大臣來電): 원세개가 다음과 같은 조선 정부가 다카히라에게 보낸 16일 조회를 베껴 전보로 보냈습니다」.

비밀리에 조회를 보냅니다.

김옥균은 조선의 난신입니다. 귀국으로 도망친 지 여러 해로, 체포해서 송환해 달라고 귀국에 누차 요청했지만, 끝내 승낙을 얻어내지 못했습니다. 귀국은 범죄자 인도의 법률을 위배하여 잡아 보낼 이유가 없으며, 결코 그 서신을 인정하지 않고, 그 정황을 파악하려고 하였습니다.[28] 올해 7월 25일 해당 역적이 보내온 서신에는 "소총 1천 자루를 구매해서 때를 노려 움직이면 거사를 이룰 수 있다"라고 적혀 있습니다. 아울러 장갑복 등이 선후하여 정찰했는데, 그에 따르면 "해당 역적은 장차 1천 명을 이끌고 우선 강화도에 들어간 다음, 경성(京城)을 침범할 것이다"라고 하였습니다. 이에 번역한 서신 및 원본 서신을 보내니 귀 공사께서 ■■하는 이유를 청합니다.[29] 저 역적은 근년에 우리나라의 불량한 무리와 결탁해서 사람들을 현혹하려고 저주하는 말들을 퍼트리고 여러 가지로 법을 어겼습니다. 이미 각각 나누어 바로바로 징벌

28 이 부분은 본문에 약간 오류가 있는 것으로 생각되어, 문맥이 통하지 않는다.

29 이 부분도 본문에 오류가 있는 것으로 생각되어, 문맥이 통하지 않는다.

하였습니다. 뜻밖에 해당 역적이 황당하게 감히 강화유수 이재원 판서에게 서신을 보냈고, 이재원은 거짓으로 신속히 답신하였습니다. 신속히 귀국 정부에 알리니, 조사하여 처리하셔서 재앙의 뿌리를 제거하고 양국의 우호 관계가 더욱 돈독해진다면, 실로 매우 다행이겠습니다.

이홍장. 20일, 진시(辰時, 오전 7~9시).

이상에서 동그라미를 친 글자는 모두 뜻이 의심스러움이 있는데, 전보 번호에 착오가 있는 것으로 생각됩니다.

7. 일본의 관료 제도 개혁의 보도 자료의 초록

[생략]

(6) 문서번호: 5-5-06(1107, 2005a-2010a)

사안 : 역적 김옥균을 요구하는 일은 원세개의 전보에 의하면 쉬운 듯 보이나, 실행은 실로 어렵습니다. 조선이 만약 사신을 파견해서 김옥균을 요구한다면 오히려 일본인의 저항을 불러일으켜 처리가 불가능할 것입니다. 이노우에 가오루는 김옥균을 속여 국경 밖으로 유인할 생각이 있는데, 러시아에 이용되거나 혹은 우리에게 넘어올 수 있음을 우려하고 있습니다(索金逆事, 袁電言之似易, 行之實難. 韓若派使來日索要, 轉激日人抗違不辨, 井上馨有驅金出境之意, 又慮為俄所用, 或能就我範圍).

첨부 문서 : 1. 「서승조가 받은 북양대신 이홍장의 전보(徐承祖收北洋大臣李鴻章電)」: 원세개 전보에서는 조선이 사신을 일본으로 파견해서 역적 김옥균을 잡아 오려고 하는데, 구리노 신이치로(栗野愼一郎)는 역적 김옥균을 몰래 속여서 중국 선박에 태워서 중국이 그를 체포하는 것에 동의했다고 합니다(袁世凱電韓派使赴日索要金逆, 栗野允暗騙金逆登華船, 由中國拘之).

2. 「일본인 아사히나(朝比奈)가 일본 조정이 관제를 크게 개혁한 연유를 알려왔습니다(日人朝比奈探明日廷大更官制各緣由)」: [생략]

날짜 : 光緒十一年十二月二十八日(1886년 2월 1일)

발신 : 出使日本大臣 徐承祖

수신 : 總理衙門

十二月二十八日, 出使大臣徐承祖函稱:

前月二十四日, 曾肅第二十三號函, 計已達鑒. 二十五日, 接奉大咨並神機營、户部各咨文, 均謹收悉. 同日又奉咨詢:"出洋學生有無深通西藝、熟諳製造管, 迅將該學生等分別出考, 開單聲覆."等因. 查我國並未派學生來日本學習機器及水師練船等藝. 使署所設東文學堂, 係專習東洋語言文字, 以備繙譯之用. 各學生姓名、功課, 節經開單咨呈, 貴衙門有案. 二十五日, 又接李相來電, 茲將電文另錄附覽. 近日因日本新年例停辦公, 金逆一事辦法, 尚未議定. 承祖閱李相電述袁世凱擬騙令金逆上華船一層, 言之似易, 恐行之實難. 緣金逆人非癡呆. 其畏我捉拏, 更甚於畏朝鮮. 如日廷驅其出境, 伊必乘英·美法三國公司輪船而去, 何能騙令乘坐華船. 且日本各港並無華船在此. 查日廷素來狡亢, 伊尚不肯據金信拘辦, 又豈肯授權於我. 栗野所云恐係騙人,[30] 俟伊回日後, 再行密探實情. 此事經承祖與井上馨、榎本等反覆婉辯, 伊等已有活動之意. 鄙意且看其如何辦法, 再作道理. 至朝鮮派使來索, 愚見亦宜從緩. 緣日人素性剛愎, 恐因韓使之來, 反激成抗違置金不辦[今春韓使徐相雨來索金逆, 日人置之不理, 此其明證]. 似乎韓使以不派為是. 既明知派使無益, 又何必使韓廷徒失體面哉. 歷觀袁守來電, 知該守人固明幹, 惟辦事似尚欠持重. 緣迭次由北洋轉來電報, 多有失實之處, 致令外務有所藉口, 與外人交接言語間, 關繫實鉅. 若以後辦事, 仍不加思索, 恐徒貽國家之憂, 無益於事. 愚昧之見, 統祈轉回堂憲, 便中與李相通函, 請轉飭其加慎為要. 月前日本大更官制, 朝比奈密探得各事, 茲特另摺照鈔呈上. 雖黑田等以管窺天, 語多背妄, 然承祖外洋忝使, 貴諗彼情, 既有所聞, 自未便因其出言不遜, 遂壅於上聞. 又寄上照錄西洋諜者所得金逆日記稿一本. 又附上一年期滿咨呈報銷各冊, 均乞轉呈各憲鑒核. 至報銷冊, 截至十一月初九日止, 實存經費銀四萬六十五兩有零, 自應遵照前次貴衙門來咨, 留抵使署來年經費之用. 惟查何·黎兩任歷屆報銷, 均有餘存銀兩, 貴衙門並未扣發次年經費. 誠以歷屆經費轉解到東, 總須遲至次年三四月方能解到, 是此數月中應用公費, 賴有此長存之款作墊. 且近來朝鮮有事, 電報一項, 揣度不定, 動支甚鉅. 遠在海外, 無可他挪. 似宜稍留餘款, 以備不時之需, 種種委曲實情, 尚乞轉懇堂憲. 仍照歷辦成案, 將明年經費飭令滬道, 按期撥解來東, 以應公用, 而免缺支. 是所感禱. 專此. 敬請台安. 不備.

再. 金逆日記稿頁數甚多. 此次因輪船, 即欲開行, 未及鈔完. 容隨後寄上, 合併聲明.

敬再啟者:

前信正在繕發間, 適值本日為日皇招飲春酒, 在宮內晤井上馨.

---

30 구리노 신이치로(栗野愼一郞, 1851~1937)는 메이지·다이쇼 시기 외교관으로, 1875년 하버드 대학에서 법학을 전공한 후 1881년 귀국해서 외무성에 들어가 외교관으로 활동하다가 1906년에는 초대 주프랑스 특명 전권대신에 임명되었다. 1885년 11월 25일 해군소좌 히다카 소노조(日高壯之丞) 등과 함께 일본 외무서기관 자격으로 조선에 입국한 상태였다.

井上馨云[31]: 栗野今早已由朝回東, 並無一人拏獲. 空此往直使, 各國聞之, 成一笑語話. 現在金逆既無證據可憑, 礙難拘辦. 然留在日本, 又啟彼此之疑, 且恐自由黨借其名字煽惑衆心. 此人惟驅之出境, 任其所之而已.

承祖云: 尊論所慮甚是. 惟愚見金逆如去英美, 尚無大害. 倘去俄國, 恐憂患又不獨在我國與朝鮮而已.

井上馨聞此言一驚, 定神半晌, 點頭云: 尊論甚是. 貴大臣計當如何處置.

承祖云: 貴國逐之, 總須能令我國拘之方妙. 既與公法無礙, 而亂根又可除滅. 愚見貴國送至香港, 我等請英公使信致駐港英督, 請其設法送至我境, 則可拘拿.

井上馨云: 計雖妙, 特不知英公使肯行否. 今日此處人多, 後日已正請貴大臣獨自到舍間一敍.

承祖答應屆時自當趨談. 是此事現在稍有端倪. 承祖明日去晤英使, 亦以金逆赴俄動之. 或肯照行, 然未敢必, 承祖總竭力圖維. 如此議能成, 一面當即密電粵督, 設法密拿, 容俟與英使及井上馨再商後, 是否能行, 當再詳聞. 乞先轉回堂憲.

清單: 謹將北洋大臣來電錄呈鈞鑒.

1.「行袁電」.

頃日書記栗野、高平來談.

■[32]云: 韓欲拏回金逆, 將派使赴日索要. 但日送回, 有礙公法, 仍置於日, 有傷交誼, 不如中國出而解和. 由日逐出境, 中國收之, 則兩面無傷.

栗云: 甚好. 日本可密騙金至海, 又以華船裝去, 可暗送, 不可明送. 聞所捉亂黨供亦涉金, 惟日礙於公法不能辦, 想我政府自有辦法.

凱云: 我極欲日韓相好, 公歸設法圖之.

栗明日赴仁川, 後日乘東京丸行, 乞密致徐. 如韓使至倭後, 視其不能解時, 或再以送華為解.

---

31 원문은 '伊云'이라 되어있으나 분명한 오류로 보여 바로 잡았다.

32 내용상으로는 화자인 원세개('凱')가 들어가야 자연스럽다. 뒤에서 원세개는 '凱'로 표현되었기 때문이다.

云云. 韓派趙秉■使倭, 尚未行.

此電係十一月二十五日接到. 以上圈出者, 查係號碼之誤.[33]

2.「日人朝比奈探明日廷大更官制各緣由」:

[생략][34]

광서 11년 12월 28일 출사대신 서승조가 다음과 같은 서신을 보내왔습니다.

지난달 24일 제23호 서신을 올렸는데, 이미 받아서 검토해 보셨을 줄로 압니다. 25일 자문과 아울러 신기영(神機營), 호부(戶部)의 각 자문도 모두 삼가 받아서 읽어보았습니다. 같은 날 또한 "해외 유학생 중에 서양 기술에 매우 능통하고 관(管) 제조에 익숙한 인원이 있다면, 신속히 해당 학생을 각각 나누어 시험을 치르고 명단을 작성하여 답장으로 알리라"라는 질의도 받았습니다. 중국은 학생을 일본에 파견해서 기계 및 수사(水師) 연선(練船) 등의 기술을 배우게 한 적이 없습니다. 공사관이 설립한 동문학당(東文學堂)은 일본어와 일본 글을 전적으로 교육하여 번역 인력을 준비하고 있습니다. 학생의 성명과 학업 성과 항목은 명단을 누차 작성하여 귀 아문에 보고하였으니, 귀 아문에 자료가 있을 것입니다. 또 25일 이홍장 대인께서 보내온 전보를 받았는데, 이 전보의 내용을 별도로 초록하여 열람하실 수 있도록 첨부합니다. 최근 일본의 새해 연휴로 공무가 중단되며, 역적 김옥균 문제의 처리는 아직 결정되지 않았습니다. 저는 이홍장 대인께서 보내신 전보에서 원세개가 역적 김옥균을 속여서 중국 선박에 승선하게 하려고 한다는 내용을 보았습니다. 말은 쉬워 보이나 실행하기는 어려울 것 같은데, 역적 김옥균은 사람이 그렇게 멍청하지 않기 때문입니다. 그가 우리에게 잡히는 것을 두려워함이 조선에 잡히는 것을 두려워하는 것보다 훨씬 큽니다. 만약 일본 정부가 국경 밖으로 추방하면 그는 반드시 영국이나 미국, 프랑스 등 세 나라 회사의 배를 타고 갈 것이니, 어떻게 중국의 배를 타게 속일 수 있겠습니까? 또 일본의 각 항구에는 중국 선박이 하나도 없습니다. 일본 정부는 본디 교

33 하지만 원건(필사본)에는 동그라미 표시가 되어 있지 않다.

34 갑신정변과 관련이 없는 주제라서 생략한다

활하고 거만해서 저들은 오히려 김옥균의 서신에 근거해서 체포해서 처벌하려고 하지 않는데, 또한 어찌 저에게 권한을 주려고 하겠습니까? 구리노 신이치로가 하는 말은 속임수일 가능성이 있는데, 그가 일본으로 돌아오기를 기다려 재차 상황을 은밀히 정탐하겠습니다. 이 일은 제가 이노우에 가오루, 에노모토 등과 완곡한 변론으로 대화를 거듭했는데, 저들은 이미 움직일 뜻을 가지고 있습니다. 제 생각으로는 저들이 어떻게 처리하는지 보고, 다시 대책을 짜야 할 것입니다. 조선이 사신을 파견해서 요구하는 건에 대해서는 제 생각으로는 응당 느긋해야 할 것인데, 일본인은 본디 성질이 고집스럽기 때문입니다. 조선 사신이 오게 됨으로써 오히려 그들의 반발을 자극하여 김옥균을 처리하지 않게 만들 수 있습니다[올봄 조선 사신 서상우(徐相雨)가 와서 역적 김옥균을 요구했지만, 일본인이 무시했는데, 이것이 그 명백한 증거입니다]. 조선 사신이 파견되지 않는 것이 맞을 것 같습니다. 이미 사신 파견이 도움이 되지 않는다는 사실을 분명히 알 수 있으니, 어찌 조선 정부가 계속해서 체면을 잃게 할 이유가 있겠습니까? 지난 기간 원세개가 보내온 전보를 보건대, 그가 확실히 총명하고 재능 있다는 것은 알겠으나 일 처리는 아직 신중함이 부족한 것으로 보입니다. 여러 차례 북양대신을 통해 전달받은 전보의 내용이 사실과 부합하지 않는 부분이 많았기 때문에, 외무성에서 이를 구실로 삼게 되기에 이르렀으니, 외국인과 만나서 대화하는 데 실로 관계가 되는 바 입니다. 만약 앞으로 일 처리가 지금처럼 깊은 생각이 없다면 쓸데없이 국가에 큰 걱정을 가져올 것이며, 일 처리에 도움이 되지 않을 것입니다. 우매한 저의 견해이니, 당헌께서 대신 전달해 주셔서, 이홍장 대인과 서신을 주고받는 김에 앞으로 더욱 신중함을 더하도록 지시해 주시길 바랍니다.

이번 달 초 일본은 관료 제도의 큰 변화가 있었는데, 아사히나의 밀정이 여러 정보를 입수했으니 이에 특별히 별도로 문서를 갖추어 초록하여 올립니다. 비록 구로다(黑田) 등이 우물 안 개구리여서 망령된 말이 많으나, 제가 해외에서 분에 넘치게도 사신으로 있으니 그쪽 사정을 알리는 일을 중시할 수밖에 없어, 이미 들은 바가 있으면 그 발언이 불손하다고 해서 위에 보고하지 않는 것은 곤란합니다.

또한 서양인 스파이가 확보한 역적 김옥균의 일기 원고 한 본을 초록하여 올립니다. 또 회계 연도 1년이 지나 결산책을 작성하여 자문으로 올리니, 당헌이 살펴보고 검토하실 수 있도록 전달해 주십시오. 회계 연도 마감일은 11월 9일인데, 현재 남은 경비는 은 40,065량 정도이고, 지난번 귀 아문에서 보내신 자문에 따라 응당 내년 경비 용도로 공사관에 보류해야 합니다. 하여장과 여서창 두 전임 공사가 지난 기간 결산한 금액 중 약간의 남은 금액이 있는데, 귀 아문에서는 내년도 경비로 공제하지 않으셨습니다. 지금까지 경비는 일본으로 전달되었는데, 다음 3,4월에 이르러 겨우 전달될 수 있을 것이기에, 몇 달 동안 공비를 사용할 수 있도록 이 여유 자금 약간을 우선 쓸 수 있도록 해주시길 바랍니다. 최근 조선에서 사건이 발생하여 전보 지출 경비를 예상하기 어려운데, 그 지출은 매우 클 것입니다. 주일 공사관은 바다 밖 멀리에 있어서 다른 곳에서 전용하는 것이 불가능합니다. 마땅히 여유 자금을 약간 남겨서 갑자기 필요한 지출에 대비하는 것이 좋을 것 같으니, 여러 사정과 실제 정황을 간곡하게 당헌께 전달해 주시길 바랍니다. 지금까지 처리한 기존 선례에 비추어 매년 경비는 상해도대(上海道臺)에게 기한을 맞춰서 도쿄로 지급함으로써 응당 공용의 지급 부족을 피할 수 있도록 지시해 주시길 빕니다. 이것이 저의 바람입니다. 이에 특별히 전합니다. 삼가 편안하시길 빕니다.

추가합니다. 역적 김옥균의 일기 원고는 쪽수가 매우 많습니다. 이번에 배편이 곧 출항할 예정이어서 베껴 쓰기를 완전히 하는 데 미치지 못하였습니다. 조만간 이어서 올리겠다는 사실을 아울러 밝히는 바입니다.

삼가 다시 아룁니다.

앞서 편지를 작성하는 사이에 때마침 오늘이 일본 황제께서 신년 주연에 초대하여 궁 안에서 이노우에 가오루를 만났는데, 다음과 같은 이야기가 있었습니다.

이노우에: 구리노 신이치로가 오늘 일찍 조선에서 일본으로 돌아왔는데, 한 사람도 체포하지 못하였습니다. 헛되이 이번에 파견된 일이 각국에 알려져 웃음거리가 되었습니다. 현재 역적 김옥균은 신빙성 있는 증거가 없어서 체포하기 어렵습니다. 그러나 일본에 머무르면 또한 피차에 의혹만 키울 것이고, 또 자유당이 그의 이름을 빌려 군중의 마음을 부추겨 꾈까 염려됩니다. 이 사람만 국경에서 추방하여 다른 곳으로 가도록 맡겨야 할 뿐입니다.

서승조: 귀하의 걱정하시는 의견은 아주 옳습니다. 다만 제 생각에는 역적 김옥균이 영국이나 미국에 가는 것은 큰 해가 없을 것 같습니다. 만약 러시아에 가면 그 우환은 우리나라와 조선뿐만이 아닐 것이 염려됩니다.

(이 말을 듣고 깜짝 놀라며 한동안 골똘히 생각하고 고개를 끄덕이다가)

이노우에: 귀하의 의견 역시 아주 옳습니다. 귀 대신께서는 어떻게 처리하실 계획입니까?

서승조: 귀국이 그를 쫓아내고 우리가 그를 체포할 수 있어야 비로소 묘책이 될 것입니다. 그러면 만국공법의 제약 없이 재앙의 뿌리는 박멸될 수 있습니다. 제 생각에는 귀국이 (그를) 홍콩으로 보내고, 우리가 영국 공사에게 서신을 보내어 홍콩 주재 영국 총독에게 전달하도록 요청하고, 우리 국경으로 보낼 방안을 마련해 달라고 요청하면 체포할 수 있습니다.

이노우에: 계책은 매우 좋은데, 특히 영국 공사가 수행하려고 할지 알지 못하겠습니다. 오늘 이곳은 사람이 많으니, 후일에 바로 귀 대신께서 직접 혼자 오셔서 말씀해 주시길 청합니다.

저는 그때가 오면 마땅히 가서 이야기하겠다고 답하였습니다. 이 문제는 이제 점점 실마리가 잡혀갑니다. 저는 내일 영국 공사를 만나러 가서 역적 김옥균이 러시아로 가는 문제를 이야기해 보겠습니다. [영국 공사가] 이를 시행할지 어떨지는 아직 확실히 말할 수 없으나 반드시 온 힘을 다해서 대책을 마련해서 유지하겠습니다. 만약 이 논의가 성사될 수 있다면 한편으로 양광총독(兩廣總督)에게 은밀히 사로잡을 방안을 마련하도록 비밀 전보를 보내고, 바로 영국 영사 및 이노우에 가오루와 재차 상의하여 시행 가능 여부를 기다려, 다시 상세히 전하도록 하겠습니다. 우선 당헌에게 전달해 주시길 부탁드립니다.

첨부 문서: 삼가 북양대신이 보내온 전보를 살펴보시도록 베껴서 올립니다(謹將北洋大臣來電錄呈鈞鑒).

1.「북양대신이 보내온 원세개의 전보(行袁電)」.

며칠 전 서기관 구리노와 다카히라가 와서 다음과 같이 이야기했습니다.

원세개: 조선이 역적 김옥균을 잡아 오려고 하는데, 장차 사신을 일본에 파견해서 요구하려 한답니다. 하지만 일본은 송환이 공법에 위배된다고 하여 그대로 일본에 두려고 하여 양국의 우의를 손상하고 있으니, 중국이 나서서 중재하는 것만 못합니다. 일본이 (김옥균을) 국경에서 쫓아내고 중국이 그를 잡아들이면 양측이 모두 손해가 없습니다.

구리노: 매우 좋습니다. 일본이 비밀리에 김옥균을 속여 바다로 보내고 중국 배에 태워서 몰래 보낼 수 있습니다만, 공개적으로 보내면 안 됩니다. 체포한 (자유당) 난당이 진술한 내용을

보면 김옥균을 언급했는데, 다만 일본은 공법의 제약을 받아 처리할 수 없느니, 우리 정부에 자체적으로 처리 방안이 있을 것입니다.

원세개: 저는 일본과 조선이 서로 화합하기를 매우 희망하니, 귀하께서 돌아가 방법을 마련해서 이를 도모해 주십시오.

구리노가 다음날 인천으로 가서 그 다음날 도쿄마루를 탈 것이니, 서승조 공사에게 비밀리에 전달해 주십시오. 만약 조선 사신이 일본에 도착한 후에 해결할 수 없으면 다시 중국으로 보내는 것도 해결책이 될 수 있습니다.

조선은 趙秉■을 일본에 사신으로 보냈지만, 아직 출발하지 않았습니다.

이 전보는 11월 25일 받았습니다. 이상에서 동그라미를 친 글자는 전보 암호의 실수인 것으로 보입니다.

2.「일본인 아사히나가 일본 조정이 관제를 크게 개혁한 연유를 알려 왔습니다.(日人朝比奈探明日廷大更官制各緣由)」

[생략]

(7) 문서번호: 5-5-07(1109, 2011a-2017b)

사안 : 김옥균의 암살은 조선인을 시키는 것이 비교적 타당하며 만약 사람을 구하기 어렵다면 마땅히 거액의 사례금으로 중국인을 고용해서 해치워야 합니다(刺殺金玉均, 以韓人較妥, 如難得其人, 當以重賞覓華人行之).

첨부 문서 : 1. 「장갑복이 이 판서에게 보낸 서신(張甲福上李判書書)」: 기회를 틈타 흉적을 처치하고, 역적 김옥균의 수급을 직접 바쳐 국은(國恩)을 갚고자 합니다(欲承間破凶, 謀親納金逆首級, 以報國恩).

2. 「오사카 지부(知府)가 조선인 장갑복의 행적에 관한 각 사안을 보고합니다(大板知府申報朝鮮人張甲福行蹟各事)」: 장은규(장갑복의 어릴 적 이름)의 일본에서의 행적, 그가 일본에서 사용하는 경비는 조선의 동지가 보내준 것입니다(張殷奎[張甲福之幼名]在日本之行止, 其在日本之費用, 爲在朝鮮同志寄贈).

3. 「서승조가 받은 북양대신 이홍장의 전보(徐承祖收北洋大臣李鴻章電)」: 김옥균 암살은 이노우에 가오루와 비밀리에 상의하기를 전적으로 요청하며, 만약 원세개가 파견한 사람이 가면 그를 도울 방안을 마련해 주시길 요청합니다(刺金玉均專請與井上馨密商, 如袁世凱派人往, 請予照料幫助).

4. 「서승조가 받은 북양대신 이홍장의 전보(徐承祖收北洋大臣李鴻章電)」: 김옥균과 박영효의 행적을 은밀히 조사해 주실 것을 요청합니다(請密查金玉均、朴泳孝行蹟).

5. 「서승조가 북양대신 이홍장에게 보낸 전보(徐承祖發北洋大臣李鴻章電)」: 김옥균이 상해에 가려고 하지 않습니다. 또한 그가 러시아로 가서 후환을 남길까 염려되니, 조선 정부가 인원을 파견하도록 비밀리에 부탁하시길 요청합니다. 일본에 가서 그를 암살하는 것이 비교적 적절하고 신속할 것입니다(金不肯赴申. 又恐其赴俄貽後患, 請密囑韓廷派人, 至日刺殺之較爲妥捷).

날짜 : 光緖十二年正月初七日(1886년 2월 10일)

발신 : 出使日本大臣 徐承祖

수신 : 總理衙門

正月初七日，收出使大臣徐承祖函:

金逆事，屢與井上馨晤商．始因乏人去騙，嗣覓得日本銀行行主澀澤之夥友名木下者．此人前在仁川貿易，與該逆素相熟識．月前金逆旅費匱乏，適向木下告貸，木下當告行主．該行主因知金逆有關於自由黨，遂詢於井上馨．井上馨聞之深幸得人．遂重記澀澤去騙．箇月來澀澤、木下二人多方騙說，金意總以滬為險地，不願前往．嗣經澀澤前來告說金意甚堅，不便再說．承祖籌思無法，日前因告井上馨遣人刺殺如何，井云:"此計甚好，惟我則不便妄贊一詞." 承祖當云: "行刺以用韓人為最宜，抑即用華人." 井云:"以韓人刺韓人，則與中·東二國一無關涉，若用華人行此事，恐於中國聲望有碍."等語．鄙意井上馨所見甚為得體．此事若由袁守派人前來，未免不妥．誠如袁電所云:"恐各國疑議，有損我國聲望." 若韓始終難得其人，自當另設別法，或由承祖就地密懸重賞，覓雇華人行之．俟定見時，再行電請李相示遵．至文電云:"閔應植所得密報." 云云．查朴泳孝兩月前已由美返日，與金同居．至已故俄使，人極誠厚，伊前曾云:"金逆曾赴伊署求救，伊力■[35]之." 至贈金錢文事，或有之．至云朴、金頗有財産，實係子虛．現金在此頗疑懼日廷，有步步防日人謀害之語．月前澀澤遊說，正在喫緊之際，金逆已有絕糧之勢．忽由朝來一閔姓之家人，帶有五千元求金收用，並欲與金同居．聞金甚疑慮，不敢應允，至收錢多寡，則不得知，惟該家人旋即赴美．不知何故金逆有此接濟．故澀澤之說更不入矣．袁電韓廷受詐謀刺，縻費已多，此事諒實有之．即張甲福一人，已揮霍不資．附上譯錄張甲福書信一摺，又行蹤各事一摺，請賜閱之．當知其梗概也．統祈轉回堂憲，是所企禱，專肅，敬請台安．

敬再啟者:

十七日接李相銑電云:

　袁電:

　　主事池運永，自請赴倭殺玉均．韓廷堅信之，囑求壯士同往．池言一人足用，不須二人，到必成功，凱未深信，未敢派員同往，不成，反生枝節，已詳細指示辦

35　글자가 불명확하다.

法, 囑其至倭密接徐星使求授機宜. 乞即電徐指揮. 池已赴仁, 十七日開船.

云. 鴻. 銑.

等語. 此事前接李相文電後, 當赴外務告知一切. 井上馨云:"此事前時已說明, 不便聞問, 今囑幫助, 萬難做到."等語. 今銑電所云主事池運永來此, 未知池君是否真心行事者. 俟其到來, 當察看情形, 如事勢可成, 再密囑參贊陳明遠、楊樞等授其機宜, 暗中行事. 一面承祖再與井上馨婉曲密商, 或能稍得彼益, 亦未可知. 然亦未敢預必, 倘事勢適有為難, 決不敢任池君唐突也. 俟池君到日定見後, 當即電聞. 統祈轉回堂憲是叩. 肅此, 再請台安.

外務省譯出張甲福書, 恭呈鈞鑒.

1.「譯錄張甲福上李判書書[書中稱桂洞大監, 即沁留李載元也]」.

兩度下書, 細細伏覽. 而玉賊之經營鋪置, 頗属張大. 小人在此目見, 亦覺毛骨竦然. 况大監遠外傳聞, 豈勝憤恨? 小人伏承聖教以相機弭亂, 無使生靈受苦. 承命以來, 夙夜憧憧, 無敢或忘. 而臣民受害尚属細故. 玉賊所最恨者, 惟我中宮殿下也. 以今所見, 沁營雖無内應, 賊黨必先攻江華, 次犯京城, 刦圣驾睿驾, 入保江華. 至語及中宮殿下, 膽掉心駭, 非臣子之所敢泚筆也. 又恐不能久支, 則密圖英國保護, 早晩必生一場大變. 小人目見事急, 心存暗圖之計. 此處有自由黨、不平黨互相播結, 欲為舉事, 近又有刺客之説. 常以四五人自衛, 不便下手. 小人身藏手槍, 或於火輪車, 或在幽隱之處, 誓欲乘間除賊, 以報國恩. 願大監燭此微忱. 小人從受命之日, 寢食不知味, 晝夜憧憧, 則勿念慮怠慢. 唯家族在國, 繾綣當不耐情, 伏願大監慈仁慰之安堵. 一念至老兄姊之事, 茫乎不可為事. 回國時, 賊情尚不至此, 及今再來, 見此賊直欲賣國, 造謀甚廣. 若少緩之, 則國事不堪設想. 小人設有上·中·下三策, 欲隨便施行, 陰壞凶謀. 請下燭而祕密祕密. 嘗OO時, 而桂洞大監或謂是為觸犯之言不可, 是為惶竦之事不可. 則國家安危, 朝不測夕, 必得桂洞答狀奈何之語而可遣付. 事急不測, 則當打破均賊之凶計. 諺云:"治腫於未膿之前. 若已膿則無及矣. 小人謂玉賊曰:"苟有内應, 則何用多人. 且事成之後, 何以酬賞." 愚謂:"入京之日, 須帶幾人護身, 不可張大. 易致敗露也. 桂洞大監若得沁留, 我須先佔江華, 即入京城, 若不如意, 退守江華, 此非萬全之策乎?" 以此意屢勸玉賊, 亦以密告於桂洞大監. 伏望下諒焉. 前船便玉賊派人往測京江水深, 火輪船二隻已為準備. 小人期欲打破凶謀, 親納此賊首級, 伏願轉達天陛, 少弛宵旰之意. 近日賊黨七八人設誓於諏訪山,[36] 刺臂為盟. 小人亦参其中, 目見凶擧. 臆塞不堪道也. 桂洞大監沁留之任, 最為緊要. 此大監在沁營, 則必使玉賊被捡於江華也.

2. 「大坂知府申報朝鮮人張甲福行蹤各事」: 照譯大坂知府申報朝鮮人張甲福行蹤各事.

張殷奎, 朝鮮京城人, 年三十四五, 更名田中寅吉, 又在大坂府東區淡路町五丁目十九番地, 再更名中原豐太郎, 此外屢遷屢易姓名焉. 張殷奎於明治十五年避朝鮮內亂, 逋來我邦, 潛居於神奈川縣橫濱及東京各處. 購梅樹若干, 此事有某新聞館已登諸報矣. 至明治十七年春, 在兵庫縣下神户港, 露出本來面目. 因此常著西洋服, 或日本服色, 一切裝飾, 固不必言. 其談吐豪爽, 擧動合時, 與日人無異. 初料該氏係朴泳孝、金玉均、池運永等之同黨也, 而該氏自稱是朝鮮國王妃之弟云. 該氏與住在神户田中喜左衛門家人朝鮮人白春梅[田中以撥船為業, 住在神區榮町通三丁目], 交甚厚. 其後涉於訟事云. 該張氏為人敏捷, 性甚傲, 到各處青樓游蕩, 浪費金錢不少. 由此紅粉隊中莫不知田中者卽張某也. 該氏常往來於東京、長崎、西京、大坂之間, 在東京卽住於新橋城山町六番地山城軒處, 在大坂卽住於大川町田中喜左衛門土佐堀五丁目津田家[其同居者, 有通弁甲斐軍次]. 在長崎卽住於江户町絃屋, 或住旅店. 至去年七月, 有舊相識之婦, 在神户榮町通中作妓[該妓年二十三歲, 名君香原名糸], 該張氏卽與之贖身, 取為己婦. 遂就該妓住處榮町通四丁目四十七番地, 開一輪船行[行名京坂屋]. 逋來依然奢侈無比. 至九月初旬, 與在神户之無賴子士族吉田佐吉[大坂府人, 年四十一歲, 稍熟擊劍技藝], 士族加藤貞五郎[年三十三歲, 岡山縣備前國御調郡二日市村人, 亦熟擊劍術], 平民唐崎梅吉[兵庫縣下神户區福原町人, 年三十歲, 博徒也], 平民石綿善太郎[年三十歲, 東京府南紺屋町人, 亦博徒也]等, 結伴尋花問柳, 豪飲於青樓, 所耗之錢不可勝記. 游蕩之名日盛, 而該氏尤逐處尋歡, 擧動未有出於正者[由此更用心查該氏之行止

---

36 추방산(諏訪山. 스와야마)는 고베에 있는 지명으로 보인다.

焉]. 而吉田佐吉即在住處租一房, 與加藤貞五郎等並給以家具[價在五十元左右], 復與之洋服, 更與之錢鈔二十元, 各與表一箇, 扶其困窮. 而諸人由是更敬張氏. 至去年九月十九日, 吉田佐吉與張氏之妻原糸, 及原糸之妹等同來東京, 後仍歸神户. 目下尚在該地焉. 張氏原來每月, 或由東京到長崎, 或往復西京、大坂之間, 行蹤靡定. 然不甚與日本人交, 故與之出入者亦寡. 至今大坂大井憲太郎之訟興, 而張即隱於家之密室, 不敢外出. 即有原來親密之, 友訪之亦答他往不見. 及至十一月下旬, 有朝鮮人李小野者甚貧, 來住於張氏之家. 至十二月三日, 復有朝鮮人俞吉濬者, 由橫濱至海岸通四丁目常盤舍, 經一宿. 彼時張氏與李小野同出見俞吉濬. 翌四日, 俞即去長崎. 初張氏與吉田佐吉等交善. 時有忠告者告張曰:"吉田等者, 日本之惡棍也. 勿與之近." 張答曰:"吾有仇敵, 藉彼等以防禦耳." 忠告曰:"日本巡捕甚眾, 何自防為?" 張答曰:"現朝鮮使人來日探偵日本形勢, 今若輩將歸, 若使彼無恙而得歸, 實吾黨之不幸也. 何則? 譬如朝鮮五百騎中, 有二百必吾黨之士, 吾黨即日黨也. 外三百, 清派也. 玆來日探偵者歸告曰, 日本平靜無事, 則吾黨之勢必挫. 其所謂日本黨者, 其志亦將亂, 而未必能輕身愛國也." 此後雖詳察張之行為, 無甚異舉. 且見與吉田等之交際日益衰焉. 自前年以來, 張氏在神户之舉動, 及其自言曰:"吾渡日本時, 隨携來者八千金, 後又寄來三百." 然此皆憑空揑撰之語也. 前年張氏一時囊中告乏, 當時該妓女君香正與之交甚濃, 供以日用, 復助以川資. 從此張感其恩而欲酬其高誼, 是以去年贖君香與之共處, 而經營商業, 諸務悉授君香掌焉. 竊思朝鮮京城之亂以來, 迄今四十■月矣.[37] 張氏羈身異邦, 又極奢淫. 雖有洋蚨八千餅, 亦何能充其用哉? 去年秋間, 張氏之同伙者勸張携貨行李歸朝鮮. 窺此情形, 張氏之費用必係在朝之同志人常寄贈之也. 以後再行密察上報. 以上神户地方官探聽事實. [即明治十七年起, 至十八年間, 所探事實也.]

朝鮮人張甲福者, 即張殷奎之幼名, 來日本後更名田中寅吉[或云更名雄造], 在長崎娶某妓為簉室, 暫居神户, 以後未聞至東京. 且該氏到東京必住於南紺屋町菊池武安方家, 近日亦未見至焉. 張氏在本國家本素豊, 與金玉均交甚善. 今見張與金之情形, 是互將交情祕密不宣焉. 朝鮮人張甲福者, 當時未藉居神户云, 又云甲福係張殷奎

37 글자가 불명확하다. '閱'일 가능성이 높다.

之幼名. 俟察確再行上告. 以上神户地方官本月初五日報.
謹將李相來電錄呈鈞鑒.

3.「十二年正月十二日午後九鐘, 接來電」.
誠袁電.
韓人輕懦, 刺客絶少赴外洋, 行刺尤難. 國王前派朱秉俊等十〇人,[38] 往返經年, 詐騙謀刺, 縻費多, 不濟事. 如凱赴日時, 密帶韓壯士往刺之, 韓人有恃必可行. 若日廷有所碍難, 慮各國疑議, 即派妥員帶韓人往亦可辦.
云. 日領事昨述其政府意, 請袁往少遲可行. 望與井密商, 如袁派人, 求照料幫助. 鴻. 文.

4.「正月十三日午後一鐘, 接來電」.
行袁電.
閔應植得倭密報. 朴泳孝已至倭, 同謀. 料金將通俄. 前俄使曾贈千元, 甫用二百元, 而俄使死. 然朴金頗有財産, 聲稱赴美, 其實不往.
云, 望密查酌辦, 鴻文

5.「附錄. 正月初八日午後六鐘, 發北洋電」.
誠金事已覓有人. 奈不肯赴申, 欲赴美. 承祖與井上馨恐其赴美後赴俄. 必貽後患. 昨與井上馨商定. 惟有請中堂密囑韓廷派人來日, 將金刺殺較妥捷, 請酌行. 庚.

광서 12년 1월 7일, 출사대신 서승조가 다음과 같은 서신을 보내왔습니다.

역적 김옥균 문제로 누차 이노우에 가오루와 만나 의논했습니다. 처음에는 그를 속일 만한 인물이 없었으나, 그 이후 일본은행의 행주인 시부사와 에이이치(澁澤榮一)의 동업자인 기노

38 원건에서 '〇'으로 표시하였다.

시타(木下)를 찾았습니다. 이 사람은 전에 인천에서 무역업을 하였고, 해당 역적과 본래 서로 잘 아는 사이였습니다. 한 달 전 역적 김옥균이 여비가 부족하자 바로 기노시타에게 돈을 빌려 달라고 하였고, 기노시타는 시부사와에게 알렸습니다. 시부사와는 역적 김옥균이 자유당과 관련이 있다는 사실을 알았기 때문에 바로 이노우에에게 문의했습니다. 이노우에는 이를 듣고 속일 만한 사람을 구했다고 하여 매우 기뻐했습니다. 결국 시부사와가 거듭하여 가서 꾀었습니다. 한 달 동안 시부사와·기노시타 두 사람이 여러 측면에서 속이려고 했지만 아무래도 김옥균은 상해를 위험한 곳이라고 생각하여 가려고 하지 않았습니다. 이후 시부사와가 와서 김옥균의 뜻이 매우 완고하여 더 이상 설득할 수 없다고 알려왔습니다. 제가 이리저리 생각하며 방법을 찾지 못하고 있었는데, 며칠 전 이 때문에 이노우에에게 사람을 보내 암살하는 것이 어떠냐고 알렸고, 이노우에는 "그 계획이 아주 좋습니다. 그렇지만 제가 섣불리 한마디를 덧붙이기는 어렵습니다"라고 말했습니다. 저는 "암살은 조선인을 부리는 게 가장 적당하다고 생각한다. 아니면 중국인을 쓸 수 있다"라고 말했습니다. 이노우에는 "조선인이 조선인을 암살하면 중국과 일본 두 나라에 전혀 관계가 없을 것이지만, 만약 중국인을 써서 이 일을 처리하면 중국의 명성에 해가 될 것이 염려된다"라고 말하였습니다. 저의 의견으로는 이노우에의 견해가 매우 타당한 것 같습니다. 이 문제는 만약 원세개가 사람을 보냈다면 부적절함을 피하기 어려웠을 것입니다. 정말 원세개가 전보에서 말한 것처럼 각국이 의심하여 중국의 명성에 손상을 주었을 것"입니다. 만약 조선이 끝내 적임자를 찾지 못한다면 마땅히 다른 방법을 따로 마련해야 하고, 혹은 제가 현지에서 은밀히 거액의 상금을 걸고 중국인을 고용해서 그를 해치울 수도 있습니다. 계획이 확정될 때를 기다려 재차 전보를 보내 이홍장 대인께 지시를 청할 것입니다. 12일 자 전보에서 "민응식이 비밀 정보를 입수하였다"라고 합니다. 박영효는 두 달 전에 미국에서 일본으로 돌아와서 김옥균과 함께 지내고 있습니다. 이미 세상을 떠난 러시아 공사는 인물이 매우 성실하고 진실했는데, 그는 이전에 일찍이 역적 김옥균이 일찍이 그의 공사관을 찾아와 구원을 요청해서 그가 힘을 다해 김옥균을 ■한 일이 있다고 말한 적 있습니다. 자금을 지원한 적도 혹은 있습니다. 박영효와 김옥균이 상당한 재산을 갖고 있다는 이야기는 실제로는 모두 헛소문입니다. 현재 김옥균은 이곳에서 일본 정부를 상당히 의심하여 두려워하고 있는데, 계속해서 일본인이 암살하려는 음모에 경계하고 있습니다. 한 달 전 시부사와가 여행을 설득하던 바로 때가 아주 중요한 시점으로, 역적 김옥균은 이미 식량이 다 떨어져 가는 상황이었습니다. 이때 갑자기 조선에서 온 민(閔)씨 성을 가진 사람의 가인(家人)이 5천 원을 가져와서 김옥균에게 받아달라고 했고, 김옥균과 함께 살고 싶다고 하였습니다. 김옥균은 매우 의심하여 받아들이지 않았고, 그가 받은 돈이 얼마인지 알 수는 없지만, 해당 가인은 바로 미국으로 떠났습니다. 어떤 까닭으로 역적 김옥균이 이러한 지원을 받았는지 알 수 없습니다. 이 때문에 시부사와의 설득은 더는 통하지 않았습니다. 원세개의 전보에서는 조선 정부가 암살을 꾸미는 데 지출한 비용이 이미 많았고, 이 일은 짐작해 보건대 실제 있었던 것 같습니다. 즉 장갑복이라는 자가 상당한 자금을 이미 지출했다고 합니다. 장갑복 서신의 번역본 한 통과 행적 각 사안에 관한 문서 한 통을 첨부하여 올리니, 살펴봐 주시길 바랍니다. 응당 대강의 내용을 알 수 있으실 것입니다. 이를 모두 당헌께 전달해 주시길 바랍니다. 이상입니다. 삼가 편안하시길 빕니다.

삼가 다시 알립니다.

17일 이홍장 대인에게서 다음과 같은 16일자 전보를 받았습니다.

원세개가 다음과 같은 전보를 보냈습니다.

주사(主事) 지운영(池運永)이 일본으로 가서 김옥균을 암살하겠다고 자청하였습니다. 조선 정부는 그를 굳건히 믿고, 장사(將士)를 함께 보내달라고 부탁하였습니다. 지운영은 본인 혼자로 충분하며 두 명은 필요 없고, 반드시 성공할 것이라고 했습니다. 원세개는 이를 완전히 믿을 수 없어서, 감히 인원을 파견해서 동행하게 하지 못하였습니다. 성공하지 못하면 도리어 문제가 생길 것이기에, 이미 그 처리 방법을 상세하게 지시했습니다. 일본에 도착하면 출사대신 서승조를 비밀리에 만나서 적절한 기회를 얻으라고 당부하였습니다. 바로 서승조에게 전보를 보내 지휘하도록 해주시길 바랍니다. 지운영이 준비를 마치고 인천으로 가서 17일 배에 승선했습니다.

이홍장. 16일.

이 사안에 대해 이홍장 대인의 12일 자 전보를 받은 후 외무성으로 가서 일체를 알렸습니다. 이노우에는 "이 사안에 대해서는 이전에 이미 설명했고, 더 이상 대화하기 어렵습니다. 지금 도움을 부탁하는데, 돕기 어렵습니다"라고 말했습니다. 현재 16일 자 전보에서 언급한 것처럼 지운영이 이곳에 오더라도 그가 진심으로 거사를 치를지는 알 수 없습니다. 그가 도착하기를 기다려 상황을 살펴보고, 만약 일의 형편이 가능하다면 재차 참찬 진명원(陳明遠)과 양추(楊樞) 등에게 은밀히 부탁하여 기회를 엿보고 은밀하게 거사를 치르겠습니다. 한편으로 재차 이노우에와 완곡한 말로 비밀리에 논의하면, 혹 조금이라도 그들의 도움을 받을 수 있을지도 모르겠으나, 확실히 장담할 수는 없겠습니다. 만약 일의 형편이 어려워지면 결코 지운영이 돌발 행동을 하지 못하도록 살피겠습니다. 지운영이 도착하기를 기다려 날짜가 정해지면 마땅히 바로 전보로 알리겠습니다. 당헌께 전해 주시길 부탁드립니다. 삼가 서신을 보냅니다. 다시 한번 평안하시길 빕니다.

외무성이 번역한 장갑복의 문서를 초록하여 살펴보실 수 있도록 공손히 올립니다(照錄外務省譯出張甲福書, 恭呈鈞鑒).

1. 「장갑복이 이판서(李判書)[문서 중 계동대감(桂洞大監)은 심류(沁留) 이재원입니다]에게 보낸 편지의 번역(譯錄張甲福上李判書書[書中稱桂洞大監, 即沁留李載元也])」.

두 차례 보내주신 서신은 자세히 엎드려 살펴보았습니다. 역적 김옥균의 음모나 배치가 상당히 폭이 넓어, 소인이 이곳에서 직접 목격하며 몰골이 송연해짐을 느꼈습니다. 하물며 대감께서 먼 곳에서 소식을 전해 들으시고는 얼마나 분개하셨겠습니까? 소인은 기회를 보아 난을 수습하고, 백성이 고통받지 않게 하라는 성스러운 지시를 받았습니다. 명을 받은 이후 밤낮으로 마음이 긴장되어 혹이라도 잊지 않지 않고 있습니다. 신하와 백성이 해를 입은 것은 오히려 사소한 축입니다. 역적 김옥균에게 가장 원한을 품은 분은 바로 중전마마이십니다. 제가 현재 관찰한 바로는 심영(沁營, 강화영) 내부에는 비록 내응자가 많지만 역적의 무리는 반드시 강화도를 우선 공격한 후 경성(京城)을 침범해서 임금님과 세자 저하를 납치하여 강화도로 옮길 것입니다. 중궁 전하에 대한 이야기할 때마다 쓸개가 흔들리고 심장이 깜짝 놀라우니, 신하된 자로서 감히 붓을 놀릴 수 없는 내용입니다. 또한 [그들은] 오래 버티지 못하면 영국의 보호를 은밀히 도모할 것이니, 조만간 반드시 큰 변란이 일어날까 염려됩니다. 소인이 목격한 일이 급박하여 마음속으로 비밀리에 꾀할 계획을 품고 있습니다. 이곳에는 자유당(自由黨)과 불평당(不平黨)이 서로 결탁하여 거사를 일으키려고 하고, 최근에 또한 암살의 소문도 있습니다. 항상

4~5인씩 다니며 스스로 보호하여 손쓰기 어렵습니다. 소인은 몸에 권총을 소지하고 다니며 혹시 기차나 은밀한 곳에서 기회를 틈타 역적을 제거하여 국은에 보답하고자 결심했습니다. 대감께서는 이 미천한 충정을 헤아려 주시길 바랍니다. 소인은 명령받은 날부터 잠자리와 음식의 편안함을 잊은 채 밤낮으로 가슴 졸이며 한시도 게으름을 피우지 않고 있습니다. 다만, 가족들이 고국에 있어서 헤어지기 아쉬운 마음 참을 길이 없으나, 대감께서 자애롭고 인자하신 마음으로 그들을 편안하게 지낼 수 있도록 위로해 주시길 엎드려 빕니다. 형제·자매들이 잠깐잠깐 생각날 때마다 아득해져 어찌할 바를 모르겠습니다. 회국(回國)할 때 역도들의 상황이 이 정도까지 이르지는 않았으나, 지금에 이르러 다시 생각하니, 이 역적이 줄곧 나라를 팔아먹으려 하고 있었고, 음모가 매우 광범위합니다. 만약 조금이라도 지체하면 국사(國事)는 예상을 감당할 수 없을 것입니다. 소인은 상·중·하의 세 가지 책략을 마련했는데, 상황에 따라서 시행하여 저 음흉한 음모를 깨뜨리고자 합니다. 대감께서 비밀리에 살펴주시길 바랍니다. 일찍이 OO일 적[39] 계동(桂洞) 대감께서 혹 촉범(觸犯)하는 말이기에 안 되고, 황송(惶竦)한 일이기에 안 된다고 말씀하셨습니다. 국가의 안위는 아침저녁으로 예측하기 어려우니, 반드시 계동 대감의 어떤 말씀으로 답장하셨는지를 받아야 추진이 가능할 것입니다. 사태가 급박하여 예측할 수가 없으니, 당장이라도 역적들의 흉계를 모두 타파해야 할 것입니다. 속담에 "종기는 고름이 생기기 전에 치료해야 한다"라고 했습니다. 이미 고름이 난 후 치료할 수 없습니다. 소인은 역적 김옥균에게 다음과 같이 말했습니다. "만약 내응자가 있다면 많은 사람이 필요하겠는가? 또 거사가 성공한 이후 어떻게 보상할 것인가?" 제가 말했습니다. "수도에 진입하는 날에 몇 사람만을 호위로 대동해야 하며, 큰 규모는 안 됩니다. 발각되기 쉽습니다. 계동 대감이 만약 심유[沁留, 강화유수(江華留守)의 직위]를 얻으시면 우리는 강화도를 우선 점령하고 바로 경성(京城)으로 진입할 것이고, 만약 여의치 않으면 강화도로 퇴각해 수비할 것이니, 이것이 가장 안전한 계책이 아니겠습니까?" 이러한 의견을 누차 역적 김옥균에게 권유했고, 이 사실을 계동 대감께도 은밀히 알렸습니다. 헤아려 주시길 엎드려 바랍니다. 앞서 배편으로 역적 김옥균이 사람을 보내어 경강(京江)의 수심을 측량했고, 화륜선 두 척이 이미 준비를 마쳤습니다. 소인은 흉적의 음모를 깨부수고 이 역적의 머리를 직접 바치고자 하니, 국왕께 전하시어 조금이라도 근심을 덜 수 있기를 엎드려 빕니다. 최근 역적 무리 7~8명이 고베의 스와야마(諏訪山)에서 맹세하면서

---

39 원건에 '嘗OO時'이라 기록.

팔뚝을 그어 맹약을 맺었습니다. 소인 역시 여기에 참가하여 흉악한 거동을 목격했습니다. 원통함에 가슴이 답답함을 말로 다할 수 없습니다. 계동 대감께서 강화유수로서 하실 역할이 가장 중요합니다. 대감께서 심영에 계시면 반드시 역적 김옥균이 강화도에서 잡힐 수 있게 만들 수 있을 것입니다.

2.「오사카(大阪) 지부가 조사해 보고한 조선인 장갑복(張甲福)의 행적 및 기타 사항(大阪知府申報朝鮮人張甲福行蹤各事)」: 오사카 지부(知府)가 조사해 보고한 조선인 장갑복의 행적 및 기타 사항을 번역하여 살펴보실 수 있도록 베껴 올립니다(照譯大坂知府申報朝鮮人張甲福行蹤各事. 錄呈鈞鑒).

장은규(張殷奎), 조선 경성(京城) 사람, 나이 34~35세, 다나카 도라요시(田中寅吉)로 개명, 오사카부(大阪府) 히가시구(東區) 아와지초(淡路町) 고초메(五丁目) 19번지(番地) 거주, 나카하라 도요타로(中原豐太郎)로 재개명, 그 외 거주지를 누차 옮기며 이름을 누차 고쳤습니다. 장은규는 메이지 15년(1882) 조선의 내란을 피해 일본으로 도피하여 가나가와현(神奈川縣), 요코하마(橫濱), 도쿄 각처에서 숨어 지냈습니다. 매화나무 몇 그루를 구입했는데 이 일이 모 신문사에서 이미 보도한 적 있습니다. 메이지 17년(1884) 효고현(兵庫縣) 고베항(神戶港)에서 본래 정체를 드러냈습니다. 이 때문에 항상 서양식 옷이나 혹 일본식 옷을 입고 다녔고, 온몸을 치장함은 (화려함이) 말할 필요가 없습니다. 그의 말투는 호방하며 거동은 때에 적절했고, 일본인들과 다를 바 없었습니다. 처음에는 그가 박영효, 김옥균, 지운영 등의 동지라고 추정했지만, 그는 조선 국왕비의 남동생이라고 스스로 칭했습니다. 그는 고베의 다나카 기자에몬(田中喜左衛門)의 가인(家人) 조선인 백춘매(白春梅)와 함께 살며 [다나카는 선박 운행을 직업을 삼고, 신구(神區) 에이초도오리(榮町通) 산초메(三丁目)에 삽니다.] 교제가 매우 깊었습니다. 그리하여 함께 울릉도로 목재를 싣고 팔러 다녔고, 그 후에 송사(訟事)에 휘말렸다고 합니다. 장 씨는 사람이 매우 민첩하고 성격이 거만했으며, 각 지역의 기생집을 어슬렁거리며 돈을 낭비한 것이 적지 않았습니다. 이 때문에 기생들 사이에서 다나카가 장 모 씨라는 것을 모르는 사람이 없었습니다. 이 자는 도쿄, 나가사키, 교토, 오사카를 자주 오갔으며 도쿄에서는 신바시(新橋) 죠잔 마치(城山町) 6번지의 죠잔켄(山城軒)에 거주했고, 오사카에서는 오카와초(大川町) 다나카 기자에몬(田中喜左衛門) 도사보리(土佐堀) 고쵸메(五丁目)의 쓰다(津田) 집에서 살았습니다. [그와 함께 거주한 사람은 통역가 가이 군지(甲斐軍次)입니다.] 나가사키에서는 에도초(江戶町) 쓰루야(絃屋)나 여관에 거주했습니다. 작년 7월 고베 에이초도오리에서 오래 알고 지내던 기생 여자가 있었는데, [이 기생의 나이는 23세이고 이름은 기미코(君香)이고, 본명은 이토(糸)이다.] 장 씨는 몸값을 주고 그녀를 사서 자기 부인으로 삼았습니다. 그녀가 살던 곳인 에이초도오리 욘초메(四丁目) 47번지로 가서 그곳에 윤선 회사를 차렸습니다. [회사명은 교자카(京阪)입니다] 최근에도 여전히 사치하기 비할 데가 없습니다. 9월 초순 고베의 무뢰배 사족 요시다 사키치(吉田佐吉[오사카 부 사람, 41세, 검술에 능함]), 사족 가토 사다고로(加藤貞五郎[33세, 오카야마현(岡山縣) 히젠구니(備前國) 미쓰기군(御調郡) 후쓰가이치무라(二日市村) 사람, 역시 검술에 능함]), 평민 가라사키 우메기치(唐崎梅吉[효고현 고베구 후쿠하라초(福原町) 사람, 30세, 노름꾼], 평민 이시와다 젠타로(石綿善太郎[30세, 도쿄부 미나미곤야초(南紺屋町) 사람, 역시 노름꾼]) 등과 함께 기생집을 드나들며 유곽에서 마음껏 술을 파시며 소모한 돈이 헤아릴 수 없을 정도였습니다. 한량 짓의 명성이 나날이 커졌고, 가는 곳마다 쾌락을 추구했으니, 그 거동은 정도에서 벗어난 것입니다. [이에 따라 더욱 신경 써서 그 행적을 조사하였습니다.] 요시다 사키치는 그가 사는 곳을 임대하고, 가토 사다고로 등에게 가구를 제공했고[가격은 약 50원], 다시 그들에게 양복을 주고 또 지폐(錢鈔) 20원(元)을 주고 각자에게 시계 1개씩을 주어 그들의 곤궁함을 도왔습니다. 그리하여 여러 사람이 이 때문에 더욱 장 씨에게 공손해졌습니다. 작년 9월 19일 요시다 사키치와 장 씨의 처 이토 및 이토의 동생 등이 함께 도쿄에 왔다가 뒤에 다시 고베로 돌아갔는데, 지금 아직 그곳에 있습니다. 장 씨는 원래 매월 혹은 도쿄에서 나가사키로, 혹은 교토와 오사카 사이를 왕래하면서 행적이 일정하지 않습니다. 그러나 일본인과의 교류가 많지 않았기 때문에 그와 함께 다니는 사람 역시 적습니다. 지금 오이 겐타로(大井憲太郎)의 소송이 일어났고, 장은 바로 자택의 밀실에 은거하여 감히 외출하지 못하였습니다. 친우들이 그를 방문해도 역시 그가 다른 곳으로 떠났다고 답하며 만나지 않았습니다. 11월 하순 조선인 이소야(李小野)란 사람이 매우 가난하여 장 씨의 집에 찾아와서 머물렀습니다. 12월 3일 다시 조선인 유길준(俞吉濬)이라는 자가 요코하마에서 가이간도오리(海岸通) 욘초메(四丁目) 도키와사(常盤舍)에 도달했고, 하루를 묵었습니다. 그때 장 씨와 이소야는 함께 나와서 유길준을 만났습니다. 다음날 4일 유길준은 바로 나가사키로 떠났습니다. 처음 장 씨와 요시다 사키치 등은 사이가 좋았습니다. 이따금 충고하는 이가 있어 장 씨에게 "요시다 등은 일본의 악당이다. 그들과 가까이하지 말라"라고 말하였습니다. 이에 장인규는 "나는 적이 많아 그들을 구실로 방어할 뿐"이라고 대답하였습니다. 충고자는 "일본 순사도 매우 많은데, 어찌 스스로를 보호한다 합니까?"라고 물었습니다. 장 씨는 현재 조선의 사신이 일본에 와서 일본 형세를 정탐하고 있는데, 이제 그들이 장차 돌아갈 때 만약 그들이 무사하게 돌아가게 된다면 실로 우리 당의 불행이다. 왜인가? 조선의 500 기병 중 200이 반드시 우리 당의 일원이다. 우리 당은 곧 일본당이다. 나머지 300은 청나라파다. 이에 일본에 와서 정탐하는 자가 돌아가서 알리길, 일본은 평온하여 아무 일도 없다고 하면 우리 당의 세력은 반드시 위축될 것이다. 소위 일본당이라는 사람들은 그 뜻이 역시 심란해질 것이고, 몸을 바쳐서 애국할 수 없게 될 수도 있다"라고 답하였습니다. 이후 비록 장 씨의 행동을 세밀히 살펴보아도 심히 이상한 움직임은 없습니다. 또 요시다 등과의 교제도 날마다 더욱 줄어드는 것을 확인하였습니다. 재작년부터 장 씨는 고베에서의 거동이나 스스로 "나는 일본에 건너오면서 가져온 것이 8,000금이고 후에 또 300금을 보냈다"라고 말하였지만, 이것이 모두 근거가 없이 날조한 이야기입니다. 재작년 장 씨는 한때 주머니 사정이 안 좋았고, 당시 기녀 기미코가 그와의 교제가 매우 깊을 때라서 생활비를 지원하고 다시 여비를 도와주었습니다. 이 때문에 장 씨는 그 은혜를 감사히 여기고, 깊은 우의의 뜻을 갚고자 했고, 이 때문에 작년에 기미코의 몸값을 내고 그녀와 함께 살며 사업을 경영하며 여러 업무는 모두 기미코가 맡아서 처리하고 있습니다. 조선 경성의 반란 이래 현재까지 40개월이 지났습니다. 장 씨는 이국땅에 몸이 잡혀 있는데, 또 극히 사치와 방탕합니다. 비록 서양 돈 8,000개가 있더라도 어찌 그 씀씀이를 충당할 수 있겠습니까? 작년 가을 장 씨의 동료들은 재산과 짐을 챙겨서 조선으로 돌아갈 것을 권유하였습니다. 이런 상황을 엿보니, 장 씨의 지출 비용은 반드시 조선의 동지들이 그에게 항상 보내준 것입니다. 이후 재차 비밀리에 관찰하여 보고하겠습니다. 이상은 고베 지방관이 알아본 사실입니다. [즉, 메이지 17년부터 18년 사이 탐문한 사실입니다.]

조선인 장갑복이라는 자는 장은규의 어릴 적 이름이고, 일본에 온 후에 다나카 도라요시(田中寅吉[혹은 개명한 이름 유조(雄造)로 불림])로 개명하고, 나가사키에서 어떤 기녀를 아내로 맞이했고, 잠시 고베에 머물렀고, 이후에 도쿄로 갔다는 사실은 듣지 못하였습니다. 또 장 씨는 도쿄에 오면 반드시 미나미곤야초 기구치 다케야스(菊池武安)의 집에 머물렀는데, 최근에는 또한 그곳에 온 것을 보지 못하였습니다. 장 씨는 본국에서 집안이 부유했는데, 김옥균과의 교제가 매우 친하였습니다. 지금 장 씨와 김옥균의 정형을 보면 상호 간의 교제 상황이 비밀스러워 드러나지 않습니다. 조선인 장갑복은 당시 고베에 거주하지 않았다고 하고, 또 갑복은 장은규의 어릴 적 이름이라고 합니다. 정확한 조사를 기다려 재차 보고하겠습니다. 이상은 고베 지방관이 이번 달 5일 보낸 보고서입니다.

삼가 이홍장 대인께서 보낸 전보를 살펴보실 수 있도록 베껴 올립니다(謹將李相來電錄呈鈞鑒).

3.「12년 1월 12일 오후 9시 받은 전보(十二年正月十二日午後九鐘接來電)」.

원세개가 보내온 전보입니다.

> 조선인은 경박하고 나약하여 자객이 외국으로 나가는 일은 아주 드물고, 암살은 더욱 어렵습니다. 국왕은 전에 주병준(朱秉俊) 등 십수 명을 파견하여 1년을 넘게 왕래하며 암살을 계획했지만, 비용만 많이 낭비하고 성과를 거두지 못하였습니다. 만약 원세개가 일본으로 갈 적에 조선의 장사들을 비밀리에 대동해 가셔서 그를 암살한다면 조선인은 믿음을 가지고 반드시 성공할 것입니다. 만약 일본 정부가 방해하는 바가 있어서 각국의 의심이 걱정된다면 적당한 (중국) 인원을 파견해서 조선인을 대동하는 것도 역시 가능할 것입니다.

일본 영사는 어제 일본 정부의 뜻을 전하며 원세개가 조금 늦게 출발할 것을 요청했습니다. (이 점을) 이노우에 가오루와 비밀리에 상의하시고, 만약 원세개가 인원을 파견한다면 그들을 도울 방법을 마련하길 바랍니다. 이홍장. 13일

4.「1월 13일 오후 1시 받은 전보(正月十三日午後一鐘接來電)」.

원세개가 보내온 전보입니다.

> 민응식이 일본의 밀정에게 비밀리에 보고를 받았습니다. 박영효가 이미 일본에 도착해서 함께 음모를 꾸미고 있습니다. 김옥균은 장차 러시아와 접촉할 것을 고려하고 있습니다. 이전에 러시아 공사가 일찍이 1,000원을 주었으며, 겨우 200원만 썼는데, 러시아 공사가

죽었습니다. 그러나 박영효와 김옥균은 자못 재산을 가지고 있으며 미국으로 갈 것이라고 했지만, 실제로는 가지 않을 것이라고 합니다.

비밀리에 조사하여 적절하게 처리해 주시길 바랍니다. 이홍장. 13일

5.「1월 8일 오후 6시 북양대신에게 보낸 전보를 껴서 첨부합니다(附錄:正月初八日午後六鐘發北洋電)」.

김옥균의 문제에 대해서는 이미 사람을 구하였습니다. 어찌 그가 상해로 가지 않고 미국으로 가고 싶어 하는 것입니까? 저와 이노우에 가오루는 그가 미국으로 간 후 러시아로 가는 것을 염려합니다. 반드시 후환을 남기게 됩니다. 어제 이노우에 가오루와 상의해서 결정했습니다. 다만 이홍장 중당께서 비밀리에 조선 정부에서 인원을 파견해서 일본으로 와서 김옥균을 암살하는 것이 비교적 적절하고 신속할 것이니, 참작해서 행하시길 부탁드립니다. 8일.

(8) 문서번호: 5-5-08(1423, 2580b-2582a)

사안 : 1. 효고현은 순포가 중국인의 주택에 들어가 사람을 체포하려고 했고, 이미 영사에게 잘 대처하라고 이야기하였습니다(兵庫縣欲巡捕入華人房宅拏人, 已囑領事善為應付). 2. 조선의 박정양이 이미 귀국했고, 일본의 대사면에서 김옥균 또한 사면 대열에 올라가서 그 자유를 허용하였습니다(朝鮮朴定陽已返國, 日本大赦罪人金玉均亦在赦列, 聽其自便).

첨부 문서 : 1.「일본 메이지 22년 2월 무역 수지 개략(日本明治二十二年二月貿易大數)」: [갑신정변과 무관한 주제라서 생략한다].

날짜 : 光緒十五年三月二十三日(1889년 4월 22일)

발신 : 出使日本大臣 黎庶昌

수신 : 總理衙門

三月二十三日, 出使大臣黎庶昌函稱:

二月二十四日, 肅寄昌字第三十一號函, 計邀均詧. 長崎､神户兩處地方官頗事挑衅. 長崎近稍安靜, 惟神户兵庫縣逕向領事説, 應由巡捕入華人房屋拏人. 經領事拒絶, 彼直行文相爭, 無理取鬧. 庶昌已屬領事善為應付, 或和平與之説明, 將彼此文件收回, 作為罷論, 不知果照行否. 朝鮮朴定陽於二月二十五始來一見, 言即欲歸國. 庶昌循例往答, 適彼之繙譯不在, 因與筆談, 詞均泛泛. 金喜鎮則謂:

> 前定之三端, 惟朝使到各國先, 偕中國□欽差同赴外部, 最為屬為難.[40] 故彼所派赴西洋之使, 尚滯留在香港.

等語. 朴定陽已於初二成行矣. 倭廷大赦罪人. 金玉均亦在赦列. 聞已離北海道, 聽其自便, 此人本已改■,[41] 日本已無人知其為朝鮮叛臣矣. 銅價近頗跌減, 神户住友

---

40 원건이 빈칸이다.

41 원건의 글자가 불명확하다. 문맥상으로 '名'이 들어가면 자연스럽지만, 정확한 것은 알 수 없다.

及海門洋行均來招攬. 住友有現銅十五萬觔, 每百觔索價十九元. 因張香濤制軍屢詢銅價, 當經電告. 張制軍回電嫌貴不購. 海門則請此間示一價目, 庶昌以張制軍所說十兩姑與之言. 然現在市無定價, 高低不一. 若久無人售, 或更有跌落之時, 果係便益. 與往年之價相上下, 再行電聞. 後藤任遞信省, 尚無舉動. 黑田前擬赴對馬, 亦未果行. 惟大隈、井上馨均經出門, 大隈已回, 井上馨尚在福岡縣一帶. 奧公使比加勒本於二月二十四日送來一函,[42] 囑為轉達衔門, 庶昌於次日覆去一函, 玆特一併鈔摺呈覽, 玆寄上奏摺附片各一件, 伏祈飭備□安摺二分,[43] 代為轉送呈遞. 東文學生已滿一年. 應否再留, 上年十二月備文請示, 正月下旬又發一電, 務祈迅賜示下, 以便遵照. 附呈日本二月分貿易大數摺一扣, 伏乞轉回堂憲為禱. 專肅. 敬請均安.

清單

1.「日本明治二十二年二月貿易大數」: [생략][44]

광서 15년 3월 23일, 출사대신 여서창이 다음과 같은 서신을 보내왔습니다.

2월 24일 창자(昌字) 제31호 서신을 삼가 보냈는데, 이미 받아서 모두 검토하셨을 것으로 생각됩니다. 나가사키·고베 두 곳 지방관의 상당히 도발적인 행위가 있었습니다. 나가사키는 최근 다소 안정되었지만, 고베 효고현은 영사에게 직접 와서 순사가 중국인 주택에 들어가 체포하겠다고 했습니다. 영사가 거절하자, 저들은 바로 공문을 보내 분쟁을 야기하고 무리하게 다툼을 걸었습니다. 저는 이미 영사에게 잘 대처를 잘하고, 평화롭게 그들에게 설명하거나 피차의 문서를 회수해서 논쟁을 끝내도록 했는데, 과연 그대로 했을지 알 수 없습니다. 조선의 박정양(朴定陽)은 2월 25일 처음 저를 방문하였고, 바로 귀국하고 싶다고 말했습니다. 저는 관례에 따라서 답방하였는데, 마침 통역이 자리에 없어 그와 필담을 나누었습니다. 대화는 모두 일상

42 비가륵본(比加勒本)은 1888년 당시 공사로 파견된 뤼디거 폰 비겔레벤(Rüdiger von Biegeleben)을 가리키는 것 같다.

43 원건이 빈칸이다. '文'이 들어가면 자연스럽지만 정확한 것은 알 수 없다.

44 갑신정변과 관련이 없는 주제라서 생략한다.

적인 내용이었습니다. 김희진(金喜鎭)이 다음과 같이 말했습니다.

> 이전에 합의된 세 가지 조항[另約三端] 중 조선 사신이 각국에 도착하면 우선 중국의 주외 사신과 함께 외부로 가는 것이 가장 어려운 것에 속합니다. 그래서 조선에서 서양에 파견한 사신이 아직 홍콩에 머물러 있습니다.

박정양은 이미 2일에 출발했습니다. 일본 조정이 죄수를 대사면했습니다. 김옥균 역시 이 사면 대열에 있습니다. 듣자니, 이미 홋카이도(北海島)를 떠나서 자유롭게 지내도록 허용하였다고 하는데, 김옥균은 본래 이름을 바꾸어 그가 조선의 반신이라는 것을 아는 일본인은 아무도 없었습니다. 구리 가격이 최근 상당히 하락했고, 고베의 스미토모(住友) 및 가이몬(海門) 양행(洋行)이 모두 구리를 판매하기 위해 왔습니다. 스미토모 양행(洋行)은 현재 구리 15만 근이 있으며 100근당 19원이라고 합니다. 장지동(張之洞) 총독이 누차 구리 가격을 문의해서 바로 전보로 알렸습니다. 장지동 총독은 가격이 비싼 것을 불만으로 여겨 구매하지 않겠다고 답신 전보를 보냈습니다. 가이몬은 구체적인 가격을 제시해 달라고 청했는데, 저는 장지동 총독이 이야기한 10량을 언뜻 이야기했습니다. 그러나 현재 시장에는 정해진 가격이 없고, 상승과 하락이 일정하지 않습니다. 만약 시간이 더 지나면 살 사람이 없어져서 더욱 가격이 떨어지는 때가 있을 것이니, 그때가 더욱 이익일 것입니다. 과거의 가격과 차이가 있으니, 다시 전보로 알려드리겠습니다. 고토 다이지로(後藤大治郎)가 체신성 대신으로 임명되고 아직 움직임이 없습니다. 구로다 기요타카가 앞서 쓰시마 섬(對馬島)에 가려고 했는데, 아직 시행되지 않았습니다. 오쿠마 시게노부와 이노우에 가오루가 모두 외출했는데, 오쿠마는 돌아왔고, 이노우에는 아직 후쿠오카 일대에 있습니다. 오스트리아 공사 비겔레벤이 2월 24일 서신 한 통을 보내왔으니, 아문에 전달해 주시길 바랍니다. 저는 어제 답신 서신을 보냈습니다. 이에 특별히 함께 베껴 살펴보실 수 있도록 올립니다. 공문을 갖추어 두 부를 작성하니, 대신 전달하여 제출해 주시기를 엎드려 바랍니다. 일본어를 공부하는 학생이 (일본으로 유학한 지) 이미 1년이 되었습니다. 유학을 연장할지는 작년 12월에 공문을 갖추어 지시를 요청했고, 올해 1월 하순 다시 전보 한 통을 보냈으니, 신속히 지시하셔서 따를 수 있게 해주시길 바랍니다. 일본의 2월 「무역수지통계」를 함께 첨부하여 올리니, 당헌께 전달해 주시길 엎드려 빕니다. 이상입니다. 모두 편안하시기를 빕니다.

첨부 문서

1. 「일본 메이지 22년 2월 무역수지 개략」

[생략]

(9) 문서번호: 5-5-09(1877, 3292a-3294b)

사안 : 강해관도(江海關道) 섭집규(聶緝槼)가 군함 위정(威靖) 호를 통해 홍종우(洪鍾宇)를 호송해서 귀국시키고, 김옥균의 시신 역시 함께 송환했다고 보고하였습니다(江海關道聶緝槼呈稱由威靖兵輪將洪鍾宇護送回國金玉均屍棺亦交併解).

첨부 문서 : 1.「목록(淸摺)」: 김옥균이 상해에서 홍종우에게 총격을 당해 사망하고, 상해현에서 부검·심문한 상황(金玉均在滬被洪鍾宇鎗斃由上海縣驗訊情形).

2.「목록(淸摺)」: 상해현에서 요시지마 도쿠미(吉島德三), 기타하라 엔지(北原延次), 홍종우를 심문한 공술(上海縣審訊吉島德三北原延次及洪鍾宇供詞).

날짜 : 光緒二十年三月十四日(1894년 4월 19일)

발신 : 出使日本大臣 黎庶昌

수신 : 總理衙門

三月十四日, 北洋大臣李鴻章文稱:

江海關道聶緝槼呈稱:

竊查朝鮮人洪鍾宇在上海租界鎗斃金玉均, 被捕拿獲經縣驗訊一案, 疊奉電諭:"洪鍾宇及金屍並解韓".等因. 並准派駐朝鮮督辦商務袁道電復前由. 其時適有韓員趙漢根在滬, 由縣帶同來署, 面述前事. 議由此間派船送韓, 較為便妥. 職道當飭上海縣黄令, 邀洪鍾宇移住縣署, 妥為款待, 一面電稟南洋大臣劉, 酌派兵輪, 並由電稟明在案. 玆奉南洋大臣劉, 電准照派, 並飭會商左右翼, 就近酌撥. 復經由電稟准撥定威、靖兵輪船, 將洪鍾宇護送回國, 所有金玉均屍棺亦交併解. 已於三月初一日開船起, 至洪鍾宇攜帶行李暨金玉均所遺銾洋各件, 併交管帶官點收. 除咨會袁道查照轉致朝鮮政府核辦外, 理合照錄上海縣稟摺報明察核.

等情. 到本閣爵大臣. 據此. 相應咨明貴衙門. 請煩查照.

淸摺

1.「謹將朝鮮國叛臣金玉均在滬被伊國人洪鍾宇鎗斃, 由上海縣驗訊情形, 稟摺照錄, 恭呈憲鑒」.

敬稟者.

竊本月二十二日亥刻, 據頭■地保陸寶榮報.[45]

二十二日下午, 據美捕房喚稱:

圖內日本人吉島德三所開東和洋行內, 有寓居之朝鮮人金玉均, 被同來之朝鮮人洪鍾宇不知為何事, 用洋鎗轟死, 洪即逃脫.

等語. 報求詣驗.

等情. 據此, 查該處地屬租界, 離城五里. 隨帶同繙繹、刑仵, 前詣該處. 其時洪鍾宇業經捕房追獲. 隨勘得東和洋行在鉄馬路大橋北堍, 係朝西三層樓房. 已死金玉均屍身, 仰卧第二層樓上第一號房間內竹床上. 科頭無鞋, 身穿外國衣褲, 醬色絨襪. 量屍身長四尺五寸, 髮長一寸六六分. 勘畢, 舁屍平地, 對衆如法相驗. 據仵作陳慶唱報, 已死, 金玉均約年四十餘歲, 驗得左腮頰有搶子傷一處, 骨碎, 又肚腹有槍子擦過傷一處, 合面左後肋有槍子傷一處, 深透內, 均焦黑色, 血污, 餘無故, 委係洋槍轟傷身死. 報畢, 卑職親驗無異. 屍棺殮並由捕房將金玉均照留影相. 訊據洪鍾宇供稱, 金玉均是本國權臣, 在朝大逆不道, 逃在東洋. 國王命伊殺死, 以安王心等供. 當令暫住美捕房候示, 隨即面稟憲台. 電達駐紮朝鮮袁道憲查明電復. 玆奉傳示北洋商憲李□電諭,[46] 據袁道電:"金係在韓謀叛首犯, 今被韓人殺死. 可置勿論. 又電請將洪鍾宇轉鮮來韓."各等因. 是洪鍾宇所稱金玉均為係國叛臣屬寔, 今被轟死, 洪鍾宇即屬有功無罪之人. 應否由憲台派員將洪鍾宇送回伊國, 並將金玉均屍棺一併解回之處, 理合開錄供摺稟陳, 伏乞迅賜批示祇遵, 並懇轉稟[北洋商憲、蘇撫憲]察核. 深為公便. 云云.

2.「上海縣訊過洪鍾宇等供詞」.

吉島德三供: 日本國人, 來滬開東和洋行. 二月二十一日, 本國公司船到埠, 有高麗國

45 원건의 글자가 불명확하다.

46 원건의 글자가 공백이다.

洪鍾宇、金玉均們四人趁船來滬. 金玉均與隨來僕人北原延次,[47] 同住第一號房間內, 洪鍾宇另居一房. 二十二日約三点鍾時, 我們在樓下及第三層樓上之客人, 聽聞第二層一號房内, 洋槍聲响, 大家往看, 金玉均被洪鍾宇用手鎗轰死. 已經捕房獲到. 求恩驗訊之後, 與北原延次, 將屍收殮盤回他本國埋葬是了.

北原延次供: 是屍僕. 向跟金玉均的, 住東洋多年, 今與主人及洪鍾宇並中國一人, 在大阪地方, 同趁公司輪船, 二月二十一日到上海. 二十二日約三点鍾時, 主人被洪鍾宇用手槍轰傷身死, 主人在高麗名叫金玉均. 在東洋名叫岩田周作, 來滬改名岩田三和. 今兇手已經獲到, 求恩驗訊之後, 自行收殮, 下禮拜盤棺回國, 交屍属埋葬是了.

洪鍾宇供: 高麗國人, 並無官職, 由國出來游歷西洋七年, 今要回國. 在東洋大阪地方, 與金玉均并他僕人北原延次及中國一人, 共四人, 趁公司輪船, 二月二十一日到滬. 我與金玉均及他僕人北原延次住東和洋行. 金玉均是前為本國權臣, 因在朝廷大逆不道, 殺死幾百人. 我親友也被他殺害. 國王恨他有十年了. 他逃在東洋, 改名岩田周作. 我與朋友前在東洋大阪奉國王命, 叫我們忠心下去, 把金玉均殺死, 以安王心. 公事在朋友處. 今我與他相遇來滬, 他改名岩田三和. 我今用六門响的手槍, 把他轰死, 旋即走至吴淞, 被巡捕追獲的. 手槍已掉棄在吴淞江内. 我為國家大事起見. 如將把他轰傷身死情形, 求電本國, 自有回電來的, 是實.

광서 20년 3월 14일 북양대신 이홍장이 다음과 같은 문서를 보내왔습니다.

강해관도 섭집규가 다음과 같은 보고를 올렸습니다.

조선인 홍종우가 상해 조계에서 김옥균을 총으로 상해하고 체포되어 현(縣)에서 심문 중인 사안에 대해, "홍종우와 김옥균 시신을 조선으로 송환하라"라는 전보 지시를 누차 받았습니다. 아울러 주조선독판상무인 도대 원세개로부터 답장 전보를 받았습니다. 당시 조

47 원건은 '北原延次'인데, 『駐韓日本公使館記錄』에서도 '北原延次'로 되어 있다. 다만, 『매천야록(梅泉野錄)』에서는 기타하라 엔지로(北原延次郎)라고 기록되어 있다.

선의 관원 조한근(趙漢根)은 상해에 있었는데, 현에서 관서(官署)로 데리고 와서 이 사건에 대해 면담했습니다. 이곳으로부터 배를 파견해서 홍종우를 돌려보내는 것이 적절하다는 논의가 있었습니다. 그래서 저는 상해현 지현(知縣) 황승훤(黃承暄)에게 홍종우를 현서(縣署)로 옮겨서 대접을 적절히 하라고 지시하는 한편, 남양대신(南洋大臣) 유곤일(劉坤一) 대인께 군함을 파견해달라고 전보로 보고하였고, (이러한 상황을) 이미 전보로 보고한 적 있습니다. 이에 남양대신 유곤일 대인께서 파견을 승인한다는 전보를 주셨고, 아울러 좌·우익이 협의해서 가까운 지역에서 배정하도록 지시하였습니다. 군함 위정 호가 홍종우를 귀국하는 데 호송하도록 배정할 것을 승인한다는 사실을 전보로 알려왔고, 김옥균의 시신 또한 함께 송환하였습니다. 이미 3월 1일 군함은 출항했고, 홍종우가 휴대한 수화물 및 김옥균의 유품을 아울러 인솔 관원에게 전달해서 검수했습니다. 도대 원세개가 검토하고 조선 정부에 전달해서 조사·처리할 수 있도록 자문으로 알리는 것 외에 응당 상해현에서 조사해서 올린 보고를 문서로 갖추어 검토하실 수 있도록 보고해야 할 것입니다.

[이상과 같은 보고를 본 각작대신이 받았습니다.] 이에 따라 마땅히 귀 아문에 자문으로 알려야 할 것입니다. 번거롭더라도 살펴보시길 바랍니다.

첨부 문서:

1. 「조선국 반신 김옥균이 상해에서 조선인 홍종우에게 총살당하고 상해현에서 부검·심문한 상황을 문서를 갖추어 대인께서 살펴보실 수 있도록 삼가 올립니다(謹將朝鮮國叛臣金玉均在滬被伊國人洪鍾宇鎗斃, 由上海縣驗訊情形, 稟摺照錄, 恭呈憲鑒)」.

삼가 보고를 올립니다.

이번 달 22일 해각(亥刻, 오후 9~11시) 두보지보(頭■地保) 육보영(陸寶榮)의 다음과 같은 보고가 있었습니다.

22일 오후 조계 내 미국 순포방(巡捕房)의 소환을 받았는데, 다음과 같은 이야기를 들었습니다.

일본인 요시지마 도쿠미가 운영하는 동화양행(東和洋行)에서 그곳에 거주하던 김옥균이 함께 온 조선인 홍종우에게 무엇 때문인지 알 수 없는 문제로 총에 맞아 죽었고, 홍종우는 바로 도주했습니다.

이에 현장 조사와 부검을 요청합니다.

조사해 보건대, 해당 장소는 조계에 속한 곳으로 현성에서 5리 떨어져 있습니다. 통역[繙繹]과 검시 아역[刑作]을 대동하여 해당 장소로 갔습니다. 그때 홍종우는 이미 순포가 추격하여 체포하였습니다. 동화양행은 철마로(鐵馬路) 대교(大橋) 북쪽에 위치한 서향(西向)의 서양식 3층 건물입니다. 이미 사망한 김옥균의 시신은 2층 1호 방 대나무 침대 위에 누워 있었습니다. 맨머리에 신발은 신지 않았고, 외국 옷과 바지를 입고 갈색 벨벳 양말을 신고 있었습니다. 측정해 보니, 시신의 키는 약 4척 5촌이며, 머리 길이는 1촌 6푼입니다. 조사가 끝난 후 시신을 맞들어 평지로 옮겼고, 대중 앞에서 법에 따라 부검하였습니다. 부검을 한 진경(陳慶)의 구두보고에 따르면 이미 사망한 김옥균은 약 40여 세, 왼쪽 뺨에 총상 자국이 하나가 있고, 뼈가 부서졌으며, 복부에 관통 흔적이 한 곳, 또 왼쪽 갈비뼈 뒤쪽으로 깊은 총상이 하나 있는데, (상처는) 모두 검게 타고 피범벅이었고, 나머지는 별다른 것이 없었으며, 서양 총에 맞아 사망한 것으로 확인하였습니다. 보고가 끝난 후 저는 사실과 다름이 없음을 직접 확인하였습니다. 시신은 관에 안장하고 순포방에 김옥균의 사진을 남겼습니다. 홍종우가 공술한 바에 따르면 김옥균은 본래 조선의 권신으로 조선에서 대역무도의 죄를 저지르고 일본으로 도망쳤습니다. 국왕이 그에게 김옥균을 죽여 국왕의 마음을 평안하게 하라는 명령을 내렸습니다. 마땅히 미국 순포방에서 임시 구금되어 지시를 기다리게 한 후 바로, 강소순무 대인께 보고했습니다. 조선에 주재하는 도대 원세개에게도 조사하여 답장 전보를 보내달라고 요청하였습니다. 이에 북양대신 이홍장께서 전달한 지시를 담은 전보를 보내왔습니다. 원세개의 전보에서는 다음과 같은 내용이 있습니다. "김옥균은 조선의 반란을 꾀한 주범이고, 현재 조선인에게 살해당하였으니, 더 이상 따질 것이 없다. 또한 홍종우를 조선으로 송환하도록 전보로 요청하라." 홍종우의 공술 내용에 따르면 김옥균은 조선의 반신이 확실하고, 현재 총에 맞아 죽었고, 홍종우는 공을 세웠고 죄가 없는 사람에 속합니다. 강소순무(江蘇巡撫)가 인원을 파견해서 홍종우를 그 나라로 송환할지 및 김옥균의 시신을 함께 송환해야 할지는 응당 문서를 갖추어 보고해야 합니다. 신속하게 지시를 내리셔서 그에 따를 수 있기를 엎드려 바랍니다. 아울러 [북양대신과 강소순무]에 대신 전달해 주시길 간곡히 부탁합니다. 살펴보시고 검토해 주시길 바랍니다.

2.「상해현에서 심문한 홍종우 등의 공술(上海縣訊過洪鍾宇等供詞)」.

요시지마 도쿠미의 공술: 일본국 사람이고, 상해로 와서 동화양행을 개업했습니다. 2월 21일 일본 회사의 선박이 항구에 도착했을 때 고려국 홍종우, 김옥균 등 네 명이 배를 타고 상해에 왔습니다. 김옥균은 노복인 기타하라 엔지와 함께 1호실에 숙박했고, 홍종우는 다른 방에 묵었습니다. 22일 약 3시쯤, 1층에 있던 우리와 3층의 투숙객이 2층 1호실에서 총소리가 나는 것을 듣고, 모두 가서 보니 김옥균이 홍종우가 쏜 총에 맞아 죽어 있었습니다. 이미 순포가 그를 체포하였습니다. 심문이 끝난 후 기타하라 엔지는 시신을 수습하여 그의 고향으로 운구해서 매장하기를 바라고 있습니다.

기타하라 엔지의 공술: 저는 사망한 김옥균의 노복입니다. 일찍이 김옥균을 따라 일본에 오랫동안 거주했고, 현재 주인님(김옥균) 및 홍종우, 중국인 한 명과 함께 오사카 지방에서 함께 회사의 윤선을 타고 2월 21일 상해에 도착했습니다. 22일 오후 3시쯤 주인은 홍종우가 쏜 총에 맞아 죽었고, 주인님은 고려에서 이름이 김옥균이었습니다. 일본에서의 이름은 이와타 슈사쿠(岩田周作)라고 불렸고, 상해에 와서 이와타 미와(岩田三和)로 이름을 바꾸었습니다. 현재 범인이 이미 체포되었고, 심문이 끝난 후 제가 (시신을) 수습하여 다음 주에 관을 싣고 귀국해서 매장할 수 있게 은혜를 베풀어 주시길 부탁드립니다.

홍종우의 공술: 고려국 사람으로 관직은 없고, 7년간 서양을 여행한 후 현재 귀국하려고 합니다. 일본 오사카에서 김옥균과 그 노복 기타하라 엔지 및 중국인 한 명 모두 네 사람이 회사의 윤선을 타고 2월 21일 상해에 도착했습니다. 저는 김옥균 및 기타하라 엔지와 함께 동화양행에 거주했습니다. 김옥균은 과거 우리나라의 권신(權臣)이었는데, 조정에서 대역무도한 반란을 일으키고 수백 명을 살해하였습니다. 저의 친우도 그에게 살해당했습니다. 우리 임금이 그를 미워한 지 10여 년입니다. 그가 일본으로 도주하여 이와타 슈사쿠라고 이름을 바꿨습니다. 저는 친구와 함께 오사카로 가서 충성을 다하여 김옥균을 죽여 임금의 마음을 편안케 하라는 명을 받았습니다. 공문은 친구에게 있습니다. 현재 저는 김옥균과 만나서 상해에 왔고, 그는 이와타 미와로 이름을 바꾸었습니다. 저는 6연발 권

총으로 그를 사살하고, 곧바로 오송(吳淞)으로 도망쳤다가, 순포에게 체포되었습니다. 권총은 오송강(吳淞江)에 버렸습니다. 저는 국가의 대사를 위해 벌인 일입니다. 제가 그를 쏴서 죽인 소식을 본국에 전보를 보낼 수 있다면 당연히 답신 전보가 올 것입니다. 이상의 내용은 모두 사실입니다.

(10) 문서번호: 5-5-10(1886, 3306b-3307b)

사안 : 군함 위정 호가 이미 김옥균의 시신을 조선에 넘겨주었고, 홍종우 역시 함께 호송하여 귀국시켰습니다(威靖兵輪已將金玉均屍棺解交朝鮮, 洪鍾宇亦一併護送回國).

날짜 : 光緒二十年四月十二日(1894년 5월 16일)

발신 : 北洋大臣 李鴻章

수신 : 總理衙門

四月十二日, 北洋大臣李鴻章文稱:

據駐紮朝鮮總理交涉通商事宜、正任浙江溫處道袁世凱稟稱:

窺照本年三月初八日, 准新授浙江按察使司、江海關道聶緝椝咨開:

照得朝鮮人洪鍾宇, 在上海租界鎗斃金玉均, 被捕拿獲經縣驗訊一案, 疊奉北洋商憲李電諭 "洪鍾宇及金屍並解韓". 等因. 並接貴道電復前由. 其時適有韓員趙漢根在滬, 由縣帶同來署, 面述前事, 議由此間派船送韓, 較為便妥. 當經本道飭邀洪鍾宇, 移住縣署, 妥為款待, 一面電稟南洋, 大酌派兵輪並電復貴道在案. 玆將洪鍾宇交由威靖兵輪船護送回國, 所有金玉均屍棺亦交並解, 即日開船起程. 至洪鍾宇所帶行李暨金玉均所遺錶洋等件, 開單並交該管帶點收. 除分別呈報外, 相應咨會貴道查照, 轉致朝鮮政府核辦, 並希見覆, 望切施行.

計:抄單.

等因. 准此. 伏查該威靖兵輪於本月初七日駛抵仁川, 當即電飭仁川商務委員劉直牧永慶,[48] 商調漢陽小輪, 接運妥解. 至韓人洪鍾宇一名及鎗斃金玉均屍棺, 並

48 유영경(劉永慶, 1862~1906)은 자가 연년(延年)으로 하남 항성(項城) 현 출신인데, 원세개의 사촌친척이다. 일찍이 개인비서 자격으로 원세개를 따라 조선에 왔고, 한성·용산·인천 등지에서 통상 사무를 보좌하였다. 직목(直牧)은 아마 그가 지닌 직함으로 직예주(直隸州) 주목(州牧)을 가리키는 것으로 보인다. 직예주는 포정사에게 직속하여 일반적으로 부에 속하는 주와 다르며, 대체로 부의 등급과 유사하다. 주목(州牧)은 주의 최고 행정장관이므로 사실상 지주(知州)와 같은 뜻이다. 유영경은 청일전쟁 이후 귀국하여 원세개를 도와 신군(新軍)의 군수 업무 등을 도왔으며,

該各項物件, 均經由該兵輪管帶徐副將九成妥交韓員點收護解. 於初八日駛抵距漢京十里之江口楊花津地方, 起駁上岸, 當即照會朝鮮政府查照核辦見覆. 並即備文先行咨覆聶道查照, 交由該兵輪回滬賫投銷差各在案. 旋於十二日, 准該政府領議政沈舜澤照覆:

查已死金玉均, 此係敝邦為謀叛不道之首犯. 人人皆得以誅之. 潛逃法網有年, 於玆適在上海被斃, 實由天理昭然. 而彼時情形, 想諸多周折, 幸賴中朝一視無外, 派撥兵輪, 妥護洪鍾宇回國, 所有金屍及各件亦並解送. 此出自體恤周到之處, 銘鏤不盡. 擧國同情. 除將逆臣金玉均屍棺, 擬照本國律例, 嚴行核辦外, 相應備文照覆總理, 請煩查照轉此施行,

等因. 准此. 除咨覆聶道並查此案抄單應由聶道呈報鑒核, 毋庸再錄外, 理合稟請查核, 實為公便.

等情. 到本閣爵大臣, 據此. 除分咨外, 相應咨明貴衙門, 請煩查照.

광서 20년 4월 12일 북양대신 이홍장이 다음과 같은 자문을 보내왔습니다.

주찰조선총리교섭통상사의(駐紮朝鮮總理交涉通商事宜) 정임절강온처도(正任浙江溫處道) 원세개가 다음과 같은 보고를 올렸습니다.

올해 3월 8일, 신임 절강안찰사사(浙江按察使司)이자 강해관도(江海關道)인 섭집규가 다음과 같은 자문을 보내왔습니다.

조선인 홍종우가 상해 조계에서 김옥균을 총으로 살해하고, 체포되어 현에서 조사 중인 사안에 대해, "홍종우와 김옥균 시신을 조선으로 송환하라"라는 북양대신 이홍장의 전보 지시를 누차 받았습니다. 아울러 귀 도대께서 보내신 답장 전보를 받았습니다. 그 당시 상해에는 조선 관원인 조한근이 있었는데, 현에서 대동해서 관서로 와서 면담했고,

---

의화단 진압 이후 승진하여 마지막에는 서리강북제독(署理江北提督)을 지냈다.

호위함을 파견해서 홍종우를 조선으로 송환하는 편이 타당한 것으로 논의했습니다. 마땅히 본 도대는 홍종우를 현서로 옮겨서 거주하게 하고 적절히 대우하라고 지시하는 한편, 남양대신께 군함을 지원해 달라고 전보로 요청하였습니다. 이와 관련된 사안은 귀 도대에게 답장 전보를 보낸 바 있습니다. 이에 홍종우를 군함 위정 호로 호송하여 본국으로 돌려보냈고, 김옥균의 시신도 함께 송환했습니다. 그날 군함이 바로 출항했고, 홍종우의 소지품과 김옥균이 남긴 시계 등의 물품은 목록을 작성해서 인솔 관원에게 건내 검수(檢收)하게 했습니다. 각각의 사안을 보고하는 것 외에 응당 귀 도대께서 검토하고 조선 정부에 전달하여 조사·처리할 수 있도록 자문으로 알려야 하겠습니다.

첨부: 초록 목록.

군함 위정 호는 이번 달 7일 인천에 도착했으며, 즉시 인천상무위원(仁川商務委員) 유영경(劉永慶)에게 연락하여 한양의 작은 배로 인계해서 옮기도록 전보로 지시했습니다. 조선인 홍종우와 김옥균 시신, 그리고 유품들은 해당 군함의 인솔자 서구성(徐九成) 부장(副將)이 조선 측에 인도하여 검수하게 하였습니다. 8일 군함은 한경(漢京)에서 10리 떨어진 양화진(楊花津)에 도착해서 배를 멈추고 상륙한 다음, 바로 조선 정부에 조회를 보내 조사·처리를 요청하였고, 답장을 받았습니다. 아울러 바로 공문을 준비하여 우선 섭집규 도대가 검토할 수 있도록 답장 자문을 작성하여, 위정 호가 상해로 돌아가 임무를 완결할 수 있도록 건넨 바 있습니다. 12일 조선 정부 영의정 심순택으로부터 다음과 같은 답장 조회를 받았습니다.

이미 사망한 김옥균은 우리나라에서 역모를 꾀한 부도(不道)한 수괴입니다. 누구든 모두 그를 처단할 수 있었습니다. 법망을 피해 도주한 지 여러 해가 되었는데, 상해에서 죽음을 맞이한 것은 실로 천리상으로 당연한 일입니다. 당시 상황에 여러 어려운 점이 있었지만, 다행히 중국이 남의 일로 보지않고 군함을 파견해서 안전하게 홍종우를 호송했고, 김옥균의 시신과 각종 물건을 함께 보내주셨습니다. 이는 세심한 배려로 가슴속에 새겨도 다 할 수 없겠습니다. 온 나라가 같은 마음입니다. 역신 김옥균의 시관(尸棺)은 응당 본국의 율례에 따라서 엄중하게 처리하는 것 외에 마땅히 공문을 갖추어 귀 총리에게 답장 조회를 보내야 할 것입니다. 번거롭겠지만 검토해 주시고, 이를 대신 전해 주시길 바랍니다.

이에 따라 섭집규 도대에게 답장 자문을 보내고, 아울러 이 사안의 관련 문서는 응당 섭집규 도대가 검토할 수 있도록 올리므로, 다시 초록할 필요가 없는 것 외에 응당 검토하실 수 있도록 보고할 필요가 있을 것입니다.

[이상과 같은 보고를 본 각작대신이 받았습니다.] 각각의 자문을 보내는 것 외에, 응당 귀 아문에도 자문으로 알려야 할 것입니다. 번거롭더라도 살펴보시길 바랍니다.

| 찾아보기

ㄱ

ㄹ

ㅁ

ㅂ

ㅅ

ㅈ

ㅌ

ㅍ

ㅎ

동북아역사 자료총서 41

국역 『清季中日韓關係史料』 7

초판 1쇄 발행 2025년 12월 16일

편역 | 김형종·조병식·주형준
펴낸이 | 박지향
펴낸곳 | 동북아역사재단

등록 | 제312-2004-050호(2004년 10월 18일)
주소 | 서울시 서대문구 통일로 81 NH농협생명빌딩
전화 | 02-2012-6065
홈페이지 | www.nahf.or.kr
제작·인쇄 | 새움기획

ISBN 979-11-7161-257-4
978-89-6187-291-1 (세트)